Rechtliche Probleme bei der Beweiserhebung und Beweisverwertung im Zusammenhang mit dem Lauschangriff nach § 100c Abs.1 Nr.3 StPO

Europäische Hochschulschriften
Publications Universitaires Européennes
European University Studies

Reihe II
Rechtswissenschaft

Série II Series II
Droit
Law

Bd./Vol. 3398

PETER LANG
Frankfurt am Main · Berlin · Bern · Bruxelles · New York · Oxford · Wien

Oliver Bludovsky

Rechtliche Probleme bei der Beweiserhebung und Beweisverwertung im Zusammenhang mit dem Lauschangriff nach § 100c Abs.1 Nr.3 StPO

PETER LANG
Europäischer Verlag der Wissenschaften

Die Deutsche Bibliothek - CIP-Einheitsaufnahme

Bludovsky, Oliver:

Rechtliche Probleme bei der Beweiserhebung und Beweisverwertung im Zusammenhang mit dem Lauschangriff nach § 100c Abs.1 Nr.3 StPO / Oliver Bludovsky. - Frankfurt am Main ; Berlin ; Bern ; Bruxelles ; New York ; Oxford ; Wien : Lang, 2002
(Europäische Hochschulschriften : Reihe 2, Rechtswissenschaft ; Bd. 3398)
Zugl.: Passau, Univ., Diss., 2001
ISBN 3-631-38876-4

D 739
ISSN 0531-7312
ISBN 3-631-38876-4

www.peterlang.de

Vorwort

Die vorliegende Dissertation, die von Herrn Prof. Dr. Werner Beulke betreut und im Sommersemester 2001 von der juristischen Fakultät der Universität Passau angenommen wurde, entstand während meiner Grundwehrdienst- und Referendarszeit.

Herr Prof. Dr. Beulke hat mir dabei jegliche wissenschaftliche Freiheit gelassen. Hierfür und für seine jederzeit freundliche und verständnisvolle Unterstützung bei meinem umfangreichen Werk danke ich ihm herzlichst.

Bedanken möchte ich mich auch bei Herrn Prof. Dr. Bernhard Haffke für die Erstellung des Zweitgutachtens.

Zu danken habe ich ferner Dr. Jens Jokisch, Ulrich Derpa und Christian Linder für ihre wertvollen Anregungen und die konstruktiven Gespräche. Für die Unterstützung beim "Feinschliff" danke ich Manohar Faupel, Sonja Kleidorfer, Jörg Luft, Alexandra Pfeiffer, Peter Schappert und Jan Philip Poppelbaum sowie für seine computertechnische Hilfe Thomas Kinastowski.

Dank für die großzügige finanzielle Förderung des Drucks gebührt meinen Großmüttern, Frau Maria Bludovsky und Frau Margareta Küfner, sowie Herrn Hans Küfner und Herrn Frank Schnürer. Weiterhin danke ich meiner Mutter, die mich bei meinem Vorhaben stets unterstützt hat.

Letztlich möchte ich Melanie Lang großen Dank auszusprechen, die mir in der Zeit meiner Arbeit immer eine ausgleichende Stütze war und mir jederzeit liebevolles Verständnis entgegengebrachte.

Niederhorbach, im Oktober 2001

Oliver Bludovsky

meiner Mutter

und

Melanie

Inhaltsverzeichnis

Kapitel IV: Rechtsprobleme bei der Beweisverwertung

Einleitung

Im Frühjahr 1998 beschlossen Bundestag und Bundesrat nach heftigsten Debatten die gesetzlichen Voraussetzungen zum Abhören und Aufzeichnen des nichtöffentlich gesprochenen Wortes in Wohnungen zum Zwecke der Strafaufklärung. Mit dieser als „Lauschangriff" bezeichneten Ermittlungsmaßnahme reagierte der Gesetzgeber auf die starke Zunahme der Organisierten Kriminalität in der Bundesrepublik. Nach seiner Meinung folgte aus der anwachsenden Bedrohung für Bürger und Staat das dringende Erfordernis, über die bis dahin zulässigen Strafverfolgungsmaßnahmen hinaus auch den Einsatz technischer Mittel zur akustischen Wohnraumüberwachung zuzulassen. Diese Reaktion wird verständlich, wenn man bedenkt, daß das Verlangen nach Sicherheit in Umfragen nach der Sorge um den Arbeitsplatz an zweiter Stelle rangiert[1]. Gleichzeitig überschätzt jedoch die öffentliche Meinung die Wirkung des „Lauschangriffs" auf die Kriminalitätsbekämpfung[2]. So wenden ihn die Ermittlungsbehörden bislang sehr zurückhaltend an, insbesondere aufgrund der Schwere des mit ihm einhergehenden Eingriffs in die Privatsphäre des Bürgers. Die Voraussetzungen zur akustischen Wohnraumüberwachung finden sich zudem in einem äußerst breiten Gesetzeswerk mit vielen detaillierten Regelungen, die auch Ausdruck eines starken Mißtrauens gegenüber den Ermittlungsbehörden sind. Dies macht die Handhabung des „Lauschangriffs" nicht einfach.

Mit der hier vorliegenden Arbeit soll die für den Rechtsanwender praktische Frage geklärt werden, welche Beweisverbote sich im Bereich der akustischen Wohnraumüberwachung zum Zweck der Strafverfolgung ergeben. Solche Verbote können bereits im Stadium der Erhebung von Beweisen eintreten. Sie werden hierbei durch die Tatbestandsvoraussetzungen der Maßnahme umschrieben (sog. Beweiserhebungsverbote). Sie können aber auch nach der Informationserlangung eingreifen und sich auf die Verwertung, d.h. insbesondere auf das Einbringen in die Hauptverhandlung beziehen (sog. Beweisverwertungsverbote). Auf beiden Ebenen greifen die Strafverfolgungsbehörden in Grundrechte von Bürgern ein. Da das Prinzip des Gesetzesvorbehalts hierfür eine gesetzliche Grundlage verlangt, können in beiden Bereichen Fehler in der Rechtsanwendung entstehen.

Allerdings kann die vorliegende Arbeit nicht das gesamte Spektrum der Probleme behandeln, die mit dem „Lauschangriff" weitläufig in Verbindung gebracht werden. Sie muß sich deshalb auf die für diese Maßnahme typischen Be-

---

[1] *Schily*, FAZ vom 21.09.1999, S.B/1.

[2] Vgl. Bericht der Bundesregierung nach Art.13 Abs.6 S.1 GG für das Jahr 1998, BT-DS 14/2452.

reiche beschränken und sich oftmals in Bezug auf streitige, allgemein dogmatische Fragen des Ermittlungsverfahrens einer Theorie anschließen, ohne hierbei in die einzelnen Verästelungen tiefer eindringen zu können. Thematisch ausgeschlossen sind von dieser Arbeit insbesondere das Abhören und Aufzeichnen des nicht öffentlich gesprochenen Wortes durch Privatpersonen[3] sowie die in § 100c Abs.1 Nr.2 StPO geregelte staatliche akustische Überwachung von Gesprächen außerhalb der Wohnung. Innerhalb der Wohnung wird der „Lauschangriff" zur Gefahrenabwehr und zur Sicherung nicht offen tätiger Personen nur kurz skizziert, soweit dies für die Straftatenaufklärung von Relevanz ist. Im wesentlichen unberücksichtigt müssen auch die lauschangriffsspezifischen Probleme des Rechtsschutzes sowie der Berichts- und Benachrichtigungspflichten bleiben[4], sofern sie nicht direkt Fragen der Beweiserhebung oder -verwertung berühren.

Bevor bezüglich der akustischen Wohnraumüberwachung zum Zweck der Strafverfolgung in die eigentliche Prüfung der eventuellen Fehlerquellen und ihrer Konsequenzen bei der Einbringung in den Prozeß eingestiegen wird, müssen zum notwendigen Verständnis einige grundsätzliche Fragen erläutert werden. So erfolgen im ersten Kapitel eine Darlegung der wesentlichen Begriffe sowie ein Überblick über die historische Entwicklung zur Einführung des „Lauschangriffs" und über die technischen Vorgehensweisen und Möglichkeiten zu dessen Durchführung.

Im zweiten Kapitel werden die verfassungsrechtlichen und völkerrechtlichen Vorgaben an eine Regelung des „Lauschangriffs" dargelegt. In zwei Schritten ist hierbei zu prüfen, in welche rechtlich geschützten Positionen dieser eingreift und welche Vorgaben an seine gesetzliche Rechtfertigung gestellt werden. Dies leitet gleichzeitig in den ersten wesentlichen Fragenkomplex dieser Arbeit (Beweiserhebungsverbote) über. Gerade in der Verfassung (Art.13 Abs.3 GG) findet sich nun eine sehr ausführliche Regelung, welche dem Gesetzgeber sehr detaillierte Schranken setzt.

Hierauf aufbauend werden im dritten Kapitel die einfachgesetzlichen Voraussetzungen zur Erhebung von Beweisen mittels des „Lauschangriffs" dargelegt. Hierbei handelt es sich um eine eingehende Analyse der Verfahrensvorschriften der §§ 100c-101 StPO, soweit sie den „Lauschangriff" betreffen. Dabei ist insbesondere die Vereinbarkeit der §§ 100c,d StPO mit den zuvor ermittelten Vor-

---

3 Diesbezüglich wird auf die Arbeit von *Wölfl* verwiesen.

4 Hierzu siehe *Müller*, S.229.

gaben des Art.13 GG und des Völkerrechts zu prüfen, auf welche deshalb regelmäßig zurückzugreifen ist.

Das vierte Kapitel behandelt den zweiten wesentlichen Teil dieser Arbeit, nämlich die Frage nach der Verwertbarkeit der mittels eines „Lauschangriffs" gewonnenen Beweise im Strafprozeß[5]. Nach der Darlegung allgemeiner Theorien ist dieser Abschnitt der Arbeit zweigeteilt. Im ersten Teil werden, anknüpfend an die Ergebnisse des dritten Kapitels, die Auswirkungen auf die Verwertung von Beweisen erläutert, die bei einer rechtswidrigen Überschreitung der unterschiedlichen Voraussetzungen der §§ 100c,d StPO gewonnen wurden (sog. unselbständige Verwertungsverbote). Ein zweiter Teil beschäftigt sich mit Verwertungsverboten, die bei einer ordnungsgemäßen Durchführung der akustischen Wohnraumüberwachung in Betracht kommen (sog. selbständige Verwertungsverbote). In diesem Zusammenhang wird auch auf die strafprozessuale Verwertung von Erkenntnissen eingegangen, die nicht im Rahmen einer repressiven Maßnahme, sondern zu polizeirechtlichen Zwecken erhoben wurden bzw. um verdeckt agierende Personen zu schützen.

5 Der strittige Komplex, inwieweit sich Unterschiede in der Verwertbarkeit ergeben, wenn die Beweismittel nicht zu Lasten, sondern zugunsten des Beschuldigten wirken und die Frage nach der diesbezüglichen Dis-ponibilität von Beweiserhebungsverboten bleibt in dieser Arbeit ausgeklammert; allgemein hierzu siehe *Hamm*, StraFo 1998; S.361 ff.; *Nack*, StraFo 1998, S.366 ff.

Kapitel I

Terminologie, historische Entwicklung und technische Informationen zum „Lauschangriff“

Teil 1: Der Begriff „Lauschangriff“

A) Definition des „Lauschangriffs“

Der Begriff „Lauschangriff“ wird im Gesetzeswortlaut nicht erwähnt. Trotzdem ist dieser ursprünglich als Schlagwort aufgefaßte Ausdruck weit verbreitet und hat sich inzwischen als terminus technicus zur Umschreibung akustischer Überwachungsmaßnahmen weitgehend durchgesetzt. Allerdings wird er in seiner Bedeutung und seinem Umfang unterschiedlich verstanden. Einigkeit besteht insoweit, daß der Begriff „Lauschangriff“ das heimliche Abhören und Aufzeichnen von Lebensvorgängen, insbesondere des nichtöffentlich gesprochenen Wortes, unter Zuhilfenahme technischer Mittel erfaßt[6].

Teilweise wird dies weit aufgefaßt und sowohl die akustische Überwachung innerhalb als auch außerhalb der Wohnung darin miteingeschlossen[7]. Da allerdings seit dem Gesetz zur Bekämpfung der Organisierten Kriminalität (OrgKG) vom 25.07.1992 die Überwachung außerhalb der Wohnung keine wesentlichen Probleme mehr aufgeworfen hat, hat sich die unter dem Begriff „Lauschangriff“ geführte juristische, politische und gesellschaftliche Diskussion auf das Abhören und Aufzeichnen des in der Wohnung gesprochenen Wortes konzentriert[8]. Als Konsequenz hieraus wird der „Lauschangriff“ zum Teil auf Überwachungsmaßnahmen innerhalb der Wohnung begrenzt[9]. In diesem engen Sinne ist auch im Rahmen der vorliegenden Arbeit der Begriff „Lauschangriff“ zu verstehen, wozu auch praktische Überlegungen raten, da sich die hier zu untersuchenden Maßnahmen nach Art.13 Abs.3 GG und § 100c Abs.1 Nr.3 StPO auf die Wohnung beschränken.

Vom Begriff her werden als „Lauschangriff“ häufig sowohl Eingriffe zum Zweck der Gefahrenabwehr[10] als auch zu dem der Strafverfolgung aufgefaßt[11].

---

6 Vgl. *Geis*, JuS 1998, S.1174.

7 Vgl. BGH St 42, 372 (275); *Beulke*, StPO Rn.265, *Krey*, Rn.30.

8 *Krey*, Rn.32; *Müller* S.1.

9 *Frister*, StV 1996, S.454; *Geis*, JuS 1998 S.1174.

10 Vgl SächsVerfGH, JZ 1996, S.957; *Götz*, JZ 1996, S.969 (971).

Da sich diese Arbeit auf Probleme der strafprozessualen Erhebung und Verwertung der aus dem „Lauschangriff" gewonnenen Beweise beschränkt, welche sich in erster Linie aus repressiven Maßnahmen ergeben, ist unter „Lauschangriff" hier nur die in Art.13 Abs.3 GG erwähnte repressive Variante zu verstehen, soweit nicht ausdrücklich auch auf präventive Zwecke hingewiesen wird[12].

Der „Lauschangriff" im Sinne dieser Arbeit definiert sich deshalb als *das heimliche Abhören und Aufzeichnen von in der Wohnung stattfindenden Lebensvorgängen, insbesondere des dort nichtöffentlich gesprochenen Wortes, unter Zuhilfenahme technischer Mittel zum Zwecke der Strafverfolgung.*

B) „Großer" und „kleiner" Lauschangriff

Sowohl im Rahmen des repressiven als auch des präventiven „Lauschangriffs" wird allgemein zwischen dem „großen" und dem „kleinen" Lauschangriff unterschieden. Die Differenzierung bemißt sich nach der Ab- bzw. Anwesenheit eines verdeckt ermittelnden Polizeibeamten in der Wohnung während der Abhörmaßnahme[13]. Im Gesetz selber findet sich eine Unterscheidung nach diesen Kriterien nicht. Zurück geht sie auf den Entwurf zum OrgKG, der als Kompromiß ursprünglich den „kleinen" Lauschangriff legalisieren sollte, unter Verzicht auf eine Regelung zum Abhören und Aufzeichnen in der Wohnung unter Abwesenheit eines nicht offen ermittelnden Beamten[14]. Jedoch ist die Terminologie wiederum nicht ganz einheitlich, was sich z.T. als konsequente Folge aus der oben erwähnten weiten und engen Auffassung des „Lauschangriffs" ergibt[15].

---

11 Vgl. *Kutscha*, NJW 1994, S.85; a.A. *Binder* S.180; *Raum/Palm* JZ 1994, S.447, die hierunter nur entsprechende Maßnahmen, die von Strafverfolgungsbehörden vorgenommen werden, verstehen. Diese Einschränkung ist jedoch aufgrund der Entstehungsgeschichte des Begriffs im Zusammenhang mit der „Traube"-Affäre nicht zu rechtfertigen, die kein repressives Vorgehen enthielt.

12 So etwa in Kap.IV Teil 3 C.

13 Vgl. BT-DS 12/989, S.12; *Ackermann*, S.67 Fn.73; *Eisenberg*, NJW 1993, S.1033 (1037); *Geis*, JuS 1998 S.1174; *Glauben*, DRiZ 1993, S.41; *Hassemer*, DRiZ 1992, 157; *Brodag*, Kriminalistik 1999, S.745 (748) Fn.1; *Krey/ Haubrich*, JR 1992, 309(313); *Krey*, Rn.34; *Staechelin*, ZRP 1996, S.430; *Müller*, S.5; *Nack*, KK StPO, § 100c Rn.2; *Raum/ Palm*, JZ 1994, S. 447.

14 BT-DS 12/989 S.12; vgl. *Glauben*, DRiZ 1993, S.41; *Hassemer*, DRiZ 1992, S.357 (358).

15 *Beulke*, StPO Rn.265 f., definiert das Belauschen des außerhalb von Wohnungen gesprochenen Wortes (§ 100c Abs.1 Nr.2 StPO) als „kleinen" und des innerhalb von Wohnungen erfolgten Gesprächs (Art.13 Abs.3 GG, § 100c Abs. 1 Nr.3 StPO) als „großen" Lauschangriff; ebenso *Gropp*, JZ 1998, S.501(503); *Seifert*, KJ 1992, S.35 ff.; anders und im hier gebrauchten Sinn wiederum *Krey*, Rn.33 ff., der zwar als Lauschangriff auch Maßnahmen außerhalb der Wohnung begreift, die Unterscheidung „großer" und „kleiner" jedoch nur im Hinblick auf die Überwachung von in der Wohnung geführten Gesprächen verwendet.

Unter dem „kleinen" Lauschangriff versteht man das Abhören in Wohnungen im Beisein eines nicht offen ermittelnden Beamten[16]. In der Regel trägt dieser ein Aufzeichnungs- oder Übertragungsgerät bei sich, weshalb der Lauschangriff auf die Dauer der Anwesenheit des nicht offen ermittelnden Beamten beschränkt ist. Der „kleine" Lauschangriff ist mithin eine Kumulation zweier Ermittlungsmaßnahmen: der akustischen Überwachung und dem Einsatz nicht offen ermittelnder Beamter[17].

Im Gegensatz hierzu handelt es sich um einen „großen" Lauschangriff, wenn die Vorgänge in der Wohnung selbständig unter Abwesenheit eines nicht offen ermittelnden Beamten abgehört und aufgezeichnet werden. Letzteres kann sowohl aus der Wohnung heraus geschehen, etwa durch ein dort verborgenes Miniaturaufzeichnungsgerät oder einen Miniatursender („Wanze")[18], als auch von außen beispielsweise unter Verwendung von Richtmikrophonen[19].

Deshalb dürfen der „große" und der „kleine" Lauschangriff nicht mit dem Lauschangriff von außen und von innen verwechselt werden. Bei diesen handelt es sich in erster Linie um eine technische Unterscheidung in Abhängigkeit vom Standort des technischen Abhörgerätes (außerhalb oder innerhalb der Wohnung), die allerdings, da beim Abhören von innen i.d.R. die Wohnung zuvor betreten werden muß, auch rechtliche Bedeutsamkeit erlangen kann[20].

C) Sicherungslauschangriff

Eine besondere Kategorie stellt der sog, „Sicherungslauschangriff" dar. Hierunter wird das Abhören ausschließlich zum Schutz der bei einem Einsatz in einer Wohnung tätigen Person verstanden[21]. Dem äußeren Erscheinungsbild nach

16 Oftmals wird diesbezüglich undifferenziert von der Anwesenheit eines Verdeckten Ermittlers (=VE) gesprochen. Dieser Begriff ist in der StPO jedoch für die Beamte des Polizeidienstes reserviert, die unter einer ihnen verliehenen, auf Dauer angelegten, veränderten Identität (Legende) ermitteln (vgl. § 110a Abs.2 S.1 StPO). Somit wird der „kleine" Lauschangriff zwar in der Regel im Beisein eines VE erfolgen. Dies ist aber nicht notwendigerweise der Fall, da es für die rechtliche Bewertung aus Sicht des Lauschangriffs unerheblich ist, ob die vorgegebene Identität auf Dauer angelegt ist.

17 Insoweit ist es problematisch, wenn formuliert wird, daß der „kleine" Lauschangriff im „großen" begrifflich enthalten sei, da letzterer ohne den Einsatz verdeckt ermittelnder Beamter auskomme; so aber *Müller*, S.6.

18 *Raum/ Palm*, JZ 1994, S.447.

19 vgl. *de Lazzer/Rolf*, JZ 1977, S.207; *Lammer*, S.16; näher siehe unten Teil 3.

20 *Rohe*, S.40.

21 Ähnlich definiert sollte der Sicherungslauschangriff ursprünglich bereits - wie der „kleine" Lauschangriff - durch das OrgKG legalisiert werden (BT-DS 12/989 S.12); näher siehe *Krey*, Rn.27 ff.; unten Teil 2.

handelt es sich somit eigentlich um einen Unterfall des „kleinen" Lauschangriffs[22]. Trotzdem stellt der Sicherungslauschangriff aufgrund seiner besonderen Zielsetzung eine eigene Kategorie dar und ist in Art.13 Abs.5 GG teilweise eigens geregelt. Das Abhören muß allein dem Schutz der nicht offen ermittelnden Person dienen. Verfolgt es daneben auch das Ziel, die Effektivität des Einsatzes der nicht offen ermittelnden Person zu steigern, ist eine Einordnung als Sicherungslauschangriff ausgeschlossen[23], wie der Wortlaut des Art.13 Abs.5 GG („ausschließlich") eindeutig klarstellt. Letzterer ist somit keine eigenständige Maßnahme neben dem Einsatz eines nicht offen ermittelnden Beamten, sondern eine begleitende Schutzmaßnahme für einen solchen Einsatz.

Im folgenden wird deshalb zwischen dem „kleinen" Lauschangriff und dem Sicherungslauschangriff sauber zu trennen sein. Unter „kleinem" Lauschangriff ist allein die akustische Wohnraumüberwachung zu verstehen, die zumindest auch der Steigerung der Effektivität des nicht offen ermittelnden Beamten dient. Ein Sicherungslauschangriff dient hingegen allein dessen Schutz[24].

Aus dem Wortlaut, der Entstehungsgeschichte sowie der systematischen Stellung innerhalb des Art.13 GG folgt, daß der Sicherungslauschangriff sowohl für repressiv als auch präventivpolizeilich Tätige gilt[25]. Das Attribut „polizeilich" wurde aus der Entwurfsfassung gestrichen, um in allen Fällen des Einsatzes verdeckt ermittelnder Personen die erforderlichen Maßnahmen zur Eigensicherung in gleicher Weise ergreifen zu können[26]. Daneben normierte man den Sicherungslauschangriff in einem eigenen fünften Absatz des Art.13 GG und löste ihn damit von der systematischen Trennung zwischen repressiver (Art.13 Abs.3 GG) und präventiver Wohnraumüberwachung (Art.13 Abs.4 GG).

---

22 Vgl. *Müller*, S.32. Denkbar und nach dem Wortlaut des Art.13 Abs.5 GG nicht ausgeschlossen ist jedoch auch das Abhören von angrenzenden Räumen, in welchen Gefahrenquellen für den nicht offen ermittelnden Beamten vermutet werden.

23 BT-DS 13/9660, S.5; *Krey*, Rn.29; ebenso *Müller*, S.31.

24 *Kutscha/ Möritz*, StV 1998, S.564, Fn.1, setzen hingegen den „kleinen" Lauschangriff mit dem „Sicherungslauschangriff" gleich. Die Autoren übersehen jedoch, daß nicht jedes Belauschen in Wohnungen unter Anwesenheit eines nicht offen ermittelnden Beamten ausschließlich zu dessen Sicherung dient.

25 Anders *Binder*, S.180 f. Er faßt nur die Sicherung repressiv handelnder Polizisten hierunter.

26 BT-DS 13/9669, S.4; vgl. *Meyer/ Hetzer*, NJW 1998, S.1017 (1025); *Müller*, S.170; *Nack*, KK StPO, § 100f Rn.15.

D) Kritik am Begriff „Lauschangriff"

Im Rahmen der hitzigen Debatte um die Einführung der akustischen Wohnraumüberwachung wurde von Teilen der Befürworter dieser Maßnahme der Gebrauch des Begriffs „Lauschangriff" in massiver Weise kritisiert. Es handele sich um einen unsäglichen, diffamierenden[27] und polemischen Begriff[28], ein Schlagwort, welches sofort mit „rechtswidrig", „verboten", „aggressiv" „und „anrüchigem Tun ('Der Lauscher an der Wand...')" verknüpft werde[29]. Man gebrauche in Anlehnung an den Sprachgebrauch in angelsächsischen Ländern („electronic surveillance") sowie Spanien („vigilancia mediante dispositivos electrònicos") und Frankreich („surveillance électronique") besser die Ausdrükke „elektronische Überwachung" bzw. „elektronische Aufklärung"[30]. Es wurde sogar vertreten, statt von „Lauschangriff", welcher eine völlige Umkehrung der Problematik beinhalte, besser von „Lauschverteidigung" zu sprechen[31].

Es zeigt sich jedoch bei näherer Untersuchung, daß der Begriff „Lauschangriff" keineswegs, wie behauptet wird[32], eine Wortkreation polizeikritischer Kreise ist[33]. Vielmehr stammt dieser Terminus aus dem ministeriellen bzw. geheimdienstlichen Bereich[34] und wurde erstmals im Zusammenhang mit dem „*Traube*"-Abhörskandal verwendet. Die Zeitschrift „Der Spiegel" hatte 1977 enthüllt, daß Angehörige des Verfassungsschutzes und des Bundesnachrichtendienstes in der Privatwohnung des Atomwissenschaftlers *Traube*, der der Unterstützung von Terroristen verdächtigt wurde, eine „Wanze" zum Abhören installiert hatten. Diese Überwachungsaktion wurde im Schriftverkehr des Verfassungsschutzes und Bundesinnenministeriums mit „Lauschangriff" umschrieben[35].

Da sich in Deutschland der Terminus „Lauschangriff" auch in Fachkreisen als Synonym für die akustische Wohnraumüberwachung durchgesetzt hat[36], wird in

---

27 *Weber*, Anhörung zu BT-DS 13/8650, 13/8651, S.2.
28 *Schelter*, ZRP 1994, S.52.
29 *Zachert*, DRiZ 1992, S. 355.
30 *Zachert*, DRiZ 1992, S. 355.
31 *Müller/ Model*, GG Art.13 Rn.4.
32 *Krüger*, ZRP 1993, S.124.
33 So auch *Kutscha* NJW 1994, S.85.
34 *Kutscha/ Mötitz*, StV 1998, S.564.
35 Spiegel Nr.10 v. 28.02.1977, S. 28; Nr.11 vom 07.03.1977,S. 19; näher *de Lazzer / Rolf*, JZ 1977, S.207; *Schwagerl*, S.161 ff.
36 *Raum/ Palm* JZ 1994 S. 447; *Müller*, S.8 m.w.N.; siehe auch *Denninger*, StV 1998, S.401; letzterer will ausdrücklich an dem Begriff festhalten, da dieser sowohl die Heimlichkeit als auch das aktive Vorgehen besonders verdeutliche, insbesondere verglichen mit Umschreibungen wie „verdeckte Er-

der vorliegenden Arbeit trotz der oben angesprochenen Kritik an ihm festgehalten, ohne hierdurch eine bestimmte Tendenz zum Ausdruck bringen zu wollen[37]. Keinesfalls handelt es sich um einen „verbalen Schlag unter die Gürtellinie“[38], sondern um einen recht plastischen Begriff, der auch die mit ihm verbundenen Probleme offen andeutet.

Der BGH verwendet neuerdings den Ausdruck „Lausch*eingriff*[39]“, was keine Beschönigung des Wortes „Lauschangriff“, sondern eine ebenfalls zutreffende Umschreibung des Eingriffs in Grundrechte durch Belauschen darstellen soll[40]. Diese Bezeichnung hat sich allerdings (noch) nicht durchgesetzt und findet deshalb hier keinen Gebrauch.

Teil 2: Überblick über die historische Entwicklung

Das Abhören und Aufzeichnen des nicht öffentlich gesprochenen Wortes stellt, insbesondere im Hinblick auf Unterhaltungen in der Wohnung, ein relativ neues Rechtsproblem dar. Erst mit der in der 2. Hälfte des 20. Jahrhunderts erfolgenden technischen Entwicklung wurde es den Strafermittlungsbehörden technisch überhaupt möglich, heimlich und effizient Gespräche aufzuzeichnen und den tatsächlichen Schutz von Hauswänden akustisch zu durchdringen. So haben die Väter des Grundgesetzes diese Problematik in ihren Überlegungen noch unberücksichtigt gelassen und den, seinem Inhalt nach zu den ältesten Grundrechten gehörenden, Art.13 GG im Hinblick auf seine Eingriffsschranken auf solch moderne technische Mittel nicht zugeschnitten[41]. Zudem ging man ursprünglich von einem auf Offenheit angelegten Strafverfahren aus[42]. Ein Eingriff in Art.13 GG zu strafprozessualen Zwecken wurde deshalb lediglich zur Durchsuchung gestattet[43]. Da gleichzeitig der technische Fortschritt kriminelle Machenschaften insbesondere in Bezug auf die Kommunikation vereinfachte, stellte sich jedoch immer dringender die Frage nach einem heimlichen Gegeninstru-

---

hebung personenbezogener Daten mit besonderen bzw. technischen Mitteln in oder aus Wohnungen“ (vgl. § 23 bw PolG oder § 15 HSOG).

37 Im folgenden wird deshalb der Begriff „Lauschangriff“ grundsätzlich nicht in Anführungszeichen gesetzt erscheinen.

38 So *Krey*, Rn.31.

39 BGH NJW 1996, S.405; vgl auch *Müller*, S.5.

40 So zu Recht *Cassardt*, ZRP 1997, S.370, Fn.1.

41 *Ruthig*, JuS 1998, S.506 (512).

42 *Müller*, S.10 m.w.N.

43 Ansätze, den Lauschangriff gemäß Art.13 Abs.2 GG a.F. als „akustische Durchsuchung“ zu erlauben, konnten nicht überzeugen; ausführlich *Müller*, S.54 ff.

mentarium seitens der Strafverfolgungsbehörden. Im Rahmen der Terrorismusbekämpfung gestattete der Gesetzgeber Ende der 60er Jahre durch Grundgesetzänderung vorerst nur das Abhören der Telekommunikation. Der Schutzbereich des Art.13 GG blieb weiterhin unangetastet und das Abhören des nicht öffentlich gesprochenen Wortes auch ansonsten untersagt.

In das Bewußtsein der breiten Öffentlichkeit rückte die akustische Wohnraumüberwachung dann 1978 mit der illegalen Abhöraktion des Atomphysikers *Dr. Traube*. Diese Affäre zwang den damaligen, für den Einsatz die Verantwortung tragenden Bundesinnenminister *Maihofer* zurückzutreten. Kurze Zeit später folgte ihm der damalige Bundesverteidigungsminister *Leber* aufgrund eines ähnlichen Vorfalls[44].
Seit den 80er Jahren rückte eine Gefährdung der Inneren Sicherheit durch die Organisierte Kriminalität immer stärker in die Diskussion und die Rufe nach effektiven Mitteln zur Bekämpfung der Organisierten Kriminalität, worunter man auch die akustischen Überwachung zählte, wurden immer lauter[45]. Zuerst ließ man die Gesprächsüberwachung im präventiven Bereich zu. Hier wurden die gesetzlichen Grundlagen ohne größere öffentliche Diskussion in den einschlägigen Polizeigesetzen der Länder als Konkretisierung der Schranke des damaligen Art.13 Abs.3 GG geschaffen[46]. Der Bund erlaubte in seinem Kompetenzbereich das Abhören und Aufzeichnen des in der Wohnung nicht öffentlich gesprochenen Wortes im geheimdienstlichen Umfeld[47].

Zum Zwecke der Strafverfolgung hingegen prägten jahrelange Streitigkeiten über die Verwendung technischer Mittel zum Abhören und zur Aufzeichnung des verbalen und non-verbalen Verhaltens das Bild[48]. Einen ersten Versuch, die akustische Überwachung zu gestatten, unternahm bereits im Januar 1990 die Bayerische Staatsregierung mit dem Entwurf eines Gesetzes zur Bekämpfung des illegalen Rauschgifthandels, den sie in den Bundesrat einbrachte[49] und dem mit kurzem Abstand ein Entwurf zur Bekämpfung der Organisierten Kriminalität[50] auf Initiative von Baden-Württemberg folgte. Beide Länder führten ihre Vorschläge zu einer gemeinsamen Initiative zusammen, welche aber, nachdem

44 Näher *Seifert*, KJ 1992, S.355 (357).
45 Vgl. *Welp*, StV 1994, S.161.
46 *Geis*, JuS 1998 S.1174; *Seifert*, KJ 1992, S. 359; zu den landesverfassungsrechtlichen Problemen siehe *Tiedemann*, KJ 1998, S.52 ff; zu den jeweiligen Polizeigesetzen der Länder siehe *Müller*, S.20 ff.
47 Vgl. *Müller*, S.11, 17 ff.
48 *Seifert*, KJ 1992, S.355 (356).
49 BR-DS 74/90.
50 BR-DS 83/90.

sie am 11.05.1990 nahezu einstimmig vom Bundesrat angenommen worden war, im Bundestag scheiterte[51].

Nach den Wahlen zum 12. Deutschen Bundestag unternahmen die Länder Bayern und Baden-Württemberg mit einem gemeinsamen Gesetzesantrag vom 26.04.1991 einen erneuten Versuch, das Abhören und Aufzeichnen nichtöffentlich geführter Gespräche zu ermöglichen[52]. Parallel hierzu brachte die Bundesregierung, teilweise bedingt durch das Volkszählungsurteil des BVerfG[53], einen Gesetzesentwurf zur Änderung des Strafverfahrens (StVÄG)[54] in den Bundestag ein. Aus beiden Vorschlägen resultierte das am 04.06.1992 verabschiedete und am 15.07.1992 in Kraft getretene „Gesetz zur Bekämpfung des illegalen Rauschgifthandels und anderer Erscheinungsformen der Organisierten Kriminalität“[55] (OrgKG). Dieses regelte neben zahlreichen materiellrechtlichen Änderungen den Einsatz Verdeckter Ermittler, die Rasterfahndung sowie die polizeiliche Beobachtung und bereicherte die StPO insbesondere um den § 100c StPO, welcher in seiner damals eingeführten Form zwar das Abhören und Aufzeichnen des nichtöffentlich gesprochenen Wortes gestattete, jedoch nur außerhalb einer nach Art.13 GG geschützten Wohnung[56]. Diese Beschränkung ergab sich nicht aus dem Wortlaut, eine entsprechende Klarstellung sah man aber als überflüssig an, weil sich die Beschränkung aus dem Gesamtzusammenhang und der Entstehungsgeschichte ergab, die zu einer verfassungskonformen Interpretation der Norm führte. Der ursprüngliche Entwurf sollte nämlich nach § 100 c Abs.2 und 3 StPO E OrgKG in Wohnungen den „kleinen“ Lauschangriff sowie den Siche-rungslauschangriff gestatten[57]. Auf Empfehlung des Rechtsausschusses

---

51 BT-DS 11/7663.

52 BR-DS 219/91.

53 BVerfGE 65,1 ff.

54 Abgedruckt in StV 1989, S.172 f.

55 BGBl 1992 I, S.1302 ff.

56 Absolut h.M., BGH St 42, 372 (374 f.); BGH StV 1997, S.400; *Binder* S.72, 86; *Duttge*, JZ 1999, S.261 (262); *Eisenberg*, NJW 1993, S. 1033 (1037); *Hilger*, NStZ 1992, S. 457 (462); *Krey/ Haubrich*, JR 1992, S.309 (313); *Müller*, S.13; *Nack*, KK StPO (3.Aufl.), § 100c Rn.3; *Meyer-Goßner*, K/M-G StPO (42.Aufl.), § 100c Rn.5.

57 BT-DS 12/989, S.12. Der Wortlaut des § 100c Abs. 2/3 StPO E lautete:
(Absatz 2 Satz 1) „Das in einer Wohnung nicht öffentlich gesprochene Wort darf nach Absatz 1 Nr.2 abgehört und aufgezeichnet werden, soweit es im Beisein eines nicht offen ermittelnden Beamten geäußert wird.“
(Absatz 3 Satz 1 bis 3) „Darüber hinaus dürfen technische Mittel, die dem Abhören, der Aufzeichnung oder der Bildaufnahme dienen, während des Einsatzes eines nicht offen ermittelnden Beamten zu dessen Sicherung verwendet werden. Personenbezogene Informationen, die hieraus erlangt werden, dürfen zu Beweiszwecken nur zur Aufklärung der in § 100 a bezeichneten Straftaten verwendet werden. Wurden die personenbezogenen Informationen in oder aus einer Wohnung erlangt, so dürfen sie zu Beweiszwecken nur verwendet werden, soweit es sich um einen Mord oder Totschlag (§§ 211, 212 des StGB), einen erpresserischen Menschenraub oder eine Geiselnahme (§§ 239a, 239b

sowie aufgrund der Bedenken der Bundesregierung[58] wurde dann aber „wegen der schwierigen rechtlichen, insbesondere auch verfassungsrechtlichen" Fragen vorerst davon abgesehen, den Einsatz technischer Mittel in der Wohnung zu erlauben und die Absätze 2 und 3 in der obengenannten Fassung wurde ersatzlos gestrichen[59]. Da gleichzeitig das Fehlen einer gesetzlichen Regelung des Lauschangriffs auf heftige Kritik stieß[60], beschloß der Bundestag bei Verabschiedung des OrgKG in seiner Resolution vom 04.06.1992, daß er die Beratungen zu diesem Thema weiterführen werde[61].

In den nun folgenden Diskussionen wurden mehrere Vorschläge zu Änderung des Grundgesetzes und des § 100c StPO vorgelegt, die den Lauschangriff ermöglichen sollten. Die wesentlichen verfassungsrechtlichen Streitpunkte drehten sich dabei um zwei Fragen. Zum einen war unklar, ob der Lauschangriff die Menschenwürde aus Art.1 Abs.1 GG verletze und somit überhaupt erlaubt werden könne. Zum anderen wurde über den geeigneten Weg diskutiert. Nach der einen Ansicht sollte der vom BVerfG weit aufgefaßte Schutzbereich des Art.13 GG auf die Wohnung im engeren Sinn eingegrenzt werden. Dies hätte den Lauschangriff im wesentlichen auf Betriebs- und Geschäftsräume beschränkt. In Privatwohnungen wäre er hingegen weiterhin verboten geblieben. Deshalb bevorzugte die andere Ansicht die Schranken des Rechts aus Art.13 GG zu erweitern und neben der Durchsuchung weitere Eingriffe zu strafprozessualen Zwecken zu gestatten[62].

Einen Mittelweg bezüglich der zweiten Frage schlug die SPD BT-Fraktion in ihrem am 04.02.94 vorgelegten Entwurf zu einem zweiten OrgKG ein[63]. Dieser sah vor, den Lauschangriff, wenn auch in engen Grenzen, im gesamten Schutzbereich des Art.13 GG zuzulassen[64]. Die Intensität des Eingriffs sollte sich aber

des StGB), einen Angriff gegen den Luftverkehr (§ 316c des StGB) oder eine der in § 100a S.1 Nr.4 bezeichneten Straftaten nach dem Betäubungsmittelgesetz handelt."

58 BT-DS 12/989 S.58.

59 BT-DS 12/2720, S.5, 43, 46; vgl. BGH St 42, 372 (375).

60 Vgl. *Zachert*, Stellungnahme zum OrgKG, Bl. 287, vgl.*Rohe* S.72.

61 BT-DS 12/7220, S.43:
„Der Deutsche Bundestag konnte die mit dem Einsatz technischer Mittel in Wohnungen i.S. des Art.13 GG verbundenen schwierigen rechtlichen, insbesondere auch verfassungsrechtlichen Fragen im Rahmen der Bera-tungen des vorliegenden Gesetzentwurfes nicht mit der erforderlichen Sorgfalt klären. Der Deutsche Bundestag wird die Beratungen nach der Sommerpause fortführen, um Möglichkeiten und Notwendigkeiten einer verfas-sungsrechtlich einwandfreien und praxisgerechten Regelung des Einsatzes technischer Mittel in Wohnungen zur Aufklärung und Verfolgung der Organisierten Kriminalität zu prüfen".

62 *Binder*, S.206 ff. m.w.N., *Müller*, S.101 ff, 121 f.; *Rohe*, S.86.

63 BT-DS 12/6784.

64 Das 2. OrgKG E sah folgende Fassung des Art.13 GG vor:

einfachgesetzlich danach unterscheiden, ob „Räume, die nach ihrer Zweckbestimmung und tatsächlichen Nutzen vorwiegend oder vorübergehend zum Wohnen oder zum Schlafen dienen“ oder sonstige Räume betroffen sind[65]. Weitere Voraussetzungen sollten insbesondere der Verdacht einer Katalogtat nach dem (modifizierten) § 100a StPO und mangelnde Erfolgsaussichten alternativer Ermittlungsmethoden sein. Das Land Bayern bevorzugte mit seinem Vorschlag vom 25.05.1995 zur Beseitigung der verfassungsrechtlichen Bedenken eine Aufnahme der Strafverfolgung in die Schranke des Art.13 Abs.3 GG a.F.[66]. Gleichzeitig brachte es einen Entwurf zur Ergänzung des OrgKG ein[67], wonach das Abhören in Wohnungen möglich sein sollte, „wenn Tatsachen den Verdacht begründen, daß jemand eine in §100a bezeichnete Straftat begangen hat, deren Schwere oder Eigenart den Eingriff rechtfertigt“[68]. Die Landesregierung von Baden-Württemberg sprach sich ebenfalls dafür aus, Art.13 Abs.3 GG a.F. generell für Eingriffe zur Aufklärung von Straftaten öffnen[69]. Der parallele Vorschlag zur Ergänzung des Verbrechensbekämpfungsgesetzes sah Eingriffe in die Wohnung (Lauschangriff und Spähangriff) zur Aufklärung „schwerwiegender Straftaten“ vor, wobei - ähnlich dem SPD - Entwurf - als Folge des weiten Wohnraumbegriffs des BVerfG zwischen Räumen, die unmittelbar dem Wohnzweck dienen und sonstigen, unter den Schutzbereich des Art.13 GG fallenden Räumen unterschieden wurde[70].

Die gesetzgeberische Umsetzung einer Regelung zum Lauschangriff ließ lange auf sich warten. Das am 01.12.1994 in Kraft getretene Verbrechensbekämpfungsgesetz, das die gesetzlichen Grundlagen zur Bekämpfung der Organisierten Kriminalität in Teilbereichen fortentwickelte, griff die Wohnraumüberwachung nicht auf. Die Bundesregierung verhielt sich zurückhaltend, da in der Koalitionsvereinbarung zwischen CDU/CSU und F.D.P. festgelegt worden war, den Lauschangriff nicht gegen den Widerstand eines Koalitionspartners einzuführen und sich insbesondere innerhalb der F.D.P. große Beden-

---

„Eingriffe und Beschränkungen zur Verfolgung besonders schwerer Straftaten sind nur aufgrund eines Gesetzes zulässig. Sie dürfen nach Einwilligung eines durch die Volksvertretung bestellten Organs oder Hilfsorgans nur durch das Gericht angeordnet werden. Ein Gesetz nach Satz 1 bedarf der Zustimmung von zwei Dritteln der Mitglieder des Bundestages und zwei Dritteln der Stimmen des Bundesrates“.

65 *Rohe*, S.83; *Welp*, StV 1994, S.161 (164).

66 „Eingriffe und Beschränkungen dürfen im übrigen nur zur Abwehr einer gemeinen Gefahr oder einer Lebensgefahr für einzelne Personen, aufgrund eines Gesetzes auch zur Strafverfolgung oder zur Verhütung dringender Gefahren für die öffentliche Sicherheit und Ordnung vorgenommen werden.“

67 BR-DS 494/94.

68 Eingehend *Rohe*, S.85.

69 BR-DS 694/95.

70 BR-DS 695/95; ausführlich *Rohe*, S. 85 f.

ken hielten[71]. Diese Hürde wurde im Dezember 1995 durch eine Mitgliederbefragung der F.D.P genommen, bei welcher sich die Mehrheit für die Einführung des Lauschangriffs aussprach[72].
So kam es in der Bundestagssitzung vom 09.10.1997 zur Beratung in Erster Lesung des „Entwurf eines Gesetzes zur Änderung des Grundgesetzes (Art.13 GG)“[73] und des „Entwurf eines Gesetzes zur Verbesserung der Bekämpfung der organisierten Kriminalität“[74], welche von den CDU/CSU, SPD und F.D.P. Fraktionen eingebracht wurden[75]. Aufgrund des notwendigen überparteilichen Kompromisses fiel die Verfassungsänderung überaus umfassend aus. Auf Empfehlung des Rechtsausschusses erfolgten nach mehreren Beratungen am 29.10.1997, 10.12.1997, 13.01.1998 und 14.01.1998 sowie einer Expertenanhörung am 21.11.1997 einige Änderungen[76]. So wurden z.B. mehrere im Straftatenkatalog aufgelistete Staatsschutzdelikte gestrichen und die §§ 152, 261 Abs.1-4, 332, 334 StGB hinzugenommen. Die Zuständigkeit zur Anordnung übertrug man auf bestimmte Kammern des Landgericht (sog. Staatsschutz-kammern). Desweiteren mußten nun die Beteiligten gem. § 101 StPO von der Maßnahme benachrichtigt werden. Nachdem bisher keine Regelung für das Abhören von zeugnisver-weigerungsberechtigten Personen bestanden hatte, wurde nun eine solche in den Entwurf zum VBOrgKG eingefügt, wonach ein absolutes Beweiserhebungsverbot für Strafverteidiger, Geistliche und Abgeordnete und ein relatives Beweisverwertungsverbot in den Fällen der §§ 52, 53 Abs.1 Nr.3,3a,3b,5 und 53a StPO gelten sollte[77]. Ein Antrag von Bündnis 90 / DIE GRÜNEN, welcher für alle Fälle der §§ 52,53,53a StPO ein Abhörverbot im Grundgesetz (Art.13) verankern wollte, wurde abgelehnt[78].

Nachdem der Bundestag beiden Gesetzesvorhaben in zweiter und dritter Lesung zugestimmt hatte[79], lehnte der Bundesrat am 06.02.1998 das Gesetz zur Verbesserung der Bekämpfung der Organisierten Kriminalität mit Mehrheit der SPD - regierten Länder ab und rief den Vermittlungsausschuß an[80]. Dem Gesetz zur Änderung des Grundgesetzes (Art.13 GG) stimmte er hingegen zu. Der im Vermittlungsausschuß gefundene Kompromiß vom 02.03.1998 empfahl insbe-

---

71 Siehe hierzu *Leutheusser-Schnarrenberger*, ZRP 1995, S.81 ff.
72 *Müller*, S.14 f.
73 BT-DS 13/8650.
74 BT-DS 13/8651.
75 Bundestag Plenarprotokoll 197. Sitzung vom 09.10.1997, S.17677-17705.
76 BT-DS 13/9642, 13/9644, 13/9660, 13/9661.
77 BT-DS 13/9644.
78 BT-DS 13/9660, S.2, 13/9663.
79 Bundestag Plenarprotokoll 214. Sitzung vom 16.01.1998, S.19517-19592: Ergebnis der Abstimmung: Ja:452, Nein:184, Enthaltungen: 5.
80 BT-DS 13/9841; Bundesrat Plenarprotokoll der 721. Sitzung vom 06.02.1998.

sondere, das Beweiserhebungsverbot auf sämtliche in § 53 Abs.1 StPO genannten Berufsgruppen zu erweitern[81].
Dieser Empfehlung folgte der Bundestag in seiner Abstimmung vom 05.03.1998 trotz ablehnender Haltung der Bundesregierung[82]. Am 06.03.1998 folgte die Annahme des Gesetzesvorschlags durch den Bundesrat[83], so daß am 01.04.1998 das Gesetz zur Änderung des Grundgesetzes (Art.13)[84] und am 09.05.1998 das Gesetz zur Verbesserung der Bekämpfung der Organisierten Kriminalität[85] in Kraft traten. Dessen Art.2 führte den Lauschangriff durch Ergänzung des § 100c Abs.1 Nr.3 sowie Folgeergänzungen der §§ 100d bzw.101 und die Neuschaffung der §§ 100e und 100f in die Strafprozeßordnung ein.

Teil 3: Technische Informationen

Die Diskussion um die Einführung des Lauschangriffs setzte sich erstaunlich wenig mit den technischen Möglichkeiten zur praktischen Durchführung einer solchen Maßnahme auseinander. Um ein Gesamtverständnis zu gewinnen, und um die rechtlichen Probleme der Erhebung und Verwertung der auf diese Weise gewonnenen Ergebnisse zu erfassen, bedarf es jedoch zumindest eines Überblicks über die Vorgehensweisen der Ermittlungsbehörden, die im wesentlichen denen der präventiven Wohnraumüberwachung gleichen. Die rechtlichen Erwägungen sollen sich nicht von einem Wunschdenken leiten lassen, sondern müssen sich an den realen Gegebenheiten orientieren. In wieweit sich ein Lauschangriff in rechtmäßiger Art und Weise durchführen läßt, hängt, gerade im Hinblick auf den Kreis der Betroffenen und der Rechtsverletzungen durch Vorbereitungs- und Begleitmaßnahmen, nicht allein von den rechtlichen Eingriffsvoraussetzungen, sondern zu einem großen Teil auch von den im Einzelfall vorliegenden tatsächlichen Umständen ab (z.B. Fenster und Zutrittsmöglichkeiten). Diese tatsächlichen Abhörmöglichkeiten unterliegen allerdings einem schnellen Wandel, welcher mit der Abhörtechnik einhergeht und insbesondere von der Intensivierung der Wirtschafts- und Industriespionage voran-

---

81 BT-DS 13/10004.

82 Es kam zur einzigen parlamentarischen Abstimmungsniederlage der Regierungskoalition im Gesetzgebungsverfahren während der 13. Wahlperiode, da neun Mitglieder der F.D.P Fraktion für das im Vermittlungsausschuß gefundene Ergebnis stimmten; Bundestag Plenarprotokoll, 222. Sitzung vom 05.03.1998, S.20294-20380; Ergebnis der Abstimmung: Ja: 328, Nein: 322, Enthaltungen: 2.

83 Bundesrat Plenarprotokoll der 722. Sitzung vom 06.03 1998, S.53-93.

84 BGBl. I 1998, S.610.

85 BGBl. I 1998, S.845.

getrieben wird[86]. Bei der Beschreibung der gegenwärtigen Möglichkeiten zur akustischen Überwachung von Wohnungen sind zwei grundlegend unterschiedliche Vorgehensweisen zu unterscheiden.

Zum einen setzt man technische Mittel ein, die sich - zumindest zum Teil - im abgehörten Raum selber befinden müssen. Hierbei werden relativ kleine Mikrophone, sog. „Wanzen“, im Zimmer installiert. Diese sind mit einem kleinen Sender ausgestattet und übertragen die so aufgefangenen Geräusche im Raum über Funk nach außen, wo sie empfangen und aufgenommen werden können. Die Sendeweite beträgt einige hundert Meter. Diese Maßnahme setzt aber zumeist voraus, daß vorher heimlich in die Wohnung eingedrungen wurde oder ein nicht offen ermittelnder Beamter die „Wanze“ heimlich installiert hat. Ein weiterer Nachteil dieser Vorgehensweise ist, daß die Sender i.d.R. mittels Batterie betrieben werden und herkömmliche Geräte dieser Art nach dem gegenwärtigen Stand der Technik lediglich eine Batteriekapazität von vier bis fünf Stunden haben[87]. Durch Einsatz eines Signalgebers, was bedeutet, daß das Gerät nur sendet, wenn gesprochen wird bzw. es durch sonstige Schallwellen aktiviert wird, kann die Kapazität um einige Zeit erweitert werden[88]. Signalgeber, die hingegen nur auf bestimmte Stimmen reagieren, befinden sich nicht im herkömmlichen Einsatz.
Zur Beseitigung des Energieproblems kann die „Wanze“ auch an eine feste Stromquelle angeschlossen werden, etwa indem man sie in technischen Geräten versteckt (z.B. im Telefon oder Lichtschalter) und mit deren Stromnetz verbindet. Befinden sich die Beamten z.B. im Nebenraum, können sie das Minimikrophon mit einem Drahtanschluß versehen und durch ein Loch in der Wand in den Raum einführen, wobei die Übermittlung zur Aufzeichnung auf dem selben Weg statt über Funk erfolgt[89]. Daneben besteht die Möglichkeit, das Mobiltelefon des Beschuldigten schon außerhalb der Wohnung zu manipulieren und zu einer kleinen Abhöranlage umzufunktionieren, die sich in der Wohnung per Funkbefehl aktivieren („anrufen“) läßt und deren Stromquelle vom Inhaber selber wieder aufgeladen wird[90]. Jedoch handelt es sich bei diesen Vorgehensweisen jeweils um Ausnahmen, die nur unter bestimmten Umständen möglich sind

86 Wirtschaftsspionage ist die von fremden Nachrichtendiensten ausgehende oder gestützte Ausforschung von Wirtschaftsunternehmen und Betrieben, während Industriespionage durch Konkurrenzunternehmen erfolgt (sog „Konkurrenzausspähung“); *Frisch*, FAZ vom 21.09.1999 S. B/1.

87 Eine längere Betriebsdauer ist zwar bei Einsatz größerer Batterien möglich, jedoch sind die Sender dieser Art aufgrund ihres Volumens leicht auffindbar und somit regelmäßig zum Lauschangriff ungeeignet; vgl. *Müller*, S.99.

88 *Lisken*, Stellungnahme bei der Anhörung durch die rheinland - pfälzische Staatskanzlei, S.2; *ders*. ZRP 1993 S. 121 (122).

89 Vgl. *Müller*, S.99.

90 Einige Geräte lassen ein solches „stilles“ Anrufen sogar ohne Manipulationen zu.

und teilweise längere Vorbereitungszeit benötigen. In der Regel bleibt man deshalb auf den Einsatz von Minimikrophon und somit auf eine Batterie angewiesen.
In der Alternative des technisch unproblematischen „kleinen“ Lauschangriffs hat der nicht offen ermittelnde Beamte die Möglichkeit, den Sender bei sich zu tragen. So löst er einerseits das Stromproblem relativ leicht und vermag sich andererseits besser zu schützen, da sichernde Beamte live mithören können. Letzteres ist nicht der Fall, wenn der Beamte das Gespräch selber heimlich aufzeichnet, womit er allerdings durch gezieltes Ein- und Ausschalten des Aufnahmegeräts leichter technische Schutzmaßnahmen umgehen kann, wie Scanner, die auf elektromagnetische Felder und Wellen reagieren. Daneben ist es aber auch möglich, sämtliche technischen Varianten des „großen“ Lauschangriffs durchzuführen, nur eben in Anwesenheit des Beamten, der lückenhafte Aufzeichnungen durch seine eigenen Wahrnehmungen ergänzen kann.

Als Alternative zu den herkömmlichen Funkmikrophonen macht der ehemalige nordrhein-westfälische Polizeipräsident *Lisken* auf die Möglichkeit der Übertragung mittels Infrarotwellen aufmerksam. Diese Sprachübertragungen seien zur Zeit im Bereich von ungefähr hundert Metern in einem Winkel von maximal 9 Grad Abweichung zur Abstrahlfläche bei einer Batteriekapazität von ein bis zwei Tage zu empfangen. Über diese Technik, die verhältnismäßig teuer sei, verfüge die Polizei jedoch noch nicht[91].

Die zweite grundlegende Vorgehensweise ist der Lauschangriff von außen. Sind die Fenster geöffnet kann das Gebäude relativ leicht auch von außen abgehört werden (z.B. durch Richtmikrophone), auch wenn das Gesprochene von außerhalb des Gebäudes menschlich nicht wahrzunehmen ist. Problematischer ist das Abhören bei geschlossenen Fenstern, was aber die Regel sein dürfte. Jedoch ist auch dann ein Abhören theoretisch nicht unmöglich. Neben dem Abhören unter Zuhilfenahme sensibler Mikrophone ist es mittels eines Interferenzträgers und Akustik-Umwandlers technisch möglich, die durch Schallwellen erzeugten Erschütterungen des Fensterglases zu registrieren und wieder in akustische Signale umzuwandeln[92]. Bei optimalen Bedingungen (z.B. kein Regen, wenige Nebengeräusche durch Straßenlärm, etc.) sollen so heutzutage Räume durch geschlossene Fenster aus einer Entfernung von bis zu 300 m abgehört werden können[93].

---

91 *Lisken*, Stellungnahme bei der Anhörung durch rheinland-pfälzische Staatskanzlei; vgl. auch *Müller*, S.100.
92 *Lammer*, S. 16; *Meurer* S. 537(552); *Raum/ Palm*, JZ 1994, S.447.
93 *Mann/ Müller*, ZRP 1995, S.180 (181).

Lisken weist noch darauf hin, daß Geheimdienste Geräte besäßen, die mittels Laserstrahlen Scheiben von außen abtasten können. Diese seien aber sehr teuer[94] und bedürften eines eigenen Auswertebereichs. Straßengeräusche etc. müßten erst herausgefiltert werden, weshalb eine Direktauswertung nicht möglich und Sprachexperten einzusetzen seien. Neben den Kosten benötigen solche Geräte auch Zeit und Erfahrung, um sie auf die Scheiben einzurichten[95]. So ist ein Erfolg nur bei absolut rechtwinklichen Einstrahlungen möglich[96]. In wieweit die Polizei in Zukunft auf solche Mittel zurückgreifen kann, ist nicht vorhersehbar.
Hat der zu überwachende Raum keine Fenster, besteht noch die Möglichkeit des Abhörens mittels eines Wandstethoskops an den äußeren Wohnungswänden. Diese Methode ist jedoch nur bei neueren Gebäuden erfolgreich (z.B. Plattenbauten). Bei älteren sowie fest gemauerten Häusern, deren Wände mehr Eigengeräusche verursachen, wirkt sie nicht. In solchen Fällen bleibt nur noch das Abhören der metallischen Leitungen (Strom- oder Wasserleitungen) zu versuchen, welche die durch Schallwellen entstandenen Schwingungen aufnehmen[97]. Bei entsprechender Bauweise und Dicke können Räume ohne Fenster nach dem heutigen Stand der Technik deshalb nicht oder nur mit geringem Erfolg abgehört werden.

Problematisch ist, daß die eben beschriebenen Überwachungsmethoden relativ leicht zu stören sind. Dies kann sowohl durch andere technische Gegenmittel wie etwa Störsender geschehen, als auch durch abhörsicheres Glas oder das Verändern des Geräuschspiegels, z.B. mittels eines Radios am Fenster, dessen Geräuschamplituden für den Lauscher jedes Gesprächs deutlich überlagern. Auch wenn derartige Schallwellen wieder herausgefiltert werden können, so erfordert dies einen Kosten-, Experten- und Zeitaufwand, der oftmals nicht zu rechtfertigen ist. Allein die herkömmlichen Nebengeräusche verlangen in vielen Fällen Nachbehandlungen durch Experten. Scanner ermöglichen zum Teil auch das Aufdecken des die „Wanze" umgebenden elektromagnetischen Feldes. Zudem können sie die ausgesandten Funksignale orten, die im herkömmlichen Be-

---

94 Nach den Informationen *Liskens* dürften sich die Kosten auf weit über 200.000,- DM belaufen. Ein herkömmlicher Lauschangriff kostet nach Angaben des Berichts nach Art.13 Abs.6 GG für das 1998 (BT-DS 14/2452) zwischen 1.569,28 DM und 15.865,85 DM. In den USA wurden hierfür hingegen zwischen 1987 - 1992 durchschnittlich ca. $ 53.600 ausgegeben (*Krause*, *Hanack*-FS, S.221 (226) Fn.21; *Böttger/ Pfeiffer*, ZRP 1994, S.7 (10)). Die Gründe dieser Differenz sind mir nicht ersichtlich. Unter Umständen basieren sie auf unterschiedlichen Berechnungsgrundlagen oder in den U.S.A. werden andere Methoden angewandt.

95 *Lisken*, Stellungnahme bei der Anhörung durch rheinland-pfälzische Staatskanzlei, S.2.

96 *Müller*, S.100.

97 *Müller*, S.100.

reich liegen[98]. Derartige Abwehrmaßnahmen werden seitens des Bundesamts für Informationstechnik gerade auch legal tätigen Unternehmen zum Schutz von Firmengeheimnissen empfohlen[99]. Die Wirksamkeit der Informationsbeschaffung mittels eines Lauschangriffs basiert mithin wesentlich auf der Heimlichkeit der Handlung und dem Vertrauen der Betroffenen, nicht akustisch überwacht zu werden.

98 Vgl. *Lisken*, ZRP 1993 S.121 (122).
99 *Müller*, S.96 Fn.526.

Kapitel II

Grundlagen der Verfassung und des Völkerrechts

Teil I: Eingriffe in Rechte aus dem Grundgesetz und der Europäischen Menschenrechtskonvention

Bevor die Rechtsprobleme bei der Erhebung und Verwertung von Beweisen im Rahmen des Lauschangriffs näher untersucht werden können, ist festzustellen, welche Vorgaben das Grundgesetz und das Völkerrecht an diese Ermittlungsmaßnahme stellen. An diesem Maßstab muß sich die Regelung zur akustischen Wohnraumüberwachung messen lassen. Zunächst ist hierbei zu prüfen, in welche Rechte das Abhören und Aufzeichnen des in einer Wohnung nicht öffentlich gesprochenen Wortes sowie dessen spätere Verwertung eingreifen. Hierunter faßt man jedes Verhalten, welches das geschützte Recht erschwert oder vereitelt[1]. Grundrechtseingreifende Begleitmaßnahmen bleiben dabei vorerst noch unberücksichtigt. Sie werden an späterer Stelle eingehend dargelegt[2]. Im Anschluß an die Untersuchungen zu den Rechtseingriffen sind deren Rechtfertigungsmöglichkeiten zu erörtern.

A) Das allgemeine Persönlichkeitsrecht (Art.2 Abs.1 i.V.m. Art.1 Abs.1 GG)

I) Grundlagen

Das allgemeine Persönlichkeitsrecht ist ein aus Art.2 Abs.1 GG in Verbindung mit Art.1 Abs.1 GG richterrechtlich entwickeltes eigenständiges Grundrecht. Es hat die Funktion, die enge persönliche Lebenssphäre und deren Grundlagen zu schützen[3]. Primär wurzelt es in Art.2 Abs.1 GG und verbindet dessen Aussagen mit solchen des Art.1 Abs.1 GG, die zur Bestimmung von Inhalt und Reichweite des Rechts als „Auslegungsrichtlinie"[4] heranzuziehen sind[5]. Im Unterschied zu Art.1 Abs.1 GG ist das allgemeine Persönlichkeitsrecht prinzipiell

1 *Pieroth/Schlink*, Rn.259, 274.
2 Siehe Kap.III T.3 B III.
3 BVerfGE 54,148 (153); 60,329 (339).
4 *Stark, v.Manold/Klein* GG, Art.2 Rn.65.
5 BVerfGE 27,344 (350); *Kunig, v.Münch* GG, Art.1 Rn.10.

beschränkbar. Von Art.2 Abs.1 GG unterscheidet es sich dadurch, daß nicht deren Schrankentrias, sondern die allgemeinen Schranken gelten[6].

Inhaltlich ist das allgemeine Persönlichkeitsrecht nicht abschließend umschrieben worden. Seine konkrete Ausgestaltung wurde anhand von Einzelfällen entwickelt[7], die sich in Fallgruppen unterteilen und bei denen es jeweils um die Gewährleistung der engen persönlichen Lebenssphäre und die Erhaltung ihrer Grundbedingungen geht[8]. Das heimliche Abhören und Aufzeichnen des nichtöffentlich gesprochenen Wortes berührt drei dieser Gruppen.

II) Recht auf Privatsphäre

Zum einen ist das Recht auf Privat- und Intimsphäre, die "statische Komponente"[9] des allgemeinen Persönlichkeitsrechts, betroffen, welche vor Eingriffen von außen schützt[10]. Es schirmt den privaten Bereich vor Einblicken oder dem Zugriff des Staates, Dritter oder der Öffentlich-keit ab und gewährleistet hierdurch die enge persönliche Lebenssphäre und den Erhalt ihrer Grundbedingungen[11]. Das BVerfG hat diesbezüglich in seiner Tonbandentscheidung[12] drei Bereiche herausgearbeitet, die unterschiedliche Schutzwürdigkeit aufweisen (sog. „Sphärentheorie"). Es existiert demnach ein absolut geschützter Kernbereich, in welchen unter keinen Umständen eingegriffen werden darf („Intimsphäre"), ein Bereich, in dem jeder als gemeinschaftsgebundener und gemeinschaftsbezogener Bürger solche staatlichen Maßnahmen hinnehmen muß, die im überwiegenden Allgemeininteresse und unter strikter Wahrung des Verhältnismäßigkeitsgrundsatzes getroffen werden („schlichte Privatsphäre"), und als drittes ein Bereich, in welchem der Schutz des allgemeinen Persönlichkeitsrechts nicht einschlägig ist, da der private Charakter vollends eingebüßt wird („Sozialbereich")[13].

---

6 *Kunig, v.Münch* GG, Art.2 Rn.30.

7 *Bethge*, UFITA 95 (1983), S.251 (355); *Starck, v.Mangold/Klein* GG, Art.2 Abs.1, Rn.64; *Seifert/Hömig*, Art.1 Rn.10.

8 BVerfGE 54,148 (153).

9 Begriff nach *Duttge*, JZ 1996, S. 556 (560); so auch *Wölfl*, S.53.

10 Näher siehe *Wölfl*, S.53 ff. m.w.N.

11 BVerfGE 54,148 (153); *Kunig, v.Münch* GG, Art.2 Rn.32.

12 BVerfGE 34,238 ff.

13 Teilweise wird die Sphärentheorie aufgrund des Volkszählungsurteils des BVerfG (BVerfGE 61, 1 ff.) als überholt betrachtet, da es aufgrund der modernen Datenverarbeitung und deren Verknüpfungsmöglichkeiten keine „belanglose Daten" bzw. „belanglose Informationen" mehr gebe (Das BVerfG verwendet beide Begriffe synonym). Hieraus folgt jedoch nur die Aufhebung der klaren Trennung zwischen einer Sozial- und einer schlichten Privatsphäre. Bestehen bleibt die Erkenntnis,

Hört der Staat nun das nichtöffentlich gesprochene Wort ab, greift er zumeist in die Privat- oder Intimsphäre des Einzelnen ein[14]. Derartige Äußerungen gehören regelmäßig ihres nicht öffentlichen Charakters wegens nicht dem Sozialbereich an. Hingegen ist diese nach außen abschirmende „statische" Komponente des allgemeinen Persönlichkeitsrecht bei der weiteren Verwertung des bereits Abgehörten als Beweis im Strafprozeß nicht mehr betroffen.

III) Recht am eigenen Wort

Jedoch umfaßt das allgemeine Persönlichkeitsrecht als Gegenstück zur Privatsphäre auch eine „dynamische Komponente": das Recht am gesprochenen Wort als ein Teil des Rechts auf Selbstdarstellung[15]. Grundsätzlich hat jeder die Befugnis, selbst zu bestimmen, wer seine Worte aufnehmen sowie ob und vor wem seine auf Tonband aufgenommene Stimme abgespielt werden darf, [16] welchem Kreis seine Worte also zugänglich gemacht werden. Es gehört zu den Rechten des Einzelnen zu wissen, wer wann was über ihn erfährt[17].
Diese Komponente wird gerade bei der Verwertung der durch das Abhören erlangten Informationen relevant, da hier kein Eingriff mehr in die nach außen geschützte Privatsphäre erfolgt. Letztere ist durch das vorherige Abhören betroffen. Mit der unbefugten Aufnahme ist die nach außen geschützte Sphäre dem Einblick und Zugriff Dritter nicht mehr entzogen[18]. Die Weitergabe, d.h. das Verwerten im Prozeß als Beweis, würde somit, würde man nur die statische Komponente des allgemeinen Persönlichkeitsrechts betrachten, keinen Grundrechtseingriff mehr enthalten. Hingegen wird in die dynamische Komponente des Rechts am gesprochenen Wort mit jedem erneuten Abspielen aufs neue eingegriffen[19].

---

daß einzelne Daten für sich von unterschiedlicher Bedeutung und Intension im Hinblick auf das Private sein können.

14 Insoweit ist die Formulierung in BGH St 27,355 (357); 31,296 (299) unklar, indem lediglich ausgeführt wird, daß das heimliche Aufnehmen des gesprochenen Wortes und dessen Wiedergabe einen Eingriff in die grundgesetzlich geschützte Privatsphäre des Betroffenen darstellt.

15 Eine eigenständige Bedeutung des Rechts am gesprochenen Wort ablehnend *Starck, v.Mangold/Klein* GG, Art.2 Abs.1 Rn.67, mit dem Argument, daß das Recht am gesprochenen Wort nur der Wahrung der Integrität der Privatsphäre diene.

16 BVerfGE 34,238 (246); BGH St 34,39 (43); 34,397 (398).

17 Vgl. *Lammer*, S.26.

18 *Wölfl*, S.53; vgl. *Müller*, S.61.

19 *Wölfl*, S.57. Deshalb kommt es bei der Beweisverwertung nicht auf die Fragestellung an, ob das geschützte Rechtsgut bereits irreparabel verletzt sein muß.

IV) Recht auf informationelle Selbstbestimmung

Eine weitere Ausprägung des allgemeinen Persönlichkeitsrecht ist das Recht auf informationelle Selbstbestimmung, welches vom BVerfG im Volkszählungsurteil entwickelt wurde. Es gewährleistet vor dem Hintergrund der modernen Bedingungen der Datenverarbeitung die grundsätzliche Befugnis des Einzelnen, über die Preisgabe und Verwendung seiner persönlichen Daten selber zu bestimmen; dies ist unabhängig davon, welcher Sphäre die einzelnen Daten angehören. Der Einzelne soll hierdurch vor einer unbegrenzten Erhebung, Speicherung, Verwendung und Weitergabe seiner persönlichen Daten geschützt werden, also vor der Gefahr einer vollständigen Registrierung[20].

Vergleicht man dies mit dem Recht am eigenen Wort, wird deutlich, daß das Recht auf informationelle Selbstbestimmung kein neues Recht darstellt, sondern daß es „quer liegt" zu sonstigen Ausprägungen des allgemeinen Persönlichkeitsrechts. Sofern diese mit Informationen zu tun haben, sind die Einzelverbürgungen des allgemeinen Persönlichkeitsrechts zu Aspekten des informationellen Selbstbestimmungsrechts geworden[21]. Mithin ist, soweit Daten dem gesprochenen Wort und nicht Bildern, Beobachtungen oder schriftlichen Quellen entspringen, das Recht am eigenen Wort deckungsgleich mit dem informationellen Selbstbestimmungsrecht.

Zum Teil wird dies aber nur insoweit akzeptiert, wie es abstrakte Datensammlungen betrifft[22]. Durch die akustische Wohnraumüberwachung zum Ziele der Strafverfolgung, bei der es auf die Erlangung konkreter, für die Strafverfolgung relevanter Daten ankommt, würde mithin in das informationelle Selbstbestimmungsrecht regelmäßig nicht eingegriffen. Ausnahmen wären allein bei zeitlich und räumlich exzessiv durchgeführten Überwachungen denkbar, die so zu einem „gläsernen" Menschen führten.
Dem Volkszählungsurteil selber läßt sich jedoch diese Einschränkung auf abstrakte Datensammlungen nicht entnehmen[23]. Der Schutz vor der Datenverarbeitung ist kein Selbstzweck, sondern soll die Herrschaft darüber sichern, wer wann was über jemanden weiß[24]. So soll verhindert werden, daß die Bürger sich unauffällig und gleichsam ihre Freiheit und Persönlichkeit selber einschränkend verhalten, weil sie fürchten, andere könnte ansonsten Wissen über sie erlangen.

---

20 BVerfGE 61,1 (43).
21 *Pieroth/ Schlinck*, Rn.377; *Kunig, v.Münch* GG, Rn.38.
22 *Wölfl*, S.68; i.E. offengelassen *Krey*, Rn.114 ff., vgl. *Rudolphi*, SK StPO vor § 94, Rn.45 ff.; *Wolter*, SK StPO, vor § 151, Rn.133.
23 Ausführlich untersucht von *Schmitz*, S.21 ff.
24 *Lammer*, S.26.

Diese Gefahr geht aber nicht nur von der modernen Datenverarbeitung sondern z.B. auch von heimlicher Informationserhebung aus[25], weshalb der Lauschangriff in das Recht auf informationelle Selbstbestimmung eingreift[26].

B) Die räumliche Privatsphäre (Art.13 GG)

I) Die Wohnung als Schutzbereich des Art.13 GG

1) Schutzfunktion der räumlichen Privatsphäre

Das Grundrecht der Unverletzlichkeit der Wohnung steht in einem engen Zusammenhang mit der freien Entfaltung der Persönlichkeit (Art.2 Abs.1 GG).[27] Letzere setzt voraus, daß der Einzelne einen Raum besitzt, in dem er unbeobachtet sich selbst überlassen ist oder mit Personen seines besonderen Vertrauens ohne Rücksicht auf gesellschaftliche Verhaltenserwartungen und ohne Furcht vor staatlichen Sanktionen verkehren kann[28].

Dem Einzelnen soll im Hinblick auf seine Menschenwürde und im Interesse seiner freien Entfaltung ein elementarer Lebensraum gewährleistet werden[29]. Ihm wird ein Rückzugsbereich garantiert und ein Recht, in diesem Bereich in Ruhe gelassen zu werden[30]. Dies soll ihm gerade in seiner Wohnung gesichert werden [31]. Die Wohnung besitzt als Mittelpunkt der menschlichen Existenz[32] und als räumlicher Bereich individueller Persönlichkeitsentfaltung besondere Bedeutung für die Privatsphäre[33]. *Herdegen* spricht davon, daß Art.13 GG der Persönlichkeitsentfaltung und der eigenverantwortlichen Lebensgestaltung des Einzelnen ein räumliches Substrat gewähre. Die Wohnung ist der abgegrenzte Raum privater Lebensgestaltung[34]. Wohnung bedeute daher räumliche Privatsphäre[35].
Der Schutzzweck des Art.13 GG besteht also darin, die räumliche Privatsphäre vor staatlichen Eingriffen zu schützen, indem für die öffentliche Gewalt das

---

25 *Schmitz*, S.26.
26 Ebenso i.E. *Müller*, S.62.
27 *Pieroth/Schlink* Rn.872.
28 BVerfG StV 1994, S.434 (435).
29 BVerfGE 42,212 (219); 51,97 (110).
30 BVerfGE 27,1 (6); 32,54 (75).
31 BVerGE 75,318 (328).
32 BVerGE 18,121 (131).
33 BVerfGE 75,318 (326)
34 *Herdegen*, BK GG, Art.13 Rn.1, 2.
35 BVerfGE 65,1(40); *Maunz*, M/D/H GG, Art.13 Rn.1; *Müller*, S.48 m.w.N.

grundsätzliche Verbot des Eindringens in den räumlich geschützten Bereich normiert wird. Art.13 GG schützt somit einen besonderen Teil der Privatsphäre.

2) Die privaten Wohnräume

Der Wohnungsbegriff des Art.13 GG, der den Schutzbereich abgrenzt, ist denkbar weit zu verstehen[36], was zwar teilweise bestritten, aber in der deutschen Staatsrechtslehre von alters her herrschend ist[37]. Wohnung ist demnach jeder nicht allgemein zugängliche Raum, der zur Stätte des Aufenthalts und des Wirkens von Menschen gemacht wird[38]. Der Schutz des Art.13 GG greift also nur dort nicht ein, wo selbst ein Minimum an räumlicher Abschottung gegen unbefugte Einsichtnahme von außen oder Betreten fehlt[39].

Art.13 GG umfaßt zunächst die Wohnung im eigentlichen Sinn, das heißt die „Behausung"[40], den privaten Wohnbereich, worunter z.B. Wohn-, Schlaf- und Eßzimmer, Küche und Bad fallen. Eingeschlossen vom Schutz werden auch Nebenräume, wie Keller, Speicher, Garagen, Treppen- oder Gartenhäuser, also dem eigentlichen Wohnbereich funktional und räumlich entweder unmittelbar oder als Annex zugeordnete Räumlichkeiten. Hinzu kommen Innenhöfe, umzäunte Gärten und umfriedete Kinderspielplätze in der Nähe von Wohnhäusern[41], also das angrenzende, umschlossene (und deshalb nicht allgemein zugängliche) freie Gelände[42], soweit hierdurch ein Verbot allgemeinen Zugangs dokumentiert wird. So hat der BGH z.B. entschieden, daß zur Wohnung auch ein Vorgarten gehört, wenn dieser lediglich mit einer kniehohen Hecke umschlossen ist, die zudem noch im Eingangsbereich auf ca. zwei Meter unterbrochen ist[43].

Problematisch gestaltet sich die Einordnung bei Räumlichkeiten, die sich nicht mehr in einen sichtbaren Zusammenhang zum engen Wohnbereich stellen lassen. Eine Ansicht in der Literatur möchte auf die soziale Anerkennung eines

---

36 BVerfGE 32,54 (69 ff.); BGH NStZ 1999, S.145 (146); *Cassardt*, ZRP 1997, S.370 (371).

37 Vgl. *Herdegen*, BK GG, Art.13 Rn.2.

38 Vgl. BVerfGE 17;232 (251); 31,255 (263); 32,54 (68); 42,212 (219); 44,353 (371); BGH St 42, 372 (375); *Herdegen*, BK GG Art.13 Rn.26; *Maunz*, M/D/H GG, Art.13 Rn.3c; *Müller*, S.47;*Weil*, ZRP 1992, S.240 (244).

39 *Cassardt*, ZRP 1997, S.370 (371); vgl. BGH NJW 1997, S.2198.

40 *Herdegen*, BK GG, Art.13 Rn.26; *Cassardt*, ZRP 1997, S.370 (371), nennt dies auch „Kernbereich des Wohnens", was aber nicht mit dem Kernbereich des Art.13 GG (siehe unten C) verwechselt werden darf.

41 *Herdegen*, BK GG, Art.13 Rn.26.

42 *Maunz*, M/D/H GG, Art.13 Rn.3c.

43 BGH StV 1997, S.400; zustimmend *Beulke*, StPO, Rn.266.

räumlichen-gegenständlichen Dispositionsspielraums abstellen[44], entfernt sich hierdurch aber zu stark von der rechtlichen Verfügungsmacht und leidet unter unscharfen Konturen[45].
Vielmehr ist die funktionelle Zuordnung zur räumlichen Privatsphäre primär anhand der nach außen erkennbaren Zweckbestimmung des Nutzungsberechtigten festzumachen. Entscheidend ist also, ob die jeweiligen Räumlichkeiten einem Berechtigten zuzuordnen und für Dritte erkennbar als Rückzugsbereich der individuellen Lebensgestaltung ausgewiesen sind[46]. Dies verlangt ein gewisses Mindestmaß an Abschottung nach außen, damit Dritte nicht ungehindert Zugang oder Einsichtnahme haben. Zudem muß gewährleistet sein, daß die Räumlichkeiten für einen längeren Aufenthalt von Menschen geeignet sind und dies der Zweckbestimmung entspricht[47]. Aus diesem Grund darf die Wohnung nicht mit dem befriedeten Besitztum im Sinn von § 123 StGB gleichgesetzt werden. Letzterer geht weiter und schließt zum Beispiel auch umzäunte Gärten und Wiesen ohne häusliche Bebauung ein[48], sowie das uneingehegte Umfeld eines Hauses[49]. Unerheblich ist hingegen, ob die Räumlichkeit ortsfest ist oder aus welchem Material sie gefertigt wurde[50].
Als Wohnung ist mithin auch ein Krankenhaus[51], Hotelzimmer, Campingwagen, Wohnmobil, eine Yacht oder ein Zelt[52] anzusehen[53]. Nicht geschützt sind hingegen bloße Verkehrsmittel, also Kraftfahrzeuge, da sie der Fortbewegung und nicht der Behausung von Menschen dienen[54,55], sowie Telefonzellen, Strandkör-

---

44 *Berkemann*, AK GG, Art.13 Rn.12 ff.
45 *Herdegen*, BK GG, Art.13 Rn.27.
46 BGH StV 1997, S.400; *Duttge*, JZ 1999, S.261 (262); *Herdegen*, BK GG, Art.13 Rn.27; *Kunig*, *v.Münch* GG, Art.13 Rn.10; *Müller*, S.46.
47 *Herdegen*, BK GG, Art.13 Rn.27.
48 *Maunz*, M/D/H GG, Art.13 Rn.3c.
49 *Fischer*, T/F StGB, §§ 123 Rn.5; *Lenckner*, S/S StGB, §123 Rn.6 m.w.N.; krit. *Amelung*; NStZ 1998, S.631 (632), m.w.N.
50 *Herdegen*, BK GG, Art.13 Rn.28.
51 A.A. *Kunig*, *v.Münch* GG, Art.13 Rn.15; *Ruthig*, JuS 1998, S.506 (512).
52 Gerade hier erscheint dies aufgrund der mangelnden akustischen Abschottung nach außen problematisch. Die hieraus entstehenden Probleme sind aber solche des Eingriffs und nicht des Schutzbereichs, unter den das Zelt grundsätzlich fällt.
53 *Pieroth/Schlink*, Rn.875.
54 BGH NJW 1999, S.959; BGH NStZ 1998, S. 157; LG Freiburg NJW 1996, S.3026; *Maunz*, M/D/H GG, Art.13 S.7; *Kunig*, *v.Münch* GG, Art.13 Rn.10; a.A. *Bekemann*, AK GG, Art.13 Rn.21, krit. *Gropp*, JZ 1998, S.501 (502) mit dem Hinweis, daß die Autoindustrie gerade darauf abstelle, das Auto als einen „Bereich schallgedämmter und wattegepackter privater Lebensgestaltung" darzustellen, also als einen nicht allgemein zugänglichen Raum, der Menschen als Aufenthaltsstätte zur Verfügung stehe.
55 Sehr problematisch ist die Einordnung der Lkw - Fahrerkabine eines Fernfahrers, welche auch über einen Bereich zu Schlafen und Ruhen verfügt. Richtigerweise wird man hier nur den ausschließlichen zum Fahren genutzten Bereich vom Schutz des Art. 13 GG ausschließen können.

be[56], da hier die Abschottung nach außen fehlt, öffentlich zugängliche Treppenhäuser und Wohnanlagen für mehrere Parteien[57], sowie Liegewagen oder komfortable Reisebusse, da es an einem ausgewiesenen Rückzugsbereich mangelt[58].

Keinen Schutz des Art. 13 GG genießen Gemeinschaftsunterkünfte von Soldaten und Polizisten, weil auch bei ihnen der private Rückzugsbereich fehlt[59]. Gleiches gilt für Hafträume, weil sie ihrer erkennbaren Zweckbestimmung nach nicht vor Eingriffen der Außenwelt abschotten sollen, sondern umgekehrt diese vor Eingriffen des Häftlings[60]. Die Eigenschaft der abgeschotteten Stätte privaten Wirkens fehlt noch mehr bei Besuchsräumen einer Untersuchungshaftvollzugsanstalt, wo Anstaltsbedienstete die Gespräche überwachen und der Gefangene jederzeit des Zutritts anderer Personen gegenwärtig sein muß[61].

3) Betriebs- und Geschäftsräume

Obwohl der Begriff „Wohnung" in seinem alltäglichen Sinn verstanden etwas anderes vermuten läßt, werden nach ständiger Rechtsprechung und der absolut h.M. der Literatur auch Betriebs- und Geschäftsräume in den Schutz des Art. 13 GG einbezogen[62]. Hierzu zählen z.B. Büro-räume, Werkhallen, Schup-

---

56 A.A. *Berkemann*, AK GG, Art.13 Rn.21.

57 *Cassardt*, ZRP 1997, S.270 (371); in BGH NJW 1991, S.2651 offengelassen.

58 *Herdegen*, BK GG, Art.13 Rn.29.

59 *Maunz*, M/D/H GG, Art.13 Rn.3c; *Ruthig*, JuS 1998, S.506 (512).

60 Ebenso BVerfG NJW 1996, S.2643 mit abweichender Begründung unter Heranziehen des Hausrechts der Anstalt, die jederzeit ein Betreten ermögliche. Unterhalb des Grundgesetzes stehende Normen können den Wirkbereich des Art. 13 GG jedoch nicht einschränken. Ausschlaggebend sind vielmehr die tatsächlichen Umstände; so zu Recht *Duttge*, JZ 1999, S.261 (262); i.E. ebenso *Jarass/Pieroth*, GG Art.13 Rn.2; a.A. *Ruthig*, JuS 1998, S.506 (512).
Im Hinblick auf die große Bedeutung eines privaten Rückzugsbereichs für die Persönlichkeit und die Menschenwürde ist dieses Ergebnis nicht unproblematisch. Auch wenn es kein Grundrecht *auf* Wohnung gibt und der Häftling weiß, daß die Zelle für Außenstehende „geöffnet" ist, würde ihn eine längere akustische Überwachung wegen Fehlens eines sonstigen Freiraums im Gefängnis einer totalen Überwachung unterwerfen und ihm seine Würde entziehen (*Wolter*, NStZ 1992, S.1 (6)). Selbst wenn die Zelle nicht durch Art.13 GG geschützt ist, muß sie deshalb im Rahmen des allgemeinen Persönlichkeitsrechts im Kern abhörfrei bleiben, was bei Maßnahmen nach § 100c Abs.1 Nr.2 StPO zu berücksichtigen ist, vgl. BGH NStZ 1999, S.145 (147); *Roxin*, NStZ 1999, S.149 (151). So fällt auch die Zelle eines Straf- oder Untersuchungsgefangenen im Rahmen der EMRK nicht unter Art.8 Abs.1 Alt.3 („Wohnung"), wohl aber unter Art.8 Abs.1 Alt.1 („Privatleben"); *Frowein*, F/P EMRK, Art.8 Rn.33.

61 BGH St 44,138 (141), = NStZ 1999, S.145 (146) mit z.T. wieder auf einfachgesetzliche Normen gestützter Begründung; vgl. *Duttge*, JZ 1999, S.261 (262).

62 BVerfGE 32,54 (68 ff.); 42,212 (219); 44,353 (371); 76,83 (88); BGH St 42,372 (375); *Cassardt*, ZRP 1997, S.370 (371); *Maunz*, M/D/H, Art.13 Rn.3c; *Müller*, S.48; *Pieroth/Schlink* Rn.876; weitere Nachweise bei *Binder*, S.78 Fn.276.

pen und Ställe, selbst Bordelle[63]. Für geschäftlich genutzte Räume wird allerdings ein reduziertes Schutzbedürfnis angenommen[64].

Zur Begründung ihrer Einbeziehung wird auf die lange Tradition des weiten Wohnungsbegriffs verwiesen. An dieser seit mehr als einem Jahrhundert unverändert gebliebenen Auslegung wollten die Redaktoren des Grundgesetzes festhalten, insbesondere im Hinblick auf die geschichtlichen Erfahrungen, welche die Anfälligkeit gerade dieses Lebensbereiches gegenüber der öffentlichen Gewalt gezeigt hatte[65]. Zudem kann nur so sichergestellt werden, daß in Zweifelsfällen eine Auslegung gewählt wird, welche die juristische Wirkungskraft der Grundrechtsnorm am stärksten entfaltet[66]. Entgegengesetzte Ansätze[67] vermögen insbesondere aufgrund der Bedeutung der ungestörten Berufsarbeit als wesentliches Stück der individuellen Persönlichkeitsentfaltung und menschlichen Selbstverwirklichung, deren räumlichen Bereich Art.13 GG schützen soll[68], schon im Ansatz nicht zu überzeugen. Am weiten Wohnungsbegriff ist deshalb festzuhalten[69].

Allerdings fallen unter den Schutz des Art.13 GG nicht Geschäftsräume und andere Räume für die Zeit ihrer Öffnung, in der sie der Öffentlichkeit zugänglich sind[70]. Hierzu zählen etwa Laden- und Verkaufsräume, Warenhäuser, Ausstellungsräume, Gaststätten[71] oder das Foyer eines Hotels.
Teilweise wird zwar vertreten, daß die Öffnung solcher Räumlichkeiten für die Allgemeinheit nicht zum Verlust des Grundrechtsschutzes führe, sondern nur für dessen Intensität und die Rechtfertigung von Eingriffen von Bedeutung seien, da der Zutritt stets unter dem Vorbehalt einer gegenläufigen Willensbekundung des Grundrechtsberechtigten stünde[72]. Das Eindringen durch die Allgemeinheit sei lediglich aufgrund der generellen Einwilligung kein Eingriff.

---

63 BGH NJW 1997, S.1018 (1019).

64 So stellt das reine Betreten und Besichtigen von Geschäftsräumen zur Wirtschaftsüberwachung, also zu wirtschaftsaufsichtlichen Zwecken, keinen Eingriff in den Schutzbereich des Art.13 GG dar (BVerfGE 32,54 (75f.); siehe auch unten II 2).

65 BVerfGE 32,54 (71), BGH St 42, 372 (375).

66 BVerfGE 6,55 (42); 32,54 (71.); 42,212 (219).

67 Vgl. *Herdegen*, BK GG Art.13 Rn.2.

68 BVerfGE 32,54 (70); *Pieroth/Schlink* Rn.876.

69 Entgegenstehende Forderungen wurden zwar im Hinblick auf die Einführung des Lauschangriffs an den Gesetzgeber gerichtet, von diesem aber in die Änderung des Art.13 GG bewußt nicht aufgenommen; vgl. *Bull*, Anhörung zu BT-DS 13/8650, 13/8651, S.3; *Caesar*, ZRP 1993, S.67; *Eisenberg*, NJW 1993, S.1033 (1037); *Hund*, ZRP 1995, S.334 (336); *Hofe*, ZRP 1995, S.169 (170); *Schelter*, ZRP 1994, S.53 (55).

70 *Pieroth/Schlink*, Rn.970; *Maunz*, M/D/H GG, Art.13 Rn.4; *Müller*, S.48.

71 *Dürig*, M/D/H GG, Art.13 S.12.

72 *Herdegen*,, BK GG, Art.13 Rn.35, ebenso BVerfGE 32, 54 (75); *Berkemann*, AK GG, Art.13 Rn.22; *Dagtoglou*, BK GG, Art.13 (2. Bearb.) Rn.22.

Jedoch vermag dies nicht zu überzeugen. Entscheidend ist, daß Art.13 GG, um die freie Entfaltung der Persönlichkeit zu ermöglichen, die räumliche Privatsphäre abschirmen soll. So wie der Einzelne darüber disponieren kann, was er in diesem Bereich macht, obliegt ihm auch die Möglichkeit, über die Grenzen des Abschirmens zu verfügen. Er kann mithin über die Einbeziehung in den Schutzbereich disponieren. So verfügt er z.B. durch die Gestaltung seiner Abgrenzungen (offen einsehbar oder hohe Sichtschutzmauern) über die Weite seiner räumlichen Privatsphäre[73]. Eine solche besteht dann bei allgemein zugänglichen Räumen überhaupt nicht mehr. Anders als bei sonstigen beruflichen Tätigkeiten entfaltet sich die Persönlichkeit zwar noch im Rahmen der Arbeitstätigkeit, also unter dem Schutz des Art.12 GG, jedoch nicht mehr in einem privaten Umfeld. Der Schutzzweck des Art.13 GG ist mithin nicht mehr zu erfüllen. Die Räumlichkeit dient als bloßer Witterungsschutz. Die Abschottung gegen andere besteht allein außerhalb der Geschäftszeiten bzw. bei Widerruf. Die ratio legis des Grundrechts auf Unverletzlichkeit der Wohnung steht einer Einbeziehung mithin entgegen[74]. Bringt deshalb der Wille des Rauminhabers stillschweigend oder ausdrücklich zum Ausdruck, daß die Räume der Allgemeinheit zugänglich sind, entzieht er sie in zulässiger Weise dem Schutz des Art.13 GG[75]. Im übrigen ist der Geschäftsinhaber aufgrund seiner jederzeitigen Widerrufsmöglichkeit und des Schutzes durch das allgemeine Persönlichkeitsrecht nicht schutzlos gestellt[76].
Hingegen ist es unerheblich, ob Eintritt gezahlt wurde, solange jedermann durch dessen Entrichtung Zugang erhält[77].

Neben Geschäftsräumen werden auch nicht öffentlich zugängliche Vereinshäuser, Vereinsräume, Clubräume und Spielsäle geschützt, wenn die nach außen erkennbare Zweckbestimmung einer räumlichen „Privatsphäre“ des Vereins ersichtlich ist.[78]

---

73 *Ruthig*, JuS 1998, S.506 (510).

74 *Binder*, S.88, *Krey*, Rn.382 ff.

75 *Hilger*, NStZ 1992, 457 (462) Fn.95; *Jarass/Pieroth*, GG Art.13 Rn.2; *Dürig*, M/D/H GG; Art.13 Rn.9; *Nack*, KK StPO, §100c Rn.4.

76 *Krey*, Rn.385.

77 *Jarass/ Pieroth* GG, Art. 13 Rn.2.

78 BGH St 42,372 (375 f.); *Glauben*, DRiZ 1993, S.41.

4) „Kriminell bemakelte" Räumlichkeiten

Der Schutzbereich des Art.13 GG umfaßt auch sogenannte „kriminell bemakelte" Räumlichkeiten[79], sofern diese nicht öffentlich zugänglich sind[80]. So ist auch das Hinterzimmer eines Bordells geschützt[81], ebenso wie übelbeleumdete Hotels, Hinterzimmer von Kneipen, illegale Spielcasinos oder „Saunaclubs".

Die populistische Devise, daß die Wohnung „kein Asyl für Kriminelle" biete[82], vermag nicht zu überzeugen. Diesbezüglich angeführte Argumente, wie das einer evidenten kriminalpolitischen Notwendigkeit, die reduzierte Schutzwürdigkeit und –bedürftigkeit dieser Räume, das Gebot einer effektiven Kriminalitätsbekämpfung, der fehlenden Notwendigkeit im Sinne der ratio legis sowie des Begriff der „Wohnung" im allgemeinen Sprachgebrauch - der wohl solche Räume nicht erfasse[83] -, sind allesamt nicht zwingend. So erscheint es im Vorfeld vielfach unmöglich, „kriminell bemakelte" Räume abzugrenzen, was zu Unsicherheiten führt. Die Tatsache, daß an „kriminell bemakelten" Orten häufiger Straftaten geschehen, bedeutet zudem nicht, daß sich dort nicht auch schutzwürdiges Privatleben abspielt. Der Lauschangriff dient doch gerade zur Aufklärung einer lediglich vermuteten Straftat. Ansonsten würde sich die Ermittlungsmaßnahme erübrigen. Deshalb käme das Herausnehmen „kriminell bemakelter" Räume aus dem Schutz des Art.13 GG faktisch einer Grundrechtsverwirkung nahe[84].
Die Tatsache der gehäuften Begehung von Straftaten vermag folglich „kriminell bemakelten" Räumen den Schutz des Art.13 GG nicht generell zu entziehen. Allenfalls ist dies im Rahmen der Grundrechtsschranken zu berücksichtigen, d.h. unter der Problematik erleichterter Eingriffsvoraussetzungen.

---

79 Die Bedeutung des „kriminell bemakelten Raumes" wird nicht ganz einheitlich aufgefaßt. Zumeist versteht man hierunter in Anlehnung an § 104 Abs.2 StPO Räume, die zur Nachtzeit jedermann zugänglich sind oder die der Polizei als Herbergen oder Versammlungsorte bestrafter Personen, Verwahrungsorte gestohlener Sachen, Schlupfwinkel des Glücksspiels, Orte des unerlaubten Betäubungsmittel- und Waffenhandels oder der Prostitution bekannt sind; *Krey*, Rn.388; *Krey/Haubrich*, JR 1992, S.309 (314); siehe auch *Müller*, S.49.

80 Vgl. *Krey*, Rn.391 (Erst-recht-Schluß zu Geschäftsräumen).

81 BGH St 42,372 (376); *Glauben*, DRiZ 1993, S. 41, *Hilger*, NStZ 1992, S.457 (462, Fn.101); a.A. Generalbundesanwalt am BGH, BGH St 42, 372 (374); *Eisenberg*, NJW 1993, S.1033 (1037); *Krey*, Rn.390 ff.; siehe auch *Krey/ Haubrich*, JR 1992, S.309 (314), die im Ergebnis offenlassen, ob für „kriminell bemakelte" Räumlichkeiten der Schutzbereich des Art.13 GG nicht eröffnet ist oder eine immanente Grundrechtsschranke gilt.

82 *Krey*, Rn.395.

83 *Krey*, Rn.392 ff.

84 *Müller*, S.50.

5) Grundrechtsträger

Träger des Grundrechts ist jeder, der berechtigt Inhaber oder Bewohner der Räumlichkeiten ist, unabhängig davon, auf welchem Rechtsverhältnis sein Wohnen oder Wirken beruht[85]. In der Regel handelt es sich hierbei um den berechtigten unmittelbaren Besitzer, der auch Fremdbesitzer sein kann. Dies kann z.B. der Mieter sein, der in diesem Fall den Eigentümer ausschließt. Jedoch muß dies nicht immer so sein. So werden auch die Familienangehörigen des Berechtigten geschützt.

Bei Geschäftsräumen ist regelmäßig nur der jeweilige „Geschäftsherr" beeinträchtigt[86]. Angestellte werden lediglich über dessen Recht begünstigt[87]. Art.13 GG ist seinem Wesen nach auf juristische Personen im Sinn von Art.19 Abs.3 GG anwendbar (z.B. GmbH, Verein)[88]. Bezogen auf ihre Räume ist die juristische Person selber Grundrechtsträger, nicht aber ihr „Repräsentant" (z.B. Geschäftsführer einer GmbH)[89]. Daß juristische Personen nicht Beschuldigte im Strafverfahren sein können, steht dem nicht entgegen, da in ihren Räumen durchaus das Belauschen Dritter stattfinden kann. Das vom Lauschangriff betroffene Recht ist nicht zwingend das Recht des Beschuldigten.

Nicht auf das Wohnungsgrundrecht können sich Hausbesetzer berufen, da sie die Wohnung nicht berechtigt innehaben[90]. Ihre Privatsphäre wird insoweit nur durch das allgemeine Persönlichkeitsrecht nach Art. 2 Abs.1 i.V.m. Art.1 Abs.1 GG geschützt. Dasselbe gilt auch für Personen, die sich nur aufgrund der Einwilligung des Grundrechtsinhabers kurzzeitig in der Wohnung aufhalten, ohne einen - unter ihrer Herrschaft stehenden - Privatraum zu schaffen, sondern an dem des Berechtigten teilhaben, so z.B. Essensgäste, Besucher, etc.[91]

---

85 *Maunz*, M/D/H Art.13 S.8.

86 *Herdegen*, BK GG, Art.13 Rn.37, vgl. auch *Laufhütte* KK StPO (2.Aufl.), § 102 Rb.8; *Schäfer*, L/R StPO, § 102 Rn.32.

87 *D.Kühne*, *Sachs* GG, Art.13 Rn.17.

88 *Maunz*, M/D/H GG, Art.13 Rn.4; vgl. BVerfGE 32,57 (71 f.); 42,212 (219); 44,353 (371); 75,318 (328); BVerfG NStZ 1997, S.195 (195); BGH St 42,372 (375).

89 Vgl. BVerfGE 44,353 (366): BbgVerfG, NStZ-RR 1998, S.366 zur Durchsuchung; BGH St 42, 372 (375).

90 *Maunz*, M/D/H GG, Art.13 Rn.8 b, differenzierend *Herdegen*, BK GG, Art.13 Rn.38.

91 Vgl. BT-DS 14/2452, S.2; a.A. *Müller*, da Art.13 GG einen Teil der Privatsphäre schütze und daher von allen Personen in Anspruch genommen werden könne, die berechtigtes Vertrauen in die Wahrung der Privatsphäre auch in einer fremden Wohnung hätten; vgl. auch *Ransiek*, GA 1995, S.23 (26). Hiergegen spricht jedoch, daß z.B. Gäste nicht im selben Grad schützenswert sind wie der Wohnungsinhaber und ihnen immer noch ein eigener Schutz über Art.2 Abs.1 i.V.m. 1 Abs.1 GG verbleibt.

II) Eingriffe in den Schutzbereich der Wohnung durch den Lauschangriff

1) Eingriffe in Art.13 GG durch den „großen" Lauschangriff

a) Das Abhören von innen: der Lauschangriff „in" Wohnungen

Der Grundgesetzgeber hatte bei Formulierung des Art.13 GG primär den Schutz vor unerwünschter physischer Präsenz vor Augen[92]. Den typischen Eingriff sah er daher in den Fällen als gegeben an, in denen Staatsorgane die Wohnung gegen den Willen des Berechtigten betreten, gewaltsam in diese eindringen oder gegen den Willen des Berechtigten dort verweilen[93]. An die Möglichkeit einer „Wanze" in der Wohnung wurde hingegen nicht gedacht. Diese für den damaligen Zeitpunkt ausreichende Umschreibung, läßt sich beim heutigen Stand der Technik indes nicht mehr aufrecht erhalten. Ausgangspunkt für eine Eingriffsbestimmung ist nicht die Art der einzelnen Handlung, sondern der Schutzbereich und dessen Beeinträchtigung[94]. Demnach erschöpft sich die geschützte Privatheit der Wohnung nicht in der Abwehr körperlichen Eindringens, zielt also nicht nur auf deren physische Unberührtheit[95]. In dieses Recht wird immer dann eingegriffen, wenn Vorgänge, die sich in der Privatheit der Wohnung abspielen, von Außenstehenden wahrgenommen werden. Für einen Eingriff in die Wohnung ist daher jedes Nach-außen-Tragen von Vorgängen innerhalb der Wohnung ausreichend, wie es die Folge des Abhörens in der Wohnung darstellt[96]. Die Neufassung des Art.13 GG stützt dieses Ergebnis, da Art.13 Abs.3 GG als Schranke unnötig wäre, wenn das Abhören an sich nicht schon in den Schutzbereich eingriffe.

b) Das Abhören von außen: der Lauschangriff „aus" Wohnungen

Ebenso ist ein Eingriff in Art.13 GG gegeben, wenn die Wohnung mit technischen Mitteln von außerhalb abgehört wird, z.B. mit einem Richtmikrophon. Auch hier ist von einem Eingriff in den Schutzbereich des Art.13 GG auszugehen[97]. Scheinbar ablehnend äußert sich zwar das BVerfG, wonach das Grundgesetz ein grundsätzliches Verbot des Eindringens in die Wohnung oder des Verweilens gegen den Willen des Berechtigten normiere. Hierzu gehöre etwa der Einbau von Abhörgeräten und ihre Benutzung in der Wohnung, nicht aber das Erheben und Einholen von Auskünften, welche ohne Eindringen oder Verwei-

---

92 *Herdegen* BK GG, Art.13 Rn.42; *Pappermann, v.Münch* GG, Art.13 Rn.46.

93 Vgl. BVerfGE 65, 1 (40).

94 *Ransiek*, GA 1995, S.23 (25).

95 *Binder* S. 75.

96 *Binder* S.76.

97 Dies wird teilweise bezweifelt, *Kunig, v.Münch* GG, Art 13 Rn.17; vgl. *Guttenberg*, NJW 1993, S.365 (367); *Müller/Model*, GG Art.13 Rn.4; *Müller*, S.50.

len in der Wohnung vorgenommen werden können[98]. Jedoch ist diese Entscheidung insoweit nicht abschließend[99]. Sie bezieht sich auf den „umgekehrten Normalfall" der reinen Observation von außen ohne technische Hilfsmittel[100]. Selbst wenn Schallwellen oder sonstige Signale nach außen dringen, hat der Betroffene mit ihrer Wahrnehmung nicht zu rechnen, solange sie dort für das menschliche Ohr gewöhnlich nicht zu vernehmen sind. Er gibt somit keinesfalls selbst seine Privatsphäre preis. Für ihn ist rechtlicher Schutz folglich auch dann geboten, wenn durch außerhalb der Wohnung installierte technische Mittel wohnungsinterne Gespräche abgehört werden. Für den Wohnungsinhaber ist es allein wichtig, innerhalb seiner Wohnung geschützt zu sein. Aus seiner Sicht besteht aber kein Unterschied, ob sich ein Mikrofon in der Wohnung befindet und das Private nach außen bringt oder ob die moderne Technik von außen zuhört, die Privatsphäre gleichsam "nach außen geöffnet wird"[101] und somit zur Erkundung privater Vorgänge in der Wohnung der natürliche Schutz der Begrenzung derselben überwunden oder umgangen wird[102]. Das Refugium der Privatheit ist in gleicher Weise berührt. Mithin ist nicht auf den Ort der Eingriffshandlung abzustellen, sondern einzig darauf, ob Vorgänge, die sich innerhalb der Wohnung abspielen, Außenstehenden bekanntgemacht werden[103]. Das Überwachungsgerät muß nicht in der Wohnung stehen[104].

Aus den gleichen Gründen muß sich das technische Abhörmittel auch nicht in unmittelbarer Nähe der Wohnung befinden. Im Interesse eines unmittelbaren Grundrechtsschutzes kann es nicht darauf ankommen, aus welcher Entfernung Vorgänge in der Wohnung überwacht und ausgespäht werden, weshalb nicht nur die Observation aus dem unmittelbaren Umfeld der Wohnung hierzu gehört[105].
Kein Eingriff in Art.13 GG liegt hingegen vor, wenn der Betroffene selber die akustischen Signale so aussendet, daß sie von außen (Straße, Nachbargrundstück) auch ohne technische Mittel wahrnehmbar sind, mithin der natürliche Abschirmeffekt der Wohnung nicht zum Tragen kommt. Dies ist etwa bei offenen Fenstern der Fall, aber auch bei Zelten, die nur einen minimalen akusti-

98 BVerfGE 65,1 (40).
99 So auch *Cassardt*, ZRP 1997, S 370 (371).
100 *Ruthig*, JuS 1998, S.506 (512); ausführlich zum Verständnis dieses Urteils *Guttenberg*, NJW 1993, S.567 m.w.N.
101 BGH StV 1997, S.400; *Kutscha* NJW 1994, S.85 (86); vgl. *de Lazzer/ Rolf*, JZ 1977, S.207 (208); *Ruthig*, JuS 1998, S.506 (512), *Weichert*, S.189.
102 *Eisenberg* NJW 1993, S.1033 (1037); *de Lazzer/ Rohlf*, JZ 1977, S.207 (208).
103 BGH, StV 1997, S.400.
104 Vgl. *Guttenberg*, NJW 1993, S.567f.; *Ransiek*, GA 1995, S.23 (25); *Rohe*, S.125; *Kutscha*, NJW 1994, S.85 (86) m.w.N. unter Fn.34, *Wolter*, GA 1988, S.129 (133).
105 *Herdegen*, BK GG, Art.13 Rn.42.

schen Abschirmeffekt besitzen. Der Einzelne muß damit rechnen, daß Dritte hiervon Kenntnis erlangen[106]. Werden solche - über das sozialadäquate Maß der Wahrnehmung nicht hinausgehende - Informationen mit technischen Mitteln aufgezeichnet, so liegt kein Eingriff in Art.13 GG vor, da die Privatsphäre bereits vorher vom Betroffenen selbst verlassen wurde[107,108]. Dies gilt auch dann, wenn die technischen Mittel den natürlichen Abschirmeffekt zu überwinden in der Lage gewesen wären, z.B. das Richtmikrophon das Gespräch auch dann erfaßt hätte, wenn zu leise gesprochen worden wäre, um das Gespräch auf der Straße verfolgen zu können. Der Eingriff in den Schutzbereich bestimmt sich nämlich nicht von der Absicht und den Möglichkeiten der Strafverfolgungsorgane her, sondern wird vom Maß der Öffnung der Privatsphäre seitens des Betroffenen definiert. Entscheidend ist die nach außen sichtbare Zweckbestimmung.

2) Das Abhören in bzw. aus Geschäfts- und Betriebsräumen

Erfolgt die akustische Überwachung während der Öffnungszeiten in allgemein zugänglichen Geschäftsräumen, scheidet ein Eingriff aus, da diese Räumlichkeiten nicht vom Schutzbereich des Art.13 GG gedeckt sind[109]. Soweit sonstige Geschäftsräume betroffen sind, könnte man in Anlehnung an BVerfGE 32,54 (68 ff.) erwägen, diese Maßnahmen ähnlich dem Betreten und Besichtigen im Rahmen der Wirtschaftsaufsicht nicht als Eingriff anzusehen. Da diesen Räumen nach der Zweckbestimmung des Inhabers eine größere Offenheit nach außen eigen ist und sie zur Aufnahme sozialer Kontakte bestimmt sind, sind sie in gewissem Umfang aus der privaten Intimsphäre entlassen und genießen deshalb ein reduziertes Schutzbedürfnis. Die darin stattfindenden, wirtschaftlichen Tätigkeiten des Inhabers wirken notwendig nach außen. Sie berühren deshalb auch die Interessen anderer oder der Allgemeinheit, weshalb die Behörden in gewissem Rahmen diese Tätigkeiten kontrollieren und hierzu auch die Wohnung betreten müssen. Dieses bloße Betreten zu den genannten Wirtschaftskontrollzwecken stellt dann keine Beeinträchtigung der Grundrechtssphäre dar[110].

---

106 *Ruthig*, JuS 1998, S.506 (512).

107 *Guttenberg*, NJW 1993, S.567 (568), *Müller*, S.51 Fn.288; *Ruthig*, JuS 1998, S.502 (512) m.w.N; vgl. auch *Binder* S.77. Einen Schutz des Art.13 GG verneint insoweit auch *Ransiek*, GA 1995, S.23 (30), der eine Art akustische Durchsuchung vertritt, sobald der Lauscher sich in dem nach außen abgeschirmten Garten befindet.

108 Hingegen kann das allgemeine Persönlichkeitsrecht durchaus betroffen sein. Diese Fälle sind wie die akustische Überwachung außerhalb von Wohnungen zu behandeln und die einfachgesetzliche Vorschrift des § 100c Abs.1 Nr.2 StPO ist zu beachten.

109 Siehe oben I 3.

110 BVerfGE 32, 54 (75 f.).

Jedoch dient die akustische Wohnraumüberwachung zu repressiven Zwecken nicht als unentbehrliches Kontrollinstrument der notwendigen Wirtschaftsaufsicht, sondern den Interessen einer gerechten Strafrechtspflege. Selbst dann, wenn jemand eine solche Notwendigkeit bezüglich Wirtschaftsstraftaten noch bejahen wollte - was nicht möglich ist, da der Strafrechtscharakter der Maßnahme eindeutig gegenüber dem mittelbaren wirtschaftlichen Zweck überwiegt - ist die Intensität des Vorgehens mit dem anerkannt notwendigen Betreten und Besichtigen schon aufgrund der Heimlichkeit nicht gleichzusetzen[111]. Der am Wirtschaftsleben Teilnehmende gibt seinen Schutzbereich nur für offene Maßnahmen preis, die in Zusammenhang mit dem normalen und geregelten Wirtschaften stehen und mit welchen in gewissem Maße gerechnet werden muß[112].

3) Eingriffe in Art.13 GG durch den „kleinen" Lauschangriff

Inwieweit ein „kleiner" Lauschangriff in Art.13 GG eingreift, ist eine bislang ungeklärte Frage. Im ursprünglichen Entwurf zum OrgKG wurde dies z.B. noch abgelehnt: Der nicht offen ermittelnde Beamte speichere und gebe nur das weiter, was er auch ohne den Lauschangriff selber erfahre[113].
Sofern der Beamte einen Sender bei sich trägt und andere Beamte außerhalb der Wohnung mithören und aufzeichnen, ist indes ein Eingriff zu bejahen. Dem muß unabhängig von der umstrittenen Wirkung eines Einverständnisses des Wohnungsinhabers hinsichtlich der Anwesenheit des nicht offen ermittelnden Beamten zugestimmt werden, da diese Willensäußerung des Wohnungsinhabers allenfalls die Präsenz des Beamten in der Wohnung beinhaltet[114]. Es fehlt jegliche Willensäußerung bezüglich des über die Anwesenheit hinausgehenden Abhörens der Vorgänge innerhalb der Wohnung[115]. Die Eingriffsqualität bestätigt Art.13 Abs.5 GG (Sicherungslauschangriff), der gerade eine solche Maßnahme - wenn auch mit anderer Finalität- betrifft.

Schwieriger einzuordnen sind hingegen die Fälle, in welchen der nicht offen ermittelnde Beamte selber das Aufzeichnungsgerät bei sich führt. Dem Wohnungsinhaber unbekannte Dritte werden hier vorerst nicht involviert. Im bloßen Zuhören wird man aber keinen über die Anwesenheit hinausgehenden Eingriff in Art.13 GG sehen dürfen. Letztlich kommt es hierauf jedoch auch nicht an, da

---

111 *Binder*, S.78.
112 So auch *Ruthig*, JuS 1998, S.506 (511) m.w.N.
113 Erst später wurden verfassungsrechtliche Bedenken laut, woraufhin die Regelung aus dem Gesetzentwurf genommen wurde; vgl. BT-DS 11/7663, S.39; BR-DS 12/989, S.39; BT-DS 12/2720, S.22, 43; *Glauben*, DRiZ 1993, S.41.
114 Zu dieser Problematik ausführlich Kap.III Teil 3 B III 3 b aa.
115 *Herdegen*, BK GG, Art.13 Rn.46.

der nicht offen tätige Beamte, wenn er schon nicht das Gespräch mit technischen Mitteln abhört, dieses zwingend auf Datenträgern festhalten muß. Ansonsten könnte man nicht von einer akustischen Wohnraumüberwachung mit technischen Mitteln sprechen, stattdessen läge ein schlichter Einsatz nicht offen ermittelnder Beamter vor. Der rechtliche Schwerpunkt dieser Maßnahme findet sich folglich nicht im Zuhören, sondern im heimlichen Festhalten der Information zur späteren Wiedergabe im Prozeß, um dort bessere Beweismittel aufbieten zu können. Das wirft die Frage auf, ob das Aufzeichnen und Wiedergeben des in einer Wohnung nichtöffentlich gesprochenen Wortes per se einen Eingriff in Art.13 GG darstellt. Anders ausgedrückt ist zu untersuchen, ob der Schutzbereich des Art.13 GG auch das (dynamische) Recht am in der Wohnung nichtöffentlich gesprochenen Wort beinhaltet.

4) Eingriff in Art.13 GG durch das Aufzeichnen

Auch wenn das Abhören die Privatsphäre der Wohnung beeinträchtigt, so wird vertreten, daß das Aufnehmen und Abspielen nicht in Art.13 GG eingreife, da dies etwas bereits Erlangtes festhalte und nicht selber in die Wohnung eindringe[116]. Der offensichtlich intensivere Grundrechtseingriff des „kleinen" Lauschangriffs im Verhältnis zum schlichten Einsatz verdeckt ermittelnder Beamter[117] beruhe demnach allein auf einer zusätzlichen Beeinträchtigung des Rechts am gesprochenen Wort aus Art.2 Abs.1 i.V.m. Art.1 Abs.1 GG.

Art.13 GG soll jedoch einen umfassenden Schutz des Geheimnis- und Kommunikationsbereiches „Wohnung" gewährleisten, der sich nicht in einem formalen Räumlichkeitsschutz erschöpft. Die freie Kommunikation als Teil der räumlichen Privatsphäre leidet ebenfalls, wenn zu befürchten ist, daß der Staat Kenntnisse aus Wohnraumgesprächen zum Nachteil der Kommunikationspartner verwertet[118]. Deshalb entfaltet Art.13 GG seine Wirkung nicht nur gegenüber staatlicher Kenntnisnahme, sondern schützt auch vor der Verwertung der aus einer Wohnung gewonnenen Erkenntnisse[119]. Anders als bei Tagebüchern, wo allein die Beschlagnahme in Art.13 GG eingreift, die Verwertung des Eingriff

---

116 *Frank*, S.116 f.; *Guttenberg*, NJW 1993, S.567 (572); *Lisken*, ZRP 1993, S.121 (123); *Raum/Palm*, JZ 1994, S.447 (451); *Seifert*, KJ 1992, S.355 (363); *Wolter*, GA 1988, S.129 (134); *Wölfl*, S.71; i.E. offenlassend *Meurer*, S.535 (556).

117 *Wolter*, GA 1988, S.129 (134).

118 Vgl. BVerfGE NJW 2000, S.55 (57, 59) zu Art.10 GG.

119 Für einen gänzlichen Schutz auch *Binder*, S.205 f.; *Rohlf*, S.297, *Schwabe*, JZ 1993, S.867 (871), wohl auch *Zachert*, DRiZ 1992, S.355 (356), der in seinem Änderungsvorschlag des Art.13 GG a.F. von „Abhören und Aufzeichnen" statt von „Überwachung" spricht, ebenso *Eisenberg*, NJW 1993, S.1033 (1037).

aber ausschließlich in den Schutzbereich des Art.2 I GG fällt, ist beim Lauschangriff sowohl das Belauschen als auch das Verwerten ein Eingriff in Art.13 GG. Letzteres gibt jedesmal erneut eine, in der Wohnung unter dem Schutz des Art.13 GG vorgenommene Handlung wieder. Der Inhalt des Gesprächs ist nicht losgelöst von der Vertrautheit seiner Umgebung und der Gesprächsatmosphäre zu bewerten. Es handelt sich jedesmal um die Wiedergabe eines Raumgesprächs, was dessen Charakter entscheidend mitprägt[120]. Das Tagebuch hingegen ist in seinem Charakter unabhängig vom Ort der Niederschrift[121]. Folglich beinhaltet Art.13 GG eine dynamische Komponente, die vom „kleinen" Lauschangriff berührt wird. Mit der Wiedergabe zu Beweiszwecken und dem Aufzeichnen als deren Vorstufe von unter den Schutz des Art.13 GG fallenden Gesprächen setzt sich der Grundrechtseingriff fort[122].

5) Zusammenfassung

Das Abhören und Aufzeichnen mit technischen Mitteln des in einer Wohnung nicht öffentlich gesprochenen Wortes sowie das Verwerten dieser Aufzeichnungen greift in Art.13 GG ein. Selbst wenn dies im Beisein eines nicht offen ermittelnden Beamten geschieht, berührt zumindest das Festhalten und die Verwertung des Gesprächsinhalts die räumliche Privatsphäre. Eine Differenzierung zwischen den einzelnen durch Art.13 GG geschützten Räumlichkeiten ist bezüglich des Vorlieges eines Eingriffs irrelevant.

III) Das Konkurrenzverhältnis zwischen Art.13 GG und Art.2 Abs.1 i.V.m. Art.1 Abs.1 GG

Nun schützt Art.13 GG mit dem Recht, in Ruhe gelassen zu werden, und dem Recht am eigenen in der Wohnung gesprochenen Wort gerade auch den Teil der Privatsphäre, den außerhalb der Wohnung das allgemeine Persönlichkeitsrecht gewährleistet[123]. Letzteres erfüllt insoweit in der Wohnung keine eigenständige

---

120 Bestätigt hat dies bezüglich Art.10 GG das BVerfG, NJW 2000, S.55 ff., in seinem jüngst erlassenen Abhörurteil, indem es klarstellt, daß sich Art.10 über den Kommunikationsvorgang hinaus auch auf alle aus diesem gewonnenen Erkenntnisse, Daten, Aufzeichnungen usw. erstreckt, unabhängig davon, wo und bei wem sich diese befinden, siehe *Arndt*, NJW 2000, S.47 (48).

121 Vgl. auch *Krey/Haubrich*, JZ 1992, S.309 ff., welche die Schutzwürdigkeit des Betroffenen beim „kleinen" Lauschangriff als geringer einstufen als beim „großen", den Eingriff in Art.13 GG aber bejahen, i. E. ebenso *Glauben*, DRiZ 1993, S.41.

122 So BVerfGE 85, 386 (399) bez.Art.10 GG.

123 *Stark, v.Mangold/ Klein* GG, Art.2 Rn.67.

Funktion. Deshalb stellt sich die Frage nach dem Konkurrenzverhältnis beider Grundrechte.

Von seiner Natur her ist Art.2 Abs.1 i.V.m. Art.1 Abs.1 GG ein eigenständiges Spezialgrundrecht und kein Auffanggrundrecht wie die allgemeine Handlungsfreiheit aus Art.2 I GG[124]. So hat bezüglich einer Durchsuchung das BVerfG bemerkt, daß diese in die Grundrechte aus Art.2 und Art.13 GG eingreife[125]. Ebenso spricht der BGH in seiner „Raumgesprächentscheidung", welche das zufällige Abhören eines Gesprächs zwischen Eheleuten in deren gemeinsamer Wohnung betraf, von einer Verletzung des Grundrechts aus Art.2 Abs.1 i.V.m. Art.1 Abs.1 GG, ohne einen Vorrang des Art.13 GG anzunehmen[126]. Die Gerichte sehen somit in beiden Fällen die Grundrechte als gleichwertig nebeneinander stehend an. Deshalb könnte man auch im Falle des Lauschangriffs zwischen Art.13 GG und Art.2 Abs.1 i.V.m. Art.1 Abs.1 GG eine „Idealkonkurrenz" annehmen[127].
Mit der Entwicklung des allgemeinen Persönlichkeitsrecht ist dies aber nicht vereinbar. Dieses soll grundsätzlich nur ergänzend zu den ausdrücklich genannten Grundrechten hinzutreten, soweit deren Schutzbereich nicht berührt wird[128]. Aufgabe des allgemeinen Persönlichkeitsrechts ist es, die enge persönliche Lebenssphäre und die Erhaltung ihrer Geltungsbedingungen zu gewährleisten, die sich durch die traditionell konkret geschützten Freiheitsgarantien nicht abschließend erfassen lassen[129]. Es ergänzt als unbenanntes Freiheitsrecht die speziellen, ebenfalls konstituierenden Elemente der Persönlichkeit schützenden Freiheitsrechte. Diese subsidiäre Stellung zeigt sich daran, daß es sich statt der Entwicklung eines eigenständigen Grundrechts auch angeboten hätte, den Persönlichkeitsschutz, insbesondere den Schutz der Privat- und Intimsphäre, grundsätzlich in Art.2 Abs.1 GG ("allgemeine Handlungsfreiheit") zu verankern. Diesem Ansatz folgte man jedoch wegen der zu engen Schranken des Art.2 Abs.1 GG (sog. „Schrankentrias") nicht. Dieser Grund entfällt indes im Verhältnis zu Art.13 GG, der sogar strengere Schranken als das allgemeine Persönlichkeitsrecht aufweist[130]. Soweit der Schutzbereich des Art.13 GG, der die räumliche Privatsphäre gewährleistet, eröffnet ist, besteht folglich kein Bedürfnis nach einem Schutz durch ein allgemeines Persönlichkeitsrecht. Deshalb kann - insbesondere hinsichtlich des vom allgemeinen Persönlichkeitsrecht umfaßten Rechts auf Privat- und Intimsphäre - einer Idealkonkurrenz nicht gefolgt

124 A.A. *Müller*, S.62.
125 BVerfGE 42,212 (219).
126 BGH St 31,196 (299).
127 So z.B. *Raum/Palm*, JZ 1994, S.447 (452), wohl auch *Krey/Haubrich*. JR 1992, S.309 (313).
128 Grundsätzlich hierzu BVerfGE 60, 215 (229); vgl. auch BVerfGE 54,148 (153).
129 *Kunig, v.Münch* GG, Art.2 Rn.32.
130 Vgl. *Kunig*, v.*Münch* GG, Art.1 Rn.10.

werden. Soweit der Schutzbereich des Art.13 GG reicht, ist dieser vielmehr lex specialis zum allgemeinen Persönlichkeitsrecht und geht diesem tatbestandlich vor[131].

Die in Bezug auf Art.2 Abs.1 i.V.m. Art.1 Abs.1 GG entwickelten Rechte können jedoch als Mindestgarantien auf Art.13 GG übertragen werden. Dies ergibt sich schon daraus, daß der Grundrechtsträger durch den räumlichen Schutzbereich in seiner Privatsphäre nicht schlechter, sondern besser gestellt werden muß.

C) Die Unverletzlichkeit der Menschenwürde (Art.1 Abs.1GG)

I) Die Menschenwürde und ihre Beziehung zum Kern- bzw. Wesensgehalt der räumlichen Privatsphäre sowie Art.79 Abs.3 GG

Im Unterschied zu Eingriffen in sonstige Rechte, hätte eine Beeinträchtigung des Grundrechts auf Unantastbarkeit der Menschenwürde[132] durch den Lauschangriff unweigerlich dessen Rechtswidrigkeit zur Folge.

Die Frage, inwieweit die akustische Wohnraumüberwachung Art.1 Abs.1 GG tangiert, ist hierbei eng mit der im Vorfeld des GGÄndG (Art.13) heftigst geführten Diskussion um die Verfassungswidrigkeit der Einführung des Lauschangriffs in das Grundgesetz verbunden[133]. Art.1 Abs.1 GG genießt den Schutz der Ewigkeitsgarantie des Art.79 Abs.3 GG. Einige Autoren knüpfen in dieser Diskussion zwar am Kern- oder Intimbereich der räumlichen Privatsphäre bzw. deren Wesensgehaltsgarantie (Art.19 Abs.2 GG) an - die Neuregelung wurde schließlich in Art.13 Abs.3 GG eingefügt-, greifen hierbei jedoch auf

---

131 *Eisenberg* NJW 1994, S. 1033 (1039; *Jarass /Pieroth*, GG Art.1 Rn.1; *Krey*, S.163 Rn.318; *Kowalczyk*, S.159; *Kunig, v.Münch* GG, Art.2 Rn.32; *Perschke*, S.79; *Starck, v.Mangold/ Klein* GG, Art.2 Rn.67; teilw. a.A. *Müller*, S.61, der den Vorrang des Art.13 GG nur für spezielle Eingriffe in die räumlich-gegenständliche Privatsphäre anerkennt und im übrigen den Schutz durch das allgemeine Persönlichkeitsrecht als Gewährleistung der Intimsphäre, z.B. für Beichtgespräche unberührt läßt. Dem ist jedoch nicht zu folgen, da Handlungen in der Wohnung, die dem Intimbereich zuzurechnen sind, deshalb vom Schutz des Art.13 GG nicht ausgenommen werden und Eingriffe ebenfalls unzulässig sind.

132 Der Grundrechtschrakter von Art.1 Abs.1 GG wird heute nicht mehr ernsthaft bezweifelt; vgl. *Zippelius*, BK GG, Art.1 Abs.1 u. 2 Rn.26.

133 *Cassardt*, ZRP 1997, S.370 (374 f.); *Eisenberg*, NJW 1993, S.1033 (1037 ff.); *Geiß*; Anhörung zu BT-DS 13/8650, 13/8651, S.1; *Hassemer*, DRiZ 992, S.357 f.; *Herdegen*; BK GG, Art.13 Rn.87; *ders.* Anhörung zu BT-DS 13/8650, 13/8651, S.4; *Hetzer*; KrimPol, S.546; *Kutscha*, NJW 1994, S.85 (88); *Lisken*, ZRP 1993, S.121 ff. *Lorenz*, GA 1997, S.51 (63 f.), *Raum/ Palm*, JZ 1994, S.447 ff.; *Schwabe*, JZ 1993, S.869; *Seifert*, KJ 1992, S.355 (363); *Wolter*, GA 1988, S.129 (141; *Zachert*, DRiZ 1992, S.355 f.; zweifelnd auch jüngst noch *Duttge*, JZ 1999, S.261 (262).

dieselben Argumente zurück[134]. Ausgangspunkt einer Untersuchung, ob eine Verfassungsänderung dem Grundgesetz widerspricht, muß indes immer Art.79 Abs.3 GG sein, der von den oben genannten Rechten die Unabänderlichkeitssperre allein für Art.1 GG normiert.

Die Menschenwürde aus Art.1 Abs.1 GG erklärt sich inhaltlich aus dem System der Grundrechte, da sich in dessen Mittelpunkt die frei entfaltende menschliche Persönlichkeit und ihre Würde befinden[135]. Grundrechte und die Menschenwürde interpretieren sich mithin wechselseitig. So enthalten zahlreiche Grundrechte, zu denen auch Art.13 GG zählt, einen die Menschenwürde betreffenden Kernbestand, welcher auch verlangt, daß dem Einzelnen ein Bereich gelassen wird, in den er sich ungestört zurückziehen kann und vor Zudringlichkeiten geschützt ist[136]. Dies wird auch als Menschenwürdegehalt des Art.13 GG bezeichnet[137]. Obgleich also Art.13 GG nicht direkt in Art.79 Abs.3 GG Erwähnung findet, erstreckt sich dessen Schutz auf den Kern- oder Menschenwürdegehalt der räumlichen Privatsphäre, d.h. auf den Teil aus Art.13 GG, der sich materiell mit der Menschenwürde deckt[138].

So bejahen große Teile der Rechtsprechung, insbesondere in Bezug auf das allgemeine Persönlichkeitsrecht, einen mit der Menschenwürde aufs engste verbundenen unantastbaren Kernbereich privater Lebensgestaltung (Intimsphäre), in welchen auch bei Vorliegen überwiegender Interessen der Allgemeinheit unter keinen Umständen eingegriffen werden darf[139]. Hier bleibt für eine Abwägung nach dem Verhältnismäßigkeitsgrundsatz kein Raum[140]. Dies ist ein Innenraum, in dem der Einzelne sich selbst besitzt, sich zurückziehen kann und zu dem die Umwelt keinen Zutritt hat[141]. Dieses Recht, in Ruhe gelassen zu werden, soll dem Einzelnen gerade in der Wohnung gesichert werden[142].
Betrachtet man die Rechtsfolgen und die alleinige absolute Grenze des Art.79 Abs.3 GG, so kann im Ergebnis mit dem Kernbereich nicht anderes als der

---

134 Siehe z.B. *Cassardt*, ZRP 1997, S.370 (375); *Frister*, Anhörung zu BT/DS 13/8650, 13/8651, S.1; *Glauben*, DRiZ 1993, S.41; *Kutscha*, NJW 1994, S.85 (88); *Momsen*, ZRP 1998, S.459 (462).
135 BVerfGE 7, 205; 45, 227, *Stark*, *v.Mangold/ Klein* GG, Art.1 Abs.1 Rn.7.
136 *Zippelius*, BK GG, Art.1 Abs.1 u.2 Rn.13.
137 *Zippelius*, BK GG, Art.1 Abs.1 u.2 Rn.13.
138 BVerfGE 84,90 (121); *Bryde*, *v.Münch* GG, Art.79 Rn.36; *Even*; S.133 f.; *Evers*, BK GG, Art.79 Abs.3 Rn.172 ff.; *Maunz*, M/D/H GG, Art.79 Rn.36; *Müller*, S.70; *Pieroth/ Schlink*; Rn.415; *Zippelius*, BK GG, Art.1 Abs.1 u.2 Rn.10.
139 Siehe z.B. BVerfGE 6,32 (42); 27,1 (6); 32,372 (379); 34,238 (245); 54,143 (146); 80,367 (373); BGH St 31,296 (299); 44,138 (143) Bay VerfGH NJW 1968, S.99 (102); siehe auch *Dalakouras*, S.216; *Wolter*, *Kaufmann*-GS, S.761 (769).
140 A.A. BGH St 19,325 (332); 14,358 (364 f.); *Geis*, JZ 1991, S.112 (113) Fn.16.
141 BVerfGE 27,1 (6).
142 BVerfGE6,32 (41).

Menschenwürdegehalt des Einzelgrundrechts gemeint sein. Diese Verbindungslinie zieht der BayVerfGH ausdrücklich, indem er den in der Menschenwürde begründeten Achtungsanspruch nur dann als verletzt ansieht, wenn in den Kern der menschlichen Persönlichkeit eingegriffen wird[143].

Mit der Behauptung einer verfassungswidrigen Verfassungsänderung aufgrund eines Verstoßes gegen den Wesensgehalt der räumlichen Privatsphäre wird ebenfalls ein Eingriff in dessen Menschenwürdegehalt behauptet. Zwar ist Art.19 Abs.2 GG, der richtigerweise subjektiv und absolut schützend begriffen werden muß[144], nicht in jedem Fall mit dem Menschenwürdegehalt identisch, da nicht jedes Grundrecht (z.B. Institutsgarantien) einen solchen im Kern seines Wesens trägt[145]. Im Hinblick auf die räumliche Privatsphäre sind aber Wesens- und Menschenwürdegehalt gleichzusetzen[146].

Vorliegend deckt sich deshalb die Prüfung einer Verletzung des Art.1 Abs.1 GG mit der Frage, ob der Lauschangriff nicht nur - wie bereits festgestellt - in Art.13 GG eingreift, sondern sogar dessen Kern bzw. Wesensgehalt berührt. Diese Aspekte sind im folgenden in die Untersuchung eines Eingriffs in Art.1 Abs.1 GG mit einzubeziehen. Sollte sich ein solcher bestätigen, wäre ein Lauschangriff in jedem Fall rechtswidrig, da dann selbst die Schranke des Art.13 Abs.3 GG verfassungswidrig wäre.

II) Bedeutung und Wesen der Menschenwürde

Bereits die Umschreibung des Schutzbereiches von Art.1 Abs.1 GG gestaltet sich äußerst schwierig. Was unter der Unantastbarkeit der Menschenwürde zu verstehen ist, konnten bislang weder die Rechtsprechung noch die Literatur überzeugend und einheitlich definieren.

---

143 BayVerfGH NJW 1968, S.99 (102); differenzierend *Wolter*, NStZ 1993, S.1 (3 ff).

144 So z.B. *Stern*, Bd.III/2 § 85 III 2c m.w.N.; ablehnend z.B. *Glauben*, DRiZ 1993, S.41 (42).

145 *Stern*, Bd.III/2 § 89 IV 2b; § 85 III 2c; *Wolter*, NStZ 1993, S.1 (3 ff.); a.A. *Dürig*, M/D/G GG, Art.1 Rn.81, der sich für eine generelle Gleichsetzung von Wesensgehalt und Menschenwürdegehalt ausspricht.

146 Vgl. *Müller*, S.70; *Raum./Palm*, JZ 1994, S.447 (451); *Evers*, BK GG Art.79 Abs.3 Rn.174 sieht hingegen im Antasten des Wesensgehalts lediglich ein Indiz für eine Verletzung des Menschenwürdegehalts; eine differenzierende Meinung vertritt ebenfalls *Wolters*, NStZ 1993, S.1 (3 ff.) wonach sich der Kernbereich eines Grundrechts aus dem unantastbaren Menschenwürdegehalt und aus den qualitativ unterhalb liegenden Wesensgehalt zusammensetze. Eine derartige feine Differenzierung innerhalb des Kerns eines Grundrechts erscheint aber nur theoretisch, nicht jedoch in der praktischen Umsetzung möglich.

Es besteht lediglich Übereinstimmung darüber, daß es sich bei der Menschenwürde um einen spezifischen, an den Menschen kraft seines Personseins anknüpfenden Wert handelt, der jedem Menschen unabhängig von Geschlecht, Alter, Rasse, Nationalität oder sonstigen Eigenschaften zukommt. Die Menschenwürde ist das, was den Eigenwert des Menschen als geistig-sittliches, eigenverantwortlich bestimmendes Wesen im Vergleich zu anderen Wesen ausmacht. Sie kommt dem Menschen um seiner selbst und nicht um anderer Güter und Zwecke willen zu[147]. Deshalb kann der Schutz der Menschenwürde niemandem, auch nicht einem Straftäter oder dem einer Straftat Verdächtigen abgesprochen werden, selbst wenn er sich in noch so schwerer und unerträglicher Weise an dem vergangen hat oder vergehen wollte, was die Wertordnung der Verfassung unter ihren Schutz stellt[148].

Gesichert ist somit, daß Art.1 Abs.1 GG eine Fundamentalnorm ist. Er ist dazu bestimmt, das Menschenbild des Grundgesetzes zu prägen[149] und ist hierdurch von wesentlicher Bedeutung für das Verhältnis von Individuum und Gemeinschaft[150]. Menschenwürde ist die Anerkennung einer mit der Fähigkeit zu eigenverantwortlicher Lebensgestaltung begabten Persönlichkeit, der um ihrer Würde willen eine möglichst weitgehende Entfaltung gesichert werden muß[151].

Aus diesen Aussagen läßt sich jedoch kein materieller Würdebegriff definieren und kein normativer Gehalt ermitteln. „Die Reichhaltigkeit und die Vielfalt der Vorstellungen über das, was Würde ist [...], schließen es aus, dem unbestimmten Rechtsbegriff „Würde" eine Definition solcher Trennschärfe zu geben, die eine schlichte Subsumtion ermöglichen könnte"[152].

---

147 *Zippelius*, BK GG, Art.1 Abs.1 und 2 (Drittbearbeiter) Rdnr.14; *Jass/Pieroth*, GG (2.Aufl. 1992), Art.1 Rn.47 ff.; *Stern*, Bd.III/2 § 89 IV 4.a; vgl. auch BayVerfGH 1 (32);10 (68): „Der Mensch als Person ist Träger höchster geistlicher Werte und verkörpert einen sittlichen Eigenwert [...] Würde der Person ist dieser innere und zugleich soziale Wert- und Achtungsanspruch, der dem Menschen um seinetwillen zukommt."

148 BVerfGE 64,261 (284); 72,105 (115). *Cassardt*, ZRP 1997 S.370 (373) weist diesbezüglich zu Recht darauf hin, daß diese Erkenntnis häufig mit dem Hinweis vernachlässigt wird, daß die Maßnahme der Ahndung schwerer Verbrechen dient; vgl. etwa *Zachert*, DRiZ 1992, S.355 (356). So äußerte *Norbert Geis* (MdB) in einer Bundestagsdebatte: „Unser Grundgesetz schütze Grundrechte doch nicht, damit sie mißbraucht werden, sondern wir müssen Grundrechte schützen, damit wir sie in Anspruch nehmen können. Diejenigen aber die in der staatlich geschützten Privatsphäre der Wohnung Verbrechen planen, Strategien entwickeln, mißbrauchen dieses Grundrecht, und für sie besteht der Schutz unsrer Grundrechte nicht" (Deutscher Bundestag, Stenobericht, 95.Sitzung, 4.6.1992, S.7819, zitiert nach *Seifert*, KJ 1992, S.355 (369)).

149 BVerfGE 6,32 (36).

150 Vgl. *Laber* S.53 m.w.N.

151 BVerfGE 5, 85 (204).

152 *Kunig*, *v.Münch* GG, Art.1 Rn.22.

III) Überprüfung anhand der Objektformel

1) Die „klassische" Objektformel

Da somit eine umfassende positive Definition der Menschenwürde bislang nicht gelingen konnte und wohl auch nicht gelingen kann, stellt den bisher bekanntesten Versuch, die Würdeverletzung zu bestimmen, die von *Dürig* entwickelte und fast durchgängig verwendete sog. „Objektformel" dar[153]. Diese umschreibt die Menschenwürde vom Ausmaß und Charakter des Eingriffs her. Demnach ist die Würde des Menschen als solche dann betroffen, wenn der konkrete Mensch zum Objekt, zu einem bloßen Mittel oder zur vertretbaren Größe herabgewürdigt wird[154]. Es handelt sich also um Handlungen, welche die Subjektstellung des einzelnen Individuums verachten und seine Persönlichkeit in Frage stellen[155].

Eine breite Strömung in der Literatur bejaht dies bezüglich der akustischen Wohnraumüberwachung[156] und betrachtet den Schutz der privaten Wohnung vor Ausspähung als genauso unverrückbar wie z.B. das Folterverbot[157]. Da der Lauschangriff heimlich in die räumliche Privatsphäre eindringe, verbliebe dem arglosen betroffenen Bürger keine Möglichkeit, weder faktische noch rechtliche Vorkehrungen gegen die Ausforschung zu treffen, und er werde so zum weitgehend hilflosen Objekt des Verfahrens[158]. Er werde dem Staat ausgeliefert und so zum wehrlosen Opfer dessen Handelns.[159].

2) Die Objektformel nach dem BVerfG

Die Objektformel erweist sich jedoch als ungenügend und lediglich richtungsweisend. Sie ist zu weit formuliert, weshalb eine alleinige Berufung auf sie zu Recht kritisiert wird[160].

---

153 *Dürig*, M/D/H GG, Art.1 Abs.1 Rn.28.

154 *Dürig* greift hierzu auf *Kant* zurück: „Der Mensch kann von keinem Menschen (weder von anderen noch sogar von sich selbst) bloß als Mittel, sondern muß jederzeit zugleich als Zweck gebraucht werden und darin besteht seine Würde (die Persönlichkeit)"; *Kant*, Metaphysik der Sitten, Tugendlehre,1797 § 38; zitiert nach *Zippelius*, BK GG, Art.1 Abs.1 u. 2 Rn.7.

155 *Stern*, SR Bd.III/2 § 89 IV 4.a.

156 Statt vieler *Raum Palm*, JZ 1994, S.447 ff.

157 *Glauben*, DRiZ 1992, S.357 (358).

158 *Wolter*, GA 1988, S.129 (134).

159 Vgl. *Gauben*, DRiZ 1993, S.41 (42).

160 *Zippelius*, BK GG, Art.1 Abs.1 u.2 m.w.N.

Das BVerfG betont diesbezüglich den unbestimmten Charakter der Menschenwürde, weshalb deren Inhalt und Reichweite nicht abstrakt, sondern nur im Einzelfall zu bestimmen sei. Hierbei stellt es hohe Anforderungen für einen Eingriff in Art.1 Abs.1 GG auf. Dieser werde nicht durch jede Regelung oder Anordnung verletzt, die den Einzelnen einer ihm unbekannten und unbekannt bleibenden Maßnahme unterwerfe:

„Der Mensch ist nicht selten bloßes Objekt, nicht nur der Verhältnisse und der gesellschaftlichen Entwicklung, sondern auch des Rechts, insofern er ohne Rücksicht auf seine Interessen sich fügen muß. Eine Verletzung der Menschenwürde kann darin allein nicht gefunden werden. Hinzukommen muß, daß er einer Behandlung ausgesetzt wird, die seine Subjektqualität *prinzipiell* in Frage stellt, oder daß in der Behandlung im konkreten Fall eine *willkürliche Mißachtung* der Würde des Menschen liegt“[161].

Die staatliche Behandlung[162] des Menschen müsse mithin, wenn sie seine Würde berühren soll, *„Ausdruck der Verachtung des Wertes“*, der dem Menschen kraft seines Personseins zukomme, also in diesem Sinn eine *„verächtliche Behandlung“* sein[163].

Nach Auffassung des BVerfG ist folglich zwischen Behandlungen, die einen Ausdruck der Geringschätzung darstellen und solchen, die auf Grund wichtiger Ziele dem Einzelnen auferlegt werden, zu differenzieren[164]. Die Menschenwürde wird also relativ aufgefaßt.

Sich hierauf stützend, will eine weitere Meinung in der Literatur keinen Eingriff in die Menschenwürde durch die akustische Wohnraumüberwachung erkennen. Eine solche willkürliche Mißachtung des personalen Wertes des Menschen, die Art.1 Abs.1 GG verletze, liege z.B. darin, den Menschen zwangsweise zu registrieren und zu katalogisieren und ihn damit wie eine der Bestandsaufnahme zugänglichen Sache zu behandeln[165]. Dies sei aber im Rahmen des Lauschangriffs solange nicht der Fall, als die gewonnenen Erkenntnisse nicht für beliebige Zwecke verfügbar seien[166] und die Ziele des Eingriffs nicht unberücksichtigt

161 BVerfGE 30,1(25) „Telefonabhör“- Entscheidung (In dieser Entscheidung wurde allerdings nicht überprüft, ob die heimliche Telefonüberwachung in den Kernbereich des Art.10 GG eingreift, sondern ob der Kern des Art.19 Abs.4 GG betroffen ist, indem wegen fehlender Unterrichtung keine gerichtliche Überprüfung im Nachhinein erfolgen kann), vgl. auch BVerfGE 24,238 (248); 50,166 (175); 87,209 (228); 80,367 (374).

162 BVerfGE 27,1 (69) verdeutlicht, daß dieser Grundsatz nicht nur für die Exekutive sondern auch für die Legislative gilt; vgl. auch BVerfGE 30,1 (40) Sondervotum.

163 BVerfGE 30,1 (25).

164 *Binder*, S.212.

165 Vgl. BVerfGE 27,1 (6).

166 *Cassardt* ZRP 1997 S.370 (374), der sich mit dieser Äußerung teilweise selber widerspricht, indem er später einen unantastbaren - mithin zielunabhängigen - Kernbereich der Menschenwürde anerkennt.

blieben[167]. Deshalb sei z.B. zum Schutz der freiheitlich demokratischen Grundordnung oder des Staates eine Rechtfertigung des Lauschangriffs möglich[168]. Ebenso stelle die Strafrechtspflege ein Verfassungsgut von entsprechendem Rang dar[169].
Darüber hinaus werde die Subjektstellung so lange nicht geleugnet, wie der Staat durch seine Regelung nicht zu erkennen gäbe, daß er eine schützenswerte Privatsphäre des Einzelnen im Konfliktfall überhaupt nicht anerkennen wolle. Das wäre z.B. der Fall, wenn der Staat voraussetzungslos oder aus jedem unscheinbaren Anlaß in unbegrenztem Umfang und auf unbestimmte Dauer den Lauschangriff gegen jedermann zuließe[170]. Der Bürger müßte dann jederzeit und überall mit der akustischen Wohnraumüberwachung rechnen, ohne sich im geringsten dagegen wehren zu können. Indem aber Art.13 Abs.3 GG verlangt, daß nur ein Verdacht bezüglich einer durch Gesetz einzeln bestimmten Straftat den Lauschangriff rechtfertigen kann und noch weitere andere Voraussetzungen erfüllt sein müssen, gibt der Staat zu erkennen, daß er im einzelnen Konfliktfall die Rechte des Bürgers aus dessen Privatsphäre anerkennt, auch wenn im Ergebnis unter bestimmten Umständen der Eingriffszweck überwiegt.

3) Stellungnahme

(I) Nicht nur die Weite der bloßen Objektformel, sondern auch deren sehr starke Begrenzung seitens des BVerfG, die mit seiner relativen Auslegung einhergeht, ist zu Recht auf scharfe Kritik gestoßen[171]. Da das Erfordernis der verächtlichen Behandlung leicht zu unangemessen einschränkenden oder subjektivierenden Abgrenzungen der Verletzungstatbestände führen kann, ist es abzulehnen. Die Begriffe des BVerfG sind schwammig[172] und es bleibt offen, was mit dem Verbot der „verächtlichen Behandlung" gemeint sein soll[173]. Soll etwa eine willkürfreie Mißachtung der Menschenwürde zulässig sein, oder die „verächtlichen Behandlung" und somit Art.1 Abs.1 GG auf ein Verbot von Folter, Schandpfahl oder der Methoden des Dritten Reichs reduziert werden ?[174]

---

167 *Herdegen*, BK GG,Art.13 Rn.88.
168 Vgl. *Glauben*, DRiZ 1993, S.41 (42).
169 *Müller*, S.76 f.
170 *Denninger*, StV 1998, S.401 (404); vgl. BVerfG NJW 2000, S.55 (61).
171 *Glauben*, DRiZ 1993, S. 41 (42).
172 So *Hassemer*, DRiZ 1992,S.357 (358).
173 *Pieroth/ Schlink*, Rn.405.
174 BVerfGE 30,1,39 - Sondervotum der Richter *Geller*, *Rupp* und *v.Schlabrendorff*.

Der Mensch darf nicht wie ein Gegenstand behandelt werden, auch wenn dies nicht aus Mißachtung des Personenwerts, sondern in guter Absicht erfolgt[175]. Durch die Wertschätzung des Betroffenen kann nämlich dessen Mißachtung nicht ausgeglichen werden[176]. Ansonsten bestünde die Gefahr, daß für scheinbar höhere Ziele oder Werte elementare Rechtsgüter relativiert würden, wo doch gerade der Schutz der Menschenwürde das erste und oberste Grundrecht darstellt. Überspitzt formuliert könnte es so weit kommen, daß sich der Staat nur noch im Ziel, nicht aber in den Methoden vom Verbrechertum unterscheidet[177]. Die These einer relativen Auslegung der Menschenwürde steht zudem mit der Annahme eines absolut unantastbaren Kernbereichs - der sich, wie oben dargestellt mit dem Menschenwürdegehalt deckt - in einem unvereinbaren Widerspruch. Es leuchtet auch nicht ein, daß einerseits die Menschenwürde nicht einmal angetastet werden darf, also schon jedes Berühren des Schutzbereichs eine Verletzung nach sich zieht, andererseits aber eine Abwägung im Schutzbereich selber stattfinden könnte, wo das Ergebnis noch unsicherer ist, als dies bei Grundrechten mit qualifizierten Schranken der Fall wäre.
Deshalb ist die Menschenwürde absolut und nicht prinzipiell oder als reiner Willkürschutz zu verstehen. Angesichts der Entstehung des Grundgesetzes und des historischen Hintergrundes sowie des Wortlautes von Art.1 Abs.1 GG („unantastbar") ist von einem Bekenntnis zu absoluten Werten auszugehen.

(II) Jedoch sind mit der Erkenntnis eines absoluten Verständnisses der Menschenwürde noch nicht deren Inhalt und Grenzen bestimmt.[178] Insoweit ist der Richtermehrheit des Abhörurteils zuzustimmen, daß nicht jeder Bürger, der sich dem hoheitlichen Willen und Zwang fügen muß, in seiner Würde verletzt wird. Die Objektformel geht - wie oben erwähnt - zu weit. Der Einzelne wird noch nicht allein dadurch zum Objekt gemacht, daß er einer Maßnahme der Strafverfolgung ausgesetzt wird. Dies ist ein Schicksal, welches er mit allen teilt, die von einer darartigen Maßnahme betroffen sind. Die Formel ist daher zu unbestimmt[179].
(1) Nach einer Ansicht soll der wesentliche Unterschied in der Heimlichkeit des Lauschangriffs und der hieraus resultierenden völligen Ungeschütztheit des Betroffenen bis tief in seine innerste Privatsphäre hinein liegen. Die Heimlich-

---

175 BVerfGE 30,1,33 (39f.) - Sondervotum; *Binder*, S.212; *Starck, v.Mangoldt/Klein* GG, Art. 1 Abs.1 Rn.10.
176 *Binder*, S.212.
177 *Glauben*, DRiZ 1993, S.41.
178 *Denninger*, StV 1998, S.401 (402), meint z.B., eine Menschenwürdeverletzung sei dann gegeben, wenn in den Modalitäten einer Behandlung in objektivierbarer und somit nachvollziehbarer Weise ein Ausdruck der Negation der Subjektsstellung des Bürgers liege. Diese schönklingende Formulierung hilft dem praktischen Anwender aber kaum weiter.
179 *Pieroth/ Schlink*, Rn.405.

keit gebe der Wohnraumüberwachung eine völlig andere Qualität als sonstigen Eingriffsmaßnahmen. Hierdurch werde der personale Vollzug von Privatleben selbst bis hin zu seiner intimsten Ausdrucksweise zum Gegenstand der Kenntnisnahme von Außenstehenden[180]. Es sei etwas fundamental anderes, etwa einerseits nach verborgenen Dokumenten zu suchen oder andererseits die tiefsten Seufzer des Betroffenen von Dritten mithören zu lassen. Das heimliche Abhören sei deshalb der schärfste Eingriff in Grundrechte zur staatlichen Informationsgewinnung überhaupt[181].

(2) Jedoch kann die Heimlichkeit gerade nicht das einzig entscheidende Kriterium sein, da der Staat vielfach heimlich operiert und hierbei auch in Grundrechte eingreift. Bestimmte Maßnahmen müssen um ihrer Effektivität willen auch heimlich durchgeführt werden können[182]. Leitlinien für eine Verletzung des Art.1 Abs.1 GG sind vielmehr die vollkommene Offenlegung und Durchschaubarkeit des Menschen, d.h. die Herabwürdigung zum Objekt des Verfahrens durch Einbruch in das forum internum (z.B. in den Kern des Rechts auf Privatheit) oder in das Recht auf Selbstdarstellung und Kommunikation („Informationsobjekt")[183].

(3) Im Ergebnis hilft deshalb die Objektformel nicht weiter, die Frage der Verletzung der Menschenwürde zu klären. Der Lauschangriff verstößt jedoch nicht nur dann gegen Art.1 Abs.1 GG, wenn der Einzelne zum bloßen Objekt staatlichen Handelns herabgewürdigt wird, sondern auch dann, wenn der Kernbereich der räumlicher Privatsphäre berührt wird[184,185].

IV) Verletzungen des Kernbereichs von Art.13 GG

1) Einleitung

Ob der Lauschangriff die Menschenwürde verletzt, wird man folglich daran messen müssen, ob er in den Menschenwürdegehalt, also in den Kernbereich des Art.13 GG eingreift. Dies ist eine unmittelbare Folge aus der oben erwähnten wechselseitigen Beziehung zwischen den Einzelgrundrechten und der Men-

180 Vgl. *de Lazzer/Rohlf*, JZ 1977, 207 (210).
181 *Schwabe*, JZ 1993, S 869; siehe auch *Raum/Palm*, 1994, S.447 (451).
182 BVerfGE 30,1 (24 ff); *Starck, v.Mangold/Klein* GG, Art.1 Abs.1 Rn.58.
183 *Wolter*, NStZ 1993, S, 1 (6).
184 *Meurer*, S.556; *Raum/Palm*, JZ 1994, S.447 (451).
185 Ob eine Kernbereichsverletzung neben der Objektformel zu prüfen oder in diese hineinzulesen ist, als ein besonderer Fall der Herabwürdigung zum Objekt, ist eine dogmatische Frage, die hier unbehandelt bleiben soll.

schenwürde. Selbst das BVerfG, welches im Rahmen der Objektformel eine relative Auslegung vertritt, behauptet, daß dem Einzelnen ein letztes Refugium bleiben müsse, welches dem staatlichen Eingriff entzogen sei[186], setzt also auch eine absolute Grenze. Ohne einen gegen Ausforschung geschützten Schutzbereich wird der Bürger zum Objekt einer im geheimen operierenden Exekutivmacht[187].

Per se greift das Abhören des nichtöffentlich gesprochenen Wortes in die Privatsphäre (Art.2 Abs.1 i.V.m. Art.1 Abs.1 GG) ein. Jedoch berührt es nach absolut h.M. nicht deren Kernbereich[188]. Dieses Ergebnis läßt sich allerdings nicht einfach auf die akustische Wohnraumüberwachung übertragen, da Art.13 GG mit der Wohnung einen besonderen schützenswerten Teil der Privatsphäre wahrt, dem eine besonderer Bedeutung für die private Lebensgestaltung zukommt. Deshalb kann derselbe Eingriff, außerhalb der Wohnung erfolgend, den Kernbereich der Privatsphäre nicht, innerhalb der Wohnung aber durchaus verletzten. Diese Möglichkeit verstärkt sich, wenn man von der Zielsetzung des Lauschangriffs an das Problem herangeht. Er soll die Strafverfolgungsbehörden in die Lage versetzen, über die Peripherie der kriminellen Organisationen hinaus in „Kernbereiche“ einzudringen, ihre Strukturen zu erkennen und zu zerschlagen[189]. Ob jedoch solch ein abgehörter „Kern“ einer kriminellen Handlung zuzurechnen ist oder aber eventuell der Privatsphäre angehört, unterliegt zum Zeitpunkt der prozessualen Eingriffsmaßnahmen noch der Spekulation.

2) Argumente der Literatur für die Annahme eines Eingriffs in den Kernbereich

Der wohl größere Anteil der Beiträge zur Diskussion um die Verfassungsmäßigkeit der Einführung des Lauschangriffs bejaht einen Eingriff in den unantastbaren Kernbereich bzw. Wesensgehalt des Rechts auf Privatsphäre.
So wird behauptet, der Lauschangriff greife nicht nur in die Privatsphäre ein, vielmehr hebe er sie auf[190], denn die Intimsphäre des Bürgers werde, selbst in seiner vermeintlich Überschaubaren und beherrschbaren Wohnung, durch diese Maßnahme total dem staatlichen Zugriff bloßgelegt[191]. Öffne man die Privatheit

---

186 BVerfGE27,1 (6).
187 *Seifert*, KJ 1992, S. 355 (357).
188 Siehe z.B. BVerfGE 14,358 (362,364), 34,238 (245), *Starck, v.Mangold/ Klein* GG, Art.1 Abs.1 Rn.44.
189 BT-DS 13/8651, S.1; *Röding*, Anhörung zu BT-DS 13/8650, 13/8651, S.3.
190 *Raum/ Palm*, JZ 1994, S.447 (452); *Kutscha*, NJW 1994, S.83 (87), der später trotzdem zu einer Abwägung gelangt.
191 *Seifert*, KJ 1992, S.355 (363).

der Wohnung, so öffne man das Innerste der privaten Existenz und damit auch das Innere des Menschen, der da wohnt[192]. So werde der „tiefste Seufzer" des Betroffenen mitgehört, selbst wenn die Ermittlungsbehörden dies im Einzelfall nicht wollten, da z.B. ein Richtmikrophon (aber auch andere Lauschmittel) sämtliche in der Wohnung stattfindenden Gespräche, Äußerungen und Geräusche erfasse, ohne zwischen der Verabredung einer Straftat und intimsten Liebesbezeugungen zu unterscheiden[193]. Die Relevanz des Gespräches sei zumeist erst im nachhinein feststellbar.

Gegen eine solche Preisgabe der Daten könne der Einzelne sich noch nicht einmal wehren, da er entweder keine Vorkehrungen treffen könne oder aber die Schutzmaßnahmen ihn seiner Kommunikation und somit der menschlichen Würde beraube[194]. Hierdurch sei für den Einzelnen der Kernbereich deshalb auch abstrakt betroffen, selbst wenn er konkret niemals Objekt der akustischen Wohnraumüberwachung werde, da es zu einer weitreichenden Verunsicherung kommen könnte. Viele Bürger bekämen Angst, daß Dritte Gespräche, auch wenn diese keinerlei Bezug zu einer Straftat hätten, mithören[195]. Mithin werde die Wohnung als Rückzugsgebiet durch die Möglichkeit des Lauschangriffs generell entwertet, da niemand sicher sein könne, ob nicht gerade seine Wohnung Ziel eines solchen heimlichen Eingriffs sei, was auch aufgrund einer falschen Verdächtigung geschehen könnte[196]. Die freie Kommunikation in der räumlichen Privatsphäre sei eine unabdingbare Voraussetzung für menschenwürdiges Dasein. Eine freie Entfaltung der Persönlichkeit sei durch den Lauschangriff nicht mehr möglich[197]. Dem Betroffenen werde jede Rückzugsmöglichkeit zu einer unüberwachten Kommunikation gleich welcher Art genommen, wodurch jenes Mindestmaß an Privatautonomie beeinträchtigt werde, welches für den Menschen die für ihn existenznotwendige Menschenwürde sichern soll.[198]

Beim Telefonieren wisse der Einzelne, daß er seinen ureigensten Bereich verlasse, indem er die Daten in das öffentliche Datenübertragungsnetz eingebe. Wer aber selbst in der Wohnung nicht mehr frei sprechen könne, ohne daß staatliche Lauscher mithören und das Gehörte verwenden können, habe „buchstäblich keinen Innenraum" mehr, zu dem die Umwelt keinen Zutritt mehr habe[199]. Das BVerfG bestätige aber, daß dem Einzelnen ein „Refugium" bleiben müsse. Ein bestimmter Bereich der räumlichen Privatheit müsse deshalb er-

192 *Hassemer*, DRiZ 1992, S.357 (358).
193 *Kutscha*, NJW 1994, S.85 (88).
194 *Wolter*, GA 1988, S.129 (141).
195 *Böttcher/ Pfeiffer*, ZRP 1994, S.7 (15).
196 *Hassemer*, DRiZ 1992, S.357 (358); *Kutscha*, NJW 1994, S.85 (88).
197 *Eisenberg*, NJW 1992, S.1033 (1039), der allerdings in Geschäftsräumen oder „kriminell bemakelten" Räume die akustische Überwachung zulassen möchte.
198 *Raum/ Palm*, JZ 1994, S.447 (452).
199 *Kutscha* NJW 1994, S.85 (88) unter Hinweis auf *Grünwald*, Spiegel Nr.11/1977, S.23.

mittlungsfest (polizeifest) sein[200]. Stelle man sich den Kernbereich vor, denke man unwillkürlich an die private Wohnung[201]. Die Wohnung sei der typischer Fall eines solchen Innenraums[202]. Es gibt nichts im Leben, was sonst als ein „letztes Refugium" für den Menschen dienen könnte[203].

3) Argumente der Literatur gegen die Annahme eines Eingriffs in den Kernbereich

Die Stimmen, die hingegen eine Kernbereichsverletzung durch den Lauschangriff verneinen, lassen sich in zwei Gruppen einteilen.

(I) Die erste verneint im Ergebnis bereits die Existenz eines absolut schützenden Kernbereichs. So betont *Lorenz*, daß gerade das BVerfG, trotz grundsätzlicher Anerkennung eines Kernbereichs, bisher in noch keinem Judikat strafprozessuale Eingriffsbefugnisse an „dieser harten Nuß" habe abprallen lassen[204]. Jedesmal komme es zu einer Abwägung unter Rückgriff auf das Prinzip der Funktionsfähigkeit einer an rechtsstaatlichen Garantien ausgerichteten Strafverfolgung. Deshalb sei der Kernbereich ein „bloßes Bild", eine „Metapher", die nicht davon befreien könne, die schwierige Konkretisierung der Normbereiche vorzunehmen. Das Bild „Kernbereich" stehe als Sinnbild für einen noch nicht wahrnehmbaren geistigen Sachverhalt, für ein gefundenes Abwägungsergebnis, dessen Vorgang erst präsent gemacht werden müsse. Unter Kernbereich sei deshalb ein „[...] begriffliches Zeichen zur Beschreibung einer Operation: Ein Symbol [...]" zu verstehen[205]. Ein von vornherein objektiv unantastbarer Bereich wird hiernach somit schon in seiner Existenz verneint.
Ähnliches vertritt *Herdegen*, wonach das Abhören des in einer Wohnung nichtöffentlich gesprochenen Wortes die Privatsphäre zwar im Kern träfe, was insbesondere für das Abhören eines vertraulichen Gesprächs ohne Anwesenheit eines verdeckten Ermittlers gelte, da es den „Nerv" des allgemeinen Persönlichkeitsrechts berühre. Dennoch könne einer Ermächtigung im Interesse der Aufklärung und Verfolgung schwerwiegender Straftaten nicht die Berufung auf einen absoluten, gegenständlich unantastbaren Menschenwürdegehalt der räumlichen Privatsphäre entgegengehalten werden. Die vom Grundgesetz auch dem Verfas-

200 *Lisken*, ZRP 1993, S.121 (124).
201 *Hassemer*, DRiZ 1992, S.357 (358).
202 *Eisenberg*, NJW 1993, S.1033 (1037); *Meurer*, S.554.
203 *Lisken*, ZRP 1993, S.121 (123).
204 Es existieren aber Entscheidungen anderer Gerichte, z.B. BGH St 31,296 („Raumgespräch"), BayObLG MDR 1992, S.993 („Brief eines Drogenabhängigen an seinen Arzt"), LG Saarbrücken StV 1988, S.480 („Tagebuch").
205 *Lorenz*, GA 1997, S.51 (63 f.); so auch *Hetzer*, KrimPol 1998, S.546 (546).

sungsgeber gezogene Eingriffsschranke sei nicht unabhängig von der Finalität der Ermächtigung und den Verfahrensstandards zu bestimmen. Dies zeige auch die Tagebuchentscheidung des BVerfG[206], in welcher dieses das Eindringen in intimste Vorgänge, nämlich in selbstreflektierte Tagebuchaufzeichnungen des Tatverdächtigen, im Interesse der übergeordneten Strafrechtspflege als zulässig angesehen habe, soweit es um die Verfolgung schwerwiegender Straftaten gehe[207].

Herdegen verkennt allerdings, daß der Kernbereich sich gerade über das Abwägungsverbot definiert. Das BVerfG hat somit im Ergebnis einen Eingriff in den Kernbereich als rechtmäßig erachtet, jedoch tat es dies gerade unter der Verkennung eines solchen und unter der Annahme, daß der Sozialbezug, der den Abwägungsbereich eröffnet, vorliege. Es hat aber nicht den unantastbaren Kernbereich der Abwägung freigegeben.
Die Verfassung verlangt, wie oben festgestellt, einen solchen Kernbereich in dem Maße, wie ein Grundrecht einen Menschenwürdegehalt beinhaltet, was auch *Lorenz* nicht genügend respektiert. Die Schwierigkeit, diesen Bereichs zu definieren, erlaubt noch nicht die Herabstufung zu einem bloßen Symbol. Da folglich eine Abwägung im Kern des Art.13 GG unzulässig ist, darf ein Eingriff auch nicht zur Aufklärung schwerster Straftaten erfolgen. Lediglich mit Rechtsgütern, die selber dem Bereich der Menschenwürde zuzurechnen sind, ist eine Abwägung zu deren verfassungsmäßig gebotenen Schutz (Art.1 Abs.1 S.2, 2.Alt. GG) möglich[208]. Dies mag im präventiven Bereich auch durchaus von Bedeutung sein, im repressiven aber nicht, da die Strafverfolgung selber nicht unmittelbar Teil des Schutzes der Menschenwürde ist. Somit ist der Lehre von der „Existenzverneinung" des absolut geschützten Kernbereichs nicht zu folgen.

(II) Diese Ansicht vertritt auch die zweite Gruppe, die den Kernbereich grundsätzlich anerkennt, ihn jedoch durch den Lauschangriff nicht verletzt sieht.

(1) Ihre Vertreter heben hervor, daß Eingriffe in die Privatsphäre möglich seien, ohne diese Sphäre im Kern zu tangieren. Es werde übersehen, daß nach der Rechtsprechung des BVerfG der Mensch in seiner „kommunikativen Privatsphäre" auch als gemeinschaftsgebundener und gemeinschaftsbezogener Bürger auftrete, der prinzipiell staatliche Maßnahmen hinnehmen müsse, die im über-

---

206 BVerfGE 80,367 (376ff.).

207 *Herdegen*, BK GG, Art.13 Rn.87.

208 Art.1 Abs.1 GG gebietet auch die Menschenwürde zu schützen, weshalb hierzu in Ausnahmefällen Eingriffe in Art.1 Abs.1 GG möglich sind; *Starck*, *v.Mangold/Klein* GG, Art.1 Abs.1 Rn.28. Hierbei ist dann allerdings innerhalb der Menschenwürde, wie *Wolter*, NStZ 1993, S.1 ff. festgestellt hat, zwischen Menschenwürde, die der Abwägung zugänglich ist, und Menschenwürde, die ihr nicht zugänglich ist, zu unterscheiden.

wiegenden Allgemeininteresse stünden[209]. Mit dem nach Nach-außen-Treten verlasse der Bürger den innersten Kern seiner Persönlichkeit. Selbst die Unterhaltung zweier einander besonders nahe stehender Personen müsse nicht von vornherein von einer Überwachung ausgenommen sein, da ein Beweisverwertungsverbot hinreichenden Schutz gewähre. Der Einsatz der technischen Mittel ziele ja nicht auf diese Gespräche, sondern auf Unterhaltungen zwischen Schwerstkriminellen, die schwere Straftaten begehen[210]. Es sei aber kein Bestandteil der Menschenwürde, unbeobachtet Mord und Totschlag planen zu können[211].
Letzteres Argument vermag aber allein deshalb nicht zu überzeugen, da das Problem der akustischen Wohnraumüberwachung weniger die ermittlungstechnisch relevanten, sondern die übrigen Gespräche betrifft, die zwangsläufig mit abgehört werden[212], zumal selbst die Würde des Beschuldigten, der unter Verdacht steht, zu achten ist.

(2) Andere Vertreter dieser Gruppe verneinen die Verletzung des Kerns der Privatsphäre aufgrund einer rechtsfolgeorientierten Argumentation. So müßten selbst Gegner der akustischen Wohnraumüberwachung zugeben, daß diese zur Befreiung einer mit dem Tode bedrohten Geisel möglich, also zulässig sei. Letzterer Wertung liege aber zugrunde, daß die Tonerfassung nicht in den abwägungsfreien Kernbereich, den die Menschenwürde umfasse, eindringe. Schließlich sei dieser unabhängig vom Zweck unantastbar. Mit Blick auf die Nähe zum Kernbereich der privaten Lebenssgestaltung seien lediglich hohe Anforderungen an die Rechtfertigung des Lauschangriffs zu stellen, soweit echte Privatwohnungen betroffen seien[213].

Jedoch unterliegt diese Argumentation einem Zirkelschluß. Die These „weil das Ziel nicht unberücksichtigt bleiben darf, kann der Kern nicht betroffen sein" verkehrt die Fragestellung. Ausgangspunkt muß der Kernbereich sein. Er gibt an, ob ein Ziel zu beachten ist oder nicht, unabhängig davon, ob dies wünschenswert oder vernünftig erscheint. Zudem läßt sich der Schluß von einer präventiven Maßnahme auf eine repressive nicht ziehen, da im oben angeführten Beispiel der präventive Lauschangriff zum Schutz der Menschenwürde eines anderen erfolgt und somit nicht im Widerspruch zu Art.1 Abs.1 GG steht, der gleichwertig auch den Schutz der Menschenwürde gebietet[214]. Letzterem

---

209 *Zachert*, DRiZ 1992, S.355 (356).
210 *Zachert*, DRiZ 1992, S.355 (356).
211 Krit. *Schwabe*, JZ 1993, S. 847.
212 *Binder*, S.215.
213 *Cassardt*, ZRP 1997, S.370 (374); *Müller*, S.77.
214 *Starck*, *v.Mangold/Klein*, GG, Art.1 Abs.1 Rn.28; vgl. auch *ders.* Art.1 Abs.1 Rn.57; *Beisel*, JA 1998, S.721 (727); *Wolter*, NStZ 1993, S.1 (6 f.).

vermag das Strafrecht aber nie unmittelbar zu dienen, da es seiner Natur nach erst nach einer Rechtsverletzung greift.

(3) Zweifel an einer Kernbereichsverletzung begründet hingegen ein Vergleich mit der bis zum Tode vollstreckbaren Freiheitsstrafe, welche nicht grundsätzlich verfassungswidrig sei. So stellt nach Ansicht *Cassardts* das langjährige Eingesperrtsein, gar für den Rest des Lebens, einen noch schlimmeren Eingriff dar als das Ausgespähtwerden für einige Wochen. Deshalb könne, trotz der Unterschiede zwischen den verschiedenen Eingriffsarten und den Wirkungen der Unschuldsvermutung im Ermittlungsverfahren, der repressiven Ton- und sogar Bilderfassung nicht schlechthin für jeden Fall die Vereinbarkeit mit dem Gebot der Achtung und des Schutzes der Menschenwürde abgesprochen werden[215]. Weitere Bedenken hinsichtlich der Annahme einer Kernbereichsverletzung durch den Lauschangriff ruft auch die Tatsache hervor, daß die meisten europäischen Länder den Lauschangriff zu repressiven Zwecken zwar nicht ausdrücklich in ihren jeweiligen Verfassungen erwähnen, diesen aber im Wege der Verfassungsauslegung als zulässig erachten[216]. Wenn andere Nationen des gleichen Kulturkreises von mindestens gleich hoher rechtsstaatlicher Tradition die akustische Wohnraumüberwachung mit der Menschenwürde vereinbaren können, so mahnt dies zu besonderer Vorsicht[217].

4) Äußerungen der Rechtsprechung zum Kernbereich

Das BVerfG hat sich bisher in noch keiner Entscheidung zur akustischen Wohnraumüberwachung zum Zwecke der Strafverfolgung geäußert.

(I) In seiner Tonbandentscheidung[218] befand das BVerfG zwar, daß das heimlich aufgezeichnete nichtöffentlich gesprochene Wort - unter Beachtung des Verhältnismäßigkeitsgrundsatzes - als Beweismittel im Prozeß unter bestimmten Voraussetzungen verwertet werden dürfe. Jedoch handelte es sich hierbei um eine Aufnahme durch eine Privatperson, die zudem am Gespräch selber beteiligt war. Rückschlüsse auf die akustische Wohnraumüberwachung lassen sich deshalb nicht ziehen, da diese zum einen von Seiten des Staates in die Vertrautheit der Wohnung eindringt und zum anderen, anders als bei sonstigen Ge-

215 *Cassardt* ZRP 1997 370 (375); zustimmend *Müller*, S.77.
216 Ausführliche Übersichten finden sich in der DRiZ 1995, S.155 f. sowie bei *Müller*, S.125 ff., 261 ff.
217 Vgl. *Zippelius*, BK GG, Art.1 Abs.1 und 2, Rn.15.
218 BVerfGE 34,238 ff.

sprächsmitschnitten, gerade „über die Peripherie der kriminellen Organisationen hinaus in deren Kernbereiche einzudringen" beabsichtigt[219].

(II) Die akustische Wohnraumüberwachung wurde im Sondervotum zur Telefonabhörentscheidung des BVerfG zumindest erwähnt. Die abweichenden Richter begründeten ihre Ablehnung gegen die damalige Einführung des Art.10 Abs.2 GG wegen Verstoßes gegen Art.79 Abs.3 GG mit dem Gedanken, daß es ansonsten in Zukunft auch denkbar wäre, Art.13 GG dergestalt zu erweitern, unter bestimmten Voraussetzungen Geheimmikrophone bei Haussuchungen unter Ausschluß des Rechtsweges anzubringen[220]. Sie schienen mithin den Lauschangriff als verfassungswidrig anzusehen. Bei genauer Analyse des Urteils erweist sich jedoch, daß der Schwerpunkt ihrer Aussage nicht auf einer eventuellen Verfassungswidrigkeit der akustischen Wohnraumüberwachung lag, sondern auf dem Ausschluß des Rechtsweges, also auf Art.19 Abs.4 i.V.m. Art.10 Abs.2 GG, der allein die Telefonüberwachung, nicht aber den Lauschangriff in der in Art.13 Abs.3 GG geregelten Form betrifft.

(III) Der BGH hatte hingegen in seiner Raumgesprächentscheidung über die Konstellation einer akustischen Wohnraumüberwachung zu entscheiden. Hierbei sprach er sich, obwohl er der Anerkennung eines absolut unantastbaren Kernbereichs bis dahin eher kritisch gegenüberstand, für dessen Verletzung aus[221]. Aufgrund eines nicht richtig aufgelegten Telefons, welches von einer Ermittlungsbehörde überwacht wurde, konnte das im Anschluß an ein Telefonat geführte Gespräch zweier Eheleute in deren gemeinsamer Wohnung mitgehört werden[222]. Das Gericht führte aus, daß hierdurch der unantastbare Bereich der privaten Lebensgestaltung berührt werde, der unter dem absoluten Schutz des Grundrechts aus Art.2 Abs.1 i.V.m. Art.1 Abs.1 GG stehe und auf den daher die öffentliche Gewalt nicht einwirken dürfe[223]. Die Möglichkeit, Empfindungen, Gefühle, Ansichten oder Eindrücke von Erlebnissen zum Ausdruck zu bringen, ohne Angst haben zu müssen, daß staatliche Behörden die Unterhaltung überwachen, wäre unerträglich eingeschränkt. Dem Betroffenen werde der Innenraum verweigert, der ihm zur freien und selbsverantwortlichen Entwicklung seiner Persönlichkeit verbleiben soll[224].

---

219 BT-DS 13/8651, S.1; siehe auch *Röding*, Anhörung zu BT-DS 13/8650, 13/8651, S.7.

220 BVerfGE 30,1 (33ff., 46).

221 BGH St 31,296 (299).

222 Der BGH (s.o.) sah diese Maßnahme nicht mehr als durch § 100a StPO gedeckt.

223 Die Annahme einer Verletzung des allgemeinen Persönlichkeitsrechts statt des Kerns des Art.13 GG ist in diesem Zusammenhang unerheblich, da dies lediglich eine Frage der Konkurrenz der Grundrechte ist, welche der BGH als hier vertreten bewertet (siehe oben B III). Entscheidend ist, daß der Kern der Privatsphäre als verletzt angesehen wird.

224 BGH St 31,296 (300).

Aufgrund dieser Entscheidung kann jedoch nicht gesagt werden, daß der BGH den Lauschangriff generell als verfassungswidrig ansieht, da durch das Ehepartnergespräch eine besonders schützenswerte Situation vorlag. Bei anderer Gelegenheit sah der BGH vor Einführung des Lauschangriffs das Abhören eines nicht offen zugänglichen Vereinsbüros lediglich „jedenfalls bei der gegenwärtigen Rechtslage“ als zwingend verboten an, was gegen eine generelle Verfassungswidrigkeit spricht[225].

V) Eigener Ansatz zur Bestimmung des Menschenwürdegehalts des Art.13 GG

1) Die Bedeutung der Wohnung für die Menschenwürde

Ausgangspunkt für eine Untersuchung eines Verstoßes gegen Art.1 Abs.1 GG ist, daß Art.13 GG Menschenwürdegehalt besitzt, da er in seinem Kernbestand ein Stück der Menschenwürde schützt, die auch verlangt, daß dem Einzelnen ein privater Bereich gelassen wird, in den er sich ungestört zurückziehen kann und in dem er vor Zudringlichkeiten geschützt ist[226]. Art.13 GG soll „dem Einzelnen im Hinblick auf seine Menschenwürde und im Interesse seiner freien Entfaltung einen elementaren Lebensraum [...] gewährleisten“[227].

Nun muß gefragt werden, warum der Einzelne zum Schutz seiner Würde eines solchen Raumes bedarf. Nur wenn dies geklärt ist, kann eine Aussage darüber getroffen werden, ob der Lauschangriff den privaten Raum dermaßen einschränkt, daß die Würde verletzt ist. Es ist also nach dem Sinn und Zweck des Raumes für die Menschenwürde zu fragen, um zu wissen, ob eine Einschränkung des Raumes, wie es durch einen Lauschangriff geschieht, diesem Sinn und Zweck zuwider läuft.
Das Menschenbild des Grundgesetzes geht vom Menschen als Individuum aus. Die Möglichkeit zur Individualität ist gerade Teil der Personenhaftigkeit eines auf der Würde basierenden Wesens und Grundvoraussetzung für die Entfaltung der Persönlichkeit im privaten Bereich. Die Menschenwürde bedeutet daher mit den Worten des BVerfG die Anerkennung einer mit der Fähigkeit zu eigenver-

225 BGH St 42,372 (277); vgl. *Wollweber*, NStZ 1997, S.351. Die nah verwandte Frage, ob und inwieweit heimlich aufgenommene Stimmproben in den Kernbereich eingreifen (BGH St 34,39 ff.), hat bereits *Ackermann* mit einer eingehenden Untersuchung verneinend beantwortet. Auf diese Arbeit wird deshalb verwiesen.
226 *Zippelius*, BK GG, Art.1 Abs.1 und 2 Rn.13, 97, wobei allerdings die Frage nach dem schlechthin Unantastbaren als noch ungelöstes Problem angesehen wird, welches wohl auch nicht pauschal zu beantworten sei.
227 BVerfGE 42,212 (219); vgl. auch *Herdegen* BK GG, Art.13 Rn.1.

antwortlicher Lebensgestaltung begabten Persönlichkeit, der um ihrer Würde willen eine möglichst weitgehende Entfaltung gesichert werden muß[228].

Wie die Rechtsprechung zeigt, gehört zu dieser Entfaltung die Möglichkeit, innere Vorgänge wie Gefühle, Überlegungen, Empfindungen, Ansichten oder Erlebnisse zum Ausdruck zu bringen[229] und zwar ohne Angst, daß staatliche Behörden diese überwachen. Geschützt wird im Kernbereich der Privatsphäre die Möglichkeit innerer Daseinsbewältigung zur Bewußtmachung und Rechenschaftsablegung vor sich selbst[230], mithin die Auseinandersetzung mit sich selbst, mit dem eigenen „Ich“[231]. Bezüglich Tagebüchern formuliert dies *Laber* als das Recht des Menschen auf Selbstfindung im Alleinsein[232]. Hierzu zählt auch seine innerste Beschäftigung mit dem Transzendenten sowie das zum Teil unbewußte Erleben und Ausleben seiner Triebhaftigkeit und Gefühlswelt (z.B. Schmerz, Trauer, Sexualleben), worauf gerade der BGH in seiner Raumgesprächentscheidung hinweist[233]. Diese Entfaltung und eigenverantwortliche Lebensgestaltung ist indes nur möglich, wenn der Einzelne über einen (Frei-)Raum hierfür verfügt. Er benötigt nämlich die Möglichkeit, sich mit „seinen Gedanken und privatesten Äußerungen in einen Minimalbereich absoluter Ungestörtheit zurückziehen zu können, um sich alleine zu gehören und sein „Ich“ zu entwikkeln[234] (So ein Bereich kann z.B. in der Möglichkeit der Niederschrift von Tagebüchern bestehen.).
Jedoch ist Raum nicht nur als Abstraktum zu verstehen, als ein rein geistiger Rückzugsbereich, der die Gedankenfreiheit, sondern auch als Raum i.S. eines Teiles der Wohnung, als dreidimensionaler nach außen abgeschotteter Bereich[235]. Die Wohnung besitzt schließlich eine besondere Bedeutung für die Privatsphäre[236]. Dies zeigt sich schon darin, daß der Verfassungsgeber diesen Aspekt der Privatsphäre durch Art.13 GG ausdrücklich gesondert geschützt hat, während ansonsten der Schutz der Privatsphäre aus dem allgemeinen Persönlichkeitsrecht herausgelesen werden muß. Der Mensch benötigt somit einen eigenen Raum, um sich als Individuum zu entwickeln und ein solches zu sein. Dies meint das Bundesverfassungsgericht, indem es die Wohnung als

---

228 BVerfGE 5,85 (204).
229 BGH St 31, 296 (300).
230 LG Saarbrücken StV 1988, S.480.
231 BVerfGE 80,367 (381) - Sondervotum.
232 *Laber*, S.65.
233 BGH St 31,296 (300).
234 *Lisken*, Anhörung zu BT-DS 13/8650, 13/8651, S.2.
235 Im folgenden bedeutet „Raum“ deshalb - im Gegensatz zu „Bereich“, der allgemeiner Natur ist und auch eine abstrakte Rückzugsmöglichkeit mitumfaßt - einen dreidimensionalen Bereich.
236 BVerfGE 75,318 (326).

„Mittelpunkt der menschlichen Existenz" bezeichnet[237], als den räumlichen Bereich der individuellen Persönlichkeitsentfaltung[238].
Nur wenn der Einzelne diesen Raum mit seiner Vertrautheit, Übersichtlichkeit und Beherrschbarkeit besitzt, in dem er ungestört und unbeobachtet ist, kann er für sich sein und sich zu einer Individualpersönlichkeit nach selbstgesetzten Maßstäben entwickeln und frei entfalten. Ansonsten wird er sich an äußeren Faktoren orientieren und bestimmte Handlungen, ev. aus Scham und dergleichen, unterlassen[239].
Ein Raum ist mithin genau genommen zwar selber nicht ein Teil der Menschenwürde, sondern nur ein Mittel hierzu. Seine Vorenthaltung kann aber die Verwirklichung dessen, was Menschenwürde ausmacht, unmittelbar verhindern. Aus diesem Grund ist der Raum in seinem Kern zu schützen[240].

Somit ist die Frage zu stellen, ob dem Einzelnen der zur Entwicklung des eigenen „Ichs" benötigte Raum durch das Abhören und Aufzeichnen der Vorgänge in der Wohnung genommen wird.

2) Die Beschränkung der Nutzungsmöglichkeit der räumlichen Privatsphäre durch den Lauschangriff

(I) Kritiker des Lauschangriffs sehen in ihm die Preisgabe des letzten Refugiums der freien Kommunikation und somit einer unabdingbaren Voraussetzung eines menschenwürdigen Daseins, ohne welche die freie Entfaltung der Persönlichkeit nicht mehr möglich sei.[241].
Dem ist insoweit zuzustimmen, als die Ermittlungsbehörden durch den Lauschangriff zweifelsohne auch intime Gespräche abhören. Jedoch ist dies nicht mit der gesamten überwachten Kommunikation identisch. Nicht jedes Gespräch oder jede Handlung in der Wohnung ist unmittelbar Kern der räumlichen Privatsphäre[242]. Dies könnte man nur annehmen, wenn man darauf abstellt, daß die Entwicklung als Individuum immer stattfindet, mithin eigentlich nie einge-

---

237 BVerfGE 18,121 (131).
238 BVerfGE 32,54 (70ff.).
239 Vgl. *Laber*, S.66.
240 Hierbei zeigt sich wieder die Schnittstelle von allgemeinem Persönlichkeitsrecht und Art.13 GG. Die Wohnung selber ist kein Privatleben, weshalb es z.B. auch keine Recht auf eine Wohnung gibt. Wenn sie aber da ist, ist sie der Bereich, in welchem ein Kern der Privatsphäre ausgeübt wird, der Kern der „räumlichen Privatsphäre".
241 *Eisenberg*, NJW 1992, S.1033 (1039).
242 *Eisenberg* gesteht selber zu, daß dies nur für den Bereich der Privatwohnung gelten soll und nicht für den Geschäftsbereich. Mithin hat der einzelne auch noch dann einen Kernbereich, wenn nicht die ganze Privatwohnung geschützt wird, ihm aber innerhalb der Wohnung ein Rückzugsbereich für die Kommunikation oder sonstige, die persönliche Entwicklung fördernde, Handlungen verbleibt.

griffen werden darf. Auf die Spitze getrieben könnte man dann sogar sagen, daß das Unterlassen jeden Handelns auch eine Form der Selbsterfahrung und Selbsterkenntnis ist, also der Persönlichkeitsentwicklung dient. Die konsequente Folge wäre ein generelles Eingriffsverbot in Freiheitsrechte - ein praktisch nicht zu vertretendes Ergebnis.

(II) Die Zugehörigkeit zum Kernbereich wird man deshalb vielmehr nach dem Maß und der Intensität des Sozialbezugs der einzelnen Handlungen in der Wohnung zu bestimmen haben. Je geringer der soziale Bezug zu Außenwelt und Öffentlichkeit ausfällt, desto mehr nähert man sich dem Kernbereich[243]. Eine Kernbereichsverletzung durch die akustische Wohnraumüberwachung, die aus einer Überwachung von Handlungen mit intensivem Sozialbezug folgt, ist ansonsten nur denkbar, wenn so viele Daten gesammelt werden, daß der Einzelne zum gläsernen Menschen wird[244]. Im Übrigen wird man nur dann einen Eingriff als Verletzung des Kernbereichs ansehen dürfen, wenn er in den Bereich erfolgt, in welchem sich das Individuum unmittelbar mit seinem Selbst auseinandersetzt.
Der Mensch ist nämlich - trotz der Bedeutung der eigenverantwortlichen Selbstentfaltung - kein isoliertes und absolut souveränes Individuum, da er selber sozialgebunden ist. Das Grundgesetz hat die Spannung Individuum - Gemeinschaft im Sinne der Gemeinschaftsbezogenheit und der Gemeinschaftsgebundenheit der Person entschieden, ohne dabei allerdings deren Eigenwert anzutasten[245]. Somit ist die Würde nicht betroffen, solange der Sozialbezug gegeben ist. Diesen weisen aber selbst in der Wohnung noch die meisten Handlungen auf. Hierbei ist zu beachten, daß die Freiheitsrechte, wie etwa Art.13 GG, der größtmöglichen Verwirklichung der Menschenwürde dienen, während der schlechthin unantastbare „Menschenwürdegehalt" dieser Grundrechte enger ist[246]. Deshalb ist noch nicht jeder Eingriff in den Bereich, der der Verwirklichung der Menschenwürde dient, eine Verletzung derselben. Vielmehr muß das Abhören unmittelbar zentrale Selbstfindungshandlungen oder Gefühlsäußerungen betreffen, welche insoweit ohne ausreichenden Sozialbezug sind.

(III) Auch wenn eine abschließend Definition der Menschenwürde nicht möglich ist, so haben Rechtsprechung und Lehre bislang doch einige beispielhafte Merkmale zur Abgrenzung des Sozialbezuges entwickelt.

---

243 *Raum/Palm*, JZ 1994, S.447 (451); vgl. auch BVerfG 6,389 (433).
244 Vgl. unten 4 c.
245BVerfGE 4,2, (15f.); 65,1 (44).
246 *Zippelius*, BK GG, Art.1 Abs. 1 und 2 Rn.33.

(1) Demnach berühren z.B. geschäftliche Äußerungen oder solche über die Planung und Begehung von Straftaten nicht den Intimbereich[247]. Letzteres bedeutet jedoch nicht, wie das BVerfG in seiner Tagebuchentscheidung fälschlicherweise angenommen hat, daß jedwelche Verknüpfung zwischen Straftat und Äußerung zur Bejahung des Sozialbezugs ausreicht[248]. Dem liegt ein Zirkelschluß zugrunde, da sich die Erhebungs- und Verwertungsfrage für Beweise immer nur dann stellen wird, wenn in irgendeiner Weise ein Bezug zu einer Straftat besteht. Ansonsten sind die Informationen ohnehin uninteressant[249]. Absolut wird sich deshalb der Sozialbezug nur für Äußerungen, die in direktem Zusammenhang mit der Straftat stehen (z.B. Besprechen des Tatplans), aufrecht erhalten lassen.
(2) Besonders wichtig im Bezug auf den Lauschangriff ist, daß sich nach der Rechtsprechung des BVerfG und des BGH eine Verneinung des Sozialbezugs nicht auf Gespräche und Handlungen im Alleinsein beschränkt[250]. Zwar gibt grundsätzlich „schon die Berührung mit der Persönlichkeitssphäre eines anderen Menschen einer Handlung den Bezug auf das Soziale, der sie dem Recht zugänglich macht. Doch können auch Vorgänge, die sich in Kommunikation mit anderen vollziehen [...] dem Zugang des Gesetzgebers entzogen sein“[251], mithin dem Kernbereich angehören. Eine engere Definition des Kernbereichs, die den Einzelnen auf sich selber beschränken und so zu einer Isolierung führen würde, liefe dem auf Außenbezogenheit angelegten menschlichen Wesen zuwider, weshalb Intimität zumindest im Ansatz auch den Schutz individueller Kommunikationsmöglichkeiten bedingt[252].
(3) Allerdings wird nach der Rechtsprechung der Kernbereich verlassen, sobald Grundrechte anderer berührt werden. So hat daß BVerfG in anderem Zusammenhang entschieden, daß zwar die Schwangerschaft zur Intimsphäre der Frau gehöre, der Abbruch jedoch auch die Rechte des nasciturus berühre und deshalb nicht mehr dem unantastbaren Bereich der Privatsphäre zuzurechnen sei[253]. Dem ist jedoch nur insoweit zuzustimmen, als eine konkurrierende Berührung, d.h. ein Eingriff, vorliegt. Deshalb wird man z.B. Liebesgeflüster oder sexuelle Handlungen grundsätzlich als Kern des Privaten ansehen[254], obwohl zwei Menschen in ihrer Intimsphäre betroffen sind und die Rechte der einzelnen Partner

---

247 Vgl. BVerfGE 80,367 ff.; BGH St 19,325; OLG Frankfurt/M. NJW 1967, S.1047; OLG Celle NJW 1965, S.1677.
248 BVerfGE 80,367 (277).
249 *Geis*, JZ 1991, S.112 (116); *Laber*, S.42.
250 BVerfGE 6,389 (433); BGH St 31,296 ff.; siehe auch *Raum*/Palm, JZ 1994, S.447 (451); *Momsen*, ZRP 1998, S.459 (462) m.w.N.
251 BVerfGE 6,389 (433); ebenso 80, 267 (375).
252 *Geis*, JZ 1991, S.112 (114); vgl. auch *Laber*, S.62.
253 BVerfGE 39,1 (42).
254 *Beulke*, StPO Rn.470.

auf sexuelle Selbstbestimmung berührt werden. Dies muß unerheblich sein, solange diese gerade ihr Recht auf Privatheit verwirklichen und nicht die Rechte eines der Partner verletzen[255].

(4) Einer Einbeziehung von Gesprächen, die unmittelbar dem eigenen Selbst dienen, in den Kernbereich steht auch nicht der hierfür in anderen Fällen von der Rechtsprechung geforderte erkennbare Geheimhaltungswille entgegen[256]. Ein solcher ist bei nichtöffentlichen Wohnraumgesprächen schon aufgrund der örtlichen Gegebenheiten anzunehmen.

(IV) Als Zwischenergebnis ist festzuhalten, daß Handlungen und Gespräche existieren, deren Vornahme in der Wohnung durch den Lauschangriff nicht verhindert werden darf, da ansonsten ein menschenwürdiges, d.h. selbstverwirklichendes Leben nicht möglich ist. Nun werden diese Handlungen regelmäßig nur im Bewußtsein der Abschottung von der Außenwelt vorgenommen. Deshalb dürfen sie grundsätzlich nicht überwacht werden. Diesen Freiraum zu erhalten ist Aufgabe des Menschenwürdegehalts der räumlichen Privatsphäre. Allerdings gehören die Mehrzahl der in der Wohnung vorgenommenen Handlungen nicht hierzu, sondern weisen einen Sozialbezug auf.

3) Das Dilemma des vorherigen Eingriffs

Nach dem eben Gesagten kommt eine Verletzung des Kernbereichs des Art.13 GG dann in Betracht, wenn der Betroffene bei höchstpersönlichen Angelegenheiten abgehört wird, die unmittelbar seinem Dasein als Individuum dienen (direkte Auseinandersetzung mit dem eigenen Selbst oder seinen intimsten Gefühlen) und die er nur im Vertrauen auf den Schutz der räumlichen Privatsphäre unternimmt. Die Entscheidung, ob eine Handlung in den Kernbereich fällt oder nicht, erfolgt hierbei nach dem Sozialbezug, der dann nicht intensiv genug ist, wenn sich der Einzelne unmittelbar mit seiner Personenhaftigkeit auseinandersetzt. Problematisch ist jedoch, daß sich dies im wesentlichen nach dem Inhalt des abzuhörenden Gesprächs und seinem Anlaß richtet. Die entsprechende Feststellung kann also erst nach dem Erheben der Information, dem Eingreifen, erfolgen (ex post-Bewertung). Um einen Eingriff in den Kernbereich zu vermeiden, müßte man hingegen schon im voraus wissen, ob der Lauschangriff durchgeführt werden darf (ex ante-Betrachtung). Es besteht also

---

255 Etwas andere gilt für Fälle der „käuflichen Liebe", die als Geschäfte schon deswegen nicht in die Privatsphäre fallen, vgl. BayObLG NJW 1979, S.2624 (2625).

256 BVerfG NJW 1990, S.563 (564); BayObLG NStZ 1992, S.933; vgl. *Laber*, S.59.

ein Spannungsverhältnis zwischen einer rechtlich erwünschten ex ante-Betrachtung und der de facto nur möglichen ex post-Bewertung[257].

Problematisch ist also nicht das Abhören von Äußerungen über die Vorbereitung oder Durchführung einer Straftaten (die gerade nicht notwendig zum menschenwürdigem Dasein gehören, s.o.), sondern der übrigen ebenfalls abgehörten Gespräche[258].
Um dieses Problem zu lösen, ist zuerst zu untersuchen, ob äußere Kriterien gefunden werden können, die einen (ggf. empirischen) Rückschluß auf den Inhalt des Gesprächs zulassen und deshalb die Feststellung ermöglichen, daß eine Maßnahme - wie der Lauschangriff - im konkreten Fall in die Auseinandersetzung mit dem eigenen „Ich" eingreifen würde. Diese Kriterien müssen zumindest mittelbar Anzeichen für Handlungen darstellen, die in den Kernbereich der Privatsphäre fallen. So könnte, auf einer Prognose basierend, der Lauschangriff Beweiserhebungsbeschränkungen unterliegen, die eine Verletzung der Menschenwürde ausschlössen. Falls sich solche Kriterien allerdings nicht finden lassen, ist darüber nachzudenken, ob - ähnlich wie bei Tagebüchern - ein Verwertungsverbot als Schutz ausreicht[259] oder aber ob gänzlich auf den Lauschangriff zu verzichten ist.
Für die folgende Untersuchung sind drei äußere Kriterien denkbar: eine Unterscheidung zwischen den einzelnen Räumen und Zimmern (räumlicher Ansatz), zwischen den sich dort aufhaltenden Gesprächspartnern (personeller Ansatz) und nach der Dauer des Lauschangriffs (zeitlicher Ansatz).

4) Äußere Anzeichen zur Bestimmung des Kernbereichs der räumlichen Privatsphäre

a) Räumlicher Ansatz

Art.13 GG schützt die räumliche Privatsphäre, indem Eingriffe in die Wohnung nur unter bestimmten Voraussetzungen erlaubt werden. Deshalb ist zu erwägen, ob der Kernbereich des Art.13 GG dadurch geschützt wird, indem bestimmte Teile der Wohnung, bestimmte Räume und Zimmer für unantastbar erklärt werden. Es ist also zu fragen, ob und in wieweit eine Unterteilung abstrakt nach

---

257 Dieses Spannungsverhältnis durchzieht die ganze Regelung des Lauschangriffs . Der Gesetzgeber hat dies ebenso nicht gelöst, indem er z.B. Beweiserhebungsverbote bezüglich berufsbezogenen Gesprächen mit bestimmten Personengruppen verlangt (§ 100d Abs.3 S.1 i.V.m. § 53 Abs.1 StPO). Diese Bewertung erfolgt ex ante, ansonsten wäre es ein Beweisverwertungsverbot. Eine sichere Aussage ist aber auch hier nur ex post möglich.
258 Vgl. *Guttenberg*, NJW 1993, S.567 (572); *Müller*, S.74.
259 So z.B. *Ruthig*, JuS 1998, S.506 (514).

dem generellen Nutzungszweck der Räume erfolgen kann (statischer Ansatz) oder ob die konkret im Einzelfall gerade vorgenommene Handlung den Charakter des Raumes bestimmt (dynamischer Ansatz).

aa) Der Ausschluß von Geschäftsräumen

Geht man von Sinn und Zweck des Wohnungsgrundrechts für die Menschenwürde aus, so berührt das Abhören von Betriebs- und Geschäftsräumen grundsätzlich nicht den Kernbereich des Art.13 GG, da die dort geführten Gespräche regelmäßig geschäftlichen Charakter haben und somit nicht der Intimsphäre zuzurechnen sind[260]. Geschäftsräumen ist nach ihrer Zweckbestimmung eine größere Offenheit nach außen eigen[261]. Ihnen fehlt das Klima der Vertrautheit und Geborgenheit der Privatwohnung. Oft arbeitet der Einzelne nicht allein, weshalb er den Arbeitsräumen eine geringere Gewichtung für seine Privatsphäre gibt. Grundrechtsträger ist ohnehin regelmäßig der Geschäftsherr und der Angestellte kommt nur mittelbar in den Genuß des Art.13 GG[262]. Dem Bürger verbleibt zudem in den Räumen seiner eigentlichen Privatwohnung immer noch ein Rückzugsbereich, in welchem er sich ungestört von aller staatlichen Gewalt entfalten kann[263]. Im Ergebnis ist deshalb festzustellen, daß mit dem Lauschangriff in Geschäftsräume grundsätzlich keine Kernbereichsverletzung vorliegt[264].

Zu beachten ist, daß diese Regel nicht ohne Ausnahmen ist. So sind zum einen diejenigen Räume auszunehmen, welche sowohl zum Arbeiten als auch Wohnen genutzt werden, wie es beispielsweise bei Künstlern oder Wissenschaftlern der Fall sein kann[265].

Zum anderen gibt es Berufe, die ein großes Vertrauensverhältnis voraussetzen und sich gerade mit dem Intimleben anderer beschäftigen, wie z.B. Ärzte und Priester[266]. Für die Räume, in denen sie arbeiten, trifft die obrige Aussage nicht zu. Vielmehr ist gerade das Gegenteil der Fall. Sie verdienen einen besonderen Schutz, worauf im folgenden noch eingegangen wird[267].

---

260 Siehe oben 2 (III) (1).

261 BVerfGE 32,54 (75), *Kutscha* NJW 1994, S.85 (86).

262 *Herdegen*, BK GG, Art.14, Rn.37; *Maunz*, in M/D/H GG, Art.13 Rn.4.

263 Aus diesen Gründen wurde bereits während der Änderungsdebatte des Art.13 GG des öfteren erwogen, den Schutzbereich des Art.13 GG generell auf den eigentlichen Wohnbereich einzuschränken, also den weiten Wohnungsbegriff aufzugeben und im Gegenzug auf den Lauschangriff zu verzichten, da hierdurch beim Abhören insbesondere von Geschäftsräumen schon keinen Eingriff mehr in Art.13 GG vorläge; vgl. *Caesar*, ZRP 1993, S.67; *Eisenberg*, NJW 1993, S.1033 (1037); *Hund*, ZRP 1995, S.334 (336).

264 Im Ergebnis ebenso *Böttcher*, in *Böttcher/ Pfeiffer* ZRP 1994, S.7 (15).

265 Vgl. *Herdegen*, BK GG, Art.13 Rn.34.

266 Die vielzitierte „Wanze im Beichtstuhl“ ist neben dem Eingriff in Art.4 GG eine Verletzung des Kernbereichs der Privatsphäre.

267 Siehe unten b).

bb) Der Ausschluß von „kriminell bemakelten" Räume

Die akustische Überwachung sogenannter „kriminell bemakelter" Räume[268], also von Orten, an denen gehäuft Straftaten auftreten, greift nicht in den Kern des Art.13 GG ein[269]. Zwar können theoretisch auch dort intime Unterhaltungen geführt werden. Dies dürfte aber nicht die Regel sein. Vielmehr dienen die Gespräche oftmals gerade strafbaren Handlungen und weisen somit einen starken Sozialbezug auf. Zudem ist es für die unmittelbare Auseinandersetzung mit dem eigenen „Ich" nicht notwendig, auf „kriminell bemakelte" Räume ungestört zurückgreifen zu können, da noch die Privatwohnung als Rückzugsbereich ausreichend Schutz bietet.

cc) Der Schutz der Räume in der Privatwohnung

Fraglich ist, ob aufgrund der bisherigen Ergebnisse im Umkehrschluß die gesamten eigentlichen Wohnräume als absolut geschützter Kern des Art.13 GG anzusehen sind[270].

Wenn man jedoch den Lauschangriff in der gesamten Privatwohnung verböte, würde man den tatsächlichen Gegebenheiten nicht gerecht. Selbst in der Privatwohnung stellen die meisten Gespräche nun einmal - wie oben erwähnt - keine unmittelbare Auseinandersetzung mit dem persönlichen „Ich" dar. Deshalb greift eine Gleichsetzung der ganzen Privatwohnung mit dem vor Lauschangriffen absolut geschützten Kernbereich des Art.13 GG zu weit.

Zu erwägen ist hingegen, ob man bestimmte Zimmer als „Kernräume" ausweisen kann, wie etwa das Schlafzimmer oder das Bad, diese Räume also als speziell der Auseinandersetzung mit der intimsten Persönlichkeit „gewidmet" ansieht. Innerhalb der Wohnung erweist sich eine Abgrenzung der einzelnen Räume jedoch als kaum möglich. Während der eine sexuelle Handlungen und Liebesgeflüster nur im Schlafzimmer praktiziert, kommt für andere jeder Raum in der Wohnung in Frage. Insbesondere Gespräche sind kaum an bestimmte Orte gebunden. Eine Äußerung im Eßzimmer kann ebenso schützenswert sein wie eine im Schlafzimmer. Der Einzelne sieht jeden Raum in der Wohnung als gleich überschaubar an und fühlt sich dementsprechend überall gleich unbeobachtet. Es entspricht gerade dem individuellen Nutzungszweck, daß die Handlungen in den einzelnen Räumen nicht typisiert einzuordnen sind[271]. Deshalb müßte man, ähnlich der Frage, ob Räume überhaupt unter Art.13 GG fallen, auf den nach außen erkennbaren Nutzungszweck im Einzelfall abstellen. Da aber bereits sämtliche Wohnräume unter den Schutz des Art.13 GG fallen und eine

268 Def. siehe oben B I 4.

269 Im Ergebnis so auch *Eisenberg*, NJW 1993, S.1033 (1039).

270 So. z.B. *Eisenberg*, NJW 1994, S.1033 (1039).

271 Vgl. *Lisken*, ZRP 1993, S.121 (123).

Abschottung nach außen erfahren, ist eine weitere Abgrenzung zwischen Zimmern, die dem Kern des Privaten dienen und sonstigen privaten Räumen nach außen schon nicht erkennbar. Der Einblick in die Wohnung fehlt ja gerade. Historisch und gesellschaftlich hat sich wegen des bisherigen umfassenden Schutzes auch noch keine Einschränkung auf Kernräume entwickeln müssen. Bei engen Verhältnissen können von der eigentlichen Wohnung getrennte Nebenräume als Reservate des Privaten Funktionen wahrnehmen, welche bei anderen Behausungen mit einem großzügigeren Zuschnitt auf den engsten Wohnbereich entfallen[272]. Der Kernbereich gestaltet sich also höchst individuell und läßt sich nicht innerhalb eines oder bestimmter Zimmer generell einschränken

Dem generellen Zweck des Zimmers ist deshalb lediglich eine Tendenz zu entnehmen, die im Rahmen der Verhältnismäßigkeit zu berücksichtigen ist[273], jedoch noch keine ausreichende Aussage für einen Eingriff in den Kernbereich trifft.

dd) Zwischenergebnis:
Geschäfts- und Betriebsräume, sowie „kriminell bemakelte" Räumlichkeiten gehören grundsätzlich nicht zum Kernbereich. Negativ ist mithin eine teilweise statische Abgrenzung möglich. Hingegen läßt sich ein „Kernraum" nicht anhand nach außen erkennbarer Kriterien positiv bestimmen. Der Kernbereich in der Privatwohnung ist mithin nicht statisch an bestimmte für Außenstehende festgeschriebene Räume gebunden, sondern gestaltet sich höchst dynamisch und flexibel in Abhängigkeit von den individuellen Gewohnheiten der jeweiligen Bewohner und der jeweiligen konkreten Art der Nutzung im Einzelfall[274]. Der absolut geschützte Raum „wandert innerhalb der Wohnung mit der (Intim-)Handlung". Insoweit hilft der räumliche Ansatz zum Schutz des Menschenwürdegehalts des Art.13 GG nicht weiter.

b) Personeller Ansatz

Das BVerfG und der BGH sehen den Sozialbezug insbesondere in Abhängigkeit zum Kommunikationspartner[275]. Deshalb ist zu erwägen, einen Eingriff in den Kernbereich aufgrund der akustischen Wohnraumüberwachung danach zu bemessen, mit wem sich der Abzuhörende in der Wohnung unterhält.

---

272 *Herdegen*, BK GG, Art.13 Rn.26.
273 Vgl. LG Bremen, StV 1998, S.525 (526).
274 Vgl. *Ruthig*, JuS 1998, S.506 (615).
275 BVerfGE 6, 389 (433); BGH St 31,296 ff.

aa) Handlungen im Alleinsein

Somit stellt sich als erstes die Frage, ob ein Raum auch dann grundsätzlich abgehört werden darf, wenn sich der Betroffene allein in diesem aufhält.

Ein Teil der Literatur sieht in der heimlichen Aufnahme von Selbstgesprächen, die im Bewußtsein des Alleinseins geführt werden, einen Verstoß gegen die Menschenwürde[276], da der Einzelne sich unbeobachtet und in die Möglichkeit versetzt fühle, seine innersten Bedürfnisse auszuleben und zu äußern. So zählt etwa lautes Beten zur Intimsphäre[277]. Dasselbe ist für im Schlaf gesprochene Worte anzunehmen, da Träume zum Innersten des Menschen gehören. Auch heimliche Gefühlsäußerungen wie Weinen im Alleinsein sind unantastbar.
Jedoch ist ein Selbstgespräch nicht immer Ausdruck der Verarbeitungen innerster Belastungen oder eine Offenlegung des seelischen Innenraums vor sich selbst[278]. Wird beispielsweise ein Tagebuch auf Tonband diktiert, ist dieses grundsätzlich nicht schützenswerter als ein geschriebenes Tagebuch. Probleme können sich zudem bei Mischformen ergeben, wenn also sowohl von Geschehnissen mit als auch ohne Sozialbezug erzählt wird.
Man müßte somit eigentlich unterscheiden, ob sich der Betroffene inhaltlich mit seinem innersten „Ich" auseinandersetzt oder aber alltägliche, für andere zugängliche Geschehnisse wiedergibt, die einen ausreichenden Sozialbezug begründen, um den Kernbereich zu verlassen[279]. Allerdings wird letzteres im Rahmen von Selbstgesprächen selten der Fall sein. Deshalb wird man anders als bei Tagebüchern nicht erst die Informationserhebung gestatten dürfen, also das Lesen bzw. das Abhören, sondern das ganze Raumgespräch als Kern des Privaten ansehen müssen. Ein gewisses Maß an Mißbrauch ist der Entscheidung des Grundgesetzgebers für eine räumliche Privatsphäre immanent.

Im Ergebnis greift das Abhören von Räumen, in welchen sich der Betroffene allein befindet, zwar nicht immer in die Auseinandersetzung mit dem eigenen Selbst ein. Jedoch besteht hierfür eine starke Vermutung. Der Menschenwürdegehalt des Art.13 GG wäre deshalb betroffen, wenn man den Einzelnen im Alleinsein in der Wohnung dennoch überwachen würde. Regelmäßig sind die für

---

276 *Dalakouras*, S. 264; *Stern*, JuS 1985, 329 (335); *Müller*, S.71; *Wölfl*, S.50.

277 Hier wird zu Recht darauf hingewiesen, daß der Staat nicht einerseits durch die Präambel des Grundgesetzes die Verantwortung vor Gott anerkennen und andererseits eine Hinwendung des Menschen zu Gott zur Überführung von Straftaten ausnutzen könne. Der Einzelne setzt sich, gleich was er erzählt, nicht in Sozialbezug mit seiner Handlung (*Wölfl*, S.50). Deshalb wird man einen religiösen Fanatiker, der Gott im Gebet von seinen Straftaten berichtet, niemals abhören dürfen.

278 So aber *Wölfl*, S.50.

279 Vgl. BVerfGE 80,367 (382).

die Strafverfolgung interessanten Fälle ohnehin Unterhaltungen zweier Personen.

bb) Anwesenheit vertrauter Personen

Als zweite Fallgruppe gilt es deshalb zu untersuchen, ob die Kommunikation mit bestimmten Personen den Sozialbezug entfallen läßt und so dem unantastbaren Schutz des räumlichen Kernbereichs gewährt.

(I) Dies nimmt der BGH in seiner Raumgesprächentscheidung an, indem er das zufällige Mithören eines Gesprächs - aufgrund eines nicht richtig aufgelegten Telefonhörers - zwischen Ehepartnern in deren Wohnung als Verletzung des Kernbereichs ihres Persönlichkeitsrechts ansieht[280]. Entscheidendes Kriterium sei, daß sich Eheleute unterhielten. Mit der Menschenwürde sei es unvereinbar, wenn „der Staat das Recht für sich in Anspruch nehmen könnte, das im engsten Familienkreis geführte Gespräch zu kontrollieren. [...]. Damit würde kein Raum mehr bleiben, wo Ehepartner sicher sein könnten, daß ihre Gespräche nicht überwacht würden“[281]. Diese Position nimmt auch das BVerfG ein, welches „besondere Umstände, wie familienrechtliche Beziehungen, diese Gemeinschaftlichkeit des Handelns als noch in den Intimbereich fallend erscheinen lassen“ möchte[282]. Ob dies für jedes Gespräch zwischen Mitgliedern des engsten Familienkreises gilt oder nur für solche Unterhaltungen, die (wie im vom BGH entschiedenen Fall) in der gemeinsamen Wohnung stattfinden, kann dahingestellt bleiben, weil es bei vorliegender Untersuchung im Ergebnis nur auf Raumgespräche ankommt. Da neben Art.13 GG auch Art.6 Abs.1 und 2 GG (Ehe und Familie bzw. Eltern-Kind-Verhältnis), die gleichfalls einen Platz der Vertrautheit und Abgeschlossenheit als Sphäre privater Lebens- und Familiengestaltung fordern, in ihrem Kern absolut zu schützen sind, ist der vom BGH und BVerfG vertretenen Ansicht beizupflichten[283]. Somit gehören zum unantastbaren Kernbereich das im Familienkreis oder von Eheleuten geführte Gespräch in der gemeinsamen Wohnung.

(II) Der enge Familienkreis ist hierbei aber nur eine Gruppe. Seinem Sinn und Zweck nach hat der Kernbereich die Kommunikation mit all den Personen zu umfassen, mit denen der Abzuhörende jene vertraulichen Gespräche führt, ohne die kein Mensch innerlich überleben kann[284]. Der diesbezüglich in Frage kom-

---

280 BGH St 31,297 (300).

281 BGH St 31,296 (300).

282 BVerfGE 6,389, (433).

283 Ebenso *Müller*, S.71; wohl auch *Duttge* JZ 1999, S.261 (263).

284 *Lisken*, Anhörung zu BT-DS 13/8650, 13/8651, S.5.

mende Personenkreis wird zwar regelmäßig sehr klein sein, beinhaltet aber nicht zwingend nur Familienmitglieder.

Diesem Ergebnis kann nicht entgegengehalten werden, daß das Eindringen in die Vertrautheit kein typisches Problem des Art.13 GG sei[285]. Auch wenn derartige Unterhaltungen, welche das eigene Selbst thematisieren, überall geführt werden können, so ist die Wohnung auch hierfür das letzte Refugium.
Als Gegenargument greift auch nicht, daß nicht sämtliche Gespräch, die ein Einzelner mit seinen engsten Vertrauten in der Wohnung führt, dem Kernbereich angehören. Es gibt keine anderen, von außen objektiv erkennbare Kriterien, um herauszufiltern, ob das Gespräch inhaltlich nun Sozialbezug aufweist oder nicht. Zumindest solange keine anderen Anzeichen auf etwas anderes deuten, wird man deshalb eine starke Vermutung für die Intimsphäre aussprechen müssen. Dort wo sich der Betroffenen gerade mit seinem Vertrauten aufhält, darf der Staat nicht mithören[286]. Gerade hier besteht jederzeit die Möglichkeit, daß alltägliche oder sogar strafverfolgungsrelevante Gespräche in intime Unterhaltungen umschlagen.

Als Zwischenergebnis läßt sich deshalb festhalten, daß der Kernbereich des Art.13 GG und somit die Menschenwürde dann verletzt ist, wenn der einzelne keinen Raum mehr hat, in welchen er sich ohne akustische oder sonstige heimliche Überwachung mit seinen engsten Vertrauten zu Gesprächen zurückziehen kann.

(III) Fraglich ist jedoch, wer zu diesem Kreis der vertrauten Gesprächspartner gehören soll.
(1) Teilweise wird angenommen, der unantastbare Kernbereich sei im Strafverfahren nach §§ 52, 53 Abs.1 Nr. 1-3a StPO zu bestimmen[287]. So bejaht *Momsen* einen Eingriff in den Kernbereich, sofern dem Betroffenen zumindest nicht die Möglichkeit gelassen werde, ungestört mit denjenigen Besuchern in seiner Wohnung zu kommunizieren, welche er schon von Gesetzes wegen als vertrauenswürdig und verschwiegen ansehen dürfe[288]. Ebenso wollte der Gesetzgeber mit der Einführung des § 100d Abs.3 StPO, der auf die §§ 52 ff. StPO verweist,

285 *Geiß*. Anhörung zu BT-DS 13/8650, 13/8651 S.2, sieht die Tatsache, ob ein Gespräch in oder außerhalb der Wohnung stattfinde, im Hinblick auf den Schutzzweck eher als akzidentiell an.

286 A.A. *Zachert*, DRiZ 1992, S.355 (356); der einen Schutz durch Beweisverwertungsverbot als ausreichend erachtet, da Ziel des Lauschangriffs nicht diese Gespräche seien, sondern die Unterhaltungen Schwerstkrimineller.

287 *Klöhn*, S.150 f.

288 *Momsen*, ZRP 1998, S.459 (462); der - weiter als *Klöhn* - sämtlich in §§ 52 ff StPO Genannten mit einbezieht.

gerade Verletzungen des „Kernbereichs privater Lebensgestaltung" zuvorkommen[289].

Ob ein Gespräch mit einem Zeugnisverweigerungsberechtigten vorliegt, wird sich zwar nicht immer feststellen lassen[290]. Jedoch ist diese Hürde häufig mit der Observation des örtlichen und personalen Umfelds des gezielt zu überwachenden Beschuldigten zu überwinden0, zumal dies der Gesetzgeber selber in der einfachgesetzlichen Ausgestaltung des Lauschangriffs für möglich erachtet (§ 100d Abs.3 S.1 StPO)[291]. Hiergegen spricht auch nicht, daß der BGH die Telefonüberwachung von zur Zeugnisverweigerung Berechtigten zuläßt und lediglich Beweisverwertungsverbote in Betracht zieht. *Kempf* bemerkt diesbezüglich zu Recht, daß der besonders vertrauliche Austausch schon immer das unmittelbare Gespräch vorausgesetzt habe und ein Eingriff in der Wohnung eine ganz andere Qualität als die Telefonüberwachung erreiche[292].

(2) Trotzdem ist ein Rückschluß von §§ 52, 53 StPO auf die Vertrautheit des Kernbereichs der Privatsphäre fehl am Platz. Zum einen ist ein Schluß von einer einfachgesetzlichen, leicht abänderbaren Norm auf die Verfassungsebene immer problematisch, zumal die §§ 52, 53 StPO derzeit den engsten Freund, die vielleicht vertrauteste Person, nicht enthalten. Zum anderen verfolgen die §§ 52, 53 StPO zumindest teilweise eine andere ratio legis als der Schutz der räumlichen Privatsphäre.

(a) So ist es nach h.M. nicht Sinn und Zweck des § 52 StPO, das Vertrauensverhältnis zwischen den dort genannten Angehörigen und dem Beschuldigten zu schützen[293]. Vielmehr soll auf die Zwangslage des Zeugen Rücksicht genommen werden, der einer Wahrheitspflicht unterliegt und befürchten muß, einem Angehörigen zu schaden[294]. Deshalb wird der Zeuge zur Vermeidung der Konfliktlage und zur Wahrung des Familienfriedens von seiner Aussagepflicht entbunden[295]. Dies zeigt sich zum einen darin, daß der Zeuge, wenn er es selber will, aussagen kann[296]. Zum anderen ist sein Schweigerecht generell und nicht nur auf Informationen beschränkt, die ihm im Vertrauen auf seine Stellung als Angehöriger zu Ohren gekommen sind. Diese dem § 52 StPO zugrundeliegende

---

289 BT-DS 13/9661, S.6.

290 So BVerfG NJW 2000, S.55 (58), allerdings bezüglich der ungezielten geheimdienstlichen (= präventiven) Telefonüberwachung.

291 Sollten die Ermittlungsbehörden trotzdem unwissentlich derartige Gespräche abhören. folgt bei solch ungezielten Eingriffen ein Beweisverwertungsverbot; *Wolter*, GA 1988, S.129 (136).

292 *Kempf*, Deutscher Anwaltverein, Stellungnahme zu BT-DS 13/8650, 13/8651, S.12.

293 A.A. *Frank*, S.105 mit verweis auf BGH St 11, 213 (216), der als Schutzzweck auch das kommunikative Vertrauensverhältnis zwischen Zeugen und Angeklagten sieht.

294 BGH St 11,213 (217); 22,35 (36); 27,231 (232).

295 Vgl. *Geiß*, Anhörung zu BT-DS 138650, 12/8651, S.3, *Scheffler*, Anhörung zu BT-DS 13/8650, 13/8651, S.6.

296 Vgl. *Rudolphi*, *Schaffstein*-FS, S.445.

Konfliktlage wird durch einen Lauschangriff aber noch nicht einmal berührt, da beide Überwachten keine Kenntnis von der Maßnahme haben.
Gegen eine Gleichsetzung mit dem Kernbereich spricht daneben die von der Rechtsprechung in Bezug auf Beleidigungsdelikte entwickelten Gedanken zur sog. beleidigungsfreien Intimsphäre[297], die anerkennen, daß es jedermann in seinem engsten Familienkreis erlaubt sein müsse, „aus seinem Herzen keine Mördergrube zu machen" und deshalb vor Strafverfolgung schützen[298]. Auch wenn sich die Dogmatik nur bedingt übertragen läßt und der Lauschangriff wegen eines Beleidigungsdelikts schon unverhältnismäßig wäre, so ist doch bedeutsam, daß anders als bei § 52 StPO lediglich ein formelles Verwandtschaftsverhältnis nicht ausreichen soll, hingegen enge freundschaftliche Bande genügen[299].
(b) § 53 StPO schützt zwar seinem Grundgedanken nach das Vertrauensverhältnis zwischen dem Zeugen und dem Beschuldigten[300]. Diese sollen insoweit nicht als unfreiwillige Medien zur Sachverhaltsaufklärung zu Verfügung stehen[301]. Jedoch folgt dieser Schutz nicht immer aus Gründen der Menschenwürde. § 53 StPO dient auch dem öffentlichen Interesse, daß sich Sachkunde- und Hilfesuchende rückhaltslos offenbaren können, ohne eine spätere Weitergabe des Erzählten befürchten zu müssen[302]. Zwar wurde anläßlich der Debatte um den Lauschangriff vertreten, daß zum Kern der Persönlichkeit die Möglichkeit gehöre, sich im Vetrauen auf die Verschwiegenheit in direktem Gespräch einem Geistlichen in seiner Eigenschaft als Seelsorger zu offenbaren oder die Hilfe eines Arztes oder Verteidigers in Anspruch zu nehmen[303]. Während dem bei Geistlichen und wohl auch bei Strafverteidigern uneingeschränkt zuzustimmen ist, da der Rechtsanwalt Garant dafür ist, daß der Einzelne nicht Objekt in der Verhandlung wird, ist hingegen schon bei Ärzten die Einordnung des vertraulichen Austausches in den Kernbereich der Intimsphäre fraglich[304]. Nach herrschender, wenn auch umstrittener Ansicht, genügt das Rechts aus § 53 StPO noch nicht einmal, um eine generelle beleidigungsfreie Intimsphäre zu begründen[305].

---

297 BVerfGE 90, 255 ff.
298 *Scheffler*, Anhörung zu BT-DS 13/8650, 13/8651, S.5.
299 BVerfGE 90,255 (262); StV 1997, 256; OLG Frankfurt, NStZ 1994, S.404; OLG Düsseldorf StV 1996, S.490); *Scheffler*, Anhörung zu BT-DS 13/8650, 13/8651, S.6.
300 *Geiß*, Anhörung zu BT-DS 13/8650, 13/8651, S.3; *Müller*, S.201.
301 *Groß*, StV 1996, S.559 (560); a.A. *Froschauer*, Anhörung zu BT-DS 13/8650, 13/8651, S.7, der auch hier nur einen begrenzten Konfliktsschutz als Zweck des § 53 StPO sieht.
302 *Meyer-Goßner*, K/M-G StPO, § 53 Rn.1; *Dahs*, L/R StPO (24.Auf.), § 53, Rn.1 m.w.N; *Scheffler*, Anhörung zu BT-DS 13/8650, 13/8651, S.6.
303 *Geiß*, Anhörung zu BT-DS 13/8650, 13/8651, S.3.
304 So z.B. BVerfGE 32,373 (379) wonach die Beschlagnahme ärztlicher Karteikarten betreffend Anamnese, Diagnose und Therapie nicht als Verletzung der Intimsphäre gewertet hat.
305 *Scheffler*, Anhörung zu BT-DS 13/8650, 13/8651, S.6.

(IV) Im Ergebnis läßt sich somit festhalten, daß zu den Wohnraumgesprächen, die in den Kern des Art.13 GG fallen, solche mit engen Vertrauten, insbesondere mit Familienangehörigen zählen[306]. Deren Kreis deckt sich jedoch nicht mit allen in § 52 StPO genannten Personen. Vielmehr ist § 52 StPO weiter und enger, insbesondere wenn man bedenkt, daß der engste Freund nicht genannt ist, hingegen aber Neffen und Nichten (§ 52 Abs1 Nr.3 StPO). Zum intimen Kreis gehören die Eheleute, wohl auch Geschwister und Verwandte in direkter Linie, zumindest solange sie im selben Haushalt wohnen[307] und über § 52 StPO hinaus, soweit feststellbar, die engsten persönlichen (nicht geschäftlichen) Freunde.
Unterhaltungen mit den in § 53 StPO genannten Personen fallen nur zum Teil in den Kernbereich. Diesbezüglich kommt es für den Praktiker aber auf eine genaue Differenzierung zumindest zur Zeit nicht an, da der Gesetzgeber in seiner einfachgesetzlichen Ausgestaltung des Lauschangriffs sämtliche Gespräche mit einem Angehörigen der in § 53 StPO aufgelisteten Berufe einem Abhörverbot unterstellt (§ 100d Abs.3 S.1 StPO).

c) Zeitlicher Ansatz

Ausgehend vom Volkszählungsurteil des BVerfG besteht eine weitere Möglichkeit, eine Menschenwürdeverletzung festzustellen. Während bisher umschrieben wurde, welche akustisch abgehörten Informationen für sich gesehen zum Intimbereich gehören, nämlich die der unmittelbaren Auseinandersetzung mit sich selber, sind Daten, die nicht hierunter fallen, dennoch nicht völlig belanglos. Solche belanglose, personenbezogene Daten gibt es nicht[308]. Mehrere Daten, die äußeren Sphären angehören, können je nach ihrer Verknüpfung dem Staat ein Bild vom Einzelnen ermöglichen, welches dieser aus Gründen des Schutzes der Menschenwürde nicht erhalten soll[309]. Genauso wenig wie der Einzelne vollständig registriert und katalogisiert werden darf, darf er auch nicht über eine Zusammenschau der Daten vollkommen offengelegt oder durchschaubar werden. Der Einzelne verliert nämlich seine Stellung als Individuum, wenn er als gläserner Mensch existiert. Deshalb wird der Menschenwürdegehalt des Art.13 GG auch dann betroffen, wenn der Einzelne in seinen vier Wänden derart intensiv abgehört wird, daß sich aus der Verknüpfung der Daten die Of-

306 So auch *Raum/ Palm*, JZ 1994, S.447 (451).
307 Krit. *Krombacher*, Anhörung zu BT-DS 13/8650, 13/8651, S.13, der hierdurch ein Leerlaufen der Norm befürchtet.
308 BVerfGE 65, 1 (45); So stellt z.B. eine längerfristige Videoüberwachung außerhalb der Wohnung einen Eingriff in Art.2 Abs.1 i.V.m. Art.1 Abs.1 GG bzw. Art.8 EMRK dar, vgl. BGH NStZ 1998, S.629 f. mit zustimmender Besprechung von *Asbrock*, S.632.
309 *Kunig*, *v.Münch* GG, Art.2 Rn.41.

fenlegung seiner Persönlichkeit ergibt. Maßgeblicher äußerlich erkennbarer Parameter für eine derartige Kernbereichsverletzung ist die zeitliche Ausdehnung des Lauschangriffs. Je länger der Eingriff in die räumliche Privatsphäre dauert, desto mehr personenbezogene Informationen werden erlangt und desto intensiver ist folglich das Grundrecht betroffen. So bejaht auch die Rechtsprechung einen Eingriff in die Menschenwürde, wenn eine Überwachung derart umfassend ist und sich über einen längeren Zeitraum erstreckt, daß nahezu lückenlos alle Bewegungen und Lebensäußerungen des Objekts registriert und zu einem Persönlichkeitsprofil zusammengesetzt werden können[310].
Jedoch läßt sich für die zulässige Überwachung keine generelle Höchstdauer nennen. Diese ist vielmehr im Einzelfall zu bestimmen. Ob der Menschenwürdegehalt des Art.13 GG schon verletzt ist, hängt nämlich neben der absoluten Einsatzdauer noch von weiteren Faktoren ab, welche die Intensität der Überwachung mitbestimmen. So ist die zeitlichen Intensität des Abhörens mit ausschlaggebend, ob also ständig abgehört wird, bei Tag und Nacht, nur zu Essenszeiten oder bei Anwesenheit bestimmter Personen. Daneben ist auch zu beachten, ob zusätzlich außerhalb der Wohnung eine intensive Überwachung stattfindet und welche Zimmer in der Wohnung abgehört wurden (der Keller oder aber das Schlafzimmer, wo intime oder sehr private Äußerungen wahrscheinlicher sind), mithin wie lange und an welchen Orten überwachungsfreie Intervalle dem Einzelnen zur Verfügung stehen. Die Lebensgewohnheiten des Überwachten, z.B. wie verschlossen er zu Hause ist, spielen ebenfalls eine Rolle, wobei zu berücksichtigen ist, daß in der Wohnung oftmals der persönliche Bezug des einzeln erlangten Information verhältnismäßig intensiv sein dürfte - auch wenn die einzelne Handlung noch keine unmittelbare Auseinandersetzung mit sich selber darstellt und daher von vornherein nicht zum Intimbereich gehört.
Diese Faktoren sind folglich bei der Feststellung einer Verletzung der Menschenwürde neben der zeitlichen Dauer zu berücksichtigen. Wenn man bedenkt, das eine Kontaktsperre von bis zu drei Monaten nicht in die Menschenwürde eingreifen soll[311], wird man diesen Zeitraum auch für eine akustische Wohnraumüberwachung als noch zulässig ansehen können.

d) Ergebnis

Es existieren nur wenige, teilweise nur schwer erkennbare Kriterien (z.B. Vertrautheit des Gesprächspartners) für einen Rückschluß auf den wahrscheinlichen Gesprächsinhalt. Somit ist es, abgesehen von zeitlichen Grenzen und erkennbar vertrauten Gesprächspartnern, oftmals nicht möglich, ex ante zu bestimmen, ob der konkrete Lauschangriff intime Unterhaltungen abhören wird.

---

310 BVerfGE 27, 1 (6 f.); 65, 1 (42 ff.); OLG Düsseldorf, NStZ 1998, S.268 (270).
311 BVerfGE49,24 (64); *Starck, v.Mangold/ Klein* GG, Art.1 Abs.1 Rn.46.

5) Kernbereichsschutz durch Beweisverwertungsverbote

Da nur ein Teil der Eingriffe in intimste Unterhaltungen vorhersehbar ist, verbleibt zur Beantwortung der Frage, ob der Lauschangriff im Einzelfall derartige Äußerungen mit einbezieht, zumeist nur, den ermittelten Inhalt des konkret betroffenen Gesprächs selber zu betrachten. Dies hat aber das Abhören als Voraussetzung, setzt also einen Eingriff in den potentiellen Kernbereich voraus. Folglich wäre die Auseinandersetzung mit dem eigenen „Ich" in vielen Einzelfällen nur durch Beweisverwertungsverbote zu schützen. Deshalb ist nun die oben aufgeworfene Frage zu beantworten, ob dies als Schutz ausreicht[312] oder ob es notwendig erscheint, das Abhören in der gesamten Privatwohnung zu verbieten[313], damit die Menschenwürde gewahrt bleibt.

Hierzu hat man sich noch einmal den Sinn des Menschenwürdegehalts des Art.13 GG vor Augen zu führen. Dieser soll dem Einzelnen die freie Entfaltung der Persönlichkeit ermöglichen. Hierzu dient der Rückzugsbereich. Der Einzelne wird den Rückzugsbereich aber nur dann nutzen, wenn er weiß, daß der Staat ihn dort in Ruhe läßt. Da aber der Staat, wenn er denn abhört, selber nicht sicher sein kann, ob er gerade die persönliche Auseinandersetzung mit dem eigenen „Ich" mitverfolgt, erscheint es durchaus möglich, daß sich der Einzelne nicht mehr traut, bestimmte Äußerungen und Handlungen vorzunehmen. Er kann nie wissen, ob und wann er abgehört wird. Es ist deshalb nicht abwegig, daß der Kern des Grundrechts auf Unverletzlichkeit der Wohnung schon allein aufgrund der abstrakten Möglichkeit des Abhörens betroffen ist.
Jedoch läßt sich auch die umgekehrte Aussage treffen. Der Bürger ist sich natürlich auch im Klaren, daß er niemals absolute Sicherheit vor Eingriffen in die Intimsphäre haben wird. So können etwa Tagebücher und schriftliche Unterlagen erst nach ihrer Durchsicht über intime Inhalte aufhellen, die folglich auch nur mit Hilfe von Beweisverwertungsverboten geschützt werden können. Ob also der Bürger seine Wohnung als Mittel zur eigenverantwortlichen Lebensgestaltung und Entwicklung seiner Persönlichkeit nutzt, ist für ihn immer eine Wahrscheinlichkeitsfrage. Geht er mit einer großen Wahrscheinlichkeit davon aus, daß seine Unterhaltungen, insbesondere intime Gespräche, nicht abgehört werden, wird er sich in seinen Handlungen nicht gehindert sehen.
Daneben fühlt sich der Bürger in seinem täglichen Leben nicht beeinträchtigt, wenn er sich sicher sein kann, daß dem Staat die Bedeutung der Menschenwürde bewußt ist und dieser deshalb in Fällen, in welchen er unwissentlich doch einmal ein intimes Gespräch in der Wohnung überwacht, sobald er es bemerkt,

---

312 So z.B. *Geiß*, Anhörung zu BT-DS 13/8650, 13/8651, S.3.

313 *Starck, v.Mangoldt/Klein* GG, Art.1 Abs.1 Rn.71, will hingegen nur in der Verwertung eine Menschenwürdeverletzung für möglich erachten.

dem Bürger seinen Bereich sofort wieder gewährt. Ist der Einzelne aber in seiner Lebensweise nicht beeinträchtigt, liegt eigentlich auch noch keine Verletzung des Menschenwürdegehalts aus Art.13 GG bzw. des Art.1 Abs.1 GG vor.

Daraus folgt, daß der Staat die Menschenwürde noch nicht verletzt, wenn er vereinzelt ein intimes Gespräch oder intime, akustisch wahrnehmbare Handlungen abhört, sondern nur dann, wenn er dies bewußt macht oder nach so lockeren Eingriffsvoraussetzungen vorgeht, daß die Wahrscheinlichkeit eines Eingriffs in derartige Unterhaltungen, gemessen an der Bedeutung der Menschenwürde, zu groß und somit unverhältnismäßig wird[314]. Dann würde sich der Einzelne nicht mehr in der Wohnung trauen, sich mit seinem eigenen Selbst auseinanderzusetzen und der Menschenwürdegehalt des Art.13 GG wäre somit verletzt. Art.1 Abs.1 GG gebietet daher eine restriktive Abhörpraxis. Daneben liegt eine Verletzung der Menschenwürde vor, wenn der Staat, nachdem er erkannt hat, daß er intime Gespräche abhört, nicht von der Maßnahme Abstand nimmt, d.h. im weiteren Verfahren kein Beweisverwertungsverbot zuerkennt. Klare restriktive Regelungen und Verwertungsverbote können das verbreitete Mißtrauen zwar nicht gänzlich ausräumen, können ihm aber dergestalt entgegentreten, daß die freie Entwicklung der Persönlichkeit nicht gefährdet wird[315].

VI) Ergebnis:

Eine Regelung, die den Lauschangriff zuläßt, greift folglich im Ergebnis nur dann in den unantastbaren Kernbereich des Art.13 GG und somit in die durch Art.1 Abs.1 GG geschützte Menschenwürde ein, wenn (alternativ)
(1.) Gespräche mit bestimmten vertrauten Personen (soweit diese erkennbar sind), insbesondere aus dem Kreis der engeren Familie oder besonderer Berufsgeheimnisträger, abgehört werden,
(2.) dies ohne zeitliche Höchstbegrenzung erfolgt, sodaß der Betroffene gänzlich erforscht wird,
(3.) die gesamte Maßnahme wegen der Nähe zum Kernbereich und den Gefahren für dessen Verletzung nicht an restriktive (d.h. nicht an enge) und somit an unverhältnismäßige Voraussetzungen geknüpft wird, sodaß keine restriktive Abhörpraxis gewährleistet wird,

---

314 I.E. ähnelt dies einer relativen Auffassung von der Menschenwürde, wonach nur unverhältnismäßige Eingriffe verboten sind; siehe etwa *Müller*, S.78. Dies ist allerdings nur ausnahmsweise der Fall, da Art.13 GG in seinem Kern der Menschenwürde auf längere Sicht dient und ein einmaliger Eingriff deshalb den Betroffenen noch nicht seiner Personenhaftigkeit beraubt. Hingegen darf der Einzelne auch nicht für noch so gewichtige Ziele ständig überwacht werden. An einem absoluten Verständnis der Menschenwürde ist folglich festzuhalten.

315 Vgl. *Bull*, Anhörung zu BT-DS 13/8950, 13/8951, S.2.

oder

(4.) keine Beweisverwertungsverbote eingreifen, falls doch dem Inhalt nach intime Gespräche, die keinen ausreichenden Sozialbezug aufweisen, abgehört werden.

D) Der nemo-tenetur-Grundsatz

Der nemo-tenetur-Grundsatz besagt, daß niemand verpflichtet ist, sich selbst zu belasten[316]. Das Grundgesetz selber erwähnt dieses Rechtsprinzip nicht ausdrücklich. Vielmehr ist es aus dem Rechtsstaatsprinzip (Art. 20 Abs.3 GG) herzuleiten[317]. Insoweit kann es auch als Unterfall des fair-trial-Gedankens angesehen werden[318]. Einfachgesetzlich findet der nemo-tenetur-Grundsatz seine Ausgestaltung vornehmlich in § 136a Abs.1 StPO sowie den §§ 55, 136 Abs.1, 163a Abs.3 bis 6 und 243 Abs.6 StPO[319]. Danach darf im Rahmen des Strafverfahrens niemand gezwungen werden, sich durch seine eigene Aussage einer Straftat zu bezichtigen oder zu seiner Überführung aktiv beizutragen[320]. Der Beschuldigte soll sich nicht zu einer Aussage verpflichtet fühlen. Entscheidend ist hierbei der auf ihn ausgeübte Zwang[321]. Dies bedingt, daß der Staat aktiv die Entscheidung zur Äußerung und deren Inhalt beeinflußt[322].

Dieses Merkmal der aktiven Einflußnahme fehlt gänzlich in Bezug auf die akustische Wohnraumüberwachung. Für sich allein übt die Wohnraumüberwachung, ebenso wie andere Maßnahmen zur verdeckten Informationsgewinnung

---

316 Vgl. *Beulke*, StPO, Rn.125; strittig ist diesbezüglich, ob der nemo-tenetur-Grundsatz nur ein Recht zum Schweigen gibt oder auch eine aktive Komponente enthält („Recht zur Lüge"), welcher dann nicht mit negativen Auswirkungen seitens des Staates begegnet werden dürfte. Diese Problematik spielt z.B. hinsichtlich § 46 StGB eine Rolle (hierzu *Torka*, insbesondere S.133 ff., 144). Sie kann aber vorliegend offen bleiben, da heimliche Ermittlungen auf wahre Äußerungen abzielen.

317 BVerfGE 56,37 (43 ff.); a.A. *Torka*, S.57, 117, der als Grundlage Art.1 Abs.1 GG herananzieht; zu weiteren Rechtsgrundlagen, auf welche der nemo-tenetur-Grundsatz ebenfalls gestützt wird und die im einzelnen strittig sind, siehe die Aufzählung bei *Binder*, S.154 Fn.591 und *Rogall*, S.104.

318 So z.B. *Rohe*, S.140; *Rzepka*, S.417; a.A. *Rogall*, S.138.

319 Vgl. *Rogall*, S.104.

320 Vgl. BGH NStZ 1996, S.502 (504) m.w.N.; *Torka*, S.43 ff.

321 *Rohe*, S.140.

322 Zum Teil wird angenommen, daß der nemo-tenetur-Grundsatz nicht nur vor Zwang, sondern auch vor irrtumsbedingten Selbstbelastungen schützt (So *Binder*, S.153 ff.; *Bosch*, Jura 1998, S.236 (241)). Die weitaus überwiegende Meinung lehnt dies jedoch ab - zumindest solange nicht über ein nicht bestehendes Zwangsrecht getäuscht wird, was zu einer Umgehung des nemo-tenetur-Grundsatzes führt. Der Schutz vor sonstigen Täuschungen erfolgt nach h.A. durch das Recht auf ein faires Verfahren und wird im Rahmen des § 136a StPO gewährt, d.h. nur bei Vorliegen einer Vernehmungssituation (siehe *Rogall*, SK StPO, Vor § 133 Rn.139 m.w.N).

(z.B. Überwachung der Telekommunikation)[323], keinen Zwang auf den Beschuldigten aus, da der Beschuldigte die Maßnahme schon gar nicht wahrnimmt. Deshalb verstößt der Lauschangriff nicht gegen den nemo-tenetur-Grundsatz. Dieser schützt nämlich nicht vor unbewußter Selbstbelastung, sich also unwissentlich selber zu verraten[324]. Aus diesem Grund gerät auch im Rahmen des „kleinen" Lauschangriffs der nicht offen ermittelnde Beamte mit diesem Grundsatz nicht in Konflikt.

E) Das Recht auf ein faires Verfahren

I) Grundlagen

Jeder Beschuldigte hat das Recht auf ein faires Verfahren[325]. Abgeleitet wird dieser, in Art.6 EMRK niedergeschriebene und vom BVerfG anerkannte Rechtsgrundsatz, der in der Verfassung, wie der eben erwähnte nemo-tenetur-Grundsatz, nicht ausdrücklich genannt ist, aus dem Rechtsstaatsprinzip (Art.20 Abs.3 GG), dem Recht auf freie Entfaltung der Persönlichkeit (Art.2 Abs.1 GG) und der Menschenwürdegarantie (Art.1 Abs.1 GG)[326]. Das Recht auf ein faires Verfahren gehört zu den wesentlichen Prinzipien eines rechtsstaatlichen Prozesses. Es verpflichtet staatliche Organe, in jedem Verfahrensstadium[327] korrekt und fair zu handeln. Dem Bürger soll die Möglichkeit gegeben werden, sich gegen den in seine Rechte eingreifenden Staat mit „Waffengleichheit" und ohne erhebliche Nachteile wehren zu können[328]. Eine abschließende Umschreibung des Inhalts und der Reichweite dieses Grundsatzes ist bisher noch nicht gelungen[329]; zum Teil sind seine Vorgaben jedoch einfachgesetzlich geregelt.

II) Das Täuschungsverbot

Neben weiteren Rechten umfaßt das Recht auf ein faires Verfahren als wichtigen Unterfall das Recht auf Aussage- und Entschließungsfreiheit innerhalb des Strafverfahrens, wie es sich in den §§ 136a, 163a Abs.4 S.2 StPO wiederfindet. Hierzu gehört, neben dem schon behandelten nemo-tenetur-Grundsatz, das Täu-

---

323 Vgl. hierzu *Rohe*, S.140.
324 *Krey*, Rn.169; vgl. auch *Müller*, S.142 ff.
325 BVerfGE 38,105 f.; 57,250 (274 f.); 74,350 (370 f.).
326 Zur Herleitung siehe *Rohe*, S.137, Fn.572; krit. *Rzepka*, S.449 f.
327 *Rzepka*, S.433, beschränkt den Schutz ausdrücklich nicht auf das Hauptverfahren.
328 BVerfG NJW 1975, S.103, *Rohe*, S.137.
329 Vgl. *Rzepka*, S.454.

schungsverbot[330]. Es ist staatlichen Organen grundsätzlich verwehrt, auf die Freiheit der Willensentschließung und Willensbetätigung mittels Täuschung Einfluß zu nehmen[331]. Eine solche zeichnet sich dadurch aus, daß dem Beschuldigten Tatsachen vorgespiegelt werden, die nicht oder nicht so existieren, um ihn dadurch zu bestimmten Äußerungen zu veranlassen, die er bei Kenntnis der wahren Sachlage nicht tätigen würde[332].

Man könnte durchaus annehmen, daß der Lauschangriff gegen das Täuschungsverbot verstößt. Bei der akustischen Wohnraumüberwachung weiß der Betroffene nicht, daß er abgehört wird. Er handelt zwar freiwillig und nicht gezwungen, hätte er jedoch Kenntnis vom Lauschangriff, würde er mit großer Wahrscheinlichkeit gerade die belastenden Äußerungen, an denen der Staat Interesse hat, unterlassen. Das heimliche Abhören nutzt mithin die vorhandene Fehlvorstellung des Betroffenen in Bezug auf die Abgeschirmtheit der Wohnung aus[333].

Allerdings sprechen gegen die Annahme eines Verstoßes gegen das Täuschungsverbot im wesentlichen zwei Gründe. Zum einen schützt die in § 136a StPO niedergeschriebene Ausgestaltung des fair-trial-Grundsatzes unmittelbar nur vor Täuschungen bei Vernehmungen[334]. Der BGH folgt mit der wohl h.A. im Rahmen des § 136a StPO zu Recht einem engen und formellen Vernehmungsbegriff. Anderenfalls würde die Belehrungspflicht des ebenfalls auf Vernehmungen beschränkten § 136 StPO verdeckte Ermittlungen in kriminalpolitisch nicht mehr zu vertretenem Maße einschränken[335]. Demnach ist eine Vernehmungssituation dadurch gekennzeichnet, daß der Vernehmende der Auskunftsperson in „amtlicher Funktion gegenübertritt und in dieser Eigenschaft eine Auskunft oder Aussage verlangt“[336]. Eine heimliche Maßnahme wie der Lauschangriff kann deshalb nie als eine Vernehmung angesehen werden.

---

330 *Rzepka*, S.421.

331 Das Täuschungsverbot ist insoweit Ausfluß des Art.1 Abs.1 GG, wonach der Beschuldigte nicht bloßer Gegenstand, sondern Beteiligter des Strafverfahrens ist. Eine Täuschung allein verletzt jedoch noch nicht die Menschenwürde, siehe *Rohe*, S.138.

332 *Rohe*, S.138; *Müller*, S.142.

333 Vgl. *Binder*, S.156.

334 Im Unterschied zum nemo-tenetur-Grundsatz, der generell vor Zwang im Strafverfahren schützt, begründet nach überwiegender Ansicht die Beeinträchtigung der allgemeinen Entschließungsfreiheit des Beschuldigten durch Täuschung nur in dem durch § 136a StPO vorgezeichneten Rahmen einen Rechtsverstoß (*Bosch*, Jura 1998, S.236 (241); weitere Nachweise bei *Rogall*, SK StPO, vor § 133 Rn.139).

335 BGH NJW 1996, S.2940 ff. = 42,149 ff.; BGH St 40,211 (213); so auch *Beulke*, StPO, Rn.115; *Boujoug*, KK StPO, § 136a Rn.6; *Krey*, Rn.163, *Meyer-Goßner*, K/M-G StPO, § 136a Rn.4; *Rogall*, SK StPO, § 136a Rn.18 ff. m.w.N.; *Rohe*, S.139; *v.Stetten*, S.110 ff.

336 BGH NJW 1996, S.2940 (2941).

Zum anderen gelangt man selbst bei Heranziehung der Gegenmeinung, die einen materiellen Vernehmungsbegriff folgt, zu keinem Widerspruch zwischen dem Täuschungsverbot und der heimlichen akustischen Wohnraumüberwachung. Nach dieser Ansicht ist das Ergebnis einer Vernehmung jede, von einem staatlichen Organ der Strafverfolgung direkt oder indirekt herbeigeführte, nicht notwendigerweise vor ihm erfolgte Aussage[337]. Mithin ist entscheidend, ob die aufgenommene Aussage aktiv herbeigeführt wurde. Dies wurde aber bereits im Rahmen der Untersuchungen zum nemo-tenetur-Grundsatz für den Lauschangriffs ausgeschlossen.

Aus diesem Grund bewirkt auch die Heimlichkeit des Lauschangriff keine Umgehung des Täuschungsverbots aus § 136a StPO[338]. Dieses soll die Aussage- und Entschließungsfreiheit schützen, nicht aber für eine bestmögliche Verteidigung sorgen. So fallen bloße geheime Ermittlungsmaßnahmen auch aus dem Anwendungsbereich des Art.6 EMRK[339]. Nach h.A. ist das Täuschungsverbot vielmehr einschränkend auszulegen[340], da es schon von der kriminalistischen List abzugrenzen ist, welche für eine effektive Strafrechtspflege unerläßlich ist[341]. Die Verletzung der Aussagefreiheit kommt nur in Betracht, wenn das Verhalten der Ermittlungsbehörden mindestens kausal für die Aussage gewesen ist[342]. Deshalb erfaßt das Täuschungsverbot grundsätzlich nicht Täuschen durch bloßes Unterlassen[343]. Bezüglich der Äußerung des Beschuldigten verhalten sich nämlich die Strafverfolgungsorgane passiv[344]. Die abgehörten Äußerungen werden in keiner Weise beeinflußt, gefördert oder veranlaßt. Selbst die Vorstellung unbeobachtet zu sein, wird durch die Behörden nicht aktiv hervorgerufen, sondern folgt aus der Natur der übersichtlichen und überschaubaren Wohnung selber. Das bloße Ausnutzen einer Fehlvorstellung kann aber keine Verletzung der Erschließungsfreiheit begründen, da das Handeln der Strafverfolgungsorgane nicht kausal für das „Ob“ oder den Inhalt der Äußerung ist[345]. Die Aussage wird nicht „herbeigeführt“, sondern „passiv entgegengenommen[346]“. Dies bestätigt auch die Dogmatik bezüglich Spontanäußerungen[347]. Denn so betrachtet stellt sich das Abhören nur als gezieltes Abwarten einer Spontanäu-

337 *Boujong*, KK StPO, § 136a Rn.6; *Bosch*, Jura 1998, S.236 (237); *Ransiek*, S.61 f.; *Rogall*, SK StPO, Vor § 48 Rn.155.

338 *Müller*, S.143 f.; *Rzepka*, S.444; a.A. *Wolter*, GA 1988, S.130 (134).

339 EKMR (*Klass./.* D) EuGRZ 1977, S.419 (420); *Rzepka*, S.31, 444.

340 Statt vieler siehe *Meyer-Goßner*, K/M-G StPO, § 136a Rn.12.

341 *Krey*, Rn.162.

342 *Binder*, S.156 m.w.N.

343 *Krey*, Rn.163; *Rzepka*, S.422.

344 *Rohe* S.138.

345 Vgl. *Binder*, S.156; *Müller*, S.144; *Rogall*, SK StPO, § 136a Rn.24.

346 Diese begriffliche Unterscheidung verwendet *Boujong*, KK StPO, § 136a Rn.6.

347 Hierzu siehe *Rzepka*, S.418.

ßerung gegenüber Dritten dar[348]. Somit ist ein Täuschen durch heimliches Abhören und Aufzeichnen des nicht öffentlich gesprochenen Wortes zu verneinen[349].

III) Die Belehrungspflicht

Aus dem Gedanken des rechtsstaatlichen und fairen Verfahrens folgt auch die in § 136 Abs.1 S.2 und § 163a Abs.4 StPO normierte Belehrungspflicht, die in engem Zusammenhang mit dem Täuschungsverbot und dem Recht zu Schweigen steht[350]. Demnach ist der Betroffene zu Beginn der Vernehmung über sein Recht zu belehren, „daß es ihm nach dem Gesetz freistehe, sich zu der Beschuldigung zu äußern oder nicht zur Sache auszusagen" (§ 136 Abs.1 S.2 StPO), damit er die Folgen seiner Aussage kennt und seine Rechte effektiv ausüben kann. Der Lauschangriff erfolgt gerade ohne eine solche Belehrung. Der Betroffene kennt deshalb die Konsequenzen seiner Äußerungen nicht.

Diese Belehrungsverpflichtung ist jedoch nicht auf heimliche Ermittlungsmaßnahmen wie den Lauschangriff übertragbar. Nach Ansicht der Vertreter des formellen Vernehmungsbegriffs gilt die Belehrungsverpflichtung schon deshalb nicht, weil keine Vernehmung vorliegt[351].
Aber auch nach anderer Ansicht, die grundsätzlich dem weiten Vernehmungsbegriff folgt und jede Herbeiführung einer Aussage durch ein staatliches Ermittlungsorgan als Vernehmung ansieht, kommt der akustischen Überwachung nicht der Charakter einer Vernehmung zu[352]. Nach h.M. ist es nicht Sinn und Zweck der Belehrung, den Beschuldigten darüber zu informieren, daß ihm eine Amtsperson gegenübersteht. Vielmehr soll er wissen, daß ihm das Recht zusteht, sich nicht zur Sache zu äußern, obwohl ihm eine Person amtlich gegenübertritt und ihn befragen möchte[353]. Die Belehrung soll mithin verhindern, beim Beschuldigten den Eindruck zu erwecken, er sei zur Aussage verpflichtet[354]. So wie der nemo-tenetur-Grundsatz direkten Zwang verbietet, soll der fair-trial-Grundsatz verhindern, daß der Betroffene sich allein schon durch das Gegenübertreten staatlicher Organe dem Druck zur Aussage ausgesetzt fühlt. Das Recht des § 136 StPO steht dem Betroffenen somit erst in dem Zeitpunkt zu, in dem ihm die staatlichen Organe mit ihrer Autorität offen gegenübertreten.

348 *Scheffler*, Anhörung zu BT-DS 13/8650, 13/8651, S.4; zustimmend *Müller*, S.144.
349 Ebenso *Müller*, S.145; vgl. *Binder*, S.157.
350 *Rzepka*, S.419.
351 *Rogall*, SK StPO § 136 Rn.10; siehe auch oben II.
352 *Binder*, S.158.
353 *Beulke*, StPO Rn.481d; *Rohe*, S.139 f.; *Popp*, NStZ 1998, S.95.
354 BGH NJW 1996, S.2940 (2941).

Unabhängig davon, ob ansonsten die Vernehmung weit oder eng aufzufassen ist, bedarf der Beschuldigte vorher wegen der fehlenden diesbezüglichen Konfliktlage keines besonderen Schutzes. Verdeckte Informationsgewinnungsmaßnahmen wie der Lauschangriff vollziehen sich ohne Kenntnis des Betroffenen, der sich folglich frei jeglichen staatlichen Drucks äußert[355].

Deshalb folgt eine Belehrungsverpflichtung auch nicht aus einer analogen Anwendung des § 136 StPO[356]. Der Gesetzgeber hat den Lauschangriff als heimliche Maßnahme ausgestaltet. Dem stünde schon jede Belehrung per se entgegen. Ansonsten widerspräche jede heimliche Ermittlungsmaßnahme (z.B. Telekommunikationsüberwachung) diesem Grundsatz. Wie aber im folgenden gezeigt wird, ist der Staat gerade nicht auf das offene Vorgehen beschränkt[357].

IV) Grundsatz der Offenheit staatlichen Handelns

Einige Stimmen in der Literatur halten aus Gründen der Verfahrensgerechtigkeit nicht offene strafprozessuale Ermittlungen für rechtsstaatlich bedenklich[358]. Da jeder ein Recht habe zu wissen, wer seine Daten besitze, müsse die Datenerhebung transparent erfolgen[359]. Die Öffentlichkeit des Verfahrens stelle diesbezüglich eine frühe und wirkungsvolle Kontrolle dar[360]. Dies gebiete im Zusammenspiel mit dem Grundsatz eines fairen Verfahrens, daß Ermittlungen grundsätzlich offen erfolgen müßten[361]. Der Lauschangriff widerspräche als heimliche Ermittlungsmaßnahme diesem Grundsatz.
Die absolut h.M. lehnt jedoch zu Recht ein generelles Verbot verdeckter Ermittlungen im Strafprozeß ab[362]. Zwar wird überwiegend davon ausgegangen, daß ein rechtsstaatliches Verfahren offen zu erfolgen habe, jedoch sind aus „Praktikabilitätserwägungen" hiervon Ausnahmen zu machen[363]. So hat der Ge-

---

355 *Rohe*, S.139.
356 Ebenso *Müller*, S.146.
357 Zu den Besonderheiten beim „kleinen" Lauschangriff siehe Kap.III Teil3 B III 3 b; vgl. auch *Beulke*, StPO Rn.481d: Er betont, daß die Belehrung nach § 136 StPO nicht gezielt umgangen werden darf. Im einzelnen ist im Bereich nicht offen ermittelnder Beamter nahezu alles umstritten.
358 Nachweise bei *Rogall*, JZ 1987, S.850.
359 *Dix*, Jura 1993, S.571 (573).
360 Vgl. *Lammer*, S.142 ff., siehe auch *Rohe*, S.143.
361 *Bosch*, Jura 1998, S.236 (238) Fn.22 m.w.N.
362 BVerfGE 7,99; 9,104; BGH NStZ 1996, 502 (505); *Binder* S.153 f.; *Boll*, Kriminalistik 1992, S.66 (68); *Deutsch*, S.28 ff., 35; *Krey*, Rn.150 ff.; *Lindlau*, Kriminalistik 1991, S.691 (693); *Rogall*, JZ 1987, S.847 (850); *Rohe*, S.141 f.; *Welp*, S.57, krit. *Lammer*, S.142 ff., der die Bedeutung des Ermittlungsverfahrens im Strafprozeß hervorhebt, jedoch den Grundsatz des fairen Verfahrens gewahrt sieht, wenn dem Betroffenen im Nachhinein die staatliche Maßnahme offengelegt werde.
363 *Rohe*, S.141

setzgeber das Ermittlungsverfahren in Gegensatz zur Hauptverhandlung (§ 169 S.1 GVG) gerade nicht als offenes Verfahren ausgestaltet[364] und sowohl im präventiven als auch im repressiven Bereich heimliche Ermittlungsmaßnahmen anerkannt und z.T. sogar in der Verfassung verankert (z.B. Art. 10 Abs.2 GG). Die heimliche Vorgehensweise ist zur Erfüllung bestimmter Staatsaufgaben von hohem Verfassungsrang, wie der Gewährleistung einer funktionsfähigen Strafrechtspflege, in bestimmten Fällen notwendig[365]. Ansonsten wäre die Erfüllung polizeilicher Aufgaben weitgehend unmöglich[366]. Der Wissensvorsprung des Beschuldigten würde es diesem ermöglichen, die Aufklärung der Straftat zu gefährden oder gar zu vereiteln[367]. Hierbei darf zwar nicht verschwiegen werden, daß das heimliche Vorgehen fast immer mit einem intensiven Eingriff in Grundrechte einhergeht. Deshalb darf Heimlichkeit nicht die Regel staatlicher Ermittlungstätigkeit werden. Hieraus folgt aber kein eigenständiges Rechtsprinzip der Offenheit des staatlichen Vorgehens. Vielmehr ist dies im Rahmen der praktischen Konkordanz, also der Verhältnismäßigkeit der Eingriffsmaßnahme, zu berücksichtigen[368].

F) Trennungsgebot

Einem heimlichen Vorgehen der Polizei bei der Strafverfolgung steht auch das Trennungsgebot zwischen Polizei und Geheimdiensten (Verfassungsschutzbehörden, Militärischer Abschirmdienst und Bundesnachrichtendienst) nicht entgegen, welches aus den historischen Erfahrungen im Dritten Reich und der damaligen Verquickung derartiger Stellen herrührt[369]. Deshalb kann vorliegend offen bleiben, ob das Trennungsgebot Verfassungsrang besitzt[370].

Teilweise wird zwar behauptet, daß aus diesem ein Verbot spezifisch „nachrichtendienstlicher" Mittel für die Polizei abzuleiten sei. Es bestünde an-

---

364 *Binder*, S.153 m.w.N.

365 *Krey*, Rn.151 f.

366 *Rohe*, S.142.

367 *Bosch*, Jura 1998, S.236 (238).

368 *Krey*, Rn.153.

369 Näher hierzu *Albert*, ZRP 1995, S.105 (106) und *Rohe*, S.131 f. Diese Trennung von Polizei und Verfassungschutz schrieb der Polizeibrief der Militärgouverneure vom 14.04.1949 nach Ende des Dritten Reiches ausdrücklich fest, worauf diese auch in ihrer Genehmigung zum Grundgesetz am 12.05.1949 nochmals explizit Bezug nahmen. Das Trennungsgebot von Polizei und Geheimdiensten findet sich im Gesetz über die Zusammenarbeit des Bundes und der Länder in Angelegenheiten des Verfassungsschutzes vom 27.09.1950 (BGBl. I, S.682) wieder, welches die Angliederung des Bundesamtes für Verfassungsschutz an polizeiliche Dienststellen verbietet (§ 3 Abs.3 S.3).

370 So *Krey*, Rn.158; den Verfassungsrang bejahend *Müller*, S.153; krit. hingegen *Deutsch*, S.29 ff.; *Gusy*, ZRP 1987, S.45 (47).

sonsten das Risiko, daß das polizeiliche Vorgehen nicht mehr in ausreichendem Umfang überprüfbar sei[371]. Unter sog. „nach-richtendienstliche“ Mittel werden hierbei neben der Observation, der Überwachung des Fernmeldeverkehrs und des Einsatzes nicht offen ermittelnder Personen auch die verdeckte Verwendung technischer Mittel zur akustischen Überwachung gezählt[372].

Die befürchtete mangelnde Überprüfbarkeit polizeilichen Handelns betrifft in Wahrheit jedoch die eben behandelte Frage nach dem Gebot der Offenheit. Das Trennungsgebot verpflichtet nämlich nur, Polizei und Geheimdienste organisatorisch zu trennen und untersagt funktional letzteren die Ausübung polizeilicher Aufgaben und Befugnisse bzw. verbietet den Geheimdiensten Weisungsrechte gegenüber polizeilichen Behörden[373]. Hingegen hindert es die Polizei nicht, innerhalb ihres Aufgabenbereichs heimlich zu ermitteln, selbst wenn die eingesetzten Mittel als „nachrichtendienstlich“ bezeichnet werden, eine Bezeichnung, welche *Krey* zu Recht irreführend nennt[374]. Ob es sich nämlich bei der verdeckten Informationsgewinnung mittels eines Einsatzes technischer Mittel durch die Polizei tatsächlich um eine nachrichtendienstliche Tätigkeit handelt, hängt von der Zweckrichtung der Maßnahme ab. Dient sie der Aufklärung von Straftaten, werden polizeiliche Ziele verfolgt und das Mittel kann keinen geheimdienstlichen Charakter haben[375]. Entscheidend für einen Verstoß ist mithin die objektive Finalität der Handlung und nicht die Methode.

G) Meinungsfreiheit (Art. 5 Abs.1 S. 1, 1.Alt. GG)

Die Meinungsfreiheit garantiert dem Einzelnen, seine Meinung in Wort, Schrift und Bild frei äußern zu können. Hierbei umfaßt die negative Komponente der Meinungsfreiheit nicht nur das Recht, seine Meinung nicht zu äußern, sondern auch zu bestimmen, wem gegenüber der Einzelne eine bestimmte Meinung geäußert haben möchte, mithin das Recht, daß dem, dem die Äußerung nicht zukommen soll, diese auch nicht zugeht[376]. Soweit das heimlich Abgehörte und Aufgezeichnete nicht nur Tatsachen, sondern auch Meinungen betrifft, wird somit in die Meinungsfreiheit eingegriffen.
Jedoch beeinträchtigt das Abhören nichtöffentlich gesprochener Meinungsäußerungen in Wohnungen und die Wiedergabe des Gesagten die in derartigen Fäl-

371 Hierzu *Albert*, ZRP 1995, S.105; *Müller*, S.152 ff.; *Welp*, StV 1994, S.161, 164.
372 Vgl. Aufzählung in *Krey*, Rn.159.
373 *Rohe*, S.132; näher zum Trennungsgebot: *Deutsch*, S.28; *Lammer*; S.146 ff.
374 *Krey*, Rn.158 f. m.w.N.
375 *Rohe*, S.134.
376 *Merten*, DÖV 1990, S.761 (765); *Rohlf*, S.186; *Pieroth/ Schlinck*, Rn.561.

len von Art.13 GG umfaßte dynamische Komponente des allgemeinen Persönlichkeitsrechts. Diese umfaßt zwar nicht nur Meinungsäußerungen, schließt solche aber als Teil des allgemeinen Selbstdarstellungsschutzes mit ein, weshalb Art.13 GG insoweit lex specialis ist[377].

H) Das Fernmeldegeheimnis (Art.10 Abs.1 GG)

Ein Eingriff in Art.10 GG durch den Lauschangriff erscheint in zwei Konstellationen denkbar. Zum einen könnte dies der Fall sein, wenn ein Telefon als „Wanze" zweckentfremdet wird, und zum anderen, wenn sich die „Wanze" in unmittelberer Nähe des Telefons oder gar im Hörer befindet und so Telefonate mit überwacht.

Im ersten Fall fehlt es jedoch schon an einer Unterhaltung unter Inanspruchnahme einer Fernmeldeeinrichtung. Die bloße Tatsache, daß die Ermittlungsbehörden auf die technischen Geräte des Fernsprechverkehrs zurückgreifen, vermag einen Eingriff in diesen nicht zu begründen, wenn das überwachte Gespräch selber nicht über ein unter den Schutz des Art.10 GG fallendes Medium geführt wird. So verneinte der BGH in seiner Raumgesprächentscheidung zu Recht die Einschlägigkeit des Art.10 GG, welche darauf gründen sollte, daß ein in der Wohnung geführtes Gespräch mit den Mitteln der Telefonüberwachung abgehört wurde, da der Hörer nicht richtig aufgelegt worden war[378]. Folglich greift das zur „Wanze" umfunktionierte Telefon nicht in Art.10 GG ein.

Im zweiten Fall liegt hingegen ein Ferngespräch vor. Allerdings reicht dies allein nicht, um einen Eingriff zu bejahen. Diesen verneint der BGH z.B. auch in Telefonmithörfällen (Polizist hört mit Wissen eines der Telefonpartner an dessen Hörer mit)[379]. Zwar hinkt die Parallele insoweit, als die „Wanze" für beide Telefonierende ein ungebetener heimlicher Mithörer ist[380]. Vorliegend ist jedoch entscheidend, daß Art.10 GG Gespräche nur während des technischen Übermittlungsvorgangs erfaßt[381]. Kommunikation, die aus dem eigenen Herrschaftsbereich heraus über den des Netzbetreibers stattfindet, setzt Vertrauen in

---

377 *Wölfl*, S.71, a.A. *Merten*, DÖV 1990, S.761 (765). Ein anderes Konkurrenzverhältnis wäre indes anzunehmen, wenn das Belauschen zur direkten Bekämpfung der Meinungsäußerung diente, d.h. wenn das Abgehörte selber eine strafbare Meinungsäußerung wäre. Da hierfür relevante Straftatbestände jedoch nicht in den Katalog des § 100c Abs.1 Nr.3 StPO aufgenommen worden sind, handelt es sich um eine rein hypothetische Fragestellung, auf welche deshalb nicht näher einzugehen ist.

378 BGH St 296 (297 f.).

379 BGH StV 96, S.467 (468); BGH St 94,335 (338 ff.).

380 Hierauf stellt BGH St 39,335 (339 ff) noch entscheidend ab; a.A. *Rohe*, S.126 ff.

381 BGH StV 1996, S.467 (468).

dessen Integrität voraus, welches Art.10 GG gewähren möchte. Gelangt die Information aus dem technischen Medium in das natürlich hörbare Umfeld zurück, wird deshalb der Schutzbereich des Art.10 GG verlassen[382]. Die „Wanze" in Telefonnähe greift aber nur die akustischen Informationen auf, die auch sonstige Abhörgeräte bei entsprechender Sensibilität bzw. bei eingeschalteter Telefonlautsprechanlage auffangen könnten. Ein Eingriff in Art.10 GG liegt deshalb nicht vor.

Hiermit wird das Gespräch in diesem Bereich aber nicht schutzlos gestellt, sondern nimmt an der räumlichen Privatsphäre teil. Solange die Worte des Wohnungsinhabers noch nicht das technische Medium erreicht haben, muß der Einzelne aufgrund der Überschaubarkeit und Beherrschbarkeit der Wohnung darauf vertrauen dürfen, daß niemand heimlich mithört, selbst wenn diese Sphäre nahezu zeitgleich verlassen wird. Den Schutz der Fernmeldefreiheit genießt er insoweit ja gerade nicht. Umgekehrt genießt das Wort des Gesprächspartners dann den Schutz des Art.13 GG, wenn es das Telekommunikationsmedium hin zur Wohnung passiert hat. Der Einbruch in das Vertrauen der räumlichen Privatheit zeigt sich z.B. bei codierten Nachrichten, die erst nach Decodierung in der Wohnung abgehört werden können.

J) Art.8 Abs.1 Alt.1 EMRK

Art.8 Abs.1 EMRK[383] gewährt in seiner 1.Alternative jedermann einen Anspruch auf Achtung seines Privatlebens. Dieses Recht soll dem Individuum eine Sphäre sichern, in dem es die Entwicklung und Erfüllung seiner Persönlichkeit anstreben kann[384]. Dies schließt grundsätzlich das Recht auf Selbstbestimmung bezüglich der Daten ein, welche die Privatsphäre der eigenen Person betreffen[385]. Hiermit deckt sich der Regelungsbereich des Art.8 Abs.1 EMRK in wesentlichen Teilen mit dem des allgemeinen Persönlichkeitsrechts aus Art.2

---

382 Vgl. *Lammer*, S.212; *Sternberg-Lieben*, Jura 1995, S.299 (302); *Welp*, NStZ 1994, S.294.

383 Die Europäische Menschenrechtskonvention (EMRK) wurde von der Bundesrepublik Deutschland ratifiziert und nimmt die Stellung eines einfachen Bundesgesetzes ein (BGBl. 1952 II S.685, BGBl. 1953 II. S.1879). Sie unterliegt demnach auch dem lex posterior-Grundsatz (*Kühne*, StPO Rn.29 unter Hinweis auf OLG Hamm, Beschl.v.16.6.1978 - 1 WS 169/78). Da ihre Verletzung aber gleichzeitig einen Verstoß gegen das Völkerrecht beinhaltet, besteht die völkerrechtliche Pflicht, die EMRK bei der Auslegung der Verfassung und anderer Gesetze heranzuziehen (konventionskonforme Auslegung) bzw. ggf. innerstaatliche Gesetze entsprechend zu ändern (siehe BVerfGE 6, 271 f; 74, 358 (370); 82,106 (115, 119 f.); BGH St 8,59 (64); *Beulke*, StPO Rn.11; *Kühne*, StPO Rn.41).

384 EKMR EuGRZ 1978, S.199; *Frowein*, F/P EMRK, Art.8 Rn.3.

385 *Gollwitzer*, L/R MRK, Art.8 Rn.10 unter Hinweis auf EKMR EuGRZ 1980, S.170.

Abs.1 i.V.m. Art.1 Abs.1 GG und dessen Ausgestaltungsformen des Rechts auf Privatsphäre und des Rechts auf informationelle Selbstbestimmung[386].

Demnach sind geheime Überwachungsmaßnahmen, also auch der Lauschangriff, generell als Eingriff in die Privatsphäre zu qualifizieren[387].

K) Art.8 Abs.1 Alt.3 EMRK

Neben dem Privatleben verlangt Art.8 Abs.1 EMRK in seiner 3. Alternative, die Wohnung zu achten. Auch diese Regelung stimmt in ihrem Schutzbereich weitestgehend mit dem grundgesetzlichen Pendant aus Art.13 GG überein. Eine eindeutige Klärung fehlt bislang nur bezüglich der Einbeziehung von Betriebs- und Geschäftsräumen. Während dies vom EuGH und teilweise in der Literatur verneint wird[388], nimmt der EGMR dies zumindest in den Fällen an, in welchen sich in einem Haus sowohl Betriebs- als auch Privaträume befinden und auch letztere von der Maßnahme betroffen sind[389]. Unter Beachtung der zu Art.13 GG vorgebrachten und prinzipiell auf Art.8 Abs.1 EMRK übertragbaren Argumente und des ausdrücklichen Hinweises des EuGH auf eine bis dahin fehlende Rechtsprechung des EGMR, sowie unter Berücksichtigung der Tatsache, daß das französische „domicile“ weiter zu verstehen ist als das englische „home“[390], sprechen die besseren Gründe für eine Einbeziehung von Betriebs- und Geschäftsräume in den Schutz des Art.8 EMRK. So hat der EGMR mittlerweile jedenfalls Anwaltskanzleien - unter Betonung der besonderen Bedeutung der Natur der freien Berufe - unter den Schutz des Art.8 Abs.1 Alt.3 EMRK gestellt[391]. Somit umfaßt die Wohnung i.S.v. Art.8 Abs.1 Alt.3 EMRK neben der Privatwohnung zumindest die Betriebs- und Geschäftsräume von Freiberuflern.

Werden Gespräche in diesen Räumen durch Abhörmaßnahmen kontrolliert, liegt ein Eingriff in das Recht auf Achtung der Wohnung vor[392].

---

386 Vgl. *Frowein*, F/P EMRK, Art.8 Rn.3 ff.; *Gollwitzer*, L/R MRK, Art.8 Rn.10, 22 ff. jeweils m.w.N.

387 *Frowein*, F/P EMRK, Art.8 Rn.6.

388 EuGH Urteil v. 21.09.1989 (*Hoechst* AG), Slg. 1989, S.2859 [18,19] = EuGRZ 1989, S.395 (401); *Gollwitzer*, L/R MRK, Art.8 Rn.33.

389 EGMR (*Chappel./.* GB) zitiert bei *Frowein*, F/P EMRK, Art.8 Rn.28 Fn.134.

390 EGMR (*Niemetz ./*D.) EuGRz 1993, S.65 (66); *Frowein*, F/P EMRK, Art.8 Rn.28. Die französische und die englische Fassung gelten beidermaßen als authentisch (Art.66 EMRK), was Teil der Ratifikation ist; vgl. *Kühne*, StPO Rn.31.

391 EGMR (*Niemetz ./.* D.) EuGRZ 1993, S.65 (66).

392 *Frowein*, F/P EMRK, Art.8 Rn.31 m.w.N.; *Gollwitzer*, L/R MRK, Art.8 Rn.36; offengelassen für den Lauschangriff von außen: *Müller*, S.131.

Dieses steht gleichberechtigt neben dem Recht auf Privatleben, da sie nach den gleichen Grundsätzen eingeschränkt werden können (Art.8 Abs.2 EMRK). Beide werden im Verhältnis zu Art.13 GG nur insoweit verdrängt, als dieser eine günstigere Regelung enthält (sog. „Günstigkeitsprinzip"; Art.60 EMRK).

L) Weitere Grundrechte aus Grundgesetz und Völkerrecht

Neben den eben beschriebenen rechtlich geschützten Positionen kann der Lauschangriff in Einzelfällen in weitere Rechte eingreifen, die zumeist von der besonderen Stellung des Gesprächspartners geprägt sind. Wird beispielsweise ein Gebet oder Gespräch mit einen Priester belauscht, ist Art.4 GG (Religions- und Glaubensfreiheit) betroffen, mit Journalisten Art.5 Abs.1 GG (Pressefreiheit), mit Künstlern oder Wissenschaftlern Art 5 Abs.3 GG (Kunst- und Wissenschaftsfreiheit), mit Strafverteidigern Art 6 Abs.3 EMRK (freier Verkehr mit dem Anwalt) und mit Familienangehörigen Art. 6 GG (Schutz von Ehe und Familie)[393]. Sofern in diese Grundrechte eingegriffen wird, hat der Gesetzgeber den Lauschangriff so auszugestalten, daß diese Rechte im Wege der praktischen Konkordanz ausreichende Beachtung finden.

M) Ergebnis

Der Lauschangriff greift in die Rechte aus Art.13 GG und Art.8 Abs.1 EMRK ein. Daneben können in Einzelfällen aufgrund geschützter Beziehungen zu besonderen Gesprächspartnern auch weitere Grundrechte betroffen sein, etwa aus Art.4, Art.5 (Abs.1 und 3) sowie Art.6 GG. Hingegen werden Art.10 GG, der nemo-tenetur-Grundsatz und das fair-trial-Gebot grundsätzlich nicht vom Lauschangriff berührt.

Ebenso steht Art.1 Abs.1 GG einer akustischen Wohnraumüberwachung grundsätzlich nicht entgegen, sofern die gesetzliche Regelung, die den Lauschangriff zuläßt, folgende Voraussetzungen erfüllt:
(1.) Intime Unterhaltungen, insbesondere aber solche unter besonders vertrauten Personen, dürfen soweit dies erkennbar ist nicht abgehört werden;
(2.) die Maßnahme muß zeitlich begrenzt sein;
(3.) der Lauschangriff ist grundsätzlich restriktiv anzuwenden und
(4.) intime Gespräche, die dennoch abgehört wurden, unterliegen einem Verwertungsverbot.

393 Ausführlich *Müller*, S.64 ff.

Teil 2: Die Vorgaben des Grundgesetzes und der Europäischen Menschenrechtskonvention zur Rechtfertigung des Lauschangriffs

Nachdem nun festgestellt wurde, welche Rechte durch den Lauschangriff beeinträchtigt werden, ist im folgenden darzulegen, welchen Voraussetzungen eine gesetzliche Regelung genügen muß, um diese Eingriffe zu rechtfertigen. Auf die Fälle eines Eingriffs in Art.1 Abs.1 GG ist hierbei nicht einzugehen, da diesbezüglich eine Rechtfertigung nicht möglich ist.

A) Vorgaben nach Art.13 Abs.3 GG

Art.13 Abs.1 GG nennt die Wohnung „unverletzlich". Diese Formulierung drückt im allgemeinen Sprachgebrauch eine faktische Unmöglichkeit aus und erweckt den Eindruck einer umfassenden Resistenz[394]. Jedoch wurde diese Absolutheit schon durch die bisher bestehenden Schrankenregelungen des Art.13 GG (Abs.2 und 3 a.F.) relativiert, weshalb Art.13 Abs.1 GG nach einhelliger Meinung[395] so zu verstehen ist, daß die Wohnung vorbehaltlich verfassungsrechtlicher Schranken geschützt wird. Mithin sind Eingriffe unter bestimmten Voraussetzungen zulässig.
Diese finden sich bezüglich der akustischen Wohnraumüberwachung zu repressiven Zwecken im 3. Absatz von Art.13 GG. Demnach steht der Schutz der Wohnung hinsichtlich des Lauschangriffs unter einem qualifizierten Gesetzesvorbehalt. Das Grundgesetz selber ist mithin noch keine ausreichende Eingriffsgrundlage. Vielmehr bedarf es noch einfachgesetzlicher Ausgestaltungsnormen, die aber den besonderen Anforderungen des Art.13 Abs.3 GG genügen müssen.

I) Einsatz „technischer Mittel zur akustischen Überwachung"

Art.13 Abs.3 S.1 GG gestattet, daß „technische Mittel zur akustischen Überwachung von Wohnungen [...] eingesetzt" werden dürfen. Mit dem Merkmal „eingesetzt" greift der Verfassungsgesetzgeber auf eine generelle Formulierung zur Umschreibung der Eingriffshandlung zurück. Anders als in der, den Art.13 Abs.3 S.1 GG ausgestaltenden, einfachgesetzlichen Regelung des § 100c Abs.1 Nr.3 StPO wird nicht konkret von Abhören und Aufzeichnen gesprochen. Daneben listet Art.13 Abs.3 GG keine bestimmten technischen Geräte auf. Letzte-

394 *Herdegen*, BK GG, Art.13 Rn.41.
395 *Herdegen*, BK GG, Art.13 Rn.41; *Jarass/ Pieroth* GG, Art.13 Rn.4, *Binder* S.74 m.w.N.

res wäre für eine Verfassungsnorm auch untypisch. Sowohl die technischen Mittel als auch die Handlungen der Maßnahme werden mithin durch den Ausdruck der „akustischen Überwachung von Wohnungen“ näher bestimmt.

II) Maßnahmerichtung und Maßnahmeziel

Die Richtung und das Ziel des Lauschangriffs werden durch zwei Merkmale des Art.13 GG umschrieben. Zum einen muß die Maßnahme der „Verfolgung der Tat“ dienen. Dies drückt aus, daß es sich um eine repressive Maßnahme handeln muß und grenzt somit den von Art.13 Abs.4 GG erfaßten präventiven Lauschangriff aus.
Zum anderen darf die akustische Wohnraumüberwachung nur zur „Erforschung des Sachverhalts“ erfolgen. Andere repressive Zwecke sind ausgeschlossen. Diese Einschränkung findet sich zwar etwas versteckt in der Subsidiaritätsklausel, welche besagt, daß der Einsatz von technischen Mitteln zur Wohnraumüberwachung nur gestattet ist, „wenn die Erforschung des Sachverhalts auf andere Weise unverhältnismäßig erschwert oder aussichtslos wäre“. Der Grundsatz der Verhältnismäßigkeit gebietet jedoch, daß nur solche Ziele über die Anwendung einer Maßnahme entscheiden, welche diese tatsächlich verfolgt. Somit hat die repressive Wohnraumüberwachung der Erforschung des Sachverhalts zu dienen.

III) Begehung einer besonders schweren Straftat

Neben der Nennung von Mittel und Ziel, enthält Art.13 Abs.3 GG in weit größerem Maße als sonstige Grundrechtsschranken genaue Voraussetzungen, unter denen der Gesetzgeber den Ermittlungsbehörden einen Lauschangriff gestatten darf[396].
So verlangt Art. 13 Abs.3 S.1 GG, daß der von der Abhörmaßnahme Betroffene verdächtigt wird, eine „besonders schwere Straftat“ begangen zu haben[397]. Diese Straftaten müssen „durch Gesetz einzeln bestimmt“ werden.
Mit letzterem gibt der Verfassungsgeber dem einfachen Gesetzgeber den Auftrag, einen Straftatenkatalog, der besonderen Anforderungen genügen muß, zu erstellen, wenn er den Lauschangriff gesetzlich zulassen möchte. Er muß die Straftaten enumerativ auflisten („einzeln bestimmt“). Eine Aufzählung von Deliktsgruppen in einem generalisierenden Katalog, wie dies etwa bezüglich des

---

396 Dies wird im Hinblick auf verfassungsästhetische Gesichtspunkte kritisiert, siehe etwa *Müller*, S.159.
397 Art.1 Nr.1 GGÄndG (Art.13).

Verdeckten Ermittlers in § 110a Abs.1 Satz 1 StPO oder des maschinellen Datenabgleichs in § 98a Abs.1 Satz 1 StPO erfolgte, reicht deshalb nicht aus. Aus Gründen der Rechtssicherheit und Rechtsklarheit darf sich der Katalog nicht auf eine generalklauselartige Umschreibung beschränken[398]. Durch die Verpflichtung zur enumerativen Aufzählung bekommt der Straftatenkatalog einen abschließenden Charakter, weshalb der Lauschangriff nicht unter Berufung auf § 34 StGB zur Aufklärung von Straftaten, die nicht im Katalog enthalten sind, eingesetzt werden darf[399]. Der Gesetzgeber ist daneben nicht frei in der Entscheidung, welche Straftaten er mittels des Lauschangriffs aufzuklären wünscht. Er darf nur „besonders schwere" Straftaten auflisten. Dies muß zudem im Rahmen eines formellen Gesetzes geschehen, was schon aus der Intensität des Eingriffs in Art.13 GG folgt.

IV) Verdachtsgrad

Art.13 Abs.3 GG verlangt, daß „bestimmte Tatsachen den Verdacht" der Katalogtat begründen. Hiermit wird hinsichtlich des Verdachtsgrades dem Gesetzgeber eine derart detaillierte Grenze gezogen, daß dieser sie ohne weitere einfachgesetzliche Umgestaltung direkt in die StPO übernehmen konnte.

V) Subsidiaritätsklausel

Ein Lauschangriff ist nur gestattet, wenn sein Ziel „auf andere Weise unverhältnismäßig erschwert oder aussichtslos wäre". Hiermit wird die akustische Wohnraumüberwachung einer Subsidiaritätsklausel unterworfen. Diese Regelung über den Vorrang anderer Ermittlungsmaßnahmen ist in der Verfassung bislang einmalig und ebenfalls derart bestimmt, daß sie sich in der StPO wörtlich wiederfindet.

VI) Vermutete Anwesenheit des Beschuldigten

Das Grundgesetz gestattet die akustische Überwachung nur in „Wohnungen, in denen der Beschuldigte sich vermutlich aufhält". Die Rechtmäßigkeit des Lauschangriffs wird somit an bestimmte Voraussetzungen des Eingriffsobjekts

---

398 BT-DS 13/8650, S.7.

399 Bezüglich der Telefonüberwachung im Ergebnis ebenso *Maiwald*, AK StPO, § 100a Rn.6; *Rudolphi*, SK StPO, § 100a Rn.10; *Welp* S.61; a.A. *Schäfer*, L/R StPO, § 100a Rn.5; *Suppert*, S.243.

geknüpft: Der Gegenstand der Überwachung ist mithin nicht jede Wohnung[400]. Der Wortlaut schränkt die Abhöraktion allerdings noch nicht auf bestimmte Personen ein, sondern läßt die vermutliche Anwesenheit des Beschuldigten ausreichen. Da aber letzteres Kriterium ausschlaggebend sein soll, damit der Ort abgehört werden darf, wird deutlich, daß nur Vorgänge, an denen der Beschuldigte beteiligt ist, abgehört werden sollen. Indirekt wird hierdurch die Maßnahme auch im Hinblick auf Personen und nicht nur auf Orte begrenzt. Somit wäre eine einfachgesetzliche Regelung verfassungswidrig, welche gestatten würde, alle Gespräche in der Wohnung abzuhören, in welcher sich der Beschuldigte vermutlich aufhält, eingeschlossen der Gespräche, an denen der Beschuldigte mit Sicherheit keinerlei Anteil hat.

VII) Richtervorbehalt

Gemäß Art.13 Abs.3 S.2 GG ergeht die Anordnung der akustischen Wohnraumüberwachung durch einen mit drei Richtern besetzten Spruchkörper. Bei Gefahr im Verzug, d.h. bei Besorgnis der Beweisverschlechterung, falls die Anordnung des Spruchkörpers abgewartet würde[401], kann die Anordnung auch durch einen einzelnen Richter getroffen werden (Art.13 Abs.3 S.4 GG). Selbst im Eilfall genügt mithin die Anordnung der Staatsanwaltschaft oder ihrer Hilfsbeamten nicht. Der Richtervorbehalt geht also in zweifacher Hinsicht weiter als bei der Durchsuchung[402].

VIII) Frist

Als weitere formelle Voraussetzung fordert Art. 13 Abs.3 S.2 GG eine Befristung der Maßnahme. Es wird jedoch keine generelle Höchstdauer der Frist durch das Grundgesetz vorgegeben.

---

400 Vgl. *Meyer/Hetzer*, NJW 1998, S.1017 (1024).
401 Vgl. *Beulke*, StPO Rn.108.
402 *Meyer/Hetzer*, NJW 1998, S.1017 (1024).

B) Vorgaben der EMRK

Im deutlichen Gegensatz zum Grundgesetz gibt die EMRK keine detaillierten Vorgaben an den Gesetzgeber zur Normierung des Lauschangriffs. Sie erwähnt diesen noch nicht einmal ausdrücklich. Allerdings gestattet sie Eingriffe in die durch die akustische Wohnraumüberwachung betroffenen Rechtsgüter des Art.8 Abs.1 EMRK („Privatleben" und „Wohnung"), sofern die Voraussetzungen dessen Absatzes 2 erfüllt sind.

I) Gesetzliche Regelung

Zum einen verlangt der Eingriff eine gesetzlich vorgesehene Regelung („prévue par la loi" bzw. „in accordance with the law"). Diese muß die Voraussetzungen des Eingriffs inklusiv seiner Grenzen und des anzuwendenden Verfahrens ausreichend klar regeln[403]. So wird die notwendige Vorhersehbarkeit und Bestimmtheit garantiert und der Bürger vor willkürlichen Eingriffen geschützt. Dieser Rechtsschutz durch Verfahren verlangt besonders für schwere Eingriffe, daß die nationale Verfahrensregelung genügend Sicherheit gegen Mißbrauch bietet[404]. Je schwerwiegender der Eingriff ist, desto größer sind folglich die Anforderungen an die Verfahrensregelungen zum Schutz vor Mißbrauch zu stellen. So hat der EGMR z.B. in französischen Abhörfällen die ausreichende Qualität eines Gesetzes verneint, da es keine Regelung zur zeitlichen Dauer der Maßnahme enthalte und auch nicht festgelegt habe, welche Personen abgehört werden können sowie bei welchen Delikten dies zulässig sei[405]. Für Wohnungsdurchsuchungen verlangt der EGMR einen ausreichenden Verdacht und grundsätzlich eine richterliche Anordnung[406].
Diesen Anforderungen, die sich größtenteils mit entsprechenden Verfassungsprinzipien decken (Bestimmheitsgebot, Gesetzesvorbehalt), ist der Gesetzgeber mit dem VBOrgKG und der hiermit einhergehenden, detaillierten Regelung des Lauschangriffs in der StPO im wesentlichen nachgekommen. Auf die Prüfung der ausreichenden Klarheit wird im folgenden deshalb nur in Einzelfällen an entsprechender Stelle einzugehen sein.

---

403 EKMR (*Klass./. D.*) EuGRZ 1977, S.419 (421).

404 EGMR (*Klass./. D.*) EuGRZ 1979, S.278 (285); *Frowein*, F/P EMRK, Vorb. Art.8-11 Rn.5 f.; *Gollwitzer*, L/R MRK, Art.8 Rn.35.

405 EGMR (*Kruslin, Huvig ./. F*) ÖJZ 1990, S.564; *Frowein*, F/P EMRK, Vorb. Art.8-11 Rn.6.

406 EGMR (*Funke, Crémieux ./. F.*) ÖJZ 1993, S.532 (534).

II) Legitimer Zweck i.S.v. Art.8 Abs.2 EMRK

Als zweite Voraussetzung gestattet Art.18 EMRK Eingriffe nur zu den in Art.8 Abs.2 aufgelisteten Zwecken. Hierbei ist die Strafverfolgung nicht explizit erwähnt. Diese wird jedoch nach h.M. unter den Begriff „Verhinderung von strafbaren Handlungen" subsumiert, da Strafverfolgungsmaßnahmen unter dem Gesichtspunkt der Prävention auch diesem Zweck dienen[407]. Art.13 GG unterscheidet hingegen streng zwischen präventiven und repressiven Maßnahmen. Die Strafverfolgung fällt daneben auch unter die „Öffentliche Ruhe und Ordnung" i.S.v. Art.8 Abs.2 EMRK (sureté publique" bzw. „public safety")[408] und kann im speziellen Fall des Lauschangriffs aufgrund des VBOrgKG mit dem „wirtschaftlichen Wohl des Landes", der „Verteidigung der Ordnung" sowie dem „Schutz der Rechte und Freiheiten anderer" gerechtfertigt werden, da all diese Rechtsgüter durch die Organisierte Kriminalität zumindest gefährdet erscheinen. Der repressive Lauschangriff dient mithin einem legitimen Zweck i.S.v. Art.8 Abs.2 EMRK.

III) Notwendigkeit

Die Eingriffsmaßnahme muß als dritte Voraussetzung „in einer demokratischen Gesellschaft" für den angestrebten Zweck „notwendig" sein. Dies verlangt neben einem dringenden sozialen Bedürfnis insbesondere einen verhältnismäßigen Eingriff[409]. Die Notwendigkeit deckt sich folglich mit dem, aus dem deutschen Verfassungsrecht bekannten Grundsatz der Verhältnismäßigkeit (Geeignetheit, Erforderlichkeit und Angemessenheit), dem auch das VBOrgKG und seine Anwendung im Einzelfall unterliegen. Art.8 Abs.2 EMRK fordert hiermit, daß die Notwendigkeit des eingesetzten Mittels zum Schutze des betreffenden Rechtsgutes in überzeugender Weise nachgewiesen ist (Geeignetheit und Erforderlichkeit) und eine Abwägung zwischen dem Freiheitsrecht und dem Schutzgut stattgefunden hat, die zu einem angemessenen Verhältnis der betroffenen Interessen führt (Angemessenheit)[410].

---

407 *Gollwitzer*, L/R MRK, Art.8 Rn.18, 35; vgl. auch Beispiele bei *Frowein*, F/P EMRK, Art.8 Rn.30; Art13 GG unterscheidet hingegen streng zwischen präventiven und repressiven Maßnahmen.

408 *Gollwitzer*, L/R MRK, Art.8 Rn.18.

409 EGMR (*Berthold ./.* D.) EuGRZ 1985, S.170 (174 f.).

410 *Frowein*, F/P EMRK, Vorb.Art.8 Rn.14 ff.; zur Entwicklung und Bedeutung des Verhältnismäßigkeitsgebots in Europa, Rn.17.

Kapitel III

Rechtsprobleme der Beweiserhebung

Beweisverbote stellen eine Beschränkung des Grundsatzes der richterlichen Aufklärungspflicht aus §§ 152, 144 Abs.2 StPO dar[1]. Gemeinhin werden sie in Beweiserhebungsverbote und Beweisverwertungsverbote unterteilt[2]. Unter ersteren versteht man eine Beschränkung der staatlichen Eingriffsbefugnisse bei der Aufnahme von Beweisen, während Verwertungsverbote die Unzulässigkeit der Beachtung bereits gewonnener Beweismittel im Rahmen der Urteilsfindung betreffen[3]. In diesem Kapitel ist näher zu untersuchen, inwieweit Erhebungsverbote im Hinblick auf die Beweisgewinnung mittels des Lauschangriffs bestehen. Hierbei ist dogmatisch der Begriff „Beweiserhebungs*verbot*“ leicht irreführend. Da, wie gezeigt, die akustische Wohnraumüberwachung in Grundrechte eingreift, ist ein derartiges Handeln nach dem Grundsatz des Gesetzesvorbehaltes nicht erlaubt, sofern es nicht ausdrücklich gesetzlich gerechtfertigt ist. Somit ist die negative Frage nach den Erhebungsverboten positiv formuliert nichts anderes als jene nach der Rechtfertigung des Lauschangriffs. Im folgenden ist mithin zu untersuchen, unter welchen Voraussetzungen das Gesetz die akustische Wohnraumüberwachung gestattet, was sich im wesentlichen an den §§ 100c, d StPO orientiert, und welche Probleme hierbei auftreten. Systematisch ähneln diese Regelungen denen der Telekommunikationsüberwachung (§§ 100a, b StPO), auf deren Grundsätze deshalb teilweise als Interpretationshilfe zurückgegriffen werden kann. Allerdings gilt dies nicht in gleichem Maße wie bei der akustischen Überwachung außerhalb von Wohnungen[4], da § 100c Abs.1 Nr.3 StPO mit den §§ 100a und 100c Abs.1 Nr.2 StPO keinen identischen, sondern einen strengeren Straftatenkatalog aufweist, was einen intensiveren Grundrechtseingriff dokumentiert.

Die nachfolgende Prüfung gliedert sich in vier Teile. Beginnend ist zu untersuchen, unter welchen Bedingungen ein Lauschangriff überhaupt in Frage kommt („Ob“ der Maßnahme), weshalb im ersten Teil die materiellen Anordnungsvoraussetzungen und im zweiten Teil die formellen Bedingungen zu untersuchen sind. Hiernach folgen im dritten Teil die Voraussetzungen zu Ziel, Umfang und

---

1 *Hauf*, MDR 1993, S.195; *Kelnhofer*, S.47; *Kühne*, AK StPO, vor § 48 Rn.47; *Meyer-Goßner*, K/M-G StPO, Einl. Rn.50;. *Schäfer*, L/R StPO, Einl. Kap.14 Rn.1.

2 *Beulke*, StPO Rn.455; *Eisenberg*, Rn.335; *Roxin*, § 24, D II/III.

3 *Beulke*, StPO Rn.455; *Kelnhofer*, S.48.

4 Hierzu siehe *Beulke*, StPO Rn.265; *Hilger*, NStZ 1992, S.461 (462); *Meyer-Goßner*, K/M-G StPO, § 100c Rn.6.

Ausgestaltung des Lauschangriffs („Wie" der Maßnahme) und im vierten Teil Erwägungen zur Verhältnismäßigkeit.

Außer zur besseren Übersicht spielen diese Unterteilungen hinsichtlich der Beweiserhebung allerdings keine Rolle. Nur wenn sämtliche hierfür geforderten notwendigen Voraussetzungen erfüllt sind, erfolgt eine akustische Wohnraumüberwachung rechtmäßig. Ist daher z.B. bekannt, daß die Maßnahme ihrem Umfang nach über den gesetzlich erlaubten Rahmen hinausgehen wird, darf sie bereits nicht angeordnet werden. Erfüllt der Sachverhalt die Voraussetzungen im Laufe der Überwachungsmaßnahme plötzlich nicht mehr, muß diese abgebrochen werden, gleichgültig ob Merkmale des „Ob", des „Wie" oder der Verhältnismäßigkeit des Lauschangriffs betroffen sind (§ 100d Abs.3 S.3 i.V.m. § 100b Abs.4 StPO).

Teil 1: Die materiellen Voraussetzungen der Anordnung zum Lauschangriff

A) Die Katalogtat

I) Die besondere Schwere

Wie bereits erwähnt, schränkt Art.13 Abs.3 GG die akustische Wohnraumüberwachung auf einen vom Gesetzgeber zu erstellenden enumerativen Katalog besonders schwerer Straftaten ein. Unzweifelhaft stellt der Katalog des § 100c Abs.1 Nr.3 StPO bezüglich der Anforderungen, die an die zu ermittelnde Tat gestellt werden, eine der höchsten Stufen dar, welche die StPO kennt[5]. Ob der Gesetzgeber mit dem über 50 Tatbestände beinhaltenden, weit gefaßten Straftatenkatalog seiner grundgesetzlichen Verpflichtung nachgekommen ist, wird trotzdem teilweise in Frage gestellt[6]. Die Hauptschwierigkeit stellt hierbei die Auslegung der grundgesetzlichen Vorgabe einer „besonders schweren Straftat" (Art.13 Abs.3 GG) dar, welche sich widersprüchlich gestaltet.

---

5 Die StPO kennt als unterste Stufe Ermittlungsmaßnahmen, die diesbezüglich an keinerlei Voraussetzungen gebunden sind und deshalb für sämtliche Straftaten gelten (z.B. §§ 98c, 100c Abs.1 Nr.1a). Danach folgen „Straftaten von erheblicher Bedeutung" (§§ 100c Abs.1 Nr.1b; 163e Abs.1 S.2), „Straftaten von erheblicher Bedeutung" in Verbindung mit einem generalisierenden Katalog von Deliktsgruppen (§§ 110a Abs.1 S.1; 98a Abs.1 S.1), der Straftatenkatelog der §§ 100a Abs.1, 100c Abs.1 Nr.2 StPO, sowie als bisher höchste Abstufung der noch engere Katalog der Schleppnetzfahndung (§163d Abs.1 S.1), zu welchem nun der Katalog des § 100c Abs.1 Nr.3 tritt; näher siehe Übersicht bei *Bernsmann/ Jansen*, StV 1998, S.217 (220).

6 Vgl. *Meyer-Goßner*, K/M-G StPO, § 100c Rn.11; *Müller*, S.178; *Hermann Bachmeier* (MdB), Bundestag Plenarprotokolle 197. Sitzung vom 09.10.1997, S.17701.

Die Begründung zum GGÄndG (Art.13) sowie der Begriff der „besonders schweren" Tat selbst tragen zur Aufklärung nur wenig bei. So erwähnen die Motive lediglich, daß durch die Zulassung der akustischen Wohnraumüberwachung nur bei besonders schweren Straftaten der „Bedeutung der Unverletzlichkeit der Wohnung" Rechnung getragen werde[7]. Im Wortlaut des Art.13 GG verdeutlicht das Attribut „besonders" zwar den hervorhebenden Ausnahmecharakter. Was jedoch unter „schwer" zu verstehen ist, bleibt äußerst vage und unbestimmt.

1) Vergleich mit bisher bekannten Formulierungen

Ein Ansatz, um die besondere Schwere zu definieren, verweist auf die enge sprachliche Verwandtschaft zum „besonders schweren Fall"[8]. Ein solcher wird angenommen, wenn sich das Gewicht von Unrecht und Schuld so weit vom Durchschnitt abhebt, daß eine solche Kennzeichnung gerechtfertigt ist[9]. Da sich Unrecht und Schuld in erster Linie am Strafrahmen messen lassen, erweist sich der Vergleich allerdings als problematisch. Es sind nämlich Straftaten von erheblich unterschiedlicher Gewichtung in den Katalog des § 100c Abs.1 Nr.3 StPO aufgenommen worden. Unabhängig von diesem Kritikpunkt ist eine Anlehnung an den „besonders schweren Fall" aber in jedem Fall schon deshalb abzulehnen, weil es sich hierbei selber um eine unbestimmte und zudem noch einfachgesetzliche Formulierung handelt, deren Definition ebenfalls vage geblieben ist. Die Umschreibung „sehr weit vom Durchschnitt abheben" ist nicht bestimmter als „besonders schwer" und vermag deshalb nicht weiterzuhelfen.

Letzteres Argument greift ebenso, wenn man an den Ausdruck „Fälle schwerer Kriminalität" anknüpft (z.B. Straftaten gegen Leib und Leben, die existenzielle Grundlage der freiheitlich demokratischen Grundordnung oder sonstige Rechtsgüter vergleichbaren Ranges[10]), obgleich dieser aus der Rechtsprechung des BVerfG stammende Begriff umschreiben soll, wann bei der Beweisverwertung im Strafprozeß etwa auf heimliche, privat hergestellte Tonbandaufnahmen zurückgegriffen werden darf und somit einer, dem Lauschangriff rechtlich sehr verwandten, Problematik entspringt.

---

7 BT-DS 13/8650, S.5; *Dittrich*, NStZ 1998, S.336 (337).
8 Vgl. *Dittrich*, NStZ 1998, S.336 (337).
9 BGH St 28, 318 (319).
10 BVerfGE 34,238 (249f.).

Ebenso vage und deshalb wenig hilfreich sind Äußerungen der Art, daß der Lauschangriff nur bei Straftaten von „ganz erheblicher Bedeutung“[11] bzw. von „erheblichem Schweregrad“[12] in Frage kommen könne. Außerdem wird darauf hingewiesen, daß die „besonders schwere“ Katalogtat den mittleren Kriminalitätsbereich, wie er für „Straftaten von erheblicher Bedeutung“ nach §§ 98a, 110a StPO ausreicht[13], übersteigen müsse, da sowohl die Rasterfahndung als auch der Verdeckte Ermittler (VE) weniger stark in die Rechte des Betroffenen eingriffen als die akustische Wohnraumüberwachung, welche nur als „ultima ratio“[14] zulässig sei. „Besonders schwere“ Straftaten könnten also nicht als Straftaten von „erheblicher Bedeutung“ ausgelegt werden, sondern müßten gewichtiger sein[15]. Diese Wertung der Eingriffsintensität ist zwar nicht unumstritten[16]. Diese Uneinigkeit unterstreicht jedoch nur die fehlende Vergleichbarkeit der jeweiligen Anforderungen an die Katalogtat.

Abzulehnen ist auch eine Definition, die, statt an der Wortverwandtschaft anzuknüpfen, formal ein Verbrechen (§ 12 Abs.1 StGB) verlangt[17]. Zum einen hätte dies der Gesetzgeber leicht zum Ausdruck bringen können; entsprechende Vorschläge wurden sogar unterbreitet[18]. Zum anderen enthält der Katalog mit § 253 Abs.1 i.V.m. Abs.4 StGB eine Tat, welche, trotz einer Mindeststrafe von einem Jahr, gemäß § 12 Abs.3 StGB als Vergehen einzustufen ist. Es handelt sich lediglich um einen strafverschärften besonders schweren Fall der Erpressung, der aber wegen des hohen Mindeststrafmaßes über dem Bereich der mittleren Kriminalität anzusiedeln ist und deshalb als ein Fall einer besonders schweren Straftat eingestuft werden kann[19].

Als Zwischenergebnis läßt sich mithin lediglich festhalten, daß Anlehnungen an bisherige bekannte Formulierungen die besonders schwere Straftat nicht zu definieren vermögen. Um die Verfassungsmäßigkeit des Straftatenkataloges aus § 100c Abs.1 Nr.3 StPO zu bestimmen, ist deshalb die Struktur dieses Merkmals näher zu untersuchen.

---

11 *Froschauer*, Anhörung zu BT-DS 13/8650, 13/8651, S.3 unter Bezugnahme auf die mehrheitliche Meinung der deutschen Generalstaatsanwälte bei ihrer Tagung im Mai 1994 in Warnemünde.

12 *Brodag*, Kriminalistik 1999, S.745 (746) in Anlehnung an § 98a StPO.

13 *Meyer-Goßner*, K/M-G StPO, § 98a Rn.5.

14 BT-DS 13/8651, S. 6.

15 *Dittrich*, NStZ, 1998, S. 336 (337); *Nack*, StPO, § 100c Rn.44.

16 Vgl. *Nitz*, JA 1999, S.418 (421).

17 Krit. *Frister*, Anhörung zu BT-DS 13/8650, 13/8651, S.12.

18 So z.B. im Antrag von *Kerstin Müller* (MdB) für die Fraktion Bündnis 90/ Die Grünen im Vermittlungsausschuß am 02.03.1998, abgedruckt im Bericht des Arbeitskreises Innen, Recht und Petitionen 2/98 der BT-Fraktion Bündnis 90/ Die Grünen S.22.

19 Vorsichtig *Dittrich*, NStZ 1996, S.336 (337).

2) Beschränkung auf tatbestandsinterne Kriterien

Besonders umstritten, aber entscheidend für die Verfassungsgemäßheit des Kataloges aus § 100c Abs.1 Nr.3 StPO erweist sich hierbei die Frage, ob sich die besondere Schwere aus dem Tatbestand der Norm selber ergeben muß oder ob auch tatbestandsexterne Kriterien in die Einordnung einfließen können. Anders ausgedrückt geht es um die Frage, ob allein die Katalogtat ausreicht oder aber zusätzliche Merkmale im Wege einer verfassungskonformen Interpretation hinzutreten dürfen, damit die konkrete Straftat als besonders schwer i.S. von Art.13 GG gelten kann[20].

a) Das tatbestandliche Unrecht

Die erste Meinung vertreten *Herdegen* und *Dittrich*. Dabei beruft man sich auf den Gesetzgeber. Dieser sei, da sich der Ausdruck „besonders schwere Straftat" in der einfachgesetzlichen Fassung nicht wiederfinde, augenscheinlich davon ausgegangen, daß er dieses Merkmal mit dem Katalog des § 100c Abs.1 Nr.3 StPO erfülle. Deshalb soll es sich bei den dort enthaltenen Straftaten per se um besonders schwere handeln[21]. *Herdegen* will zudem die Bedeutung der „besonders schweren Straftat" nach dem Zweck der Ermächtigung, also der Strafverfolgung, bestimmen. Deshalb entscheide allein die Schwere des tatbestandlichen Unrechts[22]. Dies hieße wiederum, daß die besondere Schwere i.S.v. Art.13 GG allein im Tatbestand der Katalogtat begründet sein müsse[23]. Maßgeblich seien dabei der Rang des verletzten Rechtsgutes und „tatbestandlich vertypte" Begehungsmerkmale des jeweiligen Straftatbestandes. Dem gegenüber soll es nicht ausreichen, wenn sich das besondere Strafverfolgungsinteresse nicht schon aus dem verwirklichten Tatbestand selber ergebe, sondern erst aus (tatbestandexternen) Gründen, etwa der besonderen Verbreitung des Deliktes[24]. Ebensowenig soll es genügen, daß das Delikt im Rahmen der organisierten Kriminalität begangen wurde, ohne daß sich diese Begehungsform im Tatbestand niederschlage[25].

---

20 So *Nack*, KK StPO; § 100c Rn.44.

21 *Dittrich*, NStZ 1998, 336 (337).

22 *Herdegen*, Anhörung zu BT-DS 13/8650, 13/8651, S.1.

23 So *Dittrich*, NStZ 1998, S.336 (337).

24 Insoweit verhält es sich also anders als in § 110a Abs.1 StPO, wo die „erhebliche Bedeutung" neben das Erfordernis des Straftatenkatalogs tritt; vgl. *Dittrich*, NStZ 1998, S.336 (337).

25 *Herdegen*, Anhörung zu BT-DS 13/8650, 13/8651, S. 1; zustimmend *Müller*, S.176.

b) Kritik

Folgt man dieser Ansicht, so stößt man aber, wenn man sich die weite Bandbreite des Katalogs des § 100c Abs.1 Nr.3 StPO näher betrachtet - wie oben bereits angedeutet - auf Probleme. Mehrere der dort aufgelisteten Taten lassen sich allein nach ihrem tatbestandlichen Unrecht nur schwerlich als „besonders schwer" einstufen.

(I) Wesentlicher Maßstab für den Rang und den Unrechtsgehalt einer Tat ist deren Strafrahmen. Grundsätzlich müßte dieser somit zum Ausdruck bringen, daß die Katalogtat als „besonders schwer" zu qualifizieren ist[26].
Bei den in § 100c Abs.1 Nr.3d StPO aufgeführten Staatsschutzdelikten der §§ 85, 87, 88, 98 und 99 StGB ist dies jedoch nicht der Fall[27]. Sie sind ohne erhöhte Mindeststrafe ausgestattet und haben eine Höchststrafe von maximal fünf Jahren, die lediglich in besonders schweren Fällen maximal zehn Jahre beträgt. Gleiches gilt für § 134a Abs.3 StGB (Vorbereitung zur Verschleppung) und § 34 Abs.1 AWG, sowie die ausdrücklich nach § 100c Abs.1 Nr.3b StPO erfaßten minderschweren Fälle der §§ 52a, 53 WaffG 19, 22a KWKG, welche als Höchststrafe sogar lediglich drei Jahre ausweisen. Sähe man diese Taten bereits als besonders schwer an - eine Formulierung, die kaum mehr eine Steigerung zuläßt - so stellt sich die Frage, wie eine Abstufung zu Mord, Totschlag oder Geiselnahme, die es im Unrechtsgehalt unzweifelhaft gibt, überhaupt noch ausgedrückt werden könnte.
Im Hinblick auf den Strafrahmen darf auch § 334 StGB (Bestechung) - der bislang selbst im Katalog der Telefonüberwachung nicht auftaucht - nicht als besonders schwere Straftat gewertet werden[28], da er mit einer nur gering erhöhten Mindeststrafe von drei Monaten und einer Höchststrafe von fünf Jahren doch eher der mittleren Kriminalität zuzuordnen ist[29]. Gleiches gilt für §§ 261 Nr.1-4 StGB, 80a StGB, 22 KWKG.

---

26 So hat der Gesetzgeber die §§ 84, 97 Abs.1, 129 Abs.1 StGB, die im Kataog des ursprünglichen Gesetzentwurfes enthalten waren, auf Vorschlag des Rechtsausschusses gestrichen. Hiermit sollte dem Umstand Rechnung getragen werden, „daß im Hinblick auf die grundgesetzlichen Vorgaben in Art.13 Abs.3 GG nur durch Gesetz einzeln bestimmte Straftaten in den Vortatenkatalog aufgenommen werden können. Daher sollten möglichst keine Straftat in den Katalog aufgenommen werden, bei denen das Gesetz neben der Verhängung der Freiheitsstrafe auch wahlweise die Verhängung von Geldstrafe vorsieht."(BT-DS 13/9661, S.6). Diesem Anspruch ist der Gesetzgeber mit der Aufnahme der §§ 85, 87, 88, 99, 134a Abs.3 StGB sowie einigen Tatbeständen aus dem Nebenstrafrecht in den Katalog des § 100c Abs.1 Nr.3 StPO selber nicht gerecht geworden.

27 So auch *Dittrich*, NStZ 1998, S.336 (337).

28 § 334 StGB wurde erst nachträglich aufgrund der Initiative des Rechtsausschusses in den Katalog des § 100c Abs.1 Nr.3 StPO aufgenommen (BT-DS 13/ 9644, S.7). Zu den Problemen der fehlenden Auflistung in § 100a StPO siehe unten C IX.

29 Vgl. *Dittrich*, NStZ 1998, S.336 (337); krit. auch *Ruthig*, JuS 1998, S.505 (513).

Auch die §§ 332, 95, 96 Abs.2, 129 StGB, 53 WaffG erfüllen nach ihrem Strafrahmen mit 6 Monaten bis 5 Jahre nicht das Kriterium der besonders schweren Straftat. Als zumindest problematisch sind §§ 244 Abs.1 Nr.2, 260 StGB einzustufen (Bandendiebstahl und Bandenhehlerei), welche zwar einen Strafrahmen von bis zu 10 Jahren erreichen[30], aber lediglich 6 Monate Mindeststrafe verlangen. Ebenso verhält es sich mit §§ 92a Abs.2, 92b des AuslG und § 84 Abs.3 AsylVerfG, die mit einem abstrakten Strafrahmen von sechs Monaten bis zu zehn Jahren nicht per se als von Art.13 Abs.3 GG gedeckt gesehen werden[31].

(II) Beschränkt man sich dennoch weiterhin auf das tatbestandliche Unrecht, bleibt für die eben genannten Straftaten wegen ihrer zu geringen Strafrahmen kaum noch Raum, als „besonders schwer" eingestuft zu werden. Lediglich wenn das geschützte Rechtsgut oder tatbestandsvertypte Begehungsmerkmale ausnahmsweise, ohne daß sich dies im Strafmaß niederschlägt, auf ein besonderes Strafverfolgungsinteresse hinweisen, ließe sich eine Einordnung als besonders schwere Straftat noch rechtfertigen.

(1) Dies ist dann der Fall, wenn Tatbestandsmerkmale auf eine Begehungsform im Rahmen der Organisierten Kriminalität hinweisen. Die besondere Schwere der Straftat liegt in der vermuteten großen Gefahr für das Gemeinwesen begründet, die von der Organisierten Kriminalität ausgehen soll. Deren Drohpotential ist ausdrücklicher Grund und Rechtfertigung des Eingriffs in den Schutzbereich des Art.13 GG mittels des Lauschangriffs[32]. Zwar belegen keine konkreten, wissenschaftlich hinreichend fundierten Angaben die genauen Ausmaße und Folgen der Organisierten Kriminalität[33]. Während einige sie in den schlimmsten Zügen schildern[34], haben andere ihre Existenz lange Zeit geleugnet; heute läßt sie sich zumindest nicht mehr ernsthaft bestreiten[35]. Aber allein die Anhäufung für sich jeweils weniger gravierender Straftaten weist - verknüpft durch ihre (wenn auch im genauen Ausmaß nicht bekannte) organisierte

30 *Dittrich*, NStZ 1998, S.336 (337) ordnet sie deshalb als besonders schwere Straftat ein.

31 *Kempf* (Deutscher Anwaltsverein), Stellungnahme zu BT-DS 13/8650, 13/8651, S.4. Nicht zu folgen ist hingegen seiner Kritik, welche die Geld- oder Wertpapierfälschung (§§ 146, 151, 152 StGB) die nach § 100c Abs.1 Nr.3a StPO als „besonders schwere Straftaten" eingestuft werden, nicht als solche betrachtet. Sie weisen immerhin eine Mindeststrafe von einem Jahr auf (für Mitglieder einer Bande sogar zwei Jahre) und enthalten keine Höchststrafe.

32 BT-DS 13/8650, S.4; 13/8651, S.1.

33 Vgl. *Eisenberg*, Krim, § 57 Rn.77; *Müller*, S.83, 88; Materielle Schadensschätzungen für die Volkswirtschaft der Bundesrepublik belaufen sich auf bis zu 160 Milliarden DM jährlich (*Rohe*, S.9). Diese Zahl dürfte aber wohl zu hoch gegriffen sein.

34 So z.B. *Zachert*, DRiZ 1992, S.355.

35 *Hetzer*, KrimPol 1998, S.546 (547); *Lammer*, S.16; Rohe, S.3; *Ostendorf*, JZ 1991, S.62 (64); *Schmitz*, S.104; krit. *Hassemer*, DRiZ 1992, S.357.

Struktur - für jeden erkennbar ein deutlich erhöhtes Maß an staatlichem Interesse an ihrer Strafverfolgung auf. Viele kleine Rechtsgutverletzungen können in ihrer Summe einer schwerwiegenden nahe kommen. Die besondere Bedrohung läßt sich zudem außer in den direkten Straftaten noch vielmehr in der Rückführung der illegal erzielten Gewinne in den Wirtschaftskreislauf vermuten[36]. Diese Verquickung beeinflußt den freien konkurrierenden Wettbewerb und könnte andere Wirtschaftsteilnehmer zur Aufgabe ihrer Tätigkeit oder ebenfalls zum Einstieg in die Kriminalität zwingen. Zudem versucht die Organisierte Kriminalität gezielt, die staatliche Verwaltung und legale Wirtschaft zu unterwandern und zu korrumpieren, den Umfang der demokratischen Kontrolle in der Wirtschaft zu vermindern und das staatliche Gewaltmonopol mittels Drohungen und Gewalt zu unterhöhlen. So könnte diese Kriminalitätsform schleichend immer mehr Einfluß in der Gesellschaft gewinnen. Längerfristig ist eine schwerwiegende Gefahr für das gesamte Rechtssystem und die freiheitlich demokratische Grundordnung nicht mit Sicherheit auszuschließen[37]. Auch wenn hierfür keine verläßlichen Zahlen, sondern lediglich Vermutungen bestehen, die durchaus kritisch zu bewerten sind[38], so berechtigt dies doch den Gesetzgeber in seiner Einschätzungsprärogative den Zusammenhang einer Tat zur Organisierten Kriminalität als „besonders schwer" zu klassifizieren.

Entsprechende Tatbestandsmerkmale, die verstärkt auf eine Begehung im Rahmen der Organisierten Kriminalität hinweisen, enthalten die Straftaten nach § 244 Abs.1 Nr.2 („als Mitglied einer Bande zur fortgesetzten Begehung von Straftaten"), § 260 („gewerbsmäßig oder als Mitglied einer Bande zur fortgesetzten Begehung von Straftaten") und § 129 Abs.4 StGB („Rädelsführer oder Hintermänner"). Daß insbesondere das Handeln als Bandenmitglied auf die Organisierte Kriminalität hindeutet, zeigen die Formulierungen in §§ 98a Abs.1 Nr.6, 110a Abs.1 Nr.4 StPO, die von der Begehungsform als Bandenmitglied „oder in anderer Weise organisiert" sprechen[39]. Aber auch ein gewerbsmäßiger Hehler dürfte regelmäßig innerhalb organisierter Strukturen arbeiten oder zumindest solche in Anspruch nehmen.

(2) Ein weiterer Fall „besonders schwerer Straftaten" sind die Staatsschutzdelikte, obgleich sie im Hinblick auf Ziel und Zweck der Einführung des

---

36 Vgl. *Eisenberg*, Krim, § 57, Rn.80.

37 *Rohe*, S.9 ff. m.w.N.

38 *Eisenberg*, Krim, § 57 Rn.73.

39 Zu den Unterschieden zwischen Organisierter Kriminalität und Banden siehe *Eisenberg*, Krim, § 57 Rn.29. Letztere können demnach weniger geplant und kontinuierlich agieren und sind als Täterkreis überschaubarer. Dennoch ist die Organisierte Kriminalität, welche bislang in keinem materiellen Straftatbestand ausdrücklich genannt ist, im wesentlichen über das weitergehende Merkmal „Bande" materiell greifbar.

Lauschangriffs (Bekämpfung der Organisierten Kriminalität) einen Fremdkörper darstellen[40]. Ihr Schutzgut ist besonders bedeutend, und deshalb ist ein Verstoß gegen sie in seinen Auswirkungen u.U. besonders schwerwiegend.

(3) Bezüglich der restlichen oben genannten Katalogtaten finden sich allerdings keine tatbestandsvertypten Merkmale, die ausnahmsweise trotz des geringen Strafrahmens eine Einordnung als „besonders schwere Straftaten" i.S.v. Art.13 GG rechtfertigen könnten. Verlangt man aber gleichzeitig, daß nur tatbestandsimmanente Merkmale zählen, so bleibt nur die Auflistung dieser betroffenen Tatbestände als grundgesetzwidrig anzusehen. Der Widerspruch ist insoweit eindeutig[41]. Er läßt sich auch nicht mit dem Argument bei Seite schieben, daß der § 100c Abs.1 Nr.3 StPO parallel zu Art.13 Abs.3 GG entstanden ist. So ist zu beachten, daß die gesetzgeberischen Mehrheiten zum VBOrgKG und GGÄndG (Art.13) divergierten. Zudem zeigt sich der geäußerte Gesetzgeberwille auch an anderer Stelle widersprüchlich. So wollte er z.B. ausdrücklich keine Katalogtaten aufnehmen, die Geldstrafen zulassen[42], was jedoch insbesondere bei den Taten aus dem Nebenstrafrecht wenig Beachtung fand.

(4) Zur Rettung der Verfassungsmäßigkeit des gesamten Straftatenkataloges wird deshalb in der Literatur z.T. verlangt, die Straftat müsse als Ergebnis einer verfassungskonformen Auslegung zusätzlich im konkreten Fall „besonders schwer" sein[43]. Im Hinblick auf den Verhältnismäßigkeitsgrundsatz, der auch im Einzelfall gewahrt werden muß, ist dies auch geboten. So stellt das BVerfG bezüglich des Vorliegens „schwerer Kriminalität" im Rahmen der Abwägung für die Beweisverwertung nicht allein auf den abstrakt umschriebenen Deliktsvorwurf ab, sondern auf das im Einzelfall in Betracht kommende Tatunrecht[44]. Jedoch genügt die besondere Schwere im Einzelfall nicht dem Verfassungsgebot eines Kataloges „besonders schwerer" Straftaten. Ein Katalog ist gerade nicht einzelfallbezogen. Art.13 Abs.3 GG setzt mit dem Katalogerfordernis eine besondere verfassungsrechtliche Eingriffsschranke, die mit dem Verhältnismäßigkeitsgebot zwar erweitert, nicht jedoch verengt werden kann.

---

40 Vgl. *Asbrock*, Anhörung zu BT-DS 13/8650, 13/8651, S.3; *Dittrich*, NStZ 1998, S.336 (338); *Weber*, Anhörung zu BT-DS 13/8650, 13/8651, S.4.

41 So konsequent *Dittrich*, NStZ 1999, S.336 (338) in Bezug auf §§ 85, 87, 88, 98, 99 StGB; krit. *Vahle*, Kriminalistik 1998, S.378 (381).

42 BT-DS 13/9661, S.6.

43 *Denninger*, StV 1998, S.401 (403); *Nack*, KK StPO, § 100c Rn.44; ähnlich *Brodag*, Kriminalistik 1999, S.745 (746); a.A. *Meyer-Goßner* K/M-G, StPO, § 100c Rn.11.

44 BVerfGE 34,238 (250).

3) Einbeziehung tatbestandsexterner Merkmale

Jedoch ist die Interpretation, die allein auf das im Tatbestand verwirklichte Unrecht abstellt, nicht zwingend, da der Begriff „besonders schwere Straftaten" aus der Verfassung stammt, welche die besondere Schwere durchaus auch auf außerhalb des Tatbestandes gründenden Erwägungen stützen kann. Ihre Interpretation gestaltet sich grundsätzlich unabhängig von unterhalb der Verfassung stehenden Normen. Daneben hat sich bereits bei der Aufstellung des Straftatenkatalogs der Telefonüberwachung der Gesetzgeber nicht allein von der Schwere der Tat, sondern auch von der kriminalpolitischen Notwendigkeit leiten lassen[45]. Ebenso definiert der Gesetzesentwurf des Landes Baden-Württemberg zum Lauschangriff „schwerwiegende Straftaten" als solche, „die unabhängig vom jeweils geltenden gesetzlichen Strafrahmen und damit ohne Rücksicht darauf, ob hiernach eine schwere Straftat vorliegt, wegen ihrer spezifischen Gemeinschädlichkeit in dem erwähnten Sinne besonders hervorragen"[46]. Entscheidend sei demnach nicht das konkret verletzte, durch den Straftatbestand geschützte Rechtsgut, sondern die Gefährdung für das Gemeinwesen, die aus einem kriminellen Hintergrund, etwa der Organisierten Kriminalität, folgen. Deren Bedrohung für die Wirtschafts-, Eigentums- und Rechtsordnung geht gerade über die unmittelbare Beeinträchtigung durch die Planung oder Begehung von Straftaten hinaus[47].

Kritiker mögen dem vielleicht entgegenhalten, daß die Berücksichtigung außerhalb des Tatbestandes liegender Kriterien, wie das kriminalpolitische Interesse, die Versuchung in sich berge, den Katalog leichtfertig zu erweitern. Tatsächlich scheint der Gesetzgeber dieser Versuchung hinsichtlich § 100a StPO erlegen zu sein. So zeigt dessen historische Betrachtung eine beachtliche Häufung nahezu zwanzig rasch aufeinanderfolgender Änderungen, die allesamt Ausweitungen betrafen[48], obgleich sich § 100a StPO nach den Gesetzesmotiven nur auf als „besonders schwerwiegend und bedrohlich" bewertete Delikte beschränkt[49].
Von diesen negativen Erfahrungen der Mißachtung der Gesetzesbegründung, die lediglich historisch interpretativ schützt, auf verfassungsrechtlich verankerte Tatbestandsvoraussetzungen Rückschlüsse zu ziehen, erscheint jedoch verfehlt. Zudem ist eine Katalogerweiterung bei Fixierung auf tatbestandsimmanente

---

45 Vgl. BT-DS 5/1880, S.12, *Welp*, S.64 f.

46 BR-DS 694/95 S.7.

47 *Rohe*, S.86.

48 *Krause*, *Hanack*-FS, S.221 (236); *Leutheusser-Schnarrenberger*, ZRP 1998, S.87 (90); eingehend *Staechelin*, KJ 1995, S.466 (468 ff.); *ders.* ZRP 1996, S.430 (433), der allein von 1968 bis 1995 auf 15 direkte und weitere indirekte Erweiterungen (z.B. durch Änderungen innerhalb des §§ 129a oder 138 StGB) hinweist.

49 BT-DS 5/1880, S.12.

Merkmale durch eine Strafrahmenanpassung ebenso möglich. So wurde der Strafrahmen der Geldwäsche (§ 261 StGB) ausdrücklich für die Aufnahme in den Katalog des § 100c Abs.1 Nr.3 StPO erhöht und eine Geldstrafe ausgeschlossen[50]. Diese Vorgehensweise hat den Sinn und Zweck des Art.13 Abs.3 GG verkehrt, indem nicht dieser entschieden hat, welche Straftat in den Katalog aufzunehmen ist, sondern das Ziel, den Lauschangriff anzuwenden, zur Erhöhung des Strafrahmens führte[51]. Wollte man deshalb wirksamer einer Mißbrauchsgefahr vorbeugen, müßte man dem einfachen Gesetzgeber auch diese Möglichkeit entziehen, ihn mithin an eine 2/3 Mehrheit binden oder den Straftatenkatalog unmittelbar im Grundgesetz verankern[52]. Eine derartige Regelung, aus welcher tiefes Mißtrauen gegen den Gesetzgeber spricht, entbehrt jedoch der notwendigen Flexibilität, die wegen der engen Verknüpfung zum StGB geboten ist[53].
Zudem spricht für eine Einbeziehung tatbestandsexterner Kriterien, daß die vom Verfassungsgeber geforderte und vom Gesetzgeber zu verwirklichende Verhältnismäßigkeit zwischen dem Aufklärungsinteresse und dem Grundrechtseingriff neben dem tatbestandlichen Unrecht auch von anderen Kriterien abhängt, etwa der Zweckmäßigkeit des Aufklärungsmittels, der Häufigkeit bestimmter Straftaten sowie der Auswirkungen der Tat. All dies sind außerhalb des Tatbestandes liegende Kriterien[54]. Der Gesetzgeber hat diesbezüglich selber immer von der Bedrohung durch die Organisierte Kriminalität gesprochen. Diese begeht aber häufig Straftaten, die erst durch ihre Verknüpfung mit anderen eine gesellschaftliche Gefahr begründen. Das bedeutet, daß sich die Organisierte Kriminalität durch eine verstärkte Aufklärung einzeln ausgewählter Delikte, die aus sich heraus besonders schwere Straftaten darstellen müssen, nicht effektiv bekämpfen läßt. Das Erfordernis besonders schwerer Straftaten ist somit seiner Funktion nach eine besondere Ausgestaltung des Verhältnismäßigkeitsgrundsatzes und bei Straftaten dann gegeben, wenn ein hohes Maß an staatlichem Interesse an der Strafverfolgung begründet ist.

Somit läßt sich als Zwischenergebnis festhalten, daß „besonders schwere Straftaten“ nicht allein durch den Tatbestand, sondern auch durch andere Kriterien bestimmt werden können.

---

50 BT-DS 13/9644; 13/9661, S.6.
51 *Dittrich*, NStZ 1998, S.336 (338).
52 So *Pfeiffer*, in *Böttger/Pfeiffer*, ZRP 1994, S.7 (17); siehe auch 2.OrgKG E der SPD (BT-DS 12/6784).
53 Vgl. *Müller*, S.156 f.
54 *Binder*, S.44.

4) Die Definition nach BT-DS 13/8651

So definiert der Gesetzgeber im Gesetzgebungsverfahren zu § 100c Abs.1 Nr.3 StPO „besonders schwere Straftaten" als solche, die *„für die Organisierte Kriminalität typisch [...] oder nach Art ihrer Ausführung oder ihrer Auswirkung besonders schwerwiegend"* sind[55].
Er nimmt also eine Zweiteilung vor, indem neben tatbestandsinternen Merkmalen, alternativ auch externe die besondere Schwere begründen können.

Diese Definition umfaßt die nach ihrem tatbestandlichen Unrecht unproblematischen Fälle, da der hohe Strafrahmen darauf hindeutet, daß es sich um nach der Art der Ausführung oder in ihren Auswirkungen schwerwiegende Delikte handelt. Sie benötigen aufgrund des eigenen hohen tatbestandlichen Unwertgehalts nicht das für andere Delikte zur Rechtfertigung eines Lauschangriffs notwendige Drohpotential der Organisierten Kriminalität[56]. Sie begründen aus sich heraus ein hohes Interesse an der Strafverfolgung. Gleiches gilt für Straftaten, die tatbestandlich vertypt auf die besondere Schwere (Organisierte Kriminalität, Staatsschutz) hinweisen. Insoweit deckt sich die Ansicht des Gesetzgebers mit denen *Herdegens* und *Dittrichs.*

Daneben sind die übrigen Katalogtaten nach Ansicht des Gesetzgebers als besonders schwere anzusehen, weil sie für die Organisierte Kriminalität *„typisch"* sind.
Problematisch ist dabei, daß der Gesetzgeber - wohl auch wegen der Unschärfe des Phänomens der Organisierten Kriminalität[57] - eine Vielzahl von Straftatbeständen in § 100c Abs.1 Nr.3 StPO aufgenommen hat. Selbst wenn diese sich als typisch für die Organisierte Kriminalität erweisen, so werden sie in weitem Umfang auch ohne jeglichen Bezug zu diesem Komplex begangen[58]. Die Typizität verlangt aber nur, daß aus Sicht der Organisierten Kriminalität diese Straftaten häufig begangen werden. Der Schluß von der Organisierten Kriminalität auf bestimmte Straftaten mag zwar empirisch mit einer gewissen Wahrscheinlichkeit zutreffen, jedoch läßt sich der Umkehrschluß von diesen Straftaten auf die Organisierte Kriminalität nicht bzw. nur zu einem kleinen Prozentsatz ziehen. Anders ausgedrückt impliziert die Organisierte Kriminalität Straftaten des § 100c Abs.1 Nr.3 StPO-Kataloges, ist mit ihnen jedoch nicht äquivalent. Dies wird aber übersehen, wenn die Ermittlungsbehörden - nach der Struktur des Gesetzes - den strafprozessualen Grundrechtseingriff vom Ver-

---

55 BT-DS 13/8651, S.12 (hervorgehoben durch den Autor).
56 *Rohe,* S.194 f.
57 *Frister*, Anhörung zu BT-DS 13/8650, 13/8651, S.1.
58 *Krause*, *Hanack*-FS, S.221 (239); *Momsen*, ZRP 1998, S.549 (460).

dacht der Begehung einer Straftat her begründen sollen, also gerade aus dem Umkehrschluß heraus. Deshalb ist eine Einbeziehung allein, weil die Tat aus dem Blickwinkel der Organisierten Kriminalität für diese typisch ist, verfassungsmäßig noch nicht tragbar. Ein solcher Eingriff ohne vermeintliche Beziehung der Straftat zur Organisierten Kriminalität ist nicht zu rechtfertigen.

5) Die Organisierte Kriminalität als Tatbestandsmerkmal

Deshalb erscheint eine andere ebenfalls differenzierende Auslegung von besonders schweren Straftaten sinnvoller. Demnach ist der Ausdruck der besonders schweren Straftat so zu verstehen, daß manche Straftatbestände dies tatbestandsimmanent von alleine erfüllen. Entweder geschieht dies, weil sie ein hohes Strafmaß besitzen (so z.B. Mord, Totschlag) oder weil sie selber Tatbestandsmerkmale enthalten, die auf die Begehungsweise der Organisierten Kriminalität hinweisen, wie „gemeinschaftlich", „als Banden", etc. (so §§ 244 Abs.1 Nr.2, 260, 129 Abs.4 StGB). Die sonstigen in § 100c Abs.1 Nr.3 StPO aufgelisteten Tatbestände sind jedoch nur dann besonders schwer und somit konform mit Art.13 Abs.3 GG, wenn das Merkmal „Organisierte Kriminalität" als ungeschriebenes Tatbestandsmerkmal hinzukommt[59].

Da das Abhören und Aufzeichnen in oder aus Wohnungen wegen der Schwere des Eingriffs mit der Gefahr der Organisierten Kriminalität gerechtfertigt wird, ist auch eine Verbindung mit deren konkreter Definition vonnöten[60]. Ansonsten müßte man aufgrund der Verhältnismäßigkeit, wenn man den Tatbestand isoliert betrachtet, den Katalog des § 100c Abs.1 Nr.3 StPO in weiten Teilen als nicht akzeptabel ansehen. Dies hieße, den Lauschangriff für die betroffenen Tatbestände abzulehnen, obgleich in der Gesamtschau der Deliktsfelder der Organisierte Kriminalität gerade auch die Verfolgung solcher Taten den Lauschangriff als Mittel zur Bekämpfung der Organisierten Kriminalität erst sinnvoll macht[61].

---

59 Ähnlich im Ergebnis *Momsen*, ZRP 1998, S.459 (462), der dies jedoch dogmatisch nicht mit einem Widerspruch zum Merkmal „besonders schwer", sondern zu der Verhältnismäßigkeit begründet. Zur Wahrung bzw. Herstellung der Verhältnismäßigkeit sei eine Klausel aufzunehmen, welche klarstelle, daß „die [in § 100c Abs.1 Nr.3 StPO] genannten Delikte nur dann als Katalogtaten in Betracht kommen, wenn sie in der konkreten Begehungsform Ausdrucksform der Organisierten Kriminalität sind."; vgl. auch *Krause*, *Hanack*-FS, S.221 (240), der nicht zwischen den einzelnen Katalogtaten differenziert; a.A. *Brodag*, Kriminalistik 1999, S.745.

60 *Rohe* S.194.

61 Dieses Problem erkennt *Herdegen*, Anhörung zu BT-DS 13/8650, 13/8651, S.2 selber, indem er sagt, daß gute Gründe dafür sprächen, den Lauschangriff nur dann zuzulassen, wenn die Eingriffsermächtigung des neuen Art.13 Abs.3 GG auch die Verfolgung gesetzlich bestimmter Formen der Organisierten Kriminalität unabhängig von der Schwere des Tatbestandes decken würde.

Dagegen könnte man zwar anführen, daß der Gesetzgeber wissentlich kein Merkmal für die Begehungsform der Organisierten Kriminalität in den Straftatenkatalog aufgenommen habe, obwohl diese zu bekämpfen hauptsächliches Ziel des § 100c Abs.1 Nr.3 StPO sei[62]. Jedoch vermag dies nicht zu überzeugen. Bei der Einführung der akustischen Überwachung außerhalb von Wohnungen durch das OrgKG, welche dem selben Zweck dient, hat der Gesetzgeber das Fehlen eines solchen Merkmals noch ausdrücklich in der Gesetzesbegründung mit der Vielfältigkeit der sich immer neu ausprägenden Erscheinungsformen der Organisierten Kriminalität gerechtfertigt, wodurch eine solche Regelung nicht sachgerecht sei[63]. In der Begründung zum VBOrgKG hingegen spricht er gerade von solchen typischen Delikten. Zudem überzeugt das Argument bezüglich des OrgKG auch deshalb nicht, da dieses an anderer Stelle solche kriminalitätsspezifischen Merkmale eingeführt hat. Zum Beispiel ist eine Rasterfahndung oder der Einsatz eines VE zulässig, wenn eine Straftat von erheblicher Bedeutung „gewerbs- oder gewohnheitsmäßig" oder „von einem Bandenmitglied oder in anderer Weise organisiert" begangen worden ist (§ 98a Abs.1 Nr.5 und 6 bzw. § 110a Abs.1 Nr.3 und 4 StPO)[64]. Wenig problematisch ist auch die schwierige Nachweisbarkeit der Organisierten Kriminalität im konkreten Einzelfall, da im Rahmen des § 100c Abs.1 Nr.3 StPO - im Gegensatz zu Tatbestandsmerkmalen einer Strafnorm des StGB - bereits die konkrete Verdachtslage ausreicht.

Obwohl deshalb, nach hier vertretener Lösung, der Lauschangriff einige Delikte für die Begehungsform der Organisierten Kriminalität verlangt, soll nicht verschwiegen werden, daß der Begriff „Organisierte Kriminalität" bisher noch keine einhellige Definition erfahren hat[65]. Vielmehr wird häufig vom „Phänomen"[66] der Organisierten Kriminalität gesprochen[67]. Eine eindeutige Zuordnung ist jedoch nur durch Subsumtion unter eine solche Definition möglich[68]. Diese müßte die spezifische, dem Handlungsunrecht erwachsende Bedeutung sowie die gesellschaftliche Wirkung der Organisierten Kriminalität berücksichtigen, da nur so eine Einbeziehung der Straftaten minderer Relevanz

62 Vgl. *Leutheusser-Schnarrenberger*, ZRP 1998, S.87 (90).

63 BT-DS 11/7663, S.40; vgl. *Püttner*, 17. StV-Tagung, S.241 (246 ff.).

64 Vgl. *Binder*, S.43.

65 *Eisenberg*, Krim, § 57 Rn.67, 77; *Raum/Palm*, JZ 1994, S.447, sprechen insoweit von einem „schillernden Begriff". Dies verwundert, wenn man bedenkt, daß sich die Fachliteratur - wie auch hier übernommen - die Großschreibung des Adjektivs und die Abkürzung mit „OK" durchgesetzt hat; krit. zu Begriff und Schreibweise *Schmitz*, S.96 ff.

66 *Rohe*, S.3; vgl. *Müller*, S.83, 88.

67 Aus diesem Grund knüpft *Krause*, *Hanack*-FS, S.221 (339 f.), statt an die Organisierte Kriminalität als zusätzliche Tatbestandsvoraussetzung an die „bandenmäßige Begehung bzw. Gewerblichkeit" an. Dies verlangt er jedoch undifferenziert für sämtliche Katalogtaten des § 100c Abs.1 Nr.3 StPO.

68 *Rohe*, S.171; *Eisenberg*, § 57 Rn.77.

möglich ist. Gleichzeitig müßte sie noch den absehbaren gesellschaftlichen Veränderungen gerecht werden[69].

Schwierig ist hierbei, daß noch nicht einmal die Dimension der Organisierten Kriminalität in Deutschland bekannt ist und über Ausmaß und Funktion weiterhin Uneinigkeit herrscht[70], was zu einem großen Teil auch darauf beruht, daß Tätigkeiten im Rahmen der Organisierten Kriminalität oftmals nicht als deren Ausfluß erkennbar sind. Die Organisierte Kriminalität verschleiert ihre Spuren bewußt und agiert abgeschottet[71]. Besteht trotzdem ein Verdacht einer strafbaren Handlung, treten die Hauptpersonen nicht auf[72] bzw. die Tatverdächtigen bleiben oftmals anonym und sind nicht zu personifizieren[73]. Einzelne bekannte Täter besitzen keinen Einblick ins Gesamtgefüge. Auch sind häufig keine unmittelbaren Opfer greifbar. Die Schäden entstehen abstrakt in Wirtschaft und Gesellschaft. Viele Opfer schweigen aus Angst vor Rache oder den wirtschaftlichen Folgen, die auftreten können, wenn die Öffentlichkeit erfährt, daß z.B. ein großes Industrieunternehmen ins Visier der Organisierten Kriminalität geraten ist. Zudem begeht die Organisierte Kriminalität eine Vielzahl von Straftaten aus verschiedensten Kriminalitätsbereichen, so daß sich deren Verbindung zu einem Gesamtgefüge als schwierig gestaltet. Neben diesen Schwierigkeiten trägt zusätzlich gerade das Fehlen einer anerkannten Definition dazu bei, verläßliche Zahlen mittels empirisch forensischer Untersuchungen über das Ausmaß der Organisierten Kriminalität zu erhalten[74], was zu einer Spiralwirkung führt. Ohne Kenntnis der Dimension gestaltet es sich aber schwierig, die Struktur der Organisierten Kriminalität offen zu legen und sie begrifflich zu fassen. Dennoch besteht mittlerweile weitgehend Einigkeit hinsichtlich wesentlicher Komponenten bezüglich Aufbau, Zielrichtung und Funktion der Organisierten Kriminalität. So kennzeichnet sie sich z.B. durch arbeitsteiliges Zusammenwirken, eine gewisse Dauer und die Erwirtschaftung von Gewinnen (Gewinn- und Machtstreben) mittels geschickter Kombination krimineller und legaler Arbeitsweisen[75].

Im einzelnen verbleibt es Aufgabe von Literatur und Rechtsprechung, eine wissenschaftlich einheitliche Definition zu entwickeln. Dies hier zu tun, würde den Rahmen der vorliegenden Arbeit verlassen. Es ist darauf hinzuweisen, daß m.E. bereits zufriedenstellende Definitionen auf diesem Feld intensivster Forschung des letzten Jahrzehnts bestehen. Neben sporadischen Äußerungen in der Recht-

69 *Rohe*, S.171.

70 *Hassemer*, DRiZ 1992, S.357; *Müller*, S.83; *Rohe*, S.4 m.w.N.

71 Vgl. *Eisenberg*, Krim, § 57 Rn.69.

72 BGH St 32 115 (120).

73 *Wolter*, GA 1988, S.49 (51).

74 *Eisenberg*, Krim, §57 Rn.77; *Rohe*, S.4.

75 Vgl. *Eisenberg*, Krim, § 57 Rn.29,74; *Müller*, S.82; *Rohe*, S.10 ff.; *Schmitz*, S.112 f.

sprechung[76], die zumeist die typischen Kriminalitätsfelder betreffen, sind zahlreiche Definitionsansätze aus der Praxis und der kriminologischen Forschung hervorgegangen[77]. Weit verbreitet ist z.B. die 1990 vorgelegte Begriffsbestimmung der Gemeinsamen Arbeitsgruppe Justiz/Polizei[78], die zwar nicht gesetzlich verankert ist, aber an die sich insbesondere die Definition in der Begründung zum OrgKG anlehnt[79]. Aufgrund kritischer Stimmen in der Literatur[80] ist m.E. ein neuerer, hierauf aufbauender, differenzierterer Ansatz, den *Rohe* vertritt, vorzuziehen:

„Organisierte Kriminalität ist die vornehmlich von Gewinn- oder Machtstreben motivierte systematische Planung und Begehung von Straftaten, die einzeln, in ihrer Gesamtheit oder ihrer gesellschaftlichen Auswirkung von erheblicher Bedeutung sind, sofern mehr als zwei Beteiligte über einen längeren Zeitraum oder auf unbestimmte Dauer organisiert oder arbeitsteilig

a) unter Verwendung gewerblicher, geschäftsähnlicher oder hierarchischer Strukturen,
b) unter Anwendunng von Gewalt oder anderer zur Einschüchterung geeigneter Mittel,
c) unter Verwendung eines organisationsinternen Disziplinierungs- bzw. Sanktionierungssystems,

76 BVerfGE 57, 250 (284 f.); BVerfG NStZ 1991, S.445 f.; BGH St 32, 115 (120); 33, 83 (90 f.).

77 Eine ausführliche Übersicht hierzu bieten *Müller*, S.79 ff.; *Schmitz*, S.95 ff.

78 Zitiert in *Rohe*, S.6; *Schmitz*, S.101:
„Organisierte Kriminalität ist die von Gewinn- oder Machtstreben bestimmte planmäßige Begehung von Straftaten, die einzeln oder in ihrer Gesamtheit von erheblicher Bedeutung sind, wenn mehr als zwei Beteiligte auf längere oder unbestimmte Dauer arbeitsteilig
a) unter Verwendung gewerblicher oder geschäftlicher Strukturen,
b) unter Anwendung von Gewalt und anderer zur Einschüchterung geeigneter Mittel
c) unter Einflußnahme auf Politik, Medien, öffentliche Verwaltung, Justiz oder Wirtschaft
zusammenwirken".

79 BT-DS 12/989 S.24:
„Organisierte Kriminalität ist die von Gewinnstreben bestimmte planmäßige Begehung von Straftaten durch mehrere Beteiligte, die auf längere und unbestimmte Dauer arbeitsteilig
unter Verwendung gewerblicher oder geschäftlicher Strukturen,
unter Anwendung von Gewalt oder anderer zur Einschüchterung geeigneter Mittel
oder
unter dem Bemühen, auf Politik, Medien, öffentliche Verwaltung, Justiz oder Wirtschaft Einfluß zu nehmen
zusammenwirken."

80 So z.B., *Krause Hanack*-FS, S.221 (239); zur Kritik siehe auch *Rohe*, S.7.

d) unter Einflußnahme auf Politik, Medien, öffentliche Verwaltung, Justiz oder Wirtschaft, oder

e) unter Aktivitäten innerhalb der legalen Wirtschaft, die auf dem Einsatz illegal erlangter Vorteile oder sonstigen Manipulationen basieren oder dadurch unterstützt werden,

zusammenwirken"[81].

6) Ergebnis:

Der Katalog des § 100c Abs.1 Nr.3 StPO ist verfassungskonform dahingehend einengend auszulegen, daß bei Verdacht einer Straftat nach §§ 80a, 134a, 234a Abs.3, 261 Nr.1-4, 332, 334 StGB, 34 Abs.1 AWG, 52a, 53 WaffG, 19 Ab.3, 20 Abs.2, 22a Abs.3 KWKG eine akustische Wohnraumüberwachung nur zulässig ist, wenn aufgrund bestimmter Tatsachen der Verdacht besteht, daß die Tat im Rahmen der Organisierten Kriminalität begangen wurde. Die sonstigen in § 100c Abs.1 Nr.3 StPO aufgelisteten Straftaten erfüllen aus sich heraus das Merkmal einer besonders schweren Straftat. Sie bedürfen keiner Ergänzung.

7) Sonderfall § 30b BtMG

Problematisch ist auch, in welchem Umfang der Verweis in § 100c Abs.1 Nr.3c StPO auf § 30b BtMG einen Lauschangriff zu rechtfertigen vermag. Im Grunde handelt es sich bei § 30b BtMG um keinen eigenständigen Straftatbestand. Er beinhaltet, daß § 129 StGB (Bildung krimineller Vereinigungen) auch dann Geltung erlangt, wenn eine Vereinigung, deren Tätigkeit auf den unbefugten Vertrieb von Betäubungsmitteln i.S. des § 6 Nr. 5 StGB (Auslandstaten) gerichtet ist, nicht oder nicht nur im Inland besteht. Somit erweitert § 30b BtMG, da der Vertrieb von Betäubungsmitteln ohnehin strafbar ist, lediglich in bestimmten Fällen den Anwendungsbereich des § 129 StGB über die durch § 3 StGB („Territorialitätsprinzip") gezogene Grenze der Inlandstaten.
Nun wurde § 129 StGB, der nach dem ersten Entwurf zum VBOrgKG noch im Straftatenkatalog enthalten sein sollte[82], auf Vorschlag des Rechtsausschusses des Bundestages auf seinen Absatz 4 (Rädelsführer, Hintermänner oder sonstige schwere Fälle) reduziert[83]. Da aber § 30b BtMG unverändert geblieben ist, stellt sich die Frage, ob § 129 StGB i.V.m. § 30 BtMG von dieser Änderung ausgeschlossen bleibt. Dies könnte man u.U. trotz des geringen Strafrahmens mit der

---

81 *Rohe*, S.210.
82 BT-DS 13/8651, S.5.
83 BT-DS 13/9661, S.6.

besonderen Nähe grenzüberschreitender Betäubungsmitteltaten zur Organisierten Kriminalität annehmen. Allerdings hat gerade das Strafmaß den Gesetzgeber veranlaßt, den Verweis § 129 StGB in § 100c Abs.1 Nr.3 StPO auf den 4. Absatz zu beschränken. Es sollten „möglichst keine Straftaten in den Katalog aufgenommen werden, bei denen das Gesetz neben der Verhängung von Freiheitsstrafe auch wahlweise die Verhängung von Geldstrafe vorsieht“[84]. Dieses Argument gilt für § 129 StGB i.V.m. § 30b BtMG in gleicher Weise. Deshalb stellt der pauschale Verweis auf § 30b BtMG, der sich selber undifferenziert auf § 129 StGB bezieht, eine redaktionelle Nachlässigkeit dar. Ein Lauschangriff ist wegen des Verdachts einer kriminellen Vereinigung auch bei einem erweiterten Anwendungsbereich wegen des Vertriebs von Betäubungsmitteln im Ausland (§30 BtMG i.V.m. § 6 Nr.5 StGB) nur in den Fällen des § 129 Abs.4 StGB zulässig.

8) Sonderfall „kleiner“ Lauschangriff

Während der Entwurf zum OrgKG noch eine eigenständige Regelung für den „kleinen“ Lauschangriff vorsah, die dann aber wegen verfassungsrechtlichen Bedenken keinen Eingang in die endgültige Gesetzesfassung fand[85], enthält der durch das VBOrgKG eingeführte Lauschangriff keine derartige Differenzierung. Da aber auch das Aufnehmen des nichtöffentlich gesprochenen Wortes in Wohnungen im Beisein eines verdeckt ermittelnden Beamten Art.13 GG berührt[86], bedarf es zur Aufzeichnung einer Rechtsgrundlage, die sich allein in § 100c Abs.1 Nr.3 StPO findet. Deren Voraussetzungen müssen kumulativ zu denen des Einsatzes eines nicht offen ermittelnden Beamten in der Wohnung vorliegen[87].
Erfolgt ein „kleiner“ Lauschangriff unter Einsatz eines Verdeckten Ermittlers (VE), so ist deshalb darauf zu achten, daß dies nur zur Aufklärung von Taten aus der Schnittmenge der sich nicht deckenden Kataloge der §§110a Abs.1 StPO und 100c Abs.1 Nr.3 StPO zulässig ist[88]. Etwas anderes ist auch aus § 110e 2.HS StPO nicht zu entnehmen, da dieser allein eine Verwertungsregelung enthält, die keine Schlüsse auf die Beweiserhebung zuläßt.

84 BT-DS 13/9661, S.6.
85 siehe oben Kap.I Teil 3.
86 Siehe oben Kap.II Teil I B II.
87 Ausführlich unten Teil 3 B III 3 b bb.
88 Unklar *Zaczyk*, StV 1993, S.490 (497) bezüglich § 100c Abs.1 Nr.2 StPO.

II) Versuch

Fraglich ist, ob der Verdacht bezüglich der vollendeten Katalogtat bestehen muß, oder ob schon die versuchte Tat, sofern diese unter Strafe steht, den Voraussetzungen des § 100c Abs.1 Nr.3 StPO genügt[89]. Das Grundgesetz setzt diesbezüglich keine Schranken, da auch eine lediglich versuchte Straftat als besonders schwer eingestuft werden kann, wenn sich dies z.B. schon aus dem Strafmaß ergibt.

Trotzdem läßt der Wortlaut des § 100c Abs.1 Nr.3 StPO zuerst an den Ausschluß des Versuchs einer Katalogtat denken[90]. Dieser beschränkt sich - im Gegensatz zum Straftatenkatalog der Telefonüberwachung (§ 100a Abs.1 StPO), welcher den strafbaren Versuch ausdrücklich mitumfaßt - auf die vollendete Tat („begangen hat"). Zwar besteht insoweit eine Übereinstimmung mit der Formulierung in § 100c Abs.1 Nr.2 StPO. Hinsichtlich des dort geregelten Abhörens und Aufzeichnes des nichtöffentlich gesprochenen Wortes außerhalb der Wohnung nimmt die h.M. in Anlehnung an die Telefonüberwachung an, daß - trotz entgegenstehenden Wortlauts - die Maßnahme auch in Fällen des Versuchs zulässig sei[91]. Allerdings verweist § 100c Abs.1 Nr.2 StPO ausdrücklich auf den Katalog des 100a StPO. Dies zeigt, daß die akustische Überwachung außerhalb der Wohnung und die Telekommunikationsüberwachung ihrer Art und Intensität nach vergleichbar sind[92]. Die Regelung zum Lauschangriff bezieht sich hingegen gerade nicht auf den Katalog des § 100a, sondern ist gemäß § 100c Abs.1 Nr.3 StPO an einen eigenen, engeren Katalog gebunden. Eine Parallele in der Argumentation zur Einbeziehung des Versuchs einer Katalogtat zwischen Maßnahmen nach Nr. 2 und Nr.3 des § 100c Abs.1 StPO ist deshalb nicht möglich.
Gegen eine Einbeziehung des Versuchs könnte zudem sprechen, daß § 261 Abs.3 StGB (versuchte Geldwäsche) in den Katalog des § 100c Abs.1 Nr.3 StPO aufgenommen wurde. Dies erscheint nur dann notwendig, wenn ansonsten die versuchte Tat nicht ausreicht, einen Lauschangriff anzuordnen. Allerdings ist in § 100a StPO gerade dieser Absatz 3 des § 261 StGB ausgelassen. Somit könnte die explizite Erwähnung des § 261 Abs.3 StGB in § 100c Abs.1 Nr.3 StPO auch gerade gegenteilig auszulegen sein, daß nämlich betont werden solle, den Versuch anders als in § 100a StPO auch bezüglich der Geldwäsche

89 Bejahend z.B. *Brodag*, Kriminalistik 1999, S.745 (746); *Krause*, *Hanack*-FS, S.221 (237); *Nack*, KK StPO, § 100c Rn.45.

90 So *Weber*, Anhörung zu BT-DS 13/8650, 13/8651, S.3.

91 *Binder* S.42; *Meyer-Goßner*, K/M-G StPO, § 100a Rn.8; *Nack*, KK StPO, § 100c Rn.21; *Schoreit*, MDR 1992, S.1013 (1015).

92 *Hilger*, NStZ 1992, S.457 (462) Fn.99, der aufgrund der Vergleichbarkeit die Grundsätze der Auslegung des § 100a StPO generell auf § 100c Abs.1 Nr. 2 StPO überträgt; vgl. auch *Meyer-Goßner*, K/MG StPO, § 100c Rn.5; *Rieß*, L/R StPO, § 163 Rn.46.

nicht auszuschließen. Da es sich zudem um einen Tatbestand handelt, der erst im Laufe des Gesetzgebungsverfahrens eingefügt wurde[93], erscheint auch eine in der Hektik erfolgte redaktionelle Unachtsamkeit nicht ausgeschlossen. Im Ergebnis stellt die Erwähnung des § 261 Abs.3 StGB deshalb weder ein Argument für noch gegen die generelle Einbeziehung des Versuchs dar.

Diese ergibt sich letztlich aber aus dem Sinn und Zweck der Regelung des § 100c Abs.1 Nr.3 StPO. Grundsätzlich besteht zwar ein Unterschied zwischen Versuch und Vollendung einer Straftat, da der Erfolgsunwert entfällt. Die Berücksichtigungswürdigkeit dieser Tatsache zeigt § 23 StGB, wonach nur der Versuch eines Verbrechens oder gesetzlich ausdrücklich bestimmter Vergehen strafbar ist. Hierbei ist im Vergleich zur vollendeten Tat eine mildere Strafe nach § 49 Abs.2 StGB möglich. Allerdings hat dieser Unterschied bezüglich des Kataloges einer Ermittlungshandlung keine Auswirkungen, da die Milderung eine „Kann-Bestimmung" ist, mithin im Ermessen des Gerichts liegt, welches in der Hauptsache entscheidet. Deshalb obliegt es den Ermittlungsbehörden genauso wenig wie der den Lauschangriff anordnenden Staatsschutzkammer, eine mögliche Unwertminderung der Versuchstat zu bewerten.

Als ausschlaggebendes Argument kommt hinzu, daß oftmals bei Erlaß der Maßnahme nicht zu unterscheiden ist, ob eine Tat im Versuchsstadium oder in deren Vollendung vorliegt. Dem können auch nicht die ebenfalls bestehenden Probleme bei der Abgrenzung von Versuch und strafloser Vorbereitungstat entgegengehalten werden[94]. Eine diesbezügliche Fehlbewertung durch die Ermittlungsbehörden und die den Lauschangriff anordnende Staatsschutzkammer führt faktisch oftmals zu einem präventiven Lauschangriff hinsichtlich der in den Katalogtaten des § 100c Abs.1 Nr.3 StPO repressiv geschützten Rechtsgüter. Zu deren präventivem Schutz ist eine Wohnraumüberwachung bei hinreichend konkreter Gefahr, wie sie in den einschlägigen Abgrenzungsfällen regelmäßig vorliegen dürfte, aber erst recht angemessenes Mittel. Die fehlende Zuständigkeit der Staatsschutzkammer stellt deshalb in derartigen Fällen einen relativ geringen Mangel dar. Die Möglichkeit daß ein solcher auftreten könnte, darf nicht dazu führen, generell auf den Lauschangriff bei unvollendeten Straftaten zu verzichten.

Im Ergebnis kann deshalb ein Lauschangriff auch auf den Verdacht einer versuchten strafbaren Katalogtat gestützt werden.

---

93 BT-DS 13/9644, S.7.

94 So aber *Müller*, S.180.

III) Lockspitzel - Fälle

Fraglich ist, ob von der Einbeziehung des Versuchs auch die zumeist im Versuchsstadium endenden sog. Lockspitzel-Fälle erfaßt werden. Hierbei erforscht der (i.d.R. „kleine") Lauschangriff keine bereits zum Zeitpunkt der Anordnung begangene Straftat, sondern überwacht die auf eine gezielte Provokation durch einen sog. „agent provocateur"[95] folgende Begehung der Straftat selber. Die Sachverhaltserforschung geschieht zeitlich parallel zur strafbaren Handlung. Aus der Formulierung des § 100c Abs.1 Nr.3 StPO („begangen hat") ist eher an ein Verbot des Lauschangriffs in entsprechenden Fällen zu denken. Aus dem Einschluß der Fälle des Versuchs folgt noch nicht, daß die Straftat nicht zeitlich abgeschlossen sein muß.

Dennoch gestattet § 100c Abs.1 Nr.3 StPO auch die akustische Wohnraumüberwachung während der provozierten Tatbegehung. Derartige Fälle werden, sofern der „agent provocateur" ein VE ist, schließlich auch von § 110a StPO gedeckt, obwohl dieser ebenfalls nur von bereits geschehenen Straftaten spricht („begangen worden sind"). Die Vergangenheitsform deutet vielmehr auf den notwendigen repressiven Charakter der Ermittlungsmaßnahme hin. Der Einsatz von Lockspitzeln wird nach gefestigter Rechtsprechung nicht nach Polizeirecht gerechtfertigt, sondern an den Regelungen der StPO gemessen[96]. Bei der gezielten Provokation einer polizeilich kontrollierten Straftat handelt es sich nämlich um eine Maßnahme, die nicht mehr der Gefahrenabwehr dient, sondern die darauf abzielt, potentielle Straftäter bei Begehung einer Straftat zu ergreifen und der Strafverfolgung zuzuführen[97]. Die Gefahr, der das Strafgesetz entgegenwirken soll, wird in einer kontrollierten Straftat durch eine bestimmte Person konkretisiert. Deshalb ist der Einsatz eines Lockspitzels als Maßnahme der Strafverfolgung zu werten und gerade dann an der StPO zu mes-

---

95 Dieser kann ein VE, ein sonstiger nicht öffentlich ermittelnder Beamter (z.B. Scheinaufkäufer) oder ein V-Mann sein, vgl. *Beulke/Rogat*, JR 1996, S.517.
Ob und unter welchen Voraussetzungen der Staat überhaupt mit strafrechtlichen Konsequenzen zur Tat provozieren darf, ist äußerst umstritten. Diskutiert wird insbesondere ein Verstoß gegen das fair-trial-Prinzip (venire contra factum proprium). In der Rechtsprechung ist der Lockspitzel jedoch grundsätzlich anerkannt (BVerfG NJW 1995, S.651; BGH St 32, 245 (350 ff); zur Rspr. des EGMR siehe Nachweise bei F/P EMRK Art.6 Rn.112 Fn.470, 472), wenngleich über das Maß der zulässigen Provokation sowie über die Rechtsfolgen unzulässigen staatlichen Handelns Unklarheit herrscht. Die Gerichte sprechen sich teils für ein Verfahrenshindernis, teils für einen Strafmilderungsgrund aus (BVerfG NJW 1987, S.1874; 1995, S.651; EGMR (*de Castro ./. P.*) StV 1999, S.127 ff.; BGH St 32,345 (350 ff.); 33, 283 f.; BGH NJW 1981, S.1626, StV 1999, S.631; BayObLG StV 1999, S.631 f. ausführliche Nachweise zum Streitstand siehe *Beulke*, StPO Rn.288, 424, der in Extremfällen für einen gesetzlich nicht geregelten Schuldausschließungsgrund plädiert.).

96 Vgl. z.B. BGH St 32, 346 ff.; BGH StV 1994, S.169; BGH JR 1996, S.515 (516) m.w.N.

97 BGH JR 1996, S.515 (516); *Fischer/Maul*, NStZ 1992, S.7,8 m.w.N.

sen, wenn deren Regelungen enger sind als die des Polizeirechts[98]. Der Lauschangriff ist mithin bei provozierter Begehung einer Katalogtat zulässig.

IV) Teilnahme

Im Ergebnis gerechtfertigt ist die akustische Wohnraumüberwachung - trotz fehlender ausdrücklicher Regelung - auch bei Verdacht auf bloße Teilnahme (Anstiftung oder Beihilfe) an einer Katalogtat, obgleich in § 100c Abs.1 und 2 StPO mehrmals der Begriff „Täter“ auftaucht. Dieser ist in der StPO ohnehin fehl am Platz. Zwar kann wiederum aus den oben genannten Gründen nicht einfach auf die Einbeziehung der Teilnahme an einer Katalogtat bei der Telefonüberwachung[99] verwiesen werden, wie dies bei § 100c Abs.1 Nr.2 StPO möglich ist. Zudem ist bei der Beihilfe eine Milderung der Strafe obligatorisch (§ 27 Abs.2 S.2 StGB). Jedoch darf die anordnende Strafkammer in Bezug auf das Strafmaß der Hauptverhandlung nicht vorgreifen. Daneben gestaltet sich die Unterscheidung zwischen der Teilnahme und Täterschaft oftmals äußerst schwierig und klärt sich erst in Folge der Ermittlungen. Aus diesem Grund ist dieser Differenzierung im Ermittlungsverfahren keine zu große Bedeutung beizumessen. Deshalb ist „jemand“ i.S.v. § 100c Abs.1 Nr.3 StPO neben dem mutmaßlichen Täter auch der Teilnehmer[100].

V) Vorbereitungstaten

Äußerst problematisch gestaltet sich die Frage, ob das Abhören und Aufzeichnen des in der Wohnung nicht öffentlich gesprochenen Wortes auch zur Verfolgung einer strafbaren Vorbereitungshandlung einer Katalogtat erfolgen kann[101]. Bezüglich den §§ 100c Abs.1 Nr. 2 und 100a StPO wird dies grundsätzlich angenommen[102]. Der Wortlaut der Telefonüberwachung erlaubt solche Maßnahmen ausdrücklich, wenn jemand eine Katalogtat „durch eine Straftat vorbereitet hat“[103]. Diese Formulierung soll nach h.M. sowohl die nach § 30 StGB strafbare Vorbereitungshandlung (z.B. Verabredung zum Mord) umfassen[104], als auch die

98 BGH JR 1996, S.515 (516); *Hilger*, NStZ 1992, S.523.

99 Vgl. BGH St 33, 347 (349).

100 I.E. ebenso *Brodag*, Kriminalistik 1999, S.745 (746); *Nack*, KK StPO, § 100c Rn.45.

101 Ablehnend wohl *Nack*, KK StPO, §100c Rn.45, wobei offen bleibt, was unter „(einfachen) Vorbereitungstaten“ zu verstehen ist.

102 *Binder*, S.47 f.; *Meyer-Goßner*, K/M-G StPO, § 100a Rn.5, § 100c Rn.8.

103 Hierzu BGH St 32, 10 (15 f.).

104 Vgl. BGH NStZ 1984, S.372; *Laufhütte*, KK StPO (2.Aufl.), § 100a Rn.6; *Lemke*, HK StPO, § 100a Rn.9; *Schnarr*, NStZ 1990, S.259.

Fälle, in welchen irgendeine Straftat zur Vorbereitung eines anderen Delikts, welches eine Katalogtat darstellt, begangen wird (z.B. Diebstahl einer Schußwaffe zur Begehung eines schweren Raubes).

1) Selbständige Straftaten zur Vorbereitung einer Katalogtat

Eine derartige interpretative Erweiterung des Straftatenkataloges des Lauschangriffs ist indes für die zweite Fallgruppe nicht machbar. Es finden sich schon keinerlei Anhaltspunkte im Wortlaut und auch die Notwendigkeit der Einbeziehung von Vorbereitungstaten besteht - anders als bei Täterschaft und Teilnahme bzw. Versuch und Vollendung - nicht. Hat der Täter vermutlich noch nicht einmal zur Verwirklichung des Katalogtatbestandes unmittelbar angesetzt, so besteht bezüglich dieser Tat auch kein ausreichendes Strafverfolgungsinteresse des Staates. Dieser verzichtet gerade auf die Bestrafung. Die Tatsache, daß er eine andere, geringwiegendere Straftat bereits begangen hat, kann das hohe Strafverfolgungsinteresse, wie es die akustische Wohnraumüberwachung fordert und im Straftatenkatalog seinen Ausdruck findet, nicht ersetzen.
Bereits bezüglich der Telefonüberwachung und des Abhörens und Aufzeichnens außerhalb von Wohnungen ist die weite Interpretation der h.M. auf Widerspruch gestoßen[105]. Zwar kann man dem Gesetzgeber nicht vorhalten, daß er - wenn er die strafbare Vorbereitungshandlung hätte mitumfaßt sehen wollten, um die Katalogtat zu verhindern - die Überwachung schon im Stadium der Planung hätte ansetzen können[106]. Hierzu fehlt dem Bundesgesetzgeber schon die Regelungskompetenz, da dies eine präventive Maßnahme wäre[107]. Gerade deshalb kann aber nicht auf die strafbare Vorbereitungshandlung abgestellt werden. Denn auch wenn bereits eine strafbare Handlung erfolgt ist, so besitzt die Ermittlungsmaßnahme bezüglich der vorzubereitenden, noch nicht strafbaren (da erst noch bevorstehenden), im Katalog enthaltenen Handlung präventiven Charakter[108]. Nur die Bedeutung der Katalogtat, nicht aber die Vorbereitungshandlung per se, rechtfertigt mit ihrem Aufklärungsinteresse die heimliche repressive Ermittlungsmaßnahme. Ansonsten würde auch die konkrete strafbare Vorbereitungshandlung als einzelne Tat ebenfalls, unabhängig von der Katalogtat, die selbe Ermittlungsmaßnahme rechtfertigen[109].

---

105 *Lehmann*, Archiv PF 1979, S.1 (10); *Meurer*, S.537 (545); *Welp* S.55 Fn.41.
106 So *Welp*, S.55 Fn.40.
107 *Binder*, S.48.
108 Vgl. *Maiwald*, AK StPO, § 100a Rn.6.
109 Hiermit ist allerdings noch nichts darüber ausgesagt, ob nicht ein präventiver Lauschangriff aus polizeirechtlichen Erwägungen erfolgen kann, was i.d.R. der Fall sein dürfte, da zum Schutz des konkret gefährdeten Rechtsguts stärkere Eingriffe vorgenommen werden dürfen als zur nach der Rechtsgutverletzung einsetzenden Strafverfolgung.

Außerdem ermöglicht die weite Interpretation der Katalogtat, faktisch die Ermittlungsmaßnahme zur Aufklärung jeder beliebigen Straftat einzusetzen. Sie unterläuft somit den Versuch der Beschränkung auf Straftaten des Katalogs und setzt den Bürger einer erheblichen Mißbrauchsgefahr aus. Eine weite Interpretation des Kataloges des Lauschangriffs würde der besonderen Bedeutung des Art.13 GG nicht mehr gerecht.
Dieses Ergebnis ist auch im Hinblick auf die mittels der Katalogtat zu schützenden Rechtsgüter nicht unbillig, da hierdurch die Möglichkeit eines präventiven Lauschangriffs nicht ausgeschlossen wird.

2) Strafbarer Versuch der Beteiligung (§ 30 StGB)

Anders verhält es sich hingegen in den Fällen des § 30 StGB, soweit sich die versuchte Beteiligung auf eine Katalogtat bezieht. Hier ist die Vorbereitungshandlung in ihrem Strafmaß von der konkreten Katalogtat als deren vertatbestandlichtes Vorstadium abhängig, auch wenn die Strafe nach den Regelungen des Versuchs erfolgt und eine obligatorische Minderung nach § 49 Abs.1 StGB erfährt[110].

Im Ergebnis werden vom Katalog deshalb nur solche Vorbereitungshandlungen erfaßt, die entweder selber eine Katalogtat darstellen[111] oder gemäß § 30 StGB i.V.m. einer Katalogtat strafbar sind[112].
Unstrittig ist hingegen, daß der Verdacht der Strafvereitelung oder Begünstigung bezüglich einer Katalogtat die strafprozessuale Eingriffsbefugnis nicht zu begründen vermag[113].

VI) Zusammenfassung

Die besondere Schwere einer Straftat i.S.v. Art.13 Abs.3 GG kann auch auf tatbestandsexternen Belangen gründen. Die Aufnahme der §§ 80a, 134a 234a, 261 Nr.1-4, 332, 334 StGB, 34 Abs.1 AWG, 52a, 53 WaffG in den Katalog des

110 I.E. ebenso *Brodag*, Kriminalistik 1999, S.745 (746).
111 Hierunter Fallen auch die Katalogtaten, in welchen die Vorbereitung tatbestandlich vertypt ist, z.B. die Vorbereitung eines Angriffskrieges (§ 80 StGB).
112 Bezüglich § 30 StGB in Fällen der Telefonüberwachung ebenso BGH St 32, 10 (15); *Rudolphi*, SK StPO, § 100a Rn.10; a.A. *Maiwald*, AK StPO § 100a Rn.6; *Prittwitz*, StV 1984, S.302.
Zu unterscheiden hiervon ist die Fragestellung, inwieweit anläßlich einer Katalogtat ermittelte Beweise bezüglich einer strafbaren Vorbereitungstat als Zufallsfunde verwertet werden dürfen. Diese sog. „Zusammenhangstaten" werden an späterer Stelle behandelt (Kap. IV Teil 3 B.).
113 BGH St 33, 347 (351); *Meyer-Goßner*, K/M-G StPO, § 100a Rn.5.

§ 100c Abs.1 Nr.3 StPO widerspricht deshalb nicht dem Grundgesetz, ist aber verfassungskonform dahingehend auszulegen, daß zusätzlich der Verdacht der Begehung im Rahmen der Organisierten Kriminalität besteht. § 30b BtMG kann nur in Verbindung mit dem 4. Absatz des § 129 StGB einen Lauschangriff rechtfertigen. § 100c Abs.1 Nr.3 StPO umfaßt trotz fehlender Anhaltspunkte im Wortlaut den Versuch und die Teilnahme an einer Katalogtat, sowie den strafbaren Versuch der Beteiligung an einer Katalogtat nach § 30 StGB, nicht hingegen Nicht-Katalogtaten, die selbständig einen Straftatbestand erfüllen, auch wenn sie eine Katalogtat vorbereiten.

B) Verdachtsgrad

Gemäß § 100c Abs.1 Nr.3 StPO und des insoweit wortgleichen Art.13 Abs.3 GG ist eine akustische Wohnraumüberwachung zulässig, wenn „bestimmte Tatsachen den Verdacht" der Begehung einer besonders schweren Straftat begründen. Fraglich ist das genau geforderte Maß dieser Verdachtsumschreibung.
Die Begründung zur Änderung des Art.13 GG liefert keine Lösung[114]. Hierin heißt es lediglich, „daß zur Verfolgung einer solchen Katalogtat die akustische Überwachung zulässig sein soll, wenn ein entsprechender Verdacht durch bestimmte Tatsachen begründet wird". Im Hinblick auf den Verdacht kritisiert zwar der Deutsche Anwaltverein, daß in der Entwurfbegründung nicht näher erörtert werde, was mit der Umschreibung „entsprechend" gemeint sei[115]. Hierbei dürfte es sich jedoch lediglich um eine Inbezugnahme auf die Katalogtat handeln. Eine Aussage über „bestimmte Tatsachen" erfolgt hingegen nicht.

Da sich das Erfordernis des auf „bestimmten Tatsachen" beruhenden Verdachts in der gleichzeitig zu Art.13 Abs.3 GG geschaffenen einfachgesetzlichen Regelung des § 100c Abs.1 Nr.3 StPO wiederfindet und diese Formulierung in der StPO verbreitet ist (z.B. §§ 100a, 100c Abs.1 Nr.2, 111, 138a Abs.2, 163d), liegt es nahe, ihr die selbe Bedeutung in der Verfassung wie in der StPO zuzumessen, zumal die Entwurfsbegründung des VBOrgKG ausdrücklich auf die entsprechende Verdachtslage bei § 100a, 100c Abs.1 Nr.2 StPO verweist[116]. Die Bestimmung von Art und Intensität dieses Verdachts gestaltet sich dort jedoch

---

114 BT-DS 13/8650, S.7.
115 *Kempf*, (Deutscher Anwaltverein) Stellungnahme zu BT-DS 13/8650, 13/8651, S.1 f.
116 BT-DS 13/8651, S.33; so auch *Röding*, Anhörung zu BT-DS 13/8650, S.10.

ebenfalls schwierig, und dieser erfährt trotz des gleichen Wortlautes keine einheitliche Interpretation[117].

Der BGH spricht teilweise von einem „mehr als nur unerheblichen“ Verdacht[118]. Er ersetzt hiermit aber nur einen wegen der Dehnbarkeit der Erheblichkeit unbestimmten Begriff durch einen anderen[119].

Eine Möglichkeit ist, „bestimmte Tatsachen“ gerade auf die bandenmäßige Begehung bzw. die Gewerblichkeit zu beziehen, wie sie für die Organisierte Kriminalität typisch ist. Schließlich bleibt das Kriterium der organisierten Begehung, auf das nach Ansicht des Gesetzgebers die Rechtfertigung für einen Eingriff in Art.13 GG mittels des Lauschangriffs im wesentlichen gründet, im Gesetzeswortlaut des § 100c Abs.1 Nr.3 StPO unerwähnt[120]. Dem ist jedoch nicht zu folgen, weil man hiermit jede StPO-einheitliche Interpretation von „bestimmten Tatsachen“ bereits im Ansatz verneint. Andere Eingriffsbefugnisse, die ebenfalls eine auf bestimmten Tatsachen beruhende Verdachtslage verlangen, dienen wenigstens z.T. anderen Zwecken. So beabsichtigte man mit der Telefonüberwachung insbesondere den Terrorismus besser bekämpfen zu können.

Sicherlich umschreiben „bestimmte Tatsachen“ im Rahmen des Art.13 Abs.3 GG nicht den Grad des dringenden Verdachts i.S.v. §112 Abs.1 S.2, wie dies zum Teil für § 163d StPO[121] und selbst für § 100c Abs.1 Nr.2 StPO angenommen wird[122]. Dies folgt schon aus der Entstehungsgeschichte zum GGÄndG (Art.13) und VBOrgKG aufgrund der mehrmaligen Ablehnung, den Ausdruck „dringend“ in den Gesetzestext aufzunehmen[123] und des erfolglosen Antrags des Bundesrates an den Vermittlungsausschuß, eine Anhebung der Eingriffsschwelle vorzunehmen[124].
Zwar wird diesbezüglich kritisiert, es sei wegen des Grundsatzes der Verhältnismäßigkeit sehr bedenklich, bei einem geringeren als dem dringenden Tatverdachtsgrad eine Wohnraumüberwachung unter Umständen sogar dann zu ge-

---

117 So soll z.B. in § 163d ein dringender Tatverdacht gemeint sein, dagegen in § 100a weder ein hinreichender noch dringender. Näher zu den verschiedenen Auslegungen vgl. *Bernsmann/ Jansen*, StV 1998, S.219, Fn.38 m.w.N.

118 BGH St 41,30 (33).

119 *Störmer*, StV 1995, S.653 (658).

120 Vgl. *Krause*, *Hanack*-FS, S.221 (240).

121 *Meyer-Goßner*, K/M-G StPO, § 163d Rn.9 und § 112 Rn.22.

122 *Meyer-Goßner*, K/M-G StPO, § 100c Rn.8 und § 112 Rn.22.

123 Antrag des Bundeslandes Rheinland-Pfalz, Protokoll 733. Sitzung des Bundesratsrechtsausschusses vom 21.01.1998, S.32; ebenso der Antrag der Bundestagsfraktion Bündnis 90/ DIE GRÜNEN im Vermittlungsausschuß vom 02.03.1998.

124 721. Sitzung vom 06.02.1998, BT-DS 13/9841.

statten, wenn eine überwiegende Wahrscheinlichkeit dafür besteht, daß der Beschuldigte die Straftat nicht begangen hat[125]. Die in § 100c Abs.1 Nr.3 StPO enthaltene Verdachtsstufe sei deshalb in Anbetracht der fundamentalen Bedeutung der Wohnung zu niedrig[126]. Hierbei beruft man sich auch auf den SächVerfGH, der für das präventiven Lauschangriff die der Wahrscheinlichkeit des § 112 StPO ähnliche „dringende Gefahr" verlangt[127].
Jedoch schlägt diese Argumentation für den repressiven Lauschangriff fehl. Während für einen Haftbefehl dringender Tatverdacht notwendig ist, soll die Sachverhaltserforschung gerade einen hohen Verdacht zu belegen ermöglichen, kann ihn also nicht voraussetzen. Zudem widerspräche der dringende Tatverdacht dem Subsidiaritätsgebot („ultima ratio")[128]. Besteht eine derart hohe Verurteilungswahrscheinlichkeit, dürfte die Sachverhaltserforschung ohne den Lauschangriff zumeist weder unmöglich noch unverhältnismäßig erschwert sein, da die belastenden Tatsachen im wesentlichen erforscht sind. Der dringende Tatverdacht würde sich auf Erkenntnisse und Beweismittel stützen, deren Vorliegen den Einsatz technischer Mittel zur akustischen Wohnraumüberwachung regelmäßig ausschließen würden[129]. Insoweit verhält sich der Verdachtsgrad als Eingriffsvoraussetzung ambivalent. Ist er zu hoch angesiedelt, bewirkt dies ebenfalls Unverhältnismäßigkeit, weshalb die Forderung nach einem dringenden Tatverdacht keinen Sinn macht.

Aus denselben Gründen ist auch eine Gleichsetzung des auf bestimmten Tatsachen beruhenden Verdachts mit dem hinreichenden Verdacht (§ 203 StPO) abzulehnen[130]. Wie aus §§ 100d Abs.3 S.5, Abs.5 S.3, 101 Abs.1 StPO hervorgeht ist der Lauschangriff im Ermittlungsverfahren zulässig. Dieses soll aber gerade die Frage nach einem hinreichenden Verdacht der Tatbegehung erst noch klären (§§ 170, 203 StPO).

Nach der wohl herrschenden Meinung umschreibt deshalb der Ausdruck „bestimmte Tatsachen" einen besonderen Verdachtsgrad, der zwar höheren Anforderungen unterliegen soll als der bloße Anfangsverdacht, nicht jedoch bereits

---

125 *Frister*, StV 1996, S.454 (455); *Krause, Hanack*-FS, S.221 (233).
126 *Krause, Hanack*-FS, S.221 (223); *Vahle*, Kriminalistik 1998, S.378 (381); vgl. auch *Staechelin*, ZRP 1996, S.430 (432).
127 SächsVerfGH, JZ 1996, S.957 (968).
128 Hierzu ausführlich unter Punkt C diese Teils.
129 *Krombacher*, Anhörung zu BT-DS 13/8650,13/8651, S.6; *Müller*, S:191, *Röding*, Anhörung zu BT-DS 13/8650, 13/8651, S.10.
130 So aber *J-D Kühne, Sachs* GG, Art.13 Rn.42.

die Stufen des hinreichenden oder des dringenden Verdachts i.S.v. § 112 StPO erreichen muß[131].

Allerdings wird auch diese Differenzierung z.T. grundsätzlich abgelehnt, weil sich „bestimmte Tatsachen" nicht schlechthin von „Tatsachen" unterschieden[132], auf welche sich bereits gemäß § 152 Abs.2 StPO der Anfangsverdacht stützen muß. *Frister* fragt deshalb kritisch, ob etwa der einfache Tatverdacht auf „unbestimmten" oder gar keinen Tatsachen beruhe[133]. Dem Attribut „bestimmt" sei lediglich eine deklaratorische Bedeutung beizumessen.

Dem kann jedoch nur insoweit gefolgt werden, als ein eigener Verdachtsgrad im Sinne einer unmittelbaren höheren Intensität, also Wahrscheinlichkeit, nicht zwingend ist.

Dennoch gebietet der auf „bestimmten Tatsachen" gestützte Verdacht eine anspruchsvollere Tatsachenbasis als der lediglich auf „tatsächlichen Anhaltspunkten" beruhende Anfangsverdacht. Letzterer bleibt nach der Ansicht des BVerfG deutlich zurück[134]. Der auf „bestimmte" Tatsachen und nicht lediglich nur auf Tatsachen gestützte Tatverdacht stellt eine eigene Kategorie dar, weshalb er trotz seiner Unklarheit und den hierdurch folgenden weit auseinanderliegenden Ergebnissen nicht gänzlich eliminiert werden darf[135]. Aus der Schwierigkeit, die Bedeutung des Attributs „bestimmt" zu ermitteln, darf nicht einfach gefolgert werden, daß dieses Merkmal zu vernachlässigen sei. Dies verbietet auch die grundsätzlich restriktive Auslegung des § 100c Abs. Nr.3 StPO und die hiermit verbundene Schwere des Grundrechtseingriffs für den Beschuldigten und unbeteiligte Dritte[136]. Nicht jede Vermutung darf einen Lauschangriff rechtfertigen[137].

Der auf Tatsachen begründete Verdacht kann in zwei Bestandteile zerlegt werden: den Verdacht (prognostische Dimension) und die ihn ermöglichende Tatsachengrundlage (diagnostische Dimension). Auf letzterer baut sich durch Wahrnehmung und Deutung des Beurteilenden der Verdacht als retrospektives Wahrscheinlichkeitsurteil über Geschehnisse in der Vergangenheit auf. Hierbei stützt er sich auf allgemeine und kriminalistische Erfahrungssätze, wobei dem Ganzen auch ein subjektives Element und somit auch ein Element der Unsi-

---

131 Siehe *Nack*, KK StPO, § 100c Rn.21; *Maiwald*, AK StPO, § 100a Rn.7; *Meurer*, S.545; *Meyer-Goßner*, K/M-G § 100a Rn.6; *Müller*, S.188 f.

132 *Kühne*, NJW 1979, S.617 (622).

133 *Frister*, StV 1996, S.454 (455).

134 BVerfG NJW 2000, S.55 (66).

135 So auch *Binder* S.50.

136 Vgl. so schon in Bezug auf § 100a StPO *Küpper*, JR 1996, S.214 (215).

137 Insoweit verhält sich der Verdacht ambivalent, da einerseits nicht das Maß des dringenden Verdachts gefordert wird, andererseits aber auch nicht jede Vermutung ausreichen kann.

cherheit innewohnt[138]. Hier setzt die Bedeutung von „bestimmt“ an. Bestimmte Tatsachen legen nun die Schlußfolgerung des Verdachts in einem so erheblichen Maße nahe, daß ihnen für den kriminalistisch Erfahrenen der Verdacht „gleichsam auf die Stirn geschrieben steht“[139]. Hierdurch wird das subjektive Moment zurückgedrängt und das Vorliegen eines Verdachts objektiv zumindest nachvollziehbarer.
Dies verlangt einen Verdacht, der durch hinreichend konkrete Beweismittel nahegelegt wird, ohne daß der darauf basierende Tatverdacht selbst zwingend höherer Intensität sein muß[140,141]. Der Verdacht muß durch schlüssiges Tatsachenmaterial (d.h. offenkundiges und deshalb auch in Antrag und Anordnung genanntes[142]) bereits ein gewisses Maß an Konkretisierung gefunden haben[143]. Er wird demnach durch „bestimmte Tatsachen“ begründet, wenn diese unmittelbar oder nach der Lebenserfahrung wenigstens als deutliches Beweiszeichen den Verdacht begründen[144]. Je weniger Gedankenschritte notwendig sind, um von den Tatsachen auf den Sachverhalt zu schließen, desto qualifizierter und hochwertiger, folglich auch objektiv nachvollziehbarer, ist die Information, da „eine hohe Anzahl an Erfahrungssätzen bis zur endgültigen Schlußfolgerung ein großes Potential an Unsicherheit in sich birgt“[145]. Bestimmte Tatsachen sind also solche Fakten, die aus sich heraus oder nur unter Zuhilfenahme weniger Erfahrungssätze, d.h. möglichst unvermittelt eine Schlußfolgerung zulassen.

Dies zeigt jedoch im Ergebnis, daß die Frage, ob der auf bestimmten Tatsachen beruhende (konkrete) Verdacht eine höhere Intensität als der Anfangsverdacht verlangt, in der Praxis zumeist ohne Auswirkungen bleibt. Denn regelmäßig folgt aus Tatsachen, die möglichst unvermittelt den Verdacht begründen, mittelbar auch eine höhere Intensität des Verdachts.

---

138 *Küpper*, JR 1996, S.214 (215); vgl. auch *Gusy*, JZ 1991, S.513 (514), *Fincke*, ZStW 95 (1983), S.918 (925); *Störmer*, StV 1996, S.653 (657).
139 *Küpper*, JR 1996, S.214 (215).
140 *Bernsmann /Jansen*, StV 1998, S.217 (220).
141 Während die konkretisierte Verdachtslage den Schluß von der Tatsache (Beweismittel) auf das Bestehen eines Verdacht betrifft, ist hiervon grundsätzlich der Verdachtsgrad zu unterscheiden, der sich mit der Wahrscheinlichkeit der Tatbegehung beschäftigt.
Beispiel: Der Besitz einer Pistole der Marke X und ein von einer Pistole der Marke X Erschossener (Tatsachen) begründet bezüglich des Besitzers B den (konkretisierten) Verdacht des Totschlages. Der Grad der Wahrscheinlichkeit ist hingegen u.a. von der Menge derjenigen abhängig, die ansonsten eine Pistole der Marke X besitzen und für die Tat in Frage kommen.
142 *Krombacher*, Anhörung zu BT-DS 13/8650, 13/8651, S. 6
143 Empfehlung des Bundesratsrechtsausschusses, Protokoll der 733. Sitzung vom 11.1.1998, S.25; siehe auch *Meyer-Goßner*, K/M-G StPO, § 100 Rn.6; *Nack*, KK StPO, § 100a, Rn.6; *Roxin* § 34 C IV 3a; vgl. auch BVerfG NJW 2000, S.55 (67); krit. *Frister*, StV 1996, S.454 (455), da „ein gewisses Maß an Konkretisierung“ eine wenig aussagekräftige Formulierung sei.
144 *Meyer-Goßner*, K/M-G StPO, § 100a Rn.6; *Meurer*, S.545.
145 *Binder*, S.50; vgl. *Müller*, S.188 f.

C) Subsidiarität

I) Die Subsidiaritätsklausel als Konkretisierung des Gebots der Verhältnismäßigkeit

Wie bereits bezüglich Art.13 GG erwähnt, ist die akustische Wohnraumüberwachung nur zulässig, wenn das Maßnahmeziel, die Erforschung des Sachverhalts, „auf andere Weise unverhältnismäßig erschwert oder aussichtslos" wäre. Diese Formulierung findet sich wörtlich in der einfachgesetzlichen Regelung des § 100c Abs.1 Nr.3 StPO wieder. Zwar gilt auch hier der Grundsatz der eigenständigen Begrifflichkeit der Verfassung. Da jedoch beide Normen gleichzeitig geschaffen wurden, ist davon auszugehen, daß der Verfassungsgesetzgeber den Regelungsgehalt der StPO übernehmen wollte. Mit dieser Formulierung wird der Lauschangriff einer Subsidiaritätsklausel unterworfen[146]. Eine solche beinhaltet eine normspezifische Konkretisierung des Verhältnismäßigkeitsgrundsatzes[147]. Sie geht hierbei über dessen bloße Prüfung hinaus[148] und beschreibt die Vorrangigkeit bzw. Nachrangigkeit verschiedener Ermittlungsmaßnahmen, welche nicht den gleich hohen Erfolg versprechen müssen. Eine Subsidiaritätsklausel ist immer dann gegeben, wenn die Zulässigkeit einer bestimmten Maßnahme davon abhängt, daß zuvor eine andere, grundrechtsschonendere Ermittlungsmethode mit gleicher Zielrichtung erfolglos angewendet oder als von vornherein erfolglos bzw. als zu aufwendig prognostiziert wurde[149]. Es ist also immer ein Vergleich mit anderen konkurrierenden Maßnahmen geboten, welche generalisierend mit „auf andere Weise" bezeichnet werden[150].

Die Subsidiaritätsklauseln heimlicher Ermittlungsmaßnahmen, die der Gesetzgeber bisher einfachgesetzlich in die StPO eingeführt hat (z.B. §§ 98a Abs.1 S.2; 100a Absl S.1; 100c Abs.1 Nr.1 und 2 StPO), bilden ein in sich kohärentes System von aufeinander abgestimmten strafprozessualen Regelungen[151]. Sie setzen sich dabei jeweils aus zwei Elementen zusammen, die lediglich alternativ („oder") vorliegen müssen: einem erfolgsorientierten und einem erschwernisbeschreibendem Prognosemerkmal. Diese Systematik hat der Gesetzgeber in § 100c Abs.1 Nr.3 StPO und Art.13 Abs.3 GG übernommen, indem dort von „aussichtslos" und „unver-hältnismäßig erschwert" gesprochen wird.

---

146 Seit dem OrgKG kommen Subsidiaritätsklauseln einfachgesetzlich in der StPO in größerem Umfang vor, so - mit Ausnahme des § 98c StPO - bei sämtlichen geheimen Ermittlungsmaßnahmen, siehe Übersicht bei *Bernsmann/ Jansen*, StV 1998, S.217 (220).

147 *Bernsmann/ Jansen*, StV 1998, S.217 (220).

148 *Nack*, KK StPO, § 98a Rn.16.

149 *Bernsmann/ Jansen*, StV 1998, S.217 (220).

150 *Binder*, S.30.

151 *Müller*, S.183.

II) Die Erschwernisprognose („unverhältnismäßig erschwert")

Das Merkmal „unverhältnismäßig erschwert" umschreibt den Ermittlungsaufwand, der voraussichtlich benötigt würde, wenn man auf den „Lauschangriff" im konkreten Fall verzichtete und statt dessen andere Ermittlungsmaßnahmen ergriffe. Es erfolgt eine Prognose aus der konkreten Ermittlungssituation zum Zeitpunkt der Anordnung. Aus ex ante-Sicht gilt es zu fragen, inwieweit damit zu rechnen ist, daß ohne Anwendung technischer Mittel zur akustischen Wohnraumüberwachung die Arbeit der Behörden erschwert wäre[152].

1) Die qualitative und quantitative Erschwernis

Anhand welcher Kriterien eine Erschwernisprognose zu ermitteln ist, ist bereits bei den sonstigen Maßnahmen in der StPO, die einer Subsidiaritätsklausel unterliegen, äußerst umstritten. Einigkeit besteht allein darin, daß die Prognose des Erfolges keine Beachtung findet, was sich aus der Parallelität beider Subsidiaritätselemente ergibt[153]. Nach einer Ansicht soll der quantitative Ermittlungsaufwand (Anzahl des Personals und der zur Verfügung stehenden Mittel) nicht mit einfließen, da in der StPO an anderer Stelle von „unverhältnismäßigem Aufwand" (§ 98a Abs.3 StPO) gesprochen werde. Der Gesetzgeber habe bewußt eine andere Formulierung gewählt. Diese müsse deshalb auch inhaltlich andere Kriterien erfassen[154].
Allerdings wird dem richtigerweise entgegengehalten, daß es nur schwer möglich sei, andere Abgrenzungskriterien zu finden. Das alternativ vorgeschlagene Kriterium der alleinigen zeitlichen Verzögerung zeigt dieses Dilemma. Gerade die zeitliche Komponente stellt einen Hauptaspekt des Ermittlungsaufwandes dar. Es ist jedoch nicht möglich, dieses Merkmal isoliert zu betrachten, da es von Personal und Mitteln abhängt[155]. Mithin umschreibt das Erschwernismerkmal den quantitativen Aufwand.

Daneben differenziert die h.M nach qualitativen Merkmalen. Der zeitliche Aufwand sei immer zu berücksichtigen, der Arbeitsaufwand nur in bestimmten Fällen und der Kostenaufwand hingegen nie[156]. Für letzeres spricht, daß der immaterielle Wert des Grundrechts kein Gegenstand eines „Geldhandels" sein soll[157]. Überzeugend wird allerdings auch gegen diese Unterscheidung die enge

152 Vgl. *Binder*, S.33.
153 Vgl. *Rieß*, *Meyer*-GS, S.367 (385).
154 *Rieß*, *Meyer*-GS, S.367 (385).
155 *Binder*, S.34; zustimmend *Müller*, S.184.
156 *Schäfer*, L/R StPO, § 100a Rn.13; *Meyer-Goßner*, K/M-G StPO, § 100a Rn.7; *Müller*, S.184; *Nack*, KK StPO, § 100a Rn.7; *Rudolphi*, *Schaffstein*-FS S.433 (437).
157 *Maiwald*, AK StPO, § 100a Rn.8.

Verknüpfung von Arbeitszeit, Personal- und Kostenaufwand angeführt. Man kann etwa eine zeitliche Verzögerung mit größerem Personal- und Arbeitsaufwand ausgleichen, was aber Mehrkosten verursacht[158]. Zudem hielt der Gesetzgeber eine wesentliche Erschwernis für gegeben, wenn die Ermittlungsmaßnahmen nicht „ohne unverhältnismäßig höheren Arbeits-, Zeit- oder Kostenaufwand" möglich sei[159]. Deshalb ist eine Differenzierung nach qualitativen Merkmalen abzulehnen, und die Erschwernis umfaßt allein ein quantitatives Mehr an Ermittlungsaufwand.

2) Das Maß der Erschwernis

Fraglich ist jedoch, welchen Grad der Erschwernis das Merkmal „unverhältnismäßig erschwert" verlangt und wie es sich in die bisherigen Abstufungen einordnet. Die StPO kennt in den bisher bestehenden Subsidiaritätsklauseln für prozessuale Eingriffsbefugnisse lediglich die Begriffe „erschwert" und „wesentlich erschwert", nicht jedoch „unverhältnismäßig erschwert". Für die bloße Erschwernis reicht eine deutliche Differenz an prognostizierter Mehrbelastung aus. Ein wesentliches Erschwertsein hat man bisher angenommen, wenn nur bei einem „unverhältnismäßig größeren Aufwand" die Ermittlungen erfolgreich abgeschlossen werden können[160]. Problematisch ist jedoch, daß § 100c Abs.1 Nr.3 StPO gerade auf den Begriff „unverhältnismäßig" zurückgreift.

a) Gleichsetzung mit „wesentlich erschwert"

Dies legt nahe, den neu eingeführten Begriff „unverhältnismäßig" mit „wesentlich" gleichzusetzen[161]. Angedeutet wird dies von *Nack*, der äußert, daß die praktischen Unterschiede zwischen beiden Begriffen eher gering sein dürften[162]. Allerdings wird diese Definition von „wesentlich erschwert" keineswegs von allen so aufgefaßt. So sprechen andere von „eindeutigem Überwiegen[163]" oder von „erheblich größerem Zeitaufwand[164]".

Gegen ein Gleichsetzen spricht zudem der Wortlaut. Der Verfassungsgesetzgeber kannte den Ausdruck „wesentlich" und hätte auf diesen für die Regelung

---

158 *Binder*, S.34.
159 BT-DS 5/1880 S.12 zu § 100a StPO.
160 BT-DS 5/1880 S.12; *Binder*, S.33.
161 So *Frister*, Anhörung zu BT-DS 13/8950, 13/8951, S.1.
162 *Nack*, KK StPO, § 100c Rn.7.
163 *Lemke*, HK StPO, § 100a Rn.11.
164 *Meyer-Goßner*, K/M-G StPO, § 100a Rn.7.

des Art.13 Abs.3 GG problemlos zurückgreifen können. Außerdem wird einfachgesetzlich in § 100c Abs.1 Nr.3 StPO ebenfalls von „unverhältnismäßig" gesprochen, in Nummer 2 aber von „wesentlich". Es ist kaum anzunehmen, daß der Gesetzgeber in einem Paragraphen zwei Wörter für dieselbe Bedeutung gebraucht. Auch zeigt die Wiedergabe in § 100c Abs.1 Nr.3 StPO, daß nicht einfach ein anderer Ausdruck für die Verfassungsebene verwendet wurde. Vielmehr hat der Gesetzgeber bewußt eine neue Abstufung einführen wollen[165]. Den Merkmalen „wesentlich erschwert" und „unverhältnismäßig erschwert" kommen folglich unterschiedliche Bedeutungen zu.

b) Gleichsetzung mit dem Grundsatz der Verhältnismäßigkeit

Bernsmann / Jansen sehen in der Formulierung „unverhältnismäßig erschwert" kaum etwas anderes normiert, als das - ohnehin selbstverständliche - Verhältnismäßigkeitsprinzip[166]. Diesen Eindruck erweckt die Verwendung des Attributs „unverhältnismäßig" auf den ersten Blick tatsächlich.
Hiergegen spricht aber, daß der Gesetzgeber eindeutig eine Subsidiaritätsklausel in Art.13 Abs.3 GG und § 100c Abs.1 Nr.3 StPO einfügen wollte - trotz oder gerade wegen deren enger Beziehung zum Verhältnismäßigkeitsgrundsatz. Eine solche Klausel stellt nämlich - wie oben bereits erwähnt - eine besondere, sachliche Zulässigkeitsvoraussetzung für strafprozessuale Eingriffe dar, die über die bloße Prüfung der allgemeinen Verhältnismäßigkeit hinausgeht und statt dessen eine normspezifische Konkretisierung dieses Grundsatzes beinhaltet. Folglich wäre die ganze Klausel sinnlos, wenn man sie mit dem Verhältnismäßigkeitsprinzip i.S. einer Abwägung sämtlicher relevanter Belange gleichsetzte. Eine Subsidiaritätsklausel dient gerade der Ausgestaltung des Verhältnismäßigkeitsgrundsatzes und kann mithin nicht mit ihm gleichgesetzt werden. Zudem enthält die Subsidiaritätsklausel auch die Komponente der Erschwernis, die nicht unter den Tisch fallen darf. Mit dem Verhältnismäßigkeitsprinzip völlig identisch wäre die Klausel deshalb nur - was aber gerade nicht der Fall ist -, wenn man eine Abwägung sämtlicher betroffener Belange vornähme und den Grundrechtseingriff nicht allein mit Gesichtspunkten der Erschwernis in Verhältnis setzte. So berücksichtigt die Subsidiaritätsklausel z.B. nicht die Gefahr für einen Verdeckten Ermittler, sofern dessen Einsatz als Alternativmaßnahme zum Lauschangriff in Frage kommt. Derartige Ermittlungen gestalten sich u.U. risikoreicher, was aber die Erforschung des Sachverhalts nicht zwingend erschwert.

---

165 Vgl. *Weber*, Anhörung zu BT-DS 13/8650, 13/8651, S.5.
166 *Bernsmann/ Jansen*, StV 1998, S.217 (231).

„Unverhältnismäßig erschwert" konkretisiert folglich den Grundsatz der Verhältnismäßigkeit, ist aber nicht mit diesem gleichzusetzen.

c) Die Bedeutung als „ultima ratio"

Auch wenn die Entstehungsgeschichte keine ausdrückliche Hinweise zur Definition der „unverhältnismäßigen" Erschwernis liefert und in der Expertenanhörung vor dem Rechtsausschuß lediglich auf die Rechtsprechung verwiesen wurde, die den Unterschied zwischen „wesentlich" und „unverhältnismäßig" erschwert zukünftig herauszuarbeiten habe[167], so wollte der Gesetzgeber zumindest ausdrücken, daß der Lauschangriff nur als letztes Mittel („ultima ratio") anzuwenden sei[168], was die höchste Subsidiaritätshürde verlangt. Die „ultima ratio" beschränkt sich nicht - wie man vermuten könnte - auf die erfolgsbezogene Komponente. Die Benennung des letzten Mittels läßt seine Begründung offen[169].

Problematisch ist jedoch, daß sich das Gebot der „ultima ratio" aus dem Wort „unverhältnismäßig" nicht entnehmen läßt[170]. So wird kritisiert, daß der Lauschangriff allein als letztes Mittel zulässig sei, nicht zutreffe. Es lägen bereits zwischen einer unverhältnismäßigen Erschwernis und einer tatsächlichen Aussichtslosigkeit (dem ergebnisorientierten Prognosemerkmal) Welten. Dies folge schon daraus, daß die Aussichtslosigkeit - jedenfalls auf den ersten Blick - in ungleich größerem Umfang auf Tatsachen rekurriere, die Erschwernis hingegen auf einer Prognose. Desweiteren dürfte es kaum einen dehnbareren Begriff geben als den der „unverhältnismäßigen Erschwernis"[171]. *Frister* sieht deshalb diese Erschwernisstufe in jedem etwas komplizierten Verfahren als leicht zu begründen an, da mit den Ermittlungen viel einfacher fortgeschritten werden könne, wenn man das Schweigerecht des Einzelnen durch fortgesetztes Überwachen unterlaufe[172].
Auch *Bull* sieht keine ausreichende Hürde, um den Charakter als „ultima ratio" zu verdeutlichen. Das Verhältnismäßigkeitsprinzip sei durch die übermäßige Nutzung „verbraucht". Rechtsprechung und Literatur könnten so ihre eigene

---

167 *Rödig*, Anhörung zu BT-DS 13/8650, 13/8651, S.11; ebenso *Müller*, S.187 f.
168 BT-DS 13/8650, S.4; so auch *Meyer-Goßner*, K/M-G StPO, § 100c Rn.13.
169 Der Begriff „ratio" beschränkt sich nicht allein auf die tatsächliche Möglichkeit, sondern enthält eine Komponente der Vernunft; vgl. *Stowasser*, ratio, rationis, S.383.
170 Dies verkennen z.B. auch *Meyer/Hetzer*, NJW 1998, S.1017 (1024), die die „ultima ratio" als eine separate Voraussetzung verlangen.
171 *Bernsmann/Jansen*, StV 1998, S.217 (231).
172 *Frister*, StV 1996, S.454 (455).

Bewertung an Stelle des Gesetzgebers setzen. Als Einschränkung belastender Maßnahmen sei dieses Prinzip unverzichtbar, aber als Tatbestandsmerkmal in einer Befugnisnorm erweitere es den Spielraum der staatlichen Instanzen und sei in Bezug auf den Grundrechtsschutz kontraproduktiv[173].
Um aber dem Sinngehalt des erschwernisbeschreibenden Teil der Subsidiaritätsklausel näher zu kommen, darf man nicht allein auf das Attribut „unverhältnismäßig" abstellen. Vielmehr muß auf den gesamten Terminus „unverhältnismäßig erschwert" zurückgegriffen werden. Im Vergleich zu „wesentlich erschwert" oder nur „erschwert" ist festzuhalten, daß beide Termini lediglich ein (statisches) Verhältnis des Aufwandes mit und ohne die entsprechende Maßnahme beschreiben. Ab einem gewissen Maß an fest definierter Erschwernis folgt die Zulässigkeit der Maßnahme. „Unverhältnismäßig erschwert" setzt hingegen das Verhältnis des Aufwandes mit und ohne den Lauschangriff zusätzlich noch in Relation („in Verhältnis") zum Grundrechtseingriff, dem konkreten Eingriff in die räumliche Privatsphäre. Es entsteht mithin noch eine Abhängigkeit zu einer dritten, vom konkreten Fall beeinflußten Komponente. Der Mehraufwand wird der Grundrechtsbeeinträchtigung wertend gegenübergestellt[174]. Dies ist der entscheidende Unterschied zu den bisherigen Erschwernisabstufungen. Dem Gesetzgeber kam es darauf an, ermittlungstechnische Notwendigkeiten in besonderer Weise gegen das Gewicht der Rechtsgutbeeinträchtigung abzuwägen[175]. Hieraus folgt letztlich das Gebot, den Lauschangriff nur als „ultima ratio" anzuwenden, da dieser einen der schwerwiegensten Grundrechtseingriffe darstellt. Andere Ermittlungsmaßnahmen sind mithin vorrangig vorzunehmen[176].

Somit läßt sich sagen, daß der Ausdruck „unverhältnismäßig erschwert" mit „wesentlich erschwert" und „erschwert" in eine Rangfolge zu setzen ist, wobei „unverhältnismäßig erschwert" die strengsten Voraussetzungen verlangt[177].

d) Das Fehlen einer abschließenden Definition und Leitlinien

Eine abschließende Definition des Grades der Erschwernis ist mit dieser Erkenntnis jedoch nicht möglich, da es gerade Sinn und Zweck ist, flexibel auf die konkrete Intensität des Eingriffs in die räumlich Privatsphäre zu reagieren. So verlangen Gesichtspunkte des Grundrechtsschutzes für eine Überwachung des

---

173 *Bull*, Anhörung zu BT-DS 13/8650, 13/ 8651, S.4; vgl. auch *Müller*, S.187.
174 *Müller*, S.186.
175 BT-DS 13/8651,S.13; *Nack*, KK StPO, §100c Rn.46.
176 So i.E. *Momsen*, ZRP 1998, S.459 (460) Fn.6, der das Gebot der „ultima ratio" ebenfalls der Subsidiaritätsklausel entnimmt; ähnlich auch *Müller*, S.185.
177 So i.E. wohl auch *Weber*, Anhörung zu BT-DS 13/8650, 13/8651, S.5.

Wohnzimmers einen noch größeren, prognostizierten Alternativaufwand als für eine Arbeitsplatzobservation. Deshalb wurde die Subsidiaritätsklausel des § 100c Abs.1 Nr.3 StPO ausschließlich abstrakt formuliert und ihre konkrete Ausgestaltung nur der für die Anordnung zum Lauschangriff zuständigen Kammer überlassen ist.
Hierbei wird diese sich als Leitlinie eher nicht am Merkmal „wesentlich erschwert" orientieren dürfen. Dies widerspräche der Bedeutung des Art.13 GG, da eine solche Hürde leicht zu nehmen und deshalb in jedem etwas komplizierten Ermittlungsverfahren ein Lauschangriff unschwer möglich wäre[178]. Eher wird sich die Kammer an der alternativen Aussichtslosigkeit anlehnen können. Mithin ist ein sehr hohes Maß an Erschwernis zu verlangen. Ein Verzicht auf den Lauschangriff unter Rückgriff auf alternative Ermittlungsmaßnahmen müßte im konkreten Fall das normal zumutbare Maß an Mehrbelastung deutlich übersteigen. In Anbetracht der Schwere des Grundrechtseingriffs ist ein solcher Fall z.B. bei der Überwachung der Privatwohnung erst dann anzunehmen, wenn die Ermittlungen ohne den Lauschangriff zu einer Vernachlässigung sonstiger Polizeiaufgaben führen würden, die nicht mehr verantwortbar und zu rechtfertigen wäre, weshalb die Polizei alternative Ermittlungsmaßnahmen zwar durchführen könnte, dies aber offensichtlich und für jeden objektiv Beurteilenden erkennbar unvernünftig wäre.

III) Die Erfolgsprognose („aussichtslos")

Wie oben bereits angesprochen ist neben der unverhältnismäßigen Erschwernis die akustische Wohnraumüberwachung alternativ auch dann zulässig, wenn die Sachverhaltserforschung auf andere Weise „aussichtslos" wäre. Es ist mithin eine am Aufklärungs*erfolg* orientierte Betrachtung vorzunehmen. Hierbei ist eine negative Prognose zu erstellen, inwieweit ohne den Lauschangriff die Ermittlungen zum angestrebten Ziel der Sachverhaltserforschung führen.

Die StPO kennt bislang die erfolgsorientierten Subsidiaritätsmerkmale „weniger erfolgsversprechend" (§ 100c Abs.1 Nr.1), „erheblich weniger erfolgsversprechend" (z.B. §§ 98a Abs.1; 100c Abs.2 S.2) und „aussichtslos" (z.B. §§ 100a Abs.1; 100c Abs.1 Nr.2 und Abs.2 S.3, 110a Abs.1 S.3 und 4). Der Gesetzgeber knüpft in Art.13 GG und § 100c Abs.1 Nr.3 StPO, im Unterschied zur unverhältnismäßigen Erschwernis, mit der Aussichtslosigkeit an eine bisher bekannte Formulierungen der StPO an.

---

178 Vgl. *Frister*, StV 1996, S. 454 (455).

Sie ist die strengste Erfolgsprognose und auch strenger als jede Erschwerniswahrscheinlichkeit, da letztere den Erfolg zumindest als möglich voraussetzt[179]. Aus diesem Grund dürfte die Erfolgsprognose in der Praxis auch von geringerer Bedeutung sein. Die Aussichtslosigkeit ist zu bejahen, wenn andere Ermittlungsmaßnahmen gänzlich fehlen oder es bei realistischer Betrachtungsweise nahezu vollkommen ausgeschlossen erscheint, daß das Ermittlungsziel ohne den Einsatz der subsidiären Maßnahme noch erreicht werden kann[180]. Ebenso ist die Erforschung des Sachverhalts auch dann auf andere Weise aussichtslos, wenn andere erfolgreiche Ermittlungsmaßnahmen zwar denkbar sind, faktisch jedoch auf unüberwindbare Hindernisse stoßen[181] (z.B. wenn der Einsatz eines VE an sich erfolgreich wäre, sein Einschleusen aber auf nicht zu bewältigende Probleme stieße). Gleiches gilt grundsätzlich auch bei rechtlicher Unmöglichkeit. Hingegen ist Aussichtslosigkeit noch nicht gegeben, wenn der Erfolg anderer Beweiserhebungsmöglichkeiten lediglich mit hoher Wahrscheinlichkeit ausbleiben wird. Insoweit ist zum einen der Wortlaut eindeutig, zum anderen wäre eine Abgrenzung zu „erheblich weniger erfolgsversprechend" sonst nicht möglich[182].

IV) Grad der Prognosewahrscheinlichkeit

Unangesprochen ist bisher geblieben, worauf sich die Prognoseentscheidung zu stützen hat. Während für den Spezialfall der Observation der Wohnung eines nicht Beschuldigten die dortige Subsidiaritätsprognose aufgrund „bestimmter Tatsachen" zu vermuten sein muß (§ 100c Abs.2 S.5 StPO), es mithin einer der konkretisierten Verdachtslage entsprechenden Vermutung bedarf, hüllt sich das Gesetz bezüglich der Subsidiaritätsklausel des § 100c Abs.1 Nr.3 StPO in Schweigen. Jedoch muß bereits bezüglich der Telefonüberwachung die Beurteilung anhand konkreter Anhaltspunkte und unter Zugrundelegung der individuellen Ermittlungssituation erfolgen[183]. Dasselbe ist deshalb bei der schwereren Maßnahme des Lauschangriffs ebenfalls zu fordern. Nicht erforderlich ist hingegen, wie sich aus der Verwendung des Konjunktivs ergibt, daß Alternativmaßnahmen tatsächlich versucht wurden und sich als erfolglos herausstellten[184].

---

179 Vgl. *Müller*, S.185.

180 *Rieß*, *Mayer*-GS 367 (384); zustimmend *Müller*, S.183.

181 *Binder*, S.31; *Lehmann*, ArchivPF 1979, 1 (7).

182 *Binder*, S.32.

183 *Rudolphi*, SK StPO, § 100a Rn.13.

184 Vgl. *Binder*, S.32.

V) Der Sachverhaltsaufklärungs- und der Fahndungszweck

1) Die Sachverhaltserforschung

Übereinstimmend mit Art.13 GG beziehen sich die Erschwernis- und die Erfolgsprognose auf die Sachverhaltserforschung. Hierunter versteht man die Ermittlung äußerer und innerer Tatsachen und Vorgänge, welche die einschlägige Katalogtat belegen. Es müssen also alle belastenden und entlastenden Umstände bezüglich des Vorliegens des objektiven und subjektiven Tatbestandes der in Betracht kommenden Katalogtaten gesucht werden[185].

2) Die Aufenthaltsermittlung

Daneben gestattet § 100c Abs.1 Nr.3 StPO seinem Wortlaut nach den Lauschangriff auch dann, wenn „die Ermittlung des Aufenthaltsortes des Täters" auf andere Weise unverhältnismäßig erschwert oder aussichtslos wäre[186]. Das Fahndungsziel der Aufenthaltsermittlung wird somit als zweites alternatives („oder") Maßnahmeziel genannt, welches über die Subsidiarität eines Lauschangriffs entscheiden könne[187]. Insoweit besteht jedoch ein Widerspruch zum Wortlaut des Art.13 Abs.3 S.1 GG, der sich allein auf die Sachverhaltserforschung beschränkt. Da § 100c Abs.1 Nr.3 StPO somit die Eingriffsmöglichkeiten in das Grundrecht auf die räumliche Privatsphäre über die Schranken des Art.13 Abs.3 GG hinaus erweitert, ist die Verfassungsmäßigkeit dieses Teils der Subsidiaritätsklausel fraglich[188].

(1) Ein Ansatz für die Vereinbarkeit mit Art.13 Abs.3 GG könnte sich aus dessen Merkmal „zur Verfolgung der Tat" ergeben, da hierunter auch die Fahndung fällt. Jedoch umfaßt dieses Merkmal ebenso die Sachverhaltsaufklärung, welche somit nicht mehr ausdrücklich zu erwähnen gewesen wäre. Deshalb drückt die Tatverfolgung nur aus, daß Art.13 Abs.3 GG die akustische Wohnraumüberwachung zu repressiven Zwecken erfaßt, insbesondere in Abgrenzung

---

185 *Binder*, S.22.

186 Der Begriff des „Täters" ist ungenau und im Strafprozeß fehl am Platz; gemeint ist der Beschuldigte.

187 Vgl. BGH St 33,247 ff. zum insoweit gleichlautenden § 100a StPO.

188 Für eine Verfassungswidrigkeit *Eisenberg*, StPO Rn.2302b, der dieses Ergebnis im wesentlichen jedoch auf die Tatsache stützt, daß nach Art.13 Abs.3 GG nur die Wohnung abgehört werden darf, in welcher sich der Beschuldigte vermutlich aufhält.
Dies Argument greift jedoch nicht, da hiermit gerade nicht vorausgesetzt wird, daß der Aufenthaltsort bekannt ist. Zudem könnte die Aufenthaltsermittlung des Mitbeschuldigten bezweckt sein (BT-DS 13/8650, 13/8651, S.13, so auch *Meyer/Hetzer*, NJW 1998, S.1017 (1026); *Müller*, S.185, 191).

zu Art.13 Abs.4 GG, welcher diese Maßnahme zu präventiven Zwecken regelt. Innerhalb der Maßnahmen zu repressiven Zwecken wird der Lauschangriff aber zusätzlich auf ein bestimmtes Ziel, das der Sachverhaltserforschung, eingeschränkt.

(2) Gegen die Verfassungswidrigkeit könnte man anführen, den Lauschangriff zu Fahndungszwecken nicht als repressive, sondern als präventive Maßnahme einzustufen. Hierdurch würde die Zielbestimmung des Art.13 Abs.3 GG nicht mehr greifen. Jedoch ist die Täterfahndung eindeutig ein Akt der Strafverfolgung. Ansonsten wäre der Bundesgesetzgeber für eine derartige Regelung in der StPO schon nicht zuständig (Art.74 Abs.1 Nr.1 GG).

(3) Für eine Auslegung, daß in § 100c Abs.1 Nr.3 StPO statt „oder" eigentlich „und" gemeint sei, lassen sich keine Anhaltspunkte finden, obgleich hierdurch eine Einengung des Anwendungsbereichs des Lauschangriffs erfolgte, die mit der Verfassung in Einklang stünde. Die Parallelen zu § 100c Abs.1 Nr.2 und § 100a Abs.1 StPO lassen aber gerade das Gegenteil annehmen. Zudem würde eine Und-Verknüpfung bereits immer dann den Lauschangriff verbieten und hierdurch die Sachverhaltserforschung verhindern oder unverhältnismäßig erschweren, wenn der Aufenthaltsort des Beschuldigten bekannt ist.

(4) Um den Widerspruch zwischen § 100c Abs.1 Nr.3 StPO und Art.13 Abs.3 GG zu lösen, bleibt deshalb nur noch, die Ermittlung des Aufenthaltsortes als eine besondere Maßnahme zur Sachverhaltserforschung zu begreifen.
Allerdings hätte hierzu der Gesetzgeber beide Maßnahmeziele statt mit „oder" z.B. mit „insbesondere" verknüpfen können. Die Ermittlung des Aufenthaltsortes bezweckt zudem die reale Zugriffsmöglichkeit auf den Täter, um den staatlichen Strafanspruch durchzusetzen, einem selbständigen Aspekt neben der Erforschung des Sachverhalts. Es ist durchaus möglich, daß dieser schon hinreichend aufgeklärt ist, mithin der Beschuldigte oder Mitbeschuldigte keine relevanten neuen Beweise mehr liefern können. Den Unterschied verdeutlicht auch der Entwurf für ein 2.OrgKG der SPD - Fraktion[189], der genau auf diese Unterscheidung abstellte, indem er in privaten Räumen den Lauschangriff allein zur Ermittlung des Sachverhalts, in Geschäftsräumen hingegen auch zur Aufenthaltsermittlung zulassen wollte[190].
Dennoch lassen die Motive des GGÄndG (Art.13) erkennen, daß der Verfassungsgeber die Aufenthaltsermittlung als Teil der Sachverhaltsaufklärung betrachtete. Dort heißt es, daß verlangt werde, „daß die Erforschung des Sachver-

---

189 BT-DS 12/6784.
190 Vgl. *Rohe*, S.83.

halts - einschließlich der Ermittlung des Aufenthaltsortes von Mittätern - auf andere Weise unverhältnismäßig erschwert oder aussichtslos wäre“[191]. Dahinter steht der Gedanke, daß der Beschuldigte nur dann Angaben zur Tat machen kann, wenn er erreichbar ist. Hiervon gedeckt ist die Aufenthaltsermittlung jedoch nur, wenn sie tatsächlich auch der Sachverhaltserforschung dienen soll. Dann hätte man aber auch gleich in § 100c Abs.1 Nr.3 StPO auf ihre Erwähnung verzichten können. Sie macht nur noch insoweit Sinn, als die Sachverhaltserforschung nicht ausschließliches Ziel sein muß. Dient der Lauschangriff indes allein der Aufenthaltsermittlung, wird er von Art.13 Abs.S.1 GG nicht mehr gedeckt.

(5) Somit bleibt § 100c Abs.1 Nr.3 StPO im Ergebnis aufgrund des offensichtlichen Widerspruchs im Wortlaut zu Art.13 Abs.3 S.1 GG verfassungskonform dahingehend auszulegen, daß die Subsidiarität allein auf Fahndungszwecke zu stützen, nicht zulässig ist, sondern immer nur entscheidet, ob die Erforschung des Sachverhalts auf andere Weise unverhältnismäßig erschwert oder aussichtslos wäre.

VI) Das Verhältnis mehrerer Maßnahmen mit gleich strenger Subsidiaritätsklausel

Subsidiaritätsklauseln sollen regeln, zu welchen Eingriffsmaßnahmen die Ermittlungsbehörden bei der Erforschung des Sachverhalts vorrangig greifen müssen. Schwierigkeiten bereiten jedoch die Fälle, in welchen zwei Maßnahmen mit gleichlautenden Subsidiaritätsbedingungen konkurrieren.

(I) Dies ist in Bezug auf den Lauschangriff hinsichtlich der Subsidiaritätsvariante der Erfolglosigkeit möglich. So sind neben dem Abhören und Aufzeichnen des in der Wohnung nicht öffentlich gesprochenen Wortes z.B. auch die Überwachung der Telekommunikation (§ 100a StPO), des außerhalb der Wohnung nicht öffentlich gesprochenen Wortes (§100c Abs.1 Nr.2 StPO) und der Einsatz eines VE (§110a StPO) nur zulässig, wenn die Sachverhaltserforschung „auf andere Weise aussichtslos wäre“. Diese können im Einzelfall jeweils gegenseitig Alternativmaßnahmen zum Lauschangriff darstellen, welche ebenso nur als letztes Mittel zulässig sind. Bei wortgetreuer Auffassung entstünde somit durch den „Ringverweis“[192] eine ständige Spirale die keine der Maßnahmen rechtfertigte.

---

191 BT-DS 13/8950, S.5.

192 *Welp*, StV 1994, S.161 (165); vgl. auch *Müller*, S.185.

Hilger[193] schlägt in derartigen Fällen vor, mehrere Maßnahmen kumulativ zuzulassen. Da Subsidiaritätsklauseln die restriktive und nicht extensive Anwendung der Eingriffsmaßnahme garantieren sollen[194], ist diese Lösung jedoch abzulehnen.

Sieht man hingegen die Forderung des Gesetzgebers, daß der Lauschangriff „ultima ratio" ist[195], als absolut an, so ist die Maßnahme nach § 100c Abs.1 Nr.3 StPO an die strengsten Voraussetzungen gebunden[196]. Demnach müßte die akustische Wohnraumüberwachung gegenüber anderen Ermittlungsmaßnahmen auch bei gleichlautender erfolgsbezogener Subsidiaritätsklausel zurücktreten[197]. Der Lauschangriff wäre somit „das letzte der letzten Mittel". Als Argument könnte man die zweite Subsidiaritätsalternative der Erschwernis heranziehen, wonach der Lauschangriff gegenüber sämtlichen anderen Ermittlungsmaßnahmen regelmäßig nur als „ultima ratio" zulässig ist[198]. Zusätzlich könnte man sich auf das Grundgesetz (Art.13 Abs.3 S.1 GG) stützen, welches bereits selber erwähnt, daß andere Mittel aussichtslos sein müssen. Außer dem Lauschangriff ist keine andere Subsidiaritätsklausel prozessualer Eingriffsmaßnahmen ausdrücklich in der Verfassung verankert. Mithin wären andere Mittel i.S. von Art.13 GG z.B. auch die Telefonüberwachung oder der Einsatz eines VE. Deshalb ließe eine verfassungskomforme Interpretation bei gleichlautenden Subsidiaritätsklauseln den Lauschangriff hinter sämtlichen anderen Maßnahmen der StPO zurücktreten.

Gegen eine solche Argumentation spricht jedoch, daß der Verfassungsgesetzgeber gleichlautende Subsidiaritätsklauseln in der StPO kannte und trotzdem keine klarstellende Regelung getroffen hat, obgleich ihm die hieraus folgenden Konkurrenzprobleme bewußt sein mußten. Auch ist es nicht zulässig, auf die „unverhältnismäßige Erschwernis" zurückzugreifen, da das Gesetz gerade zwei Alternativen anbietet. Gegen eine absolute Subsidiarität des Lauschangriffs sprechen zudem die Folgen, wenn man bedenkt, daß beispielsweise eine kurzfristige akustische Überwachung eines Hotelzimmers nur deshalb unterbleiben müßte, weil eine längere Telefonüberwachung oder der Einsatz eines VE zum gleichen Erfolg führen könnte[199]. Diese Kritik darf nicht unberücksichtigt blei-

---

193 *Hilger*, NStZ 1992, S.457 (462).
194 So auch *Binder*, S.35.
195 BT-DS 13/8651, S.13.
196 *Meyer-Goßner*, K/M-G StPO, § 100c Rn.13.
197 *Weber*, Anhörung zu BT-DS 13/8650, 13/8651, S.5; ebenso *Müller*, S.185.
198 So wohl *Müller*, S.185. Er sieht den Sinn der Formulierung „unverhältnismäßig erschwert" in der Vermeidung von Ringverweisen. Siehe aber auch seine Ausführungen auf S.186, wo die geringste Grundrechtsbeeinträchtigung im konkreten Einzelfall entscheiden soll.
199 So der Beispielsfall in der Kritik von *Weber*, Anhörung zu BT-DS 13/8650, 13/8651, S.5.

ben, zumal sich diese „ultima-ratio“-Regelung nicht aus dem Gesetz ergibt. Dessen Wortlaut erwähnt mehrere Maßnahme gleichrangig als letztes Mittel. Deshalb ist es sinnvoller, bei gleich strengen Erfolgsbedingungen die Rangfolge außerhalb des verweisenden Systems der Subsidiaritätsklausel zu suchen[200] und eine Abwägung im Einzelfall vorzunehmen[201]. Es ist jener Maßnahme der Vorrang einzuräumen, die im konkreten Einzelfall die voraussichtlich geringste Beeinträchtigung der Rechte des Betroffenen beinhaltet, bei gleichzeitig stärksten Ermittlungserfolg (positive Erfolgsprognose)[202]. Nur so kann dem Verhältnismäßigkeitsgrundsatz, den die Subsidiaritätsklauseln konkretisieren sollen, Genüge getan werden.
Dies führt auch zu vertretbaren Ergebnissen. Fast immer tritt der Lauschangriff zurück, und die Ermittlungsbehörden sind auf alternative Ermittlungsmaßnahmen beschränkt. Dies folgt aus der besonders schweren Beeinträchtigung des Art.13 GG. In Ausnahmefällen, wie im obigen Fall, kann so aber verhindert werden, daß die Ermittlungsbehörden gezwungen sind, schwerwiegend in Grundrechte einzugreifen, nur weil an einer starren „ultima-ratio“-Regelung festgehalten wird.

Neben rechtlichen Gründen zeigt im übrigen die Praxis in den USA, daß allein wegen der besonderen Schwierigkeiten und Gefahren in der praktischen Umsetzung der Wohnraumüberwachung (z.B. Betreten des Hauses zur Installation der „Wanze“, Stromversorgung, Sendeleistung) sowie dem erhöhten Maß an technischem Aufwand und taktischem Vorgehen andere Maßnahmen (insbesondere die Telefonüberwachung) von den Strafermittlungsbehörden bevorzugt werden[203].

Ergebnis: Bei Konkurrenz gleicher Subsidiaritätsanforderungen ist diejenige Maßnahme vorzunehmen, die im konkreten Fall die größte positive Erfolgsprognose und den am wenigsten intensiven Grundrechtseingriff aufweist. Im Regelfall tritt der Lauschangriff zurück.

(II) Zu beachten ist jedoch, daß diese Abwägung nur bei gleich streng formulierten Subsidiaritätsklauseln zulässig ist. In anderen Fällen muß die akustische

---

200 Vgl. *Binder*, S.35.

201 *Welp*, StV 1994, S.161 (165).

202 *Rieß*, *Mayer*-GS S.367 (387); *Müller*, S.186, m.w.N.; ähnlich *Binder*, S.35 mit Vorrang der positivsten Erfolgsprognose.

203 *Krause*, *Hanack*-FS, S.221 (226 f.) unter Bezug auf die Erkenntnisse von *Böttger/ Pfeiffer*, ZRP 1994, S.7 ff. Diese haben die sog. Wiretap Reports (= ofizielle Abhörberichte aus den USA) aus den Jahren 1987-92 umfassend ausgewertet. Diese Berichte enthalten neben umfassenden Daten für jede einzelne Überwachungsmethode (z.B. Wohnraumüberwachung, Telefonüberwachung, etc.) aufgeschlüsselte detaillierte Angaben, unter anderem zu Dauer, Kosten, Ermittlungserfolge

Wohnraumüberwachung nach der eindeutigen Wertung des Gesetzes[204] hinter sonstige erfolgsversprechende Ermittlungshandlungen zurücktreten.

Letzteres führt zur grundsätzlichen Kritik am System der Subsidiaritätsklauseln, da im Gegensatz zu gleichlautenden Formulierungen kein Interpretationsspielraum besteht. *Welp*[205] plädiert deshalb, ausgehend von der Idee, daß zweckrationale Gesichtspunkte das System der strafprozessualen Zwangsmaßnahmen bilden, für eine völlige Konvertibilität der Eingriffsnormen in ihren rechtlichen Grenzen. Ansonsten müsse der Lauschangriff als „ultima ratio“ hinter Maßnahmen wie der Video- und Filmaufzeichnung nach § 100c Abs.1 Nr.1a StPO auch dann zurücktreten, wenn der Betroffene hierdurch im Einzelfall schwerste soziale Nachteile erleide, also stärker belastet werde[206].

Wie *Binder* treffend ausgeführt hat[207], handelt es sich hierbei jedoch um ein normales Phänomen, das in Ausnahmefällen immer auftreten kann, wenn der Gesetzgeber den Verhältnismäßigkeitsgrundsatz konkretisierende Eingriffsvoraussetzungen normiert. Er setzt rechtliche Grenzen der Anwendbarkeit, was in Einzelfällen auch zu Nachteilen für die Betroffenen führt. Diesbezüglich besteht z.B. kein Unterschied zum Erfordernis einer Katalogtat. Nicht aufgelistete Taten sind u.U. auch unter schwereren sozialen Nachteilen ohne den Lauschangriff aufzuklären.
In der Praxis führt zudem das Festhalten am System der Subsidiaritätsklauseln im Hinblick auf den Lauschangriff nicht wirklich zu Problemen, da sich diese zumeist über die alternativ anwendbare Erschwernisprognose lösen lassen. § 100c Abs.1 Nr.3 StPO enthält als einzige Maßnahme das Kriterium der „unverhältnismäßigen“ Erschwernis. Aufgrund des besonders intensiven Eingriffs in das Grundrecht der Unverletzlichkeit der Wohnung folgt hieraus interpretativ das Postulat der „ultima ratio“. Erscheint dies im konkreten Einzelfall einmal als ungerecht, können dies nur Fälle sein, in welchen minimal in Art.13 GG eingegriffen wird (z.B. erfolgt statt des kurzzeitigen Abhörens auf dem nicht frei zugänglichen Hof eines Betriebes eine langfristige Überwachung der Gespräche außerhalb von Wohnungen sowie der Telekommunikation). Zwar läßt das Gesetz dem Anwender unmittelbar keinen Raum, die Intensität der Grundrechtseingriffe abzuwägen. Jedoch geht mit einer schweren Rechtsbeeinträchtigung zumeist ein höherer Ermittlungsaufwand einher. In solchen Fällen wird die Erschwernis deshalb keine hohen Hürden für einen Lauschangriff aufstellen, da die Verhältnismäßigkeit zwischen der Erschwernis der Ermitt-

204 Vgl. *Welp*, S.68.
205 *Welp*, S.68.
206 Vgl. *Welp*, S.68; siehe auch *Schäfer*, L/R StPO, § 100a Rn.13; *Rudolphi*, SK StPO, § 100a Rn.13.
207 *Binder*, S.36 f.

lungstätigkeit und dem Grundrechtseingriff dies in jenem konkreten Fall nicht gebietet. Mithin kann es durchaus geschehen, daß in solchen seltenen Einzelfällen dann die akustische Wohnraumüberwachung vorrangig anzuwenden ist. Es erfolgt somit über den Umweg der Erschwernis mittelbar eine Abwägung der betroffenen Rechtsgüter. Hierin liegt der Vorteil des flexiblen Tatbestandsmerkmals der „unverhältnismäßigen“ Erschwernis[208].

Unangesprochen bleibt von der Subsidiaritätsklausel das Verhältnis unterschiedlicher Varianten des Lauschangriffs, z.B. in Wohnzimmer, in Garagen oder in Arbeitszimmer. Hierauf ist im Rahmen der besonderen Verhältnismäßigkeitsprüfung zu achten[209].

VII) Die Kumulierung mehrerer Ermittlungsmaßnahmen

Ein bisher wenig thematisiertes Problem, welches ebenfalls das Verhältnis des Lauschangriffs zu anderen Maßnahmen betrifft, beinhaltet die Frage nach dessen kumulativer Anwendbarkeit mit anderen Ermittlungsmaßnahmen. Unklar ist, ob hierdurch eine Maßnahme neuer Qualität entsteht und ob die Gesamtheit von Maßnahmen einen intensiveren Eingriff in Grundrechte darstellen als die jeweiligen einzelnen Eingriffe[210].

Ein typisches Beispiel für eine solche Kumulation, welche sogar mit einem eigenen Begriff belegt wurde, ist der „kleine“ Lauschangriff. Er erfolgt in Verbindung mit einem Einsatz eines nicht offen ermittelnden Beamten. Obgleich diese Kombination dem Gesetzgeber bekannt gewesen ist, enthält das Gesetz selber keine ausdrückliche Regelung für diese oder andere Maßnahmenhäufungen. Die Subsidiaritätsklausel normiert lediglich das alternative Verhältnis zu anderen Observationsmaßnahmen. Ihr Wortlaut verbietet es allerdings - schon aufgrund seiner negativen Formulierung - auch nicht, daß der Lauschangriff parallel mit anderen Ermittlungsmaßnahmen erfolgt. „Auf andere Weise“ drückt nur aus, daß ohne den Lauschangriff das Ermittlungsziel nicht oder nur unverhältnismäßig erschwert erreicht werden kann, nicht aber, daß hierzu nicht noch andere Ermittlungsmaßnahmen notwendig sein können. Die Umstände des Einzelfalles können deshalb die Prognose rechtfertigen, daß die Erforschung des Sachverhalts ohne den kumulativen Einsatz des Lauschangriffs mit einer weiteren Maßnahme „unverhältnismäßig erschwert“ bzw. „aussichtslos“ wäre.

---

208 Ebenso i.E. *Müller*, S.186 ff., jedoch mit teilweise abweichender Begründung. So werden die einzelnen Alternativen der Subsidiaritätsklausel nicht streng auseinandergehalten.
209 Siehe unten Teil 4 B.
210 Vgl. z.B. OLG Düsseldorf, NStZ 1998, S.268; *Comes*, StV 1998, S.560 (570 f.).

Da nun die Kumulation nicht ausdrücklich verboten ist und der Gesetzgeber keine Regelung getroffen hat, wird zum Teil vertreten, daß ihr weder einfach gesetzlich noch verfassungsrechtlich Probleme entgegen stünden. So stellt nach Ansicht des OLG Düsseldorf die parallele Vornahme verschiedener Ermittlungsmaßnahmen keinen weiteren, eine besondere gesetzliche Ermächtigungsgrundlage erfordernden, Eingriff in die Grundrechte des Betroffenen dar. Die jeweiligen Ermächtigungsgrundlagen folgten dem Gebot der Normenklarheit, wobei der unterschiedlichen Grundrechtsintensität der jeweiligen Maßnahmen durch verschärfte materielle Anforderungen und prozessuale Vorkehrungen hinreichend Rechnung getragen würde. Basierend auf der fehlenden gesetzlichen Regelung stellt das OLG Düsseldorf mithin auf die Einzelmaßnahmen ab und prüft allein deren Rechtfertigung[211].

Problematisch ist jedoch, daß mit mehreren heimlichen Ermittlungsmaßnahmen, die kumulativ angewendet werden, zum Teil der Eingriff in die Rechte des Betroffenen intensiviert wird. So gibt z.B. das Abhören und Aufzeichnen ausschließlich des in der Wohnung nicht offen gesprochenen Wortes dem Betroffenen noch unüberwachten Raum zur Lebensgestaltung. Wird er jedoch noch zusätzlich telefonisch und ggf. außerhalb der Wohnung akustisch beobachtet, führt dies zu einer vollständigen Überwachung durch den Staat, die diesen in die Lage versetzt, in wesentlich kürzerer Zeit als bei einer alleinigen Wohnungsüberwachung nahezu lückenlos sämtliche Bewegungen und Lebensäußerungen des Observationsobjekts zu registrieren und zu einem Persönlichkeitsprofil zusammenzufügen. Dies kann bis zu einer Kernbereichsverletzung des Rechts auf Privatsphäre führen[212]. Hier setzt deshalb auch die Kritik an. Die Strafprozeßordnung stellt an die einzelnen Maßnahmen je nach Schwere und Intensität ihres Eingriffs unterschiedliche Voraussetzungen. Folglich stünde es mit dieser Grundposition in Widerspruch, die Bündelung von verschiedenen Maßnahmen, die den Betroffenen in entschieden höherem Maße in seinen Grundrechten treffen können, von solchen Eingriffsschwellen unberührt zu lassen oder sie gegebenenfalls nur an die Voraussetzungen zu knüpfen, die für die je einzelnen Maßnahmen vom Gesetz verlangt werden[213].

Allerdings vermag diese Kritik nur teilweise zu überzeugen, da sie sich nicht bezüglich sämtlicher heimlicher Ermittlungsmaßnahmen halten läßt. Sie trifft auf Observationsmaßnahmen mit technischen Mitteln zu, deren Überwachungsbereiche sich nicht überschneiden. Hierzu gehören im Verhältnis zum Lauschangriff die in §§ 100a, 100c Abs.1 Nr.2 StPO geregelten Maßnahmen.

---

211 OLG Düsseldorf, NStZ 1998, S.268 f.

212 BVerfGE 27, 1 (6 f.); 65, 1 (42 ff.); vgl. oben Kap.II Teil 1 C V 4 c.

213 *Comes*, StV 1998, S.569 (571).

Kombiniert man hingegen den Lauschangriff mit dem Einsatz eines VE nach §§ 110 ff. StPO zur Steigerung von dessen Effektivität zu einem „kleinen" Lauschangriff, so stellt dies einen im Vergleich zum alleinigen („großen") Lauschangriff in Schwere und Intensität nicht einzuordnenden Grundrechtseingriff dar. Einerseits ist er weniger intensiv, da nur aufgezeichnet wird, was die Ermittlungsbehörden ohnehin erführen. Das Vertrauen in die Verschwiegenheit des Gesprächspartners ist per se nicht schutzwürdig, sondern ein typisches Risiko. Andererseits ist der Eingriff mittels eines VE durch dessen weitergehende, insbesondere optische Wahrnehmungsmöglichkeiten und direkte Kontakte auch intensiver als der „große" Lauschangriff. Aber selbst bezüglich heimlicher Ermittlungsmaßnahmen mit technischen Mitteln ist nicht davon auszugehen, daß der Gesetzgeber mehrere parallele Maßnahmen verhindern wollte. Er hätte leicht eine entsprechende Regelung treffen können. Zudem besteht ein großes Bedürfnis an derartigen Bündeln heimlicher Maßnahmen, da dies die Effizienz erheblich steigern kann. So weist die Kombination von Telefonüberwachung und Abhören des nicht öffentlich gesprochenen Wortes mittels Mikrophon in den USA mit 97,5 % an belastenden Vorgängen und 58,2 % Verhaftungen bzw. 38 % Verurteilungen pro in Betrieb genommene Anlagen die höchste Erfolgsquote elektronischer Überwachungsmaßnahmen auf[214].

Folglich sind weitere Ermittlungsmaßnahmen kumulativ neben dem Lauschangriff grundsätzlich zulässig. Die angesprochene Kritik darf man bezüglich der Zulässigkeit der Maßnahmen jedoch nicht gänzlich außer acht lassen. Ihr ist mit der Maßgabe Rechnung zu tragen, daß bei der Entscheidung über die einzelne Maßnahme jeweils auch eine Gesamtwürdigung der Ermittlungslage im Hinblick auf den Verhältnismäßigkeitsgrundsatz zu erfolgen hat, der auch im Rahmen der Gesetzesanwendung beachtet werden muß[215]. Die Kumulation ist mithin einer Verhältnismäßigkeitspüfung im Einzelfall zu unterziehen.

Für die Praxis bedeutet dies, daß der den Lauschangriff anordnenden Kammer ein Überblick über das gesamte Bündel der bereits angeordneten oder beabsichtigten Maßnahmen zu verschaffen ist. Die einzelnen Maßnahmen dürfen nicht nur jeweils auf sich allein zugeschnitten und begründet werden[216]. Da nur der Lauschangriff von der Staatschutzkammer am Landgericht anzuordnen ist, andere richterliche Ermittlungsmaßnahmen hingegen vom Ermittlungsrichter am Amtsgericht, kommt die Aufgabe einer ausreichenden Unterrichtung der Staatsanwaltschaft zu. Hierzu ist sie bei Beantragen eines Lauschangriffs ohnehin verpflichtet, weil sich ansonsten die Anordnung der Staatsschutzkammer in ih-

214 *Böttcher/ Pfeiffer*, ZRP 1994, S.7 (12).
215 Vgl. OLG Düsseldorf, NStZ 1998, S.267.
216 Vgl. *Comes*, StV 1998, S.569 (571).

rer Begründung auf unzureichende oder selektive Informationen stützt und somit rechtswidrig ist[217].

VIII) Die Subsidiarität beim „kleinen" Lauschangriff

Zu beachten ist, daß die Subsidiaritätsklausel auch für den „kleinen" Lauschangriff gilt, da dieser keine eigenständige Regelung im Gesetz gefunden hat, weshalb, obgleich der Beamte nur aufzeichnet, was er ohnehin hört[218], dieselben Regeln wie bei sonstigen Kumulationen des Lauschangriffs mit anderen Ermittlungsmaßnahmen gelten. So ist der „kleine" Lauschangriff z.B. in Verbindung mit dem Einsatz eines VE nur gerechtfertigt, wenn dessen alleiniger Einsatz die Erforschung des Sachverhalts nicht ermöglichen bzw. erheblich erschweren würde. Folglich muß gerade die Effektivitätssteigerung, die durch das zusätzliche Abhören und Aufzeichnen erreicht wird, die erhebliche Erschwernis bzw. Unmöglichkeit beseitigen. Derartige Steigerungen liegen in der Kontrolle der Aussage des VE, welche dessen Beweiswert erhöht, und in der genauen Dokumentation, die es ermöglicht, Gespräche wörtlich wiederzugeben und komplexe Inhalte zu erfassen. So wäre ein Lauschangriff anzuordnen, wenn der VE bei Geschäftsverhandlungen zugegen ist, die sich mit vielen detaillierten Zahlenangaben von Verfahrenzrelevanz befassen.

Daneben ist es fraglich, ob auf den alleinigen Einsatz eines VE verzichtet und stattdessen eine akustische Wohnraumüberwachung, insbesondere in Form eines „kleinen" Lauschangriffs, damit begründet werden kann, daß ansonsten die Erforschung des Sachverhalts in anderen Strafverfahren, die ebenfalls Katalogtaten des § 100c Abs.1 Nr.3 StPO untersuchen, unmöglich oder unverhältnismäßig erschwert wird. Dies ist der Fall, wenn ansonsten die Aufdeckung des VE aufgrund seiner Zeugenaussage droht, womit er für andere Verfahren wertlos wird. Im Unterschied zu anderen Ermittlungsmaßnahmen ist der Einsatz eines VE oftmals nicht auf ein Strafverfahren beschränkt, da sich das Einschleusen ins Milieu erfahrungsgemäß schwierig gestaltet[219]. Mittels der Abhörprotokolle oder durch die Vernehmung der mithörenden Beamten, deren Identität nicht schutzwürdig ist, stünde dem Gericht eine Alternativmöglichkeit zur Vernehmung des VE zur Disposition, um sich unmittelbare Beweise zu beschaffen.

---

217 Hierzu unten Teil 2 C III.
218 BT-DS 12/989, S.39.
219 Bei sonstigen, nicht offen ermittelnden Beamten (NOEB) besteht diese Gefahr nicht, da sie nicht auf Dauer operieren.

Grundsätzlich wird ein Lauschangriff aus diesem Grund zu rechtfertigen sein. Wie die Regelung des § 100d Abs.5 S.2 StPO zeigt, sind Strafverfahren nicht isoliert zu betrachten. Da jedoch zur Geheimhaltung der Identität des VE von der Rechtsprechung noch andere Schutzmechanismen entwickelt wurden, die allerdings zu Lasten der Unmittelbarkeit der Beweise und der Öffentlichkeit des Verfahrens gehen[220], hat im Einzelfall eine Abwägung aus ex ante-Sicht zwischen diesen Belangen und der gesteigerten Grundsrechtsbeeinträchtigung im Falle des „kleinen" Lauschangriffs zu erfolgen.

IX) Sonderfall: Verdacht einer Straftat nach §§ 152a, 261 Abs.3, 332 oder 334 StGB

Wie oben bereits angesprochen, sind andere Ermittlungsmaßnahmen auch dann aussichtslos, wenn sie rechtlich unmöglich sind. Hierdurch können in den Fällen des Verdachts der Bestechlichkeit oder Bestechung (§§ 332,334 StGB) sowie der Fälschung von Zahlungskarten und Vordrucken für Euroschecks (§ 152a StGB) Wertungswidersprüche auftreten, die in Zusammenhang mit Unstimmigkeiten zum Straftatenkatalog des § 100a StPO stehen[221]. Dieser enthält nämlich die eben genannten Tatbestände nicht, während § 100c Abs.1 Nr.3 StPO sie auflistet. Eine primär anzuwendende Überwachung des Telefons oder des außerhalb der Wohnung gesprochenen Wortes ist mithin nicht möglich.

Denkbar ist deshalb zum einen eine Umgehung der insoweit restriktiveren Telekommunikationsüberwachung mittels des Lauschangriffs, z.B. in Form einer „Wanze" neben dem Telefon[222]. Andererseits stellt in derartigen Situationen ein Lauschangriff einen Verstoß gegen den Grundsatz der Verhältnismäßigkeit dar. Dies wird deutlich, wenn man sich vergegenwärtigt, daß die Überwachung des in der Wohnung gesprochenen Wortes im Verhältnis zum außerhalb der Wohnung gesprochenen Wortes - wo der Katalog des § 100a StPO Anwendung findet - einen intensiveren Eingriff darstellt. Es sind aber keinerlei Gründe ersichtlich, weshalb eine Maßnahme nach § 100c Abs.1 Nr.2 StPO nicht ebenso generell geeignet sein soll, Straftaten nach §§ 152a, 332 oder 334 StGB aufzuklären. Die sich unbeobachtet fühlenden Beschuldigten führen ermittlungsrelevante Gespräche nicht nur in Wohnräumen, sondern auch in Autos, im Park oder am Telefon[223]. Bei dem vorliegenden Widerspruch handelt es sich auch nicht nur

---

220 Siehe hierzu *Beulke*, StPO Rn.425 ff. m.w.N.
221 Vgl. *Nack*, KK StPO, § 100c Rn.44.
222 Vgl. LG Bremen, StV 1998, S.525 (526).
223 Vgl. *Krombacher*, Anhörung zu BT-DS 13/8650, 13/8651, S.1.

um eine Wertungswiderspruch, wie er in Einzelfällen bei der Umsetzung tatbestandlich begrenzt einschlägiger Ermittlungsmaßnahmen aus der Natur der Sache entsteht. Das Stufenverhältnis zwischen § 100c Abs.1 Nr.2 und Nr.3 StPO ist unzweideutig. Verzichtet der Staat aber in solchen Fällen generell auf ein milderes Mittel, kann er nicht auf das stärkere zurückgreifen ohne gegen das Gebot der Erforderlichkeit zu verstoßen. Die Unverhältnismäßigkeit ist deshalb im Gesetz begründet, welches mithin in Widerspruch zum Grundgesetz (Rechtsstaatsprinzip) steht.

Als Lösung dieses Konflikts könnte man in Betracht ziehen, den Katalog des § 100a StPO mittels eines a maiore ad minus Schluß zu erweitern und somit in der ausdrücklichen Ermächtigung zum Lauschangriff auch eine Befugnis für Maßnahmen nach §§ 100a, 100c Abs.1 Nr.2 StPO zu erblicken. Jedoch sollte die analoge Anwendung von Ermächtigungsnormen, die nicht unerhebliche Grundrechtseingriffe gestatten, zurückhaltend gehandhabt werden, zumal der Katalog des § 100a StPO als abschließend gilt[224].

Richtigerweise ist deshalb § 100c Abs.1 Nr.3 StPO verfassungskonform so auszulegen, daß sowohl auf den Lauschangriff als auch auf Maßnahmen nach §§ 100a, 100c Abs.1 Nr.2 StPO zu verzichten ist, wenn die Sachverhaltsaufklärung im konkreten Fall bei Rückgriff auf letztere nicht aussichtslos und erheblich erschwert wäre[225]. De lege ferenda ist eine Klarstellung wünschenswert, wofür es auch schon Anzeichen gibt[226].

Keine Probleme bereitet hingegen die alleinige Erwähnung der versuchten Geldwäsche (§ 261 Abs.3 StGB) im Katalog des § 100c Abs.1 Nr.3 StPO[227]. Der Katalog des § 100a StPO enthält explizit die vollendete Geldwäsche (§ 261 Abs.1, 2, 4 StGB), ist nach seinem Wortlaut aber generell auf die versuchte Tat anwendbar.

224 *Rudolphi*, SK StPO, § 100a Rn.10; *Maiwald*, AK StPO, §100a Rn.6.

225 Gegen eine analoge Anwendung wohl auch LG Bremen, StV 1998, S.525 (326), welches den Antrag einer „Wanze" in Nähe des Telefons bei Verdacht einer Straftat nach § 332 StGB unter anderem wegen Umgehung des § 100a StPO ablehnte.

226 Dem Bundestag liegt mittlerweile ein Gesetzesantrag einiger CDU-Abgeordneter zur Ergänzung des § 100a StPO um die §§ 332, 334 StGB vor (BT-DS 14/162, S.3 f.).

227 A.A. wohl *Nack*, KK StPO, § 100c Rn.44.

Teil 2: Die formellen Voraussetzungen der Anordnung zum Lauschangriff

Der Gesetzgeber hat für die akustische Wohnraumüberwachung besondere formale Voraussetzungen normiert, welche für den Grundrechtsschutz des Einzelnen eine wesentliche Rolle spielen, insbesondere da die in Betracht kommenden Maßnahmen heimlich erfolgen und so die Schwächen des Grundrechtsschutzes verfahrensrechtlich kompensiert werden müssen[228]. In einem Vergleich mit anderen strafprozessualen Eingriffsbefugnissen zur Beweiserhebung werden bezüglich der akustischen Wohnraumüberwachung die strengsten Maßstäbe angelegt[229].

A) Antragsbefugnis

Maßnahmen nach § 100c Abs.1 Nr. 3 StPO werden grundsätzlich gemäß 100d Abs.2 S.1 StPO von den dort genannten Strafkammern angeordnet. Jedoch werden diese nicht aus eigener Initiative, sondern nur auf Antrag der das Ermittlungsverfahren führenden Staatsanwaltschaft tätig[230]. Das Ermittlungsverfahren liegt grundsätzlich in deren Hand, weshalb sie auch als „Herrin des Ermittlungsverfahrens" tituliert wird[231].

B) Anordnungsbefugnis

I) Die Zuständigkeit im Regelfall

Maßnahmen nach § 100c Abs.1 Nr.3 StPO dürfen gemäß § 100d Abs.2 S.1 StPO grundsätzlich nur durch die in § 74a GVG genannte Strafkammer des Landgerichts angeordnet werden, in dessen Bezirk die Staatsanwaltschaft, welche die Maßnahme beantragt, ihren Sitz hat[232]. Die sog. Staatsschutzkammern

---

228 Vgl. *Denninger*, StV 1998 S.401 (405).

229 Eine gute Übersicht bieten *Bernsmann/Jansen*, StV 1998, S.217 ff.

230 Vgl. BT-DS 13/8651, S.13; 13/9661, S.6; krit. *Müller*, S.160 f.

231 *Beuke*, StPO Rn.79.

232 Die genaue Bestimmung der Staatsanwaltschaft ergibt sich nicht aus dem Gesetzestext selber, jedoch aus der Gesetzesbegründung, die von „in dessen Bezirk die die Maßnahme beantragende Staatsanwaltschaft ihren Sitz hat" spricht (BT-DS 13/8651, S.14). Eine diesbezügliche Ergänzung auch des Gesetzestextes wäre aus Gründen der Klarheit wünschenswert (vgl. *Froschauer*, Anhörung zu BT-DS 13/ 8650, 13/8651, S.11). Im Unterschied hierzu wäre nach der Ermittlungsrichterklausel (§ 162 StPO) grundsätzlich das Gericht zuständig, „in dessen Bezirk die Handlung vorzunehmen ist" (vgl. *Müller*, S.195).

werden insoweit als Sonderform des Ermittlungsrichters tätig[233]. Wegen der besonderen Eingriffsintensität reicht nach Ansicht des Gesetzgebers einfach eine Anordnung des Landgerichts nicht aus, sondern es bedarf darüber hinaus einer Konzentration der Anordnungskompetenz an einer bestimmten Kammer des OLG - Bezirks (§ 74a Abs.1 und 4 GVG)[234]. Bei Maßnahmen des Generalbundesanwaltes ist dies gemäß §§ 123, 141 GVG das Landgericht Karlsruhe. Die Anordnungskompetenz geht auch im Zwischen und Hauptverfahren - anders als dies bei sonstigen einfach richterlichen Anordnungen der Fall ist (§§ 100b, 100d Abs.1, 110b Abs.2 StPO)[235] - nicht auf das Gericht der Hauptsache über. § 100d Abs.3 S.5 StPO beschränkt die Kammerzuständigkeit auf das Ermittlungsverfahren nur im Hinblick auf die Feststellung von Verwertungsverboten. Die Staatsschutzkammern werden, weil sie ansonsten erkennende Gerichte des ersten Rechtszuges sind, gemäß § 76 Abs.1 S. 1, 1.Alt. GVG mit drei Richtern und zwei Schöffen besetzt. Da die Anordnung nach § 100d Abs.2 S. 1 StPO als Entscheidung außerhalb der Hauptverhandlung ergeht, wirken die Schöffen nach § 76 Abs.1 S.2 GVG nicht mit, weshalb eine Kammer mit drei Berufsrichtern die Entscheidung trifft. Hiermit wird der Vorgabe des Art.13 Abs.3 S.4 GG, der die Anordnungkompetenz auf einem Spruchkörper mit drei Richtern zu übertragen verlangt, genüge getan[236].

Dennoch wird diese Regelung im Hinblick auf den Grundsatz der Verhältnismäßigkeit kritisiert und als effektive Ergänzung ein zusätzlicher Ministervorbehalt angedacht. Im eigenen Ressort flössen die Informationen leichter als zwischen Polizei und Justiz und ein Minister, der persönlich die Verantwortung trage, agiere allein schon wegen des öffentlichen Drucks restriktiver[237]. Diese Kritik vermag jedoch nicht zu überzeugen, da sie umgekehrt auch eine Abhängigkeit von der öffentlichen Meinung und der Tagespolitik bewirkt. Diese Form der Vermengung von Justiz und Politik liefe der durch die Kammeranordnung bezweckten Objektivität und Neutralität zutiefst entgegen. Zudem ist der Ermittlungsrichter zwar auf ausführliche Informationen angewiesen, die Ermittlungsbehörden sind zu deren Erteilung aber auch verpflichtet[238].

---

233 BT-DS 13/9661, S.6.

234 Krit. *Müller*, S.163.

235 *Kühne*, StPO Rn.409.

236 Im Laufe des Gesetzgebungsverfahrens wurde zwar die Übertragung auf die Vorsitzendenkammer eines OLG erwogen (vgl. BR-DS 694/95; *Geiß*, Anhörung zu BT-DS 13/8650, 13/8651, S.1). der hierdurch erhoffte Überblick über Anzahl, Art und Umfang der laufenden akustischen Wohnraumüberwachungen wird aber durch eine Konzentration an bestimmten Landgerichten in gleichem Maße gewährleistet.

237 *Bull*, Anhörung zu BT-DS 13/8650, 13/8651, S.5 f; krit. *Müller*, S.165.

238 Vgl. *Gropp*, JZ 1998, S.501 (502).

Zu beachten ist, daß bei Anordnungen eines Lauschangriffs aufgrund § 100c Abs.1 Nr.3 d, e StPO in den Fällen des Verdachts einer Straftat nach §§ 80a, 85, 87, 88, 129 Abs.4 StGB die Staatschutzkammer sowohl als anordnendes Gericht als auch als Gericht in der Hauptsache (§ 74a GVG) zuständig ist[239]. Dies bietet Anreize zu verfahrensstörenden Anträgen (z.B. Beweisanträge auf Vernehmung der Kammermitglieder als Zeugen über die Mitwirkung im Ermittlungsverfahren oder Befangenheitsanträge)[240]. Die Konzentration auf eine Kammer beinhaltet somit auch einen Nachteil, der jedoch im Ergebnis hinzunehmen ist.

II) Die Zuständigkeit bei Gefahr im Verzug

1) Die Eilanordnung durch den Kammervorsitzenden

Bei Gefahr im Verzug kann gem. § 100d Abs.2 S.2 StPO die Anordnung der Maßnahmen zur akustischen Wohnraumüberwachung auch durch den Vorsitzenden der Staatsschutzkammer ergehen. Diese Übertragung der Anordnungskompetenz steht in Einklang mit Art.13 Abs.3 S.4 GG[241]. Falls kein Staatsanwalt erreichbar ist, steht dem Vorsitzenden der Kammer auch ohne staatsanwaltschaftlichen Antrag das Initiativrecht nach § 165 StPO zu[242].
Auch wenn es wünschenswert erscheint, selbst bei Gefahr im Verzug einen Richter im Hinblick auf den intensiven Grundrechtseingriff des Lauschangriffs einzuschalten, so führt diese vom Gesetzgeber getroffene Lösung zu Problemen, wie zwei Beispielsfälle aufzeigen.

(1) Damit ein KfZ abgehört werden kann, wird eine Maßnahme nach § 100c Abs.1 Nr.2 StPO beantragt und genehmigt. Fährt nun der Beschuldigte in seine Garage, unterliegt das Gesprochene plötzlich dem Schutz der Wohnung. Die Fortführung der Aktion wäre in der Praxis keine Schwierigkeit und bedürfte keiner zusätzlichen Vorbereitungsmaßnahmen. Eine Eilanordnung des vorsit-

---

239 Zu beachten ist, daß in derartigen Fällen wegen Art.13 Abs.3 S.4 GG auch nach der Eröffnung der Hauptverhandlung eine Verkürzung der Kammerbesetzung auf zwei Berufsrichter gemäß § 76 Abs.2 GVG in Bezug auf die Anordnung eines Lauschangriffs nicht möglich ist.

240 *Weber*, Anhörung zu BT-DS 13/8650, 13/8651, S.6; *Müller*, S.195.

241 *Weber*, Anhörung zu BT-DS 13/8650 13/8651, S.7, weist hingegen auf ein praktisches Problem hin, da ein Bereitschaftsdienst schwer zu organisieren sei.

242 Demnach kann ein Richter ausnahmsweise gemäß § 165 StPO Untersuchungshandlungen bei Gefahr im Verzug auch ohne Antrag vornehmen, wenn kein Staatsanwalt erreichbar ist (sog. richterliche Nothandlung). Theoretisch findet diese Norm (die dem Wortlaut nach nicht einschlägig ist, da nur von einem Richter im Singular gesprochen wird) sinngemäß auch bezüglich der Anordnungskompetenz einer Kammer Anwendung. In der Praxis dürfte es jedoch so gut wie ausgeschlossen sein, daß eine sich Kammer zusammenfindet, ohne daß zwischenzeitlich ein Staatsanwalt erreichbar wäre.

zenden Richters der Staatsschutzkammer wird jedoch regelmäßig nicht rechtzeitig einzuholen sein.

(2) Ähnlich verhält es sich, wenn im Rahmen eines von der Kammer angeordneten „kleinen" Lauschangriffs ein VE, der den Sender bei sich trägt, die Zielperson beispielsweise im Zimmer eines Hotels trifft. Überraschend teilt nun die Zielperson mit, daß die Besprechung in einen anderen Raum verlegt werde. Eine Kammeranordnung für diesen Raum fehlt jedoch, da mit einem Ortswechsel nicht gerechnet wurde, und ist so schnell auch nicht zu erlangen. Praktisch wäre eine Abhöraktion auch hier problemlos ohne weitere Vorbereitungszeit möglich[243].

Wie beide Beispiele zeigen, gibt es ein Bedürfnis, flexibel auf Ortsveränderungen zu reagieren. Dem steht die Regelung des § 100d Abs.2 StPO jedoch eindeutig entgegen, die der Staatsanwaltschaft keine Eilkompetenz zum Lauschangriff einräumt. Im ersten Beispiel mag man vielleicht gestützt auf die besondere Bedeutung der räumlichen Privatsphäre noch einwenden können, daß es unbedingt einer richterlichen Anordnung bedürfe. Jedoch hat auch die Maßnahme nach § 100c Abs.1 Nr.2 StPO gemäß § 100d Abs.1 S.1 StPO regelmäßig ein Richter, wenn auch keiner der Staatsschutzkammer, angeordnet. Im zweiten Beispiel greift dieses Argument ohnehin nicht mehr, insbesondere wenn der ursprüngliche Treffpunkt nicht die Wohnung des Beschuldigten ist (keine Subsidiarität nach § 100c Abs.2 S.5 StPO), da eine Anordnung der Staatsschutzkammer vorliegt, nur eben für die falschen Räumlichkeiten. Eine Erstreckung auf letztere ist jedoch nicht möglich, da in der Anordnung die Wohnung zu bezeichnen ist[244].
Man könnte zwar versuchen, eine Anordnung zur Eigensicherung ohne richterliche Beteiligung gemäß Art.13 Abs.5 GG zu erlassen. Eine Verwertung der hierdurch erlangten Erkenntnisse wäre per se nicht ausgeschlossen, da diesbezüglich eine richterliche Feststellung der Rechtmäßigkeit zwar notwendig wäre (§ 161 Abs.2, 1.HS StPO), diese aber bei Gefahr im Verzug nachholbar ist (§ 161 Abs.2, 2.HS StPO). Jedoch verlangt dies, daß die Maßnahme ausschließlich zum Schutz des heimlich ermittelnden Beamten ergeht[245]. Im Beispielsfall läge somit bei einer solchen Vorgehensweise eine rechtswidrige Umgehung des Richtervorbehalts aus § 100d Abs.2 StPO vor.

Im Ergebnis ist festzuhalten, daß beide Beispielsfälle der Anordnung durch die Staatsanwaltschaft oder ihrer Hilfsbeamten bedürften, um flexible Eingriffe zu

---

243 Beide Beispiele lehnen sich an *Krombacher* an; Anhörung zu BT-DS 13/8650, 13/8651, S.10.
244 Siehe unten C III.
245 Siehe oben Kap.I Teil 1 C.

ermöglichen. Deren Kompetenz läßt dies jedoch sowohl nach dem Wortlaut, als auch der Entstehungsgeschichte eindeutig nicht zu. Deshalb bedarf das Gesetz, zumindest für Konstellationen wie im zweiten Beispielsfall, einer Ergänzung welche die staatsanwaltschaftlichen Eilanordnung gestattet. Ansonsten ist der „kleine" Lauschangriff seitens der Organisierten Kriminalität einfach durch Ortswechsel zu begegnen. De lege ferenda ist es deshalb wünschenswert, daß bei Gefahr im Verzug, insbesondere bei Vorliegen einer Anordnung durch die Staatsschutzkammer bezüglich einer anderen Wohnung, auch die Staatsanwaltschaft oder deren Hilfsbeamte eine Maßnahme nach § 100c Abs.1 Nr.3 StPO vorbehaltlich einer späteren Genehmigung durch die Staatsschutzkammer anordnen können. Zu beachten ist allerdings, daß dies einer Änderung des Art.13 Abs.3 GG bedarf. Hier zeigt sich der Nachteil der detaillierten Regelung des Lauschangriffs im Grundgesetz.

2) Die Kammerbestätigung

Eine aufgrund der Eilkompetenz erlassene Anordnung bedarf, um fortzuwirken, binnen dreier Tage nach ihrem Erlaß der Bestätigung durch die gesamte Strafkammer (§ 100d Abs.2 S.3 StPO).

a) Bestätigungsfrist

Gemäß § 42 StPO zählt der Tag der Anordnung selber nicht mit. Fraglich ist, ob § 100d Abs.2 S.3 StPO eine Maximalfrist setzt, eine Bestätigung demnach so früh als möglich erfolgen muß, spätestens aber in drei Tagen, oder aber ob generell nach Belieben die Dreitagesfrist ausgeschöpft werden kann. Bezüglich der Anordnung von Maßnahmen nach § 100c Abs.1 Nr.2 StPO durch Eilkompetenz wird teilweise angenommen, daß die richterliche Bestätigung unverzüglich zu erfolgen habe, also ohne schuldhaftes Zögern[246]. Hierfür findet sich aber im Wortlaut des § 100d Abs.2 S. 3 StPO keine Stütze. Auch erscheint die unverzügliche Bestätigung einer nur staatsanwaltschaftlichen Anordnung erforderlicher, als wenn ein Richter die Eilmaßnahme erlassen hat. So verlangt § 110b Abs.2 StPO für den Einsatz eines VE in der Wohnung bei Gefahr im Verzug die fehlende Entscheidung der Staatsanwaltschaft „unverzüglich herbeizuführen", die richterliche Zustimmung hat hingegen „binnen 3 Tage" zu erfolgen[247].

---

246 *Binder*, S.95; *Müller*, S.193; *Nack*, KK StPO, § 100d Rn.2, will es hingegen ausreichen lassen, wenn die Bestätigung - „wenn möglich" - schon vor Ablauf der Frist eingeholt wird.
247 Siehe aber *v.Stetten*, die „unverzüglich" auch auf die richterliche Zustimmung überträgt.

Allerdings verdeutlicht das Erfordernis des Kammerbeschlusses, daß ein einzelner Richter ebenfalls dem schwerwiegenden Eingriff in die verfassungsrechtlich garantierten Rechte des Betroffenen für längere Zeit nicht gerecht wird[248]. Außerdem liegt insbesondere in Fällen der Gefahr im Verzug eine Erledigung der Maßnahme nahe, weshalb der Betroffene ein berechtigtes Interesse an einer möglichst schnellen Überprüfung der Anordnung durch die gesamte Kammer hat.
Ein effektiver Grundrechtsschutz verlangt jedoch nicht nur eine schnelle Entscheidung, sondern diese hat auch besonnen und überlegt zu erfolgen. Deshalb benötigen die Kammermitglieder Zeit zur Beratung und intensiven Beschäftigung mit den Problematiken des Falls. Ansonsten bestünde die Gefahr, daß die Kammer einfach die Ansichten ihres Vorsitzenden übernimmt. Dieses Spannungsverhältnis hat der Gesetzgeber mit der 3-Tages-Frist entschieden. Soll der Kammer aber der Zeitdruck genommen werden, muß es ohne Folgen bleiben, wenn sie diese voll ausschöpfen[249].

b) Der entscheidungserhebliche Zeitpunkt und die ex nunc-/ex tunc-Wirkung der Bestätigung

(I) Die Bestätigung erfolgt nicht allein nach der Maßgabe der Rechtmäßigkeit der Eilanordnung, sondern die Kammer trifft eine eigene selbständige Entscheidung unter Einbeziehung der Zweckmäßigkeit[250] aus einer ex nunc-Beurteilung. Es wäre mit dem effektiven Schutz des Grundrechts aus Art.13 GG und dem Gebot einer restriktiven Abhörpraxis unvereinbar, zukünftiges Überwachen der Wohnung zu erlauben, obgleich sich z.B. der Sachverhalt dergestalt verändert hat, daß eine Anordnung nicht rechtmäßig ergehen dürfte bzw. von der Kammermehrheit als nicht zweckmäßig angesehen wird. Entscheidungserheblicher Zeitpunkt für den Bestätigungsbeschluß ist deshalb der Zeitpunkt der Bestätigung und nicht der der Eilanordnung. Dies hat zur Folge, daß eine an sich rechtswidrige Eilanordnung u.U. bestätigt wird oder umgekehrt eine rechtmäßige nicht. Problematisch gestalten sich deshalb die Folgen der Bestätigung bzw. deren Ausbleibens[251].

(II) Falls die Bestätigung unterbleibt oder nicht rechtzeitig erfolgt, tritt die Eilanordnung „außer Kraft" (§ 100d Abs.2 S.3 StPO). Fraglich ist, ob dies mit ex nunc- oder mit ex tunc-Wirkung geschieht. Es stellt sich somit die Frage, ob

248 BT-DS 13/ 8951, S.14.
249 A.A. *v.Stetten* hinsichtlich § 110b Abs.2 StPO.
250 Vgl. *Kühne*, StPO Rn.409; *Küpper*, JR 1996, S.214 (215) m.w.N. in Fn.15.
251 Vgl. *Kühne* StPO Rn.558 zu § 98 Abs.2 StPO.

der Lauschangriff von vornherein, also rückwirkend, wegen fehlender Anordnung rechtswidrig wird. Anders ausgedrückt ist zu untersuchen, ob die in Ausübung der Eilkompetenz erteilte Anordnung bis zum Ablauf der 3-Tages-Frist bzw. bis zur ablehnenden Kammerentscheidung rechtmäßig und wirksam bleibt.

(1) Die Antwort hierauf kann für die Fälle offen bleiben, in welchen die Eilanordnung bereits selber rechtswidrig ist und demnach nicht hätte ergehen dürfen (z.B. keine Gefahr im Verzug oder kein Verdacht einer Katalogtat). Selbst eine ex nunc - Wirkung der fehlenden Bestätigung vermag die bereits bestehende Rechtswidrigkeit nicht zu heilen.

(2) Anders verhält es sich, wenn die Eilanordnung rechtsfehlerfrei erfolgt und trotzdem nicht bestätigt wird. Es wird zwar vertreten, daß dann auch die nicht bestätigte Anordnung des Vorsitzenden materiell rechtswidrig sei müsse[252]. Eine solche Schlußfolgerung ist jedoch nicht zwingend. Etwa innerhalb der speziellen Verhältnismäßigkeitsabwägung sind unterschiedliche Ergebnisse in Grenzfällen denkbar, ohne daß hierdurch die Anordnung materiell rechtswidrig sein muß. Die Kammer verfügt hierbei z.B. - ähnlich der Entscheidungsprärogative des Gesetzgebers - im Hinblick auf den zu erwartenden Erfolg notwendigerweise über einen Prognosespielraum. Sie entscheidet somit auch unter Zweckmäßigkeitsgesichtspunkten[253]. Die Bestätigung einer rechtmäßigen Anordnung kann aber auch unterbleiben, weil sich die Maßnahme zwischenzeitlich erledigt hat[254] oder wie oben erwähnt, weil der Zeitraum zwischen Anordnung und der negativen Kammerentscheidung zu einem veränderten Sachverhalt geführt hat[255].
In derartigen Fällen ist die ex nunc- oder ex tunc-Wirkung der ausbleibenden Bestätigung für die Rechtmäßigkeit der aufgrund der Eilanordnung bereits erfolgten Maßnahmen entscheidend. Eine derartige Rückwirkung der Bestätigung ist, wie es der BGH in Bezug auf § 110b Abs.2 StPO getan hat[256], zu verneinen. Diese ex nunc-Wirkung der Bestätigung ist zwar dem, diesbezüglich lediglich andeutungshaften Wortlaut von § 100d Abs.2 S.3 StPO, der davon spricht, daß

---

252 Vgl. *Schroth*, JuS 1998, S.969 (976).

253 Zum Teil wird den Anordnenden auch ein Beurteilungsspielraum bezüglich der Subsidiarität und des Verdachts zugebilligt (ausführlich Kap.IV Teil 2 A II/III). Wer dies bejaht, kann im Einzelfall auch in diesem Bereich zu divergierenden Ansichten zwischen Kammervorsitzenden und Kammer bei gleichem Sachverhalt gelangen.

254 Vgl. BT-DS 13/ 8951, S.14.

255 Diese Unterscheidung erkennt auch *Schroth*, JuS 1998, S.969 (976); vgl. auch *Kühne*, StPO Rn.558.

256 BGH JR 1996, S.515 ff; mit zustimmender Anmerkung von *Beuke/Rogat*.

die Anordnung „außer Kraft tritt", nicht zu entnehmen[257]. Auch läßt sich die These vom Wiederaufleben der Grundzuständigkeit der Staatsanwaltschaft im Falle der Eilkompetenz nicht auf die akustische Wohnraumüberwachung übertragen. Nach dieser These wird richtigerweise in Bezug auf staatsanwaltliche Eilanordnungen (z.B. §§ 100a,b; 110a,b StPO) das Bestehen eines Vorbehalts oder einer auflösenden Bedingung (ex tunc-Wirkung) hinsichtlich der Eilanordnung verneint, da der Richtervorbehalt nur ausnahmsweise bei besonders grundrechtsrelevanten Eingriffen die Rechte in besonderer Weise sichern soll. Bei Gefahr im Verzug gelange deshalb die in Wahrheit eigentliche und somit eigenständige Zuständigkeit der Staatsanwaltschaft wieder zur Geltung[258]. Gemäß § 100d Abs.2 S.2 StPO unterliegt jedoch schon die Eilkompetenz zum Lauschangriff dem Vorbehalt eines Richters und nicht der Staatsanwaltschaft.
Aufgrund dieser Überlegungen ergibt sich allerdings zumindest mittelbar aus Wertungsgesichtspunkten, daß mit der fehlenden Bestätigung lediglich die Fortdauer der Anordnung ihrer rechtlichen Grundlage entzogen wird. Wenn nämlich bereits die staatsanwaltschaftliche Eil-anordnung bzw. Zustimmung, bei fehlender richterlicher Bestätigung nur ex nunc entfällt, muß dies erst recht für die Eilanordnung eines Vorsitzenden der Staatsschutzkammer gelten, der in erheblich höherem Maße die Rechte der Betroffenen wahrt. Mit der Eilkompetenz wird ja nicht auf den Grundrechtsschutz an sich verzichtet, sondern ein besonderes Sicherungsinstrument (Kammerentscheidung) durch ein geringeres (Vorsitzendenentscheidung) ersetzt[259], was in Anbetracht der Eile zur Durchsetzung des staatlichen Interesses an der Strafverfolgung gerechtfertigt ist. Dies führt in der Praxis auch zu keiner Umgehung des Grundrechtsschutzes, da die Vorsitzendenanordnung ohnehin nur auf drei Tage befristet ist und der Erfolg einer Abhöraktion innerhalb dieses Zeitraumes im voraus zumeist nicht absehbar sein dürfte[260].
Im Ergebnis läßt sich somit festhalten, daß einer fehlenden oder verweigerten Bestätigung keine Rückwirkung zukommt.

(3) Diese Erkenntnis muß im Umkehrschluß dann natürlich auch für die erfolgte Bestätigung gelten. Sie vermag ebenfalls nicht eine eventuelle Rechtswidrigkeit der Eilanordnung zu beeinflussen.

---

257 Die Formulierung des § 110b Abs.2 StPO, wonach die Maßnahme „zu beenden" ist, ist ebenso nicht eindeutig, vgl. *Beulke/Rogat*, JR 1996 S.517 (518); siehe auch *Schnarr*, NStZ 1991, S.209 (214); Ein Bedeutungsunterschied zwischen „Bestätigung" (§ 100b Abs.2 StPO) und „Zustimmung" (§ 110b Abs.2 StPO) ist hierbei nicht erkennbar, was auch der BGH verdeutlicht, indem er die Begriffe synonym verwendet; siehe BGH JR 1996, S.515 (516).
258 *Schnarr*, NStZ 1991, S.209 (215); zustimmend BGH JR 1996, S.515 (516); *Beulke/ Rogat*, JR 1996, S.217 (218) zu § 110b Abs.2 StPO.
259 Vgl. *Beulke/Rogat*, JR 1996, S.517 (519).
260 So auch *Beulke Rogat*, JR 1996 S.517 (519) zu § 110b StPO.

c) Der Prüfungsumfang der Kammer

Fraglich ist, ob die Kammer im Rahmen der Bestätigung darauf beschränkt ist, lediglich über die Fortdauer des Lauschangriffs zu entscheiden (ex nunc-Beurteilung) oder auch die Voraussetzungen der Eilanordnung, insbesondere das Vorliegen von Gefahr im Verzug, ihrer Prüfung unterliegen (ex tunc-Prüfung). Diese Problematik ist grundsätzlich von der eben behandelten Wirkung der Bestätigung zu unterscheiden, auch wenn diese ein Argument für den engeren Prüfungsumfang darstellt. Auf den ersten Blick erscheint es nämlich sinnlos, die Eilanordnung und die Eilkompetenz zu prüfen, wenn die Bestätigung aus der ex nunc-Perspektive erfolgt und auf die Zukunft wirkt[261].

Um die Relevanz der ex tunc-Prüfung zu zeigen, muß deshalb auf die Beweisverwertung vorgegriffen werden. Die fehlende Anordnungszuständigkeit führt nämlich - wie später noch ausführlich dargestellt wird - zu einem Verwertungsverbot[262], was dann natürlich auch auf die Fälle der fehlenden Eilkompetenz zutrifft. Da dem auch eine Fernwirkung zukommen kann[263], was weitere, auf die Abhörergebnisse aufbauende, Ermittlungen verbietet, ist eine frühzeitige Überprüfung der Eilanordnung rechtsstaatlich sinnvoll und wünschenswert[264].

Nun obliegt es der Staatsschutzkammer im Ermittlungsverfahren ohnehin, über die Verwertbarkeit von Beweisen im Vorverfahren zu entscheiden (§ 100d Abs.3 S.5 StPO). Angesichts dessen und in Anbetracht der Schwere des Grundrechtseingriffes, der mit der akustischen Wohnraumüberwachung einhergeht, ist eine bloße ex nunc-Prüfung unter Auslassung der Eilzuständigkeit nicht mehr vertretbar. Vielmehr hat die Kammer, solange das Ermittlungsverfahren noch andauert, auch gleich die Rechtmäßigkeit der Maßnahme im Zeitraum der Eilanordnung bis zur Bestätigung zu untersuchen und eine entsprechende Feststellung in der Anordnung zu treffen. Diese Überprüfung beschränkt sich nicht nur auf den Spezialfall eines Verwertungsverbotes wegen der Überwachung eines Zeugnisverweigerungsberechtigten, wie es systematische Stellung und Motive vermuten lassen, sondern auf sämtliche möglichen Verwertungsverbote, was aus § 100d Abs.6 S.1 StPO („auch“) folgt[265]. Der dort allgemein gewährte

---

261 Die bisherige herrschende Auffassung, insbesondere zur Wohnungsdurchsuchung, hat sogar jede nachträgliche gerichtliche Überprüfung staatsanwaltlicher Eilzuständigkeit außerhalb von Willkür verneint (vgl. *Kruis/Wehowsky*; NJW 1999, S.682 (685) m.w.N. in Fn.48, 49; krit. *Kühne*, StPO Rn.409; a.A. jetzt wohl BVerfGE 96,27; 96,44), was aber nicht für den Lauschangriff gilt. § 100d Abs.6 StPO gewährt explizit nachträglichen Rechtsschutz gerade im Hinblick auf den Einwand der prozessualen Überholung.

262 Siehe unten Kap.IV Teil 2 B I.

263 A.A. BGH, ausführlich unten Kap. IV Teil 1 C.

264 *Krause, Hanack*-FS, S.221 (246).

265 *Nack*, KK StPO, § 100d Rn.30.

nachträgliche Rechtsschutz auf Antrag des Betroffenen würde zudem ohnehin nicht ausreichen, da er regelmäßig aufgrund der Heimlichkeit des Lauschangriffs zu spät käme.

Hingegen hat im Zwischen- und Hauptverfahren eine ex tunc-Betrachtung der Eilanordnung im Rahmen der Kammerbestätigung zu unterbleiben, da der Staatsschutzkammer die Nachprüfkompetenz sowohl bezüglich Verwertungsverboten als auch bezüglich der Feststellung der Rechtmäßigkeit der Maßnahme und der Art und Weise ihres Vollzugs entzogen ist (§ 100d Abs.3.S.5, Abs.6 S.2 StPO).

III) Sonderproblem: Räumlichkeiten mit wechselndem Schutzbereich

Nack bezeichnet die Übertragung der ermittlungsrichterlichen Tätigkeit im Rahmen der akustischen Wohnraumüberwachung auf die Staatsschutzkammer als „unzweckmäßig"[266]. Was hiermit gemeint ist, verdeutlichen folgende zwei Beispiele:

(1) Arbeitet die tatverdächtige Person beispielsweise in einer Verkaufshalle, so bedarf es zur akustischen Überwachung außerhalb der Öffnungszeiten der Anordnung der Staatsschutzkammer (§ 100d Abs.2 StPO). Für die übrige Zeit, in welcher der Raum der Öffentlichkeit zugänglich ist, besteht kein Schutz nach Art.13 GG, weshalb der Ermittlungsrichter am Amtsgericht die Maßnahme anordnet (§§ 100d Abs.1, 162 StPO).

(2) Ähnlich verhält es sich bei einer akustischen Überwachung einer Party im umzäunten Garten bzw. Vorgarten eines Hauses. Da diese in den Schutzbereich der Wohnung fallen[267], liegt eine nach Maßgabe des § 100c Abs.1 Nr.3 StPO zu gestattende Maßnahme vor, was der Staatschutzkammer obliegt. Entschließen sich nun die Gäste zu einem kleinen Spaziergang, entfällt wiederum der Schutz des Art.13 GG und eine vom Amtsrichter anzuordnende Maßnahme gemäß § 100c Abs.1 Nr.2 StPO ist gegeben, obgleich die Gespräche unter Umständen problemlos vom selben Richtmikrophon abgehört werden können.

Fraglich ist in beiden Fällen, ob es wirklich jeweils zwei Anordnungen zweier unterschiedlicher Gerichte bedarf. Dies hängt davon ab, ob die Trennung der Befugnisse eher formal oder materiell zu verstehen sind.

---

266 *Nack*, KK StPO, § 100d Rn.7.

267 Vgl. BGH StV 1997, S. 400, siehe auch oben Kap. II Teil 1 B I 2.

Bei letzterem Verständnis wäre es denkbar, eine Maßnahme nach § 100c Abs.1 Nr.2 StPO von einer Anordnung nach Nummer 3 als mitumfaßt anzusehen, da sich letztere Maßnahme materiell von der akustischen Überwachung außerhalb von Wohnungen allein durch das Eingreifen in ein zusätzliches Grundrecht unterscheidet. Ansonsten decken sich in § 100c StPO sämtliche Voraussetzungen der Maßnahmen nach Nummer 2 und 3[268], weshalb ein typischer Schluß a maiore ad minus zu ziehen wäre. In der Kompetenz der Staatsschutzkammer, Maßnahmen nach § 100c Abs.1 Nr.3 StPO anzuordnen, läge mithin gleichzeitig die Kompetenz, Maßnahmen nach § 100c Abs.1 Nr.2 StPO zu erlassen. Dies hätte nicht nur den verfahrens-ökonomischen Vorteil, daß sich nicht zwei Gerichte mit einem Verfahren beschäftigen müßten. Sie hätten zudem einen besseren Überblick über die Sachverhaltsaufklärung und könnten so Notwendigkeiten paralleler Ermittlungsmaßnahmen besser einschätzen. Der Grundrechtsschutz der Bürger wäre besser gewährleistet, da mit der Intensivierung der Überwachung der Grundrechtseingriff verstärkt wird. Es handelt sich ja bei einer natürlichen Betrachtungsweise auch nicht um verschiedene Maßnahmen, auch wenn deren rechtliche Würdigung unterschiedlich erfolgt, sondern beidesmal um eine akustische Überwachung. Hier liegt ein entscheidender Unterschied zu sonstigen Eingriffsbefugnissen, wie z.B. einer Blutprobe nach § 81a StPO oder einer Durchsuchung.

Allerdings stellt das Abhören und Aufzeichnen des nichtöffentlich gesprochenen Wortes auch außerhalb von Wohnungen einen gravierenden Eingriff in die Rechte der Betroffenen dar. Zwar wird Art.13 GG nicht berührt, dafür tritt aber an dessen Stelle das allgemeine Persönlichkeitsrecht in seinen Ausgestaltungsformen des Rechts auf Privatsphäre, am eigenen Wort sowie auf informationelle Selbstbestimmung. Für einen solchen Grundrechtseingriff bedarf es ebenfalls einer klaren gesetzlichen Grundlage. Hierbei unterscheidet das Gesetz eindeutig zwischen Maßnahmen nach § 100c Abs.1 Nr.3 StPO und solchen nach Nummer 2. Diese klare Trennung setzt sich in der Anordnungskompetenz in § 100d StPO fort, der die Anordnungszuständigkeit der Maßnahmen nach § 100c Abs.1 Nr.1 bis 3 StPO differenziert regelt. Jegliche Aussage fehlt, die auf eine Zuständigkeit der Staatsschutzkammer auch außerhalb von Wohnungen überhaupt nur hindeutet. Die Anordnungskompetenz der Staatschutzkammer bezieht sich somit eindeutig nur auf Maßnahmen nach § 100c Abs.1 Nr.3 StPO. Folglich kann diese aufgrund ihrer gemäß § 100d Abs.2 StPO klar begrenzten Zuständigkeit keine Maßnahmen außerhalb des Schutzbereichs von Art.13 GG erlassen[269]. Zudem wäre zu befürchten, daß eine solche erweiterte Kompetenz

---

268 Einzige Ausnahme sind die Katalogtaten nach § 152a, 332, 334 StGB; hierzu siehe oben Teil I B IX.

269 So auch LG Bremen, StV 1998, S.525.

die Regelung des § 100c Abs.1 Nr.2 StPO und die Zuständigkeit des Ermittlungsrichters am Amtsgericht jedesmal, wenn eine akustische Überwachung auch innerhalb einer Wohnung in Frage kommt, leerlaufen ließe. Die eigentliche Kompetenz für die richterliche Tätigkeit im Ermittlungsverfahren liegt aber gerade beim Ermittlungsrichter an Amtsgericht. Der Lauschangriffs ist lediglich ein zusätzliches Aufklärungsmittel für besonders schwere Straftaten, dem der Gesetzgeber wegen des gleichzeitigen schweren Grundrechtseingriffs durch eine besondere Anordnungskompetenz Rechnung getragen hat.

Letztlich entscheidend ist aber, daß eine erweiterte Kompetenz der Staatsschutzkammer in der Praxis nicht wirklich notwendig erscheint. Im ersten Beispielsfall steht von Beginn an fest, welche Räumlichkeiten abzuhören sind, weshalb beiden Gerichten hierzu auch ausreichend Zeit zur Verfügung steht. Im zweiten Fall besteht eine Eilkompetenz der Staatsanwaltschaft und ihrer Hilfsbeamten nach § 100d Abs.1 S.1 StPO für das Abhören und Aufzeichnen außerhalb von Wohnungen, weshalb auch hier regelmäßig problemlos seitens der Ermittlungsbehörden reagiert werden kann. Lediglich im umgekehrten Fall (Ortswechsel in den Schutzbereich des Art.13 GG) können Ermittlungsbeamte und Staatsanwaltschaft nicht reagieren (siehe hierzu oben a) Beispielsfall 2.). Eine Mitanordnungsbefugnis der Staatsschutzkammer könnte Fälle des plötzlichen, nicht vorhergesehenen Verlassens des Wohnungsbereichs im übrigen auch nicht wirklich wirksam erfassen, da auch Anordnungen nach § 100c Abs.1 Nr.2 StPO Art, Dauer und Umfang der Maßnahme enthalten müssen (§ 100d Abs.1 S.2 StPO)[270].

IV) Zusammenfassung

Der Lauschangriff bedarf einer Anordnung durch die Staatsschutzkammer. Bei Gefahr im Verzug kann durch deren Vorsitzenden eine Eilanordnung ergehen, die binnen 3 Tagen einer Bestätigung durch die gesamte Kammer bedarf. Bleibt diese aus, verliert die Eilanordnung ex nunc ihre Wirkung. Bis dahin erfolgte Maßnahmen bleiben folglich rechtmäßig. Entscheidungsrelevanter Zeitpunkt der Bestätigung ist der der Kammerentscheidung, nicht der der Eilanordnung. Die Anordnung nach § 100d Abs.2 StPO beschränkt sich allein auf den Lauschangriff, d.h. zusätzliche Maßnahmen, die einer richterlichen Anordnung bedürfen, muß zwingend der Ermittlungsrichter am Amtsgericht anordnen. De lege ferenda ist es wünschenswert, den Lauschangriff bei Gefahr im Verzug auch durch Eilanordnung der Staatsanwaltschaft zu gestatten, wenn bereits eine

---

270 Siehe *Binder*, S.97 f.

Anordnung der Staatsschutzkammer vorliegt, die lediglich andere Räumlichkeiten betrifft.

C) Form und Inhalt der Anordnung

I) Schriftformerfordernis

Die Regelungen zu Form und Inhalt der Anordnung orientieren sich weitgehend an entsprechenden Vorgaben zur Telekommunikationsüberwachung. Gemäß § 100d Abs.2 S.4 i.V.m. § 100b Abs.2 S.1 StPO, der sinngemäß Anwendung findet, hat die Anordnung - auch bei Gefahr im Verzug - schriftlich zu ergehen. Hierunter fällt auch eine telegraphische Übermittlung oder eine solche per Fax[271].

II) Angaben zu Art, Dauer und Umfang

Nach § 100d Abs.2 S.4 i.V.m. § 100b Abs.2 S.2 und 3 StPO sind in der Anordnung Art, Dauer und Umfang genau zu bestimmen. So wird sichergestellt, daß die Maßnahme im Rahmen des von der Kammer konkretisierten Grundrechtsschutzes erfolgt. Dies verlangt eine genaue Aussage, ob lediglich abgehört oder auch aufgezeichnet wird, ob ein „großer“ oder „kleiner“ Lauschangriff erfolgt, ob von innen oder außen abgehört wird und welche Vorbereitungs- und Begleitmaßnahmen erforderlich sind, soweit diese in Grundrechte eingreifen sollten.

Insbesondere letzteres wird jedoch teilweise bestritten, da ein Fall des § 36 Abs.2 StPO vorläge. Es handele sich bei der akustischen Wohnraumüberwachung um eine Vollstreckungsmaßnahme, welche die Staatsanwaltschaft in eigener Verantwortung durchführe. Das Gericht habe auf die Vollstreckung des richterlichen Beschlusses keinen Einfluß. Die technischen Einzelheiten der Umsetzung fielen deshalb in die Zuständigkeit der Ermittlungsbehörden[272]. Bedenkt man jedoch, daß Vorbereitungs- und Begleitmaßnahmen z.T. einen so intensiven Grundrechtseingriff wie das heimliche Betreten einer Wohnung rechtfertigen können[273], ist in der richterlichen Anordnung auf die zu diesem Zeitpunkt bereits vorhersehbaren unselbständigen Maßnahmen einzugehen. Die Kammer hat als neutrales Organ für eine angemessene und kontrollierbare Begrenzung

271 *Nack*, KK StPO, § 100b Rn.2.

272 Vgl. *Schneider*, NStZ 1999, S.388 (390) m.w.N.; wohl a.A. *Schairer/Krombacher*, Kriminalistik 1998, S.119 (120).

273 Hierzu ausführlich unter Teil 3 B III 3a.

der Zwangsmaßnahme Sorge zu tragen. Der Schutz der räumlichen Privatsphäre darf nicht den ausführenden Beamten überlassen bleiben[274]. Auch im Hinblick auf die nachträgliche Kontrolle der Art und Weise des Vollzugs des Lauschangriffs (§100d Abs.6 S.1 StPO) dürfen der anordnenden Kammer Regelungen zu den Modalitäten des Lauschangriffs, etwa zum Ein- und Ausbau der „Wanze", nicht verwehrt werden[275]. Sie sind vielmehr geboten[276].

Weiter müssen das Ziel des Lauschangriffs, d.h. der Tatvorwurf, und eventuell die zu erhoffenden Informationen in der Anordnung genannt sein, sowie der Name des Beschuldigten, gegen den sich die Maßnahme richtet[277]. Ebenso ist seine Adresse und - falls zur Konkretisierung notwendig - die genaue Lage (z.B. Stockwerk) der abzuhörenden Wohnung aufzuführen. Werden mehrere Wohnungen des Beschuldigten abgehört, sind sie alle zu benennen. Falls die Wohnung eines Unverdächtigen abgehört werden soll, muß die Anordnung auch dessen Name, Adresse und die genaue Konkretisierung der Wohnung enthalten. Inwieweit einzelne Räume oder Bereiche der Wohnung (z.B. Wohnzimmer, Flur) zu benennen sind[278], hat die Kammer unter Beachtung der großen Bedeutung der Privatsphäre und des Verhältnismäßigkeitsgrundsatzes im Einzelfall abzuwägen und zu entscheiden. Oftmals wird eine derartige Angabe mangels Kenntnis der Wohnverhältnisse und der Lebensgewohnheiten nicht möglich oder nicht sinnvoll sein, da ansonsten die Polizei zu stark eingeschränkt wird, nach ermittlungstaktischen Gesichtspunkten vorzugehen. In anderen Fällen hingegen ist dies zu verlangen, insbesondere wenn sich eine größere Anzahl Unbeteiligter in der Wohnung aufhält (z.B. Wohngemeinschaft oder Bürogebäude)[279]. Gleiches gilt, wenn Räume, die i.d.R. Orte intimer Handlungen sind (z.B. Schlafzimmer), abzuhören sind oder wenn mit ausreichender Wahrscheinlichkeit das Gesprächszimmer bekannt ist. Ebenso sind zeitliche und personelle Beschränkungen in der Anordnung zu benennen. Dies beinhaltet neben der geplanten Gesamtdauer (auch wenn diese die Höchstdauer nach § 100d Abs.4 S.1 StPO von 4 Wochen ausschöpft), wenn möglich, die Eingrenzung der Überwachungszeiträume, in denen sich der Beschuldigte in der Wohnung auf-

274 Vgl. zur Durchsuchungsanordnung BVerfGE 42,212 (220); 51, 97 (107 f.); 77, 1 (51); BbgVerfG, NStZ 1998, S.366 m.w.N.

275 So auch *Nack*, KK StPO, § 100d Rn.9,18, der hingegen bei § 100c Abs.1 Nr.2 StPO die Unterrichtung in groben Zügen genügen läßt (KK StPO, § 100d Rn.14).

276 *Müller*, S.199 regt an, auch die zum Abhören befugten Personen zu bezeichnen, um so der Mißbrauchsgefahr durch unbefugte Datenweitergabe entgegenzuwirken. Dies wäre allerdings ein zu starker Eingriff in die Eigenständigkeit der Ermittlungsbehörden.

277 *Müller*, S.198.

278 So geschehen im Antrag der StA Bremen, StV 1998, S.525; vgl. *Müller*, S.199.

279 *Nack*, KK StPO, § 100d Rn.18.

hält[280], und die Benennung der Gesprächspartner, die nach §§ 100d Abs.3 S.1, 53 Abs.1 StPO oder aus sonstigen Gründen nicht abgehört werden dürfen[281]. Aus diesem Grund kann auch explizit ein „live"-Abhören angeordnet werden[282], wobei sich dann zusätzlich auch im Hinblick auf den grundrechtseingreifenden Charakter des Informationsspeicherns eine Begrenzung auf Gesprächsthemen oder eine positive Auswahl der Gesprächspartner erfolgen kann[283].

III) Begründung

Gemäß § 34 StPO ist die Anordnung zu begründen, was sich daneben auch aus der Möglichkeit der nachträglichen Überprüfung der Anordnung ergibt (§ 100d Abs.6 S.1 StPO). Der Kammerbeschluß muß schon wegen Art.19 Abs.4 GG dafür Sorge tragen, daß die Interessen des Betroffenen gewährleistet werden, da es diesem aufgrund der Heimlichkeit verwehrt ist, sich selber gegen den Vollzug der Anordnung zu wehren. Dies gilt umso mehr, als hier das Umfeld des höchstpersönlichen Lebensbereichs betroffen sein kann. Aufgrund des intensiven Grundrechtseingriffs in Art.13 GG, der mit einem Lauschangriff einhergeht, und wegen der besonderen Bedeutung des formellen Rechtsschutzes bei heimlichen Ermittlungsmaßnahmen dürfen an die Begründung keine geringeren Anforderungen gestellt werden, als dies bei einer Durchsuchung oder einem Einsatz eines VE in Wohnungen der Fall ist.

Da die Kammer präventiv für eine angemessene Begrenzung der Maßnahme Sorge tragen und etwaigen Übergriffen vorbeugen soll und der Betroffene auch in die Lage versetzt werden soll, von seinen nachträglichen Kontrollmöglichkeiten effektiven Gebrauch zu machen[284], muß inhaltlich die Begründung deshalb sämtliche materiellen und prozessualen Voraussetzungen der §§ 100c,d StPO abdecken. Auf diese Weise läßt sich der Gedankengang, der zur Anordnung führte, nachvollziehen, sowie eine Aussage über die Beachtung der einzelnen Interessen treffen. Die Begründung muß den Tatvorwurf dergestalt eingrenzen, daß klar erkennbar ist, worauf der Lauschangriff zielt und so den äußeren Rahmen abstecken, innerhalb dessen die Zwangsmaßnahme durchzuführen ist. Dies darf sich nicht auf die Wiedergabe der Eingriffsnorm beschränken, sondern muß den Tatvorwurf durch tatsächliche Angaben konkretisieren[285].

---

280 *Müller*, S.199.
281 *Nack*, KK StPO, § 100d Rn.18.
282 *Nack*, § 100d Rn.12.
283 Vgl. *Nack*, KK StPO, § 100d Rn.14.
284 Vgl. zur Durchsuchungsanordnung BbgVerfG, NStZ 1998, S.366 (367).
285 *Kruis/ Wehowsky*, NJW 1999, S.682 (683) m.w.N.

Aus diesen muß sich insbesondere entsprechend dem Stand der Ermittlungen die konkrete Verdachtslage bezüglich der einschlägigen Katalogtat ergeben, und es muß erkennbar sein, daß eine Abwägung aufgrund sämtlicher, im Einzelfall relevanter Umstände stattgefunden hat, d.h., daß die Kammer die Verhältnismäßigkeit, insbesondere die Subsidiarität, der Maßnahme geprüft hat[286]. Es muß mithin auch die Unentbehrlichkeit ("ultima ratio") dargelegt werden[287]. So läßt sich nachvollziehen, ob die Kammer die notwendigen Prüfungen durchgeführt hat, womit sie den ihr übertragenen aktualisierten Grundrechtsschutz sicherstellt[288], dessen Ergebnis sich in Art, Dauer und Umfang der Maßnahme widerspiegelt.

D) Befristung

I) Die Vier-Wochen-Frist

Die Anordnung von Maßnahmen nach § 100c Abs.1 Nr.3 StPO ist gemäß § 100d Abs.4 S.1 StPO auf höchstens 4 Wochen zu befristen. Hiermit wird den Ermittlungsbehörden eine deutlich kürzere Frist gesetzt als beispielsweise bei der Telefonüberwachung oder der Überwachung des nichtöffentlich gesprochenen Wortes außerhalb von Wohnungen, für eine Dauer von bis zu 3 Monaten angeordnet werden können. Die 4-Wochen-Frist wird somit der besonderen Bedeutung des Art.13 GG gerecht[289]. Sie berechnet sich nach § 43 StPO und kann nicht rückwirkend erteilt werden[290]. Dies widerspräche dem präventiven Schutzcharakter der Anordnung und ergibt sich daneben auch aus der Existenz des § 100d Abs.2 S.2 StPO. Eine Regelung für Fälle der Gefahr im Verzug wäre ansonsten unnötig und liefe ins Leere.

---

286 Vgl. BGH, NStZ 1997, S.249; *Nack*, KK StPO, § 100d Rn.10,19 m.w.N.

287 *Müller*, S.199; *Nack*, KK StPO, § 100b Rn.2; Im Gegensatz zur Telefonüberwachung (vgl. hierzu *Schäfer*, L/R § 100b Rn.2), kann auf das genaue Maßnahmeziel (Erforschung des Sachverhalts oder Aufenthaltsermittlung des Beschuldigten) verzichtet werden, da nach der hier vertretenen Meinung (siehe Teil1 C IV) lediglich die Sachverhaltserforschung zulässiges Ziel ist; a.A. *Nack*, KK StPO, § 100d Rn.18.

288 Vgl. BVerfGE 96, 27 (43).

289 Krit, *Krause*, *Hanack*-FS, S.221 (240), mit dem Hinweis auf Rechtsordnungen, die schon bei der Telefonüberwachung mit einer geringeren Anordnungsdauer auskommen (z.B. 12-Tages-Frist in Belgien); die Frist von 4 Wochen ist jedoch nicht unverhältnismäßig, insbesondere, da es sich um eine, im konkreten Fall verkürzbare, Höchstdauer handelt.

290 Vgl. BGH StV 1998, S.147 (248); BGH NJW 1999, S.959 jeweils zu § 100a. In letzterem Fall bestand eine zeitliche Lücke zwischen zwei Anordnungen.

II) Beginn der Frist

Umstritten ist hingegen der Beginn der Frist. Weder die Entstehungsgeschichte der gesetzlichen Regelung noch der Wortlaut geben eine eindeutige Antwort[291]. Zwar spricht letzterer eher für einen Beginn ab der richterlichen Anordnung[292], jedoch wäre es mit ihm auch vereinbar, die Frist erst mit dem spätmöglichsten Zeitpunkt, dem Vollzug des Lauschangriffs, einsetzen zu lassen, wie es Teile der Literatur vertreten[293]. Der Grundrechtsschutz bezweckte dann allein, den zeitlichen Umfang des Grundrechtseingriffs, der mit der Ermittlungsmaßnahme einhergeht, so gering wie möglich zu halten[294]. Maßgeblich wäre folglich allein die Dauer des Belauschens. Deshalb wäre eine Befristung im Gesetz auch nur dann notwendig und vorgesehen, wenn sich das Ende des Grundrechtseingriffs nicht durch den Vollzug der Ermittlungsmaßnahme selbst ergebe. Solange aber die Maßnahme noch nicht begonnen hätte, wären Rechte noch nicht eingeschränkt[295].

Dem ist jedoch der BGH bezüglich §§ 100b Abs.2 S.3 und 4, 100c Abs.1 Nr.2, 100d Abs.1 StPO in einer jüngst ergangenen Entscheidung nicht gefolgt, die auf den Lauschangriff übertragbar ist. Zu Recht betont er, daß neben der zeitlichen Dauer der Maßnahme auch dem Abstand zum Anordnungszeitpunkt Grundrechtsrelevanz zukommt. Die Effektivität der richterlichen Anordnungs- und Prüfungsbefugnisse erfordert im Hinblick auf die zum Teil einschneidenden Grundrechtseingriffe eine vorausschauende Beurteilung, die verantwortungsvoll nur für einen eingegrenzten, überschaubaren Zeitraum vorgenommen werden kann[296]. Die Kammer hat mithin möglichst maßnahmenah zu entscheiden. So hat auch das BVerfG die rechtfertigende Wirkung einer Anordnung zur Wohnungsdurchsuchung, die gesetzlich keiner Fristbindung unterliegt, aus diesen Gründen auf ein halbes Jahr begrenzt. Gleichzeitig hindert dies die Ermittlungsbehörden, Anordnungen auf Vorrat zu sammeln[297].

---

291 Gleiches gilt für den insoweit parallel formulierten § 100d Abs.2 S.3 StPO, vgl. BGH NJW 1999, S.959 (960).

292 BGH NJW 1999, S.959 (969) m.w.N., vgl. BVerfGE 96,44 (54); *Rudolphi*, SK StPO § 100b Rn.8.

293 *Schnarr*, NStZ 1988, S.381 ff.; *Meyer-Goßner*, K/M-G StPO, § 100b Rn.4; *Maiwald*, AK StPO, § 100b Rn.8.

294 *Schnarr*, NStZ 1988, S. 481 (482); *Starkgraff*, NStZ 1999, S.470 (471).

295 *Schnarr*, NStZ 1988, S.481 (482); teilweise abweichend *Starkgraff*, NStZ 1999, S.470 (471), die sobald die Abhörtechnik funktionsfähig installiert ist, die daraus resultierende Grundrechtsgefährdung als maßgeblich erachtet.

296 BGH NJW 1999, S.959 (960).

297 BVerfGE 96, 44 ff.

Kritikern ist zwar zuzugestehen, daß sich der Zeitraum, innerhalb dessen von einer angeordneten Maßnahme Gebrauch zu machen ist, nicht zwingend mit der Vollzugsdauer decken muß[298]. Die von der Rechtsprechung gesetzte Frist der punktuell grundrechtseingreifenden Durchsuchungsanordnung erfüllt somit zumindest partiell eine andere Funktion als die des § 100d Abs.4 StPO. Theoretisch wäre es deshalb denkbar, fortdauernde Maßnahmen wie den Lauschangriff an eine zusätzliche separate Frist in Abhängigkeit vom Anordnungszeitpunkt zu binden. Diese müßte aber erst wie bei der Durchsuchung aus unsicheren Grundlagen entwickelt werden, weshalb es viel näher liegt, die gesetzlich bestehenden Fristen gleich so zu berechnen, daß ein unbegrenztes Hinausschieben von vornherein ausgeschlossen ist, was zudem die Rechtssicherheit fördert[299]. Keinesfalls dürfte nämlich auf eine derartige Frist verzichtet werden, auch wenn die Polizei und Staatsanwaltschaft vor grundrechtseingreifenden Maßnahmen jeweils selber zu prüfen haben, ob die Voraussetzungen für den Erlaß noch vorliegen[300]. Ansonsten bräuchte man auch die Frist für die Dauer der Maßnahme nicht. Das Gesetz legt aber im Rahmen der Verlängerungsmöglichkeiten gerade auf eine fortgesetzte richterliche Kontrolle besonderen Wert. Wegen dieser Fortsetzungsmöglichkeit greifen auch Praktikabilitätseinwände nicht, die gerade im Hinblick auf die technischen und taktischen Schwierigkeiten des Lauschangriffs eine zu kurze Vorbereitungszeit bemängeln[301]. Bleibt die Maßnahme aus diesen Gründen bei ansonsten gleichbleibendem Sachverhalt vorerst erfolglos, sind keine Gründe ersichtlich, weshalb die Staatsschutzkammer einer Verlängerung nicht zustimmen sollte. Mithin vermögen die Argumente für eine Frist erst ab Vollzugsbeginn nicht zu überzeugen. Diese beginnt vielmehr mit Erlaß der Anordnung.

Zurecht nimmt *Nack* an, daß die Kammer in ihrer Anordnung auch den Beginn des Lauschangriffs auf einen späteren Zeitpunkt festlegen kann[302], jedoch nur im Rahmen der gesetzlichen Monatsfrist, um den Zweck der Fristsetzung nicht zu unterlaufen[303].

---

298 Vgl. *Starkgraff*, NStZ 1999 S.470 (471).
299 BGH NJW 1999, S.959 (960).
300 So aber *Starkgraff*, NStZ 1999, S.470 (471).
301 *Schnarr*, NStZ 1988, S.481 (482); *Starkgraff*, NStZ 1999, S.470 (471).
302 *Nack*, KK StPO, § 100b Rn.6.
303 Vgl. BGH NJW 1999, S.959 (960).

III) Die Fristverlängerung

Stellt sich im Verlauf der Durchführung des „Lauschangriffs" heraus, daß die Frist zu kurz bemessen war und eine Verlängerung erforderlich ist, muß eine Verlängerungsanordnung ergehen. § 100d Abs.4 S. 2 StPO gestattet eine solche unter denselben Voraussetzungen, die für die Grundanordnung erfüllt sein müssen[304]. Die hierzu gebrauchte gesetzliche Formulierung „solange die Voraussetzungen für die Maßnahme fortbestehen" darf jedoch nicht so verstanden werden, daß genau die bei Erlaß der Erstanordnung konkret vorliegenden Tatsachen immer noch existieren müssen, sondern es müssen generell sämtliche Voraussetzungen für eine Maßnahme nach § 100c Abs.1 Nr.3 StPO auch bei der Verlängerungsanordnung gegeben sein. Dies hat z.B. zur Folge, daß sie einerseits auch dann zu erlassen ist, wenn sich der Verdacht nun auf eine andere Katalogtat bezieht. Andererseits ist der Lauschangriff nicht zu verlängern, wenn er bisher ergebnislos verlaufen ist und die Sachlage für die Zukunft keine größere Erfolgschance prognostiziert. Genauso sind bisher erlangte Erkenntnisse im Rahmen der Subsidiarität zu berücksichtigen. Die Maßnahmeverlängerung wäre sonst unverhältnismäßig, wenn die veränderte Situation unberücksichtigt bliebe[305].

Die Verlängerung des Lauschangriffs darf jeweils nicht mehr als vier Wochen betragen. Sie beginnt an dem Tag, der dem Beendigungstag der vorherigen Frist folgt[306]. Eine absolute Höchstdauer, nach der auch keine Verlängerung mehr möglich ist, wird hingegen nicht gesetzt. Eine solche Begrenzung kann aber nach dem Verhältnismäßigkeitsgrundsatz im Einzelfall geboten sein, da mit zunehmender Dauer der akustischen Wohnraumüberwachung der Eingriff in die räumliche Privatsphäre immer intensiver wird[307] und im Extremfall sogar Art.13 GG in seinem unantastbaren Kern verletzen kann[308]. Aus demselben Grund ist bei einer Verlängerung der Maßnahme vom Richter ein strengerer Maßstab bei der Bewertung der Eingriffsvoraussetzungen vorzunehmen, insbesondere im Hinblick auf die Subsidiaritätsklausel und die positive Erfolgsaussichten des Lauschangriffs. Auch wenn sich dies nicht aus dem Wortlaut des § 100d Abs.4 StPO ergibt, so verlangt diese einschränkende Auslegung das Verhältnismäßigkeitsprinzip. Mit zunehmender Häufigkeit der Verlängerungen sind deshalb auch kürzere Fristen zu setzen und die Höchstdauer von vier Wochen nicht auszuschöpfen, um so die zeitlichen Abstände einer erneuten Überprüfung zu verkürzen.

---

304 Vgl. BT-DS 13/9851, S.14.
305 So auch *Krause*, *Hanack*-FS S.221 (241).
306 *Nack*, KK StPO, § 100b Rn.6.
307 *Müller*, S.223.
308 Siehe oben Kap. II Teil 1 C V 4c.

IV) Vorzeitige Beendigung

Gemäß § 100d Abs. 4 S.3 i.V.m. § 100b Abs.4 StPO ist die Überwachungsmaßnahme bei Wegfall der Voraussetzungen, wobei eine einzige ausreicht[309], unverzüglich zu beenden. Die vorzeitige Beendigung hat mithin unabhängig von der Restfrist zu erfolgen.

Problematisiert wird, ob der die akustische Wohnraumüberwachung durchführende Beamte selbständig derartige strafprozessuale Maßnahme beenden kann. Bezüglich des Abhörens und Aufzeichens des außerhalb der Wohnung gesprochenen Wortes wird dies der Staatsanwaltschaft und deren Hilfsbeamten zugestanden, was sich als Umkehrschluß aus deren Anordnung bei Gefahr im Verzug ergäbe[310]. Legt man diese Argumentation zu Grunde, dürften weder der Staatsanwalt noch Polizisten, die die Stellung eines Hilfsbeamten innehaben, eine Maßnahme nach § 100c Abs. 1 Nr.3 StPO selbständig beenden. Jedoch verkennt schon diese Argumentation den Sinn der richterlichen Untersuchungshandlung. Einer richterlichen Anordnung bedarf es aufgrund der starken Einwirkung auf die Grundrechte des Betroffenen. Der Richter reißt also nicht die Ermittlungen an sich, wird nicht zu einem inquisitorischen Untersuchungsrichter, sondern muß die Beachtung der Grundrechte der betroffenen Bürger wahren. Das Vorverfahren liegt folglich immer noch grundsätzlich in der Hand der Staatsanwaltschaft, die, da sie das Initiativrecht besitzt, auch selbständig entscheiden kann, wann sie eine Maßnahme abbrechen möchte. Letzteres ist nicht mehr mit Grundrechtseingriffen verbunden, folglich hierzu auch kein Richter notwendig. Dies belegt auch § 100b Abs.4 S. 2 StPO, der gemäß § 100d Abs.4 S.3 StPO sinngemäß auf den Lauschangriff anzuwenden ist. Hiernach ist der Richter von der Beendigung zu benachrichtigen, was keinen Sinn ergebe, wenn dieser die alleinige Beendigungskompetenz trüge. Der Staatsanwaltschaft ist mithin die Aufgabe übertragen, festzustellen, ob die Voraussetzungen weiterhin vorliegen, und sie hat ggf. die Maßnahmen zu beenden[311].

Fraglich ist indes, ob diese Abbruchkompetenz ausschließlich ist, oder ob daneben auch die Richter der Staatsschutzkammer den Lauschangriff beenden können, wenn sie vom Wegfall der Einsatzvoraussetzungen erfahren (z.B. bei Gelegenheit einer Entscheidung nach § 100d Abs.3 S.5 StPO). Ein solches Initiativrecht zum Abbruch wird teilweise verneint, da die Kammer nach Anordnung

---

309 Vgl. *Meyer-Goßner*, K/M-G StPO, § 100b Rn.6; *Maiwald*, AK StPO, § 100b Rn.8; *Müller*, S.199.

310 *Binder* S. 99.

311 Ebenso *Müller*, S.199, unter Hinweis auf die Durchführungszuständigkeit nach § 36 Abs.2 S.1 StPO.

der Maßnahmen keine weiteren Überwachungspflichten trage[312]. Der Gesetzgeber hat nach lebhafter Diskussion bewußt darauf verzichtet die Kammer zu verpflichten, kontinuierlich die Durchführung des Lauschangriffs zu verfolgen[313]. Zudem trifft die spätere Informationspflicht nach § 100e StPO die Staatsanwaltschaft und nicht die Strafkammer.
Richtigerweise folgt aber aus der Kompetenz zum Erlaß der Anordnung auch die Möglichkeit, die weitere Rechtmäßigkeit der akustischen Wohnraumüberwachung zu überprüfen und diese wieder zu beenden[314]. Es würde der besonderen Bedeutung des Art.13 GG und dessen effektiven Rechtsschutz durch eine besondere Stelle nicht gerecht, wenn diese sehenden Auges eine einmal angeordnete Maßnahme nicht mehr abbrechen könnte und die Verletzung der Privatsphäre deshalb unbeeinträchtigt fortdauern könnte. Die gilt umso mehr, als der Lauschangriff heimlich erfolgt und dem Richter gerade auch die Aufgabe zukommt, die Interessen des Beschuldigten zu wahren.

Die endgültige Beendigung der akustischen Wohnraumüberwachung ist gem. § 100d Abs.4 S.3 i.V.m. § 100b Abs.4 S.2 StPO der anordnenden Kammer mitzuteilen. Diese hebt die Überwachungsanordnung formell auf[315].
Sobald die durch die Maßnahme erlangten Unterlagen (z.B. Tonbänder oder Abhörprotokolle) nicht mehr zur Strafverfolgung benötigt werden, sind sie unverzüglich, also ohne schuldhaftes Zögern, gemäß § 100d Abs.4 S.3 i.V.m. § 100b Abs.6 StPO zu vernichten. Hierüber ist eine Niederschrift anzufertigen.

Teil 3: Die Voraussetzungen bezüglich der Durchführung des Lauschangriffs

Bisher wurde in Teil 1 und 2 dargelegt, welche Bedingungen vorliegen müssen, damit ein Lauschangriff überhaupt in Frage kommt und welche formellen Anforderungen hieran zu stellen sind. Diese Voraussetzungen reichen jedoch zur Wahrung der Interessen des Bürgers noch nicht aus, wie die Ausführungen zum Inhalt der Anordnung und den dort zu beachtenden Punkten bereits angedeutet haben. Im folgenden sind deshalb die gesetzlichen Vorgaben an die Durchführung der Maßnahme selber zu untersuchen, d.h. die Bestimmungen zu Art und Weise sowie Umfang des Lauschangriffs. Hierzu gehören die Beschreibungen

312 Vgl. *Mayer*, L/R StPO (23. Aufl.) § 100b Rn.5).
313 *Lisken*; Anhörung zu BT-DS 13/8650, 13/8651, S.8; vgl. *Pfeiffer/Böttger*, ZRP 1994, S.7 (16).
314 So wohl auch *Nack*, KK StPO, § 100d Rn.31; vgl. *Binder*, S. 100, *Schäfer*, L/R StPO, § 100b Rn.8a.
315 Vgl. *Binder*, S. 100.

der zulässigen Handlungen, der technischen Mittel, des Überwachungsobjekts und einzelner Abhörverbote. Vorab ist jedoch noch auf das konkret zu verfolgende Ziel des einzelnen Lauschangriffs einzugehen, da - unabhängig von den eben genannten Kriterien - eine Eingriffsmaßnahme im Einzelfall immer geeignet sein muß, ihren Zweck zu erfüllen.

A) Das Maßnahmeziel

Das Ziel des Lauschangriffs folgt maßgeblich aus den materiellen Anordnungsvoraussetzungen des § 100c Abs.1 Nr.3 StPO. Diese schränken, in Übereinstimmung mit Art.13 Abs.3 S.1 GG, die akustische Wohnraumüberwachung auf das Ziel der Sachverhaltserforschung im Hinblick auf eine Katalogtat ein, welcher der Beschuldigte verdächtigt wird. Zweck ist es, den Entschluß über die Erhebung der öffentliche Klage nach § 170 StPO zu treffen.

Hierbei genügt es, wenn die durch den Lauschangriff erhofften Informationen zur Sachverhaltserforschung beitragen[316]. Sie müssen nicht das einzig ausschlaggebende Beweismittel im Hinblick auf die Verurteilung darstellen. Vielmehr kann die Sachverhaltserforschung auch in Kombination mit weiteren Beweismitteln realisiert werden („Mosaikbeweis")[317]. Es ist für die akustische Wohnraumüberwachung ausreichend und geradezu typisch[318], wenn die erhofften Erkenntnisse lediglich als Spurenansatz für weitere Ermittlungen dienen. So trägt ein Lauschangriff z.B. auch dann zur Sachverhaltserforschung bei, wenn kein Wort über die Straftat fällt, jedoch die Überwachten einen Ort erwähnen, an welchem die Polizei später weitere Beweismittel findet.

Allerdings gilt es dabei die Verhältnismäßigkeit zu wahren. Da sich eine sichere Auskunft über den Wert einer Information erst am Ende eines Strafverfahrens treffen läßt, verlangt *Binder* hinsichtlich § 100c Abs.1 Nr.2 StPO aber nur, daß den zu erwartenden Informationen nicht offensichtlich jede Bedeutung für die spätere Aufklärung fehlt[319]. Bezüglich einer Überwachungsmaßnahme in der Wohnung ist ein derartiger Spielraum jedoch aufgrund des schweren Grundrechtseingriffs in Art.13 GG abzulehnen. Vielmehr ist eine Maßnahme bereits dann unverhältnismäßig, wenn sie nur auf unbedeutende oder für die weiteren Ermittlungen wenig hilfreiche Erkenntnisse abzielt.

316 Unklar *Jarass/Pieroth*, GG Art.13, Rn.16, die nur von „Verdacht klären" sprechen.
317 *Binder*, S.24.
318 *Krombacher*, Anhörung zu BT-DS 13/8650, 13/8651, S.4.
319 *Binder*, S.24.

Daneben ist die Zielgerichtetheit eines Lauschangriffs auch dann zu verneinen, wenn keine ausreichende Erfolgswahrscheinlichkeit (positive Erfolgsprognose) besteht, verfahrensrelevante Informationen zu gewinnen. Zwar beschränkt sich der Gesetzgeber hinsichtlich des prognostizierten Erfolges innerhalb der Subsidiaritätsklausel auf eine negative Abgrenzung. Hiermit wird noch keine Aussage getroffen, inwieweit aus ex ante-Sicht der Lauschangriff selber erfolgreich zur Sachverhaltserforschung beitragen muß[320]. Die Subsidiaritätsklausel dient jedoch nur dazu, das Rangverhältnis unterschiedlicher Ermittlungsmaßnahmen zu bestimmen. Sie ist deshalb keine abschließende Regelung hinsichtlich des zu erwartenden Erfolges[321]. Eine Überwachung ins Blaue hinein würde dem schweren Grundrechtseingriff nicht gerecht. Deshalb müssen konkrete Anhaltspunkte bestehen, daß in dem zu überwachenden Zeitraum verfahrensrelevante und im späteren Verfahren verwertbare Gespräche geführt werden[322].

B) Abhören und Aufzeichnen als Maßnahmehandlung

I) Das Abhören

§ 100c Abs.1 Nr.3 StPO gestattet das „Abhören" und „Aufzeichnen" des nichtöffentlich gesprochenen Wortes.

Unter dem „Abhören" ist das dem Festhalten vorgeschaltete Gewinnen der Information mittels heimlichen[323] Mithörens zu verstehen. Hiervon wird schlichtes Mithören ohne Zuhilfenahme technischer Mittel nach dem eindeutigen Wortlaut des § 100c Abs.1 Nr.3 StPO nicht erfaßt[324].

II) Das Aufzeichnen

Der Begriff „Aufzeichnen" verdeutlicht, daß den Ermittlungsbehörden nicht allein die Befugnis zum Hören, sondern auch zum Sichern und Speichern, mit-

320 In abgeschwächter Form gilt dies für die Erschwernisprognose, welche zwar ebenfalls negativ abgrenzend erfolgt, bei der aber logischerweise wenigstens mittelbar zumindest von der Möglichkeit auszugehen ist, daß der Lauschangriff zum Erfolg führt, da man ansonsten schon die Belastungen der Ermittlungsbehörden nicht vergleichend vorhersehen könnte.

321 A.A. *Rudolphi*, SK StPO, § 100a R.13, der aber auch nicht auf die positive Erfolgsprognose verzichtet, sondern diese in die Subsidiaritätsprüfung mit hineinzieht. Gefordert sei „zunächst, daß aufgrund konkreter Anhaltspunkte die Annahmen gerechtfertigt ist, daß die geplanten Überwachungsmaßnahmen Aussichten auf Erfolg haben".

322 LG Bremen, StV 1998, S.525 (526); *Krombacher*, Anhörung zu BT-DS 13/8650, 13/8651, S.12; *Ruthig*, JuS 1998, S.506 (514).

323 Str., näher unter Punkt 3.

324 *Nack*, KK StPO, § 100c Rn.11.

hin zum Festhalten der erlangten akustischen Informationen eingeräumt wird. Da dieses ebenfalls den Schutzbereich des Art.13 GG berührt[325], bedarf es hierzu einer gesetzlichen Ermächtigungsnorm. Fraglich ist indes, ob zu deren Erlaß der Gesetzgeber nach Art.13 Abs.1 S.1 GG berechtigt gewesen ist. Dies ist dann der Fall, wenn der Einsatz technischer Mittel zur akustischen Wohnraumüberwachung auch das Aufzeichnen erfaßt. Folglich ist die Bedeutung der „akustischen Überwachung" i.S.v. Art.13 Abs.3 GG zu klären.

Hierzu könnte man am Sinn des Begriffs der „Überwachung" aus § 100a StPO anknüpfen. Dort ist geregelt, daß unter bestimmten Voraussetzungen die „Überwachung und Aufzeichnung der Telekommunikation" angeordnet werden darf. Überwachung erscheint mithin neben der Aufzeichnung. Die Bedeutung des Begriffs in § 100a StPO ist indes unklar[326]. Zum einen wird angenommen, daß dies ein Oberbegriff aller einzelnen Überwachungsmaßnahmen sei, also das Abhören, Mitlesen und Aufnehmen auf Tonträger einschließe. In der Befugnis zum Überwachen liege bereits die Befugnis zum Aufzeichnen[327]. Jedoch folgt aus § 100b Abs.2 StPO, der eine Bestimmung von Art, Dauer und Umfang der jeweiligen Maßnahme nach § 100a StPO fordert, daß klarzustellen ist, ob eine Überwachung oder Aufzeichnung angeordnet wird[328]. Zudem wird in § 100a StPO von Überwachung „und" Aufzeichnung gesprochen. Deshalb erscheint es besser, „Überwachen" als Oberbegriff für Mithören und Mitlesen des Fernmeldeverkehrs aufzufassen und von „Aufzeichnen" terminologisch getrennt zu betrachten[329].

Indes ist „Überwachen" in Art.13 Abs.3 GG ein eigenständiger Begriff. Eine einfachgesetzliche Regelung dient, auch wenn sie eine ähnliche Struktur hat, nicht gänzlich als Interpretationsmaßstab für das höherrangige Verfassungsrecht, zumal wenn eine große Spanne zwischen den Entstehungszeitpunkten besteht. § 100a StPO ist weit weniger mit Art.13 Abs.3 GG „verwandt" als § 100c StPO. In seiner Begründung des GGÄndG (Art.13) geht der Gesetzgeber aber davon aus, daß mit Überwachen das Abhören und Aufzeichen gemeint sei: „Aus der zunehmenden Bedrohung von Bürgern und Staat folgt das dringende Erfordernis, über die bisherigen Strafverfolgungsmaßnahmen hinaus auch den Einsatz technischer Mittel zum Abhören und Aufzeichnen des gesprochenen Wortes in Wohnungen zuzulassen"[330]. Art.13 Abs.3 GG sollte nach dem

---

325 Siehe oben Kap.II Teil1 B II 4.

326 *Maiwald*, AK StPO § 100a Rn.5.

327 BT-DS 5/2930.

328 .*Nack*, KK StPO, §100b Rn.2; *Maiwald*, AK StPO, §100a Rn.5; *Meyer-Goßner*, K/M-G StPO, §100b Rn.3.

329 *Maiwald*, AK StPO, §100a Rn.5.

330 BT-DS 13/8650 S.4.

Gesetzgeberwillen „deshalb die verfassungsrechtliche Grundlage für entsprechende gesetzliche Regelung schaffen“ [331], also technische Mittel zum Abhören und Aufzeichnen zulassen. Diese wäre aber bei einer Gleichsetzung von „Abhören“ und „Überwachen“ nicht möglich, weil auch das Aufzeichnen - wie bereits ausgeführt - in das Grundrecht der Unverletzlichkeit der Wohnung eingreift[332].
Somit beinhaltet die „Überwachung“ i.S.v.Art.13 GG auch das Aufzeichnen des mit technischen Mitteln abgehörten Wortes.

III) Alleiniges Abhören bzw. Aufzeichnen

Obwohl im Gesetz von Abhören „und“ Aufzeichnen gesprochen wird, also dem kumulativen Vorliegen beider Maßnahmen, ist auch das alleinige Abhören oder das alleinige Aufzeichnen (mit späterer Auswertung) gestattet. Dies folgt aus einem a maiore ad minus Schluß, da die einzelne Maßnahme, wenn sie denn zur Sachverhaltserforschung ausreicht, einen weniger intensiven Grundrechtseingriff beinhaltet.

Im Hinblick auf den Grundsatz der Verhältnismäßigkeit könnte man sogar vermuten, daß grundsätzlich nur ein live-Mithören geboten ist und lediglich verfahrensrechtlich relevante Gesprächspassagen aufgezeichnet werden dürfen. Ein solches selektives Festhalten der Abhörergebnisse ist indes nicht immer möglich. Zum einen kann das live-Abhören derartigen Störungen ausgesetzt sein, daß der Gesprächsinhalt ohne spätere technische Aufarbeitung keine Informationen liefert. Einige technische Varianten bedingen sogar eine Nachbereitung[333]. Zum anderen ist bereits eine nachträgliche Analyse und Zuordnung einer Stimme schwierig, da das technische Abhörmittel oftmals über begrenzte Frequenzbereiche verfügt[334]. Verfahrensrelevante Stimmzuordnungen lassen sich deshalb erst recht während eines live-Mithörens nur schwerlich treffen.

Indessen darf hieraus aber nicht umgekehrt geschlossen werden, daß parallel zum Aufzeichnen nicht mitzuhören sei. Ist dies technisch möglich, darf die Polizei nicht darauf verzichten, um ggf. die Aufnahme zu unterbrechen. Dies gebietet sich gerade, wenn Anhaltspunkte für ein Beweiserhebungsverbot nach § 100d Abs.3 S.1 StPO bestehen[335].

331 BT-DS 13/8650 S.4.
332 Siehe oben Kap.II T.1 B II 4.
333 Siehe oben Kap. I Teil 3.
334 Zu den Schwierigkeiten beim Stimmvergleich siehe *Ackermann*, S.21 ff.m.w.N.
335 Vgl. *Nack*, KK StPO, § 100d Rn.12.

IV) Die Heimlichkeit des Lauschangriffs

Sämtliche Maßnahmen nach § 100c Abs.1 Nr.1-3 StPO, so auch die dort geregelte akustische Wohnraumüberwachung, müssen „ohne Wissen des Betroffenen" erfolgen.
Dies umfaßt eindeutig heimliches Handeln. Der Betroffene weiß nichts vom Einsatz technischer Mittel gegen ihn und hat ihm nicht zugestimmt. Betroffener ist nicht nur die Zielperson des Lauschangriffs, d.h. der Beschuldigte (§ 100c Abs.1 Nr.3 StPO), sondern jeder, in dessen Rechte durch den Lauschangriff eingegriffen wird[336].

Umstritten sind hingegen die Fälle, in welchen mit Wissen des Betroffenen, aber gegen dessen Willen vorgegangen wird. Vielfach wird vertreten, „ohne sein Wissen" i.S.v. § 100c Abs.1 StPO hieße nicht nur ohne Kenntnis des Betroffenen, sondern bedeute auch mit Kenntnis, aber ohne seine Zustimmung und gegebenenfalls gegen seinen Willen[337]. Dies würde z.B. bedeuten, daß die Maßnahmen der Strafverfolgungsbehörde, auch nachdem sie bemerkt wurden, ungehindert fortgeführt werden könnten[338].

Einer solchen Auslegung steht aber schon der Wortlaut entgegen, der eindeutig „ohne Wissen" verlangt und nicht „mit Wissen"[339].
Zudem spricht zwar Art.13 Abs.3 S.1 GG von „zur...Überwachung...eingesetzt", was unmittelbar nichts über die Heimlichkeit aussagt, jedoch greift der einfachgesetzliche §100c Abs.1 Nr.3 StPO auf den Terminus „abgehört" zurück, statt auf „zuhören", „mithören" oder ähnlicher Begriffe. Dies deutet ebenfalls auf Heimlichkeit hin[340]. *Binder* verweist auf den gesetzessystematisch engen Zusammenhang zur Telekommunikationsüberwachung, die unstreitig ausschließlich als geheime Ermittlungsmaßnahme anzuwenden sei[341].
Schließlich muß - wie jede Zwangsmaßnahme auch - der Lauschangriff im Hinblick auf die Verhältnismäßigkeit zur Sachverhaltserforschung geeignet sein. Die Eignung beruht aber weitgehend auf der Heimlichkeit. Es ist unrealistisch zu erwarten, daß eine Überwachungsmaßnahme noch Erfolg haben wird, nach-

---

336 *Nack*, KK StPO, § 100c Rn.20.

337 *Hilger*, NStZ 92, S.457 (461) Fn. 87; *Meyer-Goßner*, K-M-G StPO, §100c Rn.11; *Nack*; KK StPO, §100c Rn.19; *König*, Kriminalistik 1998, S.349 (351); *Lemke*, HK StPO, § 100c Rn.5.

338 Hiervon scheint auch *Meyer-Goßner*;K/M-G StPO, § 100c Rn.15, auszugehen, wenn er vertritt, daß das Bemerken der Maßnahme eine richterliche Anordnung nach § 100d Abs. 2 StPO a.F. nicht überflüssig mache. Damit möchte er einen Schutz kreieren, der jedoch nur dann nötig wäre, wenn nicht schon die Eingriffsbefugnis an sich fehlte.

339 *Binder*, S.10.

340 *Mayer-Goßner*, K/M-G StPO, § 100c Rn.8, der sich insoweit widersprüchlich äußert.

341 *Binder*, S.11.

dem die Betroffenen diese bemerkt haben, sofern nicht zufällig nur ein kooperationsbereiter unverdächtiger Gesprächspartner oder ein nicht abgehörter Betroffener Kenntnis hat (z.B. unverdächtiger Wohnungsinhaber wie Arbeitgeber oder Hotelführer[342]). Es drohen Verheimlichung, bewußte Fehlinformationen oder technische Abwehrmittel[343]. Gerade bezüglich des Lauschangriffs, dem schwerwiegendsten Eingriff des § 100c Abs.1 StPO, wäre deshalb bei offenem Vorgehen Unverhältnismäßigkeit anzunehmen.
Denninger[344] will im offenen Vorgehen sogar eine Verletzung der Menschenwürde sehen, wenn der Staat den Bürger in zynischer Offenheit mit seinem Anspruch konfrontiere, zu jeder Zeit und überall in ihr Privatleben einzudringen und dieses damit zunichte zu machen. Dieser Ansatz ist auch nicht zu weit hergeholt, wenn man an das oben aufgezeigte Paradoxon erinnert, daß der Kernbereich des Art.13 GG nur deshalb nicht verletzt ist, weil der einzelne regelmäßig darauf vertraut, gerade nicht abgehört zu werden[345]. Im Ergebnis ist deshalb der Lauschangriff bei aus der Sicht des Beschuldigten offenem Vorgehen nicht zulässig.

V) Vorbereitungs- und Begleitmaßnahmen

1) Die grundsätzliche Rechtmäßigkeit unselbständiger Vorbereitungs- oder Begleitmaßnahmen

Der Gesetzgeber hat bei der Regelung des Lauschangriffs darauf verzichtet, neben dem Abhören und Aufzeichnen, die Art und Weise der akustischen Wohnraumüberwachung näher zu umschreiben. Insbesondere findet sich keine ausdrückliche Normierung für Vorbereitungs- und Begleitmaßnahmen[346].

Eine derartige legislative Zurückhaltung beim Beschreiben der Maßnahmehandlung ist für das Strafprozeßrecht typisch. Hiermit wird im Sinne einer

---

342 In solchen Fällen kann nach Sinn und Zweck des § 100c Abs.1 Nr.3 StPO im Wege einer teleologischen Reduktion auf die Unwissenheit von der Maßnahme verzichtet werden. Jedoch ist dann stets zu prüfen, ob der Betroffene lediglich Kenntnis erlangt hat oder ob er auf Veranlassung der Polizei mit dieser kooperiert, da dann die Regeln über den Einsatz von V-Männern Anwendung finden.
343 So auch *Binder*, S.10.
344 *Denninger*, StV 1998, S.401 (404).
345 Vgl. oben Kap. II Teil 1 B V 5.
346 Im Unterschied hierzu hat z.B. Österreich Vorbereitungs- und Begleitmaßnahmen in Bezug auf den Lauschangriff in § 149p öStPO wenigstens ansatzweise geregelt: „Der Staat haftet für vermögensrechtliche Nachteile, die durch den Einsatz technischer Mittel [...], insbesondere durch das Eindringen in eine Wohnung oder sonstige zum Hauswesen gehörige Räumlichkeiten oder die sonstigen Vorkehrungen für die Durchführung einer Überwachung nach § 149d Abs.1 oder 2 [...] entstanden sind“ (Siehe auch *Gropp*, JZ 1998, S.501 (503); näher *Miklau/ Pilnacek*, JRP 1997, S.286 ff.).

funktionsgerechten Gewaltenteilung bezweckt, den Strafverfolgungsorganen Spielräume für die Besonderheiten des Einzelfalls und für ermittlungstaktische Erwägungen einzuräumen, während sich der Gesetzgeber im wesentlichen auf eine hinreichende konkrete Normierung des Eingriffsziels beschränkt (z.B. Sachverhaltserforschung bezüglich einer Katalogtat). Die Strafermittlungsbehörden können so die Modalitäten des Eingriffs im Einzelfall der Situation entsprechend bestimmen[347].

Insoweit ist § 100c Abs.1 Nr.3 StPO, wie andere vergleichbare Vorschriften (z.B. §§ 100a, 100c Abs.1 Nr.1 und 2 StPO), eine unvollkommene Regelung[348]. Hierunter werden strafprozessuale Vorschriften verstanden, die zwar bestimmte Eingriffe in die Rechte des Beschuldigten oder Dritter ausdrücklich gestatten, ohne allerdings damit einhergehende - mehr oder weniger wahrscheinliche - Eingriffe in andere Individualrechtsgüter zu erlauben oder zu verbieten[349]. Solche unvollkommenen Regelungen sollen nach h.M. in gewissem Maß die mit der Hauptmaßnahme zusammenhängenden Vorbereitungs- und Begleitmaßnahmen gestatten[350]. Dies geschehe im Wege einer konkludenten Ermächtigung[351].

Demnach müßte auch § 100c Abs.1 Nr.3 StPO neben dem Abhören und Aufzeichnen (sog. Haupt- oder Primärmaßnahme) konkludent damit verbundene vorbereitende oder begleitende Maßnahmen (sog. „konkludente Ermächtigungen" oder „unselbständige" Vorbereitungs- oder Begleitmaßnahmen[352]) erlauben.

Soweit derartige Maßnahmen nicht in Grundrechte eingreifen, treten keine Probleme auf. Das Handeln der Ermittlungsbehörden kann sich auf die Aufgabenzuweisung aus den §§ 160 ff. StPO stützen[353]. So ist es unbedenklich, wenn die Polizei heimlich ohne Beschädigungen die Jackentasche des Beschuldigten öffnet und mit einer „Wanze" versieht, die auf diese Weise vom Beschuldigten selber in die Wohnung getragen wird.

---

347 *Martensen*, JuS 1999, S.433 (436).

348 Vgl. zum Begriff BGH NStZ 1998, S.157; *Heger*, JR 1998, S.163; *Martensen*, JuS 1999, S.433 (434); *Jancker*, NJW 1998, S.269 (270).

349 *Heger*, JR 1998, S.163.

350 Siehe z.B. *Gropp*, JZ 1998, S.501 (504); *Martensen*, JuS 1999, S. 433 (436) Fn.36, jeweils m.w.N.

351 LG Freiburg, NJW 1996, S.3022; *Rudolphi*, SK StPO, Vorb. §§ 94 ff. Rn.34.

352 Zur Terminologie siehe *Gropp*, JZ 1998, S.501 (502)

353 Vgl. *Beulke*, StPO Rn.104; hieran ändert auch die Neugestaltung der §§ 161,163 StPO zu Befugnisnormen nichts, da der Schluß von der Befugnis zur Aufgabe zulässig ist und nur der Umkehrschluß ausscheidet.

Problematisch ist es hingegen, wenn solche unselbständigen Maßnahmen in Rechte des Beschuldigten oder unverdächtiger Dritter eingreifen[354]. Dies ist etwa der Fall, wenn Strafverfolgungsorgane heimlich die Wohnung betreten (Hausfriedensbruch § 123 StGB), ein Schloß aufbrechen (Sachbeschädigung § 303 StGB) oder heimlich dem Beschuldigten den Aktenkoffer zeitweilig entziehen, um diesen mit einer „Wanze“ zu präparieren (Eingriff in die Eigentümerbefugnisse aus Art.14 GG, § 903 BGB).
In derartigen Situationen stellt sich die Frage nach der Vereinbarkeit mit dem verfassungsrechtlichen Grundsatz des Gesetzesvorbehalts[355]. Dieser verlangt für staatlichen Eingriffe in Rechte der Bürger[356] eine hinreichend bestimmte gesetzliche Eingriffsgrundlage und ist anerkanntermaßen auch auf die staatliche Strafverfolgungstätigkeit anzuwenden[357].

Der Gesetzgeber hat nun teilweise mit dem am 1.11.2000 in Kraft getretenen StVÄG (1999) eine solche Grundlage geschaffen. Die von der h.M. bislang als bloße Aufgabenzuweisungsnorm angesehenen §§ 161, 163 StPO a.F.[358] wurden in Ermittlungsgeneralklauseln umgestaltet. Staatsanwaltschaft und Polizei sind seither ausdrücklich „befugt, [...] Ermittlungen jeder Art vorzunehmen [...], soweit nicht andere gesetzliche Vorschriften ihre Befugnisse gesondert regeln“ (§§ 161, 163 StPO n.F.).
Allerdings gestattet dies - anders als es der Wortlaut vermuten läßt - nicht sämtliche nicht explizit normierten Ermittlungshandlungen. Der Gesetzgeber wollte nämlich am Grundsatz der Einzeleingriffsermächtigung in der StPO festhalten[359]. Lediglich diejenigen Maßnahmen, die weniger intensiv in Grundrechte des Bürgers eingreifen, sollten durch die Generalklausel ermöglicht werden[360], da hier eine ausdrückliche und zugleich abschließende legislatorische Regelung sämtlicher denkbarer Einzelfälle angesichts der vielfältigen und sich ständig ändernden Kriminalitätsformen und Aufklärungsmethoden nicht möglich ist[361]. Deshalb ersetzen die §§ 161, 163 StPO nicht das Erfordernis spezieller Befugnisnormen für intensiv in Grundrechte eingreifende Ermittlungsmaßnahmen[362]. Ansonsten bestünde ein Widerspruch zum Grundsatz des Gesetzes-

354 So schon *Krombacher*, Anhörung zu BT-DS 13/8650, 143/8651, S.9.
355 Vgl. *Satzger*, JA 1998, S.539; *Martensen*, JuS 1999, S.433 (436).
356 Zu beachten ist, daß es sich hierbei nicht um strafbare Eingriffshandlungen handeln muß.
357 Absolut h.M.; siehe z.B. BVerfGE 47,239 (248); BGH NJW 1983, S. 1569; NJW 91, S.2651; NStZ 1997, S.195; StV 998, S.169; zum Schrifttum siehe *Martensen*, JuS 1999, S.433(435) m.w.N. in Fn.20.
358 *Beulke*, StPO Rn.104.
359 *Hilger*, NStZ 2000, S.561 (563).
360 BR-DS 65/99, S.46.
361 *Hilger*, NStZ 2000, S.561 (563 f.); vgl. zur Zulässigkeit von Generalklauseln BVerfGE 8,274 (326); 49,168 (181); 56,1 (12).
362 *Hilger*, NStZ 2000, S.561 (564).0

vorbehalts, welcher mit steigendem Gewicht des Grundrechtseingriffs höhere Anforderungen an die Bestimmtheit der Ermächtigungsnorm stellt[363].

Demnach gestatten die §§ 161, 163 StPO beispielsweise den zeitweisen heimlichen Gebrauchsentzug eines Mobiltelefons oder sonstiger tragbarer Gegenstände, die später in die Wohnung gebracht werden, um so das Abhörgerät zu installieren. Ebenso verhält es sich mit kleineren Sachbeschädigungen, wie dem Bohren eines Lochs in der Wand, um von der Nebenwohnung aus die Wanze einzuführen.
Hingegen sind Vorbereitungs- und Begleitmaßnahmen, die etwa das Grundrecht auf die Unverletzlichkeit der Wohnung beeinträchtigen, wie heimliches Betreten oder heimliches Verweilen in der Wohnung während der Abhöraktion, nicht über §§ 161, 163 StPO zu rechtfertigen. Solche Maßnahmen beinhalten einen massiven Eingriff in Art.13 GG, da die physische Präsenz des Beamten das Vertrauen in die Wohnung erheblich stört. Dies zeigt sich auch darin, daß das StVÄG (1999) keine Einschränkung des Art.13 GG erwähnt, wozu nach dem Zitiergebot des Art.19 Abs.1 S.2 GG eine Verpflichtung bestanden hätte[364].

Eine Befugnis für derartig schwere Grundrechtseingriffe darf auch keinesfalls aus der Heimlichkeit des Lauschangriff geschlossen werden, denn Eingriffe, deren offene Durchführung unzulässig wären, dürfen grundsätzlich auch nicht heimlich durchgeführt werden[365]. Auch § 36 Abs.2 StPO, der die Durchführung des Kammerbeschlusses zum Abhören den Ermittlungsbehörden auferlegt und diesen deshalb einen Freiraum für ermittlungstaktisches Handeln geben soll, enthält keine Ermächtigungsgrundlage, sondern eine Aussage zur Aufgabenverteilung. Somit kommt nur § 100c Abs.1 Nr.3 StPO als „ausdrückliche" Befugnisnorm in Frage[366]. Dort findet sich im Gesetzeswortlaut - wie bereits erwähnt - eine ausdrückliche Regelung für Vorbereitungs- oder Begleitmaßnahmen aber gerade nicht.

Im älteren Schrifttum zu § 81a StPO wird deshalb zum Teil eine durchgängige Unzulässigkeit solcher unselbständiger Eingriffshandlungen befürwortet, was

---

363 Vgl. BVerfGE 49, 89 (145).

364 Art.12a StVÄG (1999) erwähnt nur eine Einschränkung des Art.10 GG; BGBl. I 2000, S.1262.

365 *Gropp*, JZ 1998, S.501 (503).

366 Wenig überzeugend stellen sich andere Versuche der Legitimation nicht ausdrücklich geregelter Eingriffe dar. Insbesondere gilt dies für Modelle, die eine Rechtfertigung über § 34 StGB zu begründen versuchen. Ebenso können - wie dies von der Rechtsprechung zum Teil vertreten wird - zwingende Grundrechtseingriffe nicht aufgrund eines „Übergangsbonus" rechtmäßig sein. Zum einen dürfte dieser nahezu 15 Jahre nach dem Volkszählungsurteil obsolet sein; vgl. *Martensen*, JuS 1999, S.433 (437). Zum anderen ist eine Berufung hierauf bei neueren Normen wie dem hier zu untersuchenden Lauschangriff nicht zulässig.

aber zu lebensfernen und daher inakzeptablen Lösungen führt[367]. Ansonsten wäre der Erlaß einer Befugnis zum Abhören und Aufzeichen sinnlos, weil dies ohne vorbereitende oder begleitende Maßnahmen zumeist unmöglich ist. Mithin sind in der Eingriffsgrundlage zum Lauschangriff konkludent solche Ermächtigungen enthalten, die „in der Natur der Sache“ [368] liegen, die die ratio legis erst realisierbar machen. Teilweise wird auch von einer stillschweigenden Ermächtigung kraft Sachzusammenhangs gesprochen, der dort anzunehmen sei, wo der zusätzliche Eingriff sachgesetzlich notwendige Voraussetzung einer Durchführung der ausdrücklich vorgesehenen Zwangsmaßnahme ist[369]. Trotz unterschiedlicher Bezeichnung ist hiermit dasselbe gemeint.

Folglich ist es unerheblich, daß solche Vorbereitungs- und Begleitmaßnahmen nicht vom Wortsinn des Abhörens und Aufzeichnens erfaßt sind. Insoweit besteht eine zulässige Ausnahme vom Grundsatz einer ausdrücklichen Ermächtigungsnorm, da diese unselbständigen Maßnahmen zwingend von der Hauptmaßnahme gefordert werden und so aufgrund des funktionalen Zusammenhangs mit dem Sinn und Zweck der Hauptmaßnahme verknüpft sind.

Bezüglich des Lauschangriffs spricht sich der Gesetzgeber zudem selber für die Zulässigkeit von Vorbereitungs- und Begleitmaßnahmen aus. Er erwähnt in den Motiven zum VBOrgKG, daß § 100c Abs.1 Nr.3 StPO „auch die damit verbundenen notwendigen Maßnahmen, wie das heimliche Betreten der Wohnung, um Abhörvorrichtungen anzubringen“, erlaube[370].

Diese Auslegung wird auch vom Wortlaut des Art.13 Abs.3 S.1 GG gedeckt. Zwar möchte *Heger* nur die akustische Überwachung als solche und als tyischerweise damit zusammenhängend das Aufzeichnen gestatten. Weitere grundrechtseingreifende Maßnahmen seien dagegen nicht erlaubt[371]. Diese Ansicht übersieht jedoch, daß Art.13 Abs.3 S.1 GG nicht das „Überwachen“, sondern den „Einsatz“ technischer Mittel zur akustischen Wohnraumüberwachung gestattet. Es wird also keine konkrete Handlung umschrieben, die typischerweise mit Abhören zusammenhängt. Vielmehr stellt „Einsetzen“ einen Überbegriff für mehrere zusammenspielende Handlungen dar, die notwendig sind, um mittels technischer Mittel eine Überwachungsaktion durchzuführen. Hierzu zählen neben dem eigentlichen Abhören auch der Auf- oder Einbau der technischen

---

367 *Schneider*, NStZ 1999, S.388 m.w.N.
368 Vgl. *Gropp*, JZ 1998, S.501(504); *Krey*, ZStW 101(1989), S.859; *Schneider*, NStZ 1999, S.388.
369 LG Freiburg, NJW 1996, S.3022.
370 BT-DS 13/8950, S.13.
371 *Heger*, JR 1998, S.163 (164 f.).

Mittel sowie deren Ab- oder Ausbau, Wartung und Reparatur[372]. Zwar sieht dies *Nack* im Hinblick auf Art.13 Abs.2 GG, der die Wohnungsdurchsuchung „nur in der dort vorgeschriebenen Form“ erlaubt, als problematisch an[373]. Jedoch fehlt gerade eine solche Betonung der Vorgehensweise bei der ansonsten sehr detaillierten Regelung des Lauschangriffs.

Mithin gestattet § 100c Abs.1 Nr.3 StPO konkludent vorbereitende und begleitende Maßnahmen[374].

2) Die Anforderungen an die Zulässigkeit unselbständiger Vorbereitungs- und Begleitmaßnahmen

Mit dem bislang gefundenen Ergebnis ist jedoch noch nicht die in Rechtsprechung und Literatur strittige Frage gelöst, welche Vorbereitungs- und Begleitmaßnahmen tatsächlich konkludent gestattet werden, welche Anforderungen also an deren Rechtmäßigkeit zu stellen sind und wie die Grenzziehung im Einzelfall zu erfolgen hat. Folglich ist zu untersuchen, welche Eigenschaften die Verbindung zwischen dem rechtmäßigen Grundrechtseingriff und der unselbständigen Maßnahme haben muß, damit die Vorbereitungs- oder Begleitmaßnahme von der rechtfertigenden Wirkung des ausdrücklich geregelten Grundrechtseingriffs mit erfaßt wird.

a) Die Vereinbarkeit mit ausdrücklich geregelten Ermittlungsnormen der StPO

Unstrittig ist, daß, wenn ein Eingriff strafprozessual ausdrücklich normiert ist, keine hierdurch verbotenen Maßnahmen als durch den Lauschangriff konkludent mitgeregelt und deshalb als zulässig angesehen werden können[375]. So darf etwa ein VE, der das Vertrauen in der „Unterwelt“ gewinnen möchte, um so für einen „kleinen“ Lauschangriff in die Wohnung zu gelangen, keine milieubedingten Straftaten begehen, da er hierzu ansonsten auch nicht befugt ist[376]. Anderenfalls umginge man ausdrückliche gesetzliche Wertungen. Somit muß eine in der StPO geregelte Einzelmaßnahme den Voraussetzungen ihrer Befugnisnorm genügen, auch wenn sie gleichzeitig zur Vorbereitung oder Begleitung

---

372 So wohl auch *Ruthig*, JuS 1998, S.506 (512) Fn.76.
373 *Nack*, KK StPO, § 100c Rn.14.
374 Krit. *Martensen*„ S.128 ff.
375 Vgl. BGH St 8,144 (147); *Gropp*, JZ 1998, S.501 (504).
376 Strittig, vgl. *Beulke*, StPO Rn.267 m.w.N.

einer durch eine unvollkommene Regelung normierten Ermittlungsmaßnahme dient.
Die sonstigen an eine konkludent gestattete Maßnahme zu stellenden Voraussetzungen sind indes umstritten.

b) Bisherige Lösungsansätze im Rahmen der akustischen Überwachung außerhalb der Wohnung

aa) Die Meinung der Rechtsprechung
Das hier aufgeworfene Problemfeld ähnelt der jüngst geführten Diskussion, ob § 100c Abs.1 Nr.2 StPO gestattet, heimlich ein KfZ[377] zu öffnen und in die Werkstatt zu bringen, um dort eine „Wanze" einzubauen[378]. Eine diesbezügliche Erlaubnis ist dem Wortlaut des § 100c Abs.1 Nr.2 StPO nicht zu entnehmen. Der BGH nimmt an, daß der Gesetzgeber die Strafverfolgungsbehörden bei Schaffung der Primäreingriffsbefugnis (Abhören und Aufzeichnen) konkludent zur Vornahme solcher Vorbereitungs- und Begleitmaßnahmen ermächtigt hat, die mit dem Anhören und Aufzeichen entweder *„typischerweise unerläßlich verbunden"*[379] seien oder die nur *„geringfügig in den Rechtskreis des Betroffenen eingreifen"*[380].

Hieran gemessen stufte der BGH weder das heimliche Öffnen noch das Verbringen eines Pkw in die Werkstatt als typischerweise unerläßlich verbundene Maßnahme ein, da auf vielfältige Weise abgehört werden könne (z.B. mittels Richtmikrophon Gespräche auf Wegen und Plätzen, durch „Wanzen" auf Parkplätzen, u.s.w.), weshalb § 100c Abs.1 Nr.2 StPO nicht leerliefe, wenn mangels zulässiger Vorbereitungsmaßnahmen das Abhören von in Pkw geführten Unterhaltungen ausschiede[381]. Der Eingriff in das grundrechtlich geschützte Eigentum sei für das Abhören des nichtöffentlich gesprochenen Wortes außerhalb von Wohnungen nicht typisch[382]. Jedoch sei das heimliche Öffnen des Pkw - nicht hingegen das Verbringen in eine Werkstatt - trotzdem rechtmäßig, da sich

377 Ein KfZ fällt nicht in den Schutzbereich des Art.13 GG; vgl. BGH NStZ 1998, S.157 m.w.N., vgl. auch oben Kap.II T.1 B I 2.
378 Die Rechtsprechung hat sich mit dieser Frage in jüngerer Zeit öfter beschäftigt, siehe BGH NStZ 1998, S.157 f.; LG Freiburg, NJW 1996, S.1321 f.; LG Kaufbeuren, StV 1998, S.534 f.; zur Lit. siehe *Schneider*, NStZ 1999, S.388 m.w.N. in Fn.1.
379 Das LG Freiburg, NJW 1996, S.3021 (3022), spricht von „sachgesetzlich notwendiger Voraussetzung für die Durchführbarkeit der ausdrücklich geregelten Maßnahme" in Abgrenzung zu „selbständigen Eingriffshandlungen", womit jedoch dasselbe gemeint sein dürfte.
380 BGH NStZ 1998, S.157 (158).
381 BGH NStZ 1998, S. 157 (158); a.A. *Gropp*, JZ 1998, S.501 (505), *Janker*, NJW 1996, S.269 (271).
382 *Heger*, JR 1998, S.163 (164).

die hierdurch erfolgende Beeinträchtigung des Eigentumsrechts gegenüber dem durch § 100cAbs.1 Nr.2 StPO ermöglichten Eingriffs in das Recht am gesprochenen Wort als „geringfügig“ erweise[383].

bb) Kritik an der Rechtsprechung

Diese Rechtsprechung zu unselbständigen Vorbereitungs- und Begleitmaßnahmen ist in der Literatur bezüglich beider dort genannten Merkmale auf heftige Kritik gestoßen. Soweit hierbei bezweifelt wurde, daß die „Geringfügigkeit“ allein keine Eingriffsbefugnis schaffe, hat sich der Streit jedoch zwischenzeitlich erübrigt, da sich die hiervon betroffenen Fälle nunmehr seit dem StVÄG (1999) über die §§ 161,163 StPO rechtfertigen lassen. Zu klären bleibt hingegen weiterhin, ob es zur Rechtfertigung einer wegen ihrer Schwere von §§ 161, 163 StPO nicht erfaßten Vorbereitungs- oder Begleitmaßnahme ausreicht, daß diese mit der Primärmaßnahme „typischerweise unerläßlich verbunden“ ist.

Einigkeit herrscht bezüglich dieser Problematik lediglich über die Einschränkung auf das unerläßlich Verbundene. Bloße nützliche Maßnahmen unterhalb der Schwelle des Erforderlichen werden somit ausgeschlossen[384]. Bemängelt wird hingegen, daß der BGH unklar lasse, wie die Typizität zu beschreiben sei.

Deshalb wird z.B. vorgeschlagen, allein solche Maßnahmen zuzulassen, die für die Hauptmaßnahme im strengen Sinne des Wortes unerläßlich sind[385]. Dieser Ansatz führt aber, außer die Typizität eng zu beschreiben, nicht weiter, da er keine Aussage über die Merkmale trifft, nach denen die Notwendigkeit beurteilt werden soll[386].

Daneben wird zum Teil befürwortet, begleitende oder vorbereitende Maßnahmen nicht als konkludent gestattet anzusehen, wenn diese Straftatbestände erfüllen. Derartige Maßnahmen bräuchten entweder eine ausdrückliche Befugnisnorm oder sie seien per se prozeßordnungswidrig. Es gebe keinen allgemeinen Rechtfertigungsgrund für Straftaten der Ermittlungsbehörden. Sie seien auch nicht einfach durch den hohen Rang der Strafrechtspflege legitimierbar. Dies zeige die ausdrückliche Aufnahme einer Befugnis für bestimmte vorbereitende

383 BGH, NStZ 1998, S. 157(158); zustimmend *Heger*, JR 1998, S.193 f.; im Grundsatz übereinstimmend auch AG Kaufbeuren (StV 1998, S.534 f.), welches jedoch - nach einer dogmatisch sehr zweifelhaften Argumentation - annimmt, daß auch das Verbringen in eine Werkstatt im konkreten Fall ein „geringfügiger“ Eingriff sei könne. Diese Entscheidung verdeutlicht die Ungenauigkeit des Begriffs „geringfügig“.

384 Vgl. *Martensen*, JuS 1999, S.433 (436).

385 *Steinhögl*, 1998, S.535.

386 *Schneider*, NStZ 1999, S.388 (389).

oder begleitende, ansonsten strafbare Maßnahmen in § 110a Abs.3 StPO, die § 100c Abs.1 StPO gerade nicht enthalte[387].

Andere Stimmen in der Literatur wollen die Typizität spätestens dort enden lassen, wo über das durch die Ermittlungsmaßnahme betroffene Grundrecht ein weiteres Grundrecht tangiert werde[388].

Ein beträchtlicher Teil im Schrifttum behauptet zudem, daß mit der Typizität selber noch nicht alles umschrieben sei und fordert deshalb als weiteres Korrektiv, daß die Grundrechtsbeeinträchtigung zusätzlich von geringer Eingriffsintensität bzw. „geringfügig" sein müsse[389]. Die Rechtsprechung des BGH, die „geringfügige" Maßnahmen alternativ neben den „typischerweise unerläßlich verbundenen" Vorbereitungs- oder Begleitmaßnahmen gestatten möchte, sagt damit gleichzeitig, daß auch untypische Maßnahmen zulässig sind. Es wird somit auf die Erforderlichkeit im konkreten Einzelfall abgestellt. Ein großer Teil der Literatur lehnt aber genau dieses ab[390]. Es dürfe nicht gefragt werden, ob ohne die dort anvisierte Maßnahme die Norm im Einzelfall nicht anwendbar wäre, sondern es sei allein auf die Typizität abzustellen und zu fragen, ob die Norm generell leerliefe, wenn Maßnahmen, wie die im konkreten Fall anvisierte, nicht konkludent gestattet wären. Die Geringfügigkeit sei deshalb, wenn sie einen Sinn haben solle, nicht alternativ, sondern kumulativ zur Typizität zu prüfen[391].

c) Übertragung der Rechtsprechung zu § 100c Abs.1 Nr.2 StPO auf den Lauschangriff

Zu untersuchen ist nun, ob und ggf. in welchem Maß sich die in der Rechtsprechung entwickelten Grundsätze und ihre Kritik durch die Literatur auf die akustische Wohnraumüberwachung übertragen lassen. Die Materialien zum OrgKG[392], mit welchem § 100c Abs.1 Nr.2 StPO eingeführt wurde, enthalten

---

387 *Steinhögl*, StV 1998, S.535 f.

388 *Gropp*, JZ 1998, S.501 (505) unter Bezugnahme auf LG Freiburg, NJW 1996, S.3022.

389 *Rudolphi*, SK StPO, vor § 94 Rn.34 f.; *Gropp*, JZ 1998, 501 (505); *Schairer/ Krombacher*, Kriminalistik 1998 S.119 (120); *Schneider*, NStZ 1999, S.388 (389); *Steinhögl*, StV 1998, S.535. Oftmals werden hierbei aber die Fragen nach der Geringfügigkeit typischer Maßnahmen und der Geringfügigkeit als selbständige Eingriffsgrundlage nicht sauber getrennt; a.A. BGH NStZ 1998, S.157 (158) unter Berufung auf *Schäfer*, L/R StPO, § 105 Rn.6.

390 Ablehnend *Gropp*, JZ 1998, S.501 (505); *Martensen*, JuS 1999, S.433 (436 f.); *Mayer-Goßner*, K/M-G StPO, § 100c Rn.8; krit. *Nack*, KK StPO, § 100c Rn.14.

391 *Rudolphi*, SK StPO, vor § 94 Rn.34 f.; *Gropp*, JZ 1998, 501 (505); *Schairer/ Krombacher*, Kriminalistik 1998 S.119 (120); *Schneider*, NStZ 1999, S.388 (389); *Steinhögl*, StV 1998, S.535.

392 BGBl. 1992, I S.1302.

keine Hinweise, zu welchen Vorbereitungs- und Begleitmaßnahmen beim Vollzug dieser Vorschrift konkludent ermächtigt werden sollte[393]. Hingegen weist die Begründung zum VBOrgKG explizit darauf hin, daß die mit dem Abhören und Aufzeichnen *„notwendigerweise verbundenen"* Maßnahmen erlaubt seien[394]. Der Gesetzgeber äußert somit seinen Willen bezüglich unselbständiger Maßnahmen im Zusammenhang mit dem Lauschangriff ausdrücklich.

aa) Die Gleichsetzung von „notwendigerweise verbunden" und „typischerweise unerläßlich oder geringfügig"

Nun sind die Normen der Nr. 2 und 3 nicht nur in ihrer Systematik vergleichbar. Bei näherer Betrachtung läßt sich zudem erkennen, daß zwischen „notwendigerweise" und „unerläßlich" verbunden, wie sich die Rechtsprechung ausdrückt, im Ergebnis kein wesentlicher Unterschied zu erkennen ist. So spricht die Rechtsprechung teilweise selber von „sachgesetzlich notwendigen" Voraussetzungen[395]. Sämtliche Umschreibungen drücken die Unmöglichkeit oder zumindest große Erfolgsunsicherheit bei Unterlassen der unselbständigen Maßnahmen aus.

Allerdings besteht insoweit ein Unterschied zwischen der Formulierung der Rechtsprechung und den Motiven des VBOrgKG, als letztere auf das Merkmal „typischerweise" verzichten. Typische, aber im Einzelfall ausnahmsweise nicht notwendigerweise verbundene Vorbereitungs- und Begleitmaßnahmen werden somit nicht gestattet. Für die Frage, welche unselbständigen Maßnahmen letztlich zulässig sind, ist dieser Unterschied jedoch ohne Relevanz. Zum einen handelt es sich ohnehin um Ausnahmefälle[396]. Zum anderen wäre die Vornahme eines typischen, in der konkreten Situation aber nicht notwendigen Grundrechtseingriffs unverhältnismäßig. Auf solche nicht erforderlichen Handlungen ist deshalb ohnehin zu verzichten[397].

Als ein weiterer Unterschied umfaßt die Formulierung des Gesetzgebers auch untypische Maßnahmen, da eine Differenzierung allein nach der notwendigen Verbundenheit, nicht nach der Typik erfolgt. Zwar läßt der BGH ebenfalls untypische Maßnahmen zu, sofern diese „geringfügig" sind. Diese werden aber ohnehin durch die Generalklauseln der §§ 161, 163 StPO gedeckt. Problema-

---

393 Vgl. BGH NStZ 1998, S.156 (157).

394 BT-DS 13/8651, S.13.

395 LG Freiburg, NJW 1996, S.3022.

396 So auch *Heger*, JR 1998, S.193, der annimmt, daß der Gesetzgeber auch solche typischen Konstellationen konkludent gestatten wollte, die nicht in jedem Einzelfall die Ermächtigung leerlaufen lassen.

397 Vgl. *Martensen*, JuS 1999, S.433 (436).

tisch bleibt indessen die Zulässigkeit einer lediglich im Einzelfall, daher untypischen, notwendigen Maßnahme, die intensiv in Grundrechte eingreift.
Die Notwendigkeit verlangt lediglich eine geringere Eingriffsintensität im Verhältnis zu alternativen Maßnahmen. Da eine solche Bedingung allein aber eine allgemeine Generalklausel über die Zweckmäßigkeit kreieren würde, muß auch die notwendige Verbundenheit Schranken beinhalten. Solche werden schließlich auch den Generalklauseln aus §§ 161,163 StPO gesetzt. Vorbereitungs- und Begleitmaßnahmen sind aber ähnlich einer Generalklausel deshalb konkludent gestattet, weil ihre Auflistung im Gesetz in effektiver Form nicht möglich wäre. Ansonsten müßte der Gesetzgeber eine unüberschaubare Menge an Begleitmaßnahmen regeln. Eine notwendige Begleitmaßnahme ist folglich deshalb zulässig, weil nach einer Abwägung des Allgemeininteresses an Rechtsklarheit und Überschaubarkeit einerseits und der Grundrechtsbeeinträchtigung und des Gesetzesvorbehalts andererseits, die zuerst genannten Gesichtspunkte überwiegen[398]. Dies ist bei untypischen Vorbereitungs- und Begleitmaßnahmen, deren Notwendigkeit für die Hauptmaßnahme sich nur in Einzelfallen ergibt und die deshalb bei Normierung der Hauptmaßnahme nicht vorauszusehen waren, jedoch nur dann der Fall, wenn der Grundrechtseingriff geringfügig und nicht intensiv ist. Insoweit müssen sich die Schranken mit denen der allgemeinen strafprozessualen Generaleingriffsermächtigung decken. Intensivere Grundrechtseingriffe lassen sich somit allenfalls bei typischerweise notwendigen Vorbereitungs- und Begleitmaßnahmen rechtfertigen.

Im Ergebnis gestatten deshalb die Formulierungen des BGH („typischerweise unerläßlich verbunden“) und der Motive zum VBOrgKG („notwendigerweise verbunden“) dieselben Vorbereitungs- und Begleitmaßnahmen.
Somit trifft die gegen die Rechtsprechung gerichtete Kritik auch auf die notwendige Verbundenheit zu.

bb) Stellungnahme

Sofern diese Kritik Handlungen, die tatbestandlich Straftaten erfüllen, als Vorbereitungs- und Begleitmaßnahmen ausschließen will, ist sie jedoch mit dem Sinn und Zweck konkludenter Maßnahme nicht zu vereinbaren. Die Anwendbarkeit der Norm hängt von diesen notwendigen Vorbereitungs- und Begleitmaßnahmen ab, gleichgültig ob sie explizit erwähnt sind oder ob sie Straftatbestände erfüllen. Dem Argument, daß strafbare Eingriffsbefugnisse der Polizei kein geeignetes Mittel zur Verdachtsaufklärung und deshalb schon unverhält-

398 Ähnlich *Satzger*, JA 1998, S.139 (141), zur Frage nach der Zulässigkeit von schlichten Observationsmaßnahmen vor Inkrafttreten des StVÄG (1999).

nismäßig seien, liegt ein Zirkelschluß zugrunde. Es gilt gerade zu untersuchen, ob die Befugnis konkludent gerechtfertigt, also gerade nicht strafbar ist. Der aufgrund einer Durchsuchungsanordnung gerechtfertigte Hausfriedensbruch (§ 123 StGB) stellt schließlich eine anerkannte Ermittlungshandlung dar.

Ebenso vermag die scheinbar einfache Abgrenzung nach der Betroffenheit anderer Grundrechte nicht zu überzeugen. Zur deren Begründung verweisen ihre Vertreter auf ein Urteil des LG Freiburg, auf welches sie sich jedoch bei genauer Betrachtung zu unrecht stützen. Dieses sagt lediglich, Vorbereitungs- oder Begleitmaßnahme dürften nicht „selbständig“ über die ausdrücklich vorgesehene Grundrechtseinschränkung hinaus in weitere Grundrechte des Betroffenen eingreifen. Ein solcher „selbständiger“ Eingriff liege aber nicht vor, stattdessen aber eine stillschweigende Ermächtigung, wenn der zusätzliche Eingriff sachgesetzlich notwendige Voraussetzung sei[399]. Entscheidend ist folglich nicht, ob in weitere Grundrechte eingegriffen wird, sondern ob dies selbständig geschieht oder aber als sachgesetzlich notwendige Voraussetzung zur Durchführbarkeit der Hauptmaßnahme.
Außerdem ist ein derartiges Unterscheidungsmerkmal wenig sachgemäß. So wäre es mit dieser Argumentation nicht zulässig, anläßlich einer Wohnungsdurchsuchung einen Schrank gewaltsam zu öffnen, da hierdurch neben Art.13 GG auch Art.14 GG tangiert wäre[400]. Sieht man sich zudem den umgekehrten Fall an, so greift eine Maßnahme nach § 100c Abs.1 Nr.3 StPO ebenso wie eine Durchsuchung in Art.13 GG ein. Trotzdem kann der Lauschangriff als Begleitmaßnahme keinesfalls eine Durchsuchung gestatten. Somit ist es keineswegs zwingend, daß Typizität dort ende, wo über das durch die ausdrückliche Ermittlungsmaßnahme betroffene Grundrecht hinaus ein weiteres Grundrecht berührt wird[401]. Dies mahnt lediglich zu erhöhter Vorsicht.

Hingegen ist dem Verlangen der Literatur nach Geringfügigkeit auch typischer Maßnahmen wenigstens insoweit zuzustimmen, als diese nicht schrankenlos gelten können, wie sich aus deren dienender Funktion bezüglich der ausdrücklichen Hauptmaßnahme ergibt. Von dieser steht die Begleitmaßnahme in funk-

399 Das LG Freiburg, NJW 1996, S.3022, führt aus, daß „über die zum Anbringen des Senders sachnotwendige Beeinträchtigung des Eigentums des Beschuldigten an seinem Fahrzeug hinaus, [...] die Vorschrift [§ 100c Abs.1 Nr.2 StPO] keine Befugnis geben [kann], ...“. Mithin sind bestimmte Eingriffe in das Eigentum doch gestattet, obwohl das Abhören und Aufzeichnen des gesprochenen Wortes per se nicht Art.14 GG berührt. Das Gericht vertritt auch, daß zum Zweck einer Blutentnahme nach § 81a StPO der Beschuldigte ggf. festgehalten werden dürfe (LG Freiburg, NJW 1996, S.3022), obwohl § 81a StPO nur einen Eingriff in die körperliche Unversehrtheit ausdrücklich normiert und nicht in die Bewegungsfreiheit.

400 *Martensen*, JuS 1999, S.433 (436); siehe auch *Janker*, NJW 1998, S.268 (271).

401 So auch *Martensen*, JuS 1999, S.433 (436).

tionaler Abhängigkeit. Hieraus folgt, daß die unselbständige Maßnahme an Eingriffsintensität und Bedeutung die ausdrücklich geregelte nicht übertreffen darf. Mit dem Gesetzesvorbehalt ist ein erheblicher Eingriff in Freiheitsgrundrechte auf der Grundlage einer Ermächtigungsnorm, deren Wortlaut sich nur mit Zwangsmaßnahmen geringerer Intensität befaßt, nicht vereinbar[402]. Selbst gleich intensive Grundrechtseingriffe dürfen sich nicht auf konkludente Ermächtigungen stützen. Zwar wird dies zum Teil für Vorbereitungshandlungen ab Erlaß der Anordnung angenommen, da die Maßnahmefrist bereits laufe, obgleich die Hauptmaßnahme selber noch nicht eingesetzt habe[403]. Jedoch beinhalten unselbständige Maßnahmen eine andere Eingriffsqualität. Würde man sie bei gleicher Intensität zulassen, käme dies der Anerkennung einer allgemeinen Eingriffsbefugnis gleich. Bedenkt man nämlich, daß typische notwendigen Vorbereitungs- und Begleitmaßnahmen dem Gesetzgeber bei Normerlaß bekannt waren, er also wußte, daß sie notwendigerweise mit der Norm einhergehen, so hätte er sie bei gleich intensiver Eingriffsintensität selber als ausdrückliche Primäreingriffsbefugnisse erlassen müssen. Die konkludente Ermächtigung deckt deshalb nur weniger intensive Grundrechtseingriffe als die Hauptmaßnahme selber.
Hieraus folgt jedoch nicht, daß die typische Vorbereitungsmaßnahme nur geringfügig in Rechte eingreifen darf. Vielmehr hat sie sich lediglich am Grundsatz der Verhältnismäßigkeit messen zu lassen. Sie muß im Vergleich zum Hauptmaßnahme angemessen sein. Im Gegensatz zu untypischen vorbereitenden oder begleitenden Maßnahmen, sind typische dem Gesetzgeber bei Erlaß der Befugnisnorm zur Primärmaßnahme wenigstens in groben Zügen bekannt. Da sie zudem regelmäßig in Betracht kommen, mußte er sie bereits zu diesem Zeitpunkt in seine Überlegungen zur Verhältnismäßigkeit der Hauptmaßnahme einbeziehen. Gerade bei Maßnahmen wie dem Lauschangriff, die sehr intensiv in Grundrechte eingreifen, können deshalb vorbereitende und begleitende Maßnahmen über das Maß an Eingriffsintensität der §§ 161, 163 StPO und somit über das Maß der Geringfügigkeit hinausgehen.

Im Ergebnis greift somit die gegen die Rechtsprechung zu unselbständigen Vorbereitungs- und Begleitmaßnahmen vorgebrachte Kritik im wesentlichen nicht. Ihr ist allerdings insoweit Recht zu geben, als sich keine abschließenden allgemeingültigen rechtlichen Voraussetzungen zur Typizität aufstellen lassen. Es bleibt deshalb, nur von der jeweiligen Hauptmaßnahme ausgehend, nach dem Sinn und Zweck, nach der ratio der Norm zu fragen, ob also die Maßnahme aus der „Natur der Sache“ zum Erreichen des Normzieles „in der Regel“ not-

---

402 *Gropp*, JZ 1998, S.501 (504f.); *Martensen*, JuS 1999, S.433(436); *Rudolphi*, SK StPO, Vorb § 84 Rn.34.

403 *Starckgraff*, NStZ 1999, S.470 (471).

wendig ist. Dies bemißt sich anhand einer wertenden Gesamtschau, basierend im wesentlichen auf tatsächlichen Gegebenheiten, und nicht anhand einer rechtlichen Einordnungen („anderes Grundrecht“ oder „Straftat“).

Es ist zur Feststellung der Typizität jeweils zu fragen, ob durch die Begleitmaßnahme die Natur der im Gesetz geregelten Zwangsmaßnahme verändert wird[404]. Hierbei sind, unter Beachtung von Qualität und Intensität des Grundrechtseingriffs sowie Häufigkeit der Notwendigkeit der Begleitmaßnahme, von einer empirischen Ausgangsbasis Fallgruppen vergleichbarer Vorgänge zusammenzufassen[405]. Diese müssen in Bezug zur Eingriffsintensität der Primärmaßnahme verhältnismäßig sein.

cc) Ergebnis
Grundrechtseingreifende Vorbereitungs- und Begleitmaßnahmen sind, sofern sie nicht bereits von §§ 161, 163 StPO erfaßt werden, im Rahmen des Lauschangriffs zulässig, wenn sie typischerweise notwendig mit diesem verbunden sind, im Verhältnis zu diesem angemessen in Grundrechte eingreifen und nicht gegen spezielle strafprozessuale Normen verstoßen.

3) Typische Vorbereitungs- und Begleitmaßnahmen der akustischen Wohnraumüberwachung

Betrachtet man sich die praktische Durchführung der akustischen Wohnraumüberwachung, so kommen hauptsächlich vier Fallgruppen an Vorbereitungs- und Begleitmaßnahmen in Betracht, die von §§ 161,163 StPO nicht gedeckt sein dürften: (a) das heimliche Betreten der Wohnung, (b) das Betreten der Wohnung mittels Täuschung, (c) das Abzweigen von Energie und (d) die vorbereitende Observationen der Wohnung. Als eigene Bereiche sind daneben Maßnahmen mit dem Ziel der Reparatur und Instandhaltung (e) und des Ausbaus (f) zu untersuchen, die auf Handlungen der vorgenannten Fallgruppen zurückgreifen.

---

404 *Martensen*, JuS 1999, S.433 (436).
405 *Schneider*, NStZ 1999, S.388 (389f.).

a) Heimliches Betreten der Wohnung

Nach der Gesetzesbegründung gestattet die Befugnis zum Anhören und Aufzeichnen nach § 100c Abs.1 Nr.3 StPO auch das heimliche Öffnen und Betreten der Wohnung, um eine Abhörvorrichtung anzubringen[406]. Da dies aber in Art.13 GG [407]eingreift und den Tatbestand des § 123 StGB erfüllt, ist eine Rechtfertigung nur als notwendige Vorbereitungsmaßnahme des Lauschangriffs möglich.

Teile der Literatur vertreten jedoch, daß der beabsichtigte Abhörvorgang grundsätzlich auch ohne einen solchen zusätzlichen Eingriff in die Rechte aus Art.13 GG bzw. § 123 StGB durchgeführt werden könne. So verweist *Kühne* auf die Möglichkeit, Sender und Mikrophone über Gegenstände in die Wohnung zu bringen, die der Betroffene freiwillig hineinträgt (z.B. Blumensträuße, manipulierte Aktentaschen)[408]. Jedoch wird sich eine entsprechende Gelegenheit eher selten bieten, zumal die „Wanze" innerhalb der Wohnung noch geeignet zu plazieren ist. Derartigen Methoden mangelt es folglich an Effizienz. Demgegenüber sieht *Heger* schon das „Verwanzen" von innen an sich als nicht typischerweise notwendig an[409]. Dabei verkennt er aber die technischen Grenzen der Wohnraumüberwachung von außen[410], indem er lediglich auf den Einsatz von Richtmikrophonen, Akustik-Umwandler oder „Wanzen" vor dem Fenster als Alternativmethoden zum Abhören von innen verweist[411] und letzteres damit völlig ausschließt. Eine solche Ansicht, die auf die Gesamtheit aller denkbaren Abhörmöglichkeiten abstellt, setzt den Typizitätsmaßstab zu eng. Das damit angesteuerte Abstraktionsniveau ist viel zu hoch angesetzt, um operationabel zu sein[412]. Um festzustellen, ob eine Maßnahme als typischerweise unerläßlich mit dem Abhören und Aufzeichen verbunden ist, ist deshalb - neben der reinen Sachnotwendigkeit zum Abhören und Aufzeichnen - auch im Wege einer Fallgruppenbildung mit einzubeziehen, welche grundlegenden Vorgehensweisen der Gesetzgeber als typisch für eine effektive akustische Wohnraumüberwachung vor Augen hatte. Neben dem „kleinen" und „großen" Lauschangriff war sich der Gesetzgeber bewußt, daß auch unterschiedliche Vorgehensweisen im Bezug auf das Abhören von „innen" und von „außen" exi-

---

406 BT-DS 13/9851, S.13; ebenso *Hellmann*, StPO Rn.142; *Müller*, S.174.; krit. *Asbrock*, Anhörung zu BT-DS 13/8650; 12/8651, S.2.

407 BVerfGE 65,1 (40); *Herdegen*, BK GG, Art.13 Rn.42.

408 *Kühne*, StPO Rn.531.

409 *Heger*, JR 1998, S.163 (165)

410 Näher hierzu oben Kap. I Teil 3, vgl. auch *Gropp*, JZ 1998, S.501 (505); *Schairer/Krombacher*, Kriminalistik 1998, S.119 (120).

411 Vgl. *Heger*, JR 1998, S.163 (165).

412 *Schneider*, NStZ 1999, S.388 (389), der diesbezüglich die Rechtsprechung des BGH kritisiert.

stieren[413]. Indem er keine Unterscheidung zwischen diesen Varianten getroffen hat, gibt er auch keiner eine Präferenz und will sie mithin als Fallgruppen grundsätzlich zulassen. Für das Abhören von innen ist das kurzzeitige heimliche Betreten aber typischerweise notwendig.

Dieses steht im Vergleich zum sehr schweren Grundrechtseingriff des Lauschangriffs zudem nicht außer Verhältnis. Der heimlich Eintretende soll schließlich nicht aufklärungsrelevante Informationen aus dem Privatleben sammeln, wie dies bei einer Durchsuchung, dem Einsatz eines VE in der Wohnung oder deren akustischen Überwachung der Fall. Vielmehr hat er, ohne weitere Wahrnehmung aus dem für Außenstehende abgeschotteten Lebensbereich, diesen nach Installation der „Wanze“ zu verlassen. Das heimliche Öffnen und Eindringen in die Wohnung ist für die Variante des Abhörens von innen folglich eine typische unerläßliche Vorbereitungsmaßnahme und durch § 100c Abs.1 Nr.3 StPO konkludent zugelassen.

Mit der Befugnis zum bloßen heimlichen Betreten stehen die Ermittlungsbehörden aber noch vor dem Problem, daß eine Wohnung i.d.R. gegen unbefugten Zutritt gesichert ist (z.B. verschlossene Türen oder Alarmanlage). Sie müssen deshalb oftmals Fenster- oder Türschlösser aufbrechen, Stromkabel durchtrennen oder Schlüssel entziehen (sei es zur unmittelbaren Verwendung oder zum Fertigen eines Nachschlüssels[414]). Um solche eigentumsbeschädigenden oder -entziehenden Eingriffe zu rechtfertigen, könnte man erwägen, diese ebenfalls als typischerweise notwendige Grundrechtseingriffe für einen Lauschangriff zu betrachten. Jedoch existieren eine Vielzahl von Sicherungssystemen. Zu ihrer Überwindung ist eine überschaubare Typifizierung nicht mehr möglich. Deshalb ist die Einordnung als atypische Maßnahme vorzuziehen, zumal ein zusätzlicher Grundrechtseingriff oftmals nicht zum heimlichen Betreten notwendig ist. So kann u.U. durch das Dach eingestiegen werden (Abheben von Ziegeln) oder die Polizei hat Zugriff auf Kopien der Haustürschlüssel, die sie vom Hersteller erhalten, dessen Firmenlogo sich oftmals im Schloßzylinder eingestanzt findet[415]. Deshalb sind Grundrechtseingriffe zum Öffnen der Wohnung nicht typischerweise notwendig. Im konkreten Einzelfall werden sie ohnehin regelmäßig über §§ 161,163 StPO gerechtfertigt sein, da sie zumeist relativ geringfügige Rechtsbeeinträchtigungen enthalten dürften.

---

413 In der Tendenz der Fallgruppenbildung wohl zu weit *Schneider*, NStZ 1999, S.388 (389), der für das Abhören außerhalb von Wohnungen im Überwachen eines KfZ eine eigene Fallgruppe sieht.

414 So hat das LG Freiburg, NJW 1996, S.1321 (1322), in Bezug auf § 100c Abs.1 Nr.2 StPO das Öffnen eines Pkw mittels Nachschlüssel als gerechtfertigt erachtet.

415 Nach Spiegelangaben ist eine diesbezügliche Vereinbarung durch Verhandlungen des LKA Stuttgart mit dem Fachverband der Schloß- und Beschlagindustrie im Frühjahr 1999 zustande gekommen *(Ludwig/Mascolo*, Spiegel Nr.17/ 1997, S.50).

b) Betreten der Wohnung mittels Täuschung

Fraglich ist, ob es zur Vorbereitung oder Durchführung eines Lauschangriffs zulässig ist, daß ein nicht offen ermittelnder Beamter die Wohnung mittels einer Täuschung, insbesondere einer solchen über seine Identität, betritt. Diesbezüglich ist bereits strittig, inwieweit überhaupt ein Eingriff in geschützte Rechte vorliegt, der eine Ermächtigungsgrundlage erfordert.

So ist noch nicht einmal abschließend geklärt, ob nicht offenes Ermitteln an sich in Rechte des Betroffenen (z.B. Art.2 Abs.1 i.V.m. Art.1 Abs.1 GG; §§ 136, 136a StPO) eingreift. Die Rechtsprechung[416] und die h.L. erlauben es zumindest zur Bekämpfung von organisierter Kriminalität, Bandenkriminalität und sonstiger gefährlicher Kriminalität[417]. Hierbei wird das verdeckte Ermitteln als grundsätzlich rechtmäßige prozessuale List angesehen[418], da das bloße Verschweigen des amtlichen Auftrages noch keine Täuschung i.S.d. § 136a StPO darstellt[419]. Die äußerst schwierige Grenzziehung zwischen dem bloßen Ausnutzen einer Fehlvorstellung und aktivem Täuschen, welches analog § 136a StPO („vernehmungsähnliche Situation")[420] gegen das Täuschungsverbot verstößt, kann jedoch nur im Einzelfall erfolgen[421]. Die Beantwortung dieser Frage liegt allerdings allein in der im einzelnen sehr umstrittenen Problematik des nicht offenen Ermittelns begründet, welche in ihrer Breite in vorliegender Arbeit nicht dargelegt werden kann[422]. Hier genügt es festzuhalten, daß nicht offenes Ermitteln grundsätzlich ohne gesonderte Rechtsgrundlage zulässig ist.

Fraglich ist indes, ob dies anders zu bewerten ist, wenn der nicht offen ermittelnde Beamte im Rahmen seines Einsatzes eine Wohnung betritt. Diesbezüglich kommt neben Verstößen gegen §§ 136, 136a StPO insbesondere ein Eingriff in Art.13 GG in Betracht.

---

416 Vgl. BVerfGE 57,250 (284 f.); BVerfG NStZ 1991, S.445 f.; BGH St 32,115 (120 f.); 33,83 (90f.); BVerwG JZ 1992, S.360 ff.

417 *Krey*, Rn.104 m.w.N.; a.A. *Rzepka*, S.426.

418 So z.B. *Fahl*, JA 1998, S.754 (755).

419 *Beulke*, Rn.138; 481e; i.E. ebenso mit z.T. abweichender Begründung und zum Teil auf V-Männer bezogen etwa BGH St 47,345 (346), 42,139 ff. BGH NStZ 1999, S,147 (148); ausführlich *v.Stetten*, S.134 ff. m.w.N.

420 Vgl. *Beulke*, StPO Rn.136; 481e; *ders.* StV 1990, S.180 (182).

421 *Popp*, NStZ 1998, S.95. So dürfen sich nicht offen ermittelnde Personen zumindest nicht der Mittel des § 136a StPO bedienen (*Beulke*, StPO, Rn.481, *Roxin*, NStZ 1999, S.149 (150); vgl. auch BGH NStZ 1999, S.147 ff.).

422 Hierzu siehe *Hilger*, *Hanack*-FS S.208 (215) m.w.N.

aa) Die Wirkung eines auf Täuschung basierenden Einverständnisses im Rahmen von Art. 13 GG

(I) In jedem Fall ist ein Eingriff in Art.13 GG nur zu verneinen, wenn ein solcher grundsätzlich auch dann ausscheidet, falls das Betreten der Wohnung vom Willen des Grundrechtsträgers gedeckt ist. Das Ergebnis dieser vorab zu führenden Untersuchung ist jedoch umstritten.

So soll nach einer in der Literatur vertretenen Ansicht lediglich die Widerrechtlichkeit entfallen. Die Bestimmung des Umfangs des Schutzbereiches stünde nicht zur Disposition des einzelnen Grundrechtsträgers, sonders sei durch das Grundgesetz vorgegeben. Das Gestatten zum Betreten der Wohnung sei insofern der rechtfertigenden Einwilligung im Straf- und Strafprozeßrecht vergleichbar[423].
Diese Ansicht ist indes nicht mit dem Charakters des Art.13 GG als räumliche Privatsphäre vereinbar. Dieser ist eigen, daß sie die Möglichkeit der freien Persönlichkeitsentwicklung zum Zweck der Menschenwürde bietet. Ob und wie diese Möglichkeit genutzt wird, ist aber gerade, da es um die Würde eines individuellen Menschen geht, vom Einzelnen abhängig. Der Staat hat zwar die äußeren Grenzen der Privatsphäre zu garantieren. Das Maß der Öffnung, inwieweit der Bürger seinen Raum zum Privaten nutzt oder aber der Öffentlichkeit freiwillig zugänglich macht, ist diesem selber überlassen, da es gerade ein Teil der Ausübung seiner Privatsphäre darstellt. Wie oben gezeigt, kann er diesen Bereich sogar so weit der Allgemeinheit öffnen, daß der Schutz des Art.13 GG zur Gänze entfällt (z.B. Kaufhäuser zur Öffnungszeit). Genauso muß der Grundrechtsinhaber den Schutzbereich für ganz bestimmte Eingriffsmaßnahmen partiell öffnen können. Im übrigen besteht der Schutz ja fort[424]. Folglich entfallen mit einem Einverständnis das Rechtfertigungsbedürfnis[425] und der Eingriffscharakter einer Maßnahme[426].

(II) Äußerst umstritten ist indes, wie sich ein Willensmangel (Gewalt, Drohung oder Täuschung) auf die Wirksamkeit des Einverständnisses auswirkt.

(1) Der BGH hat, nachdem er anfangs einen Grundrechtseingriff zu bejahen schien[427], das Problem in einer neueren Entscheidung bewußt offen gelassen[428].

---

423 Vgl. *Amelung*, StV 1985, S.257 (263); *Eisenberg*, NJW 1993, S. 1033 (1038); zur tatbestandsausschließenden und rechtfertigenden Einwilligung im Strafrecht siehe *Wessels/ Beulke*, Rn.361 ff.
424 Vgl. *Ruthig*, JuS 1998, S.506 (509 f.).
425 *Dagtoglou*, BK GG (2.Bearb.) Art.13 Rn.54; *Herdegen*, BK GG Art.13 Rn.44; *Jarass/Pieroth*, GG Art.13 Rn.4; *Kunig*, *v.Münch* GG, Art.13 Rn.4.
426 Vgl. *Binder*, S.223; *Dagtoglou*, BK GG Art.13 (2.Bearb.) Rn.54.
427 BGH St 42,103 (104 f.).
428 BGH StV 1997, S.233 f.

Immerhin verneint er zu Recht einen Vergleich mit der tatbestandsausschließenden Wirkung der Zustimmung des Wohnungsinhabers beim Hausfriedensbruch (§ 123 StGB). Ein solcher entfällt nach h.M. selbst bei einem mittels Täuschung erschlichenen Einverständnis. Zwar umfaßt die Schutzwirkung des Art.13 GG regelmäßig das Verbot des Eindringens oder Verweilens in Wohnungen gegen den Willen der Wohnungsinhaber[429]. Dies ähnelt dem Tatbestand § 123 StGB, der widerrechtliches Eindringen oder Verweilen unter Strafe stellt. Deshalb wird vertreten, auch einen Eingriff in das Grundrecht des Art.13 GG zu verneinen, wenn noch nicht einmal das Bagatelldelikt des Hausfriedensbruchs vorliegt[430]. Dem steht aber entgegen, daß es zu unterscheiden gilt, ob der Staat Grundrechte seiner Bürger verletzt, wenn er Beamte unter Verdeckung ihrer Identität in Wohnungen schickt oder ob sich der einzelne Beamte dabei strafbar macht. Der Grundrechtsschutz beschränkt sich nämlich nicht nur auf strafbare Handlungen[431].

(2) Der Gesetzgeber hat bei der Schaffung des § 110b,c StPO - einem gesetzlich normierten Sonderfall des auf einer Täuschung beruhenden Betretens einer Wohnung - keine eindeutige Stellung bezogen. Er scheint jedoch eher zu einem Eingriff zu tendieren, indem er feststellt, gegen die Vorschriften bestünden mit Blick auf den hohen Rang der zu schützenden Rechtsgüter und wegen der Beachtung des Verhältnismäßigkeitsgrundsatzes keine verfassungsrechtlichen Bedenken[432]. Beide Argumente dienen für gewöhnlich der Rechtfertigung von Grundrechtseingriffen, setzen einen solchen mithin voraus. Zudem hätte die Existenz der §§ 110b,c StPO ansonsten nur deklaratorischen Sinn. Es widerspricht sich, einerseits einen Eingriff in den Schutzbereich des Art.13 GG zu verneinen, andererseits besondere, auch die Behörden einschränkende Eingriffsvoraussetzungen zu normieren. Letzteres verlangt ein schützenswertes Interesse, welches nach § 110b,c gerade an der Wohnung festgemacht wird[433].

(3) Hieraus jedoch den Schluß zu ziehen, bezüglich Art.13 GG führe jede durch Täuschung erlangte Zustimmung zu einem Eingriff, erscheint *Herdegen*[434] zu rigoros. Art.13 GG schütze nicht die irrtumsfreie Willensbildung. Deshalb sei das Einverständnis nur dann unerheblich, wenn die Täuschung staatlicher Organe gerade auf das Betreten der Wohnung gerichtet sei (etwa in dem Fall, daß sich ein polizeilicher Ermittlungsbeamter als bestellter Handwerker ausgibt).

---

429 BVerfGE 65, 1 (40).
430 *Krey*, Rn.251 ff.
431 BGH StV 1997, S.233 f.; *Müller*, S.52. Dies erkennt auch *Krey*, Rn.252, selber.
432 BT-DS 12/989, S.43.
433 Vgl. *Frister*, StV 1993, S.151 (152); *ders.* JZ 1997, S.1130 (1132) mit Nachweis in Fn.22.
434 *Herdegen*, BK GG, Art.13 Rn.45.

Denn eine solche Täuschung solle gerade die verfassungsrechtlichen Eingriffsschranken umgehen. Anders verhielte es sich, wenn ein vorheriger Irrtum lediglich ausgenutzt werde, wie etwa, wenn der Beamte lediglich bei Gelegenheit eines konspirativen Treffens der kriminellen Organisation eine Wohnung betrete. Solch ein Irrtum beziehe sich auf dem Wohnungszutritt vorausliegende Faktoren und sei in Bezug auf diesen lediglich ein "Motivirrtum"[435].
Hiergegen spricht aber, daß ein Einverständnis bereits an der fehlenden Kenntnis einer staatlichen Maßnahme scheitert. Deshalb kann es auf die Motive der Täuschung (Aufrechterhalten einer bisherigen Täuschung oder Sich-Zutritt-Verschaffen) nicht entscheidend ankommen[436]. Zudem ist, auch wenn die Täuschung ursprünglich anderen Zwecken diente, das Ziel ihrer Aufrechterhaltung das Eindringen in die räumlich geschützte Privatsphäre.

(4) Auch *Krey* vertritt, daß nicht jedes durch Täuschung erlangte Einverständnis des Berechtigten zum Betreten der Wohnung einen Eingriff in Art.13 GG impliziere. Vielmehr sei zu differenzieren. Sofern ein in Wirklichkeit nicht bestehendes Zutrittsrecht vorgespiegelt werde, sei das Einverständnis wirkungslos, da es nicht frei von Druck erfolge. Der Berechtigte glaube, keine Wahl zu haben. Hingegen lasse das Einverständnis den Grundrechtsschutz entfallen, soweit sich die Täuschung allein auf die Legende des Eintretenden beziehe und kein darüber hinausgehendes Vortäuschen eines Zutrittsrechts erfolge. Dem Berechtigten bleibe eine freie Entscheidung, da er weiterhin die Wahl habe, den Zutritt zu gewähren oder zu verweigern. Er sei auch nicht schutzbedürftig, weil er zum einen den Eingelassenen jederzeit wieder zum Verlassen der Wohnung auffordern könne und es in seiner Hand liege, was dieser in der Wohnung im einzelnen wahrnehmen könne[437].
Diese Rechte vermag der Berechtigte aber faktisch nur dann auszuüben, wenn er die wahre Absicht des „Gastes" kennt. Deshalb besagt diese Differenzierung im Ergebnis lediglich, daß ein auf ein Zutrittsrecht gerichtetes Täuschen wie ein erzwungenes Einverständnis wirkt. Sie vermag aber die schon gegen *Herdegens* Position vorgebrachten Argumente, die auch hiergegen angeführt werden können, nicht zu entkräften.

(5) Deshalb ist mit dem überwiegenden Teil der Literatur das Einverständnis nur dann als relevant anzusehen, wenn der Grundrechtsberechtigte dieses frei und in Kenntnis aller der für die Entscheidung relevanten Umstände erteilt

---

435 Ebenso *Krüger*, ZRP 1993, S.124 (125); ähnlich auch *Hilger*, *Hanack*-FS, S.208 (217).
436 *Frister*, JZ 1997, S.1130 (1131); *Müller*, S.53.
437 *Krey*, Rn.255 ff.

hat[438]. Zum einen darf es für den effektiven Schutz der räumlichen Privatsphäre keine Rolle spielen, ob durch Gewalt oder durch Täuschung seitens des Staates eingedrungen wird. Würde man weniger strenge Maßstäbe anlegen, unterliefe man den Schutzzweck des Art.13 GG[439]. Zum anderen beinhaltet Art.13 GG auch ein Abwehrrecht gegenüber dem Staat, welches eine private Sphäre garantiert. Der Betroffene kann sich aber gegen einen Einlaß staatlicher Hoheitsträger in diese Sphäre nur wirksam zur Wehr setzen, wenn er weiß, daß es sich um solche handelt[440]. Im Fall eines nicht offen ermittelnden Beamten erkennt der Bürger aber gerade nicht, daß ein Eingriff erfolgt und er staatliche Funktionsträger in seine Wohnung einläßt. Ein Verzicht auf die Geltendmachung seiner Rechte in Unkenntnis bedeutender Umstände muß deshalb unwirksam sein[441].

(6) Im Ergebnis ist somit im Rahmen des Art.13 GG ein durch Täuschung erschlichenes Einverständnis wirkungslos[442]. Betritt ein nicht offen ermittelnder Beamter bei seiner verdeckten Tätigkeit eine Wohnung, greift er folglich in die räumliche Privatsphäre ein.

Im folgenden ist deshalb zu untersuchen, ob ein solcher Einsatz eine typischerweise notwendige Vorbereitungsmaßnahme eines Lauschangriffs darstellt oder durch eine sonstige Eingriffsbefugnis gerechtfertigt ist. Daneben ist eine Verletzung der Belehrungspflicht aus § 136 StPO und des in § 136a StPO normierten Täuschungsverbots zu prüfen.

Bei der Beantwortung der Frage nach der rechtlichen Zulässigkeit verdeckten Ermittlens ist zwischen Maßnahmen im Rahmen eines „großen" und eines „kleinen" Lauschangriffs zu differenzieren. Die diesbezüglichen Erkenntnisse lassen sich dann auch auf die Fälle übertragen, in welchen statt eines Beamten eine Privatperson (Informant/V-Mann)[443] eingesetzt wird. Zwar ist sehr strittig, ob sich ihr Einsatz grundsätzlich als staatliche Informationsbeschaffung darstellt, die eine gesetzliche Ermächtigungsgrundlage verlangt, oder ob es sich

---

438 Statt vieler *Kunig*, *v.Münch* GG, Art.13 Rn.19; zum Teil mit abweichender Begründung *Eisenberg*, NJW 1993, S.1033 (1038), der auf einen Vergleich mit der rechtfertigende Einwilligung im materiellen Strafrecht abstellt, die insbesondere bei Täuschung unwirksam sei; so auch *Meurer*, S.537 (555).

439 *Weil*, ZRP 1992, S.243 (244).

440 *Roxin*, StV 1998, S.43.

441 *Frister*, JZ 1997, S.1130 (1131); *Müller*, S.53.

442 *Amelung*, StV 1985, S.257 ff.; *Frister*, StV 1993, S.151 f.; *ders*. JZ 1997, S.1130 ff.; *Lammer*, S.106 ff.,120; *Perschke*, S.69 ff.; *Rogall*, JZ 1987, S.853.

443 Zur Begrifflichkeit siehe *Beulke*, StPO Rn.423; *v.Stetten*, S.45 ff.

nicht um eine Informationsbeschaffung durch Zeugenbeweis handelt[444]. Im Rahmen des Lauschangriffs wird der Private aber auf Initiative der Polizei als Träger deren „Wanze“, die nicht nur zu dessen Eigensicherung dient, Instrument der staatlichen Sachverhaltserforschung. Als Werkzeug der Ermittlungsbeamten ist er diesen gleichzustellen[445].

bb) „Kleiner“ Lauschangriff“

Der „kleine“ Lauschangriff definiert sich gerade als Kumulation einer akustischen Überwachung und des Einsatzes eines nicht offen ermittelnden Beamten. Es überschneiden sich die Problemkreise um den Einsatz beider Maßnahmen. Das Betreten der Wohnung und die Täuschung dienen mithin zwei Zwecken: (1.) dem nicht offenen Ermitteln und (2.) der akustischen Wohnraumüberwachung.

Betritt nun der nicht offen ermittelnde Beamte bei seiner Ermittlungstätigkeit eine Wohnung, erfolgt zum Zwecke des Lauschangriffs keine über das Täuschen, welches das nicht offene Ermitteln beinhaltet, hinausgehende irrtumserregende Handlung. Deshalb greift der „kleine“ Lauschangriff neben dem Abhören und Aufzeichnen nicht durch zusätzliche unselbständige Begleit- oder Vorbereitungsmaßnahmen in Rechte des Betroffenen ein, die nicht schon vom Einsatz eines in der Wohnung nicht offenen ermittelnden Beamten erfaßt sind. Somit ist das Betreten durch Täuschen bereits in dem Maße zulässig, wie es im Rahmen nicht offener Ermittlungen rechtmäßig ist.

Anders wäre dies nur, wenn in der Absicht, neben dem verdeckten Ermitteln auch einen Lauschangriff durchzuführen, eine zweite Täuschung gesehen werden müßte, mithin ein zweiter eigenständiger Eingriff in Art.13 GG bzw. in die Regelungsbereiche der §§ 136, 136a StPO in Betracht käme. Angesichts der Tatsache, daß der Berechtigte seine Einwilligung zum Betreten der Wohnung aller Wahrscheinlichkeit nach schon bei Kenntnis eines der beiden tatsächlichen Täuschungsmotive verweigern würde, erscheint dies nicht abwegig. Da somit das Einverständnis eigentlich auf zwei Irrtümern beruht, könnte man annehmen, daß es hierfür zwei gesonderter Ermächtigungsgrundlagen bedarf. Dies wäre jedoch eine übertriebene und haarspalterische Unterscheidung. Der Umstand, daß ein Grundrechtseingriff auf einer unwirksamen Einwilligung beruht, die sich auf den Irrtum bezüglich zweier Eingriffsmotive stützt, sagt noch nicht,

---

444 *Beulke*, StPO Rn.424; *Hilger, Hanack*-FS S.208 (213); i.E. ebeso BGH St32, 115,121 ff.; 40,211 (213); 41,41 (43); a.A. Rudolphi, SK StPO, Vor § 94 Rn.48; § 100a Rn.14; *Lagodny*, StV 1996, S.167; *Duttge*, JZ 1996, S.556.

445 Vgl. *Fahl*, JA 1998, S.754 (757); *Rzepka*, S.424; anders wäre es hingegen, wenn der Private auf eigene Initiative und selbständig Gespräche mit technischen Mitteln abhört bzw. aufzeichnet.

daß zwei Eingriffe vorliegen und hierzu auch bezüglich beider Zwecke eine separate Rechtfertigung notwendig ist. Der Irrtum über beide beabsichtigten Maßnahmen beruht nämlich auf derselben Handlung. Genauso wie man unter einer negativen Betrachtung und abstellend auf die Realität zwei Irrtümer behaupten kann, kann aus einer positiven Perspektive und abstellend auf das vom Getäuschten Vorgestellte von nur einem falschem Bild gesprochen werden. Es werden nur einmal dieselben Tatsachen vorgespielt, auf welchen der Irrtum des Berechtigten beruht. Die Ermittlungsbehörden nutzen mithin zum Abhören und Aufzeichnen lediglich eine bereits durch das heimliche Ermitteln gegebene Situation aus. Es ist deshalb zwar notwendig, daß die Täuschung zum Zwecke verdeckten Ermittelns für sich ausdrücklich gerechtfertigt ist, dies ist für die gleichzeitige Eigenschaft als Begleitmaßnahme zum Abhören und Aufzeichnen allerdings auch hinreichend. Der „kleine" Lauschangriff ist nun einmal eng mit dem Einsatz nicht offen ermittelnder Beamter verbunden. Dies geht zwar nicht soweit, daß auf die jeweiligen unterschiedlichen tatbestandlichen Voraussetzungen der kombinierten Maßnahmen verzichtet werden könnte. Jedoch soll das Zusammenspiel der Ermittlungsmaßnahmen deren Wirksamkeit steigern, weshalb sie nicht gänzlich unabhängig voneinander zu betrachten sind. Zudem stellt das Gesetz selber im Falle eines VE bezüglich der Täuschung auf die Legende ab, damit das Betreten der Wohnung gerechtfertigt ist und nicht auf die Absicht des verdeckten Ermittelns (§ 110c Abs.1 StPO). Dann kann aber das Aufzeichnen des nicht öffentlich gesprochenen Wortes als weiterer Zweck ebenfalls nicht entscheidend sein.

Somit reicht es aus, wenn das nicht offene Ermitteln in der Wohnung rechtmäßig erfolgt. Wann dies gegeben ist, ist ein Problemfeld des Einsatzes nicht verdeckt tätiger Beamter. Im Rahmen der vorliegenden Arbeit kann diese in Rechtsprechung und Literatur höchst strittige Frage nur kurz dargestellt werden. Hierbei ist zwischen dem Einsatz eines VE und eines sonstigen nicht offen ermittelnden Beamten zu unterscheiden.

(I) Verdeckter Ermittler

Soweit der nicht offen ermittelnde Beamte ein VE ist, hat der Gesetzgeber das Betreten der Wohnung ausdrücklich in §§ 110b,c StPO normiert. Unter einem VE versteht man nach der Legaldefinition des § 110a Abs.2 StPO Beamte, die unter einer auf Dauer angelegten Legende agieren. Hierbei kommt es nach ständiger Rechtsprechung darauf an, ob unter Würdigung der gesamten Umstände sein Ermittlungsauftrag über wenige, konkret bestimmte Ermittlungshandlungen hinausgeht oder ob die Täuschung einer unbekannten Vielzahl von Personen erforderlich werden wird und ob es sich von vornherein absehen läßt, daß der Schutz des Beamten seine Geheimhaltung auch für die Zukunft erfordert[446].

(1) Neben einer richterlichen Anordnung (§ 110b Abs.1 S.1 StPO) - die separat neben der Kammeranordnung nach § 100d Abs.2 StPO bestehen muß, da der „kleine" Lauschangriff keine eigenständige Regelung gefunden hat - ist für den Einsatz eines VE insbesondere von Bedeutung, daß dieser gemäß § 110c S.1 StPO unter Verwendung seiner Legende mit Einverständnis des Berechtigten eine Wohnung betreten darf. Ausdrücklich verboten ist ihm allerdings nach § 110c S.2 StPO, die Erlaubnis über ein die Nutzung seiner Legende hinausgehendes Vortäuschen eines Zutrittsrechts herbeizuführen. Somit ist es dem VE verwehrt, sich als zum Betreten berechtigter Stromableser oder Schornsteinfeger auszugeben[447]. Aber auch jede sonstige über die Nutzung der Legende hinausgehende Täuschung reicht zur Untersagung der Maßnahme aus, selbst wenn diese noch kein Zutrittsrecht vorspiegelt, wie die Behauptung vom Partyservice zu kommen, der bestellte Handwerker zu sein oder lediglich der Vater des Kindes zu sein, dessen Ball beim Spielen in den Garten geflogen sei[448].

(2) Liegen die Voraussetzungen des Betretungsrechts des VE nicht vor, ist sein Einsatz rechtswidrig. Infolge dessen wird auch der „kleine" Lauschangriff unzulässig, da sich der VE nicht mehr rechtmäßig in der Wohnung aufhält. Dies ist die konsequente Folge aus der engen kumulativen Verknüpfung beider Maßnahmen.
Es läßt sich zwar erwägen, den „kleinen" Lauschangriff in seinen Rechtsfolgen unabhängig von denen des VE zu betrachten. Hierzu wäre es aber notwendig, die Anwesenheit des VE in der Wohnung über den Lauschangriff zu rechtfertigen. Der Einsatz eines VE müßte somit typischerweise notwendig für einen „kleinen" Lauschangriff sein. Diese Annahme scheitert jedoch schon aus Gründen der Verhältnismäßigkeit. Der Beamte nimmt über das Aufzeichnen hinaus eigenständige (z.B. optische) Eindrücke wahr[449]. Solch ein Einsatz ist selber von erheblicher Eingriffsintensität[450]. Dies verdeutlicht die richterliche Anordnung nach § 110b StPO. Zudem kann eine Sachlage, die noch nicht einmal den alleinigen Einsatz eines VE erlaubt, der demnach unzulässig ist, ihn erst recht nicht

---

446 Vgl. BGH JR 1996, S.515 f.; BGH StV 1997, S.233 m.w.N. aus der Rechtsprechung; zur Differenzierung siehe auch *Beulke/ Rogat*, JR 1996, S.517 (518).

447 *Krey*, Rn.134.

448 *Krey*, Rn.253 f.

449 Anderes wäre nur denkbar, wenn der VE außer dem Transport der „Wanze" keine eigenständige Ermittlungsfunktion zusätzlich ausüben würde, also keine eigenen verwertbaren Beobachtungen macht und auch nicht aktiv in das Gespräch eingreift, mithin faktisch ein „großer" Lauschangriff entsteht.

450 Vgl. BGH St 42,103 (104).

zur Effektivitätssteigerung einer anderen Maßnahme konkludent gestatten. Wie bereits oben ausgeführt wurde, vermag eine stillschweigende Ermächtigung nichts rechtfertigen, was in der StPO ausdrücklich verboten ist.

(3) Problematisch ist, daß weite Teile der Literatur, wenn nicht sogar der überwiegende, den Einsatz des VE in Wohnungen bisher mit starken Argumenten als verfassungswidrig angesehen haben[451]. Da nach dieser Ansicht - wie auch hier vertreten - ein Eingriff in den Schutzbereich des Art.13 Abs.1 GG bejaht wird, ist eine Vereinbarkeit mit der Verfassung nur anzunehmen, wenn Art.13 GG die staatliche Eintrittserschleichung zum Zweck der Strafverfolgung decken würde, was bisher nicht der Fall gewesen ist. Die Maßnahme konnte wegen ihrer Heimlichkeit weder als Durchsuchung (Art.13 Abs.2 GG) angesehen werden, der die Offenheit eigen ist[452], noch wegen des Strafverfolgungszwecks als der Gefahrenabwehr dienend (Art.13 Abs.3 GG a.F.)[453].

Nunmehr hat der Verfassungsgesetzgeber mit dem GGÄndG (Art.13) in Art.13 Abs.5 Satz 1 die verfassungsrechtliche Grundlage geschaffen. Dort heißt es: „Sind technische Mittel ausschließlich zum Schutz der bei einem Einsatz in Wohnungen tätigen Person vorgesehen, kann die Maßnahme durch eine gesetzlich bestimmte Stelle angeordnet werden“. Hiermit sind nicht offen handelnde Personen gemeint, da für andere i.d.R. schon keine Notwendigkeit heimlichen Schutzes durch technische Mittel besteht. Somit drückt das Grundgesetz selber aus, daß es den Einsatz eines VE, als ein Sonderfall nicht offen ermittelnder Personen, als verfassungsgemäß ansieht. Eine Einschränkung des Sinngehalts auf Maßnahmen der Gefahrenabwehr ist nicht statthaft. Wie schon die Motive zum GGÄndG (Art.13)[454] und die Regelung in einem eigenen Absatz zeigen, soll die Norm sowohl präventive als auch repressive Tätigkeiten sichern[455].

Als Problem erscheint, daß die Zulässigkeit nicht offen ermittelnder Beamter in Art.13 Abs.5 GG nicht als Schrankenregelung formuliert ist. Sie wird eher beiläufig erwähnt im Rahmen der Regelung des Sicherungslauschangriffs. Zum

---

451 *Frister*, StV 1993, S.151 ff.; *Weil*, ZRP 1992, S.243 ff.; zusammenfassend *Rudolphi*, SK StPO; § 110c Rn.4 ff.

452 *Frister*, StV 1993, S.151 (153), a.A. *Rogall*, JZ 1987, S.847 (853); wohl auch BGH St 42,103 (105).

453 *Roxin*, StV 1998, S.43 (44). Abzulehnen ist auch die Annahme *Lammers*, S.107 f., § 110c StPO durch verfassungsimmanente Schranken des Art.13 GG zu rechtfertigen, da dies den Sinn und Zweck ausdrücklicher Schranken durchkreuzt. Gleiches gilt für die von *Krey*, Rn.266 ff., in seinen Hilfserwägungen diskutierte analoge Anwendung des Art.13 Abs.2 GG.

454 BT-DS 13/9660, S.4.

455 Vgl. Kap.I Teil 1 C.

Teil wird jedoch eine eindeutig ausformulierte Schranke gefordert[456]. Deshalb lehnen es Teile der Literatur ab, daß Art.13 Abs.5 S.1 GG eine Einschränkbarkeit für das Betreten der Wohnung durch nicht offen ermittelnde Beamte impliziere. Diese Ansicht stützt sich zusätzlich auf die Wertung, daß eine „optische, akustische und verbale live-Ausforschung[457]" einer Durchsuchung oder einem großen Lauschangriff an Eingriffsintensität gleichstehe und wegen seiner weitergehenden Wahrnehmungsmöglichkeiten und direkten Kontakte keineswegs weniger grundrechtsrelevant sei[458].
Dieser Kritik kann jedoch nicht gefolgt werden. So sind der Einsatz nicht offen ermittelnder Beamter, Durchsuchung und Lauschangriff nur schwer vergleichbar, da bei letzterem z.B. in Situationen eingegriffen werden kann, in welchen sich der Betroffene völlig unbeobachtet fühlt. Zudem findet sich im Grundgesetz oftmals statt einer ausdrückliche Eingriffsermächtigung lediglich eine Andeutung. Insoweit darf an die Verfassung nicht derselbe Maßstab bezüglich der Bestimmtheit angelegt werden wie dies im Rahmen der StPO zu fordern ist. Ansonsten könnte das Grundgesetz in seiner bisherigen Knappheit bei der enormen Regelungsdichte keinen Bestand haben. Aus der verfassungsuntypischen Ausführlichkeit der Regelung des Lauschangriffes kann nicht gefolgert werden, daß der VE ebenfalls einer detaillierten Regelung bedarf. Eine solche fehlt zudem schon aus gesetzeshistorischen Gründen. Der Verfassungsgesetzgeber nahm fälschlicherweise bei der Einführung des Lauschangriffs an, das Wohnungsbetretungsrecht nicht offen ermittelnder Beamter sei bereits verfassungsmäßig zulässig[459]. Schließlich wurden die §§ 110a-s StPO in der Praxis seit dem OrgKG angewandt. Dem Verfassungsgesetzgeber war bei Abfassung der Regelungen zur akustischen Wohnraumüberwachung die Spielart des „kleinen" Lauschangriffs bekannt, trotzdem differenziert er nicht in seiner Formulierung. Dies verdeutlicht, daß er diese Variante zulassen wollte und im VE kein Problem erblickte.
Folglich steht Art.13 GG dem Einsatz eines VE in der Wohnung nicht entgegen.

(4) Die Rechtmäßigkeit des Einsatzes eines VE in Wohnungen nach § 110a-c StPO und damit auch die Rechtmäßigkeit des „kleinen" Lauschangriffs scheitert auch nicht an einem Widerspruch zum Täuschungsverbot nach § 136a StPO. Der nicht offen ermittelnde Beamte wird zwar oftmals nicht nur seinen wahren Auftrag passiv verschweigen, sondern auch aktiv seine falsche Identität vorspiegeln müssen, um in die Wohnung zu gelangen. Hierzu verfügt er schließlich über eine Legende. Ob bei dieser Form des Betretens und Ver-

---

456 *Nitz*, JA 1999, S.418 (421).
457 *Roxin*, StV 1998, S.43 (44).
458 *Nitz*, JA 1999, S.418 (421).
459 Vgl. BR-DS 8/98 S.14; *Nitz*, JA 1999, S. 418 (421), erwähnt selber diese Tatsache.

weilens in der Wohnung bereits eine vernehmungsähliche Situation vorliegt und das Täuschungselement bereits das Maß der rechtmäßigen List überschreitet[460], kann allerdings dahingestellt bleiben. Die §§ 110a ff. StPO sind aufgrund ihrer immanenten Täuschung als Spezialvorschriften zu § 136a StPO anzusehen[461]. Der Einsatz VE verstößt auch nicht gegen die Belehrungspflicht nach 136 StPO, da diese nur für förmliche Vernehmungen gilt, solange der VE diese nicht gezielt umgeht[462].

Im Ergebnis ist somit ein („kleiner") Lauschangriff i.V.m. dem Einsatz eines VE unter den (kumulativen) Voraussetzungen der §§ 100c Abs.1 Nr.3 ff., 110a ff. StPO zulässig. Es bedarf deshalb keines Rückgriffs auf konkludente Ermächtigungen.

(II) Sonstige nicht offen ermittelnde Beamte

Fraglich ist, ob dieselben Kriterien anzulegen sind, wenn der in der Wohnung nicht offen ermittelnde Beamte kein VE ist. Für die Fälle, in denen er nicht auf Dauer sondern nur kurzzeitig in eine andere Rolle schlüpft und eine Wohnung betritt, findet sich keine ausdrückliche gesetzliche Ermächtigungsgrundlage. In der Rechtsprechung[463] und Literatur werden daher drei Lösungen diskutiert.

(1) Eine Ansicht zieht zur Rechtfertigung des Betretens einer Wohnung die §§ 110b,c StPO analog heran. Dem nicht auf Dauer verdeckt ermittelndem Beamten wäre mithin unter den dort genannten Voraussetzungen das Betreten der Wohnung gestattet. In diesem Umfang könnte es dann als Begleitmaßnahme zum „kleinen" Lauschangriff mitgenutzt werden. Hierfür spricht, daß Art.13 Abs.5 GG keine Differenzierung zwischen einer nur kurzzeitig oder auf Dauer angelegten Täuschung über die Identität kennt. Das Betreten der Wohnung kann auch vernünftigerweise nicht davon abhängen, ob die falsche Identität noch gegen andere Personen verwendet werden soll[464].
Jedoch setzt eine Analogie immer eine Regelungslücke voraus, welche hier nicht vorliegt. Zurecht weist *Roxin* darauf hin, daß es keinen Sinn macht, den § 110c ausdrücklich auf VE zu beschränken, wenn er für alle Polizisten gelten soll[465]. Zudem ist mit dem Betreten von Wohnungen eine sehr spezielle und ab-

---

460 Ablehnend z.B. *Krey*, Rn.119 ff.

461 Vgl. *Beulke*, StPO Rn.138; da deratige Eingriffe in das aus dem fair-trial-Grundsatz abzuleitende Täuschungsverbot selber nicht die Menschenwürde tangieren (vgl. *Beulke*, StPO Rn.135), ist eine spezialgesetzliche Regelung zulässig; vgl. *v.Stetten*, S.139 f. m.w.N.

462 Vgl. *Beulke*, StPO Rn.481d.

463 Vgl. insbesondere BGH StV 1997, S.233 ff. im Ergebnis bleibt die Entscheidung jedoch offen.

464 Vgl. *Frister*, JZ 1997, S.1130 (1131).

465 *Roxin*, StV 1998, S.43 (44).

schließende[466] Regelung getroffen worden, die einer Ausweitung im Wege der Analogie nicht notwendig erscheinen läßt. So hat sie der BGH beispielsweise auch bezüglich privater Vertrauenspersonen abgelehnt[467].

(2) Eine andere Ansicht entnimmt der Beschränkung in § 110b,c StPO, daß es bei sonstigen nicht offen ermittelnden Beamten keiner besonderen gesetzlichen Ermächtigung bedürfe[468]. Dieser Haltung, welche die §§ 110b,c ff. StPO weniger als Eingriffsbefugnis denn als Kompetenzbeschränkung betrachtet und den Einsatz nicht offen ermittelnder Beamter bereits aus dem allgemeinen Strafverfolgungsauftrag der Polizei (§ 163 StPO a.F.) herleitet, wäre jedoch nur dann zuzustimmen, wenn im Betreten mittels Täuschung über die Identität kein Grundrechtseingriff vorläge. Eine Voraussetzung, die den bisher gefundenen Ergebnissen widerspricht[469]. Selbst der neugefaßte § 163 StPO enthält nämlich keine Befugnis für ein Betreten der Wohnung im Rahmen nicht offener Ermittlungen. Die spezielle Regelung des § 110c StPO zeigt, daß es sich hierbei um einen „tiefgreifenden"[470] Eingriff handelt, den § 163 StPO nicht zu rechtfertigen vermag.

(3) Somit bleibt nur, das Betreten von Wohnungen den nicht offen ermittelnden Beamten, die keine VE sind, generell zu verwehren. Auch wenn der generell von „Personen" sprechende Art.13 Abs.5 S.1 GG dem Gesetzgeber die Möglichkeit einer solchen Regelung läßt, so hat dieser sie nicht genutzt, weshalb es an einer gesetzlichen Ermächtigung fehlt. Diese kann auch nicht im vorkonstitutionellen Gewohnheitsrecht gefunden werden[471]. Selbst wenn an sich der Einsatz einer nicht offen ermittelnden Person hierdurch gedeckt wäre, liegt darin noch keine längerdauernde Übung, die durch die Rechtsüberzeugung der Beteiligten getragen wird, hierbei auch Wohnungen betreten zu dürfen. Auch im Rahmen des sog. Übergangsbonus kann eine solcher Eingriff in Art.13 GG nicht angenommen werden. Das BVerfG gesteht eine Übergangszeit zu, in welcher strafprozessuale Grundrechtseingriffe noch ohne gesetzliche Regelung hingenommen werden müssen[472]. Ein Berufen hierauf ist nach so langer Zeit seit dem Volkszählungsurteil jedoch nicht mehr statthaft, zumal seit längerem ein Teilbereich des Einsatzes nicht offen ermittelnder Beamter - nämlich der VE - eine Normierung gefunden hat.

---

466 *Krey*, Rn.7.

467 BGH St 41, 42 ff.

468 Vgl. Erwägung des BGH StV1997, S.233 (234).

469 *Roxin*, StV 1998, S.43 (44) lehnt eine entsprechende Befugnis sogar unter der Prämisse eines fehlenden Grundrechtseingriffs ab.

470 BGH St 42,103 (104).

471 So ein Ansatz bei *Krey*, Rn.127 ff, allerdings in Bezug auf den Einsatz von V-Männern, der zudem nicht speziell auf Wohnungen bezogen ist.

472 Näher hierzu vgl. *Rogall*, Informationseingriffe, S.9.

(4) Da sich keine spezielle Eingriffsgrundlage findet, stellt sich die Frage, ob das Betreten einer Wohnung im Rahmen nicht offener Ermittlungen für den „kleinen“ Lauschangriff typischerweise notwendig ist. Die bloße Typik ist grundsätzlich zu bejahen. Jedoch wird das Betreten mittels Täuschung nun einmal vom Gesetzgeber nur im Rahmen des Einsatzes eines VE gestattet. Da er sich hierauf beschränkt, darf folglich nicht angenommen werden, daß zum Zwecke des „kleinen“ Lauschangriffs, welcher die Effektivität der nicht offenen Ermittlungsmaßnahme steigern soll, die Beschränkung hinfällig wird.

(III) Ergebnis
Als Ergebnis läßt sich festhalten, daß der „kleine“ Lauschangriff selber nicht unselbständige Vorbereitungs- oder Begleitmaßnahmen beinhaltet, da derartige notwendige Handlungen bereits durch den kumulativen Einsatz eines nicht offen ermittelnden Beamten in der Wohnung eine Rechtsgrundlage findet. Eine solche ist bisher jedoch nur für den Einsatz eines VE normiert. Ein „kleiner“ Lauschangriff ist mit sonstigen nicht offen ermittelnden Beamten unzulässig.

cc) „Großer“ Lauschangriff
Denkbar ist auch der Einsatz nicht offen ermittelnder Beamter bei der Fallgruppe des „großen“ Lauschangriffs. Dem Betreten durch Täuschen kommt die Aufgabe zu, im Vorfeld der Hauptmaßnahme das heimliche Anbringen der „Wanze“ in der Wohnung zu ermöglichen. Es erfüllt also dieselbe Funktion wie das heimliche Betreten.

(I) Dies kann bei Gelegenheit eines Einsatzes eines VE in der Wohnung nach §§ 110b,c StPO geschehen. In diesem Fall wird beim Lauschangriff ein zusätzlicher Grundrechtseingriff durch das Anbringen der „Wanze“ vermieden, da sich der Beamte bereits rechtmäßig heimlich in der Wohnung aufhält und die Situation nur für die Vorbereitung eines Lauschangriffs ausnutzt. (Insoweit ergeben sich keine Unterschiede zum „kleinen“ Lauschangriff, außer daß der VE beim Belauschen des Gesprächs selber nicht mehr zugegen ist). Solche Gelegenheiten können sich jedoch nur im Falle eines rechtmäßigen Einsatzes VE ergeben. Sonstige nicht offen ermittelnde Beamte sind, wie oben bereits ausgeführt wurde, zum Ermitteln in Wohnungen nicht berechtigt.

(II) Daneben ist es auch denkbar, daß nicht offen ermittelnde Beamte, sich nicht bei Gelegenheit einer verdeckten Ermittlung in der Wohnung aufhalten, sondern diese gerade um die „Wanze“ anzubringen betreten. Der nicht offen ermittelnde Beamte gibt sich z.B. als Techniker von der Telekom aus, als Ausfahrer vom Pizza-Service, als bestellter Handwerker, als Schornsteinfeger oder als Stromableser. Hierbei kommt ein Widerspruch zum Täuschungsverbot des § 136a StPO und ein Eingriff Art.13 GG in Betracht, an denen eine Rechtfertigung für derartige unselbständige Maßnahmen scheitern könnte.

(1) Insbesondere bei Annahme eines Verstoßes gegen § 136a StPO wäre dies der Fall, da dann ein Widerspruch zu einer ausdrücklich geregelten Strafverfolgungsnorm bestünde. Zwar ist das Verschweigen des Ermittlungsauftrages als Täuschung durch Unterlassen noch keine Täuschung i.S.v. § 136a StPO[473]. Jedoch wird dies in der Regel zum Betreten der Wohnung nicht ausreichen, da der Berechtigte ansonsten keine Veranlassung sehen wird, den Beamten in die Wohnung hinein zu lassen. Oftmals wird dieser deshalb aktiv täuschen müssen.

Eine direkte Anwendung des § 136a StPO scheidet indes aus, da keine Vernehmungssituation gegeben ist. Nach dem formellen Vernehmungsbegriff tritt der Beamte dem Wohnungsinhaber nicht förmlich in hoheitlicher Funktion gegenüber. Auch nach dem materiellen Vernehmungsbegriff liegt keine solche vor. Hiernach qualifiziert sich jede, von einem staatlichen Organ der Strafverfolgung direkt oder indirekt in zurechenbarer Weise herbeigeführte, nicht notwendigerweise vor ihm erfolgte Aussage als Vernehmung[474]. Da die Aussage, welche mit der „Wanze" abgehört werden soll, nicht durch die Täuschung herbeigeführt wird, welche zum Betreten der Wohnung und zur Installation der „Wanze" erfolgt, steht sie in keiner Kausalbeziehung zur Täuschung. Sie würde ohnehin fallen. Sinn und Zweck ist es gerade die Abhörinstallation so durchzuführen, daß der Beschuldigte keine Kenntnis erlangt und sich „normal" weiterverhält. Die Täuschung selber bewirkt keine Aussage, sondern lediglich ein Einverständnis zum Eintreten.

(2) Denkbar ist hingegen eine analoge Anwendung des § 136a StPO. Dessen Wertungen sollen nach einer Strömung in der Literatur grundsätzlich bei nicht offenen ermittelnden Beamten gelten[475]. Durch die faktische Vorverlagerung des Schwerpunktes der Erkenntnisgewinnung von der Vernehmung und Hauptverhandlung auf die heimliche Ermittlungsmaßnahme, entsteht ein Bedürfnis, den Beschuldigten im Wege der Analogie vor einer Umgehung der effektiven Ausübung seiner Rechte zu bewahren[476].
So hat der BGH, obgleich er den engen formellen Vernehmungsbegriff vertritt, § 136a StPO auf vernehmungsähnliche Situationen ausgedehnt[477]. Er betont in

---

473 *Beulke*, StPO Rn.481e; *Krey*, Rn.163; krit. *Bosch*, Jura 1998, S.236 (240).
474 siehe *Bosch*, Jura 1998, S.236, (237).
475 Vgl. *Beulke*, StPO Rn.181e; ablehnend *Krey*, Rn.163 m.w.N.
476 Vgl. *Rzepka*, S.411.
477 BGH St 34,362; BGH NStZ 1999, S.147 ff.

seiner jüngsten U-Haftzellen Entscheidung, daß § 136a StPO die prozessrechtliche Ausformulierung des Leitgedankens der Rechtsstaatlichkeit darstelle, „unter dem nach Art.20 Abs.3 GG das gesamte Strafverfahren stehe“, und daß „die in § 136a StPO bezeichneten Vorgehensweisen nur beispielhaft für verbotene Beweisgewinnungen seien“[478]. Daher liegt bei Einsatz verdeckt agierender Beamter die Frage nahe, warum nicht auch dann eine vernehmungsänliche Situation vorliegt, wenn, statt durch Täuschung den Beschuldigten unmittelbar auszuhorchen, durch Täuschung in seine Wohnung gelangt wird, um elektronische Abhöreinrichtungen zu installieren, welche dann die vom Beschuldigten geführten Gespräche abhören. Die Willensentschließungs- und Betätigungsfreiheit des Wohnungsinhabers, der im Regelfall mit dem Beschuldigten identisch ist (§ 100c Abs.2 S.4 StPO), wird dahingehend beeinflußt, daß dieser selber die Voraussetzungen schafft, die es den Ermittlungsbehörden ermöglichen, Kenntnis von selbstbelastenden Aussagen zu erlangen. Das durch eine Täuschung erwirkte Gewähren des Einlasses stellt sich als Mitwirken an der eigenen Überführung dar.

Dennoch läßt sich eine Analogie zu der zu untersuchenden Konstellation nicht ziehen. Den vom BGH getroffenen Entscheidungen bezüglich „vernehmungsähnlicher“ Situationen liegen zumindest materiell Vernehmungen zugrunde. Durch die Täuschung wird dabei versucht, die Aussage des Beschuldigten zu beeinflussen und ihn zu veranlassen, von seinem Schweigerecht keinen Gebrauch zu machen[479]. Sofern dies gelingt, ist es eine unmittelbare Folge der Täuschung, weshalb eine Umgehung des § 136a StPO vorliegt. Durch ein Täuschen zum Betreten der Wohnung wird aber das Ob und der Inhalt eines Gesprächs, also die Betätigung und Entschließungsfreiheit in Bezug auf das Gespräch, nicht berührt. Es fände genauso auch ohne die Täuschung statt. Es erfolgt lediglich ein Abschöpfen der Information[480]. Der Irrtum durch die Täuschung ist auch während der selbstbelastenden Aussage nicht mehr präsent, anders als beim Einsatz eines aktiv täuschenden VE oder V-Manns, der bei dem Gespräch zugegen ist. Das Schutzgut des § 136a, die Freiheit der Willensentschließung und -betätigung, wird folglich nicht tangiert. Es besteht somit noch nicht einmal annähernd eine einer förmlichen Vernehmung vergleichbare Ein-

478 BGH NStZ 1999, S.147 (148 f).

479 BGH St 34, S.362.

480 Der BGH St 33,217 ff., hat sogar die Rechtmäßigkeit einer zulässig angeordneten Telefonüberwachung bejaht, als der Anstoß zum konkreten selbstbelastenden Gespräch durch eine bewußte vorherige Täuschung von der Polizei kam. Eine rechtswidrige Hörfalle scheitert an der fehlenden Vernehmunglage.

flußnahme[481]. Zudem will die Polizei mittels der Täuschung nur das erreichen, was sie auch mit anderen Zwangsmittel (z.B. heimliches Betreten) zumindest rechtlich ohne Mithilfe des Beschuldigten erreichen könnte. Dies ist bei einer materiellen Vernehmungssituation anders, da die Aussage nur durch den Beschuldigten getätigt werden kann, weshalb dort der Gedanke der Umgehung greift, bei vorliegend zu untersuchender Konstellation hingegen nicht.

(3) Da es an jeglichem Ausüben von Aussagedruck aufgrund amtlicher Tätigkeit fehlt, ist auch kein Widerspruch zur Belehrungspflicht aus § 136 StPO gegeben[482].

(4) Auch wenn somit kein Verstoß gegen die §§ 136, 136a StPO vorliegt, so beinhaltet nach der hier vertretenen Meinung das Betreten der Wohnung mittels Täuschung einen Eingriff in den Schutzbereich des Art.13 GG[483]. Die diesbezügliche Einwilligung des Grundrechtsinhabers ist unwirksam.

Da nun eine ausdrückliche Befugnis für einen Eingriff in Art.13 GG fehlt und auch die Generaleingriffsermächtigungen der §§ 161, 163 StPO einen solchen nicht deckt, läßt sich das Betreten der Wohnung mittel Täuschung nur rechtfertigen, wenn es typischerweise zur Vorbereitung eines „großen“ Lauschangriffs notwendig ist. Im Grundsatz ist dies zu anzunehmen, weil die Möglichkeiten des zufälligen Einsatzes eines VE oder des heimlichen Betretens lediglich alternativ mögliche Maßnahmen sind. Diese lassen die typische Notwendigkeit des Eintretens mittels Täuschung nicht entfallen. Hierbei handelt es sich nicht um einen eigenständigen Ermittlungseinsatz desjenigen, der in die Wohnung eindringt. Anders als dies im Rahmen des „kleinen“ Lauschangriffs der Fall ist, besteht deshalb kein Widerspruch zu einer ausdrücklichen strafprozessualen Regelung, wenn die Voraussetzungen der §§ 110a ff. StPO nicht gegeben sind. Der Eintretende bezweckt keine eigenen Wahrnehmungen zur Sachverhaltsaufklärung, sondern die Installation der „Wanze“. Dies ist insoweit dem heimlichen Eindringen vergleichbar. Im Hinblick auf den Vertrauensverlust in die Abgeschirmtheit der Wohnung, welche heimliches Betreten beim Betroffenen hervorruft (dieser wird schließlich nach Beendigung des Lauschangriff über diesen unterrichtet), ist das kurzzeitige Betreten mittels Täuschung nicht als intensiver zu werten.

---

481 Vgl. *Bosch*, Jura 1998, S.236 (238). So lehnt z.B. BGH St 33,224 eine Verstoß gegen das Täuschungsverbot ab, wenn der Polizist dem Beschuldigten seine baldige Verhaftung ankündigt, woraufhin dieser ein belastendes Telefonat führt; zust. *Wolter*, SK StPO, Vor § 151 Rn.124 m.w.N.

482 *Beulke*, StPO, Rn.181d.

483 Gleiches gilt für die Ansicht *Herdegens* (siehe oben), da das Ziel der Täuschung gerade das Betreten der Wohnung ist. Nach der Auffassung *Kreys* (vgl. oben) bestünde hingegen nur ein Eingriff, wenn ein Zutrittsrecht vorgespiegelt würde.

Jedoch erweist sich aufgrund des Verhältnismäßigkeitsgebots nicht jede Täuschung zum Betreten der Wohnung als typischerweise notwendig. Solche Irrtümer, die ein Betretungsrecht vorspiegeln und die deshalb den Wohnungsinhaber bei Zutrittsverweigerung zumindest mit einer zukünftigen zwangsweisen Durchsetzung rechnen lassen, greifen aufgrund ihrer Nähe zum nemo-tenetur-Grundsatz, stärker in die Rechtspositionen des Betroffenen ein. Für den Einsatz etwa eines VE ist eine solche Täuschung gerade verboten. Diese Wertung muß auch für Vorbereitungshandlungen zum Lauschangriff gelten[484]. Das schlichte Täuschen über die Identität, um die „Wanze" in der Wohnung installieren zu können, ist hingegen konkludent durch § 100c Abs.1 Nr.3 StPO gestattet.

(III) Im Ergebnis ist somit zum „großen" Lauschangriff das Betreten mittels Täuschung zulässig, sofern kein Irrtum über die Identität hinaus erzeugt wird.

dd) Durchsuchung

Neben dem Einsatz nicht offen ermittelnder Beamter, ist es auch möglich, daß die Ermittlungsbehörden die Abhöreinrichtung anläßlich einer rechtmäßigen Wohnungsdurchsuchung installieren. Hierbei tritt die amtliche Eigenschaft ihres Handelns offen zu Tage. Sie täuschen lediglich über die Absicht, eine „Wanze" einzuschleppen. Wie im Fall des Einsatzes eines VE, der sich ohnehin in der Wohnung aufhält, liegt hierin keine relevante Täuschungshandlung vor, sondern nur ein Ausnutzen einer ermittlungstaktisch günstigen Situation. Eine Rechtfertigung über unselbständige Begleitmaßnahmen ist mithin nicht notwendig. Allerdings wird häufig die Verhältnismäßigkeit einer solchen Kombination zu bezweifeln sein. Die Ergebnisse der Wohnungsdurchsuchung bedürfen i.d.R. einer zeitlich verzögerten und erst nach Verlassen der Wohnung erfolgenden Auswertung. Solange dies noch nicht geschehen ist, ist die Notwendigkeit eines Lauschangriffs („ultima ratio") nur selten begründbar[485].

ee) Vorgetäuschter Einbruch

Zum Zweck der Installation einer Abhöreinrichtung ist auch eine Kombination aus heimlichem Betreten und Täuschen denkbar, indem die Ermittlungsbehörden einen Einbruch vortäuschen, um in die Wohnung zu gelangen. So könnten auch solche „Trutzburgen" abgehört werden, in welche keine Fremden mittels

---

484 So gelangt man bei der Rechtfertigung zu einem ähnlichen Ergebnis wie *Krey* (s.o.) auf Eingriffsebene.

485 Das LG Bremen, StV 1998, S.525 (526) gibt zudem zu bedenken, daß die Erfolgsaussichten einer akustischen Wohnraumüberwachung eher schwinden werden, da es unwahrscheinlich sei, daß ein Beschuldigter, nachdem seine Wohnung durchsucht wurde, Kontakt zu Tatbeteiligten oder Dritten in seiner Wohnung sucht, um mit ihnen dort verfahrensrelevante Gespräche zu führen.

Täuschung gelangen können und wo heimliches Eindringen zwangsläufig nur unter Hinterlassen von Spuren erfolgen kann. Würde der Staat aber zu solchen Mitteln greifen, unterschiede er sich in seinen Methoden nicht mehr von denjenigen, die er zu verfolgen vorgibt. Ein solches Handeln ist dem Bürger nicht mehr vermittelbar. Es ist auch nicht typischerweise notwendig. Vielmehr ist es hinzunehmen, daß insoweit die Hauptmaßnahme, der Lauschangriff, leerläuft. Es ist einer abstrakten Regelung durchaus immanent und damit hinzunehmen, daß sie trotz rechtlicher Einschlägigkeit in Einzelfällen aufgrund tatsächlicher Umstände keine Anwendung findet.

c) Versorgung mit fremder Energie

Bei der Beschreibung der technischen Probleme der akustischen Wohnraumüberwachung ist bereits auf die begrenzte zeitliche Wirksamkeit autonomer Abhöreinrichtungen hingewiesen worden, weshalb diese bei länger dauernden Maßnahmen mit Energie aus der Wohnung zu versorgen sind. Dies greift in Rechte Dritter ein (vgl. § 248c StGB). Da sich der Gesetzgeber, wie aus § 100d Abs.4 S.1 StPO folgt, den Lauschangriff nicht auf die ca. 3 Tage der Betriebsdauer einer „Wanze" mit autonomer Energiequelle beschränken wollte, ist eine solche Entziehung elektrischer Energie eine typischerweise notwendige Begleitmaßnahme und somit - sofern man sie nicht bereits nach §§ 161,163 StPO als zulässig erachtet - von § 100c Abs.1 Nr.3 StPO konkludent gerechtfertigt[486].

d) Vorbereitende Observationen

Mit dem heimlichen Eindringen bzw. dem Betreten mittels Täuschung sowie dem Anzapfen fremder Energie sind bislang nur die unmittelbaren notwendigen Vorbereitungsmaßnahmen erfaßt. Um diese durchzuführen benötigt man regelmäßig Informationen (z.B. über die Abwesenheit der Bewohner vor dem heimlichen Einsteigen), die mittels verdeckter Observationen[487] zu erlangen sind.
Zu untersuchen gilt es deshalb, ob entsprechende Observationen in Grundrechte eingreifen und inwieweit sie von speziellen Eingriffsgrundlagen oder stillschweigend von des § 100c Abs.1 Nr.3 StPO gedeckt sind. Hierbei ist zu unterscheiden, ob das zu beobachtende Geschehen in den Schutzbereich des

---

486 So auch *Schneider* bezüglich der Versorgung mit KfZ eigener Energie zum Abhören eines KfZ nach § 100c Abs.1 Nr.2 StPO.

487 Unter Observation versteht man in der Regel das unauffällige - gegebenenfalls unter Einsatz technischer Mittel erfolgende - Beobachten einer Person oder eines Objekts mit dem Ziel der Erhebung diesbezüglicher Erkenntnisse (Vgl. BGH NStZ 1998, S.29 (630); BVerwG NJW 1986, S.2329 (2330); *Rogall*, NStZ 1992, S.45; Dt. Rechts-Lexikon Bd.2 (2.Aufl.) S.1207).

Art.13 GG fällt (z.B. umzäunter Vorgarten) oder außerhalb dessen liegt (z.B. Gehsteig vor der Haustür).

aa) Observation außerhalb des Schutzbereichs des Art. 13 GG

Obgleich auch die Observation außerhalb des Schutzbereiches des Art.13 GG (z.B. Zugangsbereich) Informationen liefern soll, welche die Anwesenheit der Person in der Wohnung betreffen, erfolgt kein Eingriff in Art.13 GG. Die Maßnahme richtet sich nicht auf die Gewinnung von Erkenntnissen *aus* dem von Art.13 GG geschützten Bereich[488]. Sie läßt vielmehr Informationen *über* die Wohnung gewinnen. *Satzger* weist zurecht darauf hin, daß bloße Folgerungen aus dem Umfeld der Wohnung Art.13 GG nicht verletzten[489]. In Betracht kommt indes ein Eingriff in das allgemeine Persönlichkeitsrecht. Hierbei gilt es zwischen einer schlichten Observation (d.h. durch bloße menschliche Beobachtung erfolgende) und einer Beobachtung mittels technischer Mittel zu differenzieren.

(I) Ob die schlichte Observation, die früher als klassische Ermittlungshandlung niemand mit einem Grundrechtseingriff in Verbindung gebracht hätte und die aus der Strafverfolgung nicht wegzudenken ist, in Grundrechte eingreift, ist insbesondere seit dem Volkszählungsurteil[490] heftig umstritten[491]. Sofern es sich um schlichte kurzzeitige Observationen[492] handelt, wird man die Grundrechtsrelevanz wohl verneinen können[493]. Im Ergebnis kann diese Frage aber offen

---

488 BGH NStZ 1998, S.429 (430) mit zustimmender. Anmerkung von *Amelung*, S.631.

489 *Satzger*, JA 1998, S.539 (541).

490 BVerfGE 65, 1 ff.

491 Während nach der hauptsächlich unter Strafverfolgungsorganen verbreiteten *„Schwellentheorie"* Untersuchungstätigkeiten ohne Zwangscharakter, welche unterhalb einer gewissen Intensitätsschwelle bleiben, zulässig sein sollen (*Steinke*, DVBl 1980, S.483; krit. *Beulke*, StPO Rn.104 m.w.N.; ähnliche hingegen *Perschke*, S.106 ff, der ebenfalls geringe Auswirkungen auf die geschützten Freiheitsrechte gestattet und danach differenziert, ob der Staat in der Öffentlichkeit und nicht im privaten Bereich handelt.), betrachtet die *„Lehre vom Totalvorbehalt"* jede staatliche Informationsbeschaffung, also auch die schlichte Observation, als einen nur auf eine gesetzliche Grundlage zulässigen Eingriff in das Recht auf informationelle Selbstbestimmung aus Art.2 Abs.1 i.V.m. 1 Abs.1 GG (*Schwan*, VerwArch 1975, S.120 ff. krit. *Rogall*, Informationseingriff, S.16, 30 f., 53 ff.; *Krey*, Rn.106 ff.; Rn.111; Rn.114 ff. m.w.N.; vgl. auch BT-DS 12/989, S.39.).

492 Teilweise wird statt der Unterscheidung zwischen kurzfristigen und längerfristigen Observationen (so z.B. *Deutsch*, S.7, 144; *Rogall*, NStZ 1992, S.45) eine Differenzierung zwischen ständiger polizeilicher „Observation" und weniger intensiven polizeilichen „Beobachtung" getroffen; vgl. *Krey*, Rn.271.

493 *Amelung*, NStZ 1998, 631; *Krey*, Rn.106; so wohl auch der BGH (NStZ 1998, S.629 ff.), wie *Satzger* in einem Umkehrschluß der BGH Entscheidung annimmt, welche aus der Betonung der Intensität der Beobachtung und der besonderer Verläßlichkeit des Einsatzes einer Videokamera die Grundrechtsrelevanz der Observation bejahte (*Satzger*, JA 1998, S.539 (541).

bleiben. Derartige Observationen sind allenfalls von geringer Grundrechtsintensität und deshalb nach dem neugefaßten § 163 Abs.1 StPO gestattet[494].

(II) Im Falle einer längerfristigen und planmäßigen schlichten Observation ist hingegen die Grundrechtsrelevanz der Observation und somit ein Eingriff in jedem Fall zu bejahen[495]. Diesbezüglich hat der Gesetzgeber im Rahmen des StVÄG (1999) eine spezielle Befugnisnorm geschaffen. Demnach ist gemäß § 163f StPO eine planmäßige Beobachtung, die durchgehend länger als 24 Stunden dauert oder an mehr als zwei Tagen stattfindet vom Staatsanwalt anzuordnen. An die Vorgaben des § 163 f StPO ist auch die Observation zur Vorbereitung eines Lauschangriffs gebunden, da dieser nicht konkludent gestatten kann, was ausdrücklich nur unter bestimmten Bedingungen erlaubt und ansonsten verboten ist.

(III) Wird die Observation unter Einsatz technischer Mittel (z.B. Videokameras oder Mikrofone) durchgeführt, so ist unabhängig von der Überwachungsdauer immer ein Eingriff in das allgemeine Persönlichkeitsrecht gegeben, wie schon die gesetzliche Regelungen des § 100c Abs.1 Nr.1b, 2 StPO belegen. Derartige Beobachtungen sind nicht als konkludente Begleitmaßnahmen zu rechtfertigen, da typischerweise die Mittel der weniger grundrechtsintensiven schlichten Beobachtung ausreichen. Diese gestattet es schließlich auf Hilfsmittel wie Ferngläser, Telefon oder Funkgeräte zurückgreifen, die rechtlich nicht als technische Mittel einzustufen sind[496]. Will die Polizei deshalb mittels Peilsendern überwachen, ob sich der Beschuldigte noch außerhalb der Wohnung aufhält, hat sie dies auf § 100c Abs.1 Nr.1b StPO zu stützen[497].

bb) Observationen im Schutzbereich des Art 13 G

Beziehen die Ermittlungsbehörden z.B. den umzäunten Vorgarten in die Observation mit ein, so ist ein Eingriff in den Schutzbereich des Art.13 GG fraglich, soweit diese Bereiche gegen Blicke von außen nicht abgeschottet sind. Die freie Sicht könnte den Garten für optische Eingriffe öffnen, da der Berechtigte den Anspruch auf Privatheit, der seiner Disposition unterliegt, diesbezüglich nicht durch ausreichenden Sichtschutz manifestiert[498].

---

494 Vgl. *Hilger*, NStZ 2000, S.561 (564).

495 So auch BGH NStZ 1998, S.629 (630), der neben des Einsatzes einer Videokamera entscheidend auf die wochenlange und ununterbrochene Observierung abstellt; ähnlich schon in BGH StV 1991, S.403 (404) angedeutet bezüglich längerfristigen Observationen, jedoch aufgrund des „Übergangsbonus“ zur Umsetzung des Volkszählungsurteils des BVerfG offengelassen.

496 Vgl. *Binder*, S.20.

497 Vgl. *Nack*, KK StPO, § 100c Rn.13.

498 Vgl. *Ruthig*, JuS 1998, S.506 (512).

Jedoch soll die freie Sicht ins Grundstück nur alltägliche und kurzzeitige Einblicke zulassen, wie sie von Mitmenschen üblich sind. Die Möglichkeit einer ständigen oder mittels technischer Mittel erfolgende Beobachtung soll hingegen nicht eröffnet werden. Dies zeigt schon die zu erwartende natürliche Reaktion eines Betroffenen, der dann regelmäßig für entsprechenden Sichtschutz sorgen wird. So vertritt wohl auch der BGH, daß von außen frei einsichtige Bereiche des Schutzbereichs der Wohnung aus diesem bezüglich optischer Überwachung nicht herausfallen. Er stellte bei der Bejahung der Rechtmäßigkeit einer längerfristigen Videoüberwachung entscheidend darauf ab, daß der observierte Bereich kein Teil der Wohnung war[499].

(I) Erfolgt die Observation des frei einsichtigen Wohnbereichs in Form der schlichten Überwachung ohne technische Mittel, so ist dies im Ergebnis unter ähnlichen Bedingungen zulässig, wie im Falle einer schlichten Beobachtung außerhalb der Wohnung.
Kurzzeitige schlichte Beobachtungen beeinträchtigen Art.13 GG nicht, weil nur das ohnehin Wahrnehmbare bekannt wird, ohne dabei spezifische tatsächliche Barrieren, die den Schutz der räumlichen Privatsphäre begründen könnten, zu überwinden. Soweit man subsidiär einen Eingriff in Art.2 Abs.1 i.V.m. Art.1 Abs.1 annehmen möchte, ist dieser gemäß § 163 Abs.1 StPO gerechtfertigt.

(II) Planmäßige und längerfristige schlichte Beobachtungen tangieren hingegen die räumliche Privatsphäre. Anders als entsprechende Observationen außerhalb des Schutzbereichs von Art.13 GG sind diese jedoch nicht nach § 163f StPO gestattet. Hierüber lassen sich keine Eingriffe in die räumliche Privatsphäre rechtfertigen[500]. Dies bedeutet jedoch nicht, daß längerfristige Observationen nicht konkludent über § 100c Abs.1 Nr.3 StPO zulässig sind. Insoweit steht § 163f StPO, der überhaupt keine Regelung für den Schutzbereich der Wohnung trifft, nicht ausdrücklich entgegen. Vielmehr besteht eine gesetzliche Lükke. Typischerweise wird man auf längerfristige Observationen der Wohnung zur Vorbereitung eines Lauschangriffs nicht verzichten können, etwa um mittels heimlichen Einsteigens in die Wohnung gelangen zu können. Der tatsächliche Schutz einer Wohnung wird oftmals nur temporär geöffnet (z.B. offene Fenster), was für die Ermittlungsbehörden längeres Warten auf eine günstige Gelegenheit impliziern kann. Derartige Observationen sind in Relation mit dem Lauschangriff auch verhältnismäßig, was sich insbesondere an einem Vergleich

---

499 BGH St 44,13 (16); zustimmend *Asbrock*, NStZ 1998, S.631.

500 Art.12a StVÄG (1999) erwähnt keine Einschränkung des dem Zitiergebot unterliegenden Art.13 GG.

der Subsidiaritätsklausel des § 100c Abs.1 Nr.3 StPO und des § 163f Abs.1 StPO zeigt, die insoweit wertend herangezogen werden kann[501].

(III) Falls nun bei der Überwachung des Schutzbereichs des Art.13 GG technische Mittel eingesetzt würden, wie etwa Peilsender, Bewegungsmelder, Nachtsichtgeräte oder Videokameras (die optische Wohnraumüberwachung ist wie die akustische lediglich ein Spezialfall der Observation mit technischen Mitteln), implizierte der Eingriff eine bereits nach Art.13 Abs.3 GG nicht zu rechtfertigende Verletzung. Ein weites Verständnis der „akustischen Überwachung" i.S.v. Art.13 Abs.3 GG unter Einschluß von Begleitmaßnahmen könnte sie zwar dem Wortlaut nach gestatten. Jedoch hat der Verfassungsgesetzgeber in seinen Motiven ausdrücklich erklärt, daß durch die Einführung des Lauschangriffs „die Wohnungsüberwachung mit anderen technischen Mitteln - insbesondere der Videoüberwachung - zu diesem Zweck [der Strafverfolgung] weiterhin unzulässig bleibt"[502]. Dies manifestiert zudem ein Umkehrschluß aus Art.13 Abs.4 GG. Die Zulässigkeit kann deshalb auch nicht über stillschweigende Begleitmaßnahmen durch die Hintertür doch erfolgen.

Im Ergebnis sind deshalb schlichte (nicht hingegen auf technische Mittel gestützte) Observationen der Wohnung konkludent von § 100c Abs.1 Nr.3 StPO gestattet. Schlichte Observationen des Wohnungsumfeldes sind gemäß § 163 StPO bzw., wenn es sich um längerfristige und planmäßige Maßnahmen handelt, unter den Voraussetzungen des § 163f StPO zulässig.

e) Reparaturmaßnahmen

Hat sich an der Verdachtslage noch nichts geändert und ist das Ermittlungsziel noch nicht erreicht, so dürfen zur Durchführung von Reparaturmaßnahmen, die zwingend geboten sind um die akustische Wohnraumüberwachung erfolgreich fortsetzen zu können, die selben Maßnahmen ergriffen werden, die zur Vorbereitung und Begleitung typischerweise notwendig sind. Dies begründet sich aus der Tatsache, daß die Voraussetzungen für die Anordnung eines Lauschangriffs

---

501 Kritisch ist anzumerken, daß eine planmäßige Observation im Schutzbereich des Art.13 GG zur Vorbereitung eines Lauschangriffs unter leichteren formalen Bedingungen zulässig ist, als eine Observation außerhalb der räumlichen Privatsphäre, die zusätzlich eine Anordnung der Staatsanwaltschaft verlangt. Hieraus folgt jedoch kein Wertungswiderspruch für das oben gefundene Ergebnis. Vielmehr ist dies eine logische, vermehrt auftretende Folge vieler ausdrücklicher Befugnisnormen mit unterschiedlichen Anordnungskompetenzen. Vorliegend bleibt dies ohne praktische Folgen, da grundrechtseingreifenden Vorbereitungshandlungen ebenso wie der Lauschangriff selber von der Staatsanwaltschaft zwar nicht angeordnet, aber beantragt werden.

502 BT-DS 13/8690, S.7.

immer noch vorliegen, und für diesen gerade diese Maßnahmen konkludent gestattet sind.

f) Der heimliche Ausbau der Abhöranlage

Fraglich ist, ob die Wohnung auch zur Demontage der „Wanze“ erneut heimlich oder mittels Täuschung betreten werden darf. Eine Abhöreinrichtung kann schließlich entdeckt werden und hierdurch die weitere Strafverfolgung gefährden. Eine entsprechende Ermächtigungsgrundlage, die wegen ihres sachlichen Zusammenhangs mit der Strafverfolgungsmaßnahme in der StPO zu suchen ist[503], findet sich aber weder im Gesetzestext noch in den Motiven[504]. Auch in Rechtsprechung und Literatur ist die Ausbauproblematik bislang, mit der Ausnahme *Schneiders*, kaum thematisiert worden[505]. Dieser vertritt, daß die Strafverfolgungsbehörden die für den sachgerechten Ausbau erforderlichen Maßnahmen gleichsam als „actus contrarius“ zum Einbau vornehmen dürften. In Anlehnung an die Rechtsprechung zu Vorbereitungs- und Begleitmaßnahmen gestatte die unvollkommene Ermächtigungsgrundlage konkludent auch diejenigen Nachbereitungsmaßnahmen, die typischerweise zur definitiven Beendigung der Aktion vorgenommen werden müßten[506].

In Bezug auf heimliche Ausbaumaßnahmen ist jedoch eine differenzierte Betrachtung vorzunehmen. Typischerweise sind nämlich nach Beendigung des Lauschangriffs die Beteiligten nach § 101 Abs.1 StPO zu benachrichtigen. Diese werden dann von alleine darauf drängen, die technischen Mittel, die - sofern reaktivierbar - noch immer eine potentielle Abhörmöglichkeit bieten, zu beseitigen. Ein solcher Ausbau hat aber selbstverständlich offen zu erfolgen. Typischerweise bedarf es also gerade keines heimlichen Grundrechtseingriffs zur Nachbereitung.
Gleichwohl sieht § 101 Abs.1 StPO nicht in jedem Fall nach Beendigung des Lauschangriffs eine Benachrichtigung vor. Diese unterbleibt etwa, wenn weitere Ermittlungen oder Leib und Leben eines VE ansonsten gefährdet wären. In bestimmten Fallgruppen kann folglich das Bedürfnis nach einer heimlichen Demontage der „Wanze“ bestehen[507]. Eine Befugnis hierzu kann sich jedoch nicht mehr allein aus der Notwendigkeit für einen Lauschangriff ergeben, da

---

503 Vgl. *Schneider*, NStZ 1999, S.388 (390).

504 Vgl. BT-DS 13/8651. Die Problematik war dem Gesetzgeber hingegen bekannt; siehe diesbezügliche Kritik bei *Röding*, Anhörung zu BT-DS 13/8650, 13/8651, S.11; siehe auch *Müller*, S.174.

505 *Nack*, KK StPO, § 100c Rn.15, erwähnt zwar den Ausbau, setzt sich aber mit dieser Problematik nicht näher auseinander.

506 *Schneider*, NStZ 1999, S.388 (390) bezüglich § 100c Abs.1 Nr.2 StPO.

507 Vgl. *Müller*, S.174.

dieser gerade beendet ist. Eine konkludente Ermächtigung ausschließlich aus § 100c Abs.1 Nr.3 StPO scheidet folglich aus. Vielmehr ergibt sich diese aus einer teleologischen Auslegung des § 101 Abs.1 StPO in Zusammenwirken mit § 100c Abs.1 Nr.3 StPO. So ist für eine Überwachung nach § 100c StPO das heimliche Vorgehen prägend. § 101 StPO beinhaltet die gesetzgeberische Wertung, daß die Geheimhaltung der Maßnahme über das bloße Abhören und Aufzeichnen hinaus auch für die in § 101 Abs.1 StPO aufgelisteten Belange ein legitimes Anliegen der Strafverfolgungsbehörden ist[508]. Zur Wahrung dieser Belange kann aber auch ein heimlicher Ausbau notwendig sein.

Jedoch sind nicht bei jedem Hinausschieben der Offenlegung nach § 101 Abs.1 StPO auch heimliche Grundrechtseingriffe, die zum Ausbau typischerweise notwendig sind, zulässig. § 101 StPO beinhaltet insoweit das Resultat einer gesetzgeberischen Abwägung zwischen den Belangen an der Geheimhaltung und am individuellen Rechtsschutz (Art.19 Abs.4 GG). Nicht berücksichtigt werden hingegen die durch den Ausbau betroffenen Rechte. Deshalb ist wie folgt zu differenzieren:

(1) Kein Anlaß zum heimlichen Ausbau vor der Benachrichtigung der Betroffenen besteht, wenn die Abhöreinrichtung nicht mehr oder nicht mehr lange funktionsfähig ist und auch nicht ihre Entdeckung droht.

(2) Ist sie vor Entdeckung sicher, allerdings noch länger einsatzbereit, wird der Bürger regelmäßig diesen Zustand, von dem er keine Kenntnis hat, hinzunehmen haben, bis eine Benachrichtigung erfolgt. Die trotzdem objektiv bestehende Beeinträchtigung des Rechts auf Unverletzlichkeit der Wohnung, die der bloße Zustand der „Verwanzung" und seiner Mißbrauchsgefahr hervorruft, ist weitaus geringer als die zum heimlichen Ausbau notwendigen Grundrechtseingriffe, wie heimliches Einsteigen oder das Betreten mittels Täuschen.

(3) Besteht hingegen die Gefahr, daß der Betroffene die Abhöreinrichtung entdeckt und so zu früh Kenntnis vom Lauschangriff erlangt, was gerade durch das Hinausschieben der Benachrichtigung verhindert werden soll, kann, abhängig vom Aufschiebungsgrund, ein heimlicher Ausbau nach einer Abwägung der betroffenen Belange gerechtfertigt sein. *Schneider* will in Fällen drohender Aufdeckung die Ermittlungsbehörden aufgrund des systematischen Zusammenspiels von § 100c Abs.1 und § 101 S.1 StPO sowie aus der Teleologie der beiden Vorschriften sogar immer zu Werke schreiten lassen[509]. Er verkennt aber

---

508 So *Schneider*, NStZ 1999, S.388 (391).
509 *Schneider*, NStZ 1999, S.388 (391).

die oben erwähnte Andersartigkeit der in § 101 S.1 StPO gesetzgeberisch abgewogenen Rechtsgüter.
(a) Wird die Benachrichtigung wegen § 101 Abs.1 S.1, 1.Alt StPO, Gefährdung des Untersuchungszwecks (Sachverhaltserforschung), hinausgeschoben und besteht immer noch der Verdacht der Katalogtat - z.B. bei Ergebnislosigkeit der Maßnahme, weil sich der Beschuldigte auch zu Hause sehr verschwiegen verhält oder die Auswertung noch abzuwarten ist -,können zur Entfernung des technischen Mittels gleichartige heimliche Grundrechtseingriffe vorgenommen werden wie zur Installation. Schließlich könnte nach der gesetzgeberischen Abwägung für diesen Untersuchungszweck ein Lauschangriff selber angeordnet werden und dieser würde derartige Grundrechtseingriffe rechtfertigen. Insoweit gilt die „actus contrarius" Theorie *Schneiders*. Anders ist es, wenn sich die Maßnahme auf den Verdacht einer Nichtkatalogtat reduziert hat. Hier fällt die Abwägung i.d.R. zu Ungunsten heimlicher Ausbaumaßnahmen aus, da zur Sachverhaltserforschung selber auch kein Lauschangriff erfolgen dürfte.

(b) Handelt es sich um eine Zurückstellung der Benachrichtigung wegen der Gefahr für die öffentliche Sicherheit oder für Leib und Leben (§ 101 Abs.1 S.1 2 und 3. Alt StPO), so kommt es zu einer Vermengung repressiver und präventiver Aspekte. Obwohl der Ausbau als Nachbereitung einer repressiven Maßnahme kraft Sachzusammenhangs in den Bereich der StPO fällt, hat zur Beantwortung der Frage nach stillschweigend gerechtfertigten Ausbaumaßnahmen eine Abwägung zwischen den durch den Ausbau beeinträchtigten Grundrechten (insbesondere Art.13 GG) und präventiven Belangen zu erfolgen. Diese muß sich an den einschlägigen präventiven Normen, im Fall des heimlichen Betretens insbesondere an Art.13 Abs.7 GG, orientieren (heimliches Betreten wäre z.B. bei gemeiner Gefahr oder einer Lebensgefahr zu bejahen).

(c) Soweit der Zurückstellungsgrund allein auf der Gefährdung einer weiteren Verwendung eines eingesetzten nicht offen ermittelnden Beamten fußt, ist ein Ausbau aus Wertungsgesichtspunkten nur zulässig, wenn
(aa) dieser zum Schutz des Beamten notwendig ist, da auch hierzu eine akustische Überwachungsanordnung ergehen könnte (Art.13 Abs.5 GG),
(bb) die mit dem Ausbau einhergehenden Grundrechtseingriffe durch Normen, welche den Einsatz nicht offen ermittelnder Beamter regeln, gedeckt wären (z.B. Betreten der Wohnung zur Demontage mittels Täuschung unter den Voraussetzungen des § 110c StPO) oder
(cc) im anderen Verfahren bei Aufdeckung des Beamten die Sachverhaltserforschung einer Katalogtat nach § 100c Abs.1 Nr.3 StPO unverhältnismäßig erschwert oder aussichtslos wäre, was einen Lauschangriff rechtfertigte, der dann ohnehin zur Vorbereitung das Betreten gestatten würde.

C) Technische Mittel

§ 100c Abs.1 Nr.3 StPO nennt, ebenso wie die Verfassung, keine bestimmten technischen Mittel. Er ist aufgrund der fortschreitenden technischen Möglichkeiten offen und somit flexibel formuliert. Die eingesetzten Geräte müssen deshalb lediglich zum Abhören und Aufzeichnen des nichtöffentlich gesprochenen Wortes in Wohnungen geeignet sein.
Hierunter faßt man Mittel, die in der Wohnung erzeugte Schallwellen durch technische Verstärkung oder Übertragung über ihren natürlichen Schallbereich hinaus akustisch wahrnehmbar machen und/oder sie mittels Datenträger aufzeichnen[510]. Diesbezüglich kommen - wie bereits ausgeführt - mehrere Mittel in Betracht (Siehe oben Kap.I Teil.3).

Eine redaktionelle Ungenauigkeit des Wortlauts enthält § 100c Abs.2 StPO in seinen Sätzen 4 und 5, die jeweils nur Maßnahmen „in" der Wohnung gestatten. Genau genommen wäre hierdurch der Einsatz von Richtmikrophonen und anderen technischen Mitteln, die von außen in den Schutzbereich des Art.13 GG einwirken, ausgeschlossen. Eine solche Einschränkung folgt jedoch weder aus den Motiven zum VBOrgKG noch aus dem Wortlaut von Art.13 Abs.3 GG, der keine Aussage enthält, die auf einen Ausschluß der von außen einwirkenden Abhörgeräte hindeutet. Da deren Einsatz zudem kein vorheriges grundrechtsbeeinträchtigendes Eindringen in Wohnungen voraussetzt, ist die Benutzung des Wortes „in" als Redaktionsfehler zu interpretieren[511].

Keine technischen Mittel zur akustischen Überwachung sind Geräte, die lediglich individuelle Mängel ausgleichen (z.B. Hörgeräte)[512]. Sie halten weder akustisch Wahrnehmbares auf Datenträgern fest, noch werden Worte über ihren natürlichen Klangbereich hinaus hörbar gemacht[513] und so über das sozialadäquate Maß hinaus wahrnehmbar[514].

Verboten sind hingegen technische Mittel zur optischen Überwachung (sog. „Spähangriff")[515], auch in Verbindung mit akustischen Funktionen (z.B. Minikameras mit integriertem Mikrophon oder Tonbandgerät). Ebenso verhält es

---

510 Vgl. *Rohe*, S.40.
511 Vgl. *Dittrich*, NStZ 1998, S.336 (338).
512 *Berner/ Köhler*, bayPAG Art.32 Rn.3; *Cassardt*, ZRP 1997, S.370 (371).
513 *Binder*, S.14.
514 *Cassardt*, ZRP 1997, S.370 (371). Insoweit ist kein Eingriff in Art.13 GG gegeben, da auf diese Weise nur das zu hören ist, was den natürlichen Abschirmeffekt der Wohnung übertönt. Die Zulässigkeit eines solchen Einsatzes richtet sich deshalb nach der strittigen Problematik, inwieweit schlichte Beobachtungen Grundrechte (z.B. Art.2 Abs.1 i.V.m.1 Abs.1 GG) tangieren.
515 BT-DS 13/8650, S.5; *Meyer/Hetzer*, NJW 1998; S.1017 (1024).

sich mit Peilsendern und akustischen Bewegungsmeldern. Letztere reagieren zwar auf ein akustisches Signal. Sie geben dabei aber nur die Auskunft, daß es Geräusche gegeben hat, ohne über deren Natur und Inhalt zu informieren. Die akustische Überwachung zielt aber auf letzteres ab. Zudem dienen Peilsender oder Bewegungsmelder schon nicht dem Zweck des Gesetzes, da sie nur über den genauen Standort in der Wohnung Auskunft geben, was zur Aufklärung einer Straftat im Regelfall irrelevant ist. Sie werden im übrigen auch außerhalb der Wohnung einfachgesetzlich unter § 100c Abs.1 Nr.1b StPO und nicht unter Nr.2 subsumiert[516].

Technische Mittel zur akustischen Überwachung umfassen auch nicht Geräte, die statt Schallwellen elektromagnetische Wellen abhören, wie sie von Computern abgestrahlt werden und auf diese Weise jedes Zeichen auf dem Bildschirm und jeden Tastendruck verraten (sog. „kompromittierende Strahlung")[517]. Der Wortlaut („akustisch") verbietet dies unmißverständlich. Somit sind derartige Informationen nur dann für die Kriminalitätsbekämpfung greifbar, wenn sie auf Datenträgern festgehalten werden (Durchsuchung und Beschlagnahme) oder über das Telekommunikationsnetz laufen.

D) Maßnahmeobjekte

Gegenstand der Maßnahme nach § 100c Abs.1 Nr.3 StPO ist das „in einer Wohnung nicht öffentlich gesprochene Wort des Beschuldigten". Erlaubt wird also nicht das generelle Abhören von Räumlichkeiten, wie man aufgrund der Wortwahl der grundgesetzlichen Regelung („akustische Überwachung von Wohnungen") noch denken könnte. Insoweit äußern sich auch einige Autoren in der Literatur undeutlich[518]. Das Maßnahmeobjekt wird vielmehr in dreierlei Hinsicht eingeschränkt: auf das nichtöffentlich gesprochene Wort (materielle Einschränkung), welches vom Beschuldigten stammen (personale Einschränkung) und in der Wohnung gesprochen sein muß (örtliche Einschränkung).

I) Das nichtöffentlich gesprochene Wort

1) Das gesprochene Wort

Während Art.13 Abs.3 S.1 GG noch allgemein von der „akustischen" Überwachung spricht, was das Abhören und Aufzeichen sämtlicher Schallwellen um-

---

516 *Nack*, KK StPO, § 110c Rn.13.
517 Vgl. *Müller*, S.100.
518 Vgl. z.B. *Ruthig*, JuS 1998, S.506 (515).

faßt, welche ihre Quelle in der Wohnung haben, ist § 100c Abs.1 Nr.3 StPO enger formuliert. Demnach ist nur die Überwachung des „gesprochenen Wortes“ zulässig.
Vom Begriff her erfaßt dies nur menschliche Laute, die eine in Sprache codierte Information tragen, nicht hingegen mechanische Geräusche, wie z.B. ein Schuß, Instrumentalmusik oder Radio- und Fernsehprogramme. Der Beschuldigte muß sich zudem bewußt äußern, da z.B. das im Schlaf gesprochene Wort abzuhören, den Kern der Privatsphäre verletzt[519]. Hingegen ist es nicht notwendig, daß es den Strafverfolgungsbehörden auf den Inhalt des Gesagten ankommt. Sie können auch eine Stimmprobe bezwecken[520]. Sonstige menschliche Töne und Laute, wie etwa Stöhnen, Lachen oder Weinen, die keine eigenständige Sprachinformation übermitteln, sondern lediglich eine Information aus sich selbst heraus darstellen (z.B., daß der Beschuldigte gerade trauert), werden vom Wortlaut des § 100c Abs.1 Nr.3 StPO nicht erfaßt. Da auch sie einen - u.U. sehr intimen - Ausdruck der Persönlichkeit in der räumlichen Privatsphäre beinhalten[521], sind sie kein Minus sondern ein aliud zum gesprochenen Wort. Deshalb greift auch ein Erst-Recht-Schluß aus der Erlaubnis zum Abhören des gesprochenen Wortes nicht und man wird derartige Laute, wegen fehlender entsprechender Rechtsgrundlage, nicht gezielt abhören dürfen.

Gleichzeitig ist aber anzuerkennen, daß es praktisch unmöglich ist, solche Informationen von der akustischen Wohnraumüberwachung auszunehmen. Im Hinblick darauf, daß unvermeidbar betroffene Dritte, die ebenfalls nicht Ziel eines Lauschangriffs sein dürfen, abgehört werden dürfen, ist nicht anzunehmen, daß für sonstige unvermeidbare Geräusche etwas anderes gelten soll[522]. Deren Mitbelauschen ist deshalb analog § 100c Abs.3 StPO gerechtfertigt[523].

2) Fehlende Öffentlichkeit

Bezüglich dem Merkmal „nichtöffentlich“ bestehen keine Probleme. Dieser Begriff taucht bereits in § 100c Abs.1 Nr.2 StPO und § 201 StGB auf und deckt sich mit der dortigen Bedeutung[524]. Erfaßt werden Gespräche, die innerhalb eines abgegrenzten Personenkreises im Bewußtsein geführt werden, daß kein

---

519 Siehe oben Kap. II Teil. 1 C V 4 b cc.
520 Siehe *Ackermann*; welche eingehend darlegt, daß dem BGH St 34,39 (46) nicht entgegensteht.
521 Vgl. *Wölfl*, S.58.
522 Dies Möglichkeit der späteren Verwertung solcher Informationen entspricht der Verwertung von Gesprächen unvermeidbarer Dritter; hierzu siehe Kap. IV Teil 3 B.
523 Ihre Verwertbarkeit entspricht daher der von unvermeidbar Betroffenen i.S.v. § 100c Abs.3 StPO.
524 So wird bereits bezüglich § 100c Abs.1 Nr.2 GG auf § 201 StGB verwiesen, vgl. *Meyer-Goßner*, K/M-G StPO, § 100c Rn.7.

ungebetener Dritter vom Inhalt der Unterredung unmittelbar Kenntnis erlangt, was jedoch keine besondere Vertrautheit verlangt. In der Wohnung ist diese Voraussetzungen regelmäßig erfüllt, da mit dem Zutritt beliebiger Dritter der Schutzbereich des Art.13 GG nicht mehr Platz greift.

II) Der Beschuldigte als personales Objekt der Maßnahme

1) Der Beschuldigte

Neben Einschränkung auf bestimmte Wohnungen darf gemäß § 100c Abs.1 Nr.3 StPO nur das Wort „des Beschuldigten" abgehört werden. Dies verdeutlicht § 100c Abs.2 S. 1 StPO, wonach sich die Maßnahmen nach Absatz 1 - also das Abhören und Aufzeichnen - nur gegen den Beschuldigten richten dürfen. Eine Ausnahme hiervon, wie dies für Maßnahmen nach § 100c Abs.1 Nr.1 und 2 StPO vorgesehen ist (§ 100c Abs.2 S. 2 und 3 StPO), wird nicht zugelassen[525]. Die Einschränkung auf den Beschuldigten gilt deshalb auch für akustische Überwachungsmaßnahmen in der Wohnung anderer Personen nach § 100c Abs.2 S.2.

2) Unvermeidbar betroffene Dritte

Problematisch gestaltet sich jedoch, daß es technisch nicht möglich ist, allein das vom Beschuldigten gesprochene Wort abzuhören, ohne zugleich zumindest dessen Gesprächspartner zu erfassen[526]. Mithin werden zu einem gewissen Teil auch Unverdächtige abgehört. Hieraus darf jedoch nicht geschlossen werden, die Einschränkung auf den Beschuldigten einfach zu streichen[527]. Vielmehr war sich der Gesetzgeber der genannten Problematik bewußt und bietet in § 100c Abs.3 StPO im Ansatz eine Lösung, wonach Maßnahmen nach § 100c StPO auch dann gestattet sind, „wenn Dritte unvermeidlich betroffen werden", da ansonsten die Regelung zu akustischen Überwachung weitgehend ihren Sinn verlöre [528].
Der Ausdruck Dritte ist hierbei nicht glücklich gewählt. Man faßt hierunter die Personen, welche nicht Zielperson der Maßnahme sind[529], also auch den Gesprächspartner des Beschuldigten bei einem Zwiegespräch ohne Beteiligung

---

525 Vgl. BT-DS 13/9851, S.13.
526 BGH St 44, 138 (142); *Müller*, S.175; *Weber*, Anhörung zu BT-DS 13/8650, 13/8651, S.2.
527 So aber der Vorschlag von *Müller*, S.175.
528 BT-DS 12/989, S.40; BGH St 44,138 (142).
529 *Lemke*, HK StPO, § 100c Rn.21; vgl. auch BT-DS 12/989, S.40.

eines umgangssprachlichen Dritten. Damit gibt das Gesetz allerdings noch keine Aussage, wann Unvermeidbarkeit gegeben, ist. *Lemke* zählt zum Kreis der unvermeidbar Betroffenen diejenigen, die in die Maßnahme durch ihre Nähe zur Zielperson aus objektiven Gründen einbezogen werden, damit die Maßnahme überhaupt durchgeführt werden kann[530]. Letztlich hängt dies (abgesehen vom unmittelbaren Gesprächspartner) vom Stand der Technik ab und davon, welche Anstrengungen die Ermittlungsbehörden unternehmen, um Dritte außen vor zu lassen.

Betont man, daß Art.13 Abs.3 S. 1 GG verlangt, daß nur die Wohnung abgehört werden darf, in welcher sich der Beschuldigte vermutlich aufhält, und daß § 100c Abs.2 S.5 StPO das Abhören von Wohnungen Unverdächtiger u.a. dann zulassen will, wenn aufgrund bestimmter Tatsachen zu vermuten ist, daß sich der Beschuldigte dort aufhält, dann wird man als von der Maßnahme unvermeidbar Betroffenen jeden Ansehen können, der in der Wohnung abgehört wird, die als momentan vermeindlicher Aufenthaltsort des Beschuldigten gilt.

Die denkbar engste Interpretation der Unvermeidbarkeit rechtfertigt hingegen lediglich das (Mit-) Abhören und Aufzeichnen der Worte des Gesprächspartners des Beschuldigten. Nur diese müssen zwingend von der Überwachung erfaßt werden, da sie sowohl zeitlich als auch inhaltlich mit den Aussagen des Beschuldigten verwoben sind. Hierfür spricht, daß der Gesetzgeber in seiner Begründung neben dem Beschuldigten und dem nicht beschuldigten Wohnungsinhaber den Gesprächspartner nach § 101 Abs.1 StPO über die akustische Wohnraumüberwachung benachrichtigt wissen will[531].

Jedoch vermögen beide Ansätze nicht zu überzeugen. Die enge Interpretation stößt an die Grenzen des Machbaren. Die Ermittlungsbehörden sind technisch nicht in der Lage sofort zu erkennen, ob der Beschuldigte am abgehörten Gespräch beteiligt ist, da sie zumindest beim „großen" Lauschangriffs keinen Einblick in die Geschehnisse innerhalb der Wohnung besitzen. Selbst Stichproben durch kurzzeitiges Hineinhorchen würden nicht ausreichen. Zum einen können so wichtige Gesprächsteile verpaßt werden. Zum anderen ist es technisch äußerst schwierig das (eventuell noch unbekannte) Stimmbild des Beschuldigten bereits während des Abhörens zu identifizieren[532], zumal die Abhörqualität oder bestimmte Geräte ein live-Mithören häufig nicht erlauben. Zwar geht der Gesetzgeber selber davon aus, daß es möglich sei, den Gesprächspartner zu er-

530 *Lemke*, HK StPO, § 100c Rn.21.
531 BT-DS 13/ 8951, S.15.
532 So benötigte etwa der gewiß technisch hochgerüstete israelische Geheimdienst MOSSAD mehrere Anläufe um den „Ingenieur" genannten Terroristen beim Telefonieren live zu identifizieren.

mitteln, wie sich aus dem Abhörverbot der Zeugnisverweigerungsberechtigten zeigt (§ 100d Abs.3 S.1 StPO). Jedoch handelt es sich hierbei um Kontakte mit ganz begrenzten Personengruppen und diese gesetzliche Vorgabe droht oftmals an der Unmöglichkeit in der praktischen Umsetzung aus den eben genannten Gründen zu scheitern. Auch die Motive zum VBOrgKG sehen als zu benachrichtigende Betroffene (§ 101 Abs.1 StPO) lediglich „insbesondere" den Beschuldigten, den nicht beschuldigten Wohnungsinhaber und deren Gesprächspartner an. Es muß mithin noch andere Betroffene geben[533].

Die weite Interpretation der Unvermeidbarkeit würde hingegen bedeuten, daß die Maßnahme im Ergebnis nicht auf das Abhören von Gesprächen zielt, welche der Beschuldigte führt, sondern auf bestimmte Wohnungen. Die Regelung des § 100c Abs.2 S. 1 StPO hätte mit der Einengung auf den Beschuldigten nur noch den Sinn, deklaratorisch die Vorgabe aus Art.13 Abs.3 GG zu wiederholen, daß bei der Auswahl der Wohnung nicht auf die vermutliche Anwesenheit von Freunden oder Verwandten, sondern auf die des Beschuldigten abzustellen ist. Dann wäre aber die Einschränkung auf das nichtöffentlich gesprochene Wort „des Beschuldigten" (§ 100c Abs. 1 Nr.3 StPO) unnötig und sinnlos[534]. In seiner Begründung geht der Gesetzgeber aber gerade umgekehrt davon aus, daß Absatz 2 des § 100c StPO, der die Maßnahme auf bestimmte Wohnungen beschränkt, nichts daran ändere, daß „sich die Maßnahmen nach Absatz 1 Nr.3 nur gegen den Beschuldigten, nicht aber gegen andere Personen richten" dürfe[535]. Diese Position verlangt nicht zuletzt der Schutz des Kerns der räumlichen Privatsphäre, der nur bei einer restriktiven Interpretation der Unvermeidbarkeit gewahrt bleibt. Gerade die Einbeziehung Dritter erscheint hierbei im Hinblick auf das Verhältnismäßigkeitsprinzip problematisch. Insbesondere da diese selber nicht einer Straftat verdächtig werden müssen, bedeutet ihre Mitüberwachung, u.U. in der eigenen Wohnung, einen erheblichen Eingriff[536]. Selbst nur zufällig in Kontakt mit dem Beschuldigten tretende Personen (z.B. Handwerker) müssen Einbußen ihres Persönlichkeitsrechts hinnehmen. Umso wichtiger ist es deshalb, den Kreis der Betroffenen klein zu halten und die Unvermeidbarkeit möglichst eng auszulegen.

Im Ergebnis hängen deshalb die diesbezüglichen Anforderungen von den tatsächlichen Gegebenheiten und Möglichkeiten des Ausschlusses Dritter im Einzelfall ab (z.B. Einblicke in den Zugangsbereich). Die vermutete Anwesenheit

---

533 BT-DS 13/8651, S.15.
534 So wohl *Müller*, S.175.
535 BT-DS 13/9851, S.14.
536 Vgl. *Raum/Palm*, JZ 1994, S.447 (454); *Staechelin*, ZRP 1996, S.430 (432), siehe auch oben Kap.II C.

des Beschuldigten in der zu überwachenden Wohnung ist hierbei absolute Mindestvoraussetzung (Art.13 Abs.3 S.1 GG), die zumeist jedoch nicht genügen wird. Vielmehr ist regelmäßig zu verlangen, daß sich der Beschuldigte tatsächlich und nicht nur vermutlich in der Wohnung aufhält. Sofern im Wege des „kleinen“ Lauschangriffs oder aufgrund zufälliger Gegebenheiten (z.B. Einblick in die Wohnung durch ein Fenster) mögliche Gesprächsräume und -zeiten noch enger eingegrenzt werden können, ist dies in die Unvermeidbarkeitsprüfung einzubeziehen. So bezieht *Nack* bei der Prüfung, wie zu verhindern sei, daß Dritte vermeidbar betroffen werden, auch die Art und Weise des Vollzugs der Maßnahme (etwa Räume und Zeiträume bei der Überwachung einer Wohngemeinschaft) mit ein[537].

Hierfür spricht die oben schon erwähnte Unmöglichkeit zu wissen, wann und wo innerhalb der Wohnung der Beschuldigte spricht, da der räumlichen Privatsphäre gerade die Aufgabe zukommt, Dritte von derartigen privaten Informationen auszugrenzen. Ob sich der Beschuldigte jedoch in der Wohnung aufhält, ist durch herkömmliche Observationsmaßnahmen regelmäßig in Erfahrung zu bringen, weshalb die bloße Vermutung der Anwesenheit dann auch nicht ausreichen kann. Schon von der Begriffsbedeutung her begründet eine solche regelmäßig keine Unvermeidbarkeit. Zudem äußert der Gesetzgeber selber, daß der Aufenthaltsort bekannt sein müsse, wenn man die Maßnahme nur gegen den Beschuldigten zulasse[538]. Dies steht auch nicht in Widerspruch zu den Regelungen aus Art.13 Abs.3 GG und § 100c Abs.2 StPO. So verlangt zwar Art.13 Abs.3 GG lediglich eine vermutete Anwesenheit. Jedoch stellt er als Schrankenregelung nur eine Mindestanforderung. § 100c Abs.2 S.4 StPO bleibt die Bedeutung, die Vorrangigkeit der Beschuldigtenwohnung zu verankern. Auch die auf bestimmten Tatsachen beruhende Annahme in § 100c Abs.2 S.5 StPO hat noch bezüglich der dort normierten besonderen Subsidiaritätsklausel einen Sinn.

Allerdings verlangt die hier gefundene Lösung regelmäßig flankierende Observationsmaßnahmen zum Lauschangriff, die bei längerer Dauer selber in Grundrechte eingreifen und somit einer Ermächtigungsgrundlage bedürfen. Hierzu sind die Überlegungen zu typischerweise notwendigen Vorbereitungs- und Begleitmaßnahmen heranzuziehen[539]. Zwar sind begleitende Observationen nicht von der Natur der Sache geboten, damit die akustische Wohnraumüberwachung überhaupt stattfinden kann. Sie sind aber unerläßlich, damit der Lauschangriff verhältnismäßig und nicht mit vermeidbaren Eingriffen in Rechte Dritter ein-

---

537 *Nack*, KK StPO, § 100c Rn.51.
538 BT-DS 13/8951, S.13.
539 Vgl. oben B III 3d.

hergeht. Bedenkt man, daß als Alternative lediglich die ständige Wohnraumüberwachung in Betracht kommt, steht diese Lösung auch in Einklang mit dem Grundsatz der Verhältnismäßigkeit.

Im Ergebnis verlangt Unvermeidbarkeit i.S.v. § 100c Abs.3 StPO regelmäßig die tatsächliche Anwesenheit des Beschuldigten in der abzuhörenden Wohnung, was ggf. durch flankierende Observationen sicherzustellen ist.

III) Die Wohnungen als örtliches Objekt

1) Die „Wohnung" i.S.v. § 100c Abs.1 Nr.3 StPO

Die Bedeutung der „Wohnung" i.S.v. § 100c StPO entspricht inhaltlich der des Art.13 Abs.1 GG[540]. Zwar kann in gewissem Rahmen jedes Gesetz den Terminus „Wohnung" selbständig für seinen Anwendungsbereich prägen[541], weshalb z.B. § 123 StGB von Wohnung und Geschäftsräumen spricht. Eine eigenständige Bedeutung wäre im Hinblick auf den dynamischen Schutzbereich des Art.13 GG bei zeitlich begrenzt öffentlich zugänglichen Räumen auch sinnvoll. Jedoch ergibt sich die identische Bedeutung eindeutig aus der Entstehungsgeschichte und der negativen Abgrenzung zu § 100c Abs.1 Nr.2 StPO, der das Abhören und Aufzeichen des nichtöffentlich gesprochenen Wortes gerade dort erlaubt, wo dies Art. 13 GG a.F. bislang nicht zuließ[542].

Fraglich ist indes, ob „Wohnung" i.S.v. § 100c StPO so zu verstehen ist, daß die abgehörten Räumlichkeiten abstrakt für irgend jemanden den Schutzbereich des Art.13 GG eröffnen oder ob aufgrund der Lückenschließungsfunktion des § 100c Abs.1 Nr.3 StPO die Überwachung konkret in die räumliche Privatsphäre eingreifen muß.

Letzteres hätte zum einen die Konsequenz, daß in den Fällen, in welchen der Wohnungsberechtigte der Abhöraktion zugestimmt hat, diese nach den geringeren Voraussetzungen des § 100c Abs.1 Nr.2 StPO zu rechtfertigen wäre (z.B. bei Zustimmung des Arbeitgebers oder des Gastgebers). Ähnliches könnte zudem dann angenommen werden, wenn kein Gespräch des Wohnungsberechtigten überwacht wird (z.B. der VE nimmt auf einer Party lediglich unter Abwesenheit des Gastgebers geführte Gespräche auf oder nur Büros von Angestellten werden überwacht).

---

540 Vgl. *Meyer/ Hetzer*, NJW 1998, S.1017 (1024).
541 *Maunz*, M/D/H GG, Art.13 Rn.3c.
542 Vgl. zur Auslegung des § 100c Abs.1 Nr.2 StPO BGH St 42, 372, 375 m.w.N.

Für letzteres spricht, daß bei einer Abhöraktion, die temporäre Vorgänge überwacht, auf den ersten Blick nur die Gesprächspartner tatsächlich betroffen sind. Anders als bei einer Wohnungsdurchsuchung, die Privates des Wohnungsinhabers offenbart, könnte man annehmen, daß über dessen Sphäre keine Informationen eingezogen werden. Dem ist aber eben nur auf den ersten Blick zu folgen. Die räumliche Privatsphäre ist vielmehr selbst dann betroffen, wenn der Staat, ohne den Grundrechtsträger zu belauschen, gegen dessen Willen erfährt, was in dessen vier Wänden geschieht. Sämtliche Geschehnisse in seiner Wohnung sind Teil seines Privatlebens. Ansonsten liefe insbesondere für juristische Personen jeder Grundrechtsschutz des Art.13 GG gegen den Lauschangriff ins Leere. Richtigerweise lehnt deshalb auch der BGH eine akustische Überwachung eines unter den Schutzbereich des Art.13 GG fallenden Vereinsbüros auf Grundlage des § 100c Abs.1 Nr.2 StPO ab, ohne auf die Frage einzugehen, ob die verdächtige Person selber durch Art.13 GG geschützt ist[543].

Auch für eine differenzierte Betrachtung findet sich keine Stütze, nach welcher wenigstens das Abhören unter Zustimmung des Wohnungsberechtigten oder von sich nicht berechtigt aufhaltenden Personen (z.B. Hausbesetzer) nach § 100c Abs.1 Nr.2 StPO zu erfolgen hätte, während in den anderen Fällen Nummer 3 eingriffe, da die Privatsphäre des Wohnungsberechtigten insoweit auf die sich rechtmäßig aufhaltenden (weil vom ihm geduldeten) Personen „abstrahlt“.
Zwar ist es durchaus einsichtig, daß die strengen Vorgaben des § 100c Abs.1 Nr.3 StPO ohne Eingriff in Art.13 GG nicht zwingend sind und deshalb bereits vor dem VBOrgKG ein Abhören über § 100c Abs.1 Nr.2 StPO möglich gewesen wäre. Es fehlt mithin an der zu schließenden Lücke. Auch bliebe der Vertrauensschutz von Gesprächen mit Berufsgeheimnisträgern unangetastet, obgleich deren Einwilligung zu einer Maßnahme nach § 100c Abs.2 StPO führen müßte, die keinen dem § 100d Abs.3 StPO vergleichbaren Abhörschutz bietet. Der Berufsgeheimnisträger disponiert nämlich i.d.R. nicht über das Vertrauensverhältnis und kann folglich auch nicht wirksam einwilligen.

Der Gesetzgeber ist jedoch nicht daran gehindert, auf einfachgesetzlicher Ebene Sachverhalte ohne Eingriff in Art.13 GG dem strengen § 100c Abs.1 Nr.3 StPO zuzuordnen. Zudem erwähnt er keine abweichende Regelung im Falle einer Zustimmung des Berechtigten, obgleich er die Überwachung der Wohnung Dritter geregelt hat (§ 100c Abs.2 S.5 StPO). Derartige Unterscheidungen würden in der praktischen Anwendung nur unnötige Hindernisse aufstellen, insbesondere wenn sich Willensmängel bei der Einwilligung zeigen oder diese gar zurückge-

---

543 BGH St 42, 372 ff.

zogen wird. Das Verfahren läge dann nicht mehr in den Händen der Strafverfolgungsorgane, sondern hinge vom Willen des Grundrechtsträgers ab. Im Unterschied zu umfassend wechselnden Schutzbereichen (z.B. wegen Ladenöffnungszeiten) entstünde so eine erhebliche Unsicherheit über die Eingriffsgrundlage.

Deshalb ist „Wohnung“ abstrakt und unabhängig von der Zustimmung des Grundrechtsträgers zu bewerten.

2) Die Wohnung des Beschuldigten

Das Abhören und Aufzeichnen des nichtöffentlich gesprochenen Wortes darf gem. § 100c Abs.2 S.4 StPO grundsätzlich nur „in Wohnungen des Beschuldigten durchgeführt werden“. Hierbei ist auf die tatsächliche In- oder Mitinhaberschaft abzustellen. Es kommt also darauf an, ob der Beschuldigte die Wohnung als seine nutzt[544]. Soll die Maßnahme in Wohnungen anderer erfolgen, bedarf es besonderer Voraussetzungen[545].

Im Gegensatz zu §100c Abs.2 S.5 StPO, der gerade diese besonderen Anforderungen regelt, hierfür aber u.a. verlangt, daß „aufgrund bestimmter Tatsachen anzunehmen ist, daß der Beschuldigte sich in diesen [Wohnungen Dritter] aufhält“, setzt die akustische Überwachung der Beschuldigtenwohnung dem Wortlaut nach keine Anwesenheitsvermutung des Beschuldigten voraus. Eine solche verlangt aber Art.13 Abs.3 S.1 GG. Deshalb ist ein Umkehrschluß aus § 100c Abs.2 S.5 nicht möglich. Stattdessen muß § 100c Abs.2 S.4 verfassungskonform dahingehend ausgelegt werden, daß die Anwesenheit des Beschuldigten auch in dessen eigener Wohnung vermutet werden muß[546].

Im Ergebnis kommt es hierauf aber regelmäßig nicht an, da die akustische Wohnraumüberwachung neben der Beschränkung auf die Wohnung des Beschuldigten auch nur gegen ihn gerichtet sein, nur sein nichtöffentlich gesprochenes Wort abgehört und aufgezeichnet werden darf (§ 100c Abs.1 Nr.3; Abs.2 S.1 StPO). Dies setzt aufgrund der eng auszulegenden Unvermeidbarkeit (§ 100c Abs.3 StPO) regelmäßig voraus, daß sein Aufenthaltsort nicht bloß

544 *Nack*, KK StPO, § 100c Rn.48.

545 Hierzu siehe im Anschluß unter 3).

546 So auch *Nack*, KK StPO, § 100 Rn.48. In der Regel wird man jedoch grundsätzlich die Anwesenheit des Beschuldigten bei überwachten Gesprächen in dessen eigener Wohnung vermuten dürfen, sofern nicht gegenteilige Anzeichen vorliegen.

vermutet wird, sondern bekannt ist, der Beschuldigte sich mithin tatsächlich in seiner Wohnung aufhält[547].

3) Die Wohnung einer anderen Person

§ 100c Abs.2 S.5 StPO gestattet ausnahmsweise auch die Wohnung Nichtbeschuldigter abzuhören, „wenn aufgrund bestimmter Tatsachen anzunehmen ist, daß der Beschuldigte sich in diesen aufhält, die Maßnahme in Wohnungen des Beschuldigten allein nicht zur Erforschung des Sachverhalts oder zur Ermittlung des Aufenthaltsorts des Täters führen wird und dies auf andere Weise unverhältnismäßig erschwert oder aussichtslos wäre“.

a) Aufenthalt des Beschuldigten

Nach dem Wortlaut bedarf es mithin zuerst einer konkretisierten Verdachtslage, daß sich der Beschuldigte zur Zeit der Maßnahme in der Wohnung einer anderen Person aufhält. Da sich jedoch die Vermutung des Aufenthaltsorts des Beschuldigten bereits bezüglich dessen Wohnung regelmäßig zu Wissen verdichten muß, gilt dies erst recht, wenn die Wohnung Dritter abzuhören ist. Somit muß i.d.R. zum Zeitpunkt der Durchführung der Maßnahme bekannt sein, daß sich der Beschuldigte in der Wohnung aufhält.

b) Spezielle Subsidiaritätsklausel nach § 100c Abs.2 S.5 StPO

Zusätzlich wird das Belauschen der Wohnung Dritter einer eigenen Subsidiaritätsklausel unterworfen. Nach deren erster Komponente muß aufgrund der konkretisierten Verdachtslage[548] zu vermuten sein, daß allein das Abhören „der Wohnung des Beschuldigten nicht zur Sachverhaltserforschung oder Aufenthaltsermittlung des Beschuldigten führen wird“. Primär ist folglich die Beschuldigtenwohnung zu überwachen, bevor Dritten ein Sonderopfer auferlegt wird. Hiermit wird der Tatsache Rechnung getragen, daß unverdächtige Dritte einen höheren Grundrechtsschutz beanspruchen, und es wird im Hinblick auf den Menschenwürdekern des Art.13 GG alltäglichen Bedenken des Dritten begegnet, abgehört zu werden.

Hierbei bleibt nach dem Wortlaut des § 100c Abs.2 S.5 StPO allerdings offen, warum die Überwachung der Beschuldigtenwohnung voraussichtlich nicht zum

---

547 Siehe oben II 2; a.A. wohl *Nack*, KK StPO, § 100c Rn.48.
548 Vgl. *Müller*, S.191.

Ziel führen wird, insbesondere ob diesbezüglich Unmöglichkeit zu verlangen ist. Eine systematische Auslegung zeigt indes, daß eine unverhältnismäßige Erschwernis ausreicht. Nach der zweiten Komponente der Subsidiaritätsklausel muß - wie bei der Anordnung der akustischen Überwachung der Beschuldigtenwohnung - die Sachverhaltserforschung[549] „auf andere Weise unverhältnismäßig erschwert oder aussichtslos" sein. Insoweit ist die Zulässigkeit der Maßnahme an eine den Absatz 1 Nr.3 entsprechende Klausel geknüpft[550]. Diese gilt aber ohnehin für jeden Lauschangriff. „Auf andere Weise" besitzt deshalb nur dann eine eigenständige Bedeutung, wenn als Alternativmaßnahme die akustische Überwachung der Beschuldigtenwohnung herangezogen wird.

Die akustische Überwachung der Wohnung Dritter kann neben der der Beschuldigtenwohnung angeordnet werden, wie sich aus der Formulierung „allein [...] nicht " ergibt. Allerdings darf das Abhören selber nicht gleichzeitig in beiden Wohnungen erfolgen, sondern nur in derjenigen, in welcher sich der Beschuldigte gerade aufhält. Entgegen dem Wortlaut ist die akustische Wohnraumüberwachung auch ausschließlich für die Wohnung einer unverdächtigen Person anzuordnen. Dies ergibt sich zugunsten der Mitbewohner des Beschuldigten (Familienangehörige, Mitglieder einer Wohngemeinschaft) aus einem a maiore ad minus Schluß, da die Überwachung nur einer Wohnung potentiell in die Rechte einer geringeren Anzahl Unverdächtiger eingreift.

c) Sonderfall: Das Abhören von Arbeitsplätzen und „bemakelten" Räumen

Fraglich ist, ob § 100dc Abs.2 S.5 StPO die Subsidiarität der Überwachung von Wohnung Dritter auch im Verhältnis zu Arbeitsplätzen und „kriminell bemakelten" Räumen gilt. Würde z.B. ein Arbeitnehmer abgehört, so wäre eigentlich in erster Linie seine Privatwohnung und erst nachrangig sein Arbeitsplatz abzuhören, da Grundrechtsträger i.S.v. Art.13 GG i.d.R. der Arbeitgeber ist[551], somit der Arbeitsplatz die Wohnung eines Dritten ist. Der Wortlaut und die Entstehungsgeschichte des VBOrgKG sprechen für ein solches Ergebnis, weil keine Differenzierung zwischen privaten Wohnräumen und dem Arbeitsplatz getroffen wird, obwohl dies in der Diskussion stand[552].

---

549 Da die Aufenthaltsermittlung kein eigenständiges Ziel der akustischen Wohnraumüberwachung darstellt, ist die Ermittlung des Aufenthaltsortes von „Mittätern" auch in diesem Zusammenhang nur insoweit zu beachten, als sie gleichzeitig der Sachverhaltserforschung dient; vgl. auch *Müller*, S.191.
550 Vgl. BT-DS 13/8951, S.13.
551 *Herdegen*, BK GG, Art.13 Rn. 37, *Maunz*, M/D/H GG, Art.13 Rn.4; unklar *Müller*, S.191.
552 Siehe oben Kap. II B I 3.

Das Abhören der Privatwohnung wird aber regelmäßig wesentlich stärker in die räumliche Privatsphäre der Familie des Beschuldigten eingreifen, als dies für den unverdächtigen Arbeitgeber der Fall ist, wenn einer seiner Angestellten überwacht wird. Hiermit wird im Ergebnis die berufliche Sphäre stärker geschützt als die private. Dies steht in deutlichem Widerspruch zum Grundsatz der Verhältnismäßigkeit. Die intimsten Gespräche erfolgen regelmäßig in der Privatwohnung.
Im Ergebnis ist deshalb § 100c Abs.2 S.4 und 5 StPO im Wege einer verfassungskonformen Reduktion auf private Wohnräume zu beschränken, und Arbeitsplätze sowie „bemakelte" Räume sind nur dann subsidiär abzuhören, wenn dies die Verhältnismäßigkeit im Einzelfall gebietet.

E) Abhörverbote der Gespräche bestimmter Personen

Im Gesetzgebungsverfahren war heiß umstritten, inwieweit Gespräche abgehört werden dürfen, an denen bestimmte Personen und Angehörige bestimmter Berufsgruppen teilhaben. Hintergrund sind die Regelungen der §§ 52 Abs.1, 53, 53a StPO, wonach die dort aufgelisteten Personen nicht gezwungen werden können, als Zeugen auszusagen und so der Wahrheitsfindung zu dienen. Der Zeuge soll sich nicht dem Konflikt aussetzten müssen, den familiären Frieden bzw. sein berufliches Vertrauensverhältnis zugunsten seiner Zeugenpflicht obligatorisch zurückzustellen. Hieran anknüpfend wird diskutiert, diese für Zeugenaussagen geltende Regelung analog auch auf andere heimliche Ermittlungsmaßnahmen zu übertragen und Zeugnisverweigerungsberechtigte von Überwachungen auszunehmen. So soll eine Umgehung der Rechte aus § 52 ff. StPO verhindert werden[553].

Anders als bei sonstigen heimlichen Ermittlungsmaßnahmen verständigte man sich bei der akustischen Wohnraumüberwachung nach heftigen Kontroversen auf eine diesbezügliche gesetzliche Normierung[554]. Das so in Bundesrat und

---

553 Bisher lehnt die Rechtsprechung eine generelle Ausdehnung der §§ 52 ff. StPO ab und läßt mit Ausnahmen beim Verteidiger (§ 148 StPO) heimliche Ermittlungsmaßnahmen auch bei diesen Beschuldigten zu, deren besondere Stellung lediglich im Rahmen der Verhältnismäßigkeit bei der Verwertung Beachtung finden; vgl. BGH St.44, 138 (142) zu § 100c Abs.1 Nr.2 StPO; BGH NStZ 1988, S.562 (563) zu § 100a StPO; *Duttge*, JZ 1999, S.261 (264); *Müller*, S. 204; *Nack*, KK StPO, § 100a Rn.29 ff., 100d Rn.29 ff.; *Rudolphi*, SK StPO, § 100a Rn.17 ff.; *Werle*, JZ 1991, S.482 (484 f., 488).

554 Diese gilt auch für den „kleinen" Lauschangriff, unabhängig von der weiterhin strittigen Frage, ob der nicht offen ermittelnde Beamte grundsätzlich an Zeugnisverweigerungsrechte gebunden ist.
Für V-Männer (=Privatperson) hat der BGH, St 40,211 (216) - Fall *„Sedlmayer"*, den Einsatz eines unter bewußter Umgehung von Belehrungspflichten und Zeugnisverweigerungsrechten eingesetzten V-Mannes für zulässig gehalten und ein Verwertungsverbot nach § 252 StPO verneint. Das BVerfG ließ das Eintreten eines Verwertungsverbotes offen, nahm jedoch einen Verstoß gegen das fair-trial-

Bundestag gefundene Ergebnis stellt einen Kompromiß dar, der - anders als die Regelung nach § 52 ff. StPO - nach Zeugnisverweigerungsrechten unterschiedlicher Wertigkeit differenziert:

(1.) Den höchsten Wert der Vertraulichkeit genießen Gespräche mit Zeugnisverweigerungsberechtigten nach § 53 Abs.1 StPO, den sog. „Berufsgeheimnisträgern"[555]. Sie unterliegen einen Beweiserhebungsverbot (§ 100d Abs.3 S.1 StPO).

(2.) Das geringste Maß an Vertraulichkeit wird Unterhaltungen mit Zeugnisverweigerungsberechtigten nach §§ 52, 53a StPO zugestanden, also solchen aus persönlichen Gründen und sog. „Berufshelfern". Sie unterliegen lediglich einem Beweisverwertungsverbot, wenn die Verwertung der durch die Abhörmaßnahme erlangten Erkenntnisse unter Berücksichtigung des zugrunde liegenden Vertrauensverhältnisses außer Verhältnis zum Interesse der Erforschung des Sachverhalts oder der Aufenthaltsermittlung des Täters steht (§ 100d Abs.3 S.3 StPO).

(3.) Eine Zwischenstellung nehmen Fälle des § 100d Abs.3 S.2 StPO ein. Hiernach ist bereits die Beweiserhebung verboten, wenn zu erwarten ist, daß sämtliche aus der Maßnahme zu gewinnenden Erkenntnisse einem Verwertungsverbot unterliegen. Dies ist insbesondere dann der Fall ist, wenn sie voraussichtlich nach Satz 3 nicht in den Prozeß eingebracht werden dürften.

I) Berufsgeheimnisträger

Wörtlich formuliert § 100d Abs.3 S.1 StPO: „In den Fällen des § 53 Abs.1 ist eine Maßnahme nach § 100c Abs.1 Nr.3 unzulässig". Wann *ein Fall* des § 53 Abs.1 StPO gegeben ist, bedarf einer eingehenden Untersuchung, da sich die Regelung aus dem Zeugenrecht von ihrer Konzeption nicht problemlos auf heimliche Überwachungsmaßnahmen übertragen läßt.

Gebot an, da sich das Vorgehen im Rahmen des staatlichen Auftrages nicht allein auf passive Informationserlangung beschränke, sondern spätestens mit dem Nachfragen auf Spontanäußerungen eine heimliche Befragung sei, die einer gesetzlichen Ermächtigungsgrundlage bedürfe (BVerfG NStZ 2000, S.489 f.)

555 Diese durch den Vermittlungsausschuß eingeführte Regelung ergänzt die auf eine Empfehlung des Rechtsausschusses des Bundestages zurückgehende Fassung, wonach nur Gespräche mit Geistlichen, Strafverteidigern und Abgeordneten einem Abhörverbot unterlagen (BT-DS 13/8661, S.7). Ursprünglich sollte noch nicht einmal diese Regelung in den Gesetzestext aufgenommen werden, da man davon ausging, daß sich entsprechende Abhörverbote bereits aus der Verfassung (Art.4, 47 GG) und StPO (§ 148 StPO) ergeben (BT-DS 13/8651; vgl. auch BT-DS 13/9661, S.7).

1) Gespräche des Beschuldigten mit unverdächtigen Berufsgeheimnisträgern

a) Der Schutzumfang von § 100d Abs.3 S.1 i.V.m. § 53 StPO

Der „Normalfall" einer Verbindung von § 100d Abs.3 S.1 und § 53 StPO ist das Gespräch des Beschuldigten mit unverdächtigen Berufsgeheimnisträgern[556]. Es ist also nicht notwendig, daß die Maßnahme gegen den Zeugnisverweigerungsberechtigten gerichtet ist[557]. Er muß lediglich mit betroffen sein. Dritte könnten, anders als der Nachrichtenmittler bei § 100a StPO, nicht gezieltes Objekt des Lauschangriffs sein, sondern nur unvermeidbar Betroffene.

Hierbei unterliegt die gesamte Unterhaltung dem Abhörverbot. Aus dem Verweis auf § 53 StPO selber wird dies nicht deutlich[558]. Zumindest analytisch gliedert sich ein Gespräch in Beiträge des Beschuldigten und des Zeugnisverweigerungsberechtigten[559]. Sinn und Zweck des § 53 StPO ist der Schutz des Vertrauensverhältnissen zwischen diesen beiden[560]. Jedoch geschieht dies nur partiell von der Seite des Berufsgeheimnisträgers her, weshalb der Grundsatz aus der StPO herauszulesen ist, daß Angehörige bestimmter Berufe nicht gegen ihren Willen Ansatzpunkt zur Tataufklärung sein dürfen, soweit dies berufsspezifische Vertrauensverhältnisse beeinträchtigen könnte[561]. § 53 schütz mithin eigentlich nur das, was der Berufsgeheimnisträger äußert, nicht hingegen was sein Klient spricht[562]. Diesem steht als Beschuldigten ohnehin ein Schweigerecht zu[563].

Einer solchen Differenzierung ist bei der akustischen Wohnraumüberwachung jedoch schon aus Praktikabilitätsgründen nicht zu folgen. Es gibt keine technischen Mittel, die nur das gesprochene Wort des einen aufzeichnen, und selbst

---

556 Statt vieler *Krombacher*, Anhörung zu BT-DS 13/8650, 13/8651, S.12.

557 So etwa im Kern der Debatte bei der Telefonüberwachung, vgl. *Werle*, JZ 1991, S.482 (483).

558 *Scheffler*, Anhörung zu BT-DS 13/8650, 13/8651, S.3; vgl. *Röding*, BT-DS 13/8650, 13/8651, S.14.

559 Diesbezüglich besser wäre eine Formulierung entsprechend dem Gesetzesantrag zu Art.13 GG des Landes Baden-Württemberg vom 24.10.1995: „Das gesprochene Wort von und gegenüber Personen, die zur Verweigerung des Zeugnisses berechtigt und nicht Täter oder Teilnehmer sind, darf nicht zu Beweiszwecken verwertet werden" (BR-DS 694/95). Diesbezüglich ist auch § 97 Abs.1 StPO in Bezug auf die Beschlagnahme deutlicher formuliert als § 100d Abs.3 StPO.

560 *Geiß*, Anhörung zu BT-DS 13/8650, 13/8651, S.3.

561 *Groß*, StV 1996, S.559 (560); a.A. *Froschauer*, Anhörung zu BT-DS 13/8650, 13/8651, S.7, der auch hier ähnlich zu § 52 StPO nur einen Konfliktschutz sieht.

562 So bietet auch § 97 Abs.2 StPO vor einer Beschlagnahme nur partiellen Schutz.

563 Konstruktiv ist deshalb für das Wort des Beschuldigten eher ein Sachverhalt der §§ 136, 136a, 243 Abs.4 StPO in Erwägung zu ziehen, vgl. *Scheffler*, Anhörung zu BT-DS 13/8650, 13/8651 S.3; *Müller*, S.200.

wenn es sie gäbe, blieben die Gesprächsbeiträge miteinander verwoben. Aus diesem Grund mußte der Gesetzgeber schon die Regelung des § 100c Abs.3 StPO schaffen, wonach unvermeidbar Betroffene abgehört werden dürfen, obwohl sich die Maßnahme nur gegen den Beschuldigten richten darf[564]. Deshalb erweitert nun umgekehrt die Verbindung des § 53 StPO mit § 100d Abs.3 S.1 StPO den Schutz auf das gesamte Gespräch und gewährt das berufliche Vertrauensverhältnis nicht mehr nur partiell, sondern unabhängig vom jeweiligen Sprechenden. Es geht somit eigentlich nicht um Zeugnisverweigerungsrechte, sondern um das Recht auf vertrauliche Gespräche[565]. § 100d Abs.3 S.1 StPO ist diesbezüglich lediglich unglücklich formuliert.

b) Die Ortsungebundenheit im Hinblick auf die Art der Wohnung

Wie aus dem Wortlaut sowie Sinn und Zweck der Regelung folgt, verbietet sich eine Überwachung derartiger Unterhaltungen unabhängig davon, ob sie in der Wohnung des Beschuldigten oder am Arbeitsplatz des Berufsgeheimnisträgers stattfindet[566].
Zwar wird gefordert, den § 100d Abs.3 S.1 StPO einschränkend auszulegen, da sich faktisch ein Erhebungsverbot nur schwierig in der Wohnung des Beschuldigten verwirklichen lasse. Es sei schließlich von außen nicht erkennbar, ob Zeugnisverweigerungsberechtigte das Haus des Beschuldigten betreten[567]. Auch ist - wie oben gezeigt - ein nur partieller Schutz des Vertrauensverhältnisses zwischen Berufsgeheimnisträger und Beschuldigtem dem deutschen Strafprozeßrecht nicht fremd (z.B. § 97 Abs.2 StPO).

Jedoch hätte der Gesetzgeber eine ortsabhängige Regelung problemlos einführen können, wenn er eine solche gewollt hätte. So tat er es z.B. in § 100c Abs.2 S.5 StPO hinsichtlich Wohnungen Dritter, für welche zwar kein Abhörverbot besteht, aber eine subsidiäre Überwachungsmöglichkeit. In § 100d Abs.3 S.1 StPO hat er demnach auf eine entsprechende Formulierung bewußt verzichtet, wofür gute Gründe sprechen. Beispielsweise kann ein Beichtgespräch genauso am Krankenbett wie im Beichtstuhl erfolgen oder ein Arzt sich beim Hausbesuch ebenso vertraulich mit seinem Patienten unterhalten wie in seiner Praxis. In beiden Fällen vertrauen die Gesprächspartner auf die schützende Privatsphäre der Wohnung. Die Tatsache, daß derartige Konstellationen oftmals schwer erkennbar sind, darf ihre Überwachung nicht erlauben, wenn sie den-

564 Vgl. oben D II 2.
565 *Müller*, S.209; *Scheffler*, Anhörung zu BT-DS 13/8650, 13/8651, S.5.
566 Diesbezüglich unklar *Dittrich*, NStZ 1998, S.336 f.; *Geiß*, Anhörung zu BT-DS 13/8650, 13/8651, S.2; *Krombacher*, Anhörung zu BT-DS 13/8650, 13/8651, S.13 f.; *Kühne*, StPO Rn.530.
567 *Ruthig*, JuS 1998, S.506 (515).

noch bemerkt wurden. Das nach § 100d Abs.3 S.1 StPO von den Strafverfolgungsbehörden zu respektierende Vertrauensverhältnis besteht demnach grundsätzlich ortsungebunden und knüpft an das Vertrauensverhältnis zur Person an. § 53 StPO erwähnt selber auch nur Personen[568].

Deshalb verbietet § 100d Abs.3 S.1 StPO umgekehrt nicht zwingend die Arbeitslätze der nach § 53 StPO privilegierten Berufe abzuhören, wenn sie z.B. anderen Personen zur Nutzung überlassen werden, um einer akustischen Überwachung zu entgehen[569]. § 100d Abs.3 StPO kreiert zumindest theoretisch keine „exterritorialen" Räume bezüglich der akustischen Überwachung, auch wenn eine sehr eingehende Begründung zur Überwachung derartiger sensibler Räume verlangt werden muß[570].

c) Die Dispositionsbefugnis des Berufsgeheimnisträgers

Weder das Gesetz noch die Materialien gehen auf die Frage ein, ob das Abhörverbot auch dann bestehen bleibt, wenn der Geheimnisträger auf sein Recht aus § 53 i.V.m. § 100d Abs.3 S.1 StPO verzichtet. *Nack* verneint dies, allerdings ohne Begründung, weil in derartigen Situationen zumeist der Zeugnisverweigerungsberechtigte ohnehin zugleich Opfer der aufzuklärenden Straftat sei (z.B. Geiselnahme) und dann präventivpolizeiliche Mittel griffen[571]. Da der staatliche Schutz des Vertrauensverhältnisses nicht enthalten kann, daß der Berufsgeheimnisträger dem in ihn gesetzten Vertrauen auch tatsächlich gerecht wird, wenn dieser hierüber zulässig disponieren darf, ist dem im Ergebnis zuzustimmen.

Unerheblich ist hingegen jegliche Einwilligung des Berufsgeheimnisträgers in die akustische Überwachung, wenn sich dieser im Falle einer Zeugenaussage des Geheimnisverrates nach § 203 StGB strafbar machen würde. Der Staat würde sich ansonsten in Widerspruch zu seinen eigenen Normen setzen. Dies gilt selbst dann, wenn man der sehr umstrittenen Ansicht des BGH folgte, daß eine gegen § 203 StGB verstoßende Zeugenaussage verwertbar sei, da die Strafbarkeit in die Risikosphäre des Zeugen falle[572]. Im Unterschied zur Zeugenaussage sind nämlich staatliche Stellen beim Lauschangriff am Mißbrauch des Vertrauensverhältnisses aktiv beteiligt. Folglich dürfen sie z.B. Unterhaltungen eines Arztes auch mit dessen Einverständnis nicht abhören.

568 Vgl. *Müller*, S.209; *Weber*, Anhörung zu BT-DS 13/8650,13/8651, S.8.
569 Vgl. *Krombacher*, Anhörung zu BT-DS 13/8650, 13/8651, S.13; *Müller*, S.209.
570 *Froschauer*, BT-D S13/8650, 13/8651, S.9; *Weber*, Anhörung zu BT-DS 13/8650, 13/8651, S.11.
571 *Nack*, KK StPO, § 100c Rn.34.
572 BGH 15, 200 (202); 18,146 (147); a.A. *Beulke*, StPO Rn.462; *ders*. Habil. S.46; m.w.N.

2) Einschränkungen des Abhörverbotes

a) „Verstrickte" Berufsgeheimnisträger

Das Abhörverbot für Gespräche mit Berufsgeheimnisträgern gilt nicht grenzenlos. Eine Einschränkung gibt das Gesetz selber in § 100d Abs.3 S.4 1.HS. StPO, wonach das Abhörverbot entfällt (Satz 1 ist „unanwendbar"), wenn der zur Zeugnisverweigerung Berechtigte selber einer Teilnahme oder einer Begünstigung, Strafvereitelung oder Hehlerei verdächtig ist, die jeweils in Bezug zur Katalogtat stehen[573]. Er ist dann mit in die Tat „verstrickt". Diese Regelung entspricht der in § 97 Abs.2 S.3 StPO getroffenen für die Durchsuchung[574].

aa) Strafverteidiger

Bezüglich Verteidigergesprächen ist diese Ausnahme vom Abhörverbot allerdings nicht anwendbar[575]. Dies folgt aus dem gegenüber § 100d Abs.3 S.4 i.V.m. § 53 StPO spezielleren und damit vorrangigen § 148 StPO[576], der den ungestörten schriftlichen und mündlichen Verkehr mit dem Verteidiger umfassend schützt[577].

Diese Rangfolge wird aus dem Wortlaut und der Entstehungsgeschichte der Normen noch nicht ersichtlich. Der jüngere § 100d Abs.3 StPO scheint aufgrund des lex posterior - Grundsatzes eher für ein umgekehrtes Verhältnis zu sprechen, zumal bereits der Vorschlag des Rechtsausschusses zu § 100d StPO E, der lediglich für Strafverteidiger, Geistliche und Abgeordnete ein Abhörverbot vorsah, die Verstrickungsausnahme enthielt[578]. Ein derart enges Anwendungsfeld durch noch speziellere Normen einzuschränken, dürfte wohl kaum der damaligen Gesetzgeberintention entsprochen haben. Dieser wollte bewußt eine dem § 97 Abs.2 S.3 StPO entsprechende Ausnahmeeinschränkung übernehmen[579].

---

573 *Brodag*, Kriminalistik 1999, S.745 (747).

574 Zu den Anforderungen an die Verstrickung siehe *Müller*, S.208 m.w.N. So muß insbesondere die Teilnahme an der Tat nicht strafbar, sondern nur rechtswidrig i.S.v. § 11 Abs.2 Nr.5 StGB sein.

575 Ebenso *Eisenberg*, StPO Rn.2302a.

576 Aus Art.6 Abs.3b,c EMRK ist ein ähnliches - wenn auch einschränkbares - Grundrecht auf freien mündlichen und schriftlichen Verkehr mit dem Verteidiger herauszulesen, vgl. *Peukert*, F/P EMRK, Art.6 Rn.189.

577 Vgl. hierzu *Beulke*, Habil., S.210 m.w.N. (Fn.145). Aus diesem Grund ist bereits § 100d Abs.3 S.1 i.V.m. § 53 Abs.1 Nr.2 StPO eine deklaratorische Vorschrift.

578 BT-DS 13/9644, S.8.

579 BT-DS 13/9661, S.7; *Dittrich*, StV 1998, S.336 (338), sieht aus diesem Grunde keine Möglichkeit, daß der Strafverteidiger lediglich übersehen wurde, sondern sieht bewußt die falschen Maßstäbe angesetzt, weshalb § 100d Abs.3 S.4 StPO hinsichtlich Verteidigern nicht mit dem Grundgesetz vereinbar sei.

Ausschlaggebend muß jedoch die letzte und endgültige Fassung des Gesetzes sein. Diese enthält aber neben dem Strafverteidiger mit sämtlichen privilegierten Berufsgruppen des § 53 StPO einen großen Personenkreis. Zudem hat § 97 StPO selber im Hinblick auf die Verteidigung aufgrund des verfassungsrechtlich normierten Rechtsstaatsprinzips (Art.2 Abs.1, 20 Abs.3 GG) und Art.6 Abs.3 EMRK eine korrigierende Auslegungen des Wortlauts erfahren müssen[580] bzw. wird gegenüber dem später in Kraft getretenen § 148 StO als lex generalis angesehen[581]. Dieser eingeschränkte Regelungsgehalt muß sich auf § 100d Abs.3 S.4 StPO übertragen. Eine Anwendung des lex posterior Grundsatzes ebenfalls auf das Verhältnis von § 100d Abs.3 S.4 StPO zu § 148 StPO würde ansonsten zu dem widersprüchlichen Ergebnis führen, daß die den freien Verkehr mit dem Verteidiger weniger intensiv beeinträchtigende Beschlagnahme schriftlicher Mitteilungen stärker geschützt wäre als der viel intensivere Eingriff mittels Überwachung der mündlichen Gespräche. Dies wäre aber mit der in § 148 StPO getroffenen Wertung nicht vereinbar[582]. Dort genießt die mündliche Kommunikation größeren Schutz, da sie in keiner Weise eingeschränkt wird[583], während § 148 Abs.2 StPO für den Schriftverkehr Ausnahmen vorsieht.

§ 148 StPO bezweckt eine völlig freie Verteidigung ohne Behinderung oder Erschwernis. Hierzu muß der Verteidiger umfassende Kenntnis der tatsächliche Vorgänge erlangen können[584]. Eine akustische Überwachung ist jedoch noch in viel größerem Maße als eine Kontrolle des Schriftverkehrs geeignet, diesen Kommunikationsfluß zu unterbinden und somit die Qualität der Verteidigung unmittelbar zu beeinflussen[585]. Sie läßt nämlich keinerlei Raum mehr für ein freies Gespräch. Aus diesem Grund greift auch ein Vergleich mit der Überwachung von Verteidigertelefonaten nicht, welche das BVerfG nicht schlechthin als verfassungswidrig erachtet[586]. Schweigt der Beschuldigte gegenüber seinem Anwalt, weil er eine Überwachung befürchtet, ist der Zweck des § 148 StPO zur Gänze vereitelt[587]. Ein einem Lauschangriff potentiell ausgesetzter Verteidigerverkehr erfüllt somit seine ihm zugedachte prozessuale Funktion nicht mehr[588].

---

580 So z.B. jüngst BGH St 44, 46 (48 ff.) bezüglich selbst angefertigten Verteidigungsunterlagen des Beschuldigten.

581 *Beulke*, StPO Rn.248; ders. Habil., S.210 und Jura 1986, S.642, 645; *Satzger*, JA 1998, S.632 (635); a.A. BGH NJW 1982, S.2508; *Meyer-Goßner*, K/M-G StPO, § 97 Rn.38.

582 Vgl. *Binder*, S.58.

583 BGH St 33, 347 (351).

584 *Welp*, *Gallas*-FS, S.391 (392 ff.); *ders.* NStZ 1986, S.298; *Rudolphi*, *Schaffstein*-FS, S.433 (440).

585 *Binder*, S.59.

586 BVerfGE 30, 1 (32 f.).

587 Vgl. *Binder*, S.64.

588 *Binder*, S.59; *Welp*, GA 1977, S.129 (132).

Es darf jedoch nicht zu Lasten des Beschuldigten gehen, wenn (u.U. ohne sein Wissen) sein Verteidiger der Verstrickung verdächtigt wird[589]. Auch ein solcher Beschuldigter hat einen Anspruch auf eine ordentliche Verteidigung und ein faires Verfahren. Eine Zurechnung eines u.U. allein den Verteidiger treffenden Verschuldens - etwa entsprechend des § 85 ZPO - ist der StPO fremd[590]. Vielmehr hat der Gesetzgeber die Bedeutung des absolut freien mündlichen Verkehrs für eine rechtsstaatliche Verteidigung erkannt, indem er mit Art.3 Nr.6 des Gesetzes zur Änderung der Strafprozeßordnung und des Gerichtsverfassungsgesetzes vom 19.12.1964[591] den ehemaligen dritten Absatz des § 148 aus der StPO herausstrich. Dieser hatte den Richter ermächtigt, in bestimmten Fällen nur in seiner Gegenwart das Gespräch zwischen Verteidiger und Beschuldigten zu gestatten. Die dahinter stehenden Erwägungen müssen erst Recht eine heimliche Überwachung verbieten. Deshalb ist eine einfache wörtliche Übertragung des § 97 Abs.2 S.3 StPO auf Strafverteidiger im Bezug auf Maßnahmen nach § 100c Abs.1 Nr.3 StPO rechtsstaatlich nicht vertretbar[592].

Dem steht auch nicht die Möglichkeit entgegen, daß der Verteidiger seine Stellung und das Vertrauen mißbrauchen könnte, welches ihm als Organ der Rechtspflege entgegengebracht wird. Diesem vorzubeugen genügen die Vorschriften zur Verteidigerausschließung (§§ 138a - d StPO)[593]. Eine solche Ausschließung behindert zwar ebenfalls den Lauf der Verteidigung, jedoch nicht in gleichem Maße wie die Möglichkeit einer Überwachung, die nicht bloß zu einer zeitlichen Verzögerung, sondern zu einem Vorenthalten wichtiger Informationen führen kann. Wenn das Gesetzt aber für eine Maßnahme nach §§ 138a ff StPO dringenden oder hinreichenden Tatverdacht verlangt, so darf die akustische Überwachung nicht schon bei einfacher konkretisierter Verdachtslage möglich sein. Wie dieser Vergleich zeigt, sind die §§ 138a ff. mithin abschließend[594].

Folglich wird § 100d Abs.3 S.4 StPO der Bedeutung des freien mündlichen Verkehrs mit dem Verteidiger nur gerecht, wenn gleichzeitig § 148 StPO mit seinem umfassendem Schutz des mündlichen Verkehrs mit dem Verteidiger als lex specialis anerkannt wird.

---

589 *Beulke*, StPO Rn.154.

590 *Binder*, S.64.

591 BGBl. 1964 I, S.1067.

592 Vgl. *Beulke*, Jura 1986, S.642 (645); *ders.*, StPO Rn.153; *Binder*, S.59.

593 Vgl. *Beulke*, StPO 145. Dieses Verfahren kann mittels Eilentscheidungen erfolgen; *Binder*, S.63; *Rudolphi*, *Schaffstein*-FS, S.433 (442); *Welp*, *Gallas*-FS S.391 (421).

594 So i.E. auch *Beulke*, Jura 1986, S.646; *Meyer-Goßner*, K/M-G StPO, § 100a R.13; *Fezer*, Fall 4 Rdn.69.

So deckt sich das Ergebnis auch mit den zur Telefonüberwachung entwickelten Gedanken[595]. Hiernach sollen zwar nach Ansicht der Rechtsprechung und weiten Teilen der Literatur bei Verteidigergesprächen nur Fälle „echter" Beteiligung von der Ausnahme des Abhörverbots (welches sich dort zwingend unmittelbar aus § 148 StPO herleitet) erfaßt werden. Der Verteidiger muß hiernach unter dem Verdacht stehen, als Täter oder Teilnehmer an der Katalogtat beteiligt gewesen zu sein. Unzulässig sei hingegen ein Überwachung wegen des Verdacht einer Anschlußtat[596].
Da jedoch das Gebot des freien Verkehrs mit dem Verteidiger aus § 148 StPO umfassend zu verstehen ist, ist eine akustische Überwachung stets verboten, solange der Verteidiger nicht gemäß § 138a StPO ausgeschlossen ist[597].

bb) Sonstige Berufsgeheimnisträger

Eine derartige Einschränkung des § 100d Abs.3 S.4 StPO besteht für die übrigen in § 53 StPO genannten Berufsgruppen grundsätzlich nicht, da ihrer Tätigkeit aus ihrer Natur heraus keine so enge Verbindung gerade mit Straftaten aufweist, wie dies bei Strafverteidigern der Fall ist.

(I) Geistliche sind allerdings in vergleichbarer Intensität zu schützen, da seelsorgerische Gespräche, insbesondere die Beichte, in welcher sich der einzelne vor Gott mit seinen Sünden offenbart (wozu Straftaten regelmäßig zählen dürften), absolute Abschottung voraussetzen. Jedes Mithören würde den einzelnen im Kern seiner Persönlichkeit treffen, selbst wenn der Geistliche in die Taten verstrickt sein soll, was schließlich nur vermutet wird. Aufgrunddessen sähe sich der Beschuldigte bereits gehindert, sich vollständig zu offenbaren. Die herausragende Bedeutung des seelsorgerischen Vertrauensverhältnisses zeigt sich z.B. auch in § 139 Abs.2 und 3 StGB, der allein Geistliche von der Anzeigepflicht von Straftaten ausnahmslos befreit[598].

---

595 Vgl. *Nack*, KK StPO, § 100c Rn.27.

596 BGH St 33, 347 (349 f.); *Maiwald*, AK StPO, § 100a Rn.11; *Nack*, KK StPO, § 100a Rn.30.

597 Vgl. zu § 100a StPO: *Beulke*, StPO Rn.254; *ders.* Jura 1986, S.642 (646); *Rudolphi*, SK StPO, § 100a Rn.19; *ders.*, *Schaffstein*-FS, S.433 (442); *Schäfer*, L/R StPO, § 100a Rn.26; *Welp*, NStZ 1986, S.294 (297) zu § 100a StPO.

598 Vgl. *Müller*, S.216. Die Nichtanwendbarkeit des § 100d Abs.3 S.4 StPO auf Geistliche folgt hingegen noch nicht aus einer völkerrechtlichen Verpflichtung aus dem Reichskonkordat, welches die Bundesrepublik lediglich zu einem dem § 53 Abs.1 Nr.1 StPO entsprechendem Schutz verpflichtet, indem es erklärt, daß „[katholische] Geistliche [...] von Gerichtsbehörden und anderen Behörden nicht um Auskünfte über Tatsachen angehalten werden [können], die ihnen bei Ausübung der Seelsorge anvertraut worden sind und deshalb unter die Pflicht der seelsorgerischen Verschwiegenheit fallen." (RGBl. 1933 II, S.679).

(II) *Nack* möchte zudem für Abgeordnete[599] und Journalisten entsprechend der Rechtsprechungsposition zu Verteidigern[600] § 100d Abs.3 S.4 StPO auf Fälle der „echten“ Beteiligung beschränken und deshalb den Lauschangriff wegen vermuteter Begünstigung, Strafvereitelung und Hehlerei nicht zulassen. Soweit es um die Aufdeckung staatlicher Mißstände geht, sei diese restriktive Auslegung angesichts der hierfür großen Bedeutung dieser beiden Berufsgruppen notwendig[601]. Da gerade in diesen Konstellationen der Verdacht der Begünstigung oder Strafvereitelung relativ leicht entstehen dürfte und so der verfassungsmäßige Kontrollauftrag dieser Personen nicht mehr gewährleistet wäre, ist dem zuzustimmen.

(III) Für andere verstrickte Berufsgeheimnisträger kann ein Abhörverbot nur ausnahmsweise - dann aber nach § 100d Abs.3 S.2 StPO - aufrecht erhalten werden, sofern die Verwertung sämtlicher Ergebnisse unverhältnismäßig wäre[602]. Aus § 100d Abs.3 S.4 2. HS StPO folgt nämlich, daß Gespräche mit derartigen verstrickten Zeugnisverweigerungsberechtigten nicht automatisch verwertbar sind, sondern, daß dieses bei der Prüfung der Verhältnismäßigkeit im Hinblick auf ein Verwertungsverbot zu berücksichtigen ist. Diese Form der Berücksichtigung steht natürlich auch Berufsgeheimnisträgern offen, die nicht schlechter gestellt werden dürfen als Zeugnisverweigerungsberechtigte nach §§ 52, 53a StPO[603].

(IV) Die Voraussetzungen des § 100d Abs.3 S.4 StPO müssen von der Staatsschutzkammer bzw. bei Gefahr im Verzug von deren Vorsitzendem festgestellt werden. Ist bereits bei Erlaß der Anordnung zum Lauschangriff bekannt, daß ein Zeugnisverweigerungsberechtigter und gleichzeitig vermutlich Verstickter in den Kreis der unvermeidbar Betroffenen fällt, hat die Kammer ohnehin hierzu in ihrer Begründung Stellung zu nehmen. Von Relevanz ist diese Feststellungsbeschränkung hingegen, wenn erst im Laufe der Abhöraktion Tatsachen auf eine Verstickung hinweisen bzw. überhaupt erst bekannt wird, daß ein - wenn auch vermutlich verstrickter - Zeugnisverweigerungsberechtigter in den Kreis der unvermeidbar Betroffenen fällt. Polizei und Staatsanwaltschaft haben den § 100d Abs.3 S.1 StPO jederzeit zu beachten und selbständig gegebenenfalls die Maßnahme zu beenden bzw. auszusetzen, auch wenn die Anordnung keine diesbezügliche Beschränkung aufweist, weil die Tatsachen z.B. oftmals bei deren Erlaß nicht bekannt sind. Dies folgt aus § 100d Abs.4 S.3 i.V.m.

599 Art.47 GG schütz unmittelbar nur vor einer Aussage oder Beschlagnahme.
600 BGH St 33, 347 ff.
601 *Nack*, KK StPO, § 100c Rn.27; § 97 Rn.34.
602 So auch *Nack*, KK StPO, § 100c Rn.27.
603 Siehe unten Kap. IV Teil 3 A.

§ 100b Abs.4 S.1 StPO[604]. Das Auftauchen von sog. „negativen" Tatbestandsmerkmalen (Abhörverbote) ist wie ein Wegfall positiver Einsatzvoraussetzungen zu behandeln. Hingegen dürfen Polizei und Staatsanwaltschaft nicht entscheiden, ob das Abhörverbot ausnahmsweise wegen § 100d Abs.3 S.4 StPO nicht greift. Insoweit handelt es sich als Ausnahme einer negativen Eingriffsvoraussetzung um ein positive Eingriffsvoraussetzung. Die positive Entscheidung über einen Lauschangriff ist aber wegen der Schwere des Grundrechtseingriffs allein der unabhängigen Staatsschutzkammer vorbehalten. In den rechtsstaatlich besonders sensiblen Fällen der §§ 53, 100d Abs.3 S.1 StPO gilt dies um so mehr. Dies verlangen im übrigen auch die strengen Anordnungsvoraussetzungen, die der EGMR bezüglich Art.8 EMRK an die heimliche Überwachungen von Zeugnisverweigerungsberechtigten stellt[605].

b) Berufsbezogene Gespräche

Eine weitere Einschränkung des Abhörverbotes wird aus dem Umfang des § 53 StPO herausgelesen, der sich auf die bei der Berufsausübung erlangten Kenntnisse beschränkt. Demnach betrifft im Grunde das Abhörverbot aus § 100d Abs.3 S.1 StPO nur solche Gespräche, die mit dem Geheimnisträger in dessen beruflicher Eigenschaft geführt werden[606]. Schutzgut ist nicht die abstrakte Zugehörigkeit eines Beteiligten zu bestimmten Berufen, sondern das hieraus resultierend Vertrauensverhältnis[607].

Inwieweit sich hieraus aber tatsächlich Einschränkungen des Abhörverbotes ergeben können, ist insbesondere im Hinblick auf die Rechtsprechung zu Art.8 EMRK äußerst fraglich. Mit einer ähnlichen Problematik hat sich jüngst der EGMR befassen müssen[608]. Nach schweizer Recht (Abschnitt 66 (1 bis) der FCPA) dürfen Dritte unter bestimmten Voraussetzungen im Rahmen der Strafverfolgung telefonisch abgehört werden. „Personen, die aufgrund von Abschnitt 77 ein Zeugnisverweigerungsrecht haben, sind davon ausgenommen". In Ab-

---

604 Die Pflicht die Maßnahme zu unterbrechen, folgt als Minus aus der Pflicht zur Beendigung.

605 Vgl. EGMK (*Kopp ./. CH.*) StV 1998, S.683 (684) zur Ausnahme von Abhörverboten bei Telefonüberwachungen von Zeugnisverweigerungsberechtigten nach schweizer Recht. Näher im folgenden unter bb).

606 *Brodag*, Kriminalistik 1999, S.745 7747), *Dittrich*, NStZ 1998, S.336; vgl. BGH St 37, 138 ff.; 38, 7 ff.; *Weber*, Anhörung zu BT-DS 13/8650, 13/8651, S.8.

607 Bei Mitarbeitern von Presse und Rundfunk ist es darüber hinaus auf den Informantenschutz eingegrenzt und gilt insbesondere nicht für selbstrecherchiertes Material (§ 53 Abs.1 Nr.5 StPO), Diese Einschränkung entfällt jedoch in Bezug auf § 100d Abs.3 S.1 StPO, da Gespräche regelmäßig beide Aspekte miteinander vermengen dürften; näher zum Umfang des Schweigerechts *Groß*, StV 1996, S.559 (561 f.).

608 EGMR, (*Kopp ./. CH*) StV 1998, S.683 f.

schnitt 77 FCPA heißt es, daß sie keiner Auskunftspflicht über Geheimnisse unterliegen, „die ihnen anläßlich ihrer Berufsausübung offenbart worden sind." Das Verweisungssystem mit der Beschränkung auf berufsbezogene Gespräche entspricht mithin fast genau dem deutschen zum Lauschangriff. Eine auf den schweizer Vorschriften beruhende Telefonüberwachung der Anschlüsse einer Anwaltskanzlei, die den Betroffenen nicht in seiner Eigenschaft als Anwalt abhörten sollte, weshalb ein Spezialist der Post die Bandaufnahmen nach relevanten Gesprächen untersuchte, wurde vom EGMR als nicht im Einklang mit Art.8 EMRK stehend für rechtswidrig erachtet. Zwar nimmt der EGMR an, daß das berufliche Privileg generell nur die Beziehungen zwischen dem Anwalt und seinen Klienten umfaßt und Art.8 EMRK nicht sämtlichen Gesprächen am Arbeitsplatz eine berufliche Natur unterstellt[609]. Da Eingriffe in Art.8 EMRK einer gesetzlichen Grundlage bedürfen, führte der Gerichtshof unter dem Stickpunkt „Qualität des Gesetzes" jedoch aus, daß eine Normierung einen ausreichenden Schutz vor Mißbrauch bieten müsse, da die Überwachung geheim erfolge und schwerwiegend das Privatleben beeinträchtige. Folglich müsse das Gesetz in seiner Formulierung ausreichend klar und detailliert sein. Der Verstoß gegen Art.8 EMRK folge deshalb aus der Tatsache, daß das Gesetz nicht eindeutig besage, „wie, und unter welchen Voraussetzungen und von wem" die Unterscheidung zwischen berufs- und nicht berufsspezifischen Gesprächen getroffen werde[610]. Eine derartige detaillierte Regelung enthält die StPO mit §§ 100d Abs.3 S.1, 53 ebenfalls nicht.

Zu klären gilt es deshalb, inwieweit die Gedanken der Entscheidung des EGMR auf den Lauschangriff übertragbar sind[611]. Unerheblich ist hierbei, daß die Telefonüberwachung nicht mit dem Lauschangriff identisch ist, da letzterer noch intensiver in (wenn auch z.T. andere) Garantien des Art.8 EMRK eingreift. An die Rechtfertigung sind deshalb mindestens die gleich strengen Anforderungen zu stellen. Ebenso wird man die Entscheidung nicht allein auf Anwälte einschränken dürfen, da auch die sonstigen Zeugnisverweigrungsberechtigten ein besonders sensibles Vertrauensverhältnis schützen. Letztlich spricht gegen eine Übertragbarkeit auch nicht die Tatsache, daß in der Entscheidung des EGMR ein Berufsgeheimnisträger als Dritter überwacht wurde. Zumindest solange der Arbeitsplatz gezielt Objekt der Maßnahme ist, folgt aus dieser Tatsache keine andere Beurteilung hinsichtlich der Berufsbezogenheit.

609 So aber EKMR StV 1998, S.683; vgl. *Kühne*, StV 1998, S.685 (686).

610 EGMR (*Kopp* ./ CH) StV 1998, S.S.683 (684); zustimmend *Kühne*, StV 1998, S.685 (686).

611 Es besteht zwar außerhalb desselben Verfahrens (§ 359 Nr.6 StPO bzw. § 358 StPO analog) keine Bindungswirkung deutscher Gerichte an Entscheidungen des EGMR. Im Rahmen dieser Arbeit muß jedoch von der richtigen Interpretation des Art.8 EMRK durch den EGMR ausgegangen werden. Eine eingehende Überprüfung seiner Rechtsprechung würde ansonsten den Rahmen dieser Arbeit übersteigen. Die StPO ist folglich konform mit den Vorgaben des EGMR zu Art.8 EMRK auszulegen.

Im Ergebnis sind deshalb die §§ 100d Abs.3.1, 53 StPO im Lichte des Art.8 EMRK so auszulegen, daß akustische Überwachungen von Gesprächen des Beschuldigten mit Berufsgeheimnisträgern an dessen Arbeitsplatz vorerst nicht mit dem Argument möglich sind, daß es sich um private Gespräche handele. Hierzu bedarf es einer vom Gesetzgeber erst noch zu erlassenen detaillierten Regelung hinsichtlich Unterscheidungskriterien und -kompetenz[612].

Betreffend Überwachungen, die nicht am Arbeitsplatz erfolgen, äußert sich der EGMR hingegen nicht. Hier ist die Wahrscheinlichkeit, daß der Betroffene in der Eigenschaft seines Berufes Gespräche führt jedoch wesentlich geringer. Deshalb ist hier die Mißbrauchsgefahr schwächer und folglich auch die Anforderungen an die Klarheit weniger streng. Eine Einschränkung zum Abhörverbot, weil die Strafverfolgungsorgane ein Berufsbezogenheit verneinen, ist deshalb in sonstigen Räumen wohl bereits jetzt ohne Widerspruch zu Art.8 EMRK möglich. Zu verlangen ist allerdings eine eingehende Begründung.

Dasselbe ist anzunehmen, wenn der Arbeitsplatz des Berufsgeheimnisträgers „entwidmet" ist, d.h. wenn er anderen Personen zur - wenn auch nur kurzzeitigen - Nutzung als Treffpunkt überlassen ist. Hier besteht keine Gefahr, berufsbezogene Gespräche abzuhören. Deshalb ist keine Selektierung einzelner Gespräche notwendig und sämtliche relevanten Entscheidungsgesichtspunkte finden in der Kammeranordnung ihren Niederschlag. Ein Unterschied zu sonstigen Wohnungen ist im Hinblick auf die Bestimmtheit dann nicht mehr gegeben.

3) Die Praxisprobleme der ex ante - Anordnung

Gerade die zuletzt beschriebenen Probleme verdeutlichen eine grundsätzliche Schwierigkeit und Unsicherheit für die Praxis, im konkreten Ermittlungsverfahren festzustellen, ob ein Fall des § 53 StPO gegeben ist. Während § 53 StPO aus einer ex post Betrachtung dem Zeugen ein Schweigerecht für erfolgte Wahrnehmungen zusteht, verlangt § 100d Abs.3 S.1 StPO mit der Anordnung eines Beweiserhebungsverbotes eine Bewertung bei Erlaß bzw. vor Durchführung der Maßnahme. Ex ante läßt sich aber oftmals nur schwer feststellen, ob der Gesprächspartner ein Berufsgeheimnisträger ist. Eine zutreffende Aussage über den berufsspezifischen Inhalt einer (zukünftigen) Unterhaltung erscheint sogar

612 Die diesbezügliche Entscheidung wird nach Ansicht des EGMR wohl ein unabhängiger Richter zu fällen haben; vgl. EGMR (*Kopp ./. CH*) StV 1998, S.683 (684).
Die Ausnahme zum Abhörverbot nach § 100d Abs.3 S.4 StPO dürfte hingegen mit der Kammerkompetenz und der vermuteten „Verstrickung" das Erfordernis einer klaren und detaillierten Regelung i.S.d. Art.8 EMRK erfüllen.

unmöglich. Dies bewertet *Dittrich* als den grundlegenden Konstruktionsfehler des § 100d StPO, weshalb er die Zulässigkeit eines Lauschangriffs einer praxisnahen Subsumtion als nicht zugänglich erachtet[613]. Allerdings würde eine rein nachträgliche Beurteilung, also lediglich ein Schutz durch Beweisverwertungsverbote, der Bedeutung eines derartigen Eingriffs wegen dessen Nähe zum Kernbereich der räumlichen Privatsphäre nicht gerecht. Die EMRK verlangt ebenfalls bereits ein Erhebungsverbot[614].

Die selbe Problematik tritt teilweise bei der akustischen Wohnraumüberwachung mit dem Abhören des nicht offen gesprochenen Wortes von sonstigen Nichtbeschuldigten auf, welches sich im Ergebnis nicht ausschließen läßt, obwohl die Maßnahme auf das nicht öffentlich gesprochene Wort des Beschuldigten beschränkt ist. Hier hat der Gesetzgeber dem Problem jedoch dahingehend Rechnung getragen, daß es in § 100c Abs.3 StPO das Abhören des unvermeidbar Betroffenen erlaubt. Zu beachten ist auch, daß der Gesetzgeber bezüglich der Ausnahme vom Abhörverbot nach § 100d Abs.3 S.4 StPO ebenfalls nicht fordert, daß der Berufsgeheimnisträger tatsächlich Beteiligter oder Anschlußtäter ist, sondern den Verdacht, also eine ex-ante Prognose, genügen läßt.

Für die praktische Anwendung des § 100d Abs.3 S.1 StPO darf aus diesen Erkenntnissen und der berechtigten Kritik *Dittrichs* zwar nicht mittels systematischer Erwägungen geschlossen werden, daß der Lauschangriff bezüglich Berufsgeheimnisträgern analog § 100c Abs.3 StPO nur dann verboten ist, wenn deren Einbeziehung vermeidbar i.S. dieser Vorschrift war. Dies verlangt nämlich nur, jemanden nach Möglichkeit nicht in die Überwachung einzubeziehen, ohne aber auf die akustische Wohnraumüberwachung selber zu verzichten. § 100d Abs.3 S.1 StPO verbietet hingegen die Maßnahme. Dennoch ist trotz des absolut formulierten Wortlauts eine prognostische Bewertung vorzunehmen, weil auch vom Staat nichts Unmögliches verlangt werden darf. Aus der Tatsache, daß der Gesetzgeber eine ex post-Formulierung - wohl auch um die Nähe zum Kernbereich der räumlichen Privatsphäre zu verdeutlichen[615] - gewählt hat, folgt jedoch ein äußerst strenger Maßstab. Werden Gespräche mit Berufsgeheimnisträger abgehört, ist die Überwachung deshalb nur dann rechtmäßig, wenn es den Ermittlungsbehörden bei sorgfältiger Recherche und Einbeziehung der sonstigen zur Verfügung stehenden Mittel unmöglich gewesen ist, dies zu erkennen. Hierzu wird ggf. eine flankierende Observation hinsichtlich der Präsenz von Zeugnisverweigerungsberechtigen zu erfolgen haben. Insbesondere

613 *Dittrich*, NStZ 1998, S.336 (337), zustimmend *Nack*, KK StPO, § 100d Rn.24; vgl. *Röding*, Anhörung zu BT-DS 13/8650, 13/8651, S.13.

614 So EGMR (*Kopp ./. D*), StV 1998, S.683; *Kühne*, StV 1998, S.685 (686).

615 Vgl. BT-DS 13/9661, S.6.

wenn im Voraus bekannt wird, daß Unterhaltungen mit Zeugnisverweigerungsberechtigten abgehört werden, z.B. wenn deren Privatwohnung betroffen ist oder ihr Besuch beim Beschuldigten angekündigt ist, müssen die Ermittlungsbehörden eingehend darlegen, daß davon auszugehen ist, daß Gespräche ohne berufsspezifischen Charakter geführt werden[616].

Kommt es trotz dieser Anstrengungen zu einer nicht erkannten Überwachung von Unterhaltungen, die das berufliche Vertrauensverhältnis berühren, führt dies dann nicht dazu, daß die Maßnahme rechtswidrig wird[617]. Nach h.M. wird eine rechtmäßige Maßnahme nicht dadurch rechtswidrig, daß bei einer ex post-Betrachtung die Zulässigkeitsvoraussetzungen nicht mehr vorliegen[618]. Für die später noch zu erörternde Verwertung der so erlangten Erkenntnisse bleibt die Einordnung als rechtmäßig allerdings ohne Auswirkung. Da § 100d Abs.3 S.1 StPO einer Abwägung nicht mehr zugänglich ist, leitet sich ein Verwertungsverbot aus dem Umkehrschluß aus § 100d Abs.3 S.3 StPO ab.[619].

Im Ergebnis verbietet § 100d Abs.3 S.1 StPO somit das den Strafverfolgungsbehörden erkennbare Abhören von Gesprächen mit Zeugnisverweigerungsberechtigten.

4) Gespräche unverdächtiger Klienten mit beschuldigten Berufsgeheimnisträgern.

Fraglich ist, ob auch dann ein „Fall des § 53 StPO" vorliegt, wenn allein der Berufsgeheimnisträger der Begehung einer Katalogtat beschuldigt wird.

Dies wäre beispielsweise der Fall, wenn die Gespräche eines der unerlaubten Abgabe von Betäubungsmitteln (Katalogtat nach § 100c Abs.1 Nr.3c StPO i.V.m. §§ 29 Abs.3 S.2, Abs.1 S.1 Ziff.6 b, 13 Abs.1 BtMG) verdächtigten Arztes mit seinen Patienten überwacht wird, um herauszufinden, an wen und in welchem Maße er Betäubungsmittel abgibt. Ähnlich läge es bei einer akustischen Überwachung von Mandantengesprächen, weil der Anwalt als Hinter-

---

616 *Dittrich*, NStZ 1998, S.336 (337). Am Arbeitsplatz dürfen Gespräche mit ihnen nach dem derzeitigen Gesetzesstand ohnehin nicht abgehört werden (s.o.).

617 Ebenso *Brodag*, Kriminalistik 1999, S.745 (747).

618 *Meier*, S.72; *Welp*, Jura 1981, S.472 (473 f.).

619 So i.E. auch *Nack*, KK StPO, § 100c Rb.24. Die dogmatische Frage der Rechtmäßigkeit bzw. -widrigkeit unvermeidbaren Abhörens von Gesprächen mit nach § 53 StPO geschützten Personen könnte deshalb aus Sicht der Verwertung dahingestellt bleiben. Selbst für Zufallsfunde ist sie ohne Bedeutung, da auch ihre Verwertung § 100d Abs.3 S.1 StPO zu beachten hat (vgl. Kap. IV Teil 3 B II 2).

mann einer kriminellen Vereinigung (Katalogtat nach § 100c Abs.1 Nr.3e StPO i.V.m. §§ 129 Abs.4, 1 StGB) verdächtigt wird und zu seiner Überführung das Mitgliedernetz aufgedeckt werden soll.

Der Wortlaut des § 100d Abs.3 S.1 StPO gibt keine klare Antwort über die Zulässigkeit derartiger Maßnahmen. Bei einer isolierten Betrachtung des § 53 StPO, stünde dieser einem Lauschangriff in derartigen Fällen zumindest nicht entgegen. Für eine Befragung von Zeugen ist allein deren Beruf ausschlaggebend und nicht der des Beschuldigten. Ein weiteres Indiz gegen ein Abhörverbot könnte § 100d Abs.3 S.4 StPO liefern. Er erwähnt lediglich die Teilnahme des Berufsgeheimnisträger, nicht jedoch dessen Täterschaft als Ausschlußgrund des Überwachungsverbotes. Mithin ist es durchaus denkbar, daß für ihn § 100d Abs.3 S.1 StPO gar nicht erst einschlägig ist, weshalb es auch keiner Ausnahme hiervon bedarf. Schließlich erscheint es nicht tragbar, daß im Falle des einer der Teilnahme verdächtigten Berufgeheimnisträgers ein Lauschangriff möglich sein soll, hingegen bei Verdacht auf Täterschaft nicht. Dieses Ergebnis ließe sich aber auch über einen Erst - Recht - Schluß aus § 100d Abs.3 S.4 StPO herleiten. Konsequenterweise müßte sich dann die Ausnahme vom Abhörverbot auf einen verstrickten Mittäter beschränken, beträfe jedoch nicht die Konstellation des als Alleintäter beschuldigten Berufsgeheimnisträgers.

Die Debatten und Anhörungen zu § 100d Abs.3 StPO, beschränkten sich zumeist auf Gespräche des Beschuldigten mit Berufsgeheimnisträgern und ließen den umgekehrten Fall außer acht. Nur selten wurde darauf hingewiesen, daß nach h.M. eine Beschlagnahmeverbot nach § 97 StPO ausscheide, wenn der Zeugnisverweigerungsberechtigte selber Beschuldigter sei[620]. Dasselbe wird bezüglich der Telefonüberwachung und Maßnahmen nach § 100c Abs.1 Nr.2 StPO selbst bei Verteidigern und Abgeordneten angenommen[621], wobei jedoch aus der einschlägigen Grundsatzentscheidung des BGH nicht hervorgeht, ob dies auch dann gelten soll, wenn allein ein Verteidiger beschuldigt wird oder die Erwägungen, wie im damals entschiedenen Fall, sich auf „verstrickte" Verteidiger beschränken[622]. Das Telefonabhörurteil des BVerfG, auf welches sich der BGH ausdrücklich bezieht, nimmt sie selbst dann nicht aus, wenn sie lediglich Nachrichtenmittler sind, mithin weder Anwalt noch Ge-

620 *Weber*, Anhörung zu BT-DS 13/8650; 13/8651, S.9 mit Verweis auf *Mayer-Goßner*; K/M-G StPO, § 97 Rn.4; *Schäfer*, L/R StPO, § 97, Rn.14,109.

621 So *Binder*, S.64 zum Verteidiger als Alleintäter zu § 100c Abs.1 Nr.2 StPO; *Nack*, KK StPO, § 100a Rn.30, 32.

622 BGH St 33,347 (348 f.).

sprächspartner verdächtigt werden[623]. Deshalb könnte man annehmen, daß das Abhören erst recht bei beschuldigten Berufsgeheimnisträgern möglich sein müsse.

Die Vergleiche mit der Telefonüberwachung und der Beschlagnahme hinken jedoch, da diese keine dem Lauschangriff äquivalente Eingriffsintensität aufweisen. Aus diesem Grund enthält dieser im Unterschied zu §§ 100a,b StPO gerade ein gesetzlich normiertes Abhörverbot. Dieses verweist zwar auf § 53 StPO und ähnelt somit auch § 97 StPO. Eine Übertragung der eben genannten Ansichten würde jedoch den strukturellen Unterschied zwischen einer Zeugenbefragung und einer heimlichen Gesprächsüberwachung mißachten. Während bei ersterer allein auf den Beruf und die Aussage des Zeugen abzustellen ist und hierdurch das Vertrauensverhältnis nur partiell geschützt wird, erfolgt dies bei letzterer durch eine Verbindung von § 100d StPO und § 53 StPO - wie oben gezeigt - umfassender. Wenn nun aber selbst die gesamte Unterhaltung eines Beschuldigten mit einem Berufsgeheimnisträger einem Abhörverbot unterliegt, da das Vertrauensverhältnis zu schützen ist, so hat dies erst recht zu erfolgen, wenn der ahnungslose Klient noch nicht einmal selber der Verdächtige ist. Schließlich wird im umgekehrten Fall das Vertrauensverhältnis nicht geschützt, *weil* der Klient oder Ratsuchende eine Straftat, sondern *obwohl* er sie vermutlich begangen hat. Eine entgegengesetzte Wertung, welche betont, daß der beschuldigte Berufsgeheimnisträger nicht gegenüber sonstigen Beschuldigten privilegiert werden dürfe, vermag nicht zu überzeugen. Das subjektive und öffentliche Interesse am Vertrauensverhältnis ist kein Selbstzweck zugunsten des Berufsgeheimnisträgers, sondern folgt zumeist aus der Achtung berechtigter Anliegen derjenigen, die ihre Dienste in Anspruch nehmen. Sie sollen sich rückhaltslos offenbaren dürfen ohne Kenntnisnahme anderer (so z.B. bei Ärzten, Rechtsanwälten und Geistlichen). Eine wertende Betrachtung muß folglich primär am Klienten anknüpfen und nicht am Berufsgeheimnisträger. So macht sich im Falle des Geheimnisverrates der Berufsgeheimnisträger unabhängig von seiner eigenen Beschuldigtenstellung oftmals nach § 203 StGB strafbar. Schließlich ist z.B. ein Gespräch eines Klienten mit seinem beschuldigten Anwalt, den dieser regelmäßig nicht grundlos aufsucht, mindestens ebenso vertraulich, wie wenn der Klient selber Beschuldigter der Katalogtat ist, zumal in diesem speziellen Fall nicht nur das vertrauliche Gespräch nach außen dringt, sondern dessen Inhalt im Hinblick auf Zufallsfunde durchaus zu handfesten Konsequenzen für den Mandanten führen kann. Strafbares Verhalten der Vertrauensperson darf nicht nachteilig zu Lasten des diesbezüglich u.U. unwis-

623 BVerfGE 30,1 (32 f.).

senden Hilfe- und Ratsuchenden wirken[624] oder diesem zugerechnet werden. Ihnen steht mindestens in gleichem Maße ein Vertrauensverhältnis wie dem Beschuldigten zu. Deshalb greift auch das Gegenargument nicht, welches betont, daß gezielt nur gegen den Berufsgeheimnisträger vorgegangen werde und andere mithin einen entsprechenden Eingriff in das Vertrauensverhältnis als Sonderopfer zu ertragen hätten, welches der unbeteiligte rechtschaffende Bürger gerne auf sich nehme. Eine derart zweckorientierte Rechtfertigung erscheint zudem im Hinblick auf die Nähe zum Kernbereich des Art.13 GG fragwürdig[625]. Selbst ein Verwertungsverbot für zufällig entdeckte Beweise würde der Bedeutung des Vertrauensverhältnisses nicht gerecht, da dieses bereits bei weniger schützenswerten beschuldigten Klienten höher eingeschätzt wird als das staatliche Strafverfolgungsinteresse. Umgekehrt ist auch kein Grund ersichtlich, weshalb das staatliche Interesse in Fällen verdächtigter Berufsgeheimnisträger höher sein soll als bei sonstigen Beschuldigten einer Katalogtat. Der dem § 100c Abs.2 S.4, 5 StPO zugrunde liegende Gedanke unterstreicht zudem eine besondere Rücksichtnahme auf die Interessen unbeteiligter Dritter bei der akustischen Wohnraumüberwachung. Etwas anderes folgt auch nicht aus § 100d Abs.3 S.4 StPO, da dieser eine Konstellation betrifft, in welcher beide Gesprächsteilnehmer ein Bezug zur Katalogtat vorgeworfen wird. Bloße Dienste eines Beschuldigten einer Katalogtat in Anspruch zu nehmen, reicht aber für einen entsprechenden Verdacht nicht aus.

Im Ergebnis sind somit Maßnahmen nach § 100a Abs.1 Nr.3 StPO auch dann verboten, wenn allein der Berufsgeheimnisträger einer Katalogtat verdächtigt wird[626,627].

Liegen hingegen konkrete Anhaltspunkte für eine Verstrickung des Klienten vor, so entfällt in analoger Anwendung des § 100d Abs.3 S.4 StPO ein Abhörverbot.

---

624 Vgl. *Beulke*, StPO Rn.154 bezüglich Verteidigern.

625 So ist z.B. ein Beichtgespräch als schonungslose Darlegung des eigenen Ich derart schützenswert, daß ein Lauschangriff auch dann ausgeschlossen sein muß, wenn zu vermuten ist, daß der fanatisch verblendete Priester als „Buße" einen Totschlag verlangt.

626 Für Gespräche beschuldigter Verteidiger mit ihren nicht beschuldigten Klienten ergibt sich zudem das Abhörverbot aus § 148 StPO. Wenn ein solches nämlich bereits selbst bei vermuteter Verstrikkung des Anwalts bezüglich des Gesprächs mit dem Tatverdächtigen nicht ausscheidet (siehe oben), so kann nichts anderes gelten, wenn nur einer der Gesprächsteilnehmer einer Straftat verdächtigt wird.

627 Wer dieser Argumentation nicht folgen sollte, darf nicht gleich ein Abhörverbot verneinen, sondern muß ggf. im Einzelfall prüfen, ob das Vertrauensverhältnis, welches sich z.T. aus der Verfassung herleitet (z.B. Art.4 GG für Geistliche, Art.5 Abs.1 GG für Journalisten, Art.47 GG für Abgeordnete) oder das staatliche Interesse an der Strafverfolgung überwiegt, was zu einem Erhebungsverbot nach § 100d Abs.3 S.2 StPO führen kann.

II) Zeugnisverweigerungsberechtigte nach § 52 StPO

Gespräche mit Personen, die aus persönlichen Gründen zur Verweigerung des Zeugnisses berechtigt sind (§ 52 StPO), können grundsätzlich abgehört werden (arg. e con. aus § 100d Abs.3 S.3 StPO). Regelmäßig bleibt lediglich ein (selbständiges) Beweisverwertungsverbot zu prüfen.

Diese Ungleichbehandlung zu Berufsgeheimnisträgern wird von der Literatur jedoch weitgehend als inkonsequent, unzureichend und damit hinsichtlich Art.3 Abs.1 GG als willkürlich abgelehnt[628]. Die Differenzierung sei aus Sicht der Betroffenen sinnlos, und es sei kein Grund zu sehen, weshalb das vertrauliche Ehegatten- oder Eltern/Kind- Gespräch weniger schutzwürdig sein solle als das Mandantengespräch des Arztes oder Rechtsanwalts[629]. Gerade im Hinblick auf Art.6 Abs.1 und 2 GG könne von einer geringeren Schutzbedürftigkeit keine Rede sein. So differenzieren die §§ 52 ff. StPO selber auch nicht und selbst wenn dort die Angehörigen aus Gründen des Familienfriedens und der Konfliktvermeidung privilegiert werden, ändert sich der Schutzzweck in Verbindung mit § 100d Abs.3 StPO zwingend in einen reinen, dem § 53 i.V.m. 100d Abs.3 S.2 StPO vergleichbaren Vertrauensschutz, da wegen des geheimen Abhörens schon kein durch eine Pflichtenkollision begründeter Entscheidungskonflikt besteht[630]. Ebenso unterliegen nach § 97 Abs.1 StPO schriftliche Mitteilungen zwischen dem Beschuldigten und seinen Angehörigen in gleicher Weise wie solche zwischen dem Beschuldigten und Berufsgeheimnisträgern keiner Beschlagnahme. In beiden Fällen soll bereits durch Erhebungsverbot eine Umgehung des Zeugnisverweigerungsrechts vermieden werden[631]. Die direkte mündliche Kommunikation mit Angehörigen in der Wohnung wird folglich durch § 100d Abs.3 StPO schlechter gestellt als die schriftliche, die eigentlich weniger schutzwürdig sein sollte. Im bloßen Verwertungsverbot für Zeugnisverweigerungsberechtigte nach § 52 StPO wird deshalb zum Teil „einer, wenn nicht der wesentlicher Schwachpunkt" des VBOrgKG gesehen und eine Gleichstellung mit § 100d Abs.13 S.1 StPO gefordert[632].

Dennoch ist der Gesetzgeber nicht grundsätzlich gehindert, die einzelnen Vertrauensverhältnisse unterschiedlich zu gewichten. Zudem ergibt sich eine Un-

---

628 *Duttge*, JZ 1999, S.261 (264); *Leutheusser-Schnarrenberger*, ZRP 1998, S.87 (91); *Momsen*, ZRP 1998, S.459 (461); krit. auch *Eisenberg*, StPO Rn.1302a; *Eylmann*, AnwBl 1998, S.185 (191); *Froschauer*, Anhörung zu BT-DS 13/8650, 13/8651, S.10.

629 *Denninger*, StV 1998, S.401 (405 f.); ebenso *Duttge*, JZ 1999, S.261 (263); *Leutheusser-Schnarrenberger*, ZRP 1998, S.87 (91); vgl. auch *Pieroth/Schlink*, Rn.886.

630 Vgl. *Momsen*, ZRP 1998, S.459 (461).

631 BVerfGE 20,162 (188); 32,372 (385); *Beulke*, StPO, Rn.248; *Duttge*, JZ 1999, S.261 (263).

632 *Momsen*, ZRP 1998, S.459 (461, 463); zustimmend *Duttge*, JZ 1999, S.261 (264).

verhältnismäßigkeit und somit Verfassungswidrigkeit des § 100d Abs.3 S.3 StPO aus der vorgebrachten Kritik nur dann, wenn das System nach § 100d Abs.3 S.1 und 3 StPO abschließend ist und eine andere Regelung keinen hinreichenden Schutz bei der Beweiserhebung gewährt. Als eine solche Norm bietet sich § 100d Abs.3 S.2 StPO an.

III) Der Schutz nach § 100d Abs.3 S.2 StPO

§ 100d Abs.3 StPO bietet neben der Regelung in Satz 1 ein weiteres Erhebungsverbot in Satz 2, welches eine Besonderheit beinhaltet. Im Regelfall wird aus einem Rechtsverstoß bei der Beweiserhebung auf ein (unselbständiges) Verwertungsverbot geschlossen. In § 100d Abs.3 S.2 StPO ist der Gesetzgeber den umgekehrten Weg gegangen. Aus einem (selbständigen) Verwertungsverbot leitet er ein Erhebungsverbot ab. Insoweit ist diese Vorwirkung[633] des § 100d Abs.3 S.2 StPO eine Konkretisierung des Verhältnismäßigkeitsgrundsatzes. Ist aus einer ex ante-Betrachtung ein Verwertungsverbot für sämtliche Erkenntnisse zu erwarten, ist der Lauschangriff ein ungeeigneter Eingriff in die Rechte des Beschuldigten. Wann dies genau der Fall ist, ist eine Frage der Beweisverwertung und deshalb dort zu erläutern[634].

Neben vorhersehbarer Unverhältnismäßigkeit ist dies jedenfalls dann anzunehmen, wenn äußere Umstände darauf hindeuten, daß Art.13 GG oder ein anderes Grundrecht in ihrem Menschenwürdegehalt tangiert werden. Erst recht gilt dies folglich, wenn dieser selber bereits aufgrund entsprechender äußeren Anzeichnen ein Erhebungsverzicht verlangt. Der gebotene Kernbereichsschutz ist mithin neben einer verfassungskonformen Auslegung der einschlägigen Normen der §§ 100c,d StPO auch auf dem Weg über § 100d Abs.3 S.2 StPO unmittelbar begründbar[635]. Dies gilt auch dann, wenn der Kernbereichsschutz ein Erhebungsverbot verlangt, weil Gespräche mit besonders Vertrauten belauscht werden, die sich z.T. mit dem Kreis der Zeugnisverweigerungsberechtigten nach § 52 StPO decken[636]. Zwar gilt § 100d Abs.2 StPO als gesetzliche Normierung eines allgemeinen Grundsatzes für sämtliche vorhersehbaren Verwertungsverbote, unabhängig von deren Gründen. Aber aus der systematischen Stellung des § 100d Abs.3 S.2 StPO, der sich zwischen Normen bezüglich Zeugnisverweigerungsberechtigten eingekeilt findet, folgt auch, daß die Sätze 1 und 3 für die dort genannten Personengruppen nicht abschließend verstanden werden dürfen.

---

633 *Kelnhofer*, S.214; vgl. auch *Wolter*, SK StPO, vor § 151 Rn.138, 195.
634 Siehe unten Kap.IV Teil 3 A.
635 So *Nack*, KK StPO, § 100c Rn.25.
636 Siehe oben Kap.II T.1 C 5 4b bb.

Hervorzuheben ist, daß mit „sämtlichen“ zwar eine hohe Hürde aufgestellt wird, jedoch, anders als bei einem Erhebungsverbot nach § 100d abs.3 S.1 StPO, ausdrücklich die Prognose bei der Anordnung ausreicht („wenn zu erwarten ist“). Wird bei der Anordnung bzw. Durchführung mit einem Verwertungsverbot für sämtliche Erkenntnisse gerechnet und trotzdem eine akustische Wohnraumüberwachung angeordnet, welche aus zur Zeit der Anordnung nicht vorhersehbaren Gründen zu an sich verwertbaren Informationen führt, bleibt deshalb der Lauschangriff dennoch rechtswidrig.

Im Ergebnis gebietet somit § 100d Abs.3 S.2 StPO insbesondere für Gespräche mit Eltern und Geschwistern ein Abhörverbot. Für entferntere nach § 52 StPO privilegierte Angehörige genügt hingegen regelmäßig ein Verwertungsverbot, was mit dem Grundsatz der Verhältnismäßigkeit in Einklang steht. Aus diesem Grund bedarf es letztlich auch keiner notwendigen Angleichung des § 100d Abs.3 S.3 an § 100d Abs.3 S.1 StPO.

IV) Zeugnisverweigerungsberechtigte nach § 53a StPO

Anders als Gespräche mit Berufsgeheimnisträgern werden Unterhaltungen mit deren Berufshelfern unter den Voraussetzungen des § 100d Abs.3 S.3 StPO grundsätzlich nur über ein Verwertungsverbot geschützt. Dies erstaunt auf den ersten Blick, da § 53a StPO gerade mit dem 3.StVÄG[637] (1953) ins Gesetz aufgenommen wurde, um ein Unterlaufen der § 53 StPO zu verhindern[638]. Die Ungleichbehandlung läßt sich aber begründen, da die wesentlichen vertraulichen Gespräche regelmäßig unmittelbar mit dem Berufsgeheimnisträger selber geführt werden. Dessen daraufhin fließende Informationen an seine Berufshelfer sind aber als Unterhaltungen Dritter einer akustischen Wohnraumüberwachung ohnehin nicht zugänglich. Wird bereits bei der Anordnung für sämtliche erlangten Erkenntnisse ein Verwertungsverbot prognostiziert, ist ebenfalls bereits die Beweiserhebung unzulässig (§ 100d Abs.3 S.2 StPO).

---

637 3. Strafrechtsänderungsgesetz vom 4.8.1953 (BGBl. I S.1735).

638 *Krekeler/ Schonard*, wistra 1998, S.137; *Eisenberg*, StPO Rn.2302a, nennt die Differenzierung verfehlt.

Teil 4: Der Grundsatz der Verhältnismäßigkeit

Für die Rechtmäßigkeit eines Lauschangriffs reicht es allein nicht aus, daß die bislang beschriebenen gesetzlichen Tatbestandsmerkmale der §§ 100c,d StPO erfüllt sind. Diese Merkmale, sowie der einzelne Lauschangriff sind daneben jeweils als Gesamtgefüge am Verhältnismäßigkeitsgrundsatz zu messen. Das bedeutet, sowohl das VBOrgKG[639] als auch die konkrete Überwachungsmaßnahme müssen, wie jedes andere Gesetz oder jede andere staatliche Maßnahme, ein geeignetes, erforderliches und angemessenes Mittel sein, um das mit der Maßnahme verfolgte legitime Ziel zu erreichen. Schließlich ist es kein Grundsatz der Strafprozeßordnung, die Wahrheit um jeden Preis zu erforschen[640].

Der Lauschangriff dient sowohl einem unmittelbaren Zweck (konkretes Eingriffsziel) als auch einem mittelbaren (kriminalpolitische Bestrebung). Unmittelbar bezweckt er die Aufklärung des Sachverhalts bei Verdacht besonders schwerer Straftaten[641]. Mittelbar soll er - wie sich unschwer aus dem Namen des Gesetzes ergibt - die Bekämpfung der Organisierten Kriminalität verbessern. Die Wohnraumüberwachung soll helfen, in die Kernbereiche der kriminellen Organisationen einzudringen und deren Strukturen aufzuhellen[642]. Beide Ziele sind als besondere Aspekte des Gebots einer effektiven Strafrechtspflege[643] legitim[644]. Dieses Gebot stellt nach ständiger Rechtsprechung des BVerfG als Ausfluß des in Art.20 Abs.3 GG verankerten Rechtsstaatsprinzips ein Rechtsgut von Verfassungsrang dar[645].

Inwieweit der Lauschangriff im Einzelfall zur Aufklärung der Katalogtat geeignet und erforderlich sein muß, wurde bereits dargelegt[646]. Im Hinblick auf das mittelbare Ziel, der Bekämpfung der Organisierten Kriminalität, werden Eignung, Erfordernis und Angemessenheit der akustischen Wohnraumüberwachung hingegen zum Teil bezweifelt.

---

639 Das GGÄndG (Art.13) eignet sich aufgrund der für Verfassungsnormen typischen Unbestimmtheit noch nicht zur Prüfung anhand der Verhältnismäßigkeit. Hiermit soll, obgleich Art.13 Abs.3 GG unüblich detailliert ausfällt, nur ein Rahmen für etwaige gesetzliche Regelungen gesetzt werden.

640 BGH St 14,358.

641 BT-DS 13/8651, S.1.

642 BT-DS 13/8651, S.1.

643 Teilweise wird auch von „funktionsfähiger Strafrechtspflege“ (krit. zu diesem Begriff *Lammer*, S.46) oder vom Bedürfnis an einer „wirksamen Strafverfolgung“ gesprochen (BVerfGE 80,367).

644 Zu Legitimität der Bekämpfung der Organisierten Kriminalität *Müller*, S.78 ff.

645 BVerfGE 32,373 (381); 33,367 (383), 77,65 (76); 80,367 (375); zur Übereinstimmung mit den legitimen Zielen von Art.8 Abs.2 EMRK siehe oben Kap.II Teil 2 B.

646 Siehe hierzu die Ausführungen zum Ziel des Maßnahme (Teil 3 A) und zur Subsidiarität (Teil 1 C), welche die Erforderlichkeit beinhaltet.

A) Die Verhältnismäßigkeit des Lauschangriffs nach dem VBOrgKG

I) Die Geeignetheit

Eine Maßnahme ist dann geeignet, wenn sie tauglich ist, das angestrebte Ziel zu erreichen. Somit müßte der Lauschangriff einen wirksamen Beitrag zur Eindämmung der Organisierten Kriminalität leisten. Die Erläuterungen zur Frage, inwieweit dies zutrifft, beschränken sich jedoch trotz der ansonsten lebhaften Diskussion bei Einführung des Lauschangriffs auf ein Minimum[647]. Schwierigkeiten bereitet bereits das Fehlen einer Tatsachengrundlage, auf welche sich eine Stellungnahme zur Eignung stützen könnte[648], da - wie bereits angesprochen - das Ausmaß und die Funktion der Organisierten Kriminalität nicht durch hinreichend gesicherte Angaben bekannt sind[649].

Zudem bestimmt sich die Geeignetheit auch danach, ob die Effektivität der Strafverfolgung dauerhaft erhöht wird oder nur kurzfristige Ermittlungserfolge zu erwarten sind, bis sich die potentiell Strafverfolgten auf die neue Situation eingestellt haben. Technisch dürfte es gerade für die organisierten Kriminalitätsstrukturen[650] relativ einfach sein, sich gegen den Lauschangriff zu wehren[651]. Möglich ist es auch, daß Kriminelle die Bedrohung durch den Lauschangriff einfach umgehen, indem sie sich nicht mehr in Wohnungen, sondern kurzfristig terminiert an schwer abzuhörenden Orten treffen[652]. Da der Lauschangriff deshalb in erster Linie nur Ahnungslose trifft, prognostizieren Kritiker, daß er gegen die Organisierte Kriminalität häufig erfolglos bleibe[653]. Als Folge befürchten sie, daß man ihn um so öfters anwenden müsse und nach dem Motte „lieber einmal zu oft als einmal zu wenig" verfahre, damit er ein wirksames Mittel werde. Hieraus wachse die Gefahr als Unschuldiger getroffen zu werden[654].

---

647 *Krause, Hanack*-FS, S.221 (223); eine eingehende Untersuchung findet sich allein bei *Müller*, S.92 ff.

648 Vgl. *Eisenberg*, NJW 1993, S.1033; *Hassemer*, DRiZ 1992, S.357; *Lisken*, Anhörung zu BT-DS 13/8650, 13/8651, S.1, *Meurer*, S. 537 (552); zur Bedeutung aussagekräftiger Ergebnisse einer fundierten Forschung für die Effiziens siehe *Rohe*, S.20 f. m.w.N. zum derzeitigen Stand.

649 Siehe oben Teil 1 A I 2b,5; Allein deshalb ließe sich nach Ansicht kritischer Stimmen schon keine Aussage über die Eignung des Lauschangriffs treffen; *Glauben*, DRiZ 1993, S.41 (42); a.A. *Hetzer*, KrimPol 1998, S.546 (547).

650 *Kühne*, StPO Rn.532.

651 *Glauben*, DRiZ 1993, S.41 (42); zur Technik siehe oben Kap.I Teil 3; krit. zur Wirksamkeit technischer Abwehrmöglichkeiten *Müller*, S.96.

652 *Raum/Palm*, JZ 1994, S.447 (453); vgl. auch *Gössner*, Anhörung zu BT-DS 13/8650, 13/8651, S.3.

653 Vgl. z.B. *Eisenberg*, NJW 1993, S.1033 (1039); *Müller*, S.96.

654 *Kutscha*, NJW 1994, S.85 (88).

Die Erfahrung bei der Telefonüberwachung sprechen hingegen nicht gegen die Wirksamkeit. Obgleich jeder Verdächtige, „der etwas auf sich hält“, glaubt überwacht zu werden, ist die Telefonüberwachung ein wichtiges Ermittlungsinstrument[655]. Zwar sind auch hier Steigerungsraten in der Anwendung zu verzeichnen[656]. Dies kann aber auch gerade wegen der Wirksamkeit der Fall sein, also nicht erst um diese zu erreichen.

Betrachtet man das Für und Wider der Wirksamkeit des Lauschangriffs, so scheint sich die oben aufgezeigte Problematik zu bestätigen, daß sich ohne ausreichende Erkenntnisse zur Funktion der Organisierten Kriminalität deren Reaktion und somit die Eignung des Lauschangriffs zu deren Bekämpfung nur äußerst unsicher prognostizieren läßt. Sie wird wohl eher einen begrenzten Beitrag zur Bekämpfung der Organisierten Kriminalität leisten[657]. So geht z.B. der ehemalige Polizeipräsident von Nordrhein - Westfalen von ca. 12 Fälle pro Jahr aus, in welchen eine Abhöraktion notwendig wäre[658]. Der erste seit Einführung des § 100c Abs.1 Nr.3 StPO veröffentlichte Bericht der Bundesregierung gemäß Art.13 Abs.6 S.1 GG, der die Anzahl der repressiven Maßnahmen zur akustischen Wohnraumüberwachung in Deutschland statistisch erfaßt, scheint diese Prognosen zu bestätigen. So griffen Ermittlungsbehörden 1998 in neun Fällen auf den Lauschangriff zurück[659]. Ob sich auf dieser bislang noch dünnen Datenbasis schon Rückschlüsse für die Zukunft ableiten lassen, ist jedoch fraglich, zumal sich auch Ermittlungsbehörden erst in ein neues Ermittlungsinstrument einfinden müssen.

Mangels ausreichender statistischer Grundlagen haben Befürworter und Gegner deshalb bislang auf die Staaten verwiesen, die den Lauschangriff bereits längere Zeit praktizieren. Unter Bezugnahme auf teilweise die selben Grundlagen[660] gelangen die Betrachter jedoch zu gegensätzlichen Einschätzungen der Wirk-

---

655 *Krombacher*, Anhörung zu BT-DS 13/8650, 13/8651, S.17.

656 Siehe *Böttger/Pfeiffer*, ZRP 1994,S.7 (8), die eine Steigerung von 1805 Fällen im Jahr 1987 auf 3499 im Jahr 1992 ausweisen. Den vorläufigen Höchststand erreichte man 1998 mit 9802 Fällen (1997: 7776); Rheinpfalz 17.08.1999. Kritisch anzumerken ist hierbei die im Vergleich zu den USA in absoluten Zahlen vier mal höhere Anzahl an Telefonüberwachungen, was eine 13 mal höhere pro Kopf Betroffenheit bedeutet; *Böttger/Pfeiffer*, ZRP 1994, S.7 (8).

657 So *Böttger/ Pfeiffer*, ZRP 1994, S.7 (16).

658 Andere Schätzungen, z.T. von Befürwortern der Einführung des Lauschangriffs, gehen ebenfalls von nur wenigen Fällen pro Jahr aus, vgl. *Röding*, Anhörung zu BT-DS 13/8650, 13/8651, S.17.

659 BT-DS 14/2452, S.3, wobei lediglich angeordnete aber noch nicht erfolge Maßnahmen nicht berücksichtigt sind. Zu beachten ist, daß das VBOrgKG erst zum 09.05.1998 in Kraft trat.

660 Teilweise differieren die Zahlen jedoch. So sollen unter Berufung auf FBI-Angaben 1991 je nach Quelle 45 (so BT-DS 12/4405, S.4) bzw.61 (so *Lisken*, ZRP 1993, S.122) Fälle der akustischen Wohnraumüberwachung erfolgt sein.

samkeit und sprechen sowohl von negativen Erfahrungen in den USA oder Italien[661] als auch von einer erfolgreichen Praxis[662].
So kann man einerseits - ausgehend von den gemeinsamen Untersuchungen von *Böttger* und *Pfeiffer* über den Zeitraum von 1987-1992 - betonen, daß lediglich 7 % der abgehörten Kommunikationsvorgänge in den USA einen belastenden Inhalt aufwiesen, mithin viele Belanglosigkeiten abgehört worden seinen[663]. Andererseits fanden sich bei 80,9 % der Anordnungen belastende Äußerungen, die dann aber nur in 29,6 % der Fälle zu Verhaftungen und in 20,4 %[664] zu Verurteilungen führten. Die Aufklärungsquote weist somit eher durchschnittliche Erfolge auf[665]. Für Deutschland gibt der Bericht nach Art.13 Abs.6 S.1 GG für 1998 sogar nur 2 Fälle an, in welchen die Ergebnisse der Maßnahmen nach § 100c Abs.1 Nr.3 StPO für das weitere Ermittlungsverfahren von Bedeutung waren[666]. Hierbei wurden keine Angaben veröffentlicht, inwieweit gerade Organisierte Kriminalität aufgedeckt wurde. In den USA hat sich gezeigt, daß die Verfahren, die mit Verurteilungen endeten, zumeist mehrere Personen betrafen (durchschnittlich 10,5 Personen verhaftet und 9,2 verurteilt). Dies läßt eine besondere Eignung des Lauschangriffs vermuten, Bandenstrukturen zu erhellen[667]. Gerade die Fernwirkung, also die Grundlage für weitere Beweise, scheint hierbei eine bedeutende Rolle zu spielen[668]. Tatsächlich waren 1995 in den USA 41,5 % der verurteilten Straftaten, die mittels einer Wohnraumüberwachung aufgeklärt wurden, der Rauschgiftkriminalität und 36,9 % der Organisierten Kriminalität zuzuordnen[669]. Jedoch müssen diese Erkenntnis relativiert werden. Betrachtet man sämtliche in diesen Kriminalitätsfeldern mittels Überwachungsmaßnahmen aufgeklärte Straftaten, so beträgt der Anteil des Lauschangriffs lediglich 3,7 % bei Betäubungsmitteldelikten und nur 11,2 % bei den Taten, die im Rahmen der Organisierten Kriminalität begangen wurden[670].

Im Ergebnis ist daher der These von den guten Erfolgen des Lauschangriffs in den USA „tatsächlich mit großer Vorsicht zu begegnen“[671]. Es bleiben deshalb auch für Deutschland zumindest Zweifel an der langfristigen Geeignetheit des Lauschangriffs zur Bekämpfung der Organisierten Kriminalität bestehen. Es

---

661 *Glauben*, DRiZ 1993, S.41 (42).
662 *Zachert*, DRiZ 1992, S.355; vgl. *Meurer*, S.537 (554); *Müller*, S.92 ff.
663 Vgl. *Müller*, S.94.
664 In Kombination mit der Telefonüberwachung erreicht sie fast das 2,5-fache (48,1 %).
665 Die alleinige Telefonüberwachung hat z.B. eine Verurteilungsquote von 33,1 %.
666 BT-DS 14/2452, S.2,4; die Relevanz für nicht abgeschlossene Verfahren wurde prognostiziert.
667 *Müller*, S.95.
668 Hierauf verweist insbesondere *Krombacher* in der Anhörung zu BT-DS 13/8650, 13/8651, S.4.
669 *Krause, Hanack*-FS S.221 (229).
670 *Krause, Hanack*-FS, S.221 (229); hierbei sind Kombinationen mit anderen Überwachungsmaßnahmen eingeschlossen.
671 *Krause, Hanack*-FS, S.221 (224).

erscheint sogar berechtigt, die Geeignetheit in Frage zu stellen, zumindest solange nicht hinreichende rechtsstaatliche Klarheit geschaffen ist[672] und im wesentlichen nur Vermutungen angestellt werden können.

Da jedoch die Eignung auch nicht denklogisch ausgeschlossen oder zur Gänze abgesprochen werden kann[673], bleibt dies im Ergebnis ohne Konsequenzen. Sie ist nur dann zu verneinen, wenn die Erwägungen des Gesetzgebers so offensichtlich fehlsam sind, daß sie vernünftigerweise kein Grund für gesetzliche Maßnahmen sein können[674]. Deshalb greift vorliegend die sogenannte Einschätzungsprärogative des Gesetzgebers[675]. Insbesondere gebührt ihm eine angemessene Frist, Erfahrungen zu sammeln, da es sich bei der repressiven akustischen Wohnraumüberwachung um einen komplexen, in der Entwicklung begriffenen Sachverhalt handelt. Erst wenn sich herausstellen sollte, daß sich die Effektivität der Strafverfolgung nur kurzfristig erhöht hätte und der Lauschangriff noch nicht einmal zur Bekämpfung der Organisierten Kriminalität förderlich wäre, läge bei Ausbleiben entsprechender Änderungen ein Verstoß gegen den Grundsatz der Verhältnismäßigkeit vor[676].

II) Erforderlichkeit

Eine Maßnahme ist dann erforderlich, wenn sich ihr Ziel nicht mit milderen Mitteln genauso effektiv erreicht läßt.

Nach Ansicht des Gesetzgebers bestehen derartige Alternativen zum Lauschangriff nicht[677], was weite Teile der Literatur hingegen bezweifeln[678]. So habe man dem OrgkG nicht ausreichend Zeit gelassen sich zu bewähren. Ob dessen Mittel, insbesondere der VE, nicht vielleicht doch ausgereicht hätten, bleibe des-

---

672 *Raum/Palm*, JZ 1994, S.447 (453).

673 *Müller*, S.95.

674 BVErfGE 77,84 (106).

675 Vgl. *Binder*, S.218; *Müller*, S.95.

676 BVerfGE 43,292 (321); 37,104 (118). Aus diesem Grund ist eine ausdrückliche zeitliche Befristung des Gesetzes unnötig.

677 „Herkömmliche Methoden, einschließlich der Telefonüberwachung, reichen in der Regel nicht aus, um bei organisiert vorgehenden Banden, die sich fast völlig nach außen abschotten, die Ermittlungen in den Kernbereich der Organisierten Kriminalität hineinzutragen. [...] Auch der Einsatz verdeckt ermittelnder Personen kann Abhörmaßnahmen nicht ersetzen, da aufgrund der straffen Organisation eine Einschleusung Dritter nur selten möglich ist und darüber hinaus bei Einsätzen im Bereich der Organisierten Kriminalität wegen der Gewaltbereitschaft der Täter regelmäßig erhebliche Gefahren für Leib und Leben der verdeckt arbeitenden Personen zu befürchten sind.“ (BT-DS 13/8650, S.5).

678 *Müller*, S.106 ff.

halb offen[679]. Ebenso lägen noch keine Ergebnisse hinsichtlich der durch das OrgKG geschaffenen Rasterfahndung und des Einsatzes technischer Mittel außerhalb der Wohnung vor. Diese griffen aber weniger belastend in die Bürgerbelange ein und seien folglich erst umfassend zu evaluieren, bevor man neue Befugnisse schaffe[680].

Hierbei stützen sich kritische Stimmen wiederum auf Ergebnisse aus den USA, wo die Wohnraumüberwachung, bei fallender Tendenz, zwischen 1987 und 1992 nur 11,5 % (Telefon: 86,1 %) aller Überwachungsmaßnahmen ausmachte[681] und bis 1995 auf 5,8 % zurückgegangen ist[682]. Es liegt daher nahe, daß amerikanische Strafverfolger mit anderen heimlichen Überwachungsmethoden, insbesondere der Telefonüberwachung, in befriedigendem Umfang Erfolge erzielen und deshalb glauben, die mit praktischen Schwierigkeiten bei der Umsetzung verbundene Raumüberwachung unterlassen zu können[683]. Für Deutschland zeigt sich im Verhältnis des Lauschangriffs zur Telefonüberwachung für 1998 sogar nur ein prozentualer Anteil vom ca. 0,12 %[684]. Zudem weist der Lauschangriff in den USA als Einzelmaßnahme mit lediglich 7,2 % (Telefon allein: 20,5 %) belastenden Kommunikationsvorgängen und Verhaftungen in 20,4 % (Telefon allein: 33,1 %) der angeordneten Fälle die höchste Fehlschlagquote unter den Überwachungsmaßnahmen auf[685]. Selbst wenn belastende Äußerungen abgehört wurden, führten sie nur in 25 % (Telefon allein: 35 %) der Fälle zu Verurteilungen, was Zweifel an der Qualität der mittels akustischer Wohnraumüberwachung gewonnenen Erkenntnisse aufkommen läßt[686].
Gefordert wird deshalb statt des Lauschangriffs die Rahmenbedingungen zur Bekämpfung der Organisierten Kriminalität zu verbessern (etwa die Besetzung freier Planstellen, Maßnahmen gegen die Geldwäsche und zur Gewinnabschöpfung)[687].

679 *Staechelin*, ZRP 1996, S.430 (432).
680 *Bull*, Anhörung zu BT-DS 13/650, 13/8651, S.2; vgl. *Hassemer*, DRiZ 1992, S.357.
681 *Böttger/ Pfeiffer*, ZRP 1994, S.7 (9); diese Angaben enthalten die Fälle, in denen der Lauschangriff mit anderen Maßnahmen kombiniert wurde. Lauschangriff bzw. Telefon allein: 7,1 % bzw.79 %.
682 *Krause*, *Hanack*-FS, S.221 (225); Lauschangriff allein: 2,5 %.
683 *Krause*, *Hanack*-FS, S.221 (227).
684 Telefonüberwachungen 1998: 9802, Lauschangriffe (ab Mai) 1998: 9; eine Subsidiaritätsklausel entsprechend der des § 100c Abs.1 Nr.3 StPO besteht im us-amerikanischen Recht allerdings nicht.
685 *Böttger/ Pfeiffer*, ZRP 1994, S.7 (11 f.); z.T. unter Bezug hierauf *Krause*, *Hanack*-FS, S.221 (228).
686 *Krause*, *Hanack*-FS, S.221 (228 f.), der auch für 1994 und 1995 im Vergleich zur Telefonüberwachung zur einer höheren Fehlschlagquote bei niedrigerer Beweismittelqualität gelangt.
687 *Lisken*, ZRP 1993, S.121 (123); *ders*. Anhörung zu BT-DS 13/8650, 13/8651, S.8; *Raum/ Palm*, JZ 1994, S.447 (453); *Glauben*, DRiZ 1993, S.41 (42); krit. auch *Rohe*, S.21, der für Vorfeldermittlungen plädiert.

Dieser Kritik ist jedoch zum einen entgegenzuhalten, daß die Art.1, 3 und 4 VBOrgKG gerade auch § 261 StGB sowie das Gesetz zur Geldwäsche[688] und das Finanzverwaltungsgesetz[689] im Sinn der oben genannten Forderungen geändert haben[690]. Zum anderen ermöglichen die Telefonüberwachung und der Einsatz VE nur andere oder geringere Kenntnisse. Auch wenn sie milder in die Rechte des Bürgers eingreifen, sind sie dennoch nicht gleich wirksam[691]. Bei der Organisierten Kriminlität handelt es sich oftmals um konspirativ abgeschottete - teilweise ethnische - Tätergruppen, denen mit einem VE nicht beizukommen ist. Andere Überwachungsmaßnahmen, wie die Telefonüberwachung, können nur einen anderen Ausschnitt der Kommunikation beobachten. Gerade die Kommunikation ist aber eine Notwendigkeit organisierter Täterformen, folglich auch ihre Achillesferse, selbst wenn sich diese im wesentlichen auf elektronischer Ebene abspielt, die abzuhören mit technischen Möglichkeiten immer schwieriger wird (Netzkarten ausländischer Provider; Kryptierung)[692]. Entscheidende Gespräche der Führungsebene werden dennoch zumindest z.T. persönlich geführt[693]. Die statistische Häufigkeit der Telefonüberwachung sagt aber nichts über die Wirksamkeit aus, auf anderem Weg an die Erkenntnisse aus verfahrensrelevanten Wohnraumgesprächen zu gelangen. Die Wohnraumüberwachung soll ohnehin nur in Ausnahmefällen greifen (Subsidiarität). Die Quantität anderer Maßnahmen (z.B. nach § 100a, 100c Abs.1 Nr.2 StPO) kann die Qualität des Lauschangriffs nicht zwangsläufig ersetzten. Deshalb sind diese Mittel als Alternativmaßnahmen in ihrer Wirksamkeit auch nicht vergleichbar. Sie betreffen andere Lebenssachverhalte der Kommunikation. Die Erforderlichkeit des Lauschangriffs kann folglich nicht abgelehnt werden[694].

III) Angemessenheit

Da die aufgezeigten Bedenken gegen die Eignung und Erforderlichkeit des Lauschangriffs nicht durchgreifen, bleibt zu untersuchen, ob dieser in seiner Ausgestaltung nach § 100c Abs.1 Nr.3 StPO verhältnismäßig i.e.S. (= angemessen) ist. Hierbei ist eine Güterabwägung vorzunehmen, bei welcher die kollidierenden Interessen des Staates an einer effektiven Strafrechtspflege (und die hiermit verknüpfte Bekämpfung der Organisierten Kriminalität) mit den rechtlichen Interessen der Bürger, insbesondere an der Wahrung der räumlichen Pri-

688 BGBl. 1993 I, S.1770.
689 BGBl. 1971 I, S.1467.
690 Ausführlich hierzu *Müller*, S.113.
691 *Cassardt*, ZRP 1997, S.370 (374); *Müller*, S.109.
692 Vgl. *Röding*, Anhörung zu BT-DS 13/8650, 13/8651, S.8.
693 *Rohe*, S.24.
694 Ebenso *Müller*, S.120 unter Betonung der gesetzgeberischen Einschätzungsprärogative.

vatsphäre, in angemessenen Ausgleich zu bringen sind[695]. Nach herrschender Ansicht hat dies - ausgehend von den Erkenntnissen der Wechselwirkung - durch die Herstellung praktischer Konkordanz zu erfolgen[696]. So entfalten die einzelnen Verfassungsgüter ihren größtmöglichen Wirkungsraum.

Hierbei ist in noch größerem Umfang als im Rahmen der Geeignetheit und Erforderlichkeit problematisch, daß sich Ausmaß und Bedrohung der Organisierten Kriminalität sowie die Wirkung ihrer Bekämpfung nur vermuten lassen. Gleichzeitig muß eine Abwägung der besonderen Bedeutung des Art.13 GG sowie der Tatsache gerecht werden, daß ein Lauschangriff einen intensiven Eingriff in dieses Grundrecht bewirkt.

Um die Proportionalität einer strafprozessualen Eingriffsmaßnahme zu gewährleisten, stehen mehrere Mittel zur Verfügung: besonderer Verdachtsgrad, spezifischer Straftatenkatalog, Subsidiaritätsklausel, Einschränkung des Betroffenenkreises, Richtervorbehalt, Befristung und Beschränkung von Zufallsfunden[697] sowie besondere Aufklärungs- Auskunfts- und Löschungspflichten, da es sich um Informationseingriffe handelt[698]. Hinzu kommt wegen der Heimlichkeit die Möglichkeit hinreichenden Rechtsschutzes. Die Regelung der §§ 100c-101 StPO greifen auf all diese Möglichkeiten zurück.

(I) Soweit es sich hierbei um Eingriffsvoraussetzungen handelt, wurden sie bereits dargelegt. Sie beinhalten jeweils mit die strengsten Anforderungen, welche die StPO kennt. Lediglich das Erfordernis der konkretisierten Verdachtslage macht hiervon eine begründete Ausnahme[699].

(II) Der Bedeutung des Art.13 GG findet aber auch außerhalb der unmittelbare Beweiserhebung Beachtung:

(1) So gewährt § 100d Abs.6 S.1 StPO dem Beschuldigten oder Wohnungsinhaber nachträglichen Rechtsschutz hinsichtlich der Anordnung des Lauschangriffs und der Art und Weise des Vollzugs. Ebenso ist eine gerichtliche Entscheidung über Verwertungsverbote vor der Hauptverhandlung möglich (§ 100d Abs.3 S.5 StPO)[700].

---

695 *Müller*, S.140 will zudem noch einen Anspruch auf Schutz vor Kriminalität in die Abwägung einbringen.
696 *Lammer*, 51 ff.; *Schmitz*, S.129.
697 *Wolter*, GA 1988, S.129 (140); vgl. auch BVerfGE 34, 238 ff.
698 BVerfGE 65,1 (47).
699 Ausführlich oben, Teil 1 B.
700 Hierzu *Nack*, KK StPO, § 100d Rn.28, vgl. auch *Krause, Hanack*-FS, S.221 (246).

(2) Damit der heimlich überwachte Bürger von seinen Rechtsschutzmöglichkeiten Gebrauch machen kann, sind nach § 101 Abs.1 StPO die Beteiligten von der akustischen Wohnraumüberwachung zu benachrichtigen. Ausnahmen hiervon bestehen nur, solange eine Gefährdung des Untersuchungszwecks, der öffentlichen Sicherheit oder von Leib oder Leben einer Person sowie der weiteren Verwendung eines eingesetzten nicht offen ermittelnden Beamten (z.B. des weiterhin im kriminellen Milieu tätigen VE im Falle eines „kleinen" Lauschangriffs) dies gebieten. Zu den Beteiligten sind insbesondere der Beschuldigte, der nicht beschuldigte Wohnungsinhaber und die Gesprächspartner beider zu zählen[701]. Hinzu kommen andere unvermeidbar Betroffene (soweit sich deren Identität klären läßt), da auch in ihre Grundrechte eingegriffen wird[702].
Falls die Benachrichtigung nicht binnen sechs Monate nach Beendigung der Maßnahme des Lauschangriffs erfolgt, bedarf die weitere Zurückstellung der Benachrichtigung gemäß § 101 Abs.1 S.2 StPO der richterlichen Zustimmung[703].

(3) Außer der Benachrichtigung der Beteiligten werden für einen Lauschangriff - in der StPO einmalige - Berichtspflichten verlangt, um so den Bundestag und damit auch die Öffentlichkeit über durchgeführte Wohnraumüberwachungen zu informieren[704].

Danach muß zum einen gemäß § 100e Abs.1 StPO die Staatsanwaltschaft spätestens drei Monate nach Abschluß einer akustischen Wohnraumüberwachung ihrer obersten Justizbehörde über Anlaß, Umfang, Dauer, Ergebnis und Kosten der Maßnahme berichten[705]. Falls hierbei wesentliche Inhalte unrichtig oder unvollständig sind, etwa weil sich die Verfahrensrelevanz bestimmter Informationen erst nachträglich gezeigt hat, ist eine ergänzende Berichterstattung erfor-

701 BT-DS 13/89951, S.38; a.A. *Lemke*, HK StPO, § 100c Rn.21 bezüglich Gesprächspartnern.

702 A.A. *Lemke*, HK StPO, § 100c Rn.21, der die Information unvermeidbar betroffener Dritter mit dem Argument eines Sonderopfers dieser Bürger im Interesse der Bekämpfung der Organisierten Kriminalität ablehnt.

703 Bis zur Erhebung der öffentlichen Klage entscheidet hierüber die Staatsschutzkammer, welche die Anordnung erteilt hat, danach das mit der Sache befaßte Gericht (§ 101 Abs.1 S. 3 StPO).

704 Vgl. BT-DS 13/ 8951, S.14; *Müller*, S.231 ff.

705 Hierzu zählen insbesondere: die die Maßnahme veranlassende Katalogtat, die betroffene Wohnung, die tatsächliche Dauer der Maßnahme (wozu neben der Angabe der Gesamtdauer auch die Auskunft über etwaige vorauslaufende Eilanordnungen durch den Vorsitzenden der Kammer und deren Bestätigung bzw. deren Ausbleiben gehören), die bislang durch den Lauschangriff gewonnenen verfahrensrelevanten Erkenntnisse, die erfolgte Benachrichtigung der Beteiligten bzw. die Gründe, weshalb diese bislang unterblieben ist und wann sie voraussichtlich erfolgen wird. Ist innerhalb von vier Jahren die Benachrichtigung immer noch nicht erfolgt, ist die Staatsanwaltschaft jährlich zur Vorlage eines neuen Berichts verpflichtet (BT-DS 13/8651, S.37).

derlich, um die Richtigkeit und Vollständigkeit der auf Grundlage der Berichterstattung zu erzielenden Erkenntnisse zu gewährleisten[706].

Zum anderen hat nach § 100e Abs.2 StPO die Bundesregierung dem Bundestag über die durchgeführten Maßnahmen nach § 100c Abs.1 Nr.3 StPO jährlich zu berichten, wozu gemäß Art.13 Abs.6 S.1 GG eine verfassungsrechtliche Verpflichtung besteht. Gegenstand des Berichts sind die Angaben über durchgeführte Maßnahmen aus den Mitteilungen des Generalbundesanwalts und der Landesjustizverwaltung, die der Bundesregierung die zur Erfüllung ihrer Berichtspflicht benötigten Informationen zur Verfügung stellen.
Auf Grundlage dieses Berichts übt nach Art 13 Abs.6 S.2 GG ein vom Bundestag gewähltes Gremium die parlamentarische Kontrolle aus[707].

(III) Bezieht man die beschriebenen Berichts- und Informationspflichten in die Betrachtung der Proportionalität des Lauschangriffs mit ein, wird die derzeitige Regelung des Lauschangriffs - trotz oder wegen der ungewissen Kenntnis über die Organisierte Kriminalität - den strengen Anforderungen, die an einen schweren Eingriff in Art.13 GG zu stellen sind, gerecht.

Zwar ist bereits das heimliche Abhören des nicht öffentlich gesprochenen Wortes eine Straftat die, selbst außerhalb der Wohnung begangen, mit bis zu drei Jahren Freiheitsstrafe geahndet werden kann und folglich nur mit überragenden Interessen zu rechtfertigen ist. Zudem steht Art.13 GG in engem Zusammenhang mit dem verfassungsrechtlichen Gebot unbedingter Achtung der Privatsphäre[708].
Besonders die strengen Erhebungsvorschriften sorgen jedoch für äußerst enge Anwendungsmöglichkeiten. Der Bürger fühlt sich deshalb im täglichen Leben nicht ausgehorcht und folglich an seiner freien Selbstentfaltung nicht gehindert. Der von der Menschenwürde geforderte Rückzugsbereich wird ihm somit durch die Regelungen des VBOrgKG nicht genommen. Zudem dürften die Berichts- und Informationspflichten eine ausreichende Überwachung bieten, die gleichzeitig präventiv für eine restriktive Anwendung dieser Ermittlungsmaßnahme sorgen.

Diese Kontrollen werden zwar von einigen Stimmen der Literatur als ungenügend erachtet, da sie keine Korrekturen von Mißgriffen ermöglichen. Gefordert

---

706 BT-DS 13/ 8951, S.14 f.

707 Hiervon bleibt die Kontrollbefugnis des Plenums unberührt; *Meyer/Hetzer*, NJW 1998, S.1017 (1025).

708 *Glauben*, DRiZ 1993, S.41 (42); ausführlich zur Problematik des Kernbereichs: oben Kap.II Teil 1 C.

wird deshalb eine permanente Überwachung durch einen Richter. Dieser dürfe nicht nur für die Anordnung zuständig sein, sondern müßte während des gesamten Abhörverlaufs von den Ermittlungsbehörden über den Stand der Dinge unterrichtet werden. Auf diese Wiese könnte er den Lauschangriff situationsabhängig kontrollieren[709].
Ob jedoch diese aus Gesichtspunkten der Rechtsklarheit und Rechtssicherheit an sich wünschenswerte Aufgabenübertragung der jetzigen Lösung gegenüber tatsächlich vorzugswürdig ist, ist fraglich. Der Sanktionseffekt des nachträglichen Berichts gemäß Art.13 Abs.6 GG i.V.m. § 100e StPO, der mit der eigentlichen Effizienskontrolle einhergeht, könnte bereits zur Ausgewogenheit des Rückgriffs auf die akustische Wohnraumüberwachung genügen. Abhängig wird dies insbesondere davon sein, wie auf die ersten Berichte, insbesondere auf die geringe Relevanzquote (2 von 9 Fällen[710]) seitens der Ermittlungsbehörden reagiert werden wird. Daneben folgt aus der vorgeschlagenen Aufgabenverschiebung in Richtung einer verstärken richterlichen Überwachung eine gesteigerte Wahrnehmung außergerichtlicher Strafermittlungstätigkeit. Hierin könnte eine Gefahr für die Unabhängigkeit und Neutralität des Richters liegen. Die Berichtspflicht des Art.13 Abs.6 GG genügt deshalb den Erfordernissen der Angemessenheit.

Sofern das Gesetz trotzdem noch in Einzelfällen zu unverhältnismäßigen Eingriffen führen sollte, wären diese im Wege einer generellen Regelung wohl nur noch mittels sehr detaillierter und unübersichtlicher Normen zu erfassen. Ein derartiger „Feinschliff“ muß deshalb zweckmäßig der von der Kammer im Rahmen ihrer Anordnung durchzuführenden Verhältnismäßigkeitsprüfung im konkreten Fall überlassen werden.

Die §§ 100c -101 Abs.1 StPO sind folglich in ihrem Gesamtgefüge mit dem Grundsatz der Verhältnismäßigkeit vereinbar.

---

709 *Lisken*, Anhörung zu BT-DS 13/8650, 13/8651, S.8; vgl. *Böttger/ Pfeiffer*, ZRP 1994, S.7 (16), mit Hinweis auf den persönlich verantwortlichen Richter im US-Strafverfahren.
710 BT-DS 14/2452, S.3.

B) Die Verhältnismäßigkeitsprüfung im Einzelfall

Anders als präventive Eingriffsvoraussetzungen (z.B. Art.3 bayPAG) verlangt der Wortlaut des § 100c Abs.1 Nr.3 StPO explizit keine Prüfung der Verhältnismäßigkeit im Einzelfall[711]. Trotzdem hat eine solche zu erfolgen, da die Tatbestandsvoraussetzungen der §§ 100c- 101 StPO nicht in jedem Einzelfall ausreichen, die Proportionalität zwischen der Grundrechtsbeeinträchtigung und dem angestrebten Zweck zu wahren und so den Grundsatz der Verhältnismäßigkeit nicht umfassend repräsentieren[712]. Diesem aus dem Rechtsstaatsprinzip und den Grundrechten folgenden Gebot müssen nicht nur die gesetzlichen Normen der StPO selbst, sondern auch konkrete Maßnahmen der Strafverfolgung genügen[713]. Dies zu garantieren obliegt der Staatsschutzkammer innerhalb der von ihr vorzunehmenden Konkretisierung der Verfassungsmäßigkeit[714]. Diese Aufgabenübertragung widerspricht, trotz der intensiven Grundrechtsbeeinträchtigung und der hieraus folgenden besonderen Anforderungen an die Klarheit der gesetzlichen Voraussetzungen, nicht dem Bestimmtheitsgebot, da die von der Kammer noch zu beachtenden Aspekte bei einer ausdrücklichen Berücksichtigung im Gesetzestext zu einer nicht mehr zu vertretenden Unübersichtlichkeit geführt hätten, zumal sich nicht sagen läßt, welche Aspekte generell Vorrang genießen, da sie teilweise entgegenlaufen können.

Aus diesen Gründen lassen sich auch in der vorliegenden Arbeit die bei der Verhältnismäßigkeitsprüfung zu beachtenden, vom Gesetz allein nicht hinreichend gewürdigten Gesichtspunkte nicht abschließend nennen. Zum Teil wurden sie allerdings im Rahmen der eingehenden Analyse der gesetzlich normierten Anforderungen an den Lauschangriff angesprochen (Teil 1-3), die jeweils auch deren Angemessenheit zum Gegenstand hatte. Demnach verbleiben im einzelnen bei Erlaß der Anordnung eines Lauschangriffs insbesondere folgende Erwägungen zu berücksichtigen, deren Mißachtung zu einem unverhältnismäßigen und somit rechtswidrigen Eingriff führen:

711 Die Subsidiaritätsklauseln des § 100c Abs.1 Nr.3, Abs.2 S.5 StPO beschränken sich jeweils nur auf Teilaspekte: alternative Ermittlungsmaßnahmen bzw. Vorrang der Beschuldigtenwohnung.

712 *Ruthig*, Jus 1998, S.506 (514), so auch h.M. zu §§ 100a, 100c Abs.1 Nr.2 StPO, z.B. BGH St 44,138; *Gropp* JZ 1998, S.501 (503); *Müller*, S.121; *Nack*, KK StPO, § 100a Rn.26; *Volk*, StPO, § 28 Rn.41; *Schröder*, S.152 Fn.16 m.w.N.

713 Vgl. z.B. zur Durchsuchung BVerfGE NJW 1997, S.2165 ff.; 1997, S.2165; EGMR (*Niemitz./.* D) NJW 1993, S.718 f.

714 Vgl. *Froschauer*, Anhörung zu BT-DS 13/8650, 13/8651, S.6.

1.) Die Wahrscheinlichkeit verfahrensrelevanter Gespräche sowie die Beweiskraft der erhofften Informationen (positive Erfolgsprognose) müssen um so größer sein, je intensiver der Lauschangriff in die Privatsphäre eingreift[715].

2) Die Überwachung von Geschäftsräumen oder „bemakelten“ Räumen ist möglichst der von Privaträumen vorzuziehen, da letztere einen größeren Grad an Privatheit aufweisen[716]

3) Die Anzahl der unverdächtigen Betroffenen ist gering zu halten, d.h. auch „unvermeidbar“ Betroffene dürfen nicht in großer Anzahl abgehört werden.

4) Bevor die gesamte Wohnung abgehört wird ist zu fragen, ob auch einzelne Zimmer ausreichen (z.B. Arbeitszimmer), insbesondere bei Familienwohnungen oder Wohngemeinschaften ist dies von großer Bedeutung.

5) Neben § 100d Abs. 3 StPO sind auch sonstige sehr vertrauliche Verhältnisse, welche nicht unbedingt die Persönlichkeit im Kern betreffen müssen, zu beachten (z.B. väterlicher Freund mit der Stellung eines „Ersatzvaters“).

6) Zu berücksichtigen ist, in welchem Maß der Beschuldigte ansonsten überwacht wird (Maßnahmekumulationen).

7) Das konkret vermutete Tatunrecht kann im Einzelfall auch bei Katalogtaten so gering sein, daß ein Lauschangriff nicht angemessen erscheint.

---

715 Vgl. hierzu auch LG Bremen, StV 1998, S.525 (526).
716 *Ruthig*, JuS 1998, S.506 (514); vgl. auch *Hund*, ZRP 1995, S.334 (337).

Kapitel IV

Rechtsprobleme bei der Beweisverwertung

Teil 1: Die Lehre von den Beweisverwertungsverboten

A) Einführung in die Problematik

I) Die Notwendigkeit der Verwertung

Die Verwirklichung des materiellen Strafrechts auf Grundlage eines Schuldspruchs bedingt die vollständige Aufklärung des Tatgeschehens, also die „Erforschung der Wahrheit" (§ 244 Abs.2 StPO). Hierzu dient die im vorangegangenen Kapitel dargestellte Erhebung der Beweise mittels des Lauschangriffs, damit aus der Gegenwart auf das vergangene Tatgeschehen geschlossen werden kann. Mit der bloßen Erhebung der Beweise ist dem Auftrag der Wahrheitserforschung allerdings noch nicht genüge getan. Die für den Schuldspruch relevante Aufklärung der Wahrheit erfolgt vielmehr in der Hauptverhandlung, aus deren „Inbegriff" (§ 261 StPO). Mithin müssen die durch den Lauschangriff gewonnenen Ergebnisse noch in den Prozeß eingebracht werden. Da Strafverfolgungsorgane Einschränkungen bei der Beweiserhebung unterliegen, stellt sich die Frage nach Beweisverboten auch auf der Verwertungsebene. Inwieweit auf sämtliche gewonnenen Erkenntnisse zurückgegriffen werden kann oder die tatsächlichen Gegebenheiten auf eine „juristische Wahrheit" reduziert werden müssen, ist deshalb Thema dieses Kapitels.

II) Die möglichen Beweismittel - Das „Wie" der Verwertung

Die durch die akustische Wohnraumüberwachung erlangten Beweismittel werden entsprechend den im Strengbeweisverfahren der StPO vorgesehenen Möglichkeiten im wesentlichen in drei Formen in die Hauptverhandlung eingebracht:
- Tonbänder oder sonstige akustische Aufzeichnungen (z.B. CDs), die das Gespräch festhalten und wiedergeben, sind als Augensscheinobjekte abzuspielen[1].

- Ist das abgehörte Gespräch schriftlich fixiert worden, so ist das Protokoll ein Urkundenbeweis, und als solcher zu verlesen[2]. Hierbei ist jedoch auf den

[1] Vgl. BGH St 27,135 (136); *Müller*, S.171; *Nack*, KK StPO, § 100a Rn.35.

Grundsatz der Unmittelbarkeit zu achten. Oftmals wird dem durch bloße inhaltliche Wiedergabe der wesentlichen Teile nachgekommen. Insbesondere aber wenn Zweifel bestehen, ob eine Äußerung den Verfahrensgegenstand betrifft oder welche Bedeutung ihr in diesem Zusammenhang zukommt, ist eine wörtliche Wiedergabe notwendig[3].

- Darüber hinaus können Ermittlungsbeamte - insbesondere wenn sie das Gespräch lediglich mitgehört und nicht aufgezeichnet haben - als Zeugen vernommen werden[4].

Ergänzend kann es auch notwendig sein, auf Sachverständige zurückzugreifen, etwa wenn die abgehörten Informationen von Experten und Technikern ergänzt (z.B. Ergänzung von Wort- und Satzlücken) oder aufbereitet werden müssen (z.B. Herausfiltern von Nebengeräuschen). Gleiches gilt für die Übersetzung fremdsprachiger Texte[5].

III) Die fehlende Normierung des „Ob“ der Verwertung

Rechtlich wesentlich problematischer als die leicht zu klärende Frage nach dem „Wie“ der Einbringung der durch die akustische Wohnraumüberwachung erlangten Beweise ist die Frage nach dem „Ob“ zu beantworten. Die auf die eben beschriebene Weise in das Verfahren eingebrachten Beweise dienen dem Gericht als unmittelbar oder mittelbar erhebliche Tatsachen zur Grundlage seiner Schlußfolgerungen über das Tatgeschehen. Das Gericht ist nach dem Aufklärungsgrundsatz sogar verpflichtet, grundsätzlich alle ihm zur Verfügung stehenden relevanten Beweismittel in den Prozeß einzubringen (§ 244 Abs.2 StPO).

Nun kann aber die Verwertung beispielsweise Grundrechte berühren und stellt dann u.U. neben der Erhebung einen zweiten Rechtseingriff dar[6]. Wie bereits schrieben, geschieht dies bei der Einführung des nicht öffentlich Gesprochenen in den Prozeß, etwa weil die vorgespielten Tonbänder einem neuen Auditorium zugänglich werden[7]. Dies greift in die dynamische Komponente des Rechts am gesprochenen Wort aus dem allgemeinen Persönlichkeitsrecht ein (Art.2 Abs.1 i.V.m. 1 Abs.1 GG) bzw. - da sich vorliegende Arbeit mit dem Abhören in der

---

2 Vgl. BGH St 27, 135 (136); *Müller*, S.171 f.

3 Vgl. BGH NStZ 1985, S.466; BGH StV 1987, S.421; *Nack*, KK StPO, § 100a Rn.35.

4 Vgl. *Meurer*, S.537 (547); *Müller*, S.174.

5 Vgl. BGH St 1,4 (6); BGH NStZ 1985, S.466 zu § 100a StPO; *Nack*, KK StPO, § 100a Rn.36; a.A. wohl BGH StV 1991, S.517, der hierin eine bloße Dolmetschertätigkeit sieht.

6 *Röckl/ Fahl*, NZA 1998, S.1035.

7 Vgl. auch BGH St 14,358; *Kühne* StPO Rn.913.

Wohnung befaßt - in das Grundrecht aus Art.13 GG. Hieraus folgt aber nicht, daß die Verwertung somit hinfällig wird, sondern sie ist mit der einfachgesetzlichen Verpflichtung aus §§ 261, 244 Abs.2 StPO als Ausfluß und Konkretisierung des Verfassungsgebots einer effektiven Strafrechtspflege in Ausgleich zu bringen[8].

Diesen Konflikt hat der Gesetzgeber, bis auf wenige Ausnahmen (z.B. §100d Abs.3 S.3, Abs.5 StPO) nicht ausdrücklich gesetzlich geregelt. Es zeigt sich jedoch, daß der staatlichen Wahrheitserforschung Grenzen gesetzt sind durch sog. Beweisverwertungsverbote.
Ein solches liegt nicht nur bei ausdrücklicher Normierung vor. Die StPO enthält diesbezüglich keine abschließende Regelung[9]. Insbesondere ein Verstoß gegen eine Beweiserhebungsnorm kann ein Verwertungsverbot nach sich ziehen. Es liegt sogar nahe zu vermuten, aus fehlerhaftem, mithin rechtswidrigem Verhalten der Strafverfolgungsorgane bei der Beweiserhebung generell ein Verbot der Verwertung des rechtswidrig erlangten Beweismittels im Strafverfahren abzuleiten[10]. Überwiegend Einigkeit herrscht jedoch darüber, daß dies nicht bei jeder Verletzung der Fall ist[11]. Die Effizienz der Strafrechtspflege wäre ansonsten aufgrund der erfahrungsgemäß häufigen Verstöße gegen Strafverfolgungsnormen zu eingeschränkt[12].Vielmehr besteht ein Spannungsverhältnis zwischen

---

8 Vgl. *Schröder*, S.37.

9 BGH St 19, 325 (329); 31,304 (307);
Sydow, S.23 - folgert sogar aus dem Grundsatz des Gesetzesvorbehalts, daß „die Erlaubnis zu zwangsweisen Eingriffen [...] der Rechtsgrundlage [bedürfe] und nicht das Verbot".
Soweit die Beweisverwertung einen erneuten Grundrechtseingriff beinhaltet, wäre dies eigentlich geboten. Inwieweit aber die §§ 244 Abs.2, 261 StPO als Erlaubnis zu zwangsweisen konkreten Grundrechtseingriffen im Rahmen der Beweisverwertung den verfassungsrechtlichen Anforderungen (insbesondere den Grundsätzen der Bestimmtheit und des Gesetzesvorbehalts) genügen, kann im Rahmen des Lauschangriffs dahingestellt bleiben. Die ausdrückliche Ermächtigungsnorm zur Erhebung von Informationen (§§100c,d StPO) deckt regelmäßig zumindest die ordnungsgemäße prozessuale Verwertung der zu diesem Zweck rechtmäßig gewonnenen Erkenntnisse.

10 So jüngst *Gössel*, NStZ 1998, S.126 (130), der wie folgt argumentiert: Da das Gericht gegen den Amtsermittlungsgrundsatz verstoße (§ 244 Abs.2 StPO), wenn es rechtswidrig erhobene Beweise wegen des fehlenden Verwertungsverbots nicht auch verwerte (vgl. BGH, NJW 1995, S.2047; BayObLG NZV 1997, S.276), müßten die Ermittlungsbehörden, um nicht ihrerseits ebenfalls gegen den Amtsermittlungsgrundsatz zu verstoßen, auch rechtswidrige Beweiserhebungen durchführen. Dieser Widerspruch sei nur zu lösen, indem die Unterscheidung zwischen Erhebungs- und Verwertungsverbot aufgehoben und allein auf die Gesetzesverletzung abgestellt werde.
Gössel verkennt hierbei jedoch, daß der Amtsermittlungsgrundsatz, je nach Phase des Verfahrens (vor oder nach der Beweiserhebung), unterschiedliche Anforderungen stellen kann. Zudem wäre die Normierung einzelner ausdrücklicher Unverwertbarkeitsvorschriften (z.B. § 136a Abs.3 S.2 StPO) unnötig.

11 BGH St 19, 325 (331); 38, 372 (373); *Beulke*, StPO Rn.457; *Schäfer*, L/R StPO Einl.Kap 14 Rn.14; a.A. *Gössel*, NStZ 1998, S.126 (130); *Kühne*, AK StPO, vor § 48 Rn.52a; weitere Nachweise bei *Dalakouras*, S.123 Fn.119.

12 *Beulke*, ZStW 103 (1991), S.657 (658).

einem rechtsstaatlichen und fairen Verfahren einerseits, insbesondere dem Schutz der individuellen Interessen des Betroffenen sowie seiner subjektiven Rechte aus den Grundrechten, und dem staatlichen Interesse an einer effektiven Strafrechtspflege anderserseits.
Umgekehrt folgt aus der rechtmäßigen Beweiserhebung noch nicht zwingend die Zulässigkeit der Verwertung. Dies zeigen schon Normen wie die §§ 100b Abs.5, 100d Abs.3 S.3, Abs.5 StPO, die zu den wenigen gesetzlich normierten Beweisverwertungsverboten gehören und an spezielle Verfahrenssituationen anknüpfen.

In letzterem Fall werden die Verwertungsverbote, da sie nicht auf einer Normverletzung bei der Erhebung beruhen, allgemein als „selbständige" oder „unabhängige" bezeichnet. Im Hinblick auf die dogmatische Grundlage[13] spricht man teilweise auch von „verfassungsrechtlichen" Verwertungsverboten[14].
Resultiert das Verbot der Verwertung hingegen aus einem Verstoß gegen die Erhebungsnorm, liegt ein „unselbständiges", „abhängiges" oder „prozeßrechtliches" Verwertungsverbot für hierdurch kausal erlangte Beweise vor[15].

B) Theorien der Beweisverwertungsverbote

Eine allgemein anerkannte Regel, wie Beweisverwertungsverbote zu bestimmen sind, wurde bisher nicht entwickelt. Deshalb ist - sofern das Gesetz nicht ausnahmsweise ein solches ausdrücklich anordnet - bei jeder erfolgten Beweiserhebung im Rahmen einer Einzelfallprüfung zu untersuchen, ob ein unselbständiges Verwertungsverbot eingreift[16]. Nach welchen Kriterien diese Frage zu entscheiden ist, ist Gegenstand des beherrschenden Streits im Bereich der Lehre von den Beweisverboten. Diesbezüglich wurden mehrere Theorien entwickelt, von welchen die wesentlichen kurz dargestellt werden.

I) Revisionsrechtliche Theorie

Ein Ansatz baut auf der Möglichkeit zur Revisionsrüge nach § 337 StPO auf und versteht das System der Verwertungsverbote als Teil des Revisionsrechts.

---

13 Siehe hierzu B VII.
14 So z.B. *Fezer*, S.8.
15 Vgl. *Beulke*, StPO Rn.457. *Küpper* JZ 1990, S.416; *Dencker*, S.13 ff., 101 ff. Auf eine weitergehende terminologische Differenzierung wird in Anbetracht der Begriffsvielfalt verzichtet.
16 Vgl. *Beulke*, StV 1990, S.184.

Die Verwertung sei unzulässig, wenn das hierauf beruhende Urteil in der Revision aufzuheben wäre. Das Verbot beinhalte somit ein vorgeschaltetes, der Prozeßökonomie dienendes Korrektiv, da ansonsten die effektive Strafrechtspflege zu stark Schaden leide[17].
Auch wenn dem die Erkenntnis einer Beziehung von Revision und Beweisverwertungsverboten zu entnehmen ist, so vermag dieser Ansatz nicht die eigentliche Frage zu erklären, wie letztere zu bestimmen sind. Vielmehr gerät man in einen Zirkel, da die Revisibilität ebenfalls vom Vorliegen eines Beweisverbotes abhängt, welches erst die Gesetzesverletzung i.S.v. § 337 StPO begründet[18]. Es ist ohnehin problematisch, die bereits im Ermittlungsverfahren relevanten Verwertungsverbote im Revisionsrecht festzumachen[19], zumal § 136a Abs.3 S.2 StPO als gesetzlich normiertes Verwertungsverbot gerade nicht verlangt, daß die rechtswidrig gewonnene Aussage dem Urteil zugrunde liegt[20].

II) Rechtskreistheorie

Als ein Unterfall des revisionsrechtlichen Ansatzes stellt sich die anfänglich vom BGH vertretene sog. „Rechtskreistheorie" dar[21]. Der BGH hat sie für Fälle der Verletzung des § 55 Abs.2 StPO entwickelt. Teilweise wird diese vom BGH selber nicht durchgehend herangezogene These[22] aber als Versuch einer generellen Lösung zur Bestimmung von Beweisverwertungsverboten angesehen[23]. Sie besagt, daß die Verwertbarkeit bzw. Revisibilität davon abhänge, ob die Verletzung den „Rechtskreis des Beschuldigten wesentlich berühre" oder ob sie von untergeordneter oder keiner Bedeutung sei[24].
Jedoch ist diese von Anfang an stark kritisierte Theorie, obgleich sie z.B. plausibel erklären kann, warum ein Verstoß gegen Ordnungsvorschriften kein Verwertungsverbot bewirkt[25], abzulehnen. Zum einen bleibt die Bestimmung des Rechtskreises unklar[26]. Zum anderen ist der Anwendungsbereich begrenzt und deshalb diese Theorie als allgemeiner Maßstab zur Bestimmung von Beweisverwertungsverboten ungeeignet[27].

---

17 Vgl. hierzu *Haffke*, GA 1973, S.65 (75 ff.)
18 *Schroth*, JuS 1998, S.969 (973).
19 *Eisenberg*, StPO, Rn.334.
20 Vgl. *Kelnhofer*, S.52 Fn.22 m.w.N.
21 BGH St 11,213 ff.; 38, 214 ff..
22 Vgl. BGH St 25,325 (329); *Kelnhofer*, S.52; *Wolter*, SK StPO , vor § 151, Rn.198.
23 Vgl. *Roxin*, § 24 D II 2, Rn.20.
24 BGH St 11,213 (215); 38, 214 (220).
25 *Schroth*, JuS 1998, S.969 (973).
26 Vgl. z.B. *Beulke*, StPO Rn.464, zum Streitstand, ob § 55 Abs.2 StPO den Rechtskreis des Beschuldigten schützt.
27 Vgl. BGH St 42,73 (77); *Beulke* StPO Rn.459; *Eisenberg*, StPO, Rn.364.

III) Theorie vom informationellen Folgenbeseitigungsanspruch

Eine weitere Theorie verankert die Lehre von den Beweisverwertungsverboten in den allgemeinen Grundsätzen der öffentlich rechtlichen Abwehransprüche. Die Verwertung staatlich erlangter Beweise setze zwingend einen vorherigen Eingriff in das informationelle Selbstbestimmungsrecht voraus, wie es sich als subjektives Recht z.B. in der Geheimsphäre, den Aussageverweigerungsrechten, dem allgemeinen Persönlichkeitsrecht sowie beruflichen und staatlichen Geheimhaltungsbefugnissen manifestiere. Dieses Recht gewähre dem Bürger primär einen Abwehranspruch ("Informationsbeherrschungsanspruch"). Wolle nun der Staat hierdurch geschützte Informationen erlangen und über sie verfügen, müsse er entsprechend den Vorschriften zur Beweiserhebung vorgehen. Beachte er diese hingegen nicht, werde das Recht auf informationelle Selbstbestimmung verletzt. Die rechtswidrige Beweiserhebung wird mithin als ein Fall des rechtswidrigen hoheitlichen Eingriffs in subjektiv-öffentliche Rechte verstanden. Da die Strafverfolgungsbehörden nach derartigen Eingriffen über Informationen verfügen, die ihnen nicht zustünden, bestünde die Rechtsverletzung auch fort und der rechtswidrige Zustand werde durch eine Verwertung vertieft. Dies begründe einen öffentlich-rechtlichen Folgenbeseitigungsanspruch in der Form, daß der Beschuldigte einen Anspruch erhalte, die Verwertung der Beweise zu unterlassen[28].

Hierbei handelt es sich aber um eine umständliche Konstruktion. Obgleich nach dieser Ansicht die Verletzung der individualrechtsschützenden Beweiserhebungsnorm den fortdauernden rechtswidrigen Zustand bewirken soll, wird das Beweisverwertungsverbot nicht aus dieser Norm herausgelesen. Diese Wirkung entfalte sie nicht. Stattdessen wird ein originärer Anspruch auf Unterlassung der Beweisverwertung geschaffen. Da aber inhaltlich der Abwehranspruch im wesentlichen von der Auslegung der jeweils betroffenen Erhebungsvorschrift abhängt, kann das Verwertungsverbot auch gleich an der Norm und ihrem individualrechtsschützenden Charakter verankert werden[29].

IV) Theorien vom Schutzzweck der Norm

1) Einleitung

Ein Teil der Lehre beantwortet die Frage nach dem Eingreifen eines Verwertungsverbots anhand einer Untersuchung des Schutzzwecks der konkret ver-

---

28 Grundlegend *Amelung*, S.26 f, 38 ff.; krit. *Störmer*, Jura 1994, S.215, *ders.* StV 1995 S.653 (654), der Verwertungsverbote aus dem öffentlich-rechtlichen Unterlassungsanspruch ableitet.

29 Vgl. *Fezer*, S.35 f.

letzten Erhebungsnorm. Ergäbe deren Auslegung, daß im Fall einer rechtswidrigen Erhebung eine Verwertung gerade dem Sinn und Zweck der Erhebungsnorm zuwiderlaufe, folge daraus ein Verwertungsverbot[30].

Dies verlangt aber im Vorfeld Klarheit über die generelle Funktion von Beweisverwertungsverboten, die in die Bewertung des Schutzbereichs der Norm zwangsläufig mit einfließen wird[31]. Nur wenn nämlich die Norm im Einzelfall diese Funktion schützt, kann der Schutzzweck der Norm ein Verwertungsverbot verlangen. Bezüglich der generellen Funktion der Beweisverwertungsverbote werden unterschiedliche Meinungen vertreten, weshalb sich die Schutzzwecklehren untereinander stark unterscheiden. Dies führt zu einem der wesentlichen Kritikpunkte an dieser Lehre[32].

2) Funktion der Beweisverwertungsverbote

a) Die Wahrheitsermittlung

So dienen Verwertungsverbote nach einer Ansicht im wesentlichen dem Schutz der Wahrheitsermittlung im Strafverfahren[33], was aber schon mit § 136a Abs.3 S.2 StPO unvereinbar ist, der sämtliche auf diese Weise gewonnenen Erkenntnisse ausschließt, unabhängig davon, ob sie sich als wahr herausstellen[34]. Ein Irrtum über die Gründe, die zur Aussage führen, beeinflußt nicht zwangsläufig den Wahrheitsgehalt des Inhalts[35]. Selbst ein gewisser Zwang bei Zeugen wird mit der Wahrheitsermittlung nicht als unvereinbar angesehen (§ 70 StPO)[36]. Auch die gesetzlich normierten selbständigen Verwertungsverbote der §§ 100b Abs.5, 100d Abs.5, 100d Abs.3 S.3 i.V.m. §§ 52,53a StPO betreffen Informationen mit keinem größeren oder geringeren Wahrheitsgehalt als sonstige durch diese heimliche Maßnahme erlangten Informationen. Vielmehr wird der Wahrheitsermittlung im Strafprozeß durch den Grundsatz der freien richterlichen Beweiswürdigung (§ 261 StPO) ausreichend Rechnung getragen[37].

---

30 Grundlegend *Grünwald*, JZ 1966, 489 ff.; *Rudolphi*, MDR 1970, S.93 ff.

31 *Beulke*, ZStW 103 (1991) S.657 (664).

32 *Kelnhofer*, S.54.

33 *Eb. Schmidt*, JZ 1958, S.596 (600 ff.).

34 *Dalakouras*, S.115.

35 *Dencker*, S.77; *Rogall*, ZStW 91 (1979), S.1 (33).

36 *Dalakouras*, S.116; *Dencker*, S.40; *Kelnhofer*, S.55.

37 *Beulke*, ZStW 103 (1991), S.657 (664); *Schröder*, S.27 m.w.N. unter Fn.15, 16.

b) Die Spezial- und Generalprävention

Es wird auch versucht, Beweisverwertungsverbote mit spezialpräventiven Argumenten zu begründen[38]. Der Staat, der sich rechtswidriger Mittel bediene, um an Informationen zu gelangen, verspiele, wenn er diese verwerte, seine Glaubwürdigkeit als Verfechter der Rechtsordnung gegenüber dem Angeklagten und könne diesem die Strafbedürftigkeit der Tat nur schwerlich begreiflich machen[39]. Der Staat, der seine selbstgesetzten Normen nicht einhalte, könne dies auch nicht von anderen verlangen. Er verstoße mithin gegen das Prinzip des „venire contra factum proprium".

Genauso fiele auch das Urteil der Allgemeinheit aus, weshalb auch generalpräventive Belange ein ein Verwertungsverbot begründendes Motiv seien[40]. Die fehlende Akzeptanz und fehlende Autorität des selbst rechtswidrig handelnden Staates nehme dem Strafrecht die Funktion, das Bewußtsein sozialethischer Werte zu schaffen und zu erhalten. Das Verbot der Verwertung rechtswidrig erlangter Beweismittel sei deshalb als „Selbstreinigung der Justiz" geboten[41] [42].

Diesen Ansätzen widerspricht jedoch, daß das Strafrecht nicht allein präventive Zwecke verfolgt, sondern ihm auch die Aufgabe obliegt, schuldangemessen zu urteilen (§ 46 Abs.1 S.1 StGB)[43]. Letzteres kann eine Einbeziehung der Beweise in den Prozeß trotz entgegenstehender präventiver Belange gebieten. Allenfalls innerhalb des Strafrahmens, der aber der Schuld nach angemessen sein muß, können präventive Überlegungen den Strafrahmen beeinflussen[44]. Es wäre auch dem Bürger nicht zu vermitteln und widerspräche der Abschreckung durch Strafe, wenn der aufgrund rechtswidrig erlangter Beweise überführte Täter freizusprechen wäre, obgleich die verletzte Verfahrensnorm oftmals in der Bevölkerung unbekannt ist oder nur geringfügig beeinträchtigt wurde. Das Unverständnis hierüber kann dasselbe Maß erreichen, wie die negative Wirkung auf die Generalprävention im Falle einer Verwertung[45]. Deshalb impliziert ein Ver-

---

38 *Osmer*, S.10 ff.

39 Ähnlich auch *Otto*, GA 1970, S.300, der jedoch auf die bewußte Verletzung strafprozessualer Normen durch die Ermittlungsbehörden abstellt bzw. auf Normverstöße durch Gerichte.

40 So *Dencker*, S.59 ff., 147.

41 *Dencker*, S.65.

42 Ein in der Argumentation ähnlicher Ansatz möchte Verwertungsverbote auf die Forderung nach sittlicher Überlegenheit des Staates gründen, welcher die Einbeziehung rechtswidrig erlangter Beweis zuwider liefe; siehe hierzu *Eb. Schmidt*, LK II § 136a Rn.21. Ablehnend zu Recht *Otto*, GA 1970, S.289 (290), da das Strafrecht nicht den Anspruch auf sittliche Überlegenheit erhebt, sondern einen rechtlichen sozialethischen Maßstab angibt, zur Aufrechterhaltung der sozialen Ordnung, vgl. auch *Schröder*, S.31.

43 *Wessels/ Beulke*, Rn.12a.

44 *Schröder*, S.32 unter Hinweis auf BGH St 20, 264 (267).

45 *Kelnhofer*, S.57 f., *Rogall*, ZStW 91 (1979), S.1 (14), *Schröder*, S.32.

wertungsverbot nicht zwangsläufig eine Förderung des Rechtsfriedens, sondern kann durchaus störende Auswirkungen haben[46]. Seine Funktion kann folglich nicht in der präventiven Funktion liegen.

c) Disziplinierung der Ermittlungsbehörden

Anknüpfend an vorheriges rechtswidriges Handeln der Strafverfolgungsbehörden sieht ein Teil der Literatur in deren Disziplinierung die wesentliche Funktion der Verwertungsverbote[47]. Nach dieser aus dem US-amerikanischen Prozeßrecht stammenden und dort herrschenden Ansicht[48] soll den Strafverfolgungsbehörden durch die Nichtverwertung die Motivation genommen werden, auf rechtswidrige Art Beweise zu gewinnen. Sie stellt mithin eine Art „Sanktion" für die Strafverfolgungsbehörden für deren unfaires Verhalten dar[49]. Diesbezügliche Normen des Straf- oder Disziplinarrechts allein seien nicht ausreichend, da sie in der Praxis oftmals auf Probleme bei der Aufklärung stießen.

Jedoch läßt sich dieser Ansatz nicht einfach auf das deutsche Strafprozeßrecht übertragen. Allein die Machtfülle und der weite Ermessensspielraum der Strafverfolgungsbehörden der U.S.A. sind weitaus größer als bei ihren deutschen Kollegen[50]. Außerdem ist das US-amerikanische Strafverfahren ein Parteiprozeß, wodurch ein erhebliches Bedürfnis entsteht, sich rechtswidrig verhaltende Strafermittler mittels Verwertungsverbote zu sanktionieren. Diese sind schließlich als Ankläger Prozeßpartei, deren primäres Ziel die Verurteilung des Angeklagten ist, zumal in einem Verfahren, in welchem dem Richter grundsätzlich keine Pflicht zur Wahrheitserforschung obliegt, sondern die Parteien die Beweise beizubringen haben[51]. Im deutschen Strafprozeß hat hingegen das Gericht die materielle Wahrheit von Amts wegen zu erforschen (§ 244 Abs.2 StPO), und die Staatsanwaltschaft ist keine Partei, sondern als Organ der Rechtspflege zur Objektivität verpflichtet. Sie hat auch die zur Entlastung dienenden Tatsachen zu ermitteln (§ 160 Abs.2 StPO)[52]. Zudem läßt die Rechtsprechung des amerikanischen Supreme Court rechtswidrig gewonnene Beweismittel dennoch zu,

---

46 *Kelnhofer*, S. 59; *Rogall*, ZStW 91 (1979) S.1 (14).

47 *Spendel*, NJW 1966, S.1105; weitere Nachweise siehe *Kelnhofer*, S.59 Fn.63; *Schröder*, S.28, Fn.20.

48 Zur US-amerikanischen Rechtsprechung siehe die Auflistung bei *Kelnhofer*, S.60, Fn.64 und *Schröder*, S.28 Fn.19.

49 *Schröder*, S.28.

50 *Kelnhofer*, S.60.

51 *Schröder*, S.29. Sie weist zudem unter Bezugnahme auf die Präklusionsvorschrift des § 296 ZPO darauf hin, daß die Untersagung bestimmter Beweismittel auch dem deutschen Verständnis eines Parteiprozesses entspricht.

52 *Beulke*, StPO, Rn.79; *Schröder*, S.29 m.w.N.

sofern die Strafverfolgungsorgane auf die Ordnungsgemäßheit ihres Handelns vertrauten, da dort ein Disziplinierungszweck entfällt (sog. „good faith"-Ausnahme[53]). Diesen Schritt gehen die Befürworter der deutschen Literatur aber nur selten, zumal diese Ausnahme dem § 136a Abs.3 S.2 StPO widerspricht, der unabhängig vom guten Glauben der Ermittlungsbehörden greift[54]. Die Diziplinierungsfunktion vermag außerdem die Existenz selbständiger Verwertungsverbote nicht zu erklären, die gerade rechtmäßig erhoben wurden und deshalb nicht auf sanktionswürdigem Tun beruhen[55].

Im ganzen greift es deshalb zu kurz, Verwertungsverbote allein mit dem Disziplinierungsgedanken zu begründen. Es läßt sich zwar nicht leugnen, daß sie sich auch im deutschen Strafrecht disziplinierend auswirken, jedoch handelt es sich insoweit lediglich um eine sekundäre Folge, einen „Nebeneffekt", nicht jedoch um deren eigentliche Funktion[56].

d) Schutz von Individualrechten

Nach eingehender und überzeugender Untersuchung der einzelnen gesetzlich normierten und anerkannten Verwertungsverbote ist *Rogall* zum Ergebnis gelangt, daß diese als Schutzinstrumente von Individual- und Grundrechten zu charakterisieren seien[57]. Verwertungsverbote basieren entweder auf einer vorausgehenden Verletzung derartiger Rechte oder die Verwertung selber enthält eine solche[58]. Hieraus sei allgemein zu schließen, daß die Funktion der Beweisverwertungsverbote, auch der gesetzlich nicht fixierten, als Individual- und Grundrechtsschutz zu definieren ist[59].

Dem wird zwar entgegengehalten, daß es durchaus Individualrechtsverletzungen gibt, die keine Verwertungsverbote enthalten[60]. Dies bedeutet jedoch keinen Widerspruch. Die Aussage, daß jedes Verwertungsverbot durch eine Individualrechtsverletzung bedingt ist, impliziert noch nicht den Gegenschluß[61].
Der individualrechtsschützenden Funktion der Verwertungsverbote steht nicht entgegen, daß diese zum Teil als Ausprägung des fair trial-Grundsatzes im

---

53 Nachweise bei *Kelnhofer*, S.61 Fn.72.
54 *Schröder*, S.29 f.
55 *Schröder*, S.30.
56 Ebenso *Beulke*, ZStW 103 (1991), S.657 (664); *Dencker*, S.55; *Kelnhofer*, S.62; *Rogall*, ZStW 91 (1979), S.16; *Schröder*, S.30.
57 *Rogall*, ZStW 91 (1979), S.1 (16 ff., 19); ebenso *Dalakouras*, S.119 ff.; *Schröder*, S.33.
58 *Schröder*, S.33.
59 *Schröder*, S.35.
60 Vgl. *Gössel*, NJW 1981, S.651.
61 *Schröder*, S.35; ihr folgend *Kelnhofer*, S.64 f.

Strafverfahren angesehen werden[62]. So entscheidet sich beispielsweise nach Ansicht des EGMR die Verwertung von rechtswidrig erlangten Beweismitteln danach, ob das Verfahren insgesamt fair gewesen ist[63]. Der fair trial-Grundsatz garantiert rechtsstaatliche Mindestgarantien, die jedoch wegen seiner generalklauselartigen Unbestimmtheit selber erst konkretisiert werden müssen und deshalb einfachgesetzlichen Ausgestaltungen des Fairneßprinzips den Vorrang einräumen[64]. Auch wenn dieser Grundsatz deshalb für die Benennung der Verwertungsverbotsfunktion als ungeeignet erscheint[65], so widerspricht er nicht der individualrechtsschützenden Funktion, sondern greift lediglich zu kurz. Denn die Gewährleistung eines fairen und rechtsstaatlichen Verfahrens wurzelt in den in einem materiell verstandenen Rechtsstaatsprinzip verinnerlichten Grundrechten und -freiheiten. Zu Recht weist *Schröder* deshalb darauf hin, daß die Funktion der Verwertungsverbote mit dem fair trial-Gedanken verknüpft ist, da dieser seinerseits (wenn auch ein konturloser) Sammelbegriff für die Anforderungen ist, die zum individualrechtlichen Schutz der Verfahrensbeteiligten gefordert werden. Deshalb könne ein Verwertungsverbot, weil seine Funktion gerade in diesem Schutz liege, in den fair trial-Gedanken „aufgenommen“, nicht aber diesem „entnommen“ werden[66].

Im Ergebnis läßt sich mithin festhalten, daß die Funktion der Beweisverwertungsverbote der Schutz von Individualrechten ist. Andere Funktionen sind nur Nebenfolgen, die selber ein Verwertungsverbot nicht begründen können.

3) Die Rechtsverletzung in concreto

In der Erkenntnis von Sinn und Zweck der Verwertungsverbote liegt nur eine Weichenstellung. Ob tatsächlich ein Verwertungsverbot vorliegt, folgt erst aus dem Schutzzweck der konkret verletzten Norm. Während sich nämlich ältere Spielarten der Schutzzwecklehre allein mit der Erkenntnis einer allgemeinen Funktion der Verwertungsverbote zufrieden gaben[67], ist in einem zweiten Schritt zu prüfen, ob sich die Ratio der konkret verletzten Erhebungsnorm nicht nur mit dieser Funktion deckt, sondern auch im Einzelfall betroffen ist. „Jedesmal, aber auch nur dann, wenn der durch die verletzte Norm gewährlei-

---

62 *Küpper*, JZ 1990, S.416.

63 EGMR, EuGRZ 1988. S.390; StV 1990, S.481; *Rothfuß*, StraFo 1998, S.289, vgl. auch *Beulke*, ZStW 103 (1991) S.657 (664).

64 *Kelnhofer*, S.65; *Rogall*, SK StPO, vor § 133 Rn.101; *Rzepka*, S.454; *Wolter*, SK StPO, vor § 151, Rn.54.

65 *Kelnhofer*, S.65.

66 *Schröder*, S.36.

67 Krit. hierzu *Schröder*, S.45, 53 f.

stete Schutz sonst nicht gewahrt würde, soll ein Beweisverwertungsverbot als Folge der Verletzung eintreten“[68]. Anders ausgedrückt ist im Einzelfall bei einer Verletzung einer Erhebungsvorschrift danach zu fragen, ob diese Norm gerade vor solchen Eingriffen, wie sie konkret vorliegen, schützen sollte.

4) Kritikpunkte

Mit der Erkenntnis der individualschützenden Funktion der Verwertungsverbote wird zwar ein wesentliches Problem der Schutzzwecklehre gelöst. Dennoch ist diese Theorie weiteren Kritikpunkten ausgesetzt. So vermag sie nicht die Existenz selbständiger Verwertungsverbote zu erklären, da deren Erhebung auf rechtlich einwandfreie Weise stattgefunden hat. Auch versagt sie bei einer (rechtswidrigen) Beweiserlangung durch Private[69]. Zudem läßt sich der Schutzzweck der einzelnen Norm oftmals nur schwer ermitteln. Es wird auch der Vorwurf erhoben, daß sie nicht nachweisen könne, warum aus der Beweisgewinnungsnorm ein Verwertungsverbot folge. Die Ratio der Norm sage nichts über die Frage der Rechtsfolge im Falle einer Verletzung. Methodisch sei es mithin fraglich, wie aus dem Verstoß gegen die Beweiserhebungsnormen, die zur Frage der Verwertung ausdrücklich schweigen, gerade diese Rechtsfolge zu entnehmen sei[70]. Auf diese Kritik wird an späterer Stelle noch einzugehen sein.

V) Theorie der staatlichen Selbstbeschränkung

Im Ergebnis große Ähnlichkeiten mit den auf den Schutzzweck der Norm abzielenden Lehren weist die von *Fezer* vertretene Theorie auf, welche die Verwertungsverbote als Ausfluß staatlicher Selbstbeschränkung auffaßt. Das Vorliegen eines Verwertungsverbotes entscheide sich danach, ob die verletzte Beweiserhebungsnorm ganz oder zum Teil die Funktion habe, die Selbstbeschränkung des Staates bei der Wahrheitsfindung zum Ausdruck zu bringen oder ob mit der Beweisgewinnungsvorschrift ein Zweck erreicht werden soll, der außerhalb einer solchen Beschränkungsfunktion liege. Diese bewußte Selbstbeschränkung des Staates bei der Wahrnehmung seiner Strafverfolgungspflichten sei das Ergebnis einer Abwägung zwischen Strafverfolgungsbelangen und anderen Belangen und Interessen, welche sich jedoch nicht im Individualschutz betroffener Bürger erschöpften. Beweisverbote stellten sich folglich nicht nur als

68 *Beulke*, ZStW 103 (1991), S.657 (668 ff.); vgl. *Kelnhofer*, S.72.

69 *Fezer*, S.4; *Kelnhofer*, S.72; *Wolter*, SK StPO, vor § 151 Rn.200.

70 *Amelung*, S.14; *Haffke*, GA 1973, S.65 (77); *v.Stetten*, S.75; *Rogall*, ZStW 91 (1979) S.1 (28); vgl. *Störmer*, S.194 f.

Reflex diese Schutzes dar. Vielmehr handele es sich bei ihnen um ein selbständiges Anliegen der Strafprozeßreformen des 19. Jahrhunderts - in strikter Unterscheidung zum damaligen Inquisitionsprozeß. Als solche gehe die Selbstbeschränkung über den bloßen Vorgang der Beweisgewinnung hinaus und erledige sich nicht mit der Verletzung bei der Erhebung. Unselbständige Beweisverwertungsverbote haben ihre normative Grundlage mithin in der verletzten Erhebungsnorm selber. Die Beweiserhebungsvorschriften haben über das Eingriffsverbot bzw. über die Handlungsanweisungen an die Strafverfolgungsbehörden hinaus zum Norminhalt, daß unter Mißachtung der Erhebungsvorschriften gewonnene Beweise für die Wahrheitsfindung nicht zur Verfügung stehen, denn die Beschränkung wird nicht dadurch aufgehoben, daß ein Fehler bei der Erhebung geschieht und der Staat so doch zu seiner Information gelangt. Dies gelte aber nur bei den Vorschriften, welche die Selbstbeschränkung des Staates bei der Wahrheitsfindung inhaltlich zum Ausdruck brächten. So führe der Verstoß gegen Anordnungskompetenzen zu keinem Verwertungsverbot[71].

Dieses Modell gibt eine dogmatische Lösung, warum aus der Verletzung bei der Erhebung ein Verwertungsverbot zu folgen hat und löst somit ein gegen die Schutzzwecklehre erhobenes Argument. In seiner praktischen Auswirkung bestehen zu dieser jedoch keine wesentlichen Unterschiede[72]. Es wird lediglich ein Zwischenschritt zur Begründung von Verwertungsverboten eingeführt, da die bewußte Selbstbeschränkung nicht grundlos erfolgt. Ob sie bewußt gewollt ist, läßt sich nur daran ablesen, welche Interessen und Belange der Gesetzgeber bei der Normfassung berücksichtigt hat, da sich die Selbstbeschränkung als Ergebnis einer Abwägung präsentiert. Eine derartige Interpretation ist im Grunde aber nichts anderes als die Suche nach dem Norm- bzw. Schutzzweck, weshalb die Verwertung mittelbar wieder von diesem abhängt. Fezer läßt in seiner Theorie lediglich neben dem Individualrechtsschutz noch andere Belange in die Entscheidung der Selbstbeschränkung mit einfließen. Er sieht die Funktion der Verwertungsverbote folglich nicht auf ein Interesse beschränkt. Hierin setzt er sich aber in Widerspruch zum oben gefundenen Ergebnis, das die Wahrheitsfindung etc. als Funktion der Verwertungsverbote gerade ausgeschlossen hat. Ein Rückgriff auf das Erklärungsmodell der bewußten staatlichen Selbstbeschränkung ist deshalb nur dann notwendig, wenn die Schutzzwecklehre nicht selber dogmatisch begründen kann, warum aus einer Verletzung einer Erhebungsnorm überhaupt ein Verwertungsverbot gefolgert werden kann. Dies wird im Anschluß an die nächste darzustellende Lehre zu erläutern sein.

---

71 *Fezer*, S.20 ff.

72 Vgl. *v.Stetten*, S.78 f.

VI) Abwägungslehre

Nach der sog. Abwägungslehre ist ein Verwertungsverbot für Beweise dann anzunehmen, wenn im konkreten Einzelfall aufgrund einer umfassenden Abwägung das staatliche Interesse an der Effizienz der Strafverfolgung hinter dem Individualinteresse des Beschuldigten auf Wahrung seiner Rechte (bzw. auf ein faires Verfahren) zurücktritt[73]. Dieser im Schrifttum sehr stark vertretenen Ansicht scheint die Rechtsprechung, nachdem sich die Rechtskreistheorie nur bei § 55 Abs.2 StPO als tauglich erwiesen hat, zu folgen[74]. Die Vertreter dieser Ansicht erkennen weitgehend den Individualrechtsschutz als primäre Funktion der Verwertungsverbote an. Gleichzeitig wenden sie sich aber gegen die Schutzzwecklehre, da mit dem Individualrechtsschutz als Ratio der verletzten Norm noch keine Aussage über die Folge der Verwertung getroffen werde. Dem Individualinteresse stünde mit dem staatlichen Strafverfolgungsinteresse ein gleichermaßen grundrechtlich geschütztes Interesse gegenüber. Deshalb liege ein klassischer Verfassungskonflikt vor. Diesen zu lösen und die Rechtsfolge zu bestimmen, erfolge am geeignetsten im Rahmen einer umfassenden Abwägung[75]. Methodisch entsteht so auch kein Unterschied zwischen selbständigen und unselbständigen Verwertungsverboten.

Als Maßstab der Abwägung fungiert nach einhelliger Meinung in Literatur und Rechtsprechung das allgemeine Verhältnismäßigkeitsprinzip. Hierbei fließt zur Bestimmung unselbständiger Verwertungsverbote zwar der Schutzzweck der Norm mit ein[76]. So soll ein Verwertungsverbot naheliegen, wenn die verletzte Norm dem Schutz des Beschuldigten und den Grundlagen seiner verfahrensrechtlichen Stellung diene[77]. Im Gegensatz zur Schutzzwecklehre seien aber noch andere Belange zu berücksichtigen. Der Schutzzweck stelle ein Abwä-

---

73 BGH St 19, 325 (332); BGH St 38, 214 (215); *Dalakouras*, S 131 ff.; *Rogall*, ZStW 91 (1979), S.1 (31 f.); *Roxin*, StPO § 24 D. III 2.; *Schäfer*, L/R StPO, Einl. Kap.14 Rn.13; *Wolter*, SK StPO, vor § 151 Rn.196 f.; *Kelnhofer*, S.67, 71 ff. m.w.N. S.67 Fn.105.

74 BGH St 38, 214 (215): „[...] die Entscheidung für oder gegen ein Verwertungsverbot [ist] aufgrund einer umfassenden Abwägung zu treffen, bei der das Gewicht des Verfahrensverstoßes sowie seine Bedeutung für die rechtlich geschützte Sphäre des Betroffenen ebenso ins Gewicht fallen wie die Erwägung, daß die Wahrheit nicht um jeden Preis erforscht werden muß [...]“; ähnlich jüngst wieder BGH NJW 1999, S.959 (961) m.w.N.

Der EGMR nimmt ebenfalls eine Verwertung und deren Vereinbarkeit mit Art.6 EMRK bei von Behörden heimlich unter Verstoß der gesetzlich vorgesehenen Erfordernisse aufgenommenen Gesprächen nur dann an, wenn im Einzelfall das öffentliche Interesse an der Bekämpfung schwerer Kriminalität überwiegt. Entscheidend ist, ob das Verfahren insgesamt fair gewesen sei. (EGMR EuGRZ 1988, S.390; StV 1990, S.481; *Peukert*, F/P EMRK, Art.6 Rn.110; *Rothfuß*, StraFo 1998, S.289).

75 *Wolter*, SK StPO, vor § 151, Rn.193 ff.

76 *Rogall*, ZStW 91 (1979), S.1 (34 ff.).

77 BGH St 38, 214 (215, 220).

gungskriterium unter vielen dar und sei nicht allein entscheidend[78]. So habe man zu Lasten des Beschuldigten insbesondere die Bedeutung des durch die Straftat verletzten Rechtsgutes, den Anklagevorwurf, die Schwere des Tatunrechts und die Bedeutung des in Frage stehenden Beweismittels für das Ermittlungsziel zu berücksichtigen (z.B. einziges Aufklärungsmittel - „ultima ratio“[79]). Zugunsten des Beschuldigten wirke unter anderem die Schwere des Eingriffs und damit zusammenhängend das Gewicht des Verfahrensverstoßes sowie die Frage der Irreparabilität und Belastungen für Dritte[80]. Hierzu zähle auch die Wertigkeit des betroffenen Grundrechts sowie die Art, Qualität und die in vielen Fällen von der Dauer abhängige Intensität des Grundrechtseingriffs[81], wobei die Verletzung des Kernbereichs der Abwägung eine Grenze ziehe[82].

VII) Stellungnahme

(I) Der Abwägungslehre ist insoweit zuzustimmen, als grundsätzlich eine Verwertung von Beweisen ausgeschlossen werden muß, wenn die Rechte des Beschuldigten überwiegen, da ansonsten die Verwertung wie jede andere staatliche Maßnahme unverhältnismäßig, mithin rechtswidrig wäre. Trotzdem kann sich ihr nicht in jedem Fall angeschlossen werden.

Allerdings ist aus der Ablehnung der Abwägungslehre nicht zu schließen, daß keine Theorie existiert, die Verwertungsverbote begründen kann und auf solche nur aus unterschiedlichen, bei der Diskussion auftretenden Wertungsgesichtspunkten geschlossen werden könne[83]. Vorzugswürdig ist vielmehr eine vornehmlich von *Beulke* und *Schröder* vertretene Zwischenmeinung[84]. Der Abwägungslehre ist nämlich insoweit zuzustimmen, als sich Verwertungsverbote als Ergebnis einer Abwägung der sich widerstreitender Interessen des Staates an einer effektiven Strafrechtspflege und des Beschuldigten an seinen Individualrechten darstellen. Ihr ist deshalb im Bereich der selbständigen Verwertungsverbote zu folgen, für welche die Schutzzwecklehre keine Begründung liefern kann[85].

---

78 *Kelnhofer*, S.71; a.A. *Beulke*, ZStW 103 (1991), S.657 (668).
79 Vgl. BVerfGE 24, 238 (250); BGH St 36, 167 (174).
80 Vgl. BVerfGE 34, 238 (250).
81 Vgl. *Fezer*, S.6.
82 Str. BVerfGE 34, 238 (245 ff.); 80, 367 (373 ff.); a.A. BGH St 19, 325 (333); 34, 238.
83 So *Schroth*, JuS 1998, S.969 (974).
84 *Beulke*, ZStW 103 (1991), S.657 ff.; *Schröder*, S.51 ff.; ebenso *Sternberg-Lieben*, JZ 1995, S.848. Diese Differenzierung trifft auch *Fezer*, S.10 ff. im Rahmen der Theorie der staatlichen Selbstbeschränkung.
85 *Beulke*, ZStW 103 (1991), S.657 (677 f.); *Schröder*, S.70, 172.

(II) Hingegen ist der Theorie vom Schutzzweck zu folgen, und es verbietet sich eine Abwägung, sofern gegen Bestimmungen des Strafverfahrensrechts verstoßen wurde. Bei unselbständigen Verwertungsverboten kommt es allein auf den Schutzbereich der entsprechenden Norm und deren konkreter Verletzung an, da hier der Gesetzgeber mit den tatbestandlichen Voraussetzungen die Abwägung selber vorgenommen hat. Aus diesem Grund verkennt die Abwägungslehre auch die Bedeutung der Verletzung einer Verfahrensvorschrift und verschafft den vom Gesetzgeber selber aufgestellten Wertungen nicht ausreichend Bedeutung. An diese gesetzgeberische Entscheidung sind die Gerichte - zumindest soweit sie abschließend ist - gebunden[86]. Verdeutlicht wird dies durch die zu beachtenden Kriterien der Abwägungslehre. Diese stellt auf die Intensität bzw. das Gewicht des Verfahrensverstoßes für die Persönlichkeitssphäre des Beschuldigten sowie die Schwere der zu erforschenden Straftat ab. Hierbei handelt es sich um dieselben Kriterien, die der Gesetzgeber bei der Frage zu beachten hat, ob er die Erhebung an sich erlauben und wenn ja, unter welchen Voraussetzungen zulassen soll. Auf der Ebene der Gesetzgebung erfolgt ein gleich strukturierter Abwägungsvorgang, wie auf der Ebene der richterlichen Herleitung des Verwertungsverbotes. Der Gesetzgeber entscheidet mithin nach denselben Kriterien bei der Kodifizierung abstrakter Normen, wie der Richter im Rahmen seiner konkreten Einzelfallentscheidung[87]. Die Beweiserhebungsvorschrift normiert somit gerade die Voraussetzungen, unter denen der Gesetzgeber auch im Hinblick auf die Verwertung das Strafverfolgungsinteresse als überwiegend ansieht.

Deshalb greift auch nicht die gegen die Schutzzwecktheorie vorgebrachte Kritik, daß sie nicht erklären könne, weshalb aus dem Erhebungsverbot als Rechtsfolge ein Verwertungsverbot folgen müsse, ob also befugtermaßen das Verwertungsverbot in der Beweiserhebungsvorschrift verankert ist[88]. Zwar ist zuzugeben, daß dies mit wenigen Ausnahmen (z.B. § 136a Abs.3 S.2 StPO) nicht explizit geregelt wird. Der ausdrückliche Norminhalt beschäftigt sich nur mit der Beweiserhebung. Jedoch berücksichtigen die Kritiker viel zu wenig, daß nicht allein anläßlich der Erhebung, sondern auch bei der Verwertung von Beweisen Grundrechtseingriffe erfolgen können[89]. Diese sind, wie beispielsweise die Rechtsprechung zu Tagebüchern oder Tonbandaufnahmen Privater zeigen[90], unter Umständen von erheblichem Gewicht. Für die bloße Verwertung, die regelmäßig gewünschte Folge einer staatlichen Beweiserhebung ist, fehlt es aber trotz des u.U. gravierenden Grundrechtseingriffs an einer ausdrücklichen Er-

86 *Beulke*, ZStW 103 (1991), S.657 ff.; *Schröder*, S.51 ff.
87 Vgl. *Fezer*, S.21.
88 *Fezer*, S.15; *Haffke*, GA 1973, S.65 (77); *v.Stetten*, S.75 f..
89 Siehe hierzu Kap.II Teil 1 B II 4.
90 BVerfGE 18, 146 (147); 34, 238 ff.; 80, 367 ff; BGH St 14,358 (360 ff.), 19, 325 ff.; 34, 397 ff.

mächtigungsnorm. Diese ist deshalb in der Befugnis zur Erhebung als mit enthalten anzusehen[91]. Der Gesetzgeber berücksichtigt mithin bei seiner Entscheidung die Belange der Beweisverwertung regelmäßig nicht in einer gesonderten Norm, sondern in der Erhebungsnorm. Er erläßt keine zwei separaten Vorschriften. Dies muß er auch trotz des häufig grundrechtseingreifenden Charakters der Verwertung nicht, da letztere im Prozeß die normale Folge der Erhebung ist. Der Beweis wird ja nur im Hinblick auf die Verwertbarkeit im Strafverfahren erhoben. Ansonsten würde schon das staatliche Interesse an der Wahrheitsermittlung entfallen. Die Beachtung der durch die Verwertung betroffenen Interessen bereits in der Erhebungsnorm scheint indes sogar verfassungsrechtlich geboten, da aus einem Verbot bei der Beweisverwertung bereits eine unverhältnismäßige Erhebung folgt. Dieser Gedanke wurde in § 100d Abs.3 S.2 StPO erstmalig ins Gesetz mit aufgenommen[92]. Norminhalt der Erhebungsvorschrift sind mithin auch die Voraussetzungen zur Verwertung. Bezüglich der Eingriffsbefugnis bilden Erhebung und Verwertung ein „Gesamtgefüge“. Deshalb erfolgt bei rechtmäßiger Beweiserhebung zumeist auch die Verwertung. Selbständige Verwertungsverbote sind erst dann zulässig, wenn im Einzelfall ex ante bei der Beweiserhebung das Maß des Eingriffs in die Belange des Betroffenen nicht vorauszusehen und eine Unverhältnismäßigkeit nicht auszuschließen ist (vgl. § 100d Abs.3 S.3 StPO), der Gesetzgeber also die relevanten Belange nicht mit berücksichtigen konnte. In diesen Fällen kann u.U. nicht immer schon die Erhebung verboten werden, da dies die Ermittlungsmöglichkeiten zu stark einschränken würde. Typische Fälle sind insoweit Tagebücher, privat aufgenommene Gespräche oder Zufallsfunde, worauf schon die Bezeichnung auf die fehlende Vorhersehbarkeit bei einer gesetzgeberischen Abwägungsentscheidung hindeutet.

Zeigt nun die konkret verletzte Erhebungsnorm, daß sie Belange schützt, welche die Verwertung tangieren, so muß logisch ein Verwertungsverbot folgen, da die Voraussetzungen, die der Gesetzgeber als Produkt seiner Interessenabwägung aufgestellt hat, nicht eingehalten werden. Die widerstreitenden Belange sind nicht mehr nach dem Willen des Gesetzgebers gewichtet. Bildlich gesprochen neigt sich die Waagschale, die zunächst zugunsten Erhebung ausgefallen ist, zu einem Verwertungsverbot hin. Dies erfolgt mithin, weil eine Norm verletzt wurde, die Belange schützt, welche bei der Verwertung betroffen sind. Insoweit besteht durchaus eine abgeleitete Legitimation für Verwertungsverbote.

91 § 244 Abs.2 StPO kann diese Funktion im Hinblick auf den Gesetzesvorbehalt wegen seiner Unbestimmtheit angesichts gravierender und gleichzeitig regelmäßiger (da regelmäßige und bezweckte Folge der Beweiserhebung) Grundrechtseingriffe nicht übernehmen. Inwieweit dies für Verwertungen von ohne staatliche Erhebung erlangten Informationen gilt, kann hier offen bleiben.

92 Vgl. BT-DS 13/9661, S.7.

Dies zeigt der Extremfall, wenn nicht gegen eine Erhebungsnorm verstoßen wird, da eine solche noch nicht einmal existiert. Besteht keine Ermächtigungsgrundlage für die Erhebung, darf nicht verwertet werden[93].

Daß die Abwägung bereits vorgenommen wurde, bestätigt jetzt § 100d Abs.3 StPO. In dessen Satz 3 wird normiert, daß Informationen, die durch eine akustische Wohnraumüberwachung gewonnen wurden, in den Fällen der §§ 52,53a StPO nur verwertet werden können, wenn im konkreten Fall eine Abwägung („nicht außer Verhältnis") des Strafverfolgungsinteresses mit dem konkreten Vertrauensverhältnis dies gestattet. Der Schutz dieser Fälle erfolgt mithin durch ein selbständiges Verwertungsverbot. Hingegen darf in den Fällen des § 53 StPO noch nicht einmal die Information auf dem Wege des § 100c Abs.1 Nr.3 StPO gewonnen werden (§ 100d Abs.3 S.2 StPO), da vom Gesetzgeber das durch § 53 StPO geschützte Vertrauensverhältnis als bedeutsamer als das durch §§ 52, 53a StPO geschützte angesehen wird[94]. Die Verwertung in den Fällen des § 53 StPO soll also gerade nicht von einer Abwägung im konkreten Fall abhängen, sondern immer ausgeschlossen sein. Das Erhebungsverbot stellt somit aus Gesetzgebersicht einen intensiveren Schutz dar als das bloße Verwertungsverbot. Da deshalb schon die Erhebung verboten wird, bedarf es keines ausdrücklichen Verwertungsverbotes, wie es für §§ 52, 53a StPO notwendig war. Wird nun trotzdem entgegen § 100d Abs.3 S.1 StPO Beweis erhoben, kann die Verwertung nun nicht plötzlich doch von einer Abwägung abhängig sein. Diesen Weg hat der Gesetzgeber ausdrücklich abgelehnt, ansonsten hätte er nämlich die Fälle des § 53 StPO in § 100d Abs.3 S.3 StPO aufgenommen und keinem Erhebungsverbot unterworfen. Wenn nun aber schon bei rechtmäßiger Erhebung im Fall § 53 StPO eine Verwertung nicht möglich ist, da der Schutz des Vertrauensverhältnisses überwiegt, so kann bei einer rechtswidrigen Beweisgewinnung nicht plötzlich die Abwägung offen stehen.

Deshalb darf erst subsidiär, wenn keine Entscheidung des Gesetzgebers aus der konkret verletzten Norm zu entnehmen ist, auf allgemeine Abwägungen zurückgegriffen werden. Diese Nachrangigkeit gebieten auch Gründe der Rechtssicherheit, da das Ergebnis einer Abwägung im Einzelfall offen ist und die Gefahr einer Einzelfalljudikatur in sich birgt[95]. Zumal für die Praxis die Gefahr bestünde, daß Rechtsanwender vorgefaßte Ergebnisse nur bestätigten, indem sie auf die jeweils passenden Kriterien ohne tatsächliche Abwägung abstellten[96]. Auch wenn die Gefahr des Mißbrauchs eine häufige Erscheinung im Rechtssy-

---

93 BGH St 34,39 ff. („Stimmprobe"); i.E. bestätigt in BGH St 42, 372 (377).
94 Vgl. BT-DS 13/9661, S.7.
95 *Beulke*, ZStW 103 (1991), S.657 (663 f., 671).
96 *Schröder*, S.47 f., 52.

stem darstellt, so ist sie doch so weit wie es geht, einzuschränken. Selbst Anhänger der reinen Abwägungslehre fordern zur Wahrung hinreichender Rechtssicherheit eine schärfere Konturierung[97], die letztlich nur der Schutzzweck bieten kann. Zwar ist es nicht immer leicht, diesen einhellig zu bestimmen[98], jedoch stellt die bloße praktische Schwierigkeit kein Argument gegen den theoretischen Ansatz dar[99]. Aus diesen Gründen greift allein bei selbständigen Verwertungsverboten mangels vorheriger gesetzgeberischer Wertung die Abwägungslehre. Hier ist, sofern nicht gerade ausnahmsweise eine ausdrückliche Norm vorliegt, eine originäre Abwägung zwischen §§ 244 Abs.2, 261 StPO, welche das staatliche Interesse an einer effektiven Strafrechtspflege konkretisieren, und dem individualrechtlichen Interesse des Beschuldigten vorzunehmen.

(III) Fraglich ist, ob der Schutzzweck der Norm durch die Rechtsverletzung bei der Beweiserhebung nicht schon gänzlich vereitelt sein darf, also die Verwertung eine Vertiefung der Verletzung beinhalten bzw. diese erst begründen muß[100]. Die hier vertretene theoretische Legitimation unselbständiger Verwertungsverbote scheint zumindest dafür zu sprechen. Wertungsgesichtspunkte tragen eine solche Meinung jedoch nicht. Ansonsten würde gleichzeitig ausgesagt, daß ein weniger intensiver Normverstoß eher zu einem Verwertungsverbot führe, da der Schutzzweck in diesen Fällen zumeist noch nicht zur Gänze vereitelt sein dürfte. Auch liegt der Schutz der Verwertungsverbote, sofern die Rechtsverletzung bei der Erhebung erfolgt, nicht in der Rückgängigmachung der Verletzung. Bezüglich unselbständiger Verwertungsverbote würde eine Verwertung des Beweismittels vielmehr eine Bestätigung und Perpetuierung der Rechtsverletzung beinhalten. Denn eine Verwertung von Beweismitteln, die durch die Verletzung von Individualrechten erlangt wurden, stellt ihrerseits eine erneute Verletzung eben dieser Rechte und auch des Rechtsstaatsprinzips dar[101]. Bezüglich des Lauschangriffs ist diese Frage im übrigen nur bei vorbereitenden und begleitenden Maßnahmen von Relevanz. Bei Verletzungen von Normen, welche die durch das Abhören und Aufzeichnen betroffenen Rechte schützen sollen, liegt in der Verwertung ein Eingriff in die dynamische Komponente des Art.13 GG vor[102].

(IV) Ein weiterer in der Literatur vertretener Zweig der Schutzzwecklehre möchte ein Verwertungsverbot nur bei „prozeßrechtlichen" Beweisverboten

---

97 *Kelnhofer*, S.78.

98 *Rogall*, ZStW 91 (1979), S.1 (27).

99 *Binder*, S.121.

100 *Grünwald*, JZ 1966, S.489 (492, 498); vgl. auch *Dencker*, S.88; *Schroth*; JuS 1998, S.969 (973).

101 *Rogall*, ZStW 91 (1979), S.1 (20 f.); ihm folgend *Schröder*, S.34, 42.

102 Siehe Kap.II Teil 1 B II.

annehmen. Dies hieße, die verletzte individualschützende Erhebungsnorm müßte zusätzlich aktive oder passive Verteidigungsrechte des Beschuldigten zum Inhalt haben, mithin eine prozessuale Sonderstellung enthalten[103]. Diese Ansicht deckt sich jedoch nicht mit der Herleitung der Verwertungsverbote und ist deshalb abzulehnen. Die Verfassung gebietet, grundsätzlich sämtliche Rechtsbeeinträchtigungen zu beachten, gleich, ob diese prozessualer oder anderer Natur sind. Entscheidend bleibt deshalb allein der individualrechtsschützende Charakter der Norm und seine Beeinträchtigung im konkreten Fall.

VIII) Ergebnis

Im Ergebnis läßt sich folgendes festhalten:

1) Sofern keine ausdrückliche gesetzliche Anordnung besteht, sind unselbständige Beweisverwertungsverbote immer dann gegeben, wenn der Sinn der verletzten Verfahrensvorschrift im Schutz von Individualrechten besteht und im konkreten Einzelfall eine Verwertung gerade diesem Zweck zuwiderliefe, mithin der Schutzzweck in concreto verletzt wäre.

2) Selbständige Beweisverwertungsverbote liegen dann vor, wenn im konkreten Einzelfall aufgrund einer umfassenden Abwägung das staatliche Interesse an der Effizienz der Strafverfolgung hinter den berechtigten Individualinteressen zurücktritt.
Ein Sonderfall hiervon ist die Kernbereichsverletzung, da diese nie durch das Strafverfolgungsinteresse zu rechtfertigen ist, sodaß zwingend ein Verwertungsverbot folgen muß[104].

C) Die Reichweite der Beweisverwertungsverbote

Ein höchst umstrittenes Problem ist die Reichweite der Beweisverwertungsverbote und hier speziell die Frage, ob ihnen eine Fernwirkung zukommt[105]. Erfassen sie nur die unmittelbaren Beweise oder auch mittelbare, d.h. solche, auf die

103 *Petry*, S.36.
104 Vgl. BVerfGE 80, 367 (373); *Beulke*, ZStW 103 (1991), S.657 (677).
105 Vgl. z.B. *Beulke*, StPO Rn.482; *Eisenberg*, StPO Rn.404 ff.; *Haffke*, GA 1973, S.65 (80 ff.); *Nack*, KK StPO, § 94 Rn.10, § 100a Rn.50 ff.; *Rogall*, SK StPO, § 136a Rn.90 ff.; *Roxin*, StPO § 24 D IV jeweils m.w.N.

die Strafverfolgungsbehörden erst durch Kenntnis der unverwertbaren unmittelbaren Beweise gestoßen sind?[106]

Der BGH hat - gestützt auf kriminalpolitische Argumente - bis auf eine Ausnahme[107] eine Fernwirkung bisher abgelehnt[108]. Ansonsten werde die Funktionseffizienz der Strafrechtspflege zu sehr beeinträchtigt und es drohe ein Lahmlegen des Strafverfahrens aufgrund lediglich eines Verfahrensverstoßes[109]. In Anlehnung an die US-amerikanische sog. „fruit of the poisonous tree doctrine"[110] spricht sich hingegen ein Teil der Literatur für die gegensätzliche Meinung aus, da hiermit die Polizei zu einem gesetzestreuen Verhalten erzogen werde[111]. In der Begründung ist dem jedoch nicht zu folgen, weil Verwertungsverbote keine Disziplinierungsfunktion innehaben[112]. Diese kann somit auch nicht für die Frage der Fernwirkung von Bedeutung sein[113].

Die wohl h.A. in der Literatur entscheidet - wie sie es auch bei der Feststellung des Verwertungsverbotes unmittelbarer Beweise vertritt - durch eine Gesamtabwägung der sich widerstreitenden Individualinteressen und des Interesses an einer effektiven Strafverfolgung im jeweiligen Einzelfall[114].

Dem ist im Ergebnis jedoch wiederum lediglich im Hinblick auf selbständige Verwertungsverbote zu folgen[115]. Unselbständige oder ausdrücklich normierte richten sich hingegen auch bezüglich ihrer Fernwirkung nach dem Schutzzweck der verletzten Norm bzw. der ausdrücklichen Beweisverwertungsregelung. Diese Wirkung ist zu bejahen, wenn der angestrebte Individualrechtsschutz einer Norm im konkreten Einzelfall nicht nur durch Verwertung der unmittelbaren Beweismittel, sondern auch durch die der mittelbaren Beweise verfehlt wür-

---

106 Die Beantwortung dieser Frage ist bereits dafür von Bedeutung, ob unverwertbare Beweise Anlaß zur Einleitung eines Ermittlungsverfahrens („Spurenansatz") oder für Zwangsmaßnahmen sein können. Zum Teil wird dies differenziert untersucht (vgl. *Dencker*, S.76, 85; *Rieß*, JR 1979 ff.). I.E. sind beide Fragen jedoch gleich zu behandeln; ausführlich *Kelnhofer*, S.263 ff. m.w.N.

107 BGH St 29,244 (247, 251) zu § 7 Abs.3 G-10-Gesetz.

108 BGH St 27,355 (358); 32,68 (71); 34,362 (364); 35,32 (34); BGH StV 1998, S.247.

109 BGH St 34,362 (364); krit. *Fezer*, JZ 1987, S.939.

110 Seit *Silverthorne Lumber Co.*v.U.S., 51 U.S.385, 41 S.Ct.182, 64 L.Ed.319 (1920).

111 So z.B. *Dencker*, S.79, *Schroth*, JuS 1998, S.969 (970), der auf einen bewußten Verstoß abstellt.

112 Siehe oben B IV 2 c.

113 *Schröder*, S.66, vgl. auch *Fahl*, JuS 1996, S.1013 (1016); *Kelnhofer*, S.254.

114 Z.B. *Eisenberg*, StPO Rn.408; *Rogall*, ZStW 91 (1979), S.1 (39 f.); *Kelnhofer*, S.255; *Schäfer*, L/R StPO, Einl. Kap.14 Rn.49; Im Ansatz folgt dem wohl auch der BGH trotz seiner bisher ablehnenden Haltung, indem er darauf verweist, daß die Grenzen eines Verwertungsverbotes nicht starr seien, sondern sich nach der jeweiligen Sachlage und der Art des Verbotes richten; siehe BGH St 27,355 (357); 29, 244 (249).

115 So auch *Beulke*, ZStW 103 (1991), S.657 (669); *Schröder*. S.68 f.; a.A. *Kelnhofer*, S.254 f.

de[116]. In der Regel ist hierbei von einer solchen Wirkung auszugehen, da ein Schutzzweck einer verletzen Norm, der bereits ein Verwertungsverbot nach sich zieht, ohne Fernwirkung ansonsten den Eingriff in das verletzte und zu schützende Interesse intensivieren würde[117]. Wenn ein Verwertungsverbot bezüglich unmittelbarer Beweise anzunehmen ist, weil ein Übergewicht der Individualinteressen festgestellt werden konnte, indiziert dies regelmäßig dasselbe für mittelbare Beweise[118]. Die folgenden Untersuchungen gehen deshalb grundsätzlich von einer Fernwirkung aus.

Die hieraus resultierenden Verwertungsverbote auch mittelbarer Beweise führen entgegen den Befürchtungen des BGH auch nicht zur Lähmung der Strafrechtspflege, da zum einen Verwertungsverboten nicht die Bedeutung eines Verfahrenshindernisses zukommt[119] und zum anderen ihre Rechtsfolge insoweit durch hypothetische Erwägungen wiederum ausreichend eingegrenzt werden kann, worauf im folgenden einzugehen ist[120].

D) Hypothetische Erwägungen

Die bisherige Darstellung hat noch unberücksichtigt gelassen, inwieweit, wenn ein Verwertungsverbot an sich vorliegt, hypothetische Erwägungen zum Ermittlungsverlauf dennoch die Verwertbarkeit eines Beweises begründen können. So sind entsprechende Erwägungen etwa im materiellen Strafrecht im Hinblick auf rechtmäßiges Alternativverhalten bei der Zurechenbarkeit anerkannt. Im Prozeßrecht ist die Einbeziehung hypothetischer Kausalverläufe hingegen äußerst umstrittenen und wird zum Teil sogar gänzlich abgelehnt[121]. Die h.M.

---

116 *Schröder*, S.67; vgl. *Grünwald*, S.193.

117 *Beulke*, StPO, Rn.482; *Schröder*, S.70.

118 *Schröder*, S.68; a.A. *Kelnhofer*, S.256.

119 *Eisenberg*, StPO, Rn.405 m.w.N.; *Schröder* S.64.

120 A.A. BGH St 32,68 (71); 34,362 (364), *Kühne*, StPO Rn.911, da sich kaum jemals im Sinne einer conditio sine qua non feststellen lasse, ob die Ermittlungsbehörden die weiteren Beweise nicht auch ohne den vorherigen Verfahrensverstoß gefunden hätten. Jedoch wird hierbei übersehen, daß keine Feststellung i.S. einer absoluten Sicherheit gefordert wird, sondern eine Hypothese immer auf einer Wahrscheinlichkeit beruht, wie z.B. im materiellen Strafrecht bei Unterlassungsdelikten deutlich wird; vgl. *Schröder*, 116; krit. hingegen auch *Nack*, KK StPO, § 100a Rn.51; *Schlüchter*, JR 1984, S.517 (520).

121 Z.B. *Dalakouras*, S.315; *Haffke*, GA 1973, S.65 (81 f.); *Rogall*, ZStW 91 (1979), S.1 (33 f.); *Sydow*, S.86; weitere Nachweise bei *Schröder*, S.89 ff.; krit. *Nack*, KK StPO, § 100a Rn.39 bezüglich Maßnahmen nach § 100a StPO.

erkennt derartige Ersatzerwägungen mittlerweile im Grundsatz an[122]. Allerdings unterscheiden sich die einzelnen Ansichten erheblich[123].

So ist z.B. schon strittig, ob die Hypothesenbildung abstrakt[124] oder konkret[125] zu erfolgen hat. Reicht es also, danach zu fragen, ob die Ermittlungsbehörden nach der Gesetzeslage abstrakt das Recht hatten, auch gesetzmäßig an die Beweise zu gelangen, oder hätten sie nicht vielmehr in der konkreten Situation die Beweise tatsächlich finden müssen? Ebenso besteht keine Einigkeit, ob in letzterem Fall bereits die entfernte Möglichkeit[126] als Ersatzüberlegung zur Verwertung ausreicht oder ob nicht eine hohe, an Sicherheit grenzende Wahrscheinlichkeit[127], d.h., eine auf den konkreten Ermittlungsverlauf bezogene Urteilswahrscheinlichkeit, zu fordern ist. Letzteres bedeutet, daß der Richter das Beweismittel erst berücksichtigen darf, wenn er der Ansicht ist, daß es nach menschlichem Ermessen ohnehin erlangt worden wäre[128]. Unterschiede bestehen aber nicht nur in der Hypothesenbildung, sondern auch in der Wirkung und Zulässigkeit solcher gedachten Ermittlungsverläufe. So sehen Anhänger der Abwägungslehre z.T. die Hypothesenbildung als eines unter den vielen Kriterien der Abwägung[129,130].

Vorzugswürdig erscheint es, der differenzierenden Meinung von *Beulke* und *Schröder*[131] zu folgen, die beide den hypothetischen Kausalverlauf konkret bilden und eine strenge Anforderung an die Möglichkeit der alternativen Beweiserlangung stellen (sehr hoher Grad an Überzeugung des Gerichts, also Urteilswahrscheinlichkeit). Sie sehen in der Berücksichtigung hypothetischer Erwä-

---

122 BGH St 24,125 (130); 32,68 (70), 34,362 (364); *Beulke*, ZStW 103 (1991), S.657 ff.; *Eisenberg*, StPO, Rn.409; *Rogall*, NStZ 1988, 395 ff.; *Welp*, S.216; *Wolter*, SK StPO vor § 151 Rn.202.; unklar und widersprüchlich hingegen BGH St 25,268 (171).

123 Dogmatisch wird z.B. vorgeschlagen, hypothetische Erwägungen mit Überlegungen zur Kausalität (z.B. BGH St 32,68 (71) oder zur Zurechnungslehre zu begründen (z.B. *Schlüchter*, JR 1984, S.517 (519 f.)); ausführlich *Schröder*, S.96 ff.

124 So BGH St 32,68 (71); BGH NStZ 1989, S.375 (376).

125 So z.B. *Beulke*, ZStW 103 (1991), S.657 (73); *Eisenberg*, StPO Rn.410; *Kelnhofer*, S.267 ff.; *Schröder*, S.111 ff. m.w.N., *Wolter*, SK StPO vor § 151 Rn.203 f.

126 BGH St 32,68 (71).

127 *Eisenberg*, StPO, Rn.410; *Fahl*, JuS 1996, S.1013 (1018); *Rogall*, NStZ 1988, S.385 (392); *Roxin*, StPO § 24 D.IV; *Wolter*, SK StPO, vor § 151 Rn.203; z.T. wird auch nur eine überwiegende Wahrscheinlichkeit verlangt, so *Schlüchter*, JR 1984, S.517 (520); ausführlich hierzu *Schröder*, S.115 ff.

128 *Beulke*, ZStW 103 (1991), S.657 (671); ähnlich *Kelnhofer*, S.292, die mit „an Sicherheit grenzender Wahrscheinlichkeit" verlangt.

129 BGH St 24,125; *Rogall*, NStZ 1988, S.385 (391); weitere Nachweise bei *Schröder*, S. 105.

130 Eine eingehende Untersuchung der einzelnen Ansichten ist im Rahmen dieser Arbeit nicht möglich. Verwiesen sei deshalb auf die Arbeiten *Kelnhofers* und *Schröders*, insbesondere ab S.81 bzw. S.72.

131 *Beulke*, ZStW 103 (1991), S.657 ff.; *Schröder*, S.148; vgl. *Kelnhofer*, S.119 ff.

gungen keinen, von der Frage nach dem Eingreifen von Verwertungsverboten unabhängigen Schritt, sondern einen Teil der Ermittlung des Verwertungsverbotes selber. Deshalb hat sich die Zulässigkeit hypothetischer Erwägungen an denselben Wertungen zu orientieren, wie sie auch ansonsten für die Annahme von Verwertungsverboten ausschlaggebend sind. Diese bezwecken Individualrechte zu schützen und folgen aus einer Abwägung dieser Rechte mit dem Interesse der Allgemeinheit an einer effektiven Strafverfolgung, welche von hypothetischen Erwägungen in besonderem Maße betroffen wird[132]. Folglich muß wiederum zwischen unselbständigen und selbständigen Verwertungsverboten auch bei der Frage der Zulässigkeit hypothetischer Erwägungen unterschieden werden[133].

Im Ergebnis läßt sich somit festhalten, daß bei unselbständigen Beweisverwertungsverboten sowohl bezüglich unmittelbarer als auch mittelbarer Beweise der Schutzzweck der Norm entscheidet. Es ist zu fragen, ob es diesem widerspricht, den hypothetischen Kausalverlauf zu berücksichtigen oder ob er davon unberührt bleibt. Im folgenden ist - sofern nicht ausdrücklich anderes erwähnt wird - von der Zulässigkeit hypothetischer Erwägungen auszugehen.

Bei selbständigen Beweisverwertungsverboten spielen hypothetische Geschehnisse für das unmittelbar erlangte Beweismittel keine Rolle, da kein rechtswidriges Verhalten vorliegt, welches substituiert werden könnte. Im Hinblick auf die Fernwirkung fließen hypothetische Erwägungen hingegen in die Interessenabwägung ein. Hierbei führt die Annahme eines konkreten hypothetischen Kausalverlaufs regelmäßig zu einer Verwertbarkeit, da denknotwendig nur solche Überlegungen zulässig sind, die ohne gedacht kausale Zuhilfenahme des verbotenen unmittelbaren Beweismittels auf einem ganz anderen Ermittlungsweg zu einer rechtmäßigen Erhebung des mittelbaren Beweises führen. Diese hypothetischen Vorgehensweisen berühren aber grundsätzlich keine berechtigten Interessen des Betroffenen[134].

---

132 *Beulke*, ZStW 103 (1991), S.657 (663).

133 A.A. *Kelnhofer*, S.269 ff., die der Abwägungslehre folgend auch hier immer eine Abwägung im Einzelfall verlangt. Wogegen aber dieselben, schon bei der Feststellung eines Verwertungsverbotes genannten Argumente sprechen, insbesondere die enorme Rechtsunsicherheit.

134 *Schröder*, S.78 ff., 171 ff.

Teil 2: Unselbständige Beweisverwertungsverbote

Nachdem nun dargelegt wurde, anhand welcher Kriterien Beweisverwertungsverbote zu bestimmen sind, ist nachfolgend zu prüfen, inwieweit solche Verbote im Rahmen der akustischen Wohnraumüberwachung in Betracht kommen. Zuerst wird der Frage nach unselbständigen Verboten nachgegangen. Anknüpfend an die Erkenntnisse des dritten Kapitels sind die Folgen zu bestimmen, wenn die dort geforderten Voraussetzungen nicht eingehalten wurden, mithin der Lauschangriff rechtswidrig erfolgte. Diesbezüglich halten es neuere Stimmen in der Literatur angesichts des massiven Eingriffs der akustischen Wohnraumüberwachung in Art.13 GG für geboten, bei jeder Verletzung der Verfahrensvoraussetzungen auf ein Verwertungsverbot zu schließen und die Einbeziehung der Abhörerkenntnisse in den Prozeß nur dann zu gestatten, „wenn sich der Eingriff in jeder Beziehung als rechtmäßig erweise“[135]. Zur Bestätigung einer solchen Forderung bedarf es jedoch der eingehenden Untersuchung des Schutzzweckes, wobei zwischen dem jeweiligen Sinn der einzelnen materiellen und formellen Voraussetzungen der Anordnung und der Durchführung, einschließlich der Verhältnismäßigkeit, zu unterscheiden ist.

A) Materielle Anordnungsvoraussetzungen zum Lauschangriff

I) Die Anordnung zur Aufklärung einer Nicht-Katalogtat

Während Stimmen in der Literatur bei Nichteinhaltung materieller bzw. sachlicher Eingriffsvoraussetzungen, also auch des Katalogtaterfordernisses, ein Verwertungsverbot beim Lauschangriff nur annehmen, wenn die Ermittlungsbehörden willkürlich gehandelt haben[136], hält der BGH bereits bei der Telefonüberwachung die entsprechenden Voraussetzungen für so wesentlich, daß deren Fehlen ein Verbot der Beweisverwertung zur Folge habe[137]. Nach der hier vertretenen Theorie entscheidet der Schutzzweck der jeweiligen Anordnungsvoraussetzung. Ordnen z.B. die Strafermittlungsbehörden einen Lauschangriff wegen des Verdachts einer sexuellen Nötigung an, so verstoßen sie gegen die Beweiserhebungsnorm des § 100c Abs.1 Nr.3 StPO, da dessen Katalog § 177 StGB nicht aufweist. Schutzzweck des Straftatenkataloges ist die Achtung der räumlichen Privatsphäre (Art.13 GG). Sie ist ein derart gewichtiges Rechtsgut, daß ein Eingriff nur bei besonders großem Interesse des Staates an

---

135 *Krause*, *Hanack*-FS, S.221 (243); bezüglich Verfahrensregeln offen gelassen *Beulke*, StPO Rn.471.

136 *Schroth*, JuS 1998, S.969 (976).

137 BGH St 41, 30 (31); ebenso *Beulke/ Rogat*, JR 1996, S.517 (520) zu § 110a StPO m.w.N.

der Strafverfolgung zugelassen wird[138]. Dieses Individualgrundrecht würde durch eine Verwertung der Erkenntnisse aus dem Lauschangriff auch konkret betroffen. Der Schutzzweck des Merkmals des Straftatenkataloges in § 100c Abs.1 Nr.3 StPO gebietet mithin ein Beweisverwertungsverbot[139], da er gerade diese Art von Eingriffen in das Recht aus Art.13 GG verhindern soll. Dasselbe gilt beispielsweise, wenn die akustische Wohnraumüberwachung der Aufklärung eines Diebstahls einer Waffe gilt, die später zu einem Mord verwendet werden sollte[140].
Würde man stattdessen ein Verwertungsverbot nur bei willkürlicher Verletzung annehmen, wäre dies eine inzidente Anerkennung einer Disziplinierungs- bzw. Präventivfunktion der Verwertungsverbote von Beweisen. Anhänger der Abwägungslehre könnten hingegen auf den Gedanken kommen, ein Verwertungsverbot mit dem Argument zu verneinen, daß § 177 StGB aufgrund seines Strafrahmens als besonders schwere Straftat i.S.v. Art.13 Abs.3 GG anzusehen sei[141].

II) Die Anordnung bei Fehlen einer konkretisierten Verdachtslage

Problematischer sind die Fälle, in welchen lediglich ein einfacher Tatverdacht und keine konkretisierte Verdachtslage der somit rechtswidrigen Anordnung eines Lauschangriffs zugrunde gelegen hat. Dies ist beispielsweise dann der Fall, wenn lediglich Gerüchte oder Tatsachen vorliegen, die einen Verdacht nicht offensichtlich annehmen lassen[142]. Ebenso wie das Erfordernis der Katalogtat dient der auf bestimmte Tatsachen gestützte Verdacht dem Schutz des Grundrechts auf Unverletzlichkeit der Wohnung. Eine Verwertung des Beweises würde somit im konkreten Fall immer dem Schutzzweck zuwiderlaufen.

Auch der BGH dürfte diese Position vertreten, da er bezüglich der Telefonüberwachung annimmt, daß rechtswidrig gewonnene Beweise nicht verwertet werden dürfen[143]. Jedenfalls gelte dies für den auf bestimmte Tatsachen gestützten Tatverdacht[144]. Dieses Ergebnis schränkt der BGH auf anderem Wege

138 Vgl. BT-DS 13/8650, S.7.
139 Vgl. *Beulke*, ZStW 103 (1991), S.657 (672 f.); *ders* StPO Rn.471; i.E. ebenso BGH St 32,68 (79); 34,347 (354) bezüglich § 100a.
140 Siehe oben Kap.III Teil 1 A III 1.
141 Erstaunlicherweise erkennt der BGH als Anhänger der Abwägungslehre bei § 100a StPO an, daß der Gesetzgeber hier die Abwägung bereits vollzogen hat; vgl. BGH St 26, 298 (303); *Beulke*, ZStW 103 (1991), S.657 (673) Fn.46.
142 Ausführlich oben Kap.III Teil 1 B.
143 BGH St 32,304 (309).
144 BGH St 41,30 ff.; unklar noch BGH St 28,122.

jedoch wieder ein. Er gewährt der Tatsachen- bzw. Revisionsinstanz[145] lediglich eine eingeschränkte Prüfungskompetenz, indem er dem Anordnenden bei der Prüfung der konkretisierten Verdachtslage einen Beurteilungsspielraum zugesteht. Rechtswidrig sei demnach eine Maßnahme nur, wenn deren Anordnung nicht mehr vertretbar sei, was im Ergebnis auf eine Kontrolle nach dem Maßstab der „(objektiven) Willkür oder groben Fehlbeurteilung" hinausliefe[146]. Auch wenn die Aussage des BGH dogmatisch nicht im Bereich der unselbständigen Verwertungsverbote verankert ist, sondern im Tatbestand des § 100a StPO, mithin dessen Rechtswidrigkeit einschränkt, so läuft diese Rechtsprechung im Ergebnis auf eine Verneinung eines Verwertungsverbotes hinaus, soweit keine objektive Willkür bzw. grobe Fehlbeurteilung vorliegt[147].

Ob sich diese Rechtsprechung, welche in der Literatur teilweise auf Ablehnung gestoßen ist[148], auf den Lauschangriff übertragen läßt, ist indes fraglich.
Zwei von der Literatur für einen Beurteilungsspielraum vorgebrachten Argumenten widerspricht der BGH selbst. Zu Recht nimmt er zum einen an, daß sich ein eingeschränkter Prüfungsumfang nicht mit der schwer zu rekonstruierenden Situation zum Zeitpunkt der Anordnung begründen läßt. Die Untersuchungen und Verhandlungen der Polizei und der Staatsanwaltschaft, die Grundlage für die richterliche Anordnung sind, stehen dem Tat- bzw. Revisionsrichter zur Verfügung, da sie sich aus den Ermittlungsakten und z.T. auch aus der ausführlichen Begründung der Anordnung (§ 34 StPO) selbst ergeben[149]. Zum anderen darf sich die eingeschränkte Prüfungskompetenz bezüglich der Verdachtslage nicht darauf stützen, daß von einem mangelnden Verdacht nicht gesprochen werden kann, weil in den interessanten Fällen die Begründetheit des Verdachts gerade durch das Ergebnis der Überwachung bestätigt wird[150]. Ob ein Verdacht begründet war, entscheidet sich aus der ex ante-Sicht, ist also bezogen auf den Zeitpunkt der Anordnung und auf Grundlage des damaligen Ermittlungsstandes zu prüfen. Spätere Erkenntnisse bleiben außer Betracht[151].

---

145 „Die Verpflichtung der Revisionsinstanz zur Nachprüfung der Anordnungsvoraussetzung folgt in ihrer Reichweite der des Tatrichters"; BGH St 41,30 (32). Im Gegensatz zur Tatsachen- und Revisionsinstanz spielt die Frage des Prüfungsumfangs der Anordnung im Vor- und Zwischenverfahren eine untergeordnete Rolle, da in diesem Verfahrensstadium sowohl die Anordnung als auch die Prüfung von Verwertungsverboten der Staatsschutzkammer obliegt (§ 100d Abs.3 S.5 StPO).

146 BGH St 41,30 (34); BGH StV 1998, S.247 (248); ausschließlich zur Revision bereits BGH St 28, 122 (124), hingegen krit. aber i.E. offengelassen BGH St 33,217 (222).

147 BGH St 41,30 (34); 42, 103 ff.; vgl. *Küpper*, JR 1996, S.214.

148 So *Bernsmann*, NStZ 1995, S.512; *Störmer*, StV 1995, S.653 ff., krit auch *Küpper*, JR 1996, S.214 ff.; zustimmend *Meyer-Goßner*, K/ M-G StPO, § 100a Rn.6; *Nack*, KK StPO, § 100a Rn.39.

149 Vgl. BGH St 41,30 (33) zu § 100a StPO; a.A. *Nack*, KK StPO, § 100a Rn.39; *Schäfer*, L/R StPO, § 100a Rn.41,50.

150 Vgl. *Schumacher*, S.292.

151 BGH St 41,30 (33); *Bernsmann*, NStZ 1995, S.512.

Hingegen versteht es sich nach Ansicht des BGH „von selbst“, daß gerade im vorbereitenden Verfahren, abhängig unter anderem von der kriminalistischen Erfahrung des zur Entscheidung Berufenen, unterschiedlich beurteilt werden kann, ob bestimmte Tatsachen einen Verdacht begründen[152]. Dies erfordere einen Beurteilungsspielraum. Auch Stimmen in der Literatur sehen hier die subjektive Überzeugungsbildung noch mehr als bei der Schuldfrage gefärbt, weshalb die Bewertung einem bestimmten Gericht zugewiesen werden müsse, was durch das Institut des Ermittlungsrichters - beim Lauschangriff in der Sonderform der Staatsschutzkammer - geschehen sei[153].

Eine differenzierende und teilweise zustimmende Meinung vertritt *Küpper*. Er definiert bestimmte Tatsachen - wie auch hier vertreten - als solche, die den Verdacht in einem so erheblichen Maße nahelegen, daß ihnen dieser für einen kriminalistisch Erfahrenen gleichsam „auf die Stirn geschrieben steht“[154]. Inwieweit dem Verdacht Tatsachen zugrunde liegen oder ob es sich hierbei um bestimmte Tatsachen handelt (diagnostischer Teil des Verdachts), ist nach seiner Ansicht einer Überprüfung durch das Tatsachengericht durchaus zugänglich. Lediglich bezüglich der Erheblichkeit des Verdachts (prognostischer Teil) müsse ein Beurteilungsspielraum bestehen, da dieser sich auf die Größe der subjektiven Wahrscheinlichkeit beziehe[155].

Hierbei wird jedoch verkannt, daß „bestimmte Tatsachen“ gerade durch die Konkretisierung und Unmittelbarkeit einen objektiveren, mithin für Außenstehende nachvollziehbareren Schluß von der Tatsachengrundlage auf den Verdacht bewirken[156]. Ansonsten dürfte man eine Formulierung wie „auf die Stirn geschrieben“ nicht gebrauchen. Der subjektive Eindruck spielt aber auch deshalb eine untergeordnete Rolle, weil keine eigene Zweckmäßigkeitsentscheidung für das Ja oder Nein der Anordnung einer Ermittlungsmaßnahme zu fällen ist. Vielmehr beschränkt sich die Rechtmäßigkeitsprüfung der konkretisierten Verdachtslage darauf, ob die Anordnung maßgebliche tatsächliche Anhaltspunkte aufführt, die gegebenenfalls in einer Gesamtschau unter Einbeziehung kriminalistischer Erfahrungssätze den Verdacht einer strafbaren Handlung rechtfertigen. Von Gesetzes wegen bestehen schon keine übertriebenen Anforderungen[157]. Das subjektive Verdachtsmoment vermag deshalb keinesfalls einen Beurteilungsspielraum zu begründen. Vielmehr widerspricht ein solcher einge-

152 BGH St 41,30 (33) zu § 100a StPO.
153 *Landau/ Sander*, StraFo 1998, S.397 (400).
154 Siehe oben Kap.III Teil1 B.
155 *Küpper*, JR 1996, S.214 (215); wohl auch *Landau/ Sander*, StraFo 1998, S.397 (400) mit dem Maßstab der „verfahrensrechtlichen Nachvollziehbarkeit“.
156 Siehe oben Kap. III Teil 1 B.
157 *Schlothauer*, StraFo 1998, S.402 (405).

schränkter Prüfungsumfang trotz diesbezüglich offenen Wortlauts[158] der Bedeutung des Art.13 GG und der hierauf fußenden restriktiven Auslegung des § 100c Abs.1 Nr.3 StPO. Dies gilt umso mehr, als auch unverdächtige Dritte mit abgehört werden können (§§ 100c Abs.2 S.5, Abs.3 StPO) und aufgrund der Heimlichkeit lediglich nachträglicher Rechtsschutz gewährt wird (§§ 33 Abs.4, 101 Abs.1 StPO)[159]. Je größer die Grundrechtsbezogenheit, desto höhere Anforderungen sind an die Einräumung eines Beurteilungsspielraumes zu stellen, weshalb mit der neueren Rechtsprechung des BVerfG Beurteilungsspielräume nur zurückhaltend zu gewähren sind[160] und hierfür zu verlangen ist, daß die gerichtliche Kontrolle an die Funktionsgrenzen der Rechtsprechung stößt[161]. Das BVerfG hat in einer früheren Entscheidung dem Staatsanwalt zwar einen Beurteilungsspielraum zugestanden, jedoch in Bezug auf den einfachen Anfangsverdacht (§ 152 Abs.2 StPO)[162], der eben gerade nicht an die Anforderungen des auf bestimmten Tatsachen beruhenden Verdachts heranreicht[163]. Das BVerwG - auf dessen Rechtsprechung der BGH nicht eingeht - hat sich sogar bezüglich § 2 Abs.1 G 10 („tatsächliche Anhaltspunkte für den Verdacht") für einen unbestimmten Rechtsbegriff ausgesprochen, der für einen Beurteilungsspielraum des Anordnenden „keinen Raum lasse"[164]. Die Schwierigkeit, solche unbestimmten Rechtsbegriffe anzuwenden und im Bezug auf den konkreten Lebenssachverhalt (u.U. auch unterschiedlich) zu würdigen, ist der juristischen Praxis immanent und darf deshalb nicht dazu führen, Beurteilungsspielräume zu gewähren, was sich mithin gerade nicht „von selbst versteht"[165]. Die Funktionsgrenze ist hiermit noch nicht erreicht. Sofern grundsätzliche Kritik an der Übernahme verwaltungsrechtlicher Argumentationsstrukturen laut wird[166], ist diese fehl am Platz, da für den Bürger hinsichtlich der gerichtlichen Kontrolle nicht entscheidend sein kann, ob die Überwachungsmaßnahme repressiver oder präventiver Natur war. Die diesbezügliche Einheitlichkeit der Rechtsordnung im Hinblick auf Verwertungsverbote ist gerade für den Lauschangriff zu verlangen, wie § 100f Abs.2 StPO eindringlich untermauert[167].

---

158 Vgl. *Strömer*, StV 1995; S.653 (656).

159 Dies erkennt im Grunde der BGH selbst schon bezüglich § 100a StPO; siehe BGH St 41,30 (32).

160 Vgl. BVerfGE 88, 40 (59); *Strömer*, StV 1995, S.653 (656) m.w.N. in Fn.33 und 34.

161 BVerfGE 84, 34 (50).

162 BVerfG NJW 1984, S.284.

163 Siehe oben Kap II Teil 1 B; insoweit ist der Verweis von BGH St 41,30 (32) auf BVerfG, NJW 1984, S.284 wenig hilfreich.

164 BVerwGE 87, 23 (27).

165 Vgl. *Bernsmann*, NStZ 1995, S.512; *Störmer*, StV 1995, S.653 (655).

166 *Landau/ Sander*, StraFo 1998, S.397 (401).

167 *Schlothauer*, StraFo 1998, S.402 (405).

Als gewichtigstes Argument für einen eingeschränkten Prüfungsumfang der Tatsachen- und Revisionsgerichte ist hingegen die Kompetenz der Staatsschutzkammer zur Anordnung des Lauschangriffs zu nennen. Dem überprüfenden Tatsachengericht der Hauptsache könnte die ausreichende Erfahrung in der Beurteilung prognostischer Anordnungen zum Lauschangriff fehlen, zumal es sich u.U. um ein Amtsgericht handelt, welches dann Beschlüsse eines hierarchisch höherstehenden Gerichts überprüfte.
Nun ist aber den Strafrichtern am Amtsgericht, die auch nur u.U. zuständig sind, gerade der auf bestimmte Tatsachen beruhende Verdacht aufgrund der Deckungsgleichheit mit § 100a StPO i.d.R. schon deshalb bekannt, weil sie als Ermittlungsrichter hiermit konfrontiert werden. Der Gesetzgeber hat sich im Zusammenhang mit dem Lauschangriff eindeutig dafür ausgesprochen, daß in der Tatsachen- bzw. Revisionsinstanz das Tatsachen- bzw. Revisionsgericht Verwertungsverbote prüft (arg. e con. aus § 100d Abs.3 S.5 StPO). Dies geschieht unabhängig von der hierarchischen Stellung, was § 100d Abs.6 S.2 StPO für die spätere gerichtliche Überprüfung des Lauschangriffs nochmals generell bestätigt. Die Anordnungskonzentration auf Staatsschutzkammern bezweckt, die Rechtssicherheit für die Betroffenen zu verbessern und nicht, ihnen eine Überprüfungsinstanz zu nehmen. Aus dem Bedeutungszuwachs der richterlichen Kontrolle im Ermittlungsverfahren folgt nicht zwingend eine Einschränkung auf späteren Prüfungsebenen. Ansonsten entstünde für die Kammer ein Freiraum, der auch keiner revisionsrichterlichen Kontrolle mehr zugänglich wäre, wodurch faktisch die effektive Rechtskontrolle entfiele, ohne daß sich eine entsprechende gesetzliche Grundlage findet[168]. Obwohl Art.19 Abs.4 GG keine Überprüfung gerichtlicher Entscheidungen garantiert[169], scheint es unangebracht, eine solche Kontrolle gerade bei heimlichen Ermittlungsmaßnahmen, bei welchen der Bürger seine für ihn günstigen Argumente nicht selber in die Waagschale werfen kann[170], partiell auszuschließen. Vielmehr ist die Anordnung möglichst umfassend und gründlich zu überprüfen[171].

Aus diesen Gründen ist im Ergebnis eine eingeschränkte Kontrolle, die der den Lauschangriff anordnenden Kammer einen Beurteilungsspielraum gewährt und lediglich vor Willkür oder grober Fehlbeurteilung schützt, abzulehnen. Bei fehlerhafter Annahme der umfassend überprüfbaren konkretisierten Verdachtslage folgt ein Verwertungsverbot.

168 *Schlothauer*, StraFo 1998, S.402 (404).

169 Absolut h.M., vgl. z.B. BVerfGE 49, 329 (340); *Pieroth/ Schlink*, Rn.1082.

170 Inwieweit die Strafkammer als neutrale Stelle das Fehlen des rechtlichen Gehörs kompensiert hat, dürfte in relevanten Fällen gerade fraglich sein.

171 So gerade die Forderung in BGH St 41,30 (32), der dem in der Entscheidung selber nicht gerecht wird.

III) Anordnung bei fehlender Subsidiarität

Ergeht die Anordnung eines Lauschangriffs, obwohl bei ordnungsgemäßer Prüfung aus ex ante-Sicht eine andere Ermittlungsmaßnahme die Erforschung des Aufenthaltsortes nicht unverhältnismäßig erschwert hätte bzw. nicht erfolglos gewesen wäre, liegt ein Erhebungsfehler vor[172], der nach der vergleichbaren Rechtsprechung des BGH zur Telefonüberwachung ein Verwertungsverbot nach sich zieht.

Ein solches soll aber ähnlich der Ansicht zum Verdachtsgrad nur bei objektiver Willkür oder grober Fehlbeurteilung folgen[173]. Die unterschiedlichen Subsidiaritätsklauseln der StPO seien derart fein abgestimmt, daß die Übergänge notwendigerweise fließend und eine eindeutige - von den subjektiven Einschätzungen und Wertungen des zur Entscheidung Berufenen unabhängige - Grenzziehung nicht möglich sei, woraus ein Beurteilungsspielraum folge.
Dem ist insoweit zuzustimmen, als sich bei Verletzung der Subsidiaritätsklausel ein Verwertungsverbot aus dem Schutzzweck der Norm gebietet. Diese bezweckt den restriktiven Eingriff in den Schutzbereich des Art.13 GG und dient mithin selbst dazu, diesen zu wahren. Hierbei wird in concreto mit einer Verwertung zumeist auch dieses Recht verletzt sein.

Jedoch kann dem BGH wiederum hinsichtlich eines Beurteilungsspielraums nicht gefolgt werden, da die Rechtsprechung mit der - wenn auch schwierigen - Grenzziehung nicht an ihre Grenzen stößt. Schwierige und vage Begriffe bedürfen für den Rechtsanwender umso mehr der Nachprüfung[174]. Die einzelnen untereinander abgestuften Subsidiaritätsklauseln dienen zudem der Konkretisierung der schwer faßbaren Verhältnismäßigkeit. Allein die Existenz eines derartigen differenzierenden Systems und seine Verankerung in Gesetz und Verfassung spricht deshalb für die große Bedeutung der Feinabstimmung[175], die bei generell zu negierender Nachvollziehbarkeit völlig ins Leere liefe. Der Lauschangriff ist nicht grundlos in der Verfassung als „ultima ratio“ festgeschrieben. Zudem unterliegt selbst der noch viel unbestimmtere Verhältnismäßigkeitsgrundsatz einer umfassenden Nachprüfbarkeit[176].
Das mit der Subsidiaritätsklausel bezweckte Ziel des Grundrechtsschutzes läuft einem Beurteilungsspielraum deshalb entgegen.

---

172 Hierzu oben Kap.III Teil 1 C.

173 BGH St 41, 30 (33 f); zustimmend *Nack*, KK StPO, § 100a Rn.39; a.A. *Schlothauer*, StraFo 1998, S.402 (405 f.); *Störmer*, StV 1995, S.655 (658); ders. ZStW 108 (1996), S.494 (519).

174 *Störmer*, StV 1995, S.653 (558).

175 *Bernsmann*, NStZ 1995, S.512.

176 BVerwGE 87, 23 (31); *Schlothauer*, StaFo 1998, S.402 (406).

IV) Fernwirkung und hypothetische Erwägungen bei materiellen Anordnungsvoraussetzungen

1) Hypothesen unmittelbarer Beweise

Fraglich ist, ob diese eben beschriebenen, an sich aus einem Verstoß gegen materielle Anordnungsvorschriften des § 100a Abs.1 Nr.3 StPO folgenden Verwertungsverbote durch hypothetische Überlegungen „geheilt" werden können[177]. Dieses Problem wird in der Realität wegen der oftmals schwierigen konkreten Hypothesenbildung nur selten auftreten, was an zwei fiktiven Beispielen verdeutlicht werden soll:

Fall 1: Nach dem spurlosen Verschwinden des entfernten Onkels wird A aufgrund des „kriminalistischen Instinkts" des zuständigen Ermittlungsbeamten des Mordes verdächtigt und nach entsprechendem Kammerbeschluß in seiner Wohnung abgehört. A gesteht dort einem Freund seine Tat. Später übergibt ein Zeuge der Polizei die Tatwaffe mit Fingerabdrücken des A und Blutspuren des Onkels (=konkretisierte Verdachtslage).

Fall 2: B wird der sexuellen Nötigung (=keine Katalogtat) verdächtigt und in seiner Wohnung aufgrund Kammeranordnung abgehört, wobei er über einen von ihm begangenen Mord spricht. Der den B wegen dieser Tat belastende Zeuge Z wurde seit längerem nur deshalb noch nicht vernommen, weil der zuständige Beamte der akustischen Wohnraumüberwachung beiwohnte.

Fragt man nach den vermutlichen konkreten Geschehnissen, wenn sich die Strafverfolgungsbehörden rechtlich einwandfrei verhalten hätten, so hätten sie in Fall 1 den Lauschangriff nicht durchgeführt und das Beweismittel nicht erhalten, da der konkrete Tatverdacht fehlte. Dieser wurde erst mit Auffinden der Tatwaffe geschaffen. Vorher darf ein Wissen der Ermittlungsbehörden als innere Tatsache nicht unterstellt werden. Erst ab diesem Zeitpunkt wäre ein Lauschangriff erlaubt gewesen. Das ermittlungsrelevante Eingeständnis gegenüber dem Freund wäre jedoch bereits zuvor erfolgt und hätte sich wohl nicht wiederholt[178]. Ein hypothetischer Kausalverlauf rechtmäßiger Beweiserlangung läßt sich mithin nicht bilden. Anders wäre dies nur, wenn das die konkrete Ver-

---

177 Abl. *Krause*, *Hanack*-FS, S.221 (243) Fn.87; *Schlothauer*, StraFo 1998, S.402 (407); ebenso *Nack*, KK StPO, § 100a Rn.39, unter Bezug auf § 100a StPO mit dem wenig sagenden Hinweis auf die „Art der Beweismittel" im Gegensatz zur Durchsuchung und Beschlagnahme; vgl. auch KK StPO § 94 Rn.19; § 105 Rn.21.

178 Hierin liegt ein wesentlicher Unterschied zur Durchsuchung, die das Auffinden eines bleibenden Zustandes (z.B. Gegenstand, Spuren) und nicht eines dynamischen Vorgangs bezweckt.

dachtslage begründende Beweismittel vor dem Gespräch mit dem Freund gefunden worden wäre, wie es die Konstellation in Fall 2 beschreibt. Der Lauschangriff wegen des Verdachts sexueller Nötigung ist rechtswidrig. Hätten sich die Ermittlungsbehörden korrekt verhalten, so hätten sie vorerst auf diesen verzichtet und stattdessen den Zeugen Z vernommen, der ihnen noch vor den selbstbelastenden Äußerungen des B den konkreten Verdacht einer Katalogtat geliefert hätte. Aufgrund dieser schwierigen Hypothesenbildung dürften in der Praxis schon die meisten Ersatzerwägungen in Bezug auf unmittelbare Beweismittel scheitern, was eine Heilung des Verwertungsverbotes ausschließt.

Eine weitergehende Verwertbarkeit auch auf den ersten Beispielsfall bezogen wäre allein dann möglich, wenn der hypothetische Kausalverlauf abstrakt gebildet werden könnte[179]. Dies zuzulassen, könnte man für die akustische Wohnraumüberwachung unter Hinweis auf §§ 100d Abs.5 S.2, 100f Abs.2 StPO (Zufallsfunde repressiver oder präventiver Lauschangriffe) annehmen. Beide Normen begnügen sich damit, daß die zufällig entdeckten Katalogtaten abstrakt einen Lauschangriff gerechtfertigt hätten, ohne danach zu fragen, ob die einzelnen Zulässigkeitsvoraussetzungen konkret vorlagen.
Nun wird größtenteils der Bereich der Verwertung anläßlich einer rechtmäßigen Maßnahme entdeckter Zufallsfunde dogmatisch in der Problematik hypothetischer Erwägungen verankert gesehen[180]. Ausgangspunkt ist die Annahme, daß Zufallsfunde an sich einem Verwertungsverbot unterliegen müßten, da die heimliche Ermittlungsmaßnahme lediglich im Hinblick auf die in der Anordnung Bezug genommene Katalogtat rechtmäßig ist. Hinsichtlich des Zufallsfundes liegt hingegen eine Umgehung der einschlägigen Verfahrensnormen vor[181]. Ihre Verwertung begründet sich jedoch aus der Tatsache, daß wegen dieser zufällig entdeckten Tat die heimliche Ermittlungsmaßnahme hätte angeordnet werden dürfen[182]. Begreift man diese Aussage als hypothetischen Gedankengang, scheint dies die abstrakte Hypothesenbildung zu bestätigen, da weder § 100d Abs.5 S.2 noch § 100f Abs.2 StPO verlangen, daß die Strafverfolgungsbehörden bei rechtmäßigem Alternativverhalten in der konkreten Ermittlungssituation auf die zufällig entdeckten Beweise einer anderen Tat gestoßen wä-

179 So z.B. BGH St 24,125 ff.; BGH NStZ 1989, S.375 (376); wohl auch BGH St 42, 203 (106); anders jetzt BGH StV 1998, S.247 (248), der jedoch die Konkretheit mit dem oben abgelehnten Beurteilungsspielraum begründet.
180 *Kretschmer*, StV 1999, S.221 (225); *Meurer*, S.537 (546); *Rogall*, NStZ 1988, S.365 (391); *Schröder*, S.148 ff.; wohl auch *Kelnhofer*, S.89, 142; vgl. *Baumann/ Brenner*, S.137, 139; *Welp*, Jura 1981, S.472 (475).
181 Vgl. *Schröder*, S.148 ff. zu § 100a StPO.
182 *Meurer*, S.537 (546).

ren[183]. Tatsächlich wäre es ja auch sinnlos, ein bereits rechtmäßiges Verhalten durch ein hypothetisch rechtmäßiges zu ersetzen.
Gerade in der gesplitteten Rechtmäßigkeit des Eingriffs liegt aber der Fehler der Argumentation begründet. Zufallsfunde sind nicht unter einem (wenn auch nur gedachten) Verstoß gegen Verfahrensvorschriften entdeckt worden. Die akustische Wohnraumüberwachung war in allen Belangen rechtmäßig, da der Gesetzgeber fremde Belange, die nicht mit dem Verdacht der Katalogtat unmittelbar in Zusammenhang stehen, bei der Erhebung mit berücksichtigt hat. Zum Beispiel dürfen nur unvermeidbar Betroffene mit abgehört werden und vorrangig nur die Wohnung des Beschuldigten. Warum soll nun eine Maßnahme im Hinblick auf bestimmte Teilbereiche rechtswidrig werden, nur weil hierdurch eine zusätzliche Straftat ans Licht gerät? Wenn dies nachträglich Einfluß auf die Rechtmäßigkeit der Erhebung haben sollte - was es aber nicht hat - dann allenfalls zu Ungunsten des so durch Zufall Verdächtigen. Die §§ 100d Abs.5 S.2, 100f Abs.2 StPO ordnen sich deshalb auch im Hinblick auf die Zufallsfunde in den Komplex selbständiger und originärer Verwertungsverbote ein.

Das Verwertungsverbot bezüglich Nicht-Katalogtaten gründet in der Tatsache, daß auch die alleinige Verwertung der durch einen Lauschangriff gewonnenen Informationen einen erheblichen Eingriff in den Schutzbereich des Art.13 GG beinhaltet[184]. Da aber aus der Erhebungsbefugnis lediglich für einen konkreten Zweck (Verfolgung einer bestimmten Katalogtat) die Verwertungsberechtigung herauszulesen ist, dürfen derartig grundrechtsintensive Zufallsfunde nicht verwertet werden bzw. es ist eine entsprechende Befugnisnorm zu verlangen. Eine solche Befugnis muß sich aber schon wertungsmäßig parallel an den Taten ausrichten, für die eine Anordnung zum Lauschangriff (und somit Verwertung im Prozeß) zulässig wäre. Hierin liegt der Sinn der §§ 100d Abs.5 S.2, 100f Abs.2 StPO begründet[185]. Eines Rückgriffs auf hypothetische Erwägungen bedarf es deshalb nicht. Es handelt sich bei den §§ 100d Abs.5 S.2, 100f Abs.2 StPO vielmehr um bloße gesetzgeberische Wertentscheidungen. Aus de-

183 A.A. *Schröder*, S.148 ff., die bezüglich § 100a StPO - vor Einfügung des dem § 100d Abs.5 StPO vergleichbaren § 100b Abs.5 StPO durch das OrgKG - konsequent unter der Annahme konkreter hypothetischer Kausalverläufe zu einem gänzlichen Verwertungsverbot von Zufallsfunden gelangt, was aber der jetzigen Gesetzeslage eindeutig widerspricht.

184 Vgl. auch *Baumann/ Brenner*, S.136.

185 Gleiches gilt, wenn man von einer grundsätzlichen Verwertungserlaubnis aufgrund des strafprozessualen Aufklärungsgrundsatzes ausgeht, da es eigentlich auch hier zuvor einer originären Abwägung hinsichtlich der Verwertung von Zufallsfunden bedürfte, die mit der Erhebungsbefugnis nicht getroffen ist. Eine Orientierung an den Maßstäben der Erhebungsnorm wäre hierbei jedoch aus Verhältnismäßigkeitserwägungen angebracht. Genau diese Abwägungsentscheidnung hat nun der Gesetzgeber in §§ 100d Abs.5 S.2, 100f Abs.2 StPO selbst vorgenommen.

ren Abstraktheit lassen sich folglich keine Rückschlüsse auf Ersatzerwägungen bezüglich unselbständiger Beweisverwertungsverbote ziehen.

Die §§ 100d Abs.5 S.2 StPO, 100f Abs.2 StPO widersprechen mithin nicht dem Verbot einer abstrakten Hypothesenbildung. Gelangt die deshalb geforderte konkrete Hypothesenbildung im Einzelfall zu einer gedacht zulässigen Beweiserlangung, so steht der Schutzzweck der materiellen Anordnungsvoraussetzungen einer Verwertung nicht entgegen[186]. Zu beachten ist jedoch, daß denknotwendig hierdurch auch formelle Anordnungsvoraussetzungen verletzt werden, da schon die Begründung der Maßnahme nicht mehr stimmen kann. Welche Folgen hieraus für die Verwertbarkeit resultieren, wird an späterer Stelle unter Punkt B III geklärt.

2) Die Fernwirkung bei Verletzungen materieller Anordnungsvorschriften

Es ist zu untersuchen, ob bei Verletzung der materiellen Anordnungsvoraussetzungen der akustischen Wohnraumüberwachung der Schutzzweck neben dem Verbot der Verwertung unmittelbarer Beweise (Tonbänder, Abhörprotokolle) auch eine Fernwirkung verlangt. Während der BGH dies im Einklang mit seiner bisherigen Rechtsprechung bei der Telefonüberwachung verneint[187], ist dies für den Lauschangriff zu bejahen[188]. Sinn und Zweck der materiellen Anordnungsvoraussetzungen ist jeweils der Schutz der räumlichen Privatsphäre. Berücksichtigte man Beweismittel, die aufgrund der Erkenntnisse aus einem rechtswidrigen Eingriff in diesen Bereich gewonnen wurden, so trügen letztlich private geschützte Handlungen zur Überführung des Beschuldigten bei, was eigentlich mit dem Erhebungsverbot ausgeschlossen sein sollte. Hiermit würde der Sinn des § 100c Abs.1 Nr.3 StPO umgangen. Diese Norm soll schließlich nicht nur vor dem Abspulen rechtswidrig gewonnener Tonbänder schützen, sondern als Erhebungsregelung gerade auch die statisch abschirmende Komponente des Art.13 GG bewahren. Eine Perpetuierung des rechtswidrigen Eingriffs in die Integrität der räumlichen Privatsphäre erfolgt aber in gleicher Weise wie das Verwerten des unmittelbaren Beweismittels, wenn dieses als Spur zum Auffinden weiterer Beweismittel benutzt wird. Zudem liefe, auch wenn Beweisverwertungsverboten keine Disziplinierungsfunktion zukommt, der Grundrechtsschutz des Art.13 GG insbesondere deshalb ins Leere, weil die Effizienz des Lauschangriffs weniger im Aufspüren von unmittelbaren Beweisen liegen soll, sondern im Auffinden von Spuren und Tatsachen, die zu weiteren Beweisen

186 A.A. BGH StV 1998, S.147 (148).
187 BGH St 32,86 (71).
188 I.E. ebenso *Krause*, *Hanack*-FS, S.221 (243 f.).

führen[189]. Der Schutzzweck verlangt deshalb - wie es die oben aufgestellte Regel wegen des Verwertungsverbotes schon vermuten ließ - eine Fernwirkung.

3) Die Hypothese mittelbarer Beweise

Ebenso wie sich für die einem Verwertungsverbot unterfallenden unmittelbaren Beweismittel (Tonbänder, Abhörprotokolle) die Frage nach Heilungsmöglichkeiten stellt, ist dies bei bejahter Fernwirkung auch für die mittelbaren Beweismittel zu untersuchen.

Zum einen wäre deren Verwertung bereits dann möglich, wenn schon das unmittelbare Beweismittel aufgrund hypothetischer Überlegungen verwertbar wäre[190]. Dürfen fehlerhaft erworbene Beweise selbst verwertet werden, muß dies erst recht für die weiteren aufgrund dieser Beweise gefundenen entscheidungsrelevanten Tatsachen gelten.
Zum anderen ist das mittelbare Beweismittel in den Fällen der fehlenden Katalogtat bzw. des unzureichenden Verdachtsgrades dann zu verwerten, wenn die Ermittlungsbehörden auch auf einem ganz anderen Weg, ohne Einbeziehung der Abhörkenntnisse, mit Urteilswahrscheinlichkeit auf das Beweismittel gestoßen wären: Beispielsweise wird rechtswidrig ein Gespräch über das Versteck einer Leiche abgehört, die dann auch gefunden wird. Die Polizei wäre aber ohnehin kurze Zeit später im Rahmen einer großen Suchaktion auf den Leichnam gestoßen. In derartigen Konstellationen steht der Schutzzweck der materiellen Anordnungsvoraussetzungen einer Verwertung des Leichenfundes nicht entgegen. Dies zu verhindern, ist nicht Normzweck. Er wird aufgrund der positiven Hypothese nicht mehr berührt, weshalb auch die durch die Verwertung betroffenen Belange des Art.13 GG nicht in rechtswidriger Weise beeinträchtigt sind.
Hingegen ist eine hypothetische Ersatzerwägung unzulässig, wenn ein Verstoß gegen die Anforderungen der Subsidiarität vorliegt. Zwar wird sich oftmals gerade in solchen Fällen ein hypothetischer Alternativverlauf zur Erlangung des mittelbaren Beweismittels finden lassen. Die räumliche Privatsphäre soll jedoch gerade dadurch geschützt werden, daß primär andere Ermittlungswege eingeschlagen werden. Lediglich im Grad der Wahrscheinlichkeit besteht ein Unter-

---

189 *Krombacher*, Anhörung zu BT-DS 13/8650, 13/8651, S.4; vgl. auch *Müller*, S.206.

190 Zur Heilung rechtswidrig erlangter unmittelbarer Beweise siehe oben 2). Diesbezüglich ist zu beachten, daß die Heilung materieller Anordnungsvoraussetzungen de facto mit einer mangelhaften Begründung einhergeht, da sich diese nicht mit dem hypothetischen Kausalverlauf auseinandersetzt. Dieser Fehler einer formellen Anordnungsvoraussetzung kann u.U. einer Verwertung entgegenstehen, was gesondert zu prüfen ist (hierzu siehe unten B III.).

schied. Dem Sinn der Subsidiaritätsklausel liefe es deshalb zuwider, eine Verwertung aufgrund eines hypothetischen Ermittlungsweges zu gestatten, welchen die Ermittlungsbehörden in rechtswidriger Weise gerade nicht eingeschlagen haben. In diesem Unterlassen liegt schließlich die Verletzung der Belange des Überwachten, die ein Verwertungsverbot erst begründet. Ein Verstoß gegen die Subsidiaritätsklausel des § 100c Abs.1 Nr.3 StPO aus dem Grunde, weil eine mögliche Durchsuchung die Sachverhaltserforschung nicht unverhältnismäßig erschwert hätte, kann also nicht mit dem Argument geheilt werden, daß die in rechtswidriger Weise unterlassene Maßnahme nach § 102 StPO ebenso zum Auffinden des Tatwerkzeuges geführt hätte[191].

V) Nachträglicher Wegfall einer materiellen Voraussetzungen

Fällt der Verdacht einer Katalogtat beispielsweise erst nach der Kammeranordnung weg, ist diese im eigentlichen Sinne nicht rechtswidrig erlassen worden. Sie wird aber ex nunc mit Wegfall der materiellen Voraussetzung unwirksam. Eine Fortsetzung des Lauschangriffs wäre deshalb gemäß §§ 100b Abs.4 S.1, 100d Abs.4 S.3 StPO rechtswidrig. Das Gebot der sofortigen Einstellung soll weitere Grundrechtsbeeinträchtigungen verhindern. Zur Folge hat dies deshalb, ebenso wie das ursprüngliche Fehlen materieller Anordnungsvoraussetzungen, ein Verwertungsverbot. Nur ist dieses auf die ab dem Wegfall gewonnenen Erkenntnisse begrenzt.

VI) Ergebnis

Verstöße gegen materielle Anordnungsvoraussetzungen bewirken ein Verwertungsverbot und entfalten diesbezüglich auch eine Fernwirkung. Allerdings sind sowohl unmittelbar als auch mittelbar erlangte Beweismittel dennoch verwertbar, wenn ein konkreter hypothetischer Kausalverlauf denkbar ist, der zu einer rechtmäßigen Beweiserhebung geführt hätte. In diesen Fällen unterliegen lediglich mittelbare Beweise, deren Erhebung gegen das Subsidiaritätsprinzip verstoßen hat, einem Verwertungsverbot, sofern sich der in rechtswidriger Weise unterlassene Ermittlungsweg mit dem hypothetischen Weg deckt.
Für die Beispielsfälle unter Punkt IV 1 zeigt sich demnach folgendes Ergebnis: In Fall 1 darf das abgehörte Gespräch des A nicht verwertet werden, da zum Zeitpunkt des Lauschangriffs kein hinreichender Tatverdacht vorlag und sich

---

191 Ein Verwertungsverbot scheidet hingegen aus, wenn die Alternativmaßnahme nicht die von § 100c Abs.1 Nr.3 StPO geforderte ist, sich z.B. neben dem unterlassenen Weg ein dritter anbietet, der zum Zeitpunkt der Anordnung noch unmöglich schien.

kein Kausalverlauf denken läßt, nach welchem dieser Tatverdacht dennoch rechtzeitig vorgelegen hätte. Hingegen steht in Fall 2 der Verstoß gegen eine materielle Anordnungsvoraussetzung der Verwertung nicht entgegen. Zwar wurde das Gespräch des B rechtswidrig überwacht, da kein Verdacht bezüglich einer Katalogtat vorlag. Bei rechtmäßigem Verhalten hätte der ermittelnde Beamte den Zeugen Z jedoch so rechtzeitig vernommen, daß dessen Aussage den Verdacht einer Katalogtat begründet hätte und somit ein rechtmäßiger Lauschangriff angeordnet worden wäre[192].

B) Formelle Anordnungsvoraussetzungen zum Lauschangriff

I) Die Unzuständigkeit des Anordnenden

1) Das Fehlen einer von der Staatsschutzkammer bzw. ihres Vorsitzenden erlassenen Anordnung

Der Lauschangriff darf allein nach Anordnung durch die Staatsschutzkammer bzw. bei Gefahr im Verzug durch ihren Vorsitzenden ergehen[193]. Fehlt diese Voraussetzung, liegt ein Verstoß gegen § 100d Abs.2 S.1 oder 2 StPO vor. Dem ist es gleichzustellen, wenn bei Gefahr im Verzug die Maßnahme über die 3-Tages-Frist des § 100d Abs.2 S.3 StPO hinaus trotz Ausbleibens einer Kammerbestätigung fortgesetzt wird. Die alleinige Anordnungskompetenz des Vorsitzenden ist auf diese kurze Zeitspanne begrenzt. Danach verliert die Anordnung ihre Wirkung.

Inwieweit jeder Verstoß gegen die Zuständigkeitsregelung zu einem Beweisverwertungsverbot führt, hat der BGH indes im Zusammenhang mit der Telefonüberwachung ausdrücklich offengelassen[194].
Jedenfalls für das gänzliche Fehlen einer staatsanwaltlichen bzw. richterlichen Anordnung wird dies bejaht. Dieser Verstoß sei insgesamt so schwerwiegend, daß er nicht anders als das Fehlen einer wesentlichen sachlichen Voraussetzung zu beurteilen sei[195].

192 Zu beachten ist jedoch in Fall 2, daß - wie bereits oben unter Punkt 1) erwähnt wurde - aufgrund der hypothetischen Ersatzerwägung die Begründung des Lauschangriffs u.U. unzureichend sein kann. Inwieweit dieser zweite Fehler dann de facto doch zu einem Verwertungsverbot führt, ist eigenständig im Rahmen der folgenden Untersuchung zu den Auswirkungen der Verstöße gegen formelle Anordnungsvoraussetzungen zu klären.

193 Ausführlich oben Kap.III Teil 2 A.

194 BGH St 31,304 (308).

195 BGH St 31,304 (306 ff.); ebenso BGH St 35, 32 (33 f.); *Baumann/ Brenner*, S.135; *Beulke*, StPO Rn.475; *Meurer*, S.537 (550); *Nack*, KK StPO, § 100a Rn.38, *Schäfer*, L/R StPO, § 100a Rn.43; zu

a) Grundsätzliches Eingreifen eines Verwertungsverbotes

Diese auf der Abwägungslehre basierende Schlußfolgerung wird zumindest in ihrem Ergebnis z.T. auch für den Lauschangriff angenommen. So soll ein Fehler bei der Anordnung der Maßnahme nach § 100c Abs.1 Nr.3 StPO dann zu einem Verwertungsverbot führen, wenn die Anordnung willkürlich erfolgt sei. Dies wird etwa für die Anordnung durch eine absolut unzuständige Behörde angenommen, also nicht durch die in § 74a GVG genannte Strafkammer bzw. deren Vorsitzenden (§ 100d Abs.2 StPO)[196].

Hingegen lehnt ein Teil der Literatur ein Verwertungsverbot allein wegen fehlender Anordnungsbefugnis bei Ermittlungsmaßnahmen unter Berufung auf den Schutzzweck ab. Mit der Übertragung der Anordnungskompetenz auf einen Richter werde lediglich beabsichtigt, eine neutrale Prüfung sicherzustellen. Deshalb sei eine Einschränkung der Wahrheitsfindung, wie etwa bei Verstößen gegen materielle Einsatzvoraussetzungen, nicht bezweckt[197].

Diese Ansicht verkennt jedoch den tatsächlichen Sinn des § 100d Abs.2 StPO. Die neutrale Prüfung ist nämlich kein Selbstzweck. Auch wenn hiermit objektivrechtlich das Rechtsstaatsgebot begünstigt wird, so ist der Zweck des § 100d Abs.2 StPO - ähnlich §§ 105 Abs.1, 100b Abs.1, 110b Abs.2 StPO - die richterliche Überprüfung des bevorstehenden Grundrechtseingriffs. Das heißt, daß die richterliche Anordnung bereits präventiven Rechtsschutz gewähren[198] und den Grundrechtsschutz verfahrensrechtlich aktualisieren soll. Sie besitzt mithin individualrechtsschützenden Charakter. Dieser ist nicht allein auf materielle Eingriffsvoraussetzungen beschränkt. Grundrechtsschutz kann auch durch Formvorschriften erfolgen[199]. Gerade bei heimlichen Maßnahmen spielt der formelle

---

§ 110 b StPO *Beulke/ Rogat*, JR 1996, S.517 (520); *Roxin*, StV 1998, S.43 (45); „tendenziell" *Landau/ Sander*, StraFo 1998, S.397 (402); krit. aber auf § 110b StPO beschränkt *Zaczyk*, StV 1993, S.493 (496 f.); a.A: *Fezer*, S.20 ff., da bei fehlender Anordnungskompetenz der Norminhalt keine bewußte staatliche Beschränkung in der Wahrheitsfindung enthalte; anders auch die h.M. zu § 105, wobei es bei der Durchsuchung schon an der Heimlichkeit fehlt; *Meyer-Goßner*, K/M-G StPO, § 94 Rn.21 m.w.N.

196 *Schroth*, JuS 1998, S.969 (976); vgl. *Asbrock*, Anhörung z BT-DS 13/8650; 13/8651, S.7; *Müller*, S.198.

197 *Binder*, S.123 zu § 100c Abs.1 Nr.2 StPO m.w.N.

198 Vgl. *Beulke*, ZStW 103 (1991), S.657 (673); *Rogall*, NStZ 1988, S.385 (391) zu § 105 Abs.1 StPO; *Schröder*, S.156 zu § 100b StPO.

199 BVerfGE 53,30 ff. - Mülheim-Kärlich-Beschluß; *Schröder*, S.101 ff. Zur Bedeutung des formellen Grundrechtsschutzes vgl. auch SächsVerfGH, JZ 1996, S.957 (963): „Prozeduraler Grundrechtsschutz [durch Verwaltungsverfahren] ist jedenfalls dort geboten, wo [...] eine gerichtliche Ergebniskontrolle zwar möglich ist, aber regelmäßig erst zu einem Zeitpunkt stattfinden wird, in dem Grundrechtsverletzungen kaum mehr korrigierbar sind, [...]".

Grundrechtsschutz als Kompensation der Mitwirkungsrechte der Betroffenen eine entscheidende Rolle[200]. Würde er kein Verwertungsverbot nach sich ziehen, bliebe er in seiner Wirkung ineffizient, da unmittelbarer Rechtsschutz gegen die Maßnahme nur nachträglich möglich ist. Dies widerspräche aber gerade der Absicht des Gesetzgebers, mit Hilfe des speziellen Richtervorbehalts der Bedeutung des Eingriffs in Art.13 GG gerecht zu werden und die Verhältnismäßigkeit des Grundrechtseingriffs zu wahren[201]. Ein Lauschangriff ohne ordnungsgemäße Anordnung bedeutet vielmehr eine Umgehung einer der Grundlagen der verfahrensrechtlichen Stellung des Beschuldigten, die im für ihn bis dahin heimlichen Strafverfahren die Kammer stellvertretend wahrzunehmen hat. Deshalb verlangt der Schutzzweck des § 100d Abs.2 StPO bei Mißachtung der Anordnungskompetenz im Grundsatz ein Verwertungsverbot.

b) Die Rechtsverletzung in concreto

Fraglich ist jedoch, ob jeder Verstoß gegen die Zuständigkeitsregelung des § 100d Abs.2 S.1 StPO im konkreten Fall zwingend ein Verwertungsverbot bewirkt[202]. Der Schutzzweck des § 100d Abs.2 StPO könnte z.B. dann nicht verletzt sein, wenn die Anordnung zwar nicht durch die Staatsschutzkammer am Landgericht erfolgt ist, sondern stattdessen fälschlicherweise durch einen Ermittlungsrichter am Amtsgericht oder eine andere Strafkammer. Ebenso wird erwogen, nach der Verletzungsintensität und -motivation zu differenzieren und ein Verwertungsverbot nur bei gravierenden oder willkürlichen Verstößen gegen formelle Anordnungsvorschriften bzw. bei deren bewußter Überschreitung oder Umgehung anzunehmen[203]. Zu untersuchen gilt es deshalb, ob der präventive Rechtsschutz des § 100d Abs.2 StPO seinem Zweck nach auch gerade vor auf solchen Anordnungen beruhenden Eingriffen schützen soll.

aa) Die unzuständig aber richterlich erlassene Anordnung

Erläßt etwa ein Strafrichter am Amtsgericht die Anordnung für einen Lauschangriff, so ergeht diese von einer zwar unzuständigen, aber dennoch neutralen Stelle, die juristische Fachkompetenz besitzt. Ein unzuständiger

---

Die grundrechtsschützende Bedeutung der richterlichen Anordnung nimmt sogar noch zu, wenn - wie hier nicht vertreten - ein Beurteilungsspielraum bei Verdacht und Subsidiarität zugebilligt wird (BVerfGE 90, 60 (96); SächsVerfGH, JZ 1996, S.957 (963).

200 Vgl. SächsVerfGH JZ 1996, S.957 (964).

201 BT-DS 13/8651, S.14.

202 Ablehnend z.B. *Meyer-Goßner*, K/M-G StPO, § 100a Rn.21; *Nack*, § 100a Rn.38; ausdrücklich offen gelassen in BGH St 31,304 (308).

203 *Landau/ Sander*, StraFo 1998 S.397 (299); *Meyer-Goßner*, K/M-G StPO, § 100c Rn.20; vgl. auch *Beulke/ Rogat*, JR 1996, S.517 (520) zu § 110b, a.A. *Krause*. *Hanack*-FS, S.221 (243).

Richter könnte somit im Grundsatz ebenso in der Lage sein, den Belangen des Art.13 GG präventiv hinreichend Rechnung zu tragen. So könnte man zwar einen Verstoß gegen den Wortlaut des § 100d Abs.2 StPO bejahen, nicht aber gegen dessen Zweck.
Jedoch ist der Sinn der Konzentration der Anordnungskompetenz nach dem Willen des Gesetzgebers, „eine Bündelung der Erkenntnisse und Erfahrungen über den Bezirk einzelner Landgerichte und Staatsanwaltschaften hinaus bei bestimmten Spruchkörpern zu erreichen, um so eine der Eingriffsschwere gerecht werdende und gleichmäßige Rechtshandhabung zu gewährleisten"[204]. Die Konzentration der Sachkompetenz dient mithin nicht nur der Rechtsgleichheit, sondern explizit dem Grundrechtsschutz. Hierauf legte der Gesetzgeber besonderen Wert. Im Gegensatz zur Überprüfung der Ermittlungsmaßnahme in der Hauptverhandlung, die jedem Gericht obliegt, hat die Anordnung des Lauschangriffs möglichst zügig zu erfolgen. Den Anordnenden steht nicht ausreichend Zeit zur Verfügung, sich notwendige Kenntnisse erst mit Auftreten des Problems anzueignen, wie die Dreitagesfrist aus § 100d Abs.2 S.3 StPO verdeutlicht. Der Schutzzweck des § 100d Abs.2 S.1 StPO ist deshalb schon dann konkret verletzt, wenn die Anordnung durch eine minder kompetente Stelle ergeht. Es kommt mithin beim präventiv wirkenden formellen Rechtsschutz nicht auf das konkrete Ergebnis an. Dies wäre im Regelfall auch nicht möglich, da die richterliche Abwägung immer eine objektiv schwer nachvollziehbare, von eigenen Erfahrungen und Fähigkeiten stark beeinflußte Komponente enthält, und es sich deshalb nicht sagen läßt, ob Art.13 GG im Einzelfall tatsächlich durch das Ergebnis der Abwägung verletzt ist. Im Unterschied zu § 81a StPO, der im Nachhinein die Feststellung zuläßt, daß auch ein Laie einen sachgemäßen Eingriff vorgenommen hat, weshalb dann in concreto keine Verletzung des Schutzgutes vorliegt[205], ist die Entscheidung über eine Anordnung eines Lauschangriffs offener und wird wesentlich vom Anordnenden geprägt. Formeller, durch den Richter ausgeübter Grundrechtsschutz soll bereits die Gefahr eines materiell rechtswidrigen Eingriffs reduzieren, indem sich eine besonders kompetente und erfahrene Stelle mit dem Vorgang auseinandersetzt. Art.13 GG wird deshalb in rechtswidriger Weise berührt, weil (aus Sicht des Gesetzgebers) mit unzureichender Sachkompetenz der Lauschangriff angeordnet wurde, also das Schutzgut des Art.13 GG einer Gefahr ausgesetzt wurde. Würde dem Schutzzweck des § 100d Abs.2 StPO bereits jede richterliche Anordnung genügen und dieser somit lediglich eine konzentrierende Ordnungsfunktion beinhalten, hätte man für die Fälle der Gefahr im Verzug auf eine Bestätigung durch die gesamte Kammer verzichten können. In concreto widerspricht deshalb auch eine Anord-

204 BT-DS 13/9661 S.6.
205 *Beulke*, ZStW 103 (1991), S.657 (672).

nung einer sonstigen Strafkammer oder eines Strafrichters dem Schutzzweck des § 100d Abs.2 StPO und gebietet ein Verwertungsverbot.

Anders wird man ausnahmsweise nur entscheiden dürfen, wenn die anordnende Kammer über die gesetzlich geforderte Sachkompetenz verfügt, weil es sich um eine lediglich örtlich unzuständige Staatsschutzkammer handelt, die also außerhalb des OLG-Bezirks der die Maßnahme beantragenden Staatsanwaltschaft gelegen ist[206].

bb) Die nicht willkürliche oder nicht aufgrund bewußter Umgehung erlassene Anordnung

Aufgrund der geforderten hohen Kompetenz der anordnenden Kammer wäre es auch falsch, nur bei gravierenden oder willkürlichen Verstößen gegen formelle Anordnungsvoraussetzungen bzw. bei deren bewußter Überschreitung oder Umgehung ein Verwertungsverbot anzunehmen[207].

Der besonders hohe Erfahrungs- und Wissenstand zeigt, daß § 100d Abs.2 StPO nicht nur vor deutlichen Grundrechtsverletzungen, die auch jeder nicht spezialisierte Richter feststellen würde, schützen soll. Die Qualitätssicherung des § 100b Abs. 2 StPO darf nicht auf eine Willkürprüfung herabgestuft werden. Dies dürfte man nur, wenn es hierfür Anhaltspunkte für einen derart reduzierten Normzweck im Gesetz gäbe. Da aber gerade das Gegenteil der Fall ist, läuft eine Einbeziehung der Verletzungsintensität des § 100d Abs.2 StPO auf eine Negierung der Schutzzwecktheorie hinaus, hin zur Abwägungslehre. Hiermit leistet man nur der Rechtsunsicherheit hinsichtlich formeller Vorschriften Vorschub. Die Erkenntnisse aus einem Lauschangriff, den der Ermittlungsrichter am Amtsgericht angeordnet hat, dürfen deshalb auch dann nicht verwertet werden, wenn dies nicht willkürlich geschah, sondern gute Gründe dafür sprachen, etwa weil dem Richter das Verfahren aufgrund anderer Maßnahmen (z.B. Telefonüberwachung) bereits bekannt war.

Ebenso vermag eine Unterscheidung zwischen einfachen und gewichtigen Form- und Zuständigkeitsvorschriften[208] bzw. zwischen einfachen und gravierenden Verletzungen nicht zu überzeugen, da sie inhaltlich substanzlos ist und ebenfalls zur Abwägungslehre tendiert. Die Beurteilung als „gravierende" oder „willkürliche" Verletzung öffnet ihrerseits der Willkür Tür und Tor. Ein bloßer

206 Aufgrund des Art.101 Abs.1 S.2 GG darf die örtliche Unzuständigkeit jedoch nicht auf Willkür beruhen; vgl. BVErfGE 75, 223 (234); 87,282 (248 ff.); zu weitgehend *Schlothauer*, StraFo 1998, S.402 (407), der das Recht auf den gesetzlichen Richter schon bei jedem unzuständigen Richter für verletzt ansieht.

207 So im Ansatz aber *Schroth*, JuS 1998, S.969 (976),

208 Vgl. *Landau/ Sander*, StraFo 1998, S.397 (399).

Willkürschutz ergibt sich auch nicht aus der Tatsache, daß Art.8 Abs.2 EMRK gerade zu diesem Zweck und zur Vermeidung von Mißbrauch hohe Anforderungen an die Normenklarheit stellt[209]. Selbst wenn hiernach formelle Verfahrensvorschriften auf einen derartigen Schutzzweck reduziert wären, so verhindert dies aufgrund des Günstigkeitsprinzips (Art.60 EMRK) nicht, mittels § 100d Abs.2 StPO weitergehenden Schutz zu gewähren.

Gleiches gilt für die Beschränkung von Verwertungsverboten auf absichtliches oder bewußtes Handeln. Der Schutzzweck der Norm ist für den Betroffenen grundsätzlich in gleicher Weise durch irrtümliche Verletzungen betroffen. Formelle individualrechtsschützende Normen sollen zumeist Mitwirkungsrechte der Betroffenen kompensieren, deren Fehlen sich auch bei irrtümlichem Staatshandeln auswirkt. Die Motivation ist nur dann zu berücksichtigen, wenn dies mit den von der Norm geschützten Rechten vereinbar ist oder aber die Norm ausdrücklich nur einen solch reduzierten Schutz gewähren will. Ansonsten gäbe man Verwertungsverboten eine disziplinierende Funktion, die ihnen nicht zukommt. Deshalb ist es unerheblich, ob der in Eile handelnde Staatsanwalt absichtlich oder nur fahrlässig annimmt, daß der umzäunte Vorgarten nicht in den Schutzbereich des Art.13 GG falle und sich deshalb zur Anordnung für kompetent erklärt (§ 100d Abs.1 S.1 2.HS StPO). Die Belange des Betroffenen werden in beiden Konstellationen nicht von einer aus Gesetzgebersicht ausreichend kompetenten Stelle präventivschützend berücksichtigt. Ein Verwertungsverbot folgt deshalb in jedem Falle.

c) Hypothetische Ersatzanordnung

Gebietet der Schutzzweck demnach ein Verwertungsverbot, ist bezüglich des unmittelbaren Beweismittels für eine Beachtung unter dem Gesichtspunkt eines hypothetischen Ersatzeingriffes kein Raum. Zum einen erweist sich schon die konkrete Hypothesenbildung einer gesetzmäßigen Alternative als äußerst schwierig, wenn nicht gar unmöglich. Eine Kammerentscheidung ist, genauso wie andere richterliche Entscheidungen, nicht mit der notwendigen Urteilswahrscheinlichkeit prognostizierbar. Auch deshalb verlangt der verfahrensmäßige Grundrechtsschutz, die Kammer vor der Abhörmaßnahme einzuschalten und begnügt sich nicht mit dem normalen nachträglichen Schutz durch die Judikative[210]. Auf einem ganz anderen Wege können die Ermittlungsbehörden aber an das abgehörte Gespräch nicht gelangen, da dies ohne Aufzeichnung ein

---

209 *Frowein*, F/P EMRK, Vorb. Art 8-11 Rn.6 ff.

210 Vgl. *Beulke*, ZStW 103 (1991), S.657 (674); a.A. wohl *Roxin*, NStZ 1989, S.376 (379) zu § 105 StPO; *Meurer*, JR 1990, S.389 (392).

„flüchtiges" Beweismittel ist. Insoweit besteht ein Unterschied zur Durchsuchung, die auf zeitlich beständige Beweismittel gerichtet ist. Zum anderen widerspricht die Verwertung von Erkenntnissen aufgrund einer im nachhinein nur gedachten Anordnung dem Zweck des § 100d Abs.2 StPO, der gerade präventiven (also zeitlich vorherigen) Grundrechtsschutz gewähren soll[211]. Die Hypothese würde mithin den Schutzzweck völlig leerlaufen lassen, da der präventive Rechtsschutz gegenstandslos wäre[212].

Inwieweit die Rechtsprechung diesem Ergebnis folgen wird, ist fraglich. Einerseits bejahte der BGH bei einer nicht richterlich angeordneten Telefonüberwachung ein Verwertungsverbot, selbst wenn der Richter den Überwachungs- und Aufnahmebeschluß erlassen hätte. Er begründet dies mit dem nebulösen Argument der „eindeutigen Gesetzeslage"[213] bzw. mit dem von ihm angenommenen Beurteilungsspielraum bei der Prüfung der konkretisierten Verdachtslage und der Subsidiarität[214]. Andererseits hat der BGH bezüglich der Wohnungsdurchsuchung ohne richterliche Anordnung ein Verwertungsverbot gerade mit dem Hypotheseargument verneint, da es jederzeit möglich gewesen wäre, einen richterlichen Hausdurchsuchungsbefehl zu erwirken und lediglich ein formaler Mangel bestanden habe[215]. Hierbei greift er aber fälschlicherweise wieder auf einen abstrakten Maßstab zurück[216].

d) Fernwirkung und ihre Hypothese

Das Beweisverwertungsverbot bei fehlender oder unzuständiger Anordnung entfaltet auch Fernwirkung. Für den formellen Grundrechtsschutz gelten insoweit dieselben Argumente wie für Verstöße gegen materielle Anordnungsvoraussetzungen[217]. Eine hypothetische Argumentation ist aber anders als bei unmittelbaren Beweismitteln insoweit möglich, als das mittelbare Beweismittel auch auf einem ganz anderen Weg, also nicht über die akustische Wohn-

---

211 *Beulke*, ZStW 103 (1991), S.657 (680); *Schröder*, S.78, 156.

212 So auch *Krekeler*, NStZ 1993, S.263 (264); *Rudolphi*, SK StPO, vor § 94 Rn.74; *Rogall*, NStZ 1988, S.385 (391 f.) zu § 100b StPO; *Schlothauer*, StraFo 1998, S.402 (407); wohl auch *Landau/ Sander*, StraFO 1998, S.398 (400); a.A. *Amelung*, NJW 1991, S.2533 (2537), da für die These vom Informationsbeherrschungsanspruch die materiellen Voraussetzungen ausschlaggebend sind.

213 BGH St 31,304 (306) zu § 100a,b StPO; vgl. *Welp*, S.216 ff.; *Zaczyk*, StV 1993, S.490 (497).

214 BGH StV 1998, S.247 (248): „Dies [der Beurteilungsspielraum] hat andererseits aber auch zur Folge, daß alleine auf die konkrete Anordnung auf der Grundlage der vorgenommenen ermittlungsrichterlichen Prüfung des Tatverdachts abzustellen ist, wenn es - wie hier um die Frage der Verwertbarkeit geht, nicht dagegen auf einen anderen möglichen, vom Ermittlungsrichter aber nicht angenommenen Tatverdacht."

215 BGH NStZ 1989, S.375 (376).

216 *Schröder*, S.112.

217 Siehe oben A IV 2.

raumüberwachung, gefunden worden wäre[218]. Hierbei ist aber wiederum zu beachten, daß dieser andere Weg nicht schon zur Zeit der Wohnraumüberwachung als erfolgreich vorhersehbar war, da ansonsten ein Verstoß gegen die Subsidiaritätsklausel gegeben ist, der eine derartige rechtmäßige Alternativerwägung verbietet.

2) Die fälschliche Annahme von Gefahr im Verzug

a) Grundsätzliches Eingreifen eines Verwertungsverbotes

Problematisch gestalten sich die Fälle, in welchen die Anordnung des Lauschangriffs durch den Vorsitzenden der Staatsschutzkammer erfolgte, obgleich keine Gefahr im Verzug vorlag. Da dieser aufgrund seiner Notfallkompetenz im Unterschied zu Polizisten, Staatsanwälten oder Richtern anderer Kammern nicht absolut unzuständig ist, könnte ein Verwertungsverbot auszuschließen sein[219].

Jedoch dient die Begrenzung der Befugnisse des Vorsitzenden auf die Fälle der Gefahr im Verzug dem präventiven Schutz der durch einen Lauschangriff betroffenen Individualrechte. Nur wenn die Voraussetzungen des § 100d Abs.2 S.2 StPO gegeben sind, soll nach Meinung des Gesetzgebers das Strafverfolgungsinteresse derart überwiegen, daß Präventivschutz durch den Vorsitzenden ausreicht. Ansonsten ist, unabhängig vom Vorliegen weiterer materieller Voraussetzungen, eine Verletzung des Art.13 GG gegeben[220]. Der Normzweck gebietet deshalb grundsätzlich ein Verwertungsverbot.

Insbesondere liegen keine Anhaltspunkte dahingehend vor, daß dieses Verwertungsverbot nur bei willkürlicher oder bewußter Umgehung der Zuständigkeit der Kammer mittels Annahme von Gefahr im Verzug greifen soll[221]. Dem Kammervorsitzenden fehlt, in noch größerem Maße als der Staatsanwaltschaft, die ebenfalls schon der Objektivität verpflichtet ist, bereits jedes Umgehungsinteresse. Da es deshalb auch kein dahingehendes Regelungsbedürfnis gibt, wäre ein auf Willkür- und Umgehungsschutz reduzierter Normzweck des § 100d Abs.2 S.2 StPO praktisch weitgehend sinnentleert.

---

218 Vgl. *Beulke*, ZStW 103 (1991), S.657 (675); *Kelnhofer*, S.202, *Schröder*, S.78.

219 So z.B. *Schroth*, Jus 1998, S.969 (976) in Bezug auf § 100b StPO, sofern Gefahr im Verzug nicht willkürlich angenommen worden sei; ebenso *Nack*, KK StPO § 100a Rn.37; vgl. auch *Roxin*, NStZ 1989, S.276 (279); für ein grundsätzlich Verwertung die h.M. zu § 105 StPO (z.B. BGH NStZ 1998, S.375); krit. *Beulke*, StPO Rn.258 zumindest für Fälle einer offensichtlichen Umgehung.

220 Vgl. BVerfGE 96, 27 zur Durchsuchung.

221 A.A. *Schroth*, JuS 1998, S.969 (976); vgl. *Landau/ Sander*, StraFo 1998, S.397 (399).

b) Die Rechtsverletzung in concreto

(I) Man könnte jedoch annehmen, ein Verwertungsverbot im Einzelfall dann zu verneinen, wenn die Maßnahme später trotz ihres formellen Anordnungsfehlers durch die Kammer binnen drei Tagen bestätigt wird[222]. Im Unterschied zu einer gänzlich fehlenden Anordnung erfolgt diese tatsächlich von zuständiger Stelle. Allerdings gilt diese Wirkung nur für Erkenntnisse, die ab dem Bestätigungszeitpunkt gewonnen werden (ex nunc - Wirkung der Bestätigung). Anders als die Prüfung eines Anordnungsfehlers zur Feststellung von Verwertungsverboten in der Hauptverhandlung, welche die fremde Kammerentscheidung auf ihre Richtigkeit im Erlaßzeitpunkt hin beurteilt, setzt die Kammer eine eigene selbständige Entscheidung an Stelle der des Vorsitzenden, welcher bei der Ausübung seiner Eilkompetenz eine ihm vom Gesetz übertragene Befugnis in eigener Zuständigkeit wahrgenommen hat[223]. Hierbei entscheidet die Kammer aus einer ex nunc-Bewertung. Aus diesem Grunde kann diese aber keine Rückwirkung entfalten, und die Bestätigung wirkt bei fehlender Eilkompetenz wie eine neue Anordnung. Im Hinblick auf den Grundrechtsschutz und die Verwertungsverbote ist es gleich, ob der Lauschangriff formal auf einer Anordnung oder Bestätigung fußt[224]. Beeinflußt die Bestätigung den vorherigen Zeitraum aber nicht, gilt dies auch für Verwertungsverbote bezüglich in diesem Zeitraum gewonnener Beweise.

Sofern die Kammer auch ex tunc prüft - was sie nach dem Rechtsgedanken des § 100d Abs.3 S.5 StPO zur Feststellung der Verwertbarkeit darf[225] - geschieht dies, um die Eilanordnung hinsichtlich Rechtsfehler und deren Folgen für das weitere Verfahren zu prüfen, ohne aber den durch den Vorsitzenden aktualisierten Grundrechtsschutz und dessen Zweckmäßigkeitserwägungen zu ersetzen. Es handelt sich mithin um eine Variante des nachträglichen Rechtsschutzes. Deshalb vermag die Nachprüfung der Eilanordnung auf Fehler durch die Kammer im Hinblick auf Beweisverwertungsverbote, genausowenig wie die richterliche Prüfung in der Hauptverhandlung, den formellen Mangel der fehlenden Eilzuständigkeit zu ersetzen. Stellt die Staatsschutzkammer keine Rechtsfehler fest, außer daß nicht Gefahr im Verzug gegeben war, läßt sich die fehlende Kammeranordnung auch nicht durch hypothetische Ersatzerwägungen ersetzen. Zum einen läßt die nachträgliche Kammerprüfung zwar stark vermuten, nicht aber mit Sicherheit sagen, daß die Kammerentscheidung bei rechtzei-

---

222 So *Schroth*, JuS 1998, S.969 (976).

223 Vgl. BGH St 41,64 ff. = BGH JR 1996, S.515 (516) zu § 110b StPO; aus diesem Grund wird selbst von denjenigen, die einen Beurteilungsspielraum des Anordnenden annehmen, diese Beschränkung des Prüfungsumfanges nicht auf die Bestätigung übertragen; vgl. *Küpper*, JR 1996, S.214 (215) m.w.N.

224 Ausführlich zu ex nunc Wirkung der Kammerbestätigung siehe oben Kap.III Teil 2 II 2 b.

225 Ausführlich Kap.III Teil 2 B 2 b.

tiger Einbeziehung ebenso ausgefallen wäre. Im Nachhinein stellt sich vieles oftmals anders dar als vorher. Die Frage der konkreten Rechtsverletzung wird also trotz späterer Prüfung mit gleichem Ergebnis zu einer nicht mit ausreichender Sicherheit lösbaren hypothetischen Frage. Die nachträgliche Kammerüberprüfung ist mithin keine Verifizierung einer positiven Hypothese einer gedacht vorherigen Kammeranordnung. Zum anderen dient die Beschränkung der Vorsitzendenkompetenz auf Fälle der Gefahr im Verzug dem von der ganzen Kammer wahrzunehmenden präventiven Rechtsschutz, der derartige hypothetische Erwägungen ausschließt[226].

Bis zur Kammerbestätigung erhobene Informationen sind deshalb bei rechtswidriger Annahme von Gefahr im Verzug, unabhängig von den Aussagen im Rahmen der Kammerbestätigung, wie solche ohne Anordnung zu behandeln und folglich nicht zu verwerten.

(II) Wird die Anordnung des Vorsitzenden, die fälschlicherweise ohne Gefahr im Verzug ergangen ist, binnen drei Tagen noch nicht einmal bestätigt (z.B. wegen Erledigung), so unterliegen die gewonnenen Informationen erst recht einem Verwertungsverbot. Anhaltspunkte für eine fehlende Verletzung in concreto liegen dann ja noch nicht einmal vor.
Dies darf jedoch nicht mit den Fällen verwechselt werden, in welchen der Sachverhalt die Eilkompetenz rechtfertigt und die Bestätigung durch die Kammer trotzdem unterbleibt. Hierbei handelt es sich im Grunde nicht um ein Problem unselbständiger Verwertungsverbote, da bis zum Zeitpunkt der Kammerentscheidung das zwischenzeitliche Belauschen mit ordnungsgemäßer Anordnung, mithin rechtsfehlerfrei erfolgte. Man könnte lediglich andenken, ob nicht rückwirkend die Eilanordnung entfällt, wenn die Bestätigung ausbleibt, was in der Wirkung einer rechtswidrigen bzw. fehlenden Anordnung gleichkäme. Eine solche Rückwirkung ist jedoch - wie bereits an anderer Stelle ausgeführt worden ist - mit der ex nunc-Wirkung der Bestätigung im Umkehrschluß abzulehnen[227].

(III) Besteht tatsächlich Gefahr im Verzug, ist die Eilanordnung aber aus anderen Gründen rechtsfehlerhaft, so richtet sich die Verwertung der so gewonnenen Erkenntnisse nur nach dem Schutzzweck des verletzten Tatbestandsmerkmals, unbeeinflußt von einer späteren Bestätigung oder deren Verweigerung durch die Kammer[228]. Hier zeigt sich wiederum deren ex nunc Wirkung. Zum Überblick faßt folgende Graphik die Verwertbarkeit bei Gefahr im Verzug zusammen:

---

226 Vgl. hierzu oben 1 d.
227 Siehe Kap.III Teil 2 III 2 b.
228 Vgl. *Beulke/ Rogat*, JR 1996, S.517 (518).

Graphik:

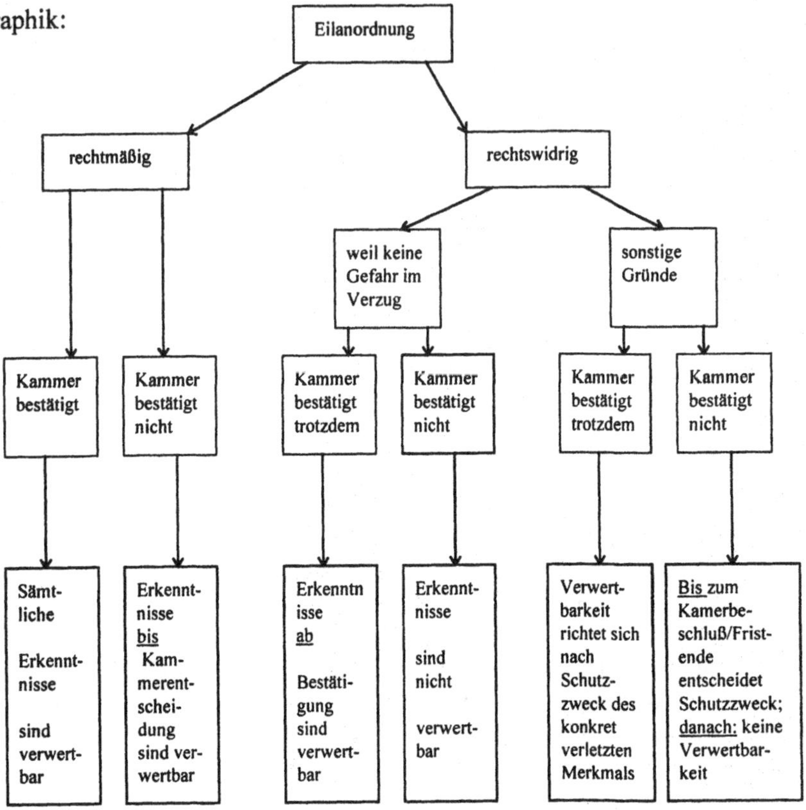

II) Formfehler und ungenügende Angaben zum Inhalt der Anordnung

1) Fehlende Schriftform

In der Literatur wird vertreten, Verletzungen reiner Formvorschriften führten nicht zu Verwertungsverboten[229]. Zum Teil wird allerdings für willkürliche[230] bzw. schwere Verstöße[231] oder bewußte Umgehungen[232] der Vorschriften hier-

229 Statt vieler siehe *Binder*, S.122 m.w.N.; lediglich im Grundsatz z.B. *Beulke*, StPO Rn.475, der dies bezüglich des Lauschangriffs ausdrücklich offen läßt; siehe auch *Meyer-Goßner*, K/M-G StPO, § 100a Rn.21.

230 *Nack*, KK StPO, § 100a Rn.38.

231 *Beulke/ Rogat*, JR 1996, S.517 (520) zu §§ 110b; *Meurer*, S.537 (550) zu § 100b.

232 *Meyer-Goßner*, K/M-G StPO, § 100a Rn.21.

von eine Ausnahmen gemacht. Zumindest auf das Schriftformerfordernis trifft die Verwertbarkeit uneingeschränkt zu. Sie hat nur eine Ordnungs- und Beweissicherungsfunktion[233], dient somit nicht in erster Linie dem Schutz des Grundrechts aus Art.13 GG. Mündlich z.B. am Telefon erteilte Anordnungen bewirken mithin keine Unverwertbarkeit der Erkenntnisse.

2) Ungenügende Angaben zu Art und Umfang der Anordnung

Eine Verwertbarkeit ist im Grundsatz nach der Schutzzwecklehre anzunehmen, wenn die Anordnung formal nicht im rechtlich gefordertem Maße Art und Umfang des Lauschangriffs wiedergibt. Die Angaben in der Anordnung sollen gewährleisten, daß sich die heimliche Ermittlungsmaßnahme im Rahmen des Ergebnisses der richterlichen Abwägung hält und insofern die Ermittlungsbehörden informieren. Ihnen kommt deshalb lediglich der Charakter einer Ordnungsvorschrift zu[234]. Gewährt die Kammer in ihrer Anordnung einen größeren Spielraum als eigentlich zulässig ist, liegt hierin zwar ein Fehler, der jedoch ohne Folgen für den Betroffenen bleibt, solange sich die Ermittlungsbehörden trotzdem innerhalb des gesetzlich erlaubten Bereiches bewegen. Überschreiten die Ermittlungsbehörden wegen fehlender Angaben die Grenzen des Gesetzes oder der Verhältnismäßigkeit, kommt zwar u.U. ein Verwertungsverbot in Betracht, jedoch resultiert dies dann nicht unmittelbar aus der fehlenden Angabe, sondern direkt aus einem Verstoß gegen die entsprechende Norm bzw. das Verhältnismäßigkeitsprinzip, dessen Einhaltung die Angaben in der Anordnung hätten gewährleisten sollen. Diese Fälle sind mithin genauso zu lösen, wie wenn die Anordnung formal ordnungsgemäß wäre, aber ein Abwägungsfehler der Kammer vorgelegen hätte.

Unmittelbar führen rechtswidrig fehlende Angaben zu Art und Umfang der Maßnahme lediglich dann zu Verwertungsverboten, wenn sie derart unklar und lückenhaft sind, daß überhaupt nicht mehr von einer Anordnung zum Lauschangriff gesprochen werden kann. Die vermeintliche Anordnung erfüllt dann nicht mehr die lenkende und kontrollierende Funktion[235]. Das Erfordernis einer richterlichen Anordnung an sich ist nämlich keine Ordnungsvorschrift, sondern dient - wie oben ausgeführt - dem präventiven Indvidualrechtsschutz.

---

233 Vgl. z.B. BGH NStZ 1996, S.48; *Beulke/ Rogat*, JR 1996, S.517 (520); *Quentin*, JuS 1999, S.134 (138) zu § 110b StPO; *v.Stetten*, S.174.
234 Ebenso i.E. *Schlothauer*, StraFo 1998, S.402 (407).
235 Vgl. BVerfGE 42,212 (218 ff.); 44,353 (371).

3) Mangelhafte Begründung

Problematischer gestaltet sich das Schicksal der erlangten Beweise bei fehlender oder fehlerhafter Begründung (§ 34 StPO). Diese bezweckt, bei heimlichen Ermittlungsmaßnahmen gleichsam zu gewährleisten, daß mögliche Interessen der aus der Natur der Sache heraus notwendigerweise nicht vorher gehörten Betroffenen (vgl. Art.19 Abs.4 GG) beachtet werden[236]. Mithin soll die Begründung als notwendiger Bestandteil der richterlichen Abwägung die Wahrung der Verhältnismäßigkeit im Einzelfall präventiv garantieren und so Individualrechte der Betroffen schützen. Die Begründung dient der Aktualisierung des Grundrechtsschutzes. Fehlt sie gänzlich, hat die Kammer mithin keine Abwägung vorgenommen. Es muß ein Verwertungsverbot folgen[237]. Dies ist im Rahmen des präventiven Grundrechtsschutzes genauso zu werten, wie wenn keine richterliche Anordnung erfolgt wäre, da eine unbegründete Anordnung ihren Sinn verliert und zur notariellen Förmlichkeit verkümmert.

Andererseits widerspricht es Sinn und Zweck der Begründungsvoraussetzung, in welcher formelle und materielle Voraussetzungen miteinander verschmelzen, bereits aus jedem Fehler ein Verwertungsverbot abzuleiten. Ansonsten führten materielle Rechtsverstöße, die selber u.U. kein Verwertungsverbot bewirken, mittelbar, da sie zwangsläufig Resultat eines Begründungsfehlers sind, auf diesem Umwege doch zu einem Verwertungsverbot. Deshalb ist mit dem BGH zu Recht bei einem Verstoß gegen die Begründungspflicht nur dann ein Verwertungsverbot annehmen, wenn hierdurch aus einer ex ante-Betrachtung die Anordnung als willkürlich oder nicht mehr vertretbar bezeichnet werden kann[238]. Nur dann ist die individualrechtsschützende Funktion und der den Schutz aus Art.19 Abs.4 GG quasi vorläufig ersetzende Zweck der Begründung im Falle einer Verwertung verletzt. Dies darf jedoch nicht als Anerkennung des Grundsatzes verstanden werden, daß formelle Anordnungsvoraussetzungen grundsätzlich nur bei Willkür oder bewußter Umgehung ein Verwertungsverbot bewirken. Vorliegend ergibt sich diese Einschränkung aus dem Schutzzweck der konkret betroffenen Norm.

Als nicht mehr vertretbar wird man zumeist die Fälle ansehen müssen, in welchen die materiellen Anordnungsvoraussetzungen verletzt sind (z.B. gezieltes Abhören einer Nicht-Katalogtat) und durch hypothetische Alternativerwägungen „geheilt“ werden sollen. Zwar liegt dann eine tatsächliche Anordnung vor,

---

236 So ausdrücklich BGH St 42,103 (106) zu § 110b StPO.

237 Zu unterscheiden ist dies vom bloßen Fehlen der Schriftform; hierzu oben Punkt 1.

238 Vgl. BGH St. 42,103 (105,107) zu § 110b StPO, wobei allerdings keine allzu großen Anforderungen gestellt wurden; siehe auch BVerfG StV 1990, S.555; *Schlothauer*, StraFo 1998, S.402 (407).

die sich jedoch in ihrem Inhalt und ihrer Begründung i.d.R. auf gänzlich andere Tatsachen und Argumente stützt, die einen Lauschangriff gerade nicht zu rechtfertigen vermögen. Dies kann nicht mehr als ausgeübter Grundrechtsschutz aufgefaßt werden[239] und ist regelmäßig einer fehlenden Anordnung gleichzusetzen. Lediglich in Einzelfällen ist bei großer Ähnlichkeit des in der Begründung genannten und des hypothetischen Tatverdachts ein anderes Ergebnis denkbar. Demnach dürfte etwa im oben (unter Punkt A IV 1) dargelegten 2. Beispielsfall trotz Heilung des materiellen Anordnungsfehlers (sexuelle Nötigung ist keine Katalogtat) mittels eines konkreten hypothetischen Kausalverlaufs, der zum Verdacht eines Mordes geführt hätte, die Verwertung der Abhörerkenntnisse unzulässig sein. Eine Begründung für einen Lauschangriff wegen des Verdachts einer sexuellen Nötigung wird regelmäßig derart andere Gesichtspunkte abzuwägen haben, daß es als nicht mehr vertretbar erscheint, hinsichtlich der hypothetischen Ersatzerwägung des Mordverdachts vom Vorliegen einer Begründung auszugehen. Anderes kann man jedoch dann annehmen, wenn sich die vermeintliche sexuelle Nötigung und der Mordverdacht als zusammenhängend darstellen, z.B. der Mord zur Verdeckung des Sexualdelikts diente[240].

Die Verwertung erlangter Beweise verbietet sich daneben auch dann, wenn sich die Begründung aus sonstigen Gründen auf einen in wesentlichen Punkten lükkenhaften oder fehlerhaften Sachverhalt stützt (z.B. wegen defizitärer Unterrichtung durch die Staatsanwaltschaft oder einer selektiven Aktenvorlage[241]). Als wesentlich wird man hierbei eine Information dann ansehen müssen, wenn die vorenthaltenen Umstände zur Ablehnung hätten führen können.

Ein auf die fehlerhafte Begründung gestütztes Verwertungsverbot selber ist hypothetischen Erwägungen nicht zugänglich. Wie die Anordnung dient sie als deren gedanklicher Kern der Aktualisierung des Grundrechtsschutzes. Eine Verwertung stünde deshalb dem bezweckten präventiven Schutz entgegen.

---

239 So aber im Ergebnis BGH St 42,103 (106) zu § 110a,b StPO; hilfsweise wird hierbei auch § 110e StPO (Zufallsfunde) herangezogen, um eine ausreichende Begründung trotz falsch genannter Katalogalternative zu rechtfertigen. Gerade dem ist aber nicht zuzustimmen, da auch ein Zufallsfund eine rechtmäßige Erhebungsmaßnahme voraussetzt.

240 Als weiteres Beispiel führt das „Fehlen" einer Begründung zu einem Verwertungsverbot, wenn sich der in der Anordnung dargelegte Tatverdacht auf § 129 StGB (keine Katalogtat) bezieht und sich mittels Hypothese durch einen Todschlagsverdacht (Katalogtat) ersetzen läßt, der mit der kriminellen Vereinigung in keinerlei Zusammenhang steht. Hingegen steht einer Verwertung nichts entgegen, wenn aufgrund der Ersatzerwägung der Beschuldigten nun als Rädelsführer (§ 129 Abs.4 StGB) der in der Anordnung erwähnten kriminellen Vereinigung einzustufen wäre (Katalogtat).

241 Vgl. BGH NStZ 1997, S.195; LG Stuttgart, NStZ 1993, S.520.

III) Fehlen bzw. Überschreiten der Befristung

Der Grundsatz der Nichterheblichkeit formeller Mängel kann bei einer fehlenden Befristung nach § 100d Abs.4 StPO nicht aufrecht erhalten werden. Wie ausgeführt, bestimmt sich die Intensität des Eingriffs in das Recht auf die räumliche Privatsphäre, der bis hin zur Verletzung des Kernbereichs führen kann, entscheidend nach der Dauer der Maßnahme. Die Befristung bezweckt deshalb, das Ausmaß der Grundrechtsbeeinträchtigung einzugrenzen und sie daneben möglichst auf einen nah an der Kammerentscheidung liegenden Sachverhalt, der zeitlichen Änderungen unterworfen ist, zu stützten, was wiederum den Rechten des Betroffenen zu Gute kommt. Die Notwendigkeit einer ausdrücklichen Verlängerung (§ 100d Abs.4 S.2 StPO) verdeutlicht beides. Die Befristung bezweckt mithin individualrechtlichen Schutz. Eine Anordnung ohne Angabe der Zeitdauer bliebe deshalb in einem essentiellen grundrechtsschützenden Punkt offen[242]. Es kann grundsätzlich statt dessen auch nicht die Vier-Wochen-Frist (§ 100b Abs.4 S.1 StPO) angenommen werden, da es sich hierbei explizit um eine Maximalfrist handelt („höchstens").
Der individualrechtliche Schutzzweck wird aber nicht nur bei Fehlen, sondern auch bei Überschreiten der Frist verletzt. Beides impliziert folglich ein Verwertungsverbot[243]. Dies gilt - entgegen der Rechtsprechung des BGH - auch dann, wenn später erneut eine Anordnung ergeht, so daß wegen deren fehlender Rückwirkung nur eine zeitliche Lücke in der Eingriffslegitimation entsteht[244]. Nach Fristablauf gewonnene Beweise sind wie solche zu behandeln, die gänzlich ohne Anordnung erhoben wurden.
Hypothetische Erwägungen scheiden deshalb wegen des präventiven Rechtsschutzcharakters einer nur gedachten Anordnung aus.

---

242 Vgl. *Quentin*, JuS 1999, S.134 (138) zu § 110b StPO.

243 Vgl. *Rudolphi*, SK StPO, § 100a Rn.26.

244 BGH, NJW 1999, 959 (961) nimmt hingegen bezüglich Maßnahmen nach § 100a StPO, obgleich er die wesentliche Bedeutung der betroffenen Rechte und des damit zusammenhängenden Verfahrensverstoßes betont und ein Verwertungsverbot für naheliegend erachtet, ein solches im Hinblick auf die von ihm vertretenen Abwägungslehre nicht an, insbesondere da die Abhörmaßnahme nicht außerhalb jeglicher richterlicher Prüfung durchgeführt worden und die Lücke lediglich auf Grund eines (auch auf fehlerhaften Rechtsvorstellungen bezüglich der Fristberechnung beruhenden) Versehens entstanden sei, nicht hingegen auf Willkür oder rechtsfehlerhafter Annahme eigener Kompetenzen. Abgesehen davon, daß für die Schwere des Grundrechtseingriffs grundsätzlich das tatsächliche Geschehen und nicht die Motivation der Ermittlungsbehörden entscheidend ist, untermauert diese Entscheidung die fehlende Rechtssicherheit der Abwägunsgslehre.

IV) Ergebnis

Wird der Lauschangriff von einer sachlich unzuständigen Stelle angeordnet, führt dieser Verstoß gegen § 100d Abs.2 StPO zu einem Verwertungsverbot. Eine „Heilung“ mittels hypothetischer Ersatzerwägungen ist nicht möglich. Dies gilt selbst dann, wenn die Anordnung von einem Richter erfolgte oder in Fällen fehlender Eilkompetenz die Kammer die Maßnahme später aufrechterhält. Das Verwertungsverbot aufgrund fehlender Anordnungskompetenz bezieht sich auch auf mittelbare Beweise, ist dort einer heilenden Hypothese allerdings insoweit zugänglich, als das Beweismittel auf einem ganz anderen Weg gefunden worden wäre. Ein Verwertungsverbot greift daneben bei fehlender Befristung oder einer willkürlichen bzw. nicht mehr vertretbaren Begründung, wobei hypothetische Ersatzerwägungen unzulässig sind. Die fehlende Schriftform sowie unzureichende Angaben zu Art, Dauer und Umfang der akustischen Wohnraumüberwachung beeinflussen hingegen die Verwertbarkeit nicht.

C) Die Durchführung des Lauschangriffs

Wie in Kapitel 3 ausführlich dargelegt, kann die Rechtswidrigkeit der Beweiserhebung nicht nur auf Fehlern der Anordnung, sondern auch solchen der Durchführung gründen. Inwieweit hierdurch individualrechtsschützende Normen betroffen sind und inwieweit hieraus Verwertungsverbote resultieren, ist im folgenden darzulegen. Dabei ist eine grundsätzliche Unterscheidung zu treffen. Zum einen kann gegen die gesetzlichen („äußeren“) Schranken des Lauschangriff verstoßen werden, was zuerst zu untersuchen sein wird. Diese Fehler können sowohl in der Anordnung angelegt sein, also vom Kammerbeschluß verursacht (z.B. Raumüberwachung einer Anwaltskanzlei), als auch von Staatsanwaltschaft oder Polizei während der Maßnahme bewirkt werden (z.B. Fortsetzen der Aktion obgleich erkannt wurde, daß ein Anwaltsgespräch überwacht wird). Zum anderen können sich die Strafverfolgungsorgane dergestalt prozeßordnungswidrig verhalten, daß sie die in der Kammeranordnung enthaltenen inhaltlichen Vorgaben („inneren Schranken“), die auch Art und Umfang des Lauschangriffs betreffen, mißachten, so daß es zu einer Inkongruenz von Anordnung und Durchführung kommt[245].

Bezüglich Heilungen bei Verwertungsverboten mittels hypothetischer Ersatzerwägungen gilt es zu differenzieren: Sie sind grundsätzlich zulässig, wenn die Überwachung in der beanstandeten Art und Weise unter bestimmten ande-

---

245 Vgl. *Landau/ Sander*, StraFo 1998, S.397 f.

ren Voraussetzungen grundsätzlich möglich ist (z.B. Abhören von Wohnungen Dritter oder von Zeugnisverweigerungsberechtigten). Hypothetische Ersatzerwägungen scheiden hingegen von vornherein aus, wenn die Erhebung in der beanstandeten Form auch bei anderer Sachverhaltslage nie rechtmäßig wäre. So dürfen z.B. unverdächtige Dritte unter keinen Umständen gezielt in ihrer Wohnung abgehört werden.

I) Verstoß gegen die Zweckbindung auf das Maßnahmeziel

Der Lauschangriff ist an den Strafverfolgungszweck der Tatbestandsaufklärung gebunden. Zweck der Begrenzung ist es, die räumliche Privatsphäre vor anders motivierten Eingriffen zu schützen. Hören die Ermittlungsbehörden etwa ab, um über die erlangten Informationen eine Persönlichkeitsanalyse des Beschuldigten zu erstellen, verstoßen sie gegen diese individualrechtsschützende Zweckbindung, weshalb die erlangten unmittelbaren und mittelbaren Beweismittel nicht verwertet werden dürfen[246].

II) Unzulässige Maßnahmehandlungen

1) Offenheit der Überwachung

Überwachen die Ermittlungsbehörden die Wohnung mit Wissen aber ohne Einwilligung des Grundrechtsinhabers, so verstoßen sie gegen die geforderte Heimlichkeit[247]. Es erscheint fraglich, ob auch offen abgehörte und deshalb vermutlich manipulierte Gespräche durch ein Verwertungsverbot geschützt sind.

Als Zweck des Gebots heimlichen Vorgehens könnte man allein die Wahrheitsfindung im Strafprozeß ansehen. Vermeintlich manipulierte Gespräche sollten nicht abgehört werden[248]. Folglich bestünde kein Beweisverwertungsverbot, da diesem die Funktion des Schutzes der Wahrheit nicht zukommt.

Allerdings dient die Heimlichkeit in nicht weniger erheblichem Maße dem Zweck, die räumliche Privatsphäre und die Menschenwürde zu schützen[249]. Auf den ersten Blick scheint zwar gerade das Gegenteil der Fall zu sein. Anders als etwa eine Wohnungsdurchsuchung unterbricht der Lauschangriff aber nicht nur für kurze Zeit den Ablauf des privaten Lebensalltags, sondern „begleitet" ihn

---

246 So i.E. auch *Schlothauer*, StraFo 1998, S.402 (406). Zur Verwertbarkeit bei präventiven Zwecken siehe die Ausführungen zu § 100f StPO unten Teil 3 C.

247 Siehe Kap.3 Teil 3 B IV.

248 Vgl. *Binder*, S.10 f.

249 Siehe hierzu oben Kap.3 Teil 3 B IV.

gleichsam. Wüßte der Beschuldigte deshalb, daß er abgehört wird, fände in der Wohnung de facto kein Privatleben mehr statt. Offenes Abhören würde deshalb den einzelnen in seiner freien Selbstentfaltung hindern, während heimliches - obgleich dies bei oberflächlicher Betrachtung als stärkerer Eingriff erscheint -, ihm seinen Freiraum (subjektiv) beläßt, solange er sich nicht überwacht fühlt[250]. Ein Verstoß gegen die Heimlichkeit bewirkt mithin ein Verwertungsverbot[251].

2) Unzulässige Vorbereitungs- und Begleitmaßnahmen

§ 100c Abs.1 Nr.3 StPO gestattet - ohne dies ausdrücklich zu erwähnen - diejenigen Maßnahmen, die notwendigerweise mit dem Lauschangriff verbunden sind. So dürfen z.B. Ermitttlungsbeamte zum Anbringen der „Wanze" die Wohnung heimlich betreten, nicht jedoch einen Wohnungseinbruch mit Diebstahl vortäuschen[252]. Auf den ersten Blick erscheint es fraglich, ob Verstöße gegen ungeschriebene Normen überhaupt imstande sind, ein Verwertungsverbot zu begründen. Jedoch verbieten konkludente Ermächtigungen zu Vorbereitungs- und Begleitmaßnahmen nicht an sich erlaubtes staatliches Handeln, sondern gestatten ausnahmsweise an sich verbotenes - da ohne gesetzliche Ermächtigung erfolgendes - grundrechtseingreifendes Tätigwerden der Ermittlungsbehörden. Die Beschränkung auf typischerweise notwendige Vorbereitungs- und Begleitmaßnahmen schützt mithin Grundrechte vor weitergehenden Eingriffen. Sie beinhaltet folglich eine individualrechtsschützende Funktion und impliziert bei Verstößen ein Verwertungsverbot. Die Tatsache, daß nicht gegen vom Gesetzgeber explizit festgeschriebene Normen verstoßen wird, verlangt hierbei keine vorherige Abwägung sämtlicher Interessen. Es handelt sich um einen Verstoß gegen eine Erhebungsvorschrift, deren genauer Inhalt zwar erst aus der Notwendigkeit für den Lauschangriff interpretativ zu ermitteln, deren Schutzzweck aber eindeutig herauszulesen ist. Es fehlt dabei nicht an einer vorherigen gesetzgeberischen Wertung. Vielmehr läßt das Fehlen einer ausdrücklichen Regelung bei der offensichtlichen Notwendigkeit von Vorbereitungs- und Begleitmaßnahmen für eine effektive Wohnraumüberwachung auf eine bewußte Beschränkung auf typischerweise notwendige Maßnahmen schließen. Unzulässige Vorbereitungs- und Begleitmaßnahmen führen zu einem Verwertungsverbot.

---

250 Auf diese Paradoxon wurde bereits bei der Prüfung einer Kernbereichsverletzung hingewiesen; siehe oben Kap. II Teil 1 C VI.

251 Da die Beeinträchtigung mit der Kenntnis des Beschuldigten entsteht, ist es unerheblich, ob die Ermittlungsbehörden weiterhin von der Heimlichkeit ausgehen.

252 Siehe hierzu oben Kap III Teil 2 B III.

Problematisch ist allerdings, inwieweit Alternativerwägungen rechtmäßiger Beweiserlangung zulässig sind. Da unselbständige Vorbereitungs- und Begleitmaßnahmen dem Merkmal der Erfordernis genügen müssen, könnte ein Verstoß - ähnlich zur Argumentation bezüglich der Subsidiaritätsklausel - den hypothetischen Rückgriff auf weniger grundrechtsintensive Maßnahmen ausschließen. Dies hätte zur Folge, daß die Erkenntnisse einer Wohnraumüberwachung auch dann nicht verwertet werden dürften, wenn die „Wanze" statt bei einem vorgetäuschten Einbruch mit an Sicherheit grenzender Wahrscheinlichkeit durch ein heimliches Eindringen hätte angebracht werden können. Jedoch ist das Merkmal der weniger intensiven Grundrechtsbeeinträchtigung nicht Hauptinhalt konkludenter Vorbereitungs- und Begleitmaßnahmen, sondern Teil der erforderlichen Verhältnismäßigkeit, der sämtliche Eingriffsnormen der StPO genügen müssen. Hypothetische unselbständige Vorbereitungs- und Begleitmaßnahmen widersprechen somit nicht Sinn und Zweck konkludenter Ermächtigungen. Sie sind zulässig.
Ohne jegliche Auswirkungen auf die Beweisverwertung bleiben hingegen rechtswidrige Nachbereitungsmaßnahmen zum Ausbau der „Wanze". Ihnen fehlt schon jeder kausale Bezug zur Gewinnung der Information.

III) Kein technisches Mittel zum Abhören und Aufzeichnen

Erfolgt die Wohnungsüberwachung mit technischen Mitteln, die nicht oder nicht nur akustische Signale abhören und aufzeichnen (z.B. Videokamera), so dürfen die auf diese Weise gewonnen Erkenntnisse nicht im Prozeß verwertet werden. Die Beschränkung auf die akustische Überwachungsmittel dient dem Schutz der räumlichen Privatsphäre und besitzt folglich einen individualrechtschützenden Zweck. Hiermit wollte der Gesetzgeber den Bürger vor weitergehenden Eingriffen in die Wohnung bewahren[253]. Da derartige technische Mittel in der StPO keine andere gesetzliche Grundlage finden, die als Eingriffsnorm fungiert, sind hypothetische Ersatzerwägungen rechtmäßiger Beweisgewinnung in Bezug auf unmittelbare Beweismittel bereits abstrakt ausgeschlossen[254]. Allein im Hinblick auf mittelbare Beweismittel sind alternative rechtmäßige Wege denkbar.
Ausgenommen von dem Verwertungsverbot ist jedoch der akustische Informationsanteil mehrfunktionaler Aufzeichnungsgeräte, d.h. z.B. die Tonspur eines

253 BT-DS 13/8650, S.7.

254 BGH St 42,372 (377) hat solche im Falle eines Lauschangriff bei damals noch fehlender Eingriffsnorm nicht einmal angedacht. Zur Begründung des Verwertungsverbotes hat er sich aber zusätzlich auf den schwerwiegenden Eingriff gestützt.

mittels Kamera aufgezeichneten Videofilms[255]. Insoweit ist der Schutzzweck des § 100c Abs.1 Nr.3 StPO in concreto nicht verletzt, da akustische Informationen gerade erhoben werden dürfen. Daneben findet sich in den wohl meisten Fällen ein konkreter hypothetischer Kausalverlauf, wonach die akustischen Informationsanteile auch mit Hilfe eines technischen Mittels, das ausschließlich zum Abhören und Aufzeichnen dient, erlangt worden wären.

IV) Das Abhören unzulässiger Überwachungsobjekte

1) Das Abhören von nicht dem gesprochenen Wort zuzurechnenden Geräuschen

In wohl seltenen Fällen können auch akustische Signale, die nicht dem gesprochenen Wort zuzurechnen sind, von Beweiskraft sein (z.B. ein Knall oder Weinen). War ihre Aufnahme nicht analog § 100c Abs.3 StPO unvermeidbar, so liegt ein Verstoß gegen § 100c Abs.1 Nr.3 StPO vor. Die Beschränkung auf das gesprochenen Wort schützt andere geräuscherzeugende Tätigkeiten in der Wohnung. Diese fallen, wie sonstige andere Tätigkeiten in der Wohnung, in die räumliche Privatsphäre. Ihre rechtswidrige Erhebung verbietet deshalb, sie im Prozeß zu verwerten.

2) Das Abhören Nichtbeschuldigter

Personales Objekt des Lauschangriffs ist allein der Beschuldigte[256]. Der Schutzzweck dieser Beschränkung (§ 100c Abs.1 Nr.3 StPO) ist das Recht auf Privatsphäre Dritter, nicht jedoch des Beschuldigten. Werden unverdächtige Dritte gezielt abgehört, hängt deshalb ein Verwertungsverbot davon ab, ob dieses in seiner Funktion auf den Schutz von Individualrechten des Beschuldigten beschränkt ist.
Zum Teil wird dies am Beispiel des § 55 StPO bejaht. Sofern ihm ein individualrechtsschützender Zweck allein zu Gunsten des Zeugen zugesprochen wird, führe eine Verletzung nur zu einem Verwertungsverbot im anderen Verfahren gegen den Zeugen, nicht hingegen im Beschuldigtenvefahren[257]. Der Beschul-

255 A.A. wohl *Nack*, KK StPO, § 100f Rn.9.
256 Ausführlich oben Kap.III Teil 3 D II.
257 BayObLG St 1984, S.1 (3); *Beulke*, StPO Rn.464; *Kelnhofer*, S.161 f.

digte habe von Rechts wegen gerade keinen Anspruch, aufgrund solcher Beweise nicht verurteilt zu werden[258].

Eine derartige Auffassung greift jedoch im Hinblick auf den Lauschangriff zu kurz, da § 100c Abs.1 Nr.3 StPO und § 55 StPO unterschiedliche Schutzgüter betreffen. § 55 StPO soll verhindern, gegen sich selber aussagen zu müssen und sich so zu belasten. Wird hiergegen durch unterlassene Belehrung verstoßen, geht es nur noch um die Frage, ob die so bekannte Information zum Nachteil des Beschuldigten verwendet werden darf. Dies ist ohne Berührung irgendwelcher Interessen des Zeugen möglich.

Die Grundrechtsproblematik des § 100c Abs.1 Nr.3 StPO bei der Verwertung betrifft aber weniger die be- oder entlastenden Auswirkungen, sondern bereits das Bekanntwerden der Information im Prozeß. Dies ist ein Ausfluß der Privatsphäre des Dritten. Dessen Belange hat der Gesetzgeber bereits bei Abfassung der Erhebungsnorm berücksichtigt und in seine Güterabwägung einbezogen. Er hat ihnen sogar einen höheren Schutz als denen des Beschuldigten zugesprochen, da sie nur im Falle der Unvermeidbarkeit mit in die Maßnahme einbezogen werden dürfen. Dieser erhöhte Schutz darf nicht auf die Beweiserhebung beschränkt bleiben[259]. Ansonsten entstünde ein Wertungswiderspruch. Ein Eingriff in die dynamische Komponente des Persönlichkeitsrechts und des Rechts auf räumliche Privatsphäre erfolgt nämlich auch, wenn die erhobenen Informationen in einen für den Abgehörten fremden Prozeß eingeführt werden. Ausschlaggebend ist die Weitergabe der Information und nicht das Ziel der Verwendung (eigener oder fremder Prozeß). Dies verdeutlicht das Gesetz auch dadurch, daß es den Dritten nicht gänzlich außerhalb des Verfahrens stellt und ihm (wenn auch außerhalb der Hauptverhandlung) teilweise eigene prozeßrechtliche Ansprüche einräumt (§§ 100d Abs.6 S.1, 2.Alt., 101 Abs.1 StPO). Eine Intensivierung der Verletzung schützenswerterer individueller Belange durch die Einführung in den Prozeß darf aber nicht zulässig sein, wenn dies für weniger schützenswerte Rechtspositionen des Beschuldigten verboten ist. Anderes könnte man nur dann annehmen, wenn Verwertungsverbote nur bei Verletzung einer prozessualer Sonderstellung eingriffen[260], was aber bereits an anderer Stelle abgelehnt wurde[261]. Mithin impliziert das gezielte Belauschen Dritter bezüglich der so erlangten Informationen auch im Verfahren gegen den ursprünglichen Beschuldigten ein Verwertungsverbot.

---

258 *Freund*, GA 1993, S.49 (63); siehe auch BGH St 38,302 (303 f.); *Rogall*, ZStW 91 (1979), S.1 (36); *Rudolphi*, MDR 1970, S.93 (99).

259 Dies erkennt *Freud*, GA 1993, S.49 (64), im Grundsatz an.

260 So *Petry*, S.36.

261 Siehe oben Teil 1 B VIII.

Dasselbe ist anzunehmen, wenn der Lauschangriff zwar gegen den Beschuldigten gerichtet ist, Dritte aber in vermeidbarer Art und Weise mit einbezogen werden. Der Schutzzweck des § 100c Abs.3 StPO bewahrt Außenstehende vor Sonderopfern, die über die Unvermeidbarkeit hinausgehen. Das Verwertungsverbot greift jedoch nur soweit, wie die Abhöraktion vermeidbar gewesen wäre. Im übrigen ist keine konkrete Rechtsverletzung gegeben.

3) Abhören von Bereichen, die nicht unter den Schutz des Art.13 GG fallen

Das Merkmal der Wohnung umschreibt einen rechtlich besonders gesicherten Bereich, mithin eine besondere Hürde für den Lauschangriff. Wird diese räumliche Sphäre beim Abhören verlassen, werden die Ermittler in einem weniger geschützten Umfeld tätig, weshalb der Zweck des § 100c Abs.1 Nr.3 StPO kein Verwertungsverbot verlangt.
Das Überwachen außerhalb der Wohnung greift jedoch in das allgemeine Persönlichkeitsrecht des Betroffenen ein, wofür es ebenfalls einer Rechtfertigung nach § 100c Abs.1 Nr.2 StPO bedarf. Liegt eine diesbezügliche Anordnung nicht vor, so müßte ein Verwertungsverbot wegen Verletzung der §§ 100c Abs.1 Nr.2, 100d Abs.1 StPO folgen, welches in paralleler Argumentation zur Wohnraumüberwachung nicht mittels hypothetischer Erwägungen entfallen kann. Die richterliche Entscheidung nach § 100d Abs.1 StPO gewährt, ebenso wie die Kammerentscheidung nach § 100d Abs.2 StPO, präventiven Rechtsschutz.
Allerdings fehlt es dann an einer Verletzung des geschützten Individualrechts im konkreten Fall, wenn der außerhalb des Art.13 GG liegende Bereich und die damit verbundenen Rechtsverletzungen in der Kammeranordnung ausreichend Beachtung gefunden haben. Die Kammer verfügt regelmäßig über dasselbe - wenn nicht sogar noch mehr - Fachwissen zur Anordnung wie der zuständige Ermittlungsrichter. Sie hat zwar nicht die formelle Kompetenz Abhöraktionen außerhalb von Wohnungen anzuordnen. Materiellrechtlich ist § 100c Abs.1 Nr.2 StPO - mit Ausnahme der Katalogtaten §§ 152a, 332, 334 StGB - aber ein Minus zum Lauschangriff. Einer Beweisverwertung steht in diesen Fällen der präventive Rechtsschutz des § 100d Abs.1 StPO nicht entgegen. Ein Verwertungsverbot folgt hingegen zwingend bei willkürlicher Umgehung der Kompetenz des Ermittlungsrichters am AG, da dann ein Verstoß gegen Art.101 Abs.1 S.2 GG vorliegt.

Dieselben Folgen treten hinsichtlich § 100b Abs.1 StPO ein, wenn der überwachte Bereich dem Schutz des Art.10 GG und nicht des Art.13 GG unterfällt (z.B. wird nicht nur die Wohnraumüberwachung mittels eines manipulierten

„Handys", sondern auch gleich die Überwachung der hiermit geführten Telefonate mitangeordnet). Rechtlich liegt dann teilweise keine Wohnungs- sondern eine Telekommunikationsüberwachung vor[262]. Dies ist aber von der Konstellation zu unterscheiden, daß lediglich die Überwachung der Telekommunikation bezweckt ist und hierfür eine den ganzen Raum mit überwachende „Wanze" in Nähe des Telefons angebracht wird[263]. Dann bleibt es eine Wohnraumüberwachung, die allerdings gegen die Subsidiaritätsklausel verstößt, was zur Unverwertbarkeit führt[264].

4) Unberechtigtes Abhören von Wohnungen Dritter

Werden Wohnungen Dritter rechtswidrig abgehört, d.h. unter Verstoß gegen § 100c Abs.2 S.5 StPO, so ist ein Eingriff in Art.13 GG gegeben, vor dem der Wohnungsinhaber geschützt werden soll. Folglich unterliegen die so gewonnenen Beweise einem Verwertungsverbot. Daran vermag auch die Tatsache nichts zu ändern, daß der abzuhörende Beschuldigte selber in diesem Bereich einen geringeren Schutz genießt (Art.2 Abs.1 i.V.m. Art.1 Abs.2 GG), da Beweisverwertungsverbote auch bei der Verletzung von Rechten Dritter eingreifen können. Anders als dies bei § 55 StPO der Fall ist, wird die durch § 100c Abs.2 S.5 StPO geschützte räumliche Privatsphäre aus Art.13 GG auch bei einer Verwertung in einem fremden Prozeß betroffen[265].
Hypothetische Erwägungen, welche die fehlenden Anhaltspunkte für die Voraussetzungen des § 100c Abs.2 S.5 StPO liefern, können ein Verwertungsverbot grundsätzlich heilen[266].

V) Akustische Überwachung trotz Abhörverbote

1) Das Abhören von Berufsgeheimnisträgern

Ein Verwertungsverbot folgt auch, wenn Gespräche mit Berufsgeheimnisträgern in der Wohnung überwacht werden. Dies ergibt sich bereits aus der Syste-

---

262 Siehe oben Kap.II Teil 1 H.

263 Vgl. LG Bremen, StV 1998, S.525 (526).

264 Hierzu oben Kap.III Teil 1 C.

265 Siehe oben VI.

266 Insoweit sind die Gedanken zu materiellen Anordnungsvoraussetzungen übertragbar (siehe oben A). Hieraus folgt auch, daß ein mittelbares Beweismittel, welches über den hypothetischen Weg des Lauschangriffs auf die Beschuldigtenwohnung gewonnen worden wäre, ausgeschlossen ist, da dies dem Rechtsgedanken des subsidiären Zugriffs auf die Wohnung Dritter aus § 100c Abs.2 S.5 StPO unterliefe.

matik des § 100d Abs.3 StPO. Es liegt ein - wenn auch etwas verstecktes - gesetzlich normiertes Verwertungsverbot vor. Ein Rückgriff auf den Schutzbereich ist deshalb nicht mehr notwendig[267]. Ausdrücklich stellt § 100d Abs.3 StPO das Gespräch mit Zeugnisverweigerungsberechtigten nach §§ 52, 53a StPO unter ein selbständiges Verwertungsverbot, sofern eine Interessenabwägung dies gebietet. Unterhaltungen mit Berufsgeheimnisträgern hingegen werden umfassend und ohne vorherige Interessenabwägung geschützt. Sie dürfen noch nicht einmal erhoben werden. Wäre dies aber trotzdem rechtlich möglich, so müßte im Wege eines Erst-Recht-Schlusses aus dem intensiveren Schutz folgen, daß die so erlangten Informationen zwingend, da ohne Interessenabwägung, einem selbständigen Verwertungsverbot unterliegen[268]. Anders ausgedrückt: § 100d Abs.3 S.1 StPO kann als Spezialfall von Satz 2 angesehen werden. Wenn aber ein Verwertungsverbot schon bei rechtmäßiger Erhebung folgen würde, so kann für rechtswidrige Ermittlungsmaßnahmen keine andere Rechtsfolge gelten.

Dies gilt auch für durch den Lauschangriff gewonnene Informationen, die auf Mittäterschaft, Teilnahme, Strafvereitelung, Begünstigung oder Hehlerei hindeuten. Zwar kann man in derartigen Fällen, gerade im Hinblick auf § 100d Abs.3 S.4 StPO, durchaus bezweifeln, ob der Schutzbereich des § 100d Abs.3 S.1 StPO auch derartige Gespräche umfaßt und somit ein geschütztes Rechtsgut in concreto verletzt sein kann. Jedoch beschränkt § 100d Abs.3 S.4 StPO den Schutz des Vertrauensverhältnisses nur, wenn bei der Anordnung der akustischen Wohnraumüberwachung ein entsprechender Tatverdacht vorgelegen hat. Liegt dieser nicht vor, verlangt der Schutzzweck des § 100d Abs.3 S.4 StPO ein Verwertungsverbot. Insoweit besteht kein Unterschied zum Fehlen des Verdachts einer Katalogtat, die erst während des Lauschangriffs entdeckt wird[269].

267 Greift man trotzdem hierauf zurück, gelangt man konsequenterweise ebenso zu einem Verwertungsverbot. § 100d Abs.3 S.3 StPO verdeutlicht den individualrechtschützenden Charakter von § 53a i.V.m. § 100c Abs.1 Nr.3 StPO, da ansonsten kein Verwertungsverbot hierauf gestützt werden könnte. § 53a StPO ist jedoch nur Annex und Umgehungsschutz zu den Vertrauensverhältnissen nach § 53 StPO. Letztere dienen mithin ebenfalls dem Individualrechtsschutz.

268 So *Nack*, KK StPO, § 100c Rn.24, für den Sonderfall, daß nicht vorhersehbar Gespräche mit Berufsgeheimnisträgern abgehört werden.

269 Die Möglichkeit der Heilung mittels hypothetischer Ersatzerwägungen bezüglich den Voraussetzungen des § 100d Abs.3 S.4 1.HS StPO richtet sich nach den selben Grundsätzen, wie sie für materielle Anordnungsvoraussetzungen gelten (Siehe oben A IV). Da jedoch die große Bedeutung des Zeugnisverweigerungsrechts eine eingehende Auseinandersetzung in der Begründung verlangt, folgt faktisch immer gleichzeitig ein nicht zu heilendes Verwertungsverbot wegen Fehlens dieser formellen Anordnungsvoraussetzung (vgl. B III).

2) Abhören bei zu erwartendem Verwertungsverbot

Erfolgt ein Lauschangriff, obgleich für sämtliche zu erwartenden Erkenntnisse ein selbständiges Verwertungsverbot prognostiziert wird, stellt sich die Frage der Verwertbarkeit nur, wenn sich diese Vorhersage nicht bewahrheitet (in anderen Fällen folgt bereits zwingend ein selbständiges Verwertungsverbot.). Es liegt dann zwar eine rechtswidrige Beweiserhebung wegen einen Verstoßes gegen § 100d Abs.3 S.2 StPO vor. Dessen Schutzzweck ist aber auf die ohnehin einem selbständigen Verwertungsverbot unterliegenden Gespräche beschränkt, weil nur deren prognostiziertes Vorliegen überhaupt das Erhebungsverbot begründet. Andere Informationen sind von der Mißachtung des § 100d Abs.3 S.2 StPO rechtlich nicht betroffen und dürfen verwertet werden.

VI) Unverhältnismäßigkeit im Einzelfall

Verstößt die akustische Überwachungsmaßnahme im Einzelfall gegen den Grundsatz der Verhältnismäßigkeit[270], bewirkt dies ein Verwertungsverbot der erlangten Informationen, wenn die konkrete Abwägung der sich widerstreitenden Interessen des Beschuldigten und des Staates an der Strafverfolgung im Einzelfall zuungunsten des letzteren ausfällt. Auf den Schutzzweck einer konkreten verletzten Norm kann nicht zurückgegriffen werden, da eine solche gesetzgeberische Entscheidung nicht existiert[271].

VII) Verstoß gegen den Inhalt der Kammeranordnung

Bisher hat eine Auseinandersetzung mit Verstößen gegen die vom Gesetzgeber ausdrücklich genannten Schranken bei der Durchführung des Lauschangriffs stattgefunden. Nun ist die Frage zu klären, wie es sich auswirkt, wenn die Ermittlungsbehörden Art und Umfang der inhaltlichen Vorgaben der Kammeranordnung überschreiten. Sofern sie hierbei auch gegen die gesetzlichen Tatbestandsvoraussetzungen des Lauschangriffs verstoßen, die einen Individualschutz bezwecken, folgt schon aus diesen Gründen ein Verwertungsverbot. In anderen Fällen stellt sich sie die Frage nach der Verwertbarkeit bei Verstößen gegen inhaltliche Anordnungsvorgaben, z.B. wenn die gesamte Wohnung überwacht wird, obwohl der Kammerbeschluß nur die Observation des Wohnzimmers deckt.

---

270 Siehe Kap.III Teil 4 B.

271 Die Möglichkeit eines Verwertungsverbotes bejaht z.B. auch *Schlothauer*, StraFo 1998, S.402 (406).

Problematisch ist, ob nur Verstöße gegen Vorgaben des Gesetzgebers, sondern auch gegen solche des Rechtsanwenders (hier: Staatsschutzkammer als spezieller Ermittlungsrichter) ein Verwertungsverbot begründen können. Derartige Vorgaben in der Anordnung, die immer Eingriffe in die Kompetenz der Ermittlungsbehörden beinhalten, lassen sich nur mit den intensiven Grundrechtsbeeiträchtigungen rechtfertigen, die für den betroffenen Bürger mit dem Lauschangriff einhergehen[272]. Diese Vorgaben sind im Einzelfall Produkt der Abwägung der Kammer im Hinblick auf den von ihr zu aktualisierenden Grundrechtsschutz. Dieser kann mittels abstrakter Normen nicht durch den Gesetzgebers in ausreichendem Maße selber erfolgen, sondern muß wegen der Situationsabhängigkeit dem Richter übertragen werden, der die Verfassungslage konkretisiert. Die Kammer berücksichtigt hierbei die bei der Beweiserhebung und -verwertung zu erwartenden Grundrechtseingriffe. In der Struktur gleicht das Erstellen der Vorgaben aber der gesetzgeberischen Abwägungstätigkeit, nur geschieht dies auf konkreter statt auf genereller Ebene.

Hat deshalb die im konkreten Fall mißachtete Vorgabe als „Normzweck" den Grundrechtsschutz und nicht lediglich ordnenden Charakter, gebietet dies ein Verwertungsverbot. Auch wenn sich hierin oftmals eine Konkretisierung der Verhältnismäßigkeit widerspiegelt, bedarf es keiner umfassenden Abwägung im Einzelfall mehr, da diese bereits von der Kammer beim Anordnungsbeschluß erfolgte. Dieser besitzt zwar keinen Gesetzesrang. Jedoch würde die Verwertung die Gesetzgeberentscheidung in Frage stellen, wonach der Staatschutzkammer die Konkretisierung des Grundrechtsschutzes übertragen wird. Folglich würde mittelbar gegen § 100b Abs.2 S.3 i.V.m. § 100d Abs.2 S.4 StPO und deren Normzweck - die Gewährleistung des Grundrechtsschutzes mittels der dortigen Vorgaben - verstoßen. Letzteres verlangt ebenfalls bei Mißachtung ein Verwertungsverbot.
Zu beachten ist allerdings, daß es durch die Nichteinhaltung der inhaltlichen Vorgabe für die durch sie geschützte Belange zu einer konkreten Beeinträchtigung kommen muß. So entfällt ein Verwertungsverbot z.B., wenn die Anordnung die Überwachung des Hotelzimmers 13 gestattet, die Besprechung aber vom abergläubischen Verdächtigen kurzfristig in das Zimmer 12 verlegt wird[273], da der Zweck der Eingrenzung auf ein bestimmtes Hotelzimmer bei ansonsten unveränderter Sachlage nicht berührt wird.

---

272 Siehe oben Kap. III Teil 2 C II.

273 Insoweit relativiert sich die unten (Kap.III Teil 2 II 1) festgestellte mangelnde Flexibilität in der Rechtsfolge ihrer Mißachtung.

Teil 3: Selbständige Verwertungsverbote

Nachdem im vorangegangenen Teil dieses Kapitels die Verwertbarkeit rechtsfehlerhaft gewonnener Beweismittel erörtert wurd, ist im folgenden auf die Problematik selbständiger Beweisverwertungsverbote einzugehen. Erfolgt die akustische Wohnraumüberwachung in Einklang mit den einschlägigen Erhebungsvorschriften, wie sie im 3. Kapitel dieser Arbeit beschrieben sind, sind die gewonnenen Erkenntnisse grundsätzlich als Beweise im Hinblick auf die mit dieser Maßnahme bezweckte Straftatenaufklärung verwertbar. Die rechtmäßige Beweiserhebung dient gleichzeitig als Befugnis zur Beweisverwertung. Da der Gesetzgeber hierbei diejenigen Belange des Beschuldigten nicht zu berücksichtigen vermag, deren Gewichtung regelmäßig erst während der Durchführung des Lauschangriff bekannt wird, können hinsichtlich der gewonnenen Beweise dennoch selbständige Beweisverwertungsverbote bestehen.

Dies ist zum einen dann der Fall, wenn die Verwertung den Beschuldigten oder einen Dritten im Kern seiner räumlichen Privatsphäre treffen würde[274], beispielsweise durch das Vorspielen von Tonbändern, die Selbstgespräche wiedergeben.
Zum anderen kann sich ein verfassungsrechtliches Verwertungsverbot aus der Abwägung widerstreitender Interessen ergeben. Während § 100d Abs.3 StPO in Satz 2 lediglich die Existenz selbständiger Verwertungsverbote im Rahmen des Lauschangriffs bestätigt, indem er aus ihrem vermuteten Eingreifen Rückschlüsse auf die Erhebung zieht, nennt Satz 3 einen bestimmten Fall, in welchem ein Verwertungsverbot in Betracht kommt.

A) Das Verwertungsverbot nach § 100d Abs.3 S.3 und S.4, 2.HS StPO

Nach § 100d Abs.3 S.3 StPO dürfen in den Fällen der §§ 52, 53a StPO aus einem Lauschangriff gewonnene Erkenntnisse nur verwertet werden, *„wenn dies unter der Berücksichtigung der Bedeutung des zugrundeliegenden Vertrauensverhältnisses nicht außer Verhältnis zum Interesse an der Erforschung des Sachverhalts oder der Ermittlung des Aufenthaltsort des Täters steht“*.

(I) Das Gesetz nimmt mithin selber keine Abwägung vor, sondern schränkt eine solche auf bestimmte Interessen ein. Eine Möglichkeit eines Verwertungsverbots wird hiermit aber im Grunde anerkannt. Die Abwägungskriterien sind al-

274 *Beulke*, ZStW 103 (1991), S.656 (677), vgl. auch *J.-D. Kühne, Sachs* GG, Art.13 Rn.44 f.; zu den einzelnen Konstellationen siehe Kap.II Teil 1 C VI.

lerdings selber wieder unbestimmt und lassen zur Entscheidung weiterhin viel Raum. Ein Fall des § 53a StPO ist hierbei entsprechend den Ausführungen zu § 100d Abs.3 S.1 StPO anzunehmen[275]. In Fällen des § 52 StPO hat das Abwägungserfordernis der Vorschrift jedoch nur für diejenigen Angehörigen Relevanz, deren ungestörte Kommunikation nicht dem Kernbereich zuzurechnen ist und bereits deshalb zwingend ein Verwertungsverbot verlangt. Da die Aufenthaltsermittlung als Motiv eines Lauschangriffs mit dem Grundgesetz nicht vereinbar ist[276], ist auch vorliegend das staatliche Interesse verfassungskonform auf die Sachverhaltserforschung zu reduzieren.

Auch wenn § 100d Abs.3 S.3 StPO im Ergebnis das Eintreten eines Verwertungsverbotes offen läßt, stellt sich zumindest die Frage, ob tendenziell eher von einem Bestehen oder einem Nichtbestehen des Verwertungsverbots auszugehen ist. Teilweise wird nämlich aus der negativen Formulierung gefolgert, daß i.d.R. von einer Verwertbarkeit ausgegangen werden dürfe[277]. Andererseits ist die Ungleichbehandlung zu den Vertrauensverhältnissen in den Fällen des § 53 StPO, die § 100d Abs.3 S.1 StPO mittels eines Erhebungsverbotes deutlich stärker schützt, wenn auch nicht verfassungswidrig, so doch wenig einsichtig[278]. Die regelmäßige Verwertbarkeit würde diese Kluft nur noch vergrößern und der Bedeutung des Eingriffs in die Vertrauensverhältnisse aus §§ 52, 53a StPO wohl nicht gerecht. § 100d Abs.3 S.4, 2.HS StPO zeigt zudem, daß sich die Verstrickung des Angehörigen bzw. Berufshelfers in die Tat für den Beschuldigten negativ auswirkt. Diese Regelung macht nur Sinn, wenn ein Verwertungsverbot nicht die ohnehin anvisierte Folge aus § 100d Abs.3 S.2 StPO ist. Regelmäßig führt daher die Abwägung zwischen dem staatlichen Interesse an der Erforschung des Sachverhalts und dem Vertrauensverhältnis zu einem Verwertungsverbot.

(II) Ein weiteres Kriterium für die Abwägung liefert der eben erwähnte Satz 4, 2.HS aus § 100d Abs.3 StPO, sofern der Sonderfall der Verstrickung vorliegt. Diese Tatsache wirkt zu ungunsten des Beschuldigten, da das Vertrauensverhältnis weniger Schutz verdient. Trotzdem bleibt im Ergebnis ein Verwertungsverbot möglich. So soll auch nach dem Willen des Gesetzgebers eine Verstrikkung nur „in der Regel für eine Verwertbarkeit der Erkenntnisse sprechen“[279]. Neben den Fällen verstrickter Personen nach §§ 52, 53a StPO findet § 100d Abs.3 S.3, 4 2.HS StPO auf einen vermutlich verstrickten Berufsgeheimnisträ-

275 Siehe hierzu oben Kap. III Teil 3 E I,4.
276 Siehe hierzu oben Kap. III Teil1 C V 2.
277 *Momsen*, ZRP 1998, S.459 (461), der dies allerdings von der Wertung her kritisiert.
278 Siehe oben Kap. III Teil 3 E II.
279 BT-DS 13/9661, S.7.

ger nach § 53 StPO analog Anwendung, da dieser ihnen gegenüber nach der ratio des § 100d Abs.3 S.1 StPO nicht schlechter gestellt werden darf. Für unanwendbar wird ausdrücklich nur das Erhebungsverbot betreffend des Personenkreises nach § 53 StPO erklärt, nicht hingegen die Möglichkeit eines Verwertungsverbotes ausgeschlossen. In äußerst seltenen Fällen ist sogar ein Erhebungsverbot gemäß § 100d Abs.3 S.2 StPO denkbar[280]. Erweist sich der Verstrickungsverdacht des Berufsgeheimnisträgers im nachhinein als falsch, besteht eine dem § 100d Abs.3 S.1 i.V.m. § 53 StPO vergleichbare Interessenlage. Diese ist keiner Abwägung zugänglich, was zwingend zu einem Verwertungsverbot führt. Der gleiche Umkehrschluß folgt aus § 100d Abs.3 S.3 StPO, wenn die Beweiserhebung nur deshalb nicht rechtswidrig war, weil die Einbeziehung eines Berufsgeheimnisträgers in die akustische Wohnraumüberwachung den Ermittlungsbehörden nicht erkennbar gewesen ist[281].

(III) Im Hinblick auf die Fernwirkung eines Verwertungsverbotes nach § 100d Abs.3 S.3 StPO ist entscheidend, ob dieser seinem Zweck nach das Vertrauensverhältnis nur hinsichtlich unmittelbarer Beweismittel schützen soll. Hiervon könnte ausgegangen werden, wenn z.B. gerade die Verwertung von Tonbändern oder Abhörprotokollen einen besonderen Eingriff in das Vertrauensverhältnis darstellten. Die Form des Beweismittels ist jedoch zweitrangig. Entscheidend ist die Mißachtung des Schutzzwecks. Dieser soll nicht nur die wörtliche Wiedergabe verhindern. Anderenfalls bestünde kein wesentlicher Unterschied zu sonstigen nichtöffentlichen Unterhaltungen. Vielmehr schützt § 100d Abs.3 S.3 StPO davor, daß der besonders vertrauliche Gesprächsinhalt zur Strafverfolgung herangezogen wird. Das Vertrauensverhältnis wird aber ebenfalls beeinträchtigt, wenn man hieraus gewonnene Informationen zum Auffinden weiterer Beweismittel heranzieht. Der Schutzzweck des § 100d Abs.3 S.3 StPO verlangt folglich eine Fernwirkung. Eine Verwertbarkeit ist jedoch - anders als bezüglich des unmittelbaren Beweismittels - hinsichtlich des mittelbaren Beweismittels im Wege der Hypothesenbildung möglich, sofern dieses auf einem ganz anderen Weg, also ohne gedacht kausalen Bezug zum verbotenen Beweismittel, erlangt worden wäre[282].

---

280 *Nack*, KK StPO, § 100c Rn.27.
281 *Nack*, KK StPO, § 100c Rn.24.
282 Siehe oben Teil 1 D.

B) Zufallsfunde aus einem repressiven Lauschangriff

I) Einleitung

Einen Sonderfall selbständiger Verwertungsverbote stellen Zufallsfunde dar. Ohne weiteres deckt die Anordnung nach § 100c Abs.1 Nr.3 StPO eine grundrechtseingreifende Informationsverwertung nur insoweit, als die Funde vom Anfangsverdacht erfaßt sind[283]. Das heißt, sämtliche aus einer rechtmäßigen akustischen Wohnraumüberwachung gewonnenen Beweise können grundsätzlich zur Verfolgung derjenigen Taten des Beschuldigten verwendet werden, zu deren Aufklärung die Maßnahme angeordnet worden ist. Jedoch fördert das Abhören und Aufzeichnen des nicht öffentlich gesprochenen Wortes in Wohnungen gelegentlich auch Erkenntnisse bezüglich anderer Straftaten zu Tage. Es stellt sich deshalb die Frage nach dem Umfang der Verwertbarkeit solcher sog. Zufallsfunde[284], also lediglich bei Gelegenheit eines Lauschangriffs gewonnener Beweise, die keinen Bezug zu der Tat aufweisen, die den Rechtsgrund für die Anordnung des Lauschangriffs abgab.
Dieser Problemkreis ordnet sich nicht in den Bereich der unselbständigen Verwertungsverbote ein, weil die Handlungen der Ermittlungsbehörden rechtsfehlerfrei erfolgten und es lediglich hinsichtlich ihrer Erkenntnisse an der Finalität mangelt[285]. Da der Lauschangriff aber mit der Sachverhaltserforschung der Katalogtat nur einem bestimmten Ziel dient, liegt aufgrund dieser tatbestandlichen Zweckbindung dennoch eine sich originär begründende Verwertungsbegrenzung der gewonnen Zufallserkenntnisse nahe[286]. Nach dem Volkszählungsurteil dürfen Informationen nur für den Zweck verwendet werden, der in der gesetzlichen Ermächtigungsgrundlage vorgesehen ist[287]. Um diese Problematik ausdrücklich zu regeln hat der Gesetzgeber in § 100d Abs.5 S.2 StPO normiert:
„*Personenbezogene Informationen, die durch eine Maßnahme nach § 100c Abs.1 Nr.3 erlangt worden sind, dürfen in anderen Strafverfahren nur verwendet werden, soweit sich bei Gelegenheit der Auswertung Erkenntnisse ergeben, die zur Aufklärung einer in § 100c Abs.1 Nr.3 bezeichneten Straftaten benötigt werden*“.

Diese Verwendungsbeschränkung orientiert sich an der Rechtsprechung des BGH zur Verwertung der Erkenntnisse aus einer Überwachung des Fernmeldeverkehrs. Deren Grundsätze sind insoweit auf den Lauschangriff zu übertra-

283 *Meier*, S.91, 124.m.w.N.
284 BGH St 28, 122 (125).
285 *Kelnhofer*, S.217 f. m.w.N.
286 BGH St 28, 122 (125).
287 BVerfGE 65,1 (46); ebenso BVerfG NJW 2000, S.55 (66); *Schnarr*, StraFo1998, S.217 (221).

gen[288]. Der BGH distanzierte sich schon früh von der Annahme, sämtliche erlangte Erkenntnisse verwerten zu dürfen[289]. Er sah, beeinflußt durch kritischen Stimmen in der Literatur, unter Berücksichtigung der Bedeutung des Art.10 GG eine grundrechtsfreundliche enge Auslegung auch für die Verwertbarkeit als geboten an[290]. Eine dem Wortlaut des § 100d Abs.5 S. 2 entsprechende Regelung, welche den Standpunkt des BGH widerspiegelte, führte deshalb bereits das OrgKG bezüglich der Verwertung von Zufallsfunden bei der Überwachung des Fernmeldeverkehrs (§ 100b Abs.5 StPO), des automatischen Datenabgleichs (§ 98 Abs.3 S.3 StPO) und des nicht öffentlich gesprochenen Wortes außerhalb von Wohnungen (100d Abs.5 S.1 StPO) ein.

Vor diesem Hintergrund ist zwischen dem selben Verfahren (Anlaßverfahren) und anderen (Folgeverfahren) zu unterscheiden[291]. Neben dieser sachlichen Differenzierung werden in der Literatur noch personelle Verwertungsgrenzen diskutiert[292].
In jedem Fall greift § 100d Abs.5 S.2 StPO nur dann, wenn einer Verwertung der gewonnenen Erkenntnisse zur Aufklärung der gezielt anvisierten Straftat kein Rechtsfehler bei der Erhebung entgegensteht, der bereits die gezielt erhobenen Beweise einem Verwertungsverbot unterwirft. Ist bereits dies gegeben, dürfen Zufallsfunde erst recht nicht verwertet werden, da § 100d Abs.5 S.2 StPO als reine Verwertungsvorschrift eine ordnungsgemäße Beweiserhebung voraussetzt. Ansonsten würde das System der unselbständigen Verwertungsverbote umgangen und ausgehöhlt, wenn z.B. ohne konkreten Verdacht abgehört würde und somit jeder Fund ein zufälliger und deshalb verwertbarer wäre[293].

II) Sachliche Grenzen der Verwertbarkeit

1) Verwertbarkeit im Anlaßverfahren („unechte“ Zufallsfunde)

Aus § 100d Abs.5 S.2 StPO („anderen“) folgt im Umkehrschluß, daß die aus einem Lauschangriff gewonnenen Erkenntnisse im Anlaßverfahren zur Aufklärung sämtlicher Straftaten verwendet werden dürfen, auch wenn sie nicht mit

288 BT-DS 13/8651, S. 36 unter Bezugnahme auf BGH St 26, 298; 27, 255; 28, 122; 29, 23; 32, 10.
289 So noch OLG Hamburg, NJW 1973, S.157; *Schünemann*, NJW 1978, S.407 ff.
290 BGH St 28, 122 (125); vgl. auch *Meurer*, S.537(548).
291 *Beulke*, StPO Rn.472.
292 So z.B. *Baumann/ Brenner*, S.139 ff.; *Kretschmer*, StV 1999, S.221 (226 f.), *Meier*, 47 ff.
293 Noch rigoroser z.B. *Kelnhofer*, S.219, die bereits jeden Rechtsfehler ausreichen läßt; vgl. BGH St 29,23 (25); a.A. wohl BGH St 42,103 (106); *v.Stetten*, S.243.

der Katalogtat identisch sind, deretwegen die Maßnahme angeordnet worden ist.
Insoweit handelt es sich nämlich nicht um „echte" Zufallsfunde[294]. Eine strafprozessuale Ermittlungsmaßnahme wie der Lauschangriff bedarf zwar des Verdachts einer Katalogtat, richtet sich final aber nicht allein auf deren einzelnen materiell - rechtlichen Straftatbestand. Die Maßnahme nach § 100c Abs.1 Nr.3 StPO bezweckt vielmehr die Ermittlung des hiermit verbundenen historischen Vorgangs. Der genaue Umfang, was alles unter dasselbe Verfahren i.S.v. § 100d Abs.5 S.2 StPO fällt, d.h. inwieweit auch Nichtkatalogtaten vom Zweck der Anordnung zum Lauschangriff erfaßt sind, ist indes unklar.

Nach wohl h.A. in der Literatur beinhaltet dies die Tat im prozessualen Sinn[295]. Es gelte, den über die Katalogtat zu bestimmenden Prozeßgegenstand zu erforschen, da er Gegenstand eines einheitlichen Verfahrens sei und nur einheitlich abgeurteilt werden könne[296]. Eine künstliche Aufspaltung zwischen einzelnen Straftatbeständen im Rahmen der Verwertung würde eine vollständige Würdigung des Unrechts und der Schuld vereiteln, da die Katalogtat, verstanden als Prozeßgegenstand, nicht unter allen rechtlichen Gesichtspunkten erforscht werden könnte[297]. Auf Grund dieser Erkenntnisse dürfe das Verfahren nach § 100d Abs.5 S.2 StPO nicht in formellem Sinn aufgefaßt werden, sondern materiell durch die prozessual verstandene Katalogtat. Demnach schichtet die h.A. finale Untersuchungserkenntnisse im selben Verfahren von „echten" Zufallsfunden, die andere Verfahren betreffen, nach dem prozessualen Tatbegriff ab[298].
Andere Vertreter der Literatur ziehen zur Unterscheidung die sich hiermit bis auf wenige Fälle deckende materielle Tateinheit heran[299].

Der BGH vertritt zu dieser Frage eine etwas weitere Formel vom „*Zusammenhang*" mit dem Verdacht einer Katalogtat[300]. Hiernach gehören zum selben Verfahren diejenigen Taten, die einen engen Bezug zu der in der Anordnung aufgeführten Katalogtat aufweisen, „sei es daß eine andere Begehungsform der Katalogtat vorliegt, selbst wenn die abweichende Begehungsform eine

---

294 *Fezer*, StPO II, 16/98; *Kretschmer*, StV 1999, S.221 (223).
295 Vgl. *Rudolphi*, SK StPO, § 100a Rn.24; *Welp*, Jura 1981, S.472 (477).
296 So z.B. *Kretschmer*, StV 1999, S.221 (223); *Störmer*, Jura, 1994, S.621 (624); *Welp*, Jura 1981, S.472 (477).
297 *Kretschmer*, StV 1999, S.221 (223).
298 Vgl. z.B. *Baumann/Brenner*, S.142; *Kretschmer*, StV 1999, S.221 (223); *Nack*, KK StPO, § 100a Rn.43 ff.; *Meier*, S.95 ff.,103; *Rudolphi*, SK StPO, § 100a Rn.24; *Schäfer*, L/R StPO, § 100a Rn.32; *Welp*; Jura, 1981, S.472 (476); a.A. *Wolter*, *Kaufmann*-GS, S.761 (762 ff.).
299 *Eisenberg*, StPO Rn.2296.
300 Ständige Rspr. zu § 100a StPO, siehe z.B. BGH St 26, 298 (300 ff.); 28, 122 (125); 29,23 (24); vgl. *Wolter*, SK StPO, vor § 151, Rn.184

Überwachung nicht zulassen würde, sei es daß Tateinheit vorliegt oder ein solcher Zusammenhang mit der Katalogtat, daß Tatidentität i.S. von § 264 StPO anzunehmen ist"[301]. Im Spezialfall des Verdachts einer Tat nach §§ 129 Abs.4 oder 129a StGB sollen mit diesen in Zusammenhang auch diejenigen Taten stehen, auf deren Begehung die kriminelle bzw. terroristische Vereinigung abzielt[302].
Insbesondere wegen dieser Ausweitung über die prozessuale Tat oder Fälle der Idealkonkurrenz hinaus ist die Formel von Zusammenhang in der Literatur auf Kritik gestoßen[303]. Sie sei unscharf und für eine klare Festlegung der Verwertungsmöglichkeiten ungeeignet. Daneben unterlaufe sie die Beschränkungen des Kataloges[304].
Da jedoch der Gesetzgeber ausdrücklich die Rechtsprechung des BGH bei der Regelung des § 100d Abs.5 S.2 StPO übernehmen[305] und bereits beim OrgKG mit gleichlautenden Zufallsfundnormen anderer Ermittlungsmaßnahmen die frühere Rechtsprechung inhaltlich nicht ändern wollte[306], ist die Verwertung von Zusammenhangstaten dennoch zu gestatten. Die alleinige Beschränkung auf den viel diskutierten und nicht minder problematischen prozessualen Tatbegriff bzw. den der Tateinheit vermag die Klärung des Sachproblems zudem auch nicht sicherer zu gestalten[307].

Demnach dürfen Erkenntnisse auch hinsichtlich Nichtkatalogtaten verwertet werden, wenn ein enger Bezug zu der in der Anordnung aufgeführten Katalogtat besteht, d.h. zwischen beiden Taten ein Zusammenhang i.S. der Rechtsprechung des BGH besteht[308].
Nach absolut h.M. gehören die Anschlußdelikte (§§ 257, 258, 259 StGB) nicht zu den Zusammenhangstaten[309].

301 BGH StV 1998, S.147 (148).
302 Vgl. BGH St 26, 298 (301); 28,122 (125); 30, 317 (320); BGH StV 1998, S.247 (248); *Nack*, KK StPO, § 100a Rn.43 ff., *Meyer-Goßner*, K/M-G StPO, § 100a Rn.18 ff.; *Prittwitz*, StV 1984, S.302 (305); a.A. *Maiwald*, AK StPO, § 100a Rn.13; *Welp*, Jura 1981, S.472 (478).
303 *Meurer*, S.537 (548) m.w.N.
304 So z.B. *Krause, Hanack*-FS, S.221 (245); *Nack*, KK StPO, § 100a Rn.46; vgl. *Rieß*, JR 1983, S.125 (126).
305 BT-DS 13/8651, S.36 unter Bezugnahme auf die einschlägige Entscheidung BGH St 28,122 ff.
306 So dient § 100b Abs.5 StPO laut BT-DS 12/989, S.38 ausdrücklich nur Klarstellungsgründen; siehe auch *Krause, Hanack*-FS, S.221 (244); *Nack*, KK StPO, § 100a Rn.41 m.w.N.
307 *Meurer*, S.537 (549); *Wolter, Kaufmann*-GS, S.761 (762,773).
308 So auch *Müller*, S.226. Zu beachten ist, daß die Anordnung zum Lauschangriff selber weiterhin nur bei Verdacht einer Katalogtat ergehen darf. Hierfür reicht eine Zusammenhangstat nicht aus.
309 BGH St 27,355; *Meyer-Goßner*, K/M-G StPO, § 100a Rn.19; *Kretschmer*, StV 1999, S.221 (223); Welp, Jura, 1981, S.472 (476).

2) Verwertbarkeit im Folgeverfahren („echte“ Zufallsfunde)

In Folgeverfahren können personenbezogene Informationen nach § 100d Abs.5 S.2 StPO als Beweise verwendet werden, sofern es sich um Katalogtaten handelt. Dieser gesetzliche „Normalfall“ eines Zufallsfundes ist z.B. gegeben, wenn ein Lauschangriff wegen des Verdacht eines Totschlags Hinweise auf einen schweren Raub zu Tage fördert[310]. Ausgeschlossen wäre hingegen die Verwertung von Erkenntnissen bezüglich eines einfachen Betrugs[311]. Hiermit trifft das Gesetz eine Ermächtigungsnorm zur Verwertung „echter“ Zufallsfunde.

Ihre dogmatische Herleitung gestaltet sich allerdings uneinheitlich. Weitgehend wird - wie oben bereits ausführlich dargelegt - vertreten, sie auf die Möglichkeit eines „hypothetischen Wiederholungseingriffs“ zu stützen, was nur bei Indentität der Zufallstat mit einer Katalogtat möglich sei[312]. Eine solche Verlaufshypothese finaler Beweiserlangung, die richtigerweise konkret zu bilden wäre[313], müßte jedoch neben der Katalogtat hinsichtlich der Zufallstat hypothetisch auch die fehlende Subsidiarität, den Verdachtsgrad, die Verhältnismäßigkeit und die Kammeranordnung ersetzen[314]. Insbesondere letztere ist hypothetischen Erwägungen aber wegen ihres präventivschützenden Charakters nicht zugänglich[315]. Die dogmatische Grundlage der Zufallsregelung findet sich daher nicht in hypothetischen Erwägungen zur finalen Beweiserlangung, sondern, wie sonstige selbständige Verwertungsverbote, in einer unmittelbaren und umfassenden Abwägung der sich widerstreitenden Interessen des Betroffenen und des staatlichen Interesses an der Strafverfolgung[316]. Genau diese hat der Gesetzgeber selber mit § 100d Abs.5 S.2 StPO vorweggenommen, indem er als entscheidendes Kriterium auf das Katalogtaterfordernis des Zufallsfundes abstellt.

Fraglich ist indes, ob die gesetzgeberische Entscheidung mit dem Grundsatz der Verhältnismäßigkeit in Einklang steht. Auch wenn § 100c Abs.1 Nr.3 StPO die Verwertung von Zufallsfunden nicht selber regelt, so gibt er doch Anhaltspunkte hinsichtlich der Gewichtung der einzelnen Interessen[317]. Hiermit vergli-

---

310 Vgl. BGH St 32,10 ff. zu § 100a StPO; *Maunz*, M/D/H GG, 13.Aufl. Art.10 Rn.49.

311 Vgl. BGH St 26, 302; 27,355 (356) zu § 100a StPO.

312 *Kretschmer*, StV 1999, S.221 (225); *Meurer*, S.537 (548); *Rudophi*, *Schaffstein*-FS, S.433 (450); *Welp*, Jura 1981, S.472 (475); vgl. *Baumann/ Brenner*, S.137 ff.; weitere Nachweise bei *Schröder*, S.149 Fn.2,3; siehe auch oben Teil 2 A IV 1.

313 Siehe oben Teil 2 A IV 1.

314 *Kelnhofer*, S.228 ff, *Schröder*, S.151 ff.

315 Siehe oben Teil 2 B I 1 c.

316 *Kelnhofer*, S.239; a.A. *Schröder*; S.153 unter Annahme einer gedacht rechtswidrigen Beweiserhebung hinsichtlich des Zufallsfundes.

317 Vgl. BGH St 26,298 (303).

chen steht der Beschuldigte einer zufällig entdeckten Tat vordergründig beweisrechtlich schlechter da als derjenige, gegen den der Lauschangriffs gezielt gerichtet war. Die übrigen neben der Katalogtat zur Verwertbarkeit notwendig geforderten Voraussetzungen einer Maßnahme nach § 100c Abs.1 Nr.3 StPO werden gänzlich außer acht gelassen[318].
Diese sind allerdings im Hinblick auf die Angemessenheit der Verwertung von Zufallsfunden bei genauerer Untersuchung zumeist unbeachtlich, da sich die Beurteilungsperspektive geändert hat. Die ex ante zu fordernden Voraussetzungen für die gezielte Überwachung sind hinsichtlich zufälliger Informationen aus der Natur der Sache unmöglich. Insoweit besteht ja gerade die Sonderkonstellation, daß die Ermittlungsbehörden über keine Möglichkeit zur vorherigen Bildung eines konkretisierten Verdachts oder zur Reaktion auf diesen mittels einer richterlichen Anordnung vor Kenntnis des Zufallsfundes verfügen. Die Berücksichtigung derartiger Belange kann deshalb allein aus Sicht der Verwertung und nicht der Erhebung erfolgen. Hinsichtlich des Grundrechtseingriffs bei der Verwertung werden diese aber durch die Existenz des belastenden Zufallsfunds als Abwägungskriterium wertungsmäßig ersetzt, sofern dieser selber wenigstens eine konkretisierte Verdachtslage begründet[319]. Sollte der Gesprächsmitschnitt allerdings nur Gerüchte und vage Andeutungen enthalten, verließe eine Verwertbarkeit den Rahmen des Zumutbaren. Sie ist nicht zu rechtfertigen, wenn die gewonnenen Erkenntnisse noch nicht einmal den Grad an Tatverdacht stützen, der ansonsten schon als Grundlage vor einem Lauschangriff zu verlangen ist. Dies hat jüngst das BVerfG bezüglich der Übermittlung und Verwendung geheimdienstlicher Telefonmitschnitte zu repressiven Zwecken ebenso entschieden[320]. Ob der Zufallsfund jedoch aus einem anderen Strafverfahren oder einer sonstigen rechtmäßigen Überwachung stammt, ist für den Beschuldigten des neuen Verfahrens und dessen Grundrechtsschutz ohne Belang. Eine konkretisierte Verdachtslage wird aber in der Praxis regelmäßig bei Verwertungen von Zufallsfunden gegeben sein, da gering verdächtigende Informationen nicht „benötigt" werden, um eine Katalogtat aufzuklären.

Betreffend des „Benötigt-Werdens" ist die vom Gesetzgeber getroffene Abwägung hinsichtlich des Grundsatzes der Verhältnismäßigkeit so auszulegen, daß die Subsidiaritätsklausel des § 100c Abs.1 Nr.3 StPO beachtet wird. Auch bei der Verwertung erscheint ein Rückgriff auf das in der Wohnung nicht öffentlich gesprochene Wort nur dann angemessen, wenn die Aufklärung des Sachverhaltes der Zufallsfundtat bei deren Entdeckung ansonsten als unmöglich oder un-

318 Krit. *Kelnhofer*, S.233 m.w.N.
319 Vgl. *Welp*, S.225.
320 BVerfG NJW 2000, S.55 (66).

verhältnismäßig erschwert erachtet wird[321]. Hierbei stellt die Verhältnismäßigkeit an die Erschwernis aber geringere Anforderungen, als dies noch vor der Erhebung der Fall wäre, da die belastende Information als sicher feststeht, mithin die Unsicherheit der Prognose entfällt, und eine alternative Beweiserhebung ebenfalls in Grundrechte eingriffe. Deshalb wird z.B. keine Telefonüberwachung als Alternativerhebung anzuordnen, sondern direkt auf das zufällig gewonnene Wohnraumgespräch zurückzugreifen sein.

Entsprechend der Regelung im Anlaßverfahren erstreckt sich die Verwertbarkeit nach h.M. auch im Folgeverfahren auf Nichtkatalogtaten, die in Zusammenhang mit der zufällig entdeckten Katalogtat stehen. Der neue Prozeßgegenstand beschränkt sich ebenfalls nicht auf den materiellen Straftatbestand der Katalogtat, sondern die Verwertungsbefugnis in § 100d Abs.5 S.2 StPO versteht sich als eine solche zur Aufklärung des gesamten Umfangs der Katalogtat als historisches Geschehen[322]. Im übrigen gelten für Zufallsfunde die Regelungen zu selbständigen Verwertungsverboten, wie etwa § 100d Abs.3 StPO, entsprechend.

Im Ergebnis sind „echte“ Zufallsfunde verwertbar, wenn sie sich auf eine Katalogtat des § 100c Abs.1 Nr.3 StPO inklusive Zusammenhangstaten beziehen und zu deren Aufklärung benötigt werden. Letzteres verlangt, daß die Zufallsfunde mindestens eine konkretisierte Verdachtslage begründen müssen und die Wertung der Subsidiaritätsklausel beachtet wird.

3) Die Verwertbarkeit bezüglich Zusammenhangstaten bei Nichterweislichkeit der Katalogtat

Äußerst umstritten ist, ob die zur Erforschung einer Katalogtat gewonnenen Überwachungsergebnisse auch dann zum Nachweis einer Zusammenhangstat herangezogen werden dürfen, wenn das Gericht die Katalogtat als nicht erwiesen erachtet oder die Staatsanwaltschaft bezüglich der Katalogtat noch nicht einmal Anklage erhebt. Die prozessuale Tat wäre somit mit den gemäß § 100c Abs.1 Nr.3 StPO gewonnenen Erkenntnissen aufzuklären, obgleich sich der ursprüngliche Verdacht einer Katalogtat am Ende nicht bestätigt.

Insbesondere die Rechtsprechung, aber auch Teile des Schrifttums, bejahten diese „isolierte“ Verwertung schon vor Einführung der dem § 100d Abs.5

321 Vgl. *Prittwitz*, StV 1984, S.302 (311); *Schröder*, S.155.
322 Vgl. BGH St 32,10 (15) zu § 100a StPO; *Kretschmer*, StV 1999, S.221 (224); *Rudolphi*, SK StPO, § 100a Rn.29; offen gelassen in BGH St 26,298 (302).

S.2 StPO entsprechenden Verwertungsregelungen bezüglich anderer heimlicher Ermittlungsmaßnahmen zumindest insoweit, als Zusammenhangstaten betroffen waren, die zur Zeit der Anordnung und Durchführung der Maßnahme objektiv einen engen Bezug zu der in der Anordnung aufgeführten vermeintlichen Katalogtat aufweisen[323]. So verlange § 129 Abs.4 StGB als Katalogtat auch, die von der kriminellen Vereinigung begangenen Straftaten zu erforschen, weshalb es nach Ansicht des BGH ungereimt wäre, diese Straftaten nicht anhand der gewonnen Erkenntnisse nachweisen zu dürfen. Zudem werde so z.B. vermieden, gänzlich auf eine Bestrafung wegen fehlender Nachweislichkeit des § 129 Abs.4 StGB zu verzichten, obgleich die einzelnen in diesem Rahmen begangenen und nachweisbaren Straftaten vielleicht sehr viel schwererwiegender seien[324]. Da ein Verwertungsverbot bereits die weiteren Ermittlungen einschränken kann, sich gleichzeitig aber eine Verurteilung wegen eines in § 100c Abs.1 Nr.3 StPO aufgelisteten Straftatbestandes während des Verfahrens nicht voraussehen läßt, spricht einiges für einen objektiven Bezug zur Katalogtat im Zeitpunkt der Anordnung bzw. der Beweiserhebung als maßgebliches Kriterium für die Verwertbarkeit.

Diese vom BGH vorgebrachte Argumentation, die im Ergebnis auf einen Schluß von der erweiterten Aufklärungsbefugnis der gesamten prozessualen Tat auf die Verwertung in derartigen Konstellationen hinausläuft[325], ist jedoch rechtsstaatlich äußerst bedenklich. Im Ergebnis reichte so bereits der Verdacht des Zusammenhangs mit einer vermuteten Katalogtat aus, eine Zusammenhangstat zu bejahen. Da die Katalogtat aber gerade nicht nachzuweisen ist, bewirkt dies, die Unschuldsvermutung zu umgehen[326]. Mit Wegfall des Verdachts der Katalogtat entfällt das Bindeglied zwischen der Zusammenhangstat und der gesetzgeberischen Grundentscheidung bezüglich der Verwertung von mittels des Lauschangriffs gewonnener Erkenntnisse, die sich in der Katalogtat als Ergebnis einer Abwägung des Strafverfolgungsinteresses und der Belange des Bürgers manifestiert. Schwere Grundrechtseingriffe, die mit der akustischen Wohnraumüberwachung einhergehen, dienen nicht der Aufklärung allgemeiner Kriminalität. Die verfassungsrechtlich aus der Nähe zum Kernbereich des Art.13 GG folgende restriktive Anwendung des § 100c Abs.1 Nr.3 StPO führt zwar bei Verurteilung wegen einer Katalogtat nicht zu einem Ausschluß von Zusammenhangstaten, da diese miteinander logisch verknüpft sind und das Gewicht der Katalogtat bereits den Grundrechtseingriff vor Gericht rechtfertigt.

---

323 BVerfG NJW 1988, S.1075 f.; BGH St 28, 122 (127); BGH NJW 1979, S.1370 (1371); *Nack*, KK StPO, § 100a Rn.45; *Schäfer*, L/R StPO, § 100a Rn.38.

324 BGH St 28, 122 (128).

325 Krit. *Kretschmer*, StV 1999, S.221 (224).

326 *Prittwitz*, StV 1984, S.302 (306).

Sie verlangt aber, daß ein unbestätigter Verdacht einer Katalogtat nicht als Grundlage der Verwertbarkeit angenommener Zusammenhangstaten dient, da ein adäquates Ziel für den Grundrechtseingriff anläßlich der Beweisverwertung fehlt. Stellt sich nämlich heraus, daß die Taten des Beschuldigten doch kein so gravierendes Unrecht darstellen, entfällt das Übergewicht des Strafverfolgungsinteresses[327].
Trotzdem beschränkt sich die „strenge Akzessorietät"[328] der Zusammenhangstat mit der Nichtkatalogtat nur auf das Folgeverfahren, weil das Gesetz ausdrücklich nur dort die Beschränkung auf Katalogtaten anordnet. Im Anlaßverfahren erklärt es hingegen sämtliche Zufallsfunde für verwertbar, was neben dem Umkehrschluß aus § 100d Abs.5 S.2 StPO auch der ausdrückliche Hinweis in der Gesetzesbegründung auf die einschlägige Entscheidung des BGH zeigt[329]. Diese zu respektierende Entscheidung des Gesetzgebers läßt deshalb keinen Interpretationsspielraum. Dem folgt im Ergebnis nun auch der BGH bezüglich des Folgeverfahrens. Er hat sich in einer neueren Entscheidung bei der Frage nach der Verwertbarkeit von Zufallsfunden, die in Zusammenhang mit einer Katalogtat stehen, wegen der eine Überwachung nicht angeordnet wurde, sondern lediglich hätte angeordnet werden können, gegen eine Verwertung ausgesprochen[330].

Diese Unterscheidung des Gesetzgebers steht auch nicht in Widerspruch zum Grundsatz der Verhältnismäßigkeit. So könnte in Folgeverfahren die mißbräuchliche oder leichtfertige Bejahung des Verdachts einer Katalogtat die Begrenzung auf besonders schwere Straftaten unterlaufen, was Zweifel an einer effektiven Gewährung des Grundrechtsschutzes weckt, solange nicht auch wegen Begehung der Katalogtat selber verurteilt wird[331]. Eine isolierte Verwertung im Folgeverfahren würde Spekulationen über Zusammenhänge zu irgendwelchen konstruierten Katalogtaten, insbesondere zu § 129 Abs.4 StPO, Tür und Tor öffnen und somit der rechtsschützenden Bedeutung der richterlichen Anordnung nicht mehr gerecht werden[332]. Im Anlaßverfahren hat hingegen ex ante eine eingehende Verdachtsprüfung unter Einbeziehung sämtlicher sonstiger Interessen im Einzelfall durch die anordnende Staatsschutzkammer tatsächlich stattgefunden.

---

327 *Krause*, *Hanack*-FS, S.221 (244 f.); *Kretschmer*, StV 1999, S.221 (225); *Meurer*, S.537 (549); *Rudolphi*, SK StPO, § 100a Rn.25; *Welp*, Jura 1981, S.472 (479); *Wolter*, *Kaufmann*-GS, S.761 (771).
328 Begriff nach *Kretschmer*, StV 1999, S.221 (225) in Anlehnung an das materielle Recht.
329 BT-DS 13/8651, S.14 unter Bezugnahme auf BGH St 28, 122 ff.
330 BGH StV 1998, S.147 f.
331 So eines der Hauptargumente gegen die „isolierte" Verwertung; siehe *Meier*, S.65; *Roxin*, StPO, § 34 C IV 4; *Rudolphi*, SK StPO, § 100a Rn.25; *Welp*, Jura 1981, S.472 (476).
332 Vgl. BGH StV 1998, S.147 (148), der dieses Ergebnis allerdings vorwiegend mit einem dem Anordnenden zustehenden Beurteilungsspielraum begründet, weshalb jedwelche hypothetische Ersatzerwägung entfalle, näher zu dieser Ansicht des BGH oben Teil 2 A II.

Im Ergebnis ist somit die „isolierte“ Verwertung von Zusammenhangstaten nur zulässig, wenn diese in engem Bezug zu der in der Anordnung genannten Katalogtat stehen, nicht hingegen bezüglich sonstiger Katalogtaten, die „echte“ Zufallsfunde darstellen.

III) Personelle Grenzen der Verwertbarkeit

Teile des Schrifttums[333] und die Rechtsprechung zur Telefonüberwachung begnügen sich mit den bisher beschriebenen sachlichen Kriterien und schränken die Verwertbarkeit von Zufallsfunden in personeller Hinsicht nicht ein. Dies wird vom Wortlaut des § 100d Abs.5 S.2 StPO auch nicht verlangt. Weder verbietet er, Hinweise aus Gesprächen *von* Dritten zu verwerten[334], deren gezielte Aufnahme zwar verboten, bei Unvermeidbarkeit aber erlaubt ist (§ 100c Abs.3 StPO), noch unterbindet er die Verwertung des Belauschten *gegen* bis dahin unverdächtige Dritte, sofern Hinweise auf eine Katalogtat bzw. ein Zusammenhang zu einer solchen bestehen[335].

Beides stößt in der Literatur auf Widerspruch[336], da sich der Lauschangriff final lediglich gegen den Beschuldigten richtet und rechtlich bereits die Erhebung von Gesprächen Dritter untereinander nicht verlangt, sondern nur im technisch unvermeidbaren Rahmen als notwendiges Übel zugelassen wird. In der Verwertung der Erkenntnisse liegt aber nach Ansicht der Kritiker nur die Fortsetzung und Intensivierung des vorangegangenen Eingriffs, weshalb sie sich an den selben personellen Grenzen zu messen hätte. In diesem Stadium gebe es aber mit Ausnahme des unmittelbaren Gesprächspartners des Betroffenen keine sonstigen unvermeidbar betroffenen Dritten mehr. Deren Sonderopfer sei vielmehr mit einem Verwertungsverbot zu neutralisieren. Folglich dürfe auch nur das Wort des Beschuldigten und seines direkten Gesprächspartners[337] im weiteren oder anderen Verfahren zur Aufklärung der Tat herangezogen und auch nur gegen diese gerichtet verwertet werden. Wegen der mangelnden technischen

333 So z.B. *Krause*, *Hanack*-FS, S.221 (244).
334 Vgl. BGH St 26,298 ff.; St 28,122 (125); 29,23 (24).
335 Dies soll auch bezüglich Dritten gelten, sowohl wenn der Zusammenhang zu der in der Anordnung erwähnten Katalogtat (BGH St 26,298 (302); 28, 122 (129); 29,23 ff.), als auch zu irgendeiner anderen Katalogtat (BGH St 32,10 (15)) besteht; im ersten Fall ist ebenfalls ein „anderes“ Verfahren und insoweit ein „echter“ Zufallsfund gegeben.
336 *Kretschmer*, 226 f.; vgl. zu § 100a StPO *Bottke*, JA 1980, S.748 ff.; *Meier*, S.97, 124; *Prittwitz*, StV 1984, S.302 (308 ff.) zu § 100a StPO; *Welp*, Jura 1981, S.462 (474,482 ff.
337 Insoweit besteht weitgehend Einigkeit, vgl. *Kretschmer*, StV 1999, S.221 (227); a.A. *Schumacher*, S.310; *Welp*, S.225.

Differenzierbarkeit werde ansonsten aus der Not eine Tugend[338]. Es lohnte sich z.B., die technische Ausrüstung hinsichtlich der Stimmbilder während der Durchführung der Maßnahme zu vernachlässigen und die Identifizierung auf später zu verlegen, obgleich dies eine grundrechtsbelastendere Methode darstellt.

Gegen diese Position der personellen Eingrenzung von Zufallsfunden äußert sich der BGH im wesentlichen dahingehend, daß auch diese Dritten hätten überwacht werden können[339]. Ein weiteres Argument, welches sich auf § 100b Abs.6 StPO stützt[340], vermag hingegen schon im Ansatz nicht zu überzeugen. Die dort verankerte Vernichtungsverpflichtung der durch die Maßnahme erlangten, nicht mehr erforderlichen Unterlagen, gibt über deren Umfang keine Auskunft und gestattet somit keine Rückschlüsse auf die Verwertbarkeit[341]. Aber auch die hypothetische Erwägung des BGH geht in ihrer Argumentation fehl. Im Fall der Verwertung des nicht öffentlich gesprochenen Wortes Dritter wäre dessen gedachte Überwachung durch § 100c Abs.2 S.1 StPO gerade ausgeschlossen. Dem Fall der Verwertung gegen Dritte liegt die Überlegung zu Grunde, daß mit dem Zeitpunkt des Beginns der Überwachung, wenn auch erst durch die Überwachung selbst erkannt, gegen den Dritten der Verdacht eine Katalogtat bestand[342]. Dann dürfte aber aus diesem Verdacht heraus das tatsächlich abgehörte Gespräch nicht belauscht werden, da der Beschuldigte und sein Gesprächspartner aus Sicht des neuen Verdächtigen Dritte wären. Somit bliebe nur noch der Fall, daß Dritte abgehört werden und sich selber belasten. Da nun aber eine Hypothese immer konkret zu bilden ist, scheitert eine solche an der notwendigen Anordnung und den sonstigen Voraussetzungen[343].

Dennoch ergibt sich im Ergebnis keine personelle Begrenzung von Zufallsfunden. Es stimmt zwar, daß aus den Erhebungsvorschriften zur Maßnahme nach § 100c Abs.1 Nr.3 StPO für sich betrachtet eine eingeschränkte Verwertung herauszulesen ist. Jedoch gibt § 100d Abs.5 S.2 StPO eine eigene Befugnis für die grundrechtsbeeiträchtigende Verwertung von Zufallsfunden, die allein auf das sachliche Kriterium der Katalogtat abstellt. Diese schließt eine Lücke hinsichtlich der Regelung personeller Aspekte aus, weil die Begründung zum VBOrgKG ausdrücklich auf die Ergebnisse der einschlägigen Rechtsprechung des BGH verweist[344].

---

338 *Meier*, S.75.
339 BGH St 26, 298, (302).
340 BGH St 29,23 (25).
341 *Bottke*, JA 1980, S.748; *Meier*, S.76.
342 *Binder*, S.112; *Schäfer*, L/R StPO § 100a Rn.35.
343 So ausdrücklich kritisch zu BGH St 26, 298 *Baumann/ Brenner*, S.140 Fn.94.
344 BT-DS 13/8651, S.14 unter Bezugnahme auf BGH St 29, 23 ff.

Für Dritte hat dies zur Folge, daß sie ein erhebliches Sonderopfer zu tragen haben, wenn sie, ohne mit dem Beschuldigten gesprochen zu haben, nicht nur zufällig in der Wohnung abgehört werden, sondern auch *ihr* Wort im Prozeß weiteren Personen zugänglich wird. Dennoch ist die gesetzgeberische Entscheidung für ein Zurücktreten hinter das staatliche Interesse an der Strafverfolgung nicht unverhältnismäßig. Zwar verbietet § 100c Abs.2 S.1 StPO das gezielte Abhören Dritter, jedoch können sich die Ermittlungsbehörden in diesem Verfahrensstadium lediglich auf eine Prognose straftatrelevanter Informationen stützen. Der Frage nach der Verwertbarkeit von Zufallsfunden liegen hingegen konkrete verfahrensrelevante Erkenntnisse zu Grunde. Deshalb kommt diesen Gesprächen innerhalb der gesetzgeberischen Abwägung ein derartiges Gewicht zu, daß zu Recht die privilegierte Stellung Dritter entfällt. Eine Ausnahme gilt allerdings, wenn sich der Dritte mit einem Zeugnisverweigerungsberechtigen unterhält, da zu seinen Gunsten die Wertungen des § 100d Abs.3 StPO analog gelten müssen[345]. Um der großen Bedeutung des Art.13 GG im Hinblick auf den Grundsatz der Verhältnismäßigkeit zu genügen, wird man jedoch, wie bereits im Rahmen der Beweiserhebung erörtert wurde[346], einen strengen Maßstab an die Unvermeidbarkeit der Einbeziehung Dritter bei der Durchführung des Lauschangriffs anlegen müssen. Dies ist notwendig, um Umgehungen der Zielbeschränkung auf den Beschuldigten zu vermeiden.

Mit der Gestattung der Verwertung strafrechtlich relevanter Erkenntnisse *gegen* Dritte überschreitet der Gesetzgeber ebenfalls nicht die Grenzen der Verhältnismäßigkeit. Dies ist im Hinblick auf den Gesetzeszweck, der Bandenstrukturen erhellen soll, eher gewünscht. Stammen die Äußerungen aus den gezielt anvisierten Gesprächen des Beschuldigten, werden die Rechte am nicht öffentlich gesprochenen Wort des neuen Verdächtigen noch nicht einmal berührt. Der Beschuldigte des Lauschangriffs und sein Gesprächspartner haben hingegen die Verwertung nach dem oben gesagten als Sonderopfer zu ertragen. Erregt der Dritte innerhalb des unvermeidbar betroffenen Abhörbereichs selber einen Verdacht gegen sich, wäre zwar konkret hypothetisch ein Lauschangriff ausgeschlossen. Wertungsmäßig besteht aber kein Grund, ihn bezüglich der Verwertung gegenüber dem gezielt abgehörten Beschuldigten besser zu stellen, der auf andere eigene Straftaten (Normalfall des Zufallfundes) hinweist. Allein im Rahmen der Subsidiarität bleibt ergänzend zu § 100d Abs.5 S.2 StPO zu prüfen, inwieweit die Verwertung zur Erforschung des Sachverhaltes notwendig oder erheblich erleichternd erscheint.
Im Ergebnis unterliegen Zufallsfunde somit keiner personellen Einschränkung.

---

345 Dies verkennt BGH St 29,23 (25), wonach u.U. sogar ein Eingriff in den Kernbereich erduldet werden müsse; ablehnend auch *Meier*, S.66 ff, 131 ff. zu § 100a StPO.

346 Sieh oben Kap.III Teil 3 D II 2.

IV) Zufallsfunde beim „kleinen" Lauschangriff

§ 110e StPO enthält eine dem § 100d Abs.5 S.2 StPO entsprechende Regelung für Zufallsfunde im Rahmen des Einsatzes eines Verdeckten Ermittlers. Hieraus folgt für einen „kleinen" Lauschangriff jedoch nicht, daß die zufällig entdeckte Tat in die Schnittmenge der jeweiligen Kataloge des § 100c Abs.1 Nr.3 StPO und § 110a StPO fallen muß, sondern es entscheidet der Katalog des Lauschangriffs. Dies folgt aus § 110e 2.HS StPO, der ausdrücklich anordnet, daß § 100d Abs.5 StPO unberührt bleibt.

C) Zufallsfunde aus einem präventiven Lauschangriff und aus einem Sicherungslauschangriff

Mit § 100f Abs.2 StPO und Art.13 Abs.5 GG liegen zwei Normen vor, die das Eingreifen unselbständiger Verwertungsverbote im Strafverfahren regeln, sofern sie aus einer akustischen Wohnraumüberwachung stammen, die eigentlich der Gefahrverhütung bzw. der Sicherung eines nicht offen ermittelnden Beamten dient. Auf die hierbei auftretenden Probleme, die den Bereich der durch den repressiven Lauschangriff auftretenden Erhebungs- und Verwertungsprobleme berühren, soll zu dessen Abrundung im folgenden kurz eingegangen werden.

I) Der präventive Lauschangriff

1) Die Zweckänderungsbefugnis nach § 100f Abs.2 StPO

Ebenso wie die in Kapitel III beschriebene Beweiserhebung unterliegen mittels präventivpolizeilicher Maßnahmen gewonnene Informationen dem Grundsatz aus dem Volkszählungsurteil, nur bereichsspezifisch und präzis bestimmten Verwendungszwecken dienen zu dürfen[347]. Inwieweit derartige Erkenntnisse deshalb in ein Strafverfahren eingehen dürfen, ist eine in Literatur und Rechtsprechung lange Zeit höchst umstrittene Frage gewesen, wie etwa die Reaktionen auf das sog „Blockhüttenurteil"[348] des BGH zeigen[349]. Der Gesetzgeber hat sich nun mit dem im Rahmen des StVÄG (1999)[350] neu gefaßten §§ 161 Abs.1, 163 Abs.1 StPO für eine umfassende Befugnisnorm, die u.U. auch die Verwert-

---

347 BVerfGE 65,1 (46); *Müller*, S.228. *Welp*, NStZ 1995, S.602 (603).
348 BGH StV 1996, S.185 ff.
349 Vgl. *Köhler*, StV 1996, S.186 f.; *Staechelin*, ZRP 1996, S.430 f.; *Welp*, NStZ 1995, S.602 ff.
350 BGBl. I 2000, S.1253.

barkeit mit umfassen könnte, entschieden[351]. Für Informationen aus einem präventiven Lauschangriff wurde jedoch bereits mit dem VBOrgKG eine abweichende Spezialregelung geschaffen, die von den Änderungen des StVÄG (1999) unberührt bleibt[352]. Demnach gestattet § 100f Abs.2 StPO personenbezogene Informationen, die bei Gelegenheit einer polizeirechtlichen Maßnahme erlangt worden sind, nur zu verwerten, wenn die Maßnahme derjenigen nach § 100c Abs.1 Nr.3 StPO „entspricht" und die Informationen zur Aufklärung einer Katalogtat aus § 100c Abs.1 Nr.3 StPO „benötigt" werden.

Eine entsprechende Maßnahme liegt dann vor, wenn sie mittels technischer Mittel akustische Informationen in oder aus der Wohnung abhört und aufzeichnet, mithin der Frage nach dem „Wie" des repressiven Lauschangriffs („Art" der Maßnahme[353]) im wesentlichen gleicht[354]. Ausgeschlossen sind somit insbesondere Informationen aus einer Videoüberwachung[355], obgleich diese präventivpolizeilich verfassungsrechtlich zulässig ist (Art.13 Abs.4 GG ist nicht auf die „akustische" Überwachung begrenzt).

Fraglich ist indes, in welchem Umfang formelle und materielle Anordnungsvoraussetzungen vorliegen müssen. Nach den Gesetzesmotiven ist § 100f Abs.2 StPO eine Ausprägung des hypothetischen Ersatzeingriffs[356], weshalb eine repressive Verwendung nur zulässig sein soll, „wenn die Maßnahme richterlich bewilligt oder genehmigt wurde und die Maßnahme auch in dem Strafverfahren, in dem die Verwendung erfolgen soll, hätte angeordnet werden dürfen"[357]. Demnach wären zumindest sämtliche materiellen Anordnungsvoraussetzungen zu fordern, was sich aber mit dem Inhalt des § 100f Abs.2 StPO gerade nicht deckt, der ausschließlich auf die Katalogtat abstellt[358]. Zudem zeigt das Verlangen einer richterlichen Anordnung eine willkürliche Auswahl der gesetzgeberischen Interpretation der „entsprechenden" Maßnahme, da kein Grund genannt wird, weshalb nicht auch deren Schriftform, Begründung, etc. gegeben sein muß. Die Begründung zum VBOrgKG leitet deshalb in die Irre.

---

351 *Hilger*, NStZ 2000, S.561 (564) macht auf den systematischen Bruch dieser Regelung zu entsprechenden Regelungen in der StPO aufmerksam und wirft die Frage der Verfassungsmäßigkeit auf. Vorliegend kann dies jedoch offen bleiben, da für den Lauschangriff allein die Spezialregelung des § 100f StPO greift.

352 BR-DS 65/99, S.47: „Unberührt bleibt die gleichgerichtete Regelung des § 100f StPO".

353 *Schnarr*, StraFo 1998, S.217 (218).

354 A.A. wohl *Lemke*, HK StPO § 100f Rn.4, der ein Entsprechen in „vollem Umfang" verlangt.

355 Zumindest zweifelnd auch *Schnarr*, StraFo 1998, S.217 (218); vgl. *Nack*, KK StPO § 100f Rn.9.

356 BT-DS 13/8651, S.38; *Meyer/ Hetzer*, NJW 1998, S.1916 (1928); vgl. *Welp*, NStZ 1995, S.602 (604); *Schnarr*, StraFo, 1998, S.217 (223).

357 BT-DS 13/8651, S.15.

358 *Schnarr*, StraFo 1998, S.217 (218), spricht deshalb zurecht davon, daß § 100f StPO nur „Teilaspekte" des hypothetischen Ersatzeingriffs beinhalte.

Vielmehr deuten Wortlaut und Systematik des § 100f Abs.2 StPO an, Anordnungsvoraussetzungen des § 100c Abs.1 Nr.3 StPO bei der Frage des Entsprechens zur Gänze außer acht zu lassen. Sie geben gerade den Grund zur Maßnahme, weshalb man dann fragen müßte, warum letzere nicht tatsächlich auf repressiver Normgrundlage angeordnet wurde. Die aus rechtsstaatlichen Gesichtspunkten wünschenwerte richterliche Anordnung läßt sich zudem auf einem anderen Weg begründen, da die präventive Wohnraumüberwachung selbstverständlich mit Art.13 Abs.4 GG in Einklang stehen muß. Dessen Satz 2 fordert eine, wenn auch nachträgliche, richterliche Entscheidung sogar bei Gefahr im Verzug.
Jedoch muß sich die an repressiv erlangten Zufallsfunden orientierte Entscheidung des Gesetzgebers am Grundsatz der Verhältnismäßigkeit messen lassen. Eine Weitergabe zur repressiven Verwendung ist deshalb nur bei Begründung einer konkretisierten Verdachtslage möglich[359], wobei „benötigt“ - so wie in § 100d Abs.5 S.2 StPO - i.S. der Subsidiaritätsklausel des § 100c Abs.1 Nr.3 StPO zu verstehen ist.
Informationen aus einem präventiven Lauschangriff dürfen mithin repressiv verwertet werden, wenn diese einen konkretisierten Verdacht bezüglich einer Katalogtat begründen und ohne sie die Erforschung des Sachverhalts unverhältnismäßig erschwert oder gar unmöglich wäre.

Zusätzlich darf die entsprechende Präventivmaßnahme polizeirechtlich nicht rechtswidrig sein[360]. Nach der sog. „Blockhüttenentscheidung“ des BGH soll es ausreichen, wenn die Anordnung wirksam und nicht offensichtlich fehlerhaft ist[361]. Mithin genügte bloße Anfechtbarkeit wohl nicht. Eine solche Ansicht deckt sich jedoch nicht mit der Bedeutung des Grundrechts auf räumliche Privatsphäre und dem durch den Lauschangriff erzeugten schweren Eingriff[362]. Zudem erfolgt, anders als z.B. in § 113 StGB, wo situationsbedingt geringere Voraussetzungen an die Rechtmäßigkeit der Vollstreckungshandlung zu stellen sind[363], die Verwertung im Rahmen eines Ermittlungs- oder Gerichtsverfahrens. Dieses eröffnet genügend Gelegenheiten, die polizeirechtliche Maßnahme ein-

---

359 Vgl. BVerfGE NJW 2000, S.55 (66); *Krüßmann*, JA 2000, S.104 (106 ff.).

360 Vgl. *Nack*, KK StPO, § 100f Rn.7, *Welp*, NStZ 1995, S.602. Bezüglich der einzelnen polizeirechtlichen Voraussetzungen muß im Rahmen dieser Arbeit auf andere Publikationen verwiesen werden (Siehe z.B. *Kutscha/ Möritz*, StV 1998, S.565 ff m.w.N.).

361 BGH StV 1996, S.185 (186) mit weiteren zustimmenden und ablehnenden Nachweisen.

362 Falls sich die eingeschränkte Nachprüfbarkeit der präventiven Rechtmäßigkeit auf eine Parallele hinsichtlich des von der Rechtsprechung angenommen Beurteilungsspielraums für den Verdacht bzw. die Subsidiarität bei strafprozessualen Eingriffsnormen stützen sollte, ist dies mit den oben genannten Argumenten (siehe Teil 2 A. II,III) abzulehnen; vgl. hierzu *Schnarr*, StraFo 1998, S.217 (223); *Welp*, NStZ 1995, S.602.

363 *Fischer*, T/F StGB, § 113 Rn.11; vgl. auch *Eser*, S/S StGB, § 113 Rn.21 f.

gehend auf ihre Rechtmäßigkeit zu untersuchen. Wird hierbei ein Verstoß festgestellt, greift § 100f StPO nicht mehr unmittelbar.
Statt jedoch die Verwertbarkeit gänzlich zu verneinen, bemißt sich diese, da eine Zweckänderung grundsätzlich zulässig sein soll und auch Fehler repressiver Maßnahmen nicht automatisch zu Verwertungsverboten führen, wie bei sonstigen selbständigen Beweisverwertungsverboten anhand einer umfassenden Abwägung der im konkreten Einzelfall betroffenen Interessen. Diese hat sich - soweit vergleichbar - an den Ergebnissen zu unselbständigen Verwertungsverboten zu orientieren. So sind beispielsweise mittels einer ohne richterliche Anordnung oder Bestätigung rechtswidrig gewonnene Präventivdaten der Strafverfolgung nicht zugänglich[364].

Gestattet § 100f Abs.2 StPO die strafprozessuale Verwertung, so kann diese dennoch an sonstigen selbständigen Verwertungsverboten scheitern (z.B. § 100d Abs.3 S.3 StPO[365]), da die Zweckänderung die fehlende repressive Erhebung ersetzt, nicht hingegen die Verwertung hinsichtlich sämtlicher Belange abschließend regelt.

2) Die Abgrenzung präventiver und repressiver Lauschangriffe

Sehr problematisch gestaltet sich die Unterscheidung zwischen einem präventiven und repressiven Lauschangriff. Zwischen den einzelnen Zweckbestimmungen läßt sich oftmals keine klare Trennlinie mehr ziehen, da sich präventive und repressive Tätigkeit, die beide in den Aufgabenbereich der Polizei fallen, immer mehr vermischen. Neben dem Bereich der Zweckänderung aus § 100f StPO spielt diese Unterscheidung gleichzeitig die entscheidende Rolle dafür, auf welche Rechtsgrundlage - § 100c Abs.1 Nr.3 StPO oder präventivpolizeiliche Normen - sich der Lauschangriff zu stützen hat.

Klar repressiver Natur sind Fälle, in welchen z.B. wegen Mordverdachts ein Lauschangriff erfolgt, ohne daß Folgetaten zu erwarten sind. Eindeutig präventiv handeln die staatlichen Behörden hingegen, wenn sie zur Beseitigung einer konkreten Gefahr tätig werden und eine spätere Strafverfolgung der Abgehörten von vornherein ausscheidet, weil diese z.B. noch unter 14 Jahren sind.

Probleme ergeben sich hingegen im Bereich der vorbeugenden Kriminalitätsbekämpfung, wozu die Polizeigesetze expressis verbis auch das Sammeln von

---

364 Vgl. *Schnarr*, StraFo 1998, S.217 (223).
365 So auch *Müller*, S.228; *Nack*, KK StPO, § 100f Rn.8.

Daten zum Ermöglichen der Strafverfolgung rechnen[366]. Nach einer Ansicht soll dies als antizipierte Strafverfolgung der StPO zuzuordnen sein, selbst wenn die drohenden Straftaten noch nicht das Stadium des strafbaren Versuchs erreicht haben. Nach anderer Ansicht handelt es sich um eine Ausprägung der präventiven Verbrechensbekämpfung und somit um eine polizeiliche Maßnahme[367]. Mit Art.13 Abs.3 und 4 GG wird indes auf Verfassungsebene klargestellt, daß der repressive Lauschangriff frühestens mit der Strafbarkeit bestimmten Handelns einsetzt („begangen hat"). Eine andere Grenzziehung auf einfachgesetzlicher Ebene erscheint somit nicht angebracht, weshalb vor Einsetzen des strafbaren Versuchs jede Repression ausscheidet[368].

Hierauf aufbauend stellt sich jedoch die Frage, ob die Strafverfolgung selber, die zweifellos spezial- und generalpräventive Wirkung erzeugt, als verschärfte Form der Prävention, mithin als deren Mittel in polizeirechtlichem Sinne angesehen werden darf. Der BGH hat dies bejaht, indem er in seiner „Blockhüttenentscheidung" die Verwertung der bei einem präventiven Lauschangriff gewonnen Informationen deshalb zugelassen hat, weil die Strafverfolgung das allein erfolgsversprechende Mittel gewesen sei, die fortgesetzte Begehung von Straftaten zu unterbinden[369]. Da dies noch vor Erlaß des VBOrgKG geschehen ist, das mit § 100f Abs.2 StPO eine Zweckänderung zuläßt, bedeutet dies, daß der BGH eine solche verneinen und inzident die Anordnung eines Lauschangriffs auf präventiver Normbasis zum Zwecke der Strafverfolgung (als Sonderform der Prävention) anerkennen müßte. Gerade bei der Bekämpfung organisierter Kriminalitätsstrukturen, also im typischen Anwendungsbereich des Lauschangriffs, zeigt sich die Brisanz dieser These. Eine Organisation, die auf die Begehung von Straftaten gerichtet ist, läßt sich regelmäßig am einfachsten durch effektive Strafverfolgung zerschlagen, um so die von ihr ausgehende Gefahr für die Zukunft zu unterbinden.

---

366 *Benfer*, NVwZ 1999, S.237 m.w.N.

367 Vgl. *Kutscha/ Möritz*, StV 1998, S.564 (567), *Schnarr*, StraFo 1998, S.217 (220) jeweils m.w.N.

368 Inwieweit die als Präventivmaßnahme einzuordnende vorbeugende Verbrechensbekämpfung auf die Wohnungsüberwachung als Instrumentarium zurückgreifen darf, kann hier nicht geklärt werden. Jedoch dürfte sich die Überwachungslage regelmäßig eher noch nicht zu einer von Art.13 Abs.4 GG geforderten dringenden Gefahr verdichtet haben. Insoweit hat sich die Verfassungslage durch das GGÄndG (Art.13) für den präventiven Lauschangriff verschärft, da vorher lediglich bezweckt werden mußte, einen Zustand der dringenden Gefahr gar nicht erst eintreten zu lassen, weiterführend *Benfer*, NVwZ 1999, S.237 ff., *Kutscha/ Möritz*, StV 1998, S.564 ff.; vgl. auch SächVerfGH JZ 1996, S.957 (967).

369 BGH StV 1996, S.185 (186).

Eine derartige Vermischung und Negierung der Unterscheidung von Prävention und Repression stößt in der Literatur zu Recht auf heftigste Kritik[370] und läuft der durch das GGÄndG (Art.13) und das VBOrgKG in Art.13 Abs.3 und 4 GG sowie der StPO bestätigten strikten Trennung dieser beiden Bereiche zuwider. Art.13 Abs.3 GG liefe in seinem wesentlichen Teil ins Leere, wenn bereits die weniger strengen Voraussetzungen des präventiven Lauschangriffs zum gleichen Ergebnis führten[371]. Im Ergebnis ist deshalb in diesen Fällen der Strafverfolgung Vorrang einzuräumen[372].

Anders liegt es hingegen, wenn eine echte Gemengelage präventiver und repressiver Belange vorliegt. Dann ist die Strafverfolgung nicht Mittel zum präventiven Zweck, sondern der Grundrechtseingriff dient selber unmittelbar und ohne Umweg über die Repression beiden Bereichen. Er ist doppelfunktional[373]. So kann z.B. bei einer Geiselnahme die akustische Wohnraumüberwachung gleichzeitig sowohl dem Lebensschutz der Geisel als auch der späteren Strafverfolgung des Geiselnehmers (§ 239b StGB) dienen. Gleiches trifft auf das Belauschen einer Verabredung zur Geiselnahme zu (§ 30 Abs.2 i.V.m. § 239b StGB), die eine dringende Gefahr (Art.13 Abs.4 GG) begründet.
Zur Einordnung derartiger Konstellationen in die repressive bzw. präventive Tätigkeit werden im wesentlichen drei Wege vorgeschlagen.

Nach erster Meinung ist nach dem Vorliegen eines Anfangsverdachts abzugrenzen, mithin der Strafverfolgung Vorrang einzuräumen. Rechtsstaatliches Denken gebiete, die Ermächtigung mit den strengeren Anforderungen zur Grundlage des Eingriffs zu machen[374].
Dem widerspricht jedoch, daß eine Gefahrenlage so lange besteht, bis sie abgewendet wird, unabhängig ob hierdurch bereits ein Straftatbestand erfüllt wird oder nicht. Ihre Abwehr ist mehr als ein präventiver Nebeneffekt repressiver Tätigkeit[375]. Gerade die Tatsache, daß präventive Eingriffe regelmäßig geringere Voraussetzungen verlangen, zeigt im Vergleich zur Strafverfolgung einen

370 *Bockemühl*, JA 1996, S.695 ff.; *Köhler*, StV 1996, S.186 f.; *Kutscha/ Möritz*, StV 1998, S.564 (565); *Müller*, S.38f.; *Staechelin*, ZRP 1996, S.430 ff.; *Strate*, StraFo 1999, S.73 (74); *Welp*, NStZ 1995, S.602 ff.
371 *Staechelin*, ZRP 1996, S.430 und *Welp*, NStZ 1995, S.602 (604) sprechen vom damals noch unzulässigen repressiven Lauschangriff durch die präventive „Hintertür".
372 Vgl. *Benfer*, NVwZ 1999, S.237 (238); *Krey*, Rn.197; *Merten*, NJW 1992, S.352 (355); *Wolter*, Jura 1992, S.520 (525).
373 *Krey*, Rn.198; *Nack*, KK StPO, § 100f Rn.10; *Schnarr*, StraFo, S.217 (220).
374 *Benfer*, Rn.22; *ders.* NVwZ 1999, S.237 (238 f.), der jedoch nicht eindeutig zwischen einer Gemengelage und der Prävention durch Repression unterscheidet; vgl. *Nack*, KK StPO, § 110a Rn.10; *Schoreit*, MDR 1992, S.1013 ff.; *v.Stetten*, S.183 ff.
375 *Schnarr*, StraFo 1998, S.217 (220); *Wolter*, Jura 1992, S.520 (526); im Grundsatz a.A. *Benfer*, Rn.22 ff.

erhöhten Wert des präventiv geschützten Rechtsgutes. Dieses gilt es zu bewahren, während die Repression z.T. nur ideelle „Wiedergutmachung" leistet. Es wäre mithin ein Wertungswiderspruch, an den präventiven Schutz erhöhte Anforderungen zu stellen, weil repressiven Aspekte hinzutreten. Ansonsten müßte ein präventiv zulässiger bereits begonnener Lauschangriff bis zur Anordnung nach § 100d Abs.2 StPO unterbrochen werden, weil beim Abhören neben Informationen zur Beendigung der Geiselnahme sich Verdachtsmomente bezüglich § 239b StGB verdichten[376].

Eine zweite Meinung, die in der verwaltungsgerichtlichen Rechtsprechung herrscht, grenzt nach dem Schwergewicht der Maßnahme ab (sog „Schwerpunkttheorie")[377]. Aber auch hier ist - ohne daß auf die einzelnen Aspekte eingehend eingegangen werden kann - nicht einsichtig, weshalb eine präventiv für sich allein rechtmäßige Maßnahme wegen Hinzutretens weiterer Belange, die höchstens noch mehr Gründe für einen Grundrechtseingriff liefern, rechtswidrig werden soll[378].
Vorzugswürdig erscheint deshalb eine dritte Meinung, die eine doppelte Rechtmäßigkeitsprüfung vornimmt und jeweils untersucht, ob der doppelfunktionale Lauschangriff den präventiven und/oder den repressiven Voraussetzungen genügt[379]. Dies nähert sich zwar der „Rosinentheorie", wonach die Polizei sich die hier günstige Rechtsgrundlage heraussucht[380]. Eine Umgehung ist im Falle des repressiven Lauschangriffs aber nicht zu befürchten, da trotz der ansonsten geringeren Voraussetzungen abgehörte Informationen nach Art.13 Abs.4 GG zur Abwehr einer „dringenden" Gefahr beitragen müssen und die Prävention durch Repression als deren Mittel gerade unzulässig ist[381].

Fraglich ist indes, ob die Einordnung als präventiv oder repressiv hinsichtlich der Verwertung aus doppelfunktionalen Lauschangriffen wirklich von Bedeutung ist. So wird die Überlagerung beider Aufgabenbereiche im Tätigkeitsfeld der Polizei betont, die gesetzgeberisch gewollt sei. Hieraus folge zwar nicht Zweckidentität zwischen den aus einer Maßnahme gewonnenen präventiv und

---

376 Vgl. *v.Stetten*, S.185, welche hierbei die „Praxisferne" ihrer Lösung selber erkennt.

377 BVerfGE 47,255 (265); VGH München BayVBl. 1992, S.429 (430); *Scholz*, NStZ 1997, S.197; *Welp*, NStZ 1995, S.602.

378 Vgl. *Gusy*, StV 1991, S.499; *Schnarr*, StraFo 1998, S.217 8220 m.w.N.

379 *Schnarr*, StraFo 1998, S.217 (220 f.); *Vahle*, Kriminalistik 1998, S.378 (381).

380 Vgl. *Gusy*, StV 1991, S.499; *Schoreit*, MDR 1992, S.1013 (1014); *Schnarr*, StraFo 1998, S.217 (219).

381 Eine eindeutige Festlegung auf einen vorrangigen Belang ist rechtlich für die Erhebung (im Gegensatz zur späteren eventuellen Entscheidung über die Rechtswegzuständigkeit) auch nicht notwendig, sondern, da sich die Abhörzwecke ergänzen und nicht kollidieren, im Hinblick auf interne Kompetenzen und Abstimmungen lediglich wünschenswert; vgl. *Krey*, Rn.201.

repressiv verwertbaren Informationen, jedoch bestehe eine innere Verknüpfung zu einen Zweckverband, der die Verwertung der Aufzeichnungen für beide Bereiche eröffnet[382]. Als Folge hieraus fiele die parallele Zweckverfolgung schon gar nicht in den Anwendungsbereich des § 100f StPO. So hält es z.B. *Nack* für durchaus denkbar, bei einer Gemengelage entstandene Videoaufzeichnungen der Straftatbegehung in der Wohnung auch für die Strafverfolgung, eventuell selbst von Nichtkatalogtaten, zu nutzen. Eine solche Dokumentation falle schließlich nicht in den Kernbereich des Art.13 GG[383].
Dies berücksichtigt jedoch nicht den eigenständigen Grundrechtseingriff durch die Verwertung der personenbezogenen Informationen im Strafverfahren, der nicht nur den Kernbereich der räumlichen Privatsphäre achten, sondern auch dem Grundsatz der Verhältnismäßigkeit genügen muß. Das Rechtsgut der effektiven Strafrechtspflege vermag aber nach dem eindeutig geäußerten Willen des Gesetzgebers keine optischen Aufzeichnungen in der Wohnung zu rechtfertigen[384]. Gleiches läßt sich deshalb für die Verwertung vermuten. Das Zweckbindungsgebot ist natürliche Folge aus der Tatsache, daß die Weitergabe und die Verwertung von personenbezogenen Informationen jeweils wieder Grundrechtsbezug aufweisen (dynamische Komponente), weshalb ohne ausdrückliche Verwendungsbefugnis diese nur aus der zulässigen Erhebung folgt und sich auf deren Zweck beschränkt. Deshalb zeigen die unterschiedlichen Erhebungsvoraussetzungen, die zweckgebunden unterschiedlichen Grundrechtsschutz gewähren, daß zwischen Repression und Prävention gerade keine Austauschbarkeit im Verwendungsziel besteht. Die feine Ausdifferenzierung wäre ansonsten unnötig, wenn u.U. geringe repressive Belange die Ergebnisse einer präventivpolizeilichen Überwachung der Strafverfolgung zugänglich machten. Eine Umgehung des § 100c Abs.1 Nr.3 StPO wäre vorprogrammiert. Eine Aufgabenkumulierung bei einer Behörde - zumal bei einer solchen, die nicht allein für die Strafverfolgung zuständig ist, da diese der Polizei nur als Hilfsorgan der präventiv unzuständigen Staatsanwaltschaft zugewiesen ist - vermag deshalb eine Verwertung zu anderen Zwecken ohne Vorliegen entsprechender Tatbestandsvoraussetzungen nicht zu rechtfertigen, genauso wenig wie ein Schluß von der Aufgabe auf die Befugnis zulässig wäre.

Im Ergebnis bemißt sich die Verwertbarkeit von mittels doppelfunktionaler Lauschangriffe gewonnenen Erkenntnissen nach deren Einordnung der Informationserhebung. Liegen die Voraussetzungen des § 100c Abs.1 Nr.3 StPO vor, sind die Erkenntnisse im Anlaßverfahren uneingeschränkt, in sonstigen Verfahren nach Maßgabe der § 100d Abs.5 S.2 StPO zu verwerten. Rechtfertigt sich

382 Vgl. BVerwG NJW 1990, S.2768; *Schnarr*, StraFo 1998, S.217 (221).
383 *Nack*, KK StPO, § 100f Rn.10 f.
384 BT-DS 13/8651, S.14.

dagegen der Lauschangriff allein über präventive Normen, bemißt sich die Verwertbarkeit nach § 100f Abs.2 StPO[385].

II) Der Sicherungslauschangriff (§ 161 Abs.2 StPO)

Art.13 Abs.5 S.2 GG ermächtigt, eine einfachgesetzliche Regelung zur Verwertung der aus einem Sicherungslauschangriff gewonnenen Erkenntnisse zum Zweck der Strafverfolgung zu schaffen. Während der Gesetzgeber von dieser Möglichkeit im Rahmen des VBOrgKG noch keinen Gebraucht machte, findet sich eine solche Norm seit Inkrafttreten des StVÄG (1999)[386] in § 161 Abs.2 StPO. Allerdings beschränkt sich diese auf eine bloße Verwertungsregelung. Auf eine Befugnisnorm zum Sicherungslauschangriff wurde verzichtet.

1) Exkurs: Die Befugnis zum Sicherungslauschangriff

Da weder durch das VBOgKG noch das StVÄG (1999) eine Befugnisnorm zum Sicherungslauschangriff geschaffen wurde, findet sich eine solche in der StPO nicht, obgleich bereits der ursprüngliche Entwurf zum OrgKG von 1992 eine entsprechende Ermächtigungsnorm vorgesehen hatte (§ 100c Abs.3 StPO E)[387]. Für die letztlich verbindliche Fassung wurden die diesbezüglichen Passagen jedoch gestrichen. Der Bundesgesetzgeber nahm an, daß es sich, soweit die Zulässigkeit des Einsatzes technischer Mittel allein zur Einsatzsicherung eines nicht offen ermittelnden Beamten geregelt werde, um eine Maßnahme der Prävention handele, die in den Polizeigesetzen zu regeln sei[388]. Da Informationen zur Eigensicherung gerade nicht zur Strafverfolgung dienten, seien sie präventive Daten und folglich ihre Erhebung, also der Sicherungslauschangriff, präventiv einzuordnen[389]. Diese Gedanken griff man nun im Rahmen des StVÄG (1999) wieder auf, indem mit § 161 Abs.2 in die StPO lediglich eine Verwertungsregelung eingefügte.

Dieser Selbstbeschränkung des Bundesgesetzgebers ist indes nur beschränkt zuzustimmen. Die akustische Wohnraumüberwachung zur Eigensicherung bemißt sich ausschließlich nach den einschlägigen polizeirechtlichen Befugnis-

---

385 Vgl. *Schnarr*, StraFo 1998, S.217 (222). Bei Annahme der „Schwerpunkttheorie" hingegen wäre immer dann auf § 100f Abs.2 StPO abzustellen, wenn der Hauptzweck im präventiven Bereich anzusiedeln ist, unabhängig davon, ob die Voraussetzungen des repressiven Lauschangriffs vorliegen.

386 BGBl. I 2000, S. 1253; in Kraft getreten zum 01.11.2000.

387 BT-DS 12/989, S.12; Gesetzeswortlaut zitiert oben Kap.I Teil 2.

388 BT-DS 12/989, S.58; ebenso *Müller*, S.35 ff.; wohl *Nack*, KK StPO, § 100f Rn.15.

389 *Müller*, S.35 ff.

normen[390], wenn die verdeckt agierende Person selber präventive Ziele verfolgt. Solche Ermächtigungen für die präventivpolizeiliche Gefahrenabwehr gelten zwar selbstredend auch zum Schutz von in der Wohnung nach §§ 110a ff. StPO[391] zu strafprozessualen Zwecken eingesetzten Personen[392]. Insoweit besteht kein Unterschied z.B. zum Schußwaffengebrauch zur Eigensicherung. Aber auch wenn der Sicherungslauschangriff der Gefahrverhütung dient, so erfolgt er gleichzeitig als flankierende Maßnahme zu einer repressiven Tätigkeit. Mit dieser Hauptmaßnahme und ihrem Ziel steht sie in engster Verbindung, weshalb sich, wie *Krey* ausführlich erörtert hat[393], dem Bundesgesetzgeber eine konkurrierende[394] Regelungskompetenz kraft Sachzusammenhangs eröffnet[395].

Seit 1997 erlaubt deshalb zu Recht das bundesgesetzliche BKAG[396], zur Eigensicherung aus Gründen der Strafverfolgung nicht offen tätiger Bediensteter das nicht öffentlich gesprochene Wort auf Anordnung des BKA - Präsidenten auch innerhalb einer Wohnung akustisch abzuhören und aufzuzeichnen. Diesbezügliche verfassungsrechtliche Bedenken sind seit der Einfügung des Art.13 Abs.5 GG, der sich nicht auf präventiv tätige Personen beschränkt[397], ausgeräumt. Insbesondere bedarf es keiner richterlichen Anordnung[398].
Sowohl bei Sicherungslauschangriffen nach dem BKAG als auch nach den einschlägigen präventivpolizeilichen Vorschriften gilt es allerdings zu beachten, daß die technische Überwachung „ausschließlich zum Schutz" der repressiv tätigen Person vorgesehen ist (Art.13 Abs.5 S.1 GG), ansonsten greifen die Vorschriften zum („kleinen") Lauschangriff. Dies gilt - entgegen manchen Stimmen in der Literatur[399] - selbst bei untergeordneten Nebenzwecken, da ansonsten eine Umgehung der verfassungsrechtlich geforderten strengen Voraussetzungen

390 Zu den einzelnen Normen der Länderpolizeigesetze siehe *Müller*, S.33 Fn.205; Ihre Vereinbarkeit mit den Vorgaben der Verfassung, insbesondere Art.13 Abs.5 S.1 GG, wird ungeprüft vorausgesetzt.

391 Inwieweit sonstige Personen (V-Männer und Informanten) zu repressiven Zwecken in Wohnungen heimlich ermitteln dürfen, ist eine bislang noch sehr umstrittene Frage.

392 *Krey*, Rn.297.

393 *Krey*, Rn.289 ff.; vgl. auch *Binder*, S.182, der den repressiven Schwerpunkt betont.

394 Die Kompetenz kraft Sachzusammenhangs schließt die grundsätzliche Länderkompetenz nach Art.30, 70 GG nicht aus, vgl. *Degenhart*, StaR I, Rn.103.

395 Entgegen *Müller*, S.42 f., hat der Verfassungsgesetzgeber mit der Formulierung des Art.13 Abs.5 GG den „Sicherungslauschangriff" nicht ausdrücklich den Polizeigesetzen der Länder zugeordnet, da „ausschließlich zur Sicherung" nichts darüber aussagt, ob sich die Regelungskompetenz nach der Sicherung selber oder nach der zu sichernden Maßnahme richtet.

396 BGBl. I 1997, S.1650.

397 Siehe Kap.I T.1 C.

398 Krit. *Nack*, KK StPO, § 100f Rn.15; siehe auch *Müller*, S.170 f.

399 Siehe z.B. *Nack*, KK StPO, § 100f Rn.17.

der akustischen Wohnraumüberwachung mittels des Sicherungslauschangriffs droht[400].

2) Die Verwertungsregelung

Wie erwähnt machte der Gesetzgeber im Rahmen des VBOrgKG von der Möglichkeit des Art.13 Abs.5 S.2 GG, eine repressiven Verwertungsregelung für mittels eines Sicherungslauschangriffs gewonnener Ergebnisse zu schaffen, noch keinen Gebrauch. § 100f Abs.2 StPO ist hierauf nicht anwendbar[401]. Eine solche hat sich deshalb bis zum StVÄG (1999) allein in § 16 Abs.3 BKAG a.F. befunden, wonach die Informationen im Strafverfahren zu Beweiszwecken nur verwertet werden dürfen, soweit sie zur Verfolgung einer Straftat nach den §§ 221, 212, 239a, 239b oder 316c StGB oder einer der in § 100a S.1 Nr.4 StPO bezeichneten Straftaten erforderlich sind und ein Vorsitzender Richter einer Strafkammer des Landgerichts, in dessen Bezirk das Bundeskriminalamt seinen Sitz hat, zuvor die Rechtmäßigkeit der Maßnahme festgestellt hat.

Seit dem 01.11.2000 gestattet § 161 Abs.2 StPO nunmehr allgemein, „in oder aus einer Wohnung erlangte personenbezogene Informationen aus einem Einsatz technischer Mittel zur Eigensicherung im Zuge nicht offener Ermittlungen auf polizeirechtlicher Grundlage unter Beachtung des Grundsatzes der Verhältnismäßigkeit zu Beweiszwecken“ zu verwenden, „wenn das Amtsgericht, in dessen Bezirk die anordnende Stelle ihren Sitz hat[402], die Rechtmäßigkeit festgestellt hat“. Gleichzeitig hat man den bisherigen § 16 Abs.3 BKAG aufgehoben und durch einen Verweis auf § 161 Abs.2 StPO ersetzt[403]. § 161 StPO enthält somit in seinem zweiten Absatz eine Ausnahmevorschrift zur im ersten Absatz normierten allgemeinen Verwertungsbefugnis präventiv-polizeilicher erlangter Erkenntnisse.

§ 161 Abs.2 StPO umfaßt dabei auch die Eigensicherung repressiv tätiger Personen. Zwar geht dies aus dem Wortlaut („Eigensicherung im Zuge nicht offener Ermittlungen auf polizeilicher Grundlage“) nicht hervor. Jedoch bezieht sich nach der Gesetzesbegründung das Merkmal „auf polizeilicher Grundlage“ nicht auf die verdeckte Tätigkeit in der Wohnung, sondern allein auf die Eigen-

400 Vgl. BT-DS 13/9660, S.4 f.; *Meyer/ Hetzer*, NJW 1998, S.1017 (1025).

401 BT-DS 13/8651, S.15; *Nack*, KK StPO § 100f Rn.16; vgl. *Schnarr*, StraFo 1998, S.217 (218). Der Entwurf zu § 161 Abs.3 StPO E bestätigt dies (BR-DS 65/99, S.5.).

402 Obwohl § 161 Abs.2 StPO ausdrücklich auf § 162 StPO verweist, ist - wie bei der Anordnung eines Lauschangriffs - für die Zuständigkeit gerade nicht der Ort der Ermittlungshandlung maßgeblich.

403 Art.10 StVÄG (1999), BGBl. I 2000 S.1253.

sicherung[404]. Diese wird vom Gesetzgeber - wie oben ausgeführt - unabhängig von der zu sichernden Maßnahme als präventives Handeln angesehen. § 161 Abs.2 StPO soll zudem Art.13 Abs.5 S.2 GG einfachgesetzlich umsetzen, was dessen ausdrückliche Zitierung im Gesetzestext verdeutlicht. Dieser kennt eine Differenzierung nach dem Charakter der nicht offenen Ermittlungen gerade nicht[405].

Mit der richterlichen Nachprüfung vor der Verwertung kommt der Gesetzgeber dem Gebot aus Art.13 Abs.5 GG nach. Hierbei macht er in § 161 Abs.2, 2.HS StPO von der Möglichkeit des Art.13 Abs.5, 2.HS GG Gebrauch, bei Gefahr im Verzug auch die nachträgliche richterliche Zustimmung genügen zu lassen.

Zu beachten ist, daß § 161 Abs.2 StPO seinem Wortlaut nach nicht auf akustische Eigensicherungsmaßnahmen beschränkt ist. Anders als in § 100f Abs.2 StPO muß der Einsatz nicht einer Maßnahme nach § 100c Abs.1 Nr.3 StPO „entsprechen"[406]. Somit sind auch optische Überwachungsergebnisse strafprozessual verwertbar, was Art.13 Abs.5 S.2 GG dem Wortlaut nach deckt. Im Ergebnis könnte dies jedoch einem angemessenen Verhältnis zwischen den Belangen des Betroffenen und dem staatliche Strafverfolgungsinteresse widersprechen, auf dessen Beachtung § 161 Abs.2 StPO ausdrücklich hinweist.
Die Verhältnismäßigkeit im Rahmen der Verwertung soll nach dem Verfassungsgesetzgeberwillen derjenigen entsprechen, die für die Verwertung der nach den Absätzen 3 und 4 des Art.13 GG erlangten Informationen gilt[407]. Zwar betreffen Maßnahmen zur Eigensicherung regelmäßig nur Erkenntnisse, die der zu Beschützende ohnehin mit Kenntnis der zu Beobachtenden selber wahrnehmen kann. Insbesondere ein Eindringen in den Kernbereich scheidet deshalb wohl durch die Verwertung aus. Jedoch kann dies nicht überdecken, daß das staatliche Interesse an der Strafverfolgung eine Videoüberwachung ausdrücklich nicht rechtfertigen sollte[408]. Bei Berücksichtigung des an Intensivität der Grundrechtsbeeinträchtigung kaum mehr zu überbietenden Eingriffs in die räumliche Privatsphäre allein durch die Verwertung ist es nicht ersichtlich, weshalb dies zulässig sein sollte, bloß weil die Informationen bereits erhoben sind. Die Ausgangslage für die abzuwägenden Belange hinsichtlich der strafprozessualen Verwertung ist keine andere als die bezüglich bei Gelegenheit eines präventiven Lauschangriffs nach Art.13 Abs.4 GG gewonnener Informa-

---

404 BR-DS 65/99, S.47.
405 Siehe oben Kap.1 Teil 1 C.
406 Vgl. *Nack*, KK StPO, § 100f Rn.16.
407 BT-DS 13/9660, S.5.
408 BT-DS 13/9650, S.7.

tionen. Hier verlangt aber der Grundsatz der Verhältnismäßigkeit eine Verwertungsbeschränkung auf „entsprechende" Maßnahmen, d.h. akustische Informationen. Ein Wertungswiderspruch bei Verwertung optisch gewonnener Erkenntnisse aus Maßnahmen der Eigensicherung zu §§ 100c Abs.1 Nr.3, 100f Abs.2 StPO ist mithin offensichtlich[409]. Im Ergebnis beschränkt sich deshalb die Verwertbarkeit nach § 161 Abs.2 StPO auf akustisch gewonnene Informationen.

Problematisch im Hinblick auf den Verhältnismäßigkeitsgrundsatz ist, daß der Wortlaut des § 161 Abs.2 StPO keine Begrenzung der Verwertbarkeit auf Katalogtaten enthält. Der ursprüngliche Entwurf zum StVÄG (1999) sah eine solche Einschränkung in Anlehnung an § 16 BKAG a.F. noch vor[410]. Demnach hätten Erkenntnisse aus dem Sicherungslauschangriff nur zur Verfolgung einer Straftat nach §§ 221, 212 239a,239b oder 316c StGB oder einer der in § 100a Satz 1 Nr.4 StPO bezeichneten Taten herangezogen werden dürfen. Da dieser Katalog jedoch als zu eng angesehen wurde, nahm man hiervon wieder Abstand, zumal man sich für eine effektive Strafverfolgung oftmals auf Erkenntnisse aus der Eigensicherung angewiesen wähnte. Stattdessen begnügte sich der Gesetzgeber mit dem ausdrücklichen Hinweis in § 161 Abs.2 StPO auf die „Beachtung des Grundsatzes der Verhältnismäßigkeit". Welche Anforderungen dieser an die aufzuklärende Tat stellt, ist indes unklar.

So könnte man befürworten, eine Verwertung zur Verfolgung über den in 100c Abs.1 Nr.3 StPO genannten Kreis besonders schwerer Straftaten hinaus zuzulassen. Stützen ließe sich dies auf das Argument, daß der Schutz des in Anwesenheit eines nicht offen ermittelnden Beamten geäußerten Wortes von vornherein gemindert sei[411].
Jedoch entspricht dies - ähnlich der Argumentation zu optischen Überwachungserkenntnissen - nicht dem Wertgefüge der StPO. Ansonsten dürfte man auch den „kleinen" Lauschangriff nicht an den Katalog des § 100c Abs.1 Nr.3 StPO binden.

---

409 Ebenso i.E. *Meyer-Goßner*, K/M-G StPO, § 100f Rn.5.

410 § 161 Abs.3 StPO E: „In oder aus einer Wohnung erlangte personenbezogene Informationen aus einem Einsatz technischer Mittel zur Eigensicherung im Zuge nicht offener Ermittlungen auf polizeirechtlicher Grundlge dürfen zu Beweiszwecken nur verwendet werden, soweit es sich um einen Mord oder Totschlag (§§ 211,212 StGB), einen erpresserischen Menschenraub oder eine Geiselnahme (§§ 239a, 239b StGB), einen Angriff auf den Luft oder Seeverkehr (§ 316c StGB) oder eine der in § 100a Satz 1 Nr.4 StPO genannten Straftaten nach dem Betäubungsmittelgesetz handelt" (Art.1 Ziffer.8 StVÄG E (1999) / BR-DS 65/99, S.5).

411 Vgl. *Herdegen*, Anhörung zu BT-DS 13/8650, 13/8651, S.5, *Müller*, S.171.

Aus dem selben Grund scheidet z.B. eine Anlehnung an den Katalog des § 110a StPO aus[412]. Die repressive Verwertung von Zufallsfunden aus einem Lauschangriff unter Anwesenheit eines VE richtet sich gemäß § 110e 2.HS StPO nach dem Katalog der Wohnraumüberwachung. Für das Verhältnis des Strafverfolgungsinteresses zum Grundrechtseingriff durch das prozessuale Verwerten des nicht öffentlich gesprochenen Wortes ist es jedoch unerheblich, ob der bereits erhobene Zufallsfund aus einem Lauschangriff zur Straftatenaufklärung oder zur Eigensicherung stammt.

Deshalb wird zum Teil vertreten, daß es sachgerechter sei, ebenso wie in §§ 100d Abs.2, 100f Abs.2 StPO im Interesse eines Wertungsgleichklangs Erkenntnisse aus der Eigensicherung nur zur Verfolgung solcher Straftaten zu gestatten, für welche auch ein repressiver Lauschangriff in Betracht gekommen wäre[413].
Allerdings übersieht auch diese Meinung, daß der Sicherungslauschangriff an deutlich geringere Voraussetzungen gebunden ist als eine repressive Wohnraumüberwachung. Mit dem Vorwand der ausschließlichen Eigensicherung ließe sich der strenge § 100c Abs.1 Nr.3 StPO somit leicht umgehen, wenn die erlangten Informationen bereits bei jeder Katalogtat über § 161 Abs.2 StPO ins Strafverfahren eingebracht werden könnten. Insbesondere richterlicher Rechtsschutz ist aber grundsätzlich schon vor der Wohnraumüberwachung geboten. Der Sicherungslauschangriff bildet lediglich eine Ausnahme, die deshalb auch keine weiteren Zwecke neben der Eigensicherung erlaubt. Ob solche jedoch bestehen oder beabsichtigt sind, läßt sich in der Praxis für den gemäß § 161 Abs.2 StPO die Rechtmäßigkeit der Maßnahme prüfenden Richter oftmals nicht feststellen. Zudem ist selbst der Gesetzgeber einer Zweckvermengung unterlegen, indem er sich auf das Argument stützte, daß man zur effektiven Strafverfolgung oftmals auf Erkenntnisse aus der Eigensicherung angewiesen sei. Es handelt sich nämlich nur um zufällige Funde, die gerade nicht anvisiert sein dürfen.

Aufgrund der Umgehungsgefahr gebietet deshalb der in § 161 Abs.2 StPO erwähnte Grundsatz der Verhältnismäßigkeit, die repressive Verwertung auf die Verfolgung einer sehr eng begrenzten Anzahl an Straftaten zu beschränken. Hierbei empfiehlt es sich, sich grundsätzlich am Katalog des § 16 Abs.3 BKAG a.F. zu orientieren[414].

---

412 *Hilger*, NStZ 2000, S.561 (564) Fn.56.

413 Vgl. *Müller*, S.171; *Röding*, Anhörung zu BT-DS 13/8650, 13/865, S.7; siehe auch BT-DS 13/9660, S.8.

414 Keine Zweifel an der Verhältnismäßigkeit nährt hierbei die Nichterwähnung § 316c StGB im Katalog des § 100c Abs.1 Nr.3 StPO, da in diesen der Tatbestand des Angriffs auf den Luft- und Seever-

Eine Verwertung kommt nur bei rechtmäßigem Einsatz technischer Mittel zur Eigensicherung in Betracht. Für vergleichende Überlegungen zu den in Teil 2 dieses Kapitels beschriebenen Fehlerfolgen bei rechtswidriger repressiver Wohnraumüberwachung läßt § 161 Abs.2 StPO keinen Raum, da Art.13 Abs.5 S.2 GG die vorherige Feststellung der Rechtmäßigkeit der „Maßnahme" und nicht nur der Verwertung verlangen. Unklar ist indes, ob mit der „Maßnahme" allein auf die Verwendung technischer Mittel zur Sicherung oder auch auf den Einsatz der in der Wohnung nicht offen tätigen Person verwiesen wird. Die Motive verlangen einen rechtmäßigen Einsatz[415]. Auch im Hinblick auf die Bedeutung der räumlichen Privatsphäre und der Gefahr, sie mittels des Sicherungszwecks zu umgehen, ist dem zuzustimmen.

Ergebnis: Die repressiven Verwertung von Zufallsfunden aus einem Sicherungslauschangriff ist gemäß § 161 Abs.2 StPO zulässig. Trotz des weiteren Wortlauts beschränkt sich dies auf Erkenntnisse aus einer akustischen Überwachung, nicht hingegen aus einer optischen. § 161 Abs.2 StPO enthält zwar selber keinen Katalog der Taten, zu deren Aufklärung die Erkenntnisse herangezogen werden dürfen. Jedoch beschränkt der ausdrücklich erwähnte Grundsatz der Verhältnismäßigkeit die Verwertung auf Straftaten nach § 211, 212, 239a, 239b, 316c StGB oder zumindest annähernd schwere Straftaten. Zudem müßte sowohl die Sicherungsmaßnahme, als auch der Einsatz einer nicht offen tätigen Person in der Wohnung rechtmäßig sein.

---

kehr angesichts seines für eine Abwägung relevanten Schutzgutes und Strafmaßes problemlos als besonders schwere Straftat i.S.v. Art.13 Abs.3 GG eingefügt werden könnte. Die fehlende Möglichkeit eine Straftat nach § 316c StGB mittels des repressiven Lauschangriffs aufzuklären, steht folglich nicht in einem Wertungswiderspruch zu der Möglichkeit, hierzu aufgrund eines „Sicherungslauschangriffs" gewonnene Informationen zu verwerten.

415 BT-DS 13/9660, S.5; *Meyer/Hetzer*,NJW 1998, S.1017 (1025).

Zusammenfassung der wichtigsten Erkenntnisse

1.) Die Regelung des repressiven Lauschangriffs in der StPO wird sowohl hinsichtlich der Erhebung als auch der Verwertung von Beweisen im wesentlichen von Art.13 GG bestimmt. Ein Eingriff in diesen erfolgt beim Abhören und Aufzeichnen des in der Wohnung nichtöffentlich gesprochenen Wortes sowie bei der weiteren Verwertung der so erlangten Informationen im Strafverfahren. Da die akustische Wohnraumüberwachung einen gravierenden Eingriff in die räumliche Privatsphäre darstellt, stellt die StPO strenge Anforderungen an diese Maßnahme zur Beweisermittlung.

2.) Aus dem schweren Eingriff in Art.13 GG ist nicht zu schließen, daß dessen Menschenwürdegehalt und somit Art.1 Abs.1 GG berührt wird. Diese Aussage läßt sich auch nicht für bestimmte durch Art.13 GG geschützte Räume und Zimmer treffen. Ein Verstoß gegen Art.1 Abs.2 GG wäre allein dann anzunehmen, wenn dem Einzelnen sein letzter Rückzugsbereich dergestalt genommen würde, so daß er sich nicht mehr traute, sich mit seinem eigenen Selbst auseinander zu setzen. Dies ist bei der akustischen Wohnraumüberwachung grundsätzlich nicht der Fall. Verboten ist jedoch das Abhören im Alleinsein, von Gesprächen mit den vertrautesten Personen sowie ein Überwachen ohne zeitliche Begrenzung.

3.) Hinsichtlich der materiellen Anordnungsvoraussetzungen erfüllt der Katalog des § 100c Abs.1 Nr.3 StPO nicht bezüglich jeder aufgelisteten Straftaten das Gebot, nur besonders schwere Straftaten aufzunehmen. Einige der Tatbestände rechtfertigen deshalb einen Lauschangriff nur dann, wenn neben dem Verdacht ihrer Verwirklichung die Vermutung besteht, daß die Tat im Rahmen der Organisierten Kriminalität begangen wurde. Zur Verwirklichung einer Katalogtat ist es hingegen unerheblich, ob diese lediglich versucht wurde oder ob ein Fall der Teilnahme oder des strafbaren Versuchs der Beteiligung (§ 30 StGB) vorliegt. Jedoch genügt eine Anschlußtat (Hehlerei, Begünstigung, Strafvereitelung) oder eine selbständige strafbare Vorbereitungstat, die selber keine Katalogtat ist, nicht.

4.) Der Lauschangriff unterliegt einer Subsidiaritätsklausel, welche die Aussage enthält, daß dieser regelmäßig nur als „ultima ratio" anwendbar ist. Diese Entscheidung ist in Abhängigkeit zur Erschwernis oder Unmöglichkeit der Sachverhaltserforschung im Falle des Rückgriffs auf andere Ermittlungsmaßnahmen zu treffen. Jedoch ist gegen den Wortlaut des § 100c Abs.1 Nr.3 StPO ein Lauschangriff nicht zu rechtfertigen, wenn ohne diesen lediglich die Ermittlung des Aufenthaltsortes unmöglich bzw. unverhältnismäßig erschwert wäre. Ansonsten bestünde ein Widerspruch zu Art.13 Abs.3 GG. Kommen alternativ zum Lauschangriff Maßnahmen in Betracht, die einer gleich strengen Subsidiaritätsklausel unterliegen, ist die Maßnahme anzuwenden, die im Einzelfall bei größter Erfolgswahrscheinlichkeit am geringsten in die Rechte der Betroffenen eingreift.

5.) Hinsichtlich der formellen Voraussetzungen bedarf der Lauschangriff einer Anordnung durch die Staatschutzkammer am Landgericht. Bei Gefahr im Verzug kann auch eine Eilanordnung durch den Vorsitzenden erfolgen, die binnen dreier Tagen einer Bestätigung der Kammer bedarf. Bleibt diese aus, verliert die Eilanordnung ex nunc ihre Wirkung; bislang erfolgte Maßnahmen bleiben wirksam. Sonstige richterlich anzuordnende Maßnahmen, die in Einzelfällen in engem Zusammenhang mit dem Lauschangriff stehen können, muß zwingend der Ermittlungsrichter am Amtsgericht anordnen. Für den Fall von Gefahr im Verzug, in welchem bereits eine Anordnung zur akustischen Wohnraumüberwachung besteht, die sich jedoch auf andere Wohnobjekte bezieht, ist de lege ferenda eine Eilkompetenz durch die Staatsanwaltschaft wünschenswert. Dieser stünden aus rechtsstaatlichen Gesichtspunkten keine Bedenken entgegen; es bedürfte aber einer Änderung des Wortlautes des Art.13 Abs.3 S.4 GG. Die Vier-Wochen-Frist der Anordnung beginnt mit Erlaß zu laufen, nicht erst mit dem tatsächlichen Beginn der Überwachungsmaßnahme.

6.) § 100c Abs.1 Nr.3 StPO gestattet neben dem, für den Beschuldigten zwingend heimlichen Abhören und / oder Aufzeichnen konkludent auch Vorbereitungs- und Begleitmaßnahmen. Diese müssen zur Durchführung der akustischen Wohnraumüberwachung typischerweise notwendig und zu dieser verhältnismäßig sein. Hingegen ist es unerheblich, ob die Vorbereitungs- und Begleitmaßnahmen andere Rechte als Art.13 GG berühren oder den Tatbestand einer Straftat erfüllen. Als typische Maßnahmen sind zur Installation der „Wanze" das heimliche Eindringen in die Wohnung sowie das Betreten mittels Täuschung, sofern nicht über die Identität hinaus getäuscht wird, von § 100c Abs.1 Nr.3 StPO erfaßt. Daneben sind das Abzweigen von Energie zur Inbetriebhaltung der „Wanze" und vorbereitende, ohne technische Mittel erfolgende Observationen konkludent, gestattet. Hingegen kann der Einsatz einer nicht offen ermittelnden Person in der Wohnung, auch wenn diese gleichzeitig die Gespräche mit technischen Mitteln festhält („kleiner" Lauschangriff), über die Komponente des Aufzeichnens hinaus nicht auf § 100c Abs.1 Nr.3 StPO gestützt werden. Hierzu bedarf es einer eigenen Ermächtigung (z.B. §§ 110a ff. StPO).

7.) Objekt des Lauschangriffs ist der Beschuldigte, auch wenn Wohnungen Dritter überwacht werden. Dritte dürfen nur insoweit vom Lauschangriff betroffen sein, als dies unvermeidbar ist. An die Unvermeidbarkeit sind sehr strenge Anforderungen zu stellen. So genügt es regelmäßig nicht, daß der Beschuldigte sich vermutlich in der selben Wohnung aufhält, sondern die Polizei hat, soweit dies möglich ist, diese Feststellung mit Sicherheit zu treffen und hierzu z.B. auch auf flankierende, schlichte Observationen zurückzugreifen. Diese sind, sofern sie grundrechtseingreifenden Charakter haben, von § 100c Abs.1 Nr.3 StPO als notwendige Begleitmaßnahmen gedeckt, da die Alternative nur eine akustische Überwachung der Wohnung selber wäre.
Der Begriff Wohnung i.S.v. § 100c Abs.1 Nr.3 StPO deckt sich mit dem aus Art.13 GG. Allerdings ist § 100c Abs.1 Nr.3 StPO bereits dann einschlägig, wenn für irgend jemanden der abzuhörende Raum eine Wohnung ist; es muß im konkreten Einzelfall der Schutzbereich des Art.13 GG nicht betroffen sein. Wohnungen Dritter dürfen nur subsidiär überwacht werden. Hiervon ist bezüglich des Arbeitsplatzes, der zur räumlichen Privatsphäre des Arbeitgebers des Beschuldigten zählt, eine Ausnahme zu machen.

8.) Gespräche mit zeugnisverweigerungsberechtigten Berufsgeheimnisträgern nach § 53 StPO dürfen nicht abgehört werden und unterliegen insoweit einem Beweiserhebungsverbot. Dies gilt sowohl, wenn der Beschuldigte die Hilfe oder den Rat des Berufsgeheimnisträgers in Anspruch nimmt, als auch, wenn der Berufsgeheimnisträger selber einer Katalogtat verdächtigt wird. Eine Ausnahme hiervon besteht allein im Fall der vermuteten „Verstrickung“ in die Tat. Diese Ausnahmen findet auf Strafverteidiger, Geistliche und z.T. auch für Abgeordnete und Journalisten keine Anwendung. Das Abhörverbot gilt unabhängig vom Gesprächsort, bezieht sich aber nur auf berufsbezogene Gespräche. Trotzdem verlangt Art.8 EMRK, daß am Arbeitsplatz des Berufsgeheimnisträgers Gespräche mit diesem nicht abgehört werden dürfen.
Sonstige Zeugnisverweigerungsberechtigte dürfen grundsätzlich abgehört werden, sofern nicht der Menschenwürdegehalt des Art.13 GG etwas anderes bestimmt.

9.) Beweisverwertungsverbote greifen bei Verstößen gegen Erhebungsvorschriften dann ein, wenn die betroffene Norm dem Schutz von Individualrechten dient und der Schutzzweck im konkreten Fall verletzt ist. Da der Lauschangriff zum Schutz des Grundrechts aus Art.13 GG eine sehr ausführliche Regelung erfahren hat, folgt aus der Verletzung der meisten dieser Erhebungsvorschriften im Grundsatz ein Verwertungsverbot.

Ein Verstoß gegen materielle Anordnungsvoraussetzungen führt zu einem Verwertungsverbot. Dieses kann zwar mittels hypothetischer Erwägungen „geheilt" werden, jedoch bedingt der Normverstoß regelmäßig eine unzureichende Begründung der Anordnung, was dann „unheilbar" zu einem Verwertungsverbot führt. Die Fernwirkung dieser Beweisverwertungsverbote, die entgegen der Rechtsprechung des BGH grundsätzlich anzuerkennen ist, kann hingegen aufgrund hypothetischer Ersatzerwägungen entfallen, sofern die Ermittlungsbehörden auf einem ganz anderen Weg zum mittelbaren Beweismittel gelangt wären. Eine Ausnahme besteht hiervon für Verstöße gegen die Subsidiaritätsklausel.

10.) Hinsichtlich formeller Voraussetzungen folgt aus der Mißachtung der Anordnungskompetenz der Staatsschutzkammer ein Verwertungsverbot. Unabhängig davon, ob die Anordnung im übrigen durch einen Richter erfolgte, ist eine Verletzung des Schutzzwecks im konkreten Fall gegeben. Auch die fälschliche Annahme von Gefahr im Verzug führt zu einem Verwertungsverbot, selbst wenn die Kammer später die rechtswidrige, da von einem Unzuständigen erlassene, Eilanordnung bestätigen sollte.
Ein Verwertungsverbot folgt ebenso bei Fehlen oder Überschreiten der Frist sowie bei derart unzureichenden Anordnungsbegründungen, daß dies einer fehlenden Anordnung gleichgestellt werden muß. Sämtliche Verstöße gegen formelle Normen sind hypothetischen Erwägungen zur Verneinung eines Verwertungsverbotes nicht zugänglich, da sie präventivschützend wirken. Eine Mißachtung des Erfordernisses der Schriftform oder des Gebots genügender Angaben zu Art und Umfang der Maßnahme steht einer Verwertung hingegen nicht im Wege.

11.) Belauschen die Beamten unzulässig Nichtbeschuldigte, Wohnungen Dritter oder Gespräche von beschuldigten Berufsgeheimnisträgern mit unverdächtigen Dritten, führt dies auch im Verfahren gegen den Beschuldigten zu einem Verwertungsverbot, obgleich nur Rechte Dritter verletzt werden. Ein Verwertungsverbot setzt diesbezüglich nur voraus, daß durch die Verwertung in schützenswerte Rechte eingegriffen wird, nicht jedoch, daß es sich zwingend um Belange des Beschuldigten handeln muß.

12.) Selbständige Verwertungsverbote kommen insbesondere beim Abhören von Gesprächen mit Zeugnisverweigerungsberechtigten nach §§ 52,53a StPO in Betracht. Ein Verstoß gegen die Vorschrift des § 100d Abs.3 S.3 StPO führt in der Regel zu Unverwertbarkeit.

13.) Beim Lauschangriff gewonnene Zufallsfunde sind verwertbar, wenn sie zur Aufklärung einer Katalogtat, inklusive der hiermit in Zusammenhang stehenden Taten, benötigt werden. Unter dem Gesichtspunkt „ benötigen" findet Beachtung, daß der Zufallsfund wenigstens den konkreten Verdacht einer Katalogtat begründen und ein Rückgriff auf andere Beweismittel unverhältnismäßig sein muß. Ansonsten bestehen keine weiteren Einschränkungen, insbesondere nicht in personeller Hinsicht. Insoweit hat der Gesetzgeber in verhältnismäßiger Form von seinem Recht Gebrauch gemacht, über das Eingreifen eines Verwertungsverbotes selber zu entscheiden.

14.) Verwertbar sind auch Zufallsfunde aus einem präventiven Lauschangriff. Eine „entsprechende" Maßnahme nach § 100f Abs.2 StPO beschränkt sich auf technische Mittel zur akustischen Observation. Eine Verwertung ist grundsätzlich im selben Umfang wie bei Zufallsfunden bei repressiven Lauschangriffen möglich.
Eine Verwertung für Informationen aus dem Sicherungslauschangriff, die sich nach § 161 Abs.2 StPO richtet, kommt ebenfalls nur für Erkenntnisse aus einer akustischen Überwachung in Betracht. Daneben beschränkt sich die Verwertbarkeit aufgrund des Grundsatzes der Verhältnismäßigkeit in Anlehnung an § 16 BKAG a.F. auf die Aufklärung von Straftaten nach §§ 211, 212, 239a, 239b, 316c StGB oder zumindest annähernd schwere Straftaten.

Literaturverzeichnis

Aufsätze, Monographien und Lehrbücher

Ackermann, Ulrike: Rechtmäßigkeit und Verwertbarkeit heimlicher Stimmvergleiche im Strafverfahren; Diss. Passau, Berlin 1997.

Albert, Helmut: „Das Trennungsgebot“ - Ein für Polizei und Verfassungsschutz überholtes Konzept? ZRP 1995, S.105 ff.

Amelung, Knut: Probleme der Einwilligung in strafprozessuale Grundrechtsbeeinträchtigungen; StV 1985, S.257 ff.

ders.: Der Grundrechtsschutz der Gewissenserforschung und die strafprozessuale Behandlung von Tagebüchern; NJW 1988, S.1002 ff.

ders.: Informationsbeherrschungsansprüche im Strafprozeß - Dogmatische Grundlagen individualrechtlicher Beweisverbote; 1990.

ders.: Grundfragen der Verwertungsverbote bei beweissichernden Haussuchungen im Strafverfahren; NJW 1991, S.2533 ff.

Arndt, Claus: Besprechung von BVerfG Urt.v.14.07.1999 - 1 BvR 226/94, 2420 u. 2437/95 [abgedr. NJW 2000, S.55 ff.]; NJW 2000, S.47 f.

Asbrock, Bernd: Stellungnahme zur Anhörung des Rechtsausschusses des Deutschen Bundestages zu BT-Drs. 13/8650, 13/8651 am 21.11..1997 (zitiert: Anhörung zu BT-DS 13/8650, 13/8651).

ders.: Anmerkung zu BGH, Urt.v.29.2.1998 - 1 StR 551/97 (LG Stuttgart) = BGH St 44, 13 ff.; NStZ 1998, S.631 ff.

Baumann, Raimund/ Brenner, Harald: Die strafprozessualen Beweisverwertungsverbote: Grundfälle; Stuttgart, München, Hannover, 1991.

Beisel, Daniel: Straf- und verfassungsrechtliche Problematiken des finalen Rettungsschusses; JA 1998, S.721 ff.

Benfer, Jost: Grundrechtseingriffe im Ermittlungsverfahren; (2.Aufl.) Köln 1990.

ders: „Großer Lauschangriff" - einmal ganz anders gesehen; NVwZ 1999, S.237 ff.

Berner, Georg/ Köhler, Gerd: Polizeiaufgabengesetz, (13.Aufl.) 1994.

Bernsmann, Klaus: Anmerkung zu BGH, Urteil v. 16.02.1995 - 4 StR 729/94 (LG Dortmund); NStZ 1995, S.512 f.

ders.: Anmerkung zu BGH, Beschl.v.23.2.1996 - 1 StR 685/95 (LG Konstanz) [abgedr. NSTZ 1997, S.249 f.]; NStZ 1997, S.250 f.

Bernsmann, Klaus/ Jansen, Kirsten: Heimliche Ermittlungsmethoden und ihre Kontrolle - Ein systematischer Überblick; StV 1998, S.217 ff.

Bethge, Herbert: Das Persönlichkeitsrecht als Grundrecht - Ausgestaltungen im Bereich von Meinungs-, Presse- und Rundfunkfreiheit; UFITA 95 (1983) S.251 ff.

Beulke, Werner: Der Verteidiger im Strafverfahren - Funktion und Rechtsstellung; Frankfurt/M. 1980; (zitiert: Habil.).

ders.: Überwachung des Fernsprechanschlusses eines Verteidigers; Jura 1986, S.642 ff.

ders.: Die Strafbarkeit des Verteidigers: Eine systematische Darstellung der Beistandspflicht und ihrer Grenzen; Heidelberg 1989.

ders.: Die Vernehmung des Beschuldigten - Einige Anmerkungen aus der Sicht der Prozeßwissenschaft; StV 1990, S.180 ff.

ders.: Hypothetische Kausalverläufe im Strafverfahren bei rechtswidrigem Vorgehen von Ermittlungsorganen; ZStW 103 (1991), S.657 ff.

ders.: Strafprozeßrecht; (4.neub.Aufl.) Heidelberg, 2000; (zitiert: StPO).

Beulke, Werner/ Rogat, Stefan: Anmerkung zu BGH, Urt.v.7.3.1995 - 1 StR 685/94 = BGH St 41,64; JR 1996, S.517 ff.

Beulke, Werner/ Wessels, Johannes: Strafrecht Allgemeiner Teil; (30.neub.Aufl.) Heidelberg 2000.

Binder, Detlev: Rechtsprobleme des Einsatzes technischer Mittel gemäß §§ 100c,d StPO und des Lauschangriffs; Diss. Bonn 1996.

Bockemühl, Jan: Zur Verwertbarkeit von präventivpolizeilichen Erkenntnissen aus „Lauschangriffen" im Strafverfahren, JA 1996, S.695 ff.

Böttger, Andreas/ Pfeiffer, Christian: Der Lauschangriff in den USA und in Deutschland, ZRP 1994, S.7 ff.

Boll, Olaf: Die Bekämpfung der Organisierten Kriminalität durch den Gesetzgeber; Kriminalistik 1992, S.66 ff.

Bosch, Nikolaus: Die verdeckte Befragung des Beschuldigten - Strafrechtspflege ohne Grenzen? - BGH, Beschl.v.13.5.1996 - GSSt 1/96 (LG Hamburg); Jura 1998, S.236 ff.

Bottke, W. : Anmerkung zu BGH, Urt.v.20.6.1979 - 2 StR 63/79 [abgedr.: NJW 1980, S.67]; JA 1980, S.748.

Brodag; Wolf-Dietrich: Die akustische Wohnraumüberwachung - Maßnahmen ohne Wissen des Betroffenen gemäß § 100 I Nr.3 StPO („Großer Lauschangriff"); Kriminalistik 1999, S. 745 ff.

Bull, Hans-Peter: Stellungnahme zur Anhörung des Rechtsausschusses des Deutschen Bundestages zu BT-Drs. 13/8650, 13/8651 am 21.11.1997 (zitiert: Anhörung zu BT-DS 13/8650, 13/8651)

Caesar, Peter: Plädoyer gegen den „großen Lauschangriff" - ZRP Rechtsgespräch; ZRP 1993, S.67 ff.

Cassardt, Gunnar: Zur Aufklärung mit technischen Mitteln in Wohnungen; ZRP 1997, S.370 ff.

Comes, Heinrich: Der Fluch der kleinen Schritte - Wie weit tragen die Legitimationsgrundlagen der StPO bei Observationsmaßnahmen? - Zugleich eine Anmerkung zu OLG Düsseldorf StV 1998, S.170; StV 1998, S.569 ff.

Dalakouras, Theoharis: Beweisverbote bezüglich der Achtung der Intimsphäre; Diss. Köln, Mannheim 1988.

Degenhart, Christoph: Staatsorganisationsrecht - Staatsrecht I; (15.neub.Aufl.) Heidelberg 1999.

Dencker, Friedrich: Verwertungsverbote im Strafprozeß; Habil. Bonn 1977.

Denninger, Erhard: Das Recht auf informationelle Selbstbestimmung und Innere Sicherheit, in: von Schoeler (Hrsg.) Informationsgesellschaft oder Überwachungsstaat ? 1986, S.116 ff.

ders.: Lauschangriff - Anmerkungen eines Verfassungsrechtlers; StV 1998, S.401 ff.

Deutsch, Markus: Die heimliche Erhebung von Informationen und deren Aufbewahrung durch die Polizei; Diss. Mannheim, Heidelberg 1992.

Dittrich, Joachim: Der „Große Lauschangriff" - diesseits und jenseits der Verfassung; NStZ 1998, S.36 ff.

Dix, Alexander: Rechtsfragen der polizeirechtlichen Datenverarbeitung; Jura 1993, S.571 ff.

Duttge, Gunnar: Strafprozessualer Einsatz von V-Personen und Vorbehalte des Gesetzes; JZ 1996, S.556 ff.

ders.: Anmerkung zu BGH Urt.v.24.07.1998 - 3 StR 78/98 =BGH St 44, 138 ff.- JZ 1999, S.261 ff.

Eisenberg, Ulrich. Straf(verfahrens-)rechtliche Maßnahmen gegenüber der „Organisierten Kriminalität"; NJW 1993, S.1033 ff.

ders.: Kriminologie; (5.neub. Auflage) München 2000; (zitiert: Krim.).

Erst, Friedrich Jürgen/ Kopp, Stephan : Gedanken zum „Großen Lauschangriff" und der Umkehr der Beweislast bei unklarer Herkunft von Geldmitteln; BRAK- Mitteilungen 1996, 94 ff.

Eylmann, Horst/ Kempf, Eberhard: Anwaltsgespräch - Stichwort: „Großer Lauschangriff"; AnwBl.1998, S.185 ff.

Even, Burkhard: Die Bedeutung er Unantatsbarkeitsgarantie des Art.79 Abs.3 GG für die Grundrechte; Diss. Köln, Frankfurt /M. 1987.

Fahl, Christian: Beweisverbote im Strafprozeß - Policeman Donavan und die Früchte des vergifteten Baumes; JuS 1996, S.1013 ff.

ders.: Beweisverwertungsverbote - „Haftzellen - Entscheidung"; JA 1998, S.754 ff.

Felsch, Joachim: Zuhälter oder Schornsteinfeger? - Gedanken zur „limitierten Tarnkappe" des Verdeckten Ermittlers beim Betreten von Wohnungen nach § 110c S.2 StPO; StV 1998, S.285 ff.

Fezer, Gerhard: Strafprozeßrecht Bd. II, Schwerpunkte: Hauptverfahren, Rechtsmittel; 1986 (zit.: StPO II).

ders.: Strafprozeßrecht, Juristischer Studienkurs; (2.neub.Aufl.) 1995 (zitiert nach Fall und Randnummer).

ders.: Grundfragen der Beweisverwertungsverbote; Heidelberg 1995.

Fincke, Martin: Zum Begriff des Beschuldigten und den Verdachtsgraden; ZStW 95 (1983); S.918 ff.

Fischer, Thomas/ Maul, Heinrich: Tatprovozierendes Verhalten als Ermittlungsreichter; NStZ 1992, S.7 ff.

Frank, Peter H.: Die Verwertbarkeit rechtswidriger Tonbandaufnahmen Privater - Überlegungen zu einem einheitlichen Schutz des Rechts am gesprochenen Wort im Straf- und Strafverfahrensrecht; Baden-Baden 1996.

Freund, Georg: Verurteilung und Freispruch bei Verletzung der Schweigepflicht eines Zeugen; GA 1993, S.49 ff.

Frisch, Peter: Schäden durch Wirtschaftsspionage; FAZ vom 21.09.1999 - Sonderbeilage Sicherheitstechnik, S.B/1.

Frister, Helmut: Zur Frage der Vereinbarkeit verdeckter Ermittlungen in Privatwohnungen mit Art.13 GG; StV 1993, S.151 ff.

ders.: Das Gesetzesvorhaben der Bundesregierung zur Einführung des großen Lauschangriffs; StV 1996, S.454 ff.

ders.: Stellungnahme zur Anhörung des Rechtsausschusses des Deutschen Bundestages zu BT-Drs. 13/8650, 13/8651 am 21.11.1997 (zitiert: Anhörung zu BT-DS 13/8650, 13/8651).

ders.: Anmerkung zu BGH, Urt.v.6.2.1997 - 1 StR 527 /96 (LG Mosbach) [abgedr.:JZ 1997, S.1128 ff.]; JZ 1997, S.1130 ff.

Froschauer, Hermann: Stellungnahme zur Anhörung des Rechtsausschusses des Deutschen Bundestages zu BT-Drs. 13/8650, 13/8651 am 21.11.1997 (zitiert: Anhörung zu BT-DS 13/8650, 13/8651).

Geis, Max - Emanuel: Der Kernbereich des Persönlichkeitsrechts; JZ 1991, S.112 ff.

ders.: Großer Aufwand für großen Lauschangriff; JuS 1998 S.1174 f.

Geiß, Karlmann: Stellungnahme zur Anhörung des Rechtsausschusses des Deutschen Bundestages zu BT-Drs. 13/8650, 13/8651 am 21.11.1997 (zitiert: Anhörung zu BT-DS 13/8650, 13/8651).

Glauben, Paul J.: Kann der „Große Lauschangriff“ zulässig sein? - Ein Überblick über die verfassungsrechtlichen Aspekte; DRiZ 1993, S.41 f.

Gössel, Karl Heinz: Kritische Bemerkungen zum gegenwärtigen Stand der Lehre von den Beweisverboten im Strafverfahren; NJW 1981, S.649 ff.

ders.: Über das Verhältnis von Beweisermittlungsverbot und Beweisverwertungsverbot unter besonderer Berücksichtigung der Amtsaufklärungsmaxime der §§ 160, 244 II StPO; NStZ 1998, S.126 ff.

Gössner, Rolf: Stellungnahme zur Anhörung des Rechtsausschusses des Deutschen Bundestages zu BT-Drs. 13/8650, 13/8651 am 21.11.1997 (zitiert: Anhörung zu BT-DS 13/8650, 13/8651).

Götz, Volkmar: Anmerkung zu VerfGH Sachsen, Urteil v.14.5.1996 - VF44-II-94 [abgedr.: JZ 1996, S.957 ff.]; JZ 1996, S.969 f.

Gropp, Walter: Lauschangriff im PKW: Der Ermittlungsrichter als Hoffnungsträger? JZ 1998, S.501 ff.

Groß, Karl-Heinz: Verteidiger, Abgeordnete und Journalisten als verbotene unfreiwillige Medien zur strafprozessualen Aufklärung; StV 1996, S.559 ff.

Groth, Reimer: Verdeckte Ermittlungen im Strafverfahren und ihre Gewinnabschöpfung; Diss. Hamburg, Münster 1996.

Grünwald, Gerald: Beweisverbote und Verwertungsverbote im Strafverfahren; JZ 1966, S.489 ff.

ders.: Das Beweisrecht der Strafprozeßordnung; Baden-Baden 1993.

Gusy, Christoph: Das verfassungsrechtliche Gebot der Trennung von Polizei und Nachrichtendiensten; ZRP 1987, S.45 ff.

ders.: Anmerkung zu BGH, Urt.v.14.5.1991 - 1 StR 699/90 (LG Nürnberg-Fürth) [abgedr: StV 1991, S.403]; StV 1991, S.499 ff.

Guttenberg, Ulrich: Die heimliche Überwachung von Wohnungen; NJW 1993, S.567 ff.

Haffke, Bernhard: Schweigepflicht, Verfahrensrevision und Beweisverbot; GA 1973, S.65 ff.

Hamm, Rainer: Verwertung rechtswidriger Ermittlungen - nur zugunsten des Beschuldigten? StraFo 1998, S.361 ff.

Hassemer, Winfried: Brauchen wir den „Großen Lauschangriff?“ - Warum man den „Großen Lauschangriff“ nicht führen sollte; DRiZ 1992, S.357 f.

Hauf, Claus-Jürgen: Beweisverwertungsverbot: „in dubio pro reo“ bei Nachweis von Verfahrensfehlern; MDR 1993, S.195 ff.

Hellmann, Uwe:. Strafprozeßrecht, Berlin/ Heidelberg 1998.

Herdegen, Matthias: Stellungnahme zur Anhörung des Rechtsausschusses des Deutschen Bundestages zu BT-Drs. 13/8650, 13/8651 am 21.11.1997 (zitiert.: Anhörung zu BT-DS 13/8650, 13/8651).

Hetzer, Wolfgang: Akustische Wohnraumüberwachung - Oder: Wer rettet den Rechtsstaat? Kriminalistik 1998, S.546 ff.

Hilger, Hans: Neues Strafverfahrensrecht durch das OrgKG - 1.Teil; NStZ 1992, S.457 ff.

ders.: Neues Strafverfahrensrecht durch das OrgKG - 2.Teil; NStZ 1992, S.523 ff.

ders.: Anmerkung zu BGH, Urt.v.6.2.1997 - 1 StR 527/96 (LG Mosbach) [abgedr. NStZ 1997, S.448 f.]; NStZ 1998, S.449 f.

ders.: Verdeckte Ermittler, V-Leute; in: Festschrift für Ernst-Walter Hanack, Berlin 1999, S.208 ff.

ders.: Zum Strafverfahrensänderungsgesetz 1999 (StVÄG 1999)-1.Teil; NStZ 2000, S.561 ff.

Janker, Helmut: Zur Reichweite der Eingriffsermächtigung des § 100c I Nr.2 StPO bei Abhörmaßnahmen in Kraftfahrzeugen; NJW 1998, S.269 ff.

Kelnhofer, Evelyn: Hypothetische Ermittlungsverläufe im System der Beweisverbote; Diss. Mannheim, Berlin 1994.

Kempf, Eberhard: Stellungnahme des Strafrechtsausschusses des Deutschen AnwaltVereins zum Entwurf eines Gesetzes zur Änderung des Grundgesetzes (Art.13 GG) und zum strafprozessualen Teil eines Entwurfs eines Gesetzes zur Verbesserung der Bekämpfung der Organisierten Kriminalität (BT-Drs. 13/8650), 1997 (zitiert: Stellungnahme zu BT-DS 13/8650, 13/8651).

Klöhn, Wolfhard: Der Schutz der Intimsphäre im Strafprozeß; Diss. Göttingen 1984.

König, Josef: Einsatz technischer Mittel nach § 100c StPO -Anmerkungen zu Möglichkeiten geheimer Ermittlungen; Kriminalistik 1998, S.349 ff.

Köhler, Michael: Anmerkung zu BGH, Beschl.v.7.6.1995 - 2 BJs 127/93-7 StR 16/95 [abgedr. StV 1996, S.185 f.]; StV 1996, S.186 f.

Kowalczyk-Haarschmidt, Annelise: Datenschutz im Polizeirecht, 1998 - Reaktionen des Gesetzgebers auf das Volkszählungsurteil des Bundesverfassungsgerichts; Diss. Würzburg 1989.

Krause, Daniel M.: Großer Lauschangriff - Anmerkungen eines Verteidigers zur gesetzlichen Ausgestaltung in der Strafprozeßordnung; in: Festschrift für Ernst - Walter Hanack, Berlin 1999, S.221 ff.

Krekeler, Wilhelm: Beweisverwertungsverbote bei fehlerhaften Durchsuchungen; NStZ 1993, S.263 ff.

Krekeler, Wilhelm/ Schonard, Marcus: Der Berufshelfer im Sinne des § 53a StPO; wistra 1998, S.137 ff.

Kretschmer, Joachim: Die Verwertung sogenannter Zufallsfund bei der strafprozessualen Telefonüberwachung; StV 1999, S.221 ff.

Krey, Volker: Gesetzestreue und Strafrecht - Schranken richterlicher Rechtsfortbildung; ZStW 101 (1989), S.838 ff.

ders.: Strafverfahrensrecht Bd.2; 1990 (zitiert: StPO II).

ders.: Rechtsprobleme des strafprozessualen Einsatzes Verdeckter Ermittler - einschließlich des „Lauschangriffs“ zu seiner Sicherung und als Instrument der Verbrechensaufklärung; BKA Forschungsreihe, Wiesbaden 1993.

Krey, Volker/ Haubrich, Edgar: Zeugenschutz, Rasterfahndung, Lauschangriff, Verdeckte Ermittler; JR 1992, S.309 ff.

Krombacher, Helmuth: Stellungnahme zur Anhörung des Rechtsausschusses des Deutschen Bundestages zu BT-Drs. 13/8650, 13/8651 am 21.11.1997 (zitiert: Anhörung zu BT-DS 13/8650, 13/8651).

Krüger, Ralf: Verdeckte Ermittlungen im Strafverfahren und die Unverletzlichkeit der Wohnung; ZRP 1993, S.124 ff.

Krüßmann, Thomas: Einschränkung des Fernmeldegeheimnisses durch das G 10; JA 2000, S.104 ff.

Kruis, Konrad/ Wehowsky Ralf: Verfassungsgerichtliche Leitlinien zur Wohnungsdurchsuchung; NJW 1999, S.682 ff.

Kühne, Hans - Heiner: Die Definition des Verdachts als Voraussetzung strafprozessualer Zwangsmaßnahmen; NJW 1979, S.617 ff.

ders: Telefonüberwachung von Rechtsanwälten - Anmerkung zu Fall Kopp (Schweiz) - EGMR, Urt.v.25.3.1998 (13/1997/797/1000); StV 1998, S.183 ff.

ders: Strafprozeßrecht - Ein Lehrbuch zum deutschen und europäischen Strafverfahrensrecht; (5.neub.Aufl.) Heidelberg 1999 (zitiert: Kühne StPO).

Küpper, Georg: Tagebücher, Tonbänder, Telefonate - Zur Lehre von den selbständigen Beweisverwertungsverboten im Strafverfahren; JZ 1990, S.416 ff.

ders.: Anmerkung zu BGH Urteil v.16.02.1995 - 4 StR 729/94, JR 1996, S.214 ff.

Kutscha; Martin: Der Lauschangriff im Polizeirecht der Länder; NJW 1994, S.85 ff.

Kutscha, Martin, Lauschangriffe zur vorbeugenden Straftatenbekämpfung -

Möritz, Marion: ein Beitrag zu den Eingriffsvoraussetzungen nach dem neuen Art.13 GG; StV 1998, S.564 ff.

Laber, Birgit:. Die Verwertbarkeit von Tagebuchaufzeichnungen im Strafverfahren; Diss. Köln; Frankfurt/M.1995.

Lagodny, Otto: Verdeckte Ermittler und V-Leute im Spiegel von § 136a StPO als „angewandtem Verfassungsrecht"; StV 1996, S.167 ff.

Lammer, Dirk: Verdeckte Ermittlungen im Strafprozeß; Diss. Regensburg, Berlin 1992.

Landau, Herbert/ Sander, Günther: Ermittlungsrichterliche Entscheidungen und ihre Revisibilität; StraFo 1998, S.397 ff.

de Lazzer, Dieter/ Rohlf, Dietwalt: Der „Lauschangriff" - Ist nachrichtendienstliches Abhören der Privatwohnung zulässig? JZ 1977, S.207 ff.

Lehmann, Peter: Die Grenzen der strafprozessualen Fernmeldeüberwachung; ArchPF 1979, S.1 ff.

Leutheusser - Schnarrenberger; Sabine: Der „große Lauschangriff" - Sicherheit statt Freiheit, ZRP 1998, S.87 ff.

Lindlau, Dagobert: Die Fabel von Berudians Esel - Organisierte Verbrechen unter der Lupe; Kriminalistik 1991, S.691 ff.

Lisken, Hans: Stellungnahme bei der Anhörung durch rheinland - pfälzische Staatskanzlei in Mainz am 3.12.1992 - unveröffentlicht.

ders.: Befugnis zum Belauschen; ZRP 1993, S.121 ff.

ders.: „Sicherheit" durch „Kriminalitätsbekämpfung"? ZRP 1994, S.49 ff.

ders.: Stellungnahme zur Anhörung des Rechtsausschusses des Deutschen Bundestages zu BT-Drs. 13/8650, 13/8651 am 21.11.1997 (zitiert: Anhörung zu BT-DS 13/8650, 13/8651).

Löwe, Hartmut Stellungnahme des Bevollmächtigten des Rates der Evangelischen Kirchen in Deutschland zur Anhörung des Rechtsausschusses des Deutschen Bundestages zu BT-Drs. 13/8650, 13/8651 am 21.11.1997 (zitiert: Anhörung zu BT-DS 13/8650, 13/8651).

Lorenz, Frank Lucien: Aktionismus, Populismus? - Symbolismus! - Zur strafprozessualen akustischen-/optischen Überwachung von Wohnungen; GA 1997 S.51 ff.

Ludwig, Udo/ Mascolo, Georg: Lauschangriff - Hilfe beim Einbruch; Der Spiegel Nr.17/1999, S.50.

Mann, Thomas/ Müller, Rolf - Georg: Präventiver Lauschangriff via Telefon? ZRP 1995, S.180 ff.

Martensen, Jürgen: Strafprozessuale Ermittlungen im Lichte des Vorbehalts des Gesetzes - BGH, Ermittlungsrichter; JuS 1999, S.433 ff.

ders.: Strafprozessuale Grundrechtseingriffe und Bindung an den Wortsinn der ermächtigenden Norm; 1998.

Meier, Wolf: Die strafprozessuale Verwertbarkeit von Zufallsfunden über unbeteiligte und die von unbeteiligten Dritten herrühren bei Abhörmaßnahmen nach § 100a StPO; Diss. Tübingen, 1988.

Meyer, Jürgen/ Hetzer Wolfgang: Neue Gesetze gegen die Organisierte Kriminalität; NJW 1998, S.1016 ff.

Merten, Detlef: Zur negativen Meinungsfreiheit; DÖV 1990, S.761 ff.

Merten, Karlheinz: Zulässigkeit der längerfristigen Videoüberwachung; NJW 1992, S.354 ff.

Meurer, Dieter: Anmerkung zu BGH St 36,119 (= JR 1990, S.385 ff.); JR 1990, S.389 ff.

ders.: Strafprozessuale Fragen der Abhörmaßnahmen/-Lauschangriff, in: Neue Erscheinungsformen der Kriminalität in ihrer Auswirkung auf das Straf- und Strafprozeßrecht - Deutsch-polnisches Strafrechtskolloquium 12.-17.Sept. 1995, Hrsg: Hans Joachim Hirsch, Piotr Hofmanski, Emil W. Plywaczewski und Claus Roxin; Bialystok 1996.

Miklau/Roland: Optische und akustische Überwachungsmaßnahmen zur Bekämpfung schwerer und organisierter Kriminalität („Lauschangriff") - Paradigmenwechsel im Verfahrensrecht? JRP 1997, S.286 ff.

Momsen, Carsten: Der „große Lauschangriff" - Eine kritische Würdigung der neuen Vorschriften zur „elektronischen Wohnraumüberwachung"; ZRP 1998, S.459 ff.

Müller, Martin: Der sogenannte „Große Lauschangriff" - eine Untersuchung zu den Rechtsproblemen der Einführung der elektronischen Wohnraumüberwachung zu Beweismittelgewinnung; Diss. Bochum, Marburg 2000.

Nack, Armin: Verwertung rechtswidriger Ermittlungen nur zugunsten des Beschuldigten? StraFo 1998, S.366 ff.

Nitz, Holger: Anmerkung zu BGH Urt.v.6.2.1997 - 1 StR 527 /96 (abgedr. JR 1998, S.209 ff.); JR 1998, S.211 ff.

ders.: Verdeckte Ermittlungen als polizeitaktische Maßnahme bei der Strafverfolgung; JA 1999, S.418 ff.

Osmer, Jan-Dierk: Der Umfang der Beweisverwertungsverbote nach § 136a StPO; Diss. Hamburg 1966.

Ostendorf, Heribert: Organisierte Kriminalität - Eine Herausforderung für die Justiz; JZ 1991, S.62 ff.

Otto, Harro: Grenzen und Tragweite der Beweisverbote im Strafrecht; GA 1970, S.289 ff.

Perschke, Stefan: Die Zulässigkeit nicht spezialgesetzlich geregelter Ermittlungsmethoden im Strafverfahren; Diss. Osnabrück; Köln 1997.

Petry, Horst: Beweisverbote im Strafprozeß; Darmstadt 1971.

Pieroth, Bodo/ Schlink Bernhard: Grundrechte - Staatsrecht I; (15.neub.Aufl.) Heidelberg 1999.

Popp, Martin: Anmerkung zu BGH, Beschl.v.13.05.1996 - GSSt 1/96 (LG Hamburg); [abgedr. NStZ 1996, S.502 f.]; NStZ 1998, S.95 f.

Prittwitz, Cornelius: Die Grenzen der Verwertbarkeit von Erkenntnissen aus der Telefonüberwachung gemäß § 100a StPO; StV 1984, S.302 ff.

Püttner, Norbert: OrgKG, Polizei und Strafverfahren in: Rechtsstaatliche Antworten auf neue Kriminalitätsformen, 17. Strafverteidigertag vom, 7-9 Mai 1993 in München; Köln 1993.

Quentin, Andreas: Der Verdeckter Ermittler i.S.der §§ 110a ff. StPO; JuS 1999, S.134 ff.

Ransiek, Andreas: Die Rechte des Beschuldigten in der Polizeivernehmung; Heidelberg 1990.

ders.: Strafprozessuale Abhörmaßnahmen und verfassungsrechtlicher Schutz der Wohnung - ein rechtsvergleichender Blick; GA 1995, S.23 ff.

Raum, Bertram/ Palm, Franz: Zur verfassungsrechtlichen Problematik des „Großen Lauschangriffs“; JZ 1994, S.447 ff.

Rengier, Rudolf: Die Zeugnisverweigerungsrechte im geltenden und zukünftigen Strafverfahrensrecht. Grundlagen, Reformfragen und Stellung im System der Beweisverbote und im Revisionsrecht; Paderborn 1979.

Rieß, Peter: Anmerkung zu BayObLG, Urt.v.6.2.1982 - 4 St 24/82 [abgedr. JR 1983, S.124 f.]; JR 1983, S.125 ff.

ders.: Über Subsidiaritätsverhältnisse und Subsidiaritätsklauseln im Strafverfahren; in: Gedächtnisschrift für Karlheinz Meyer; Berlin 1990.

Röckl, Johannes/ Kündigung nach heimlicher Videoüberwachung; NZA 1998, S.1035 ff.

Röding, Otto: Stellungnahme zur Anhörung des Rechtsausschusses des Deutschen Bundestages zu BT-Drs. 13/8650, 13/8651 am 21.11.1997 (zitiert: Anhörung zu BT-DS 13/8650, 13/8651).

Rogall, Klaus: Der Beschuldigte als Beweismittel gegen sich selbst; Berlin 1977.

ders.: Gegenwärtiger Stand und Entwicklungstendenzen der Lehre von den strafprozessualen Beweisverboten; ZStW 91 (1979), S.1 ff.

ders.: Strafprozessuale Grundlagen und legislative Probleme des Einsatzes Verdeckter Ermittler im Strafverfahren; JZ 1987, S.847 ff.

ders.: Hypothetische Ermittlungsverläufe im Strafprozeß - Ein Beitrag zur Lehre der Beweiserhebungs- und Beweisverwertungsverbote; NStZ 1988, S.385 ff.

ders.: Informatonseingriffe und Gesetzesvorbehalt im Strafprozeßrecht; Tübingen 1992 (zitiert: Informationseingriff).

ders.: Anmerkung zu BGH, Urt.v.14.5.1991 - 1 StR 699/90 (LG Nürbnerg-Fürth) [abgedr. NStZ 1992, S.44 f.]; NStZ 1992, S.45 ff.

Rohe, Peter Maria: Verdeckte Informationsgewinnung mit technischen Hilfsmitteln zur Bekämpfung der Organisierten Kriminalität; Frankfurt/M. 1998.

Rohlf, Dietwald: Der grundrechtliche Schutz der Privatsphäre; Berlin 1980

Rothfuß, Holger: Heimliche Beweisgewinnung unter Einbeziehung des Beschuldigte; StraFo 1998, S.289 ff.

Roxin, Klaus: Anmerkung zu BGH (NStZ 1989, S.375); NStZ 1989, S.376 ff.

ders.: Zur richterlichen Kontrolle von Durchsuchung und Beschlagnahme - zugleich Anmerkung zu BVerfG StV 1997, 393/ 94 (LG Neuruppin - StV 1997, S.506); StV 1997, S.654 ff.

ders.: Zum Einschleichen polizeilicher Scheinkäufer in Privatwohnungen (BGH, StV 1997, 233); StV 1998, S.43 ff.

ders.: Anmerkung zu BGH, Urt.v.21.7.1998 - 5 StR 301/97 (SchwurGer. Berlin); NStZ 1999, S.149 ff.

ders.: Strafverfahrensrecht - Ein Studienbuch; (25.neub.Aufl.) München 1998.

Rudolphi, Hans - Joachim: Die Revisibilität von Verfahrensmängeln im Strafprozeß; MDR 1970, S.93 ff.

ders.: Grenzen der Überwachung des Fernmeldeverkehrs nach §§ 100a,b StPO; in: Festschrift für Friedrich Schaffstein; Göttingen 1975, S.433 ff.

Ruthig, Josef: Die Unverletzlichkeit der Wohnung (Art.13 GG n.F.); JuS 1998, S.506 ff.

Rzepka, Dorothea: Zur Fairness im deutschen Strafverfahren; Habil. Frankfurt/M.; Frankfurt/M. 2000.

Satzger, Helmut: § 100c I Nr.1 StPO: Zulässigkeit längerfristiger Observationen; BGH, Urt. v.29.1.1998 - 1 StR 511/97 (LG Stuttgart) [abgedr. StV 1998, S.169]; JA 1998, S.539 ff.

ders.: § 97 StPO: Reichweite des Beschlagnahmeverbots; BGH Urt. v. 25.2.1998 - 3 StR 490/97; JA 1998, S.632 ff.

Schairer, Martin/ Krombacher, Helmut: Einsatz technischer Mittel: Anmerkung zum Beschluß des Ermittlungsrichters am BGH vom 11.4.1997 (NJW 1997, S.2719) zur Reichweite des § 100c Abs.1 Nr.2 StPO; Kriminalistik 1998, S.119 f.

Schelter, Kurt: Verbrechensbekämpfung mit elektronischen Mitteln - ein Tabu ? ZRP 1994, S.52 ff.

Scheffler, Uwe: Stellungnahme zur Anhörung des Rechtsausschusses des Deutschen Bundestages zu BT-Drs. 13/8650, 13/8651 am 21.11.1997 (zitiert: Anhörung zu BT-DS 13/8650, 13/8651).

Schily, Otto: Innere Sicherheit als politische Aufgabe; FAZ vom 21.09.1999 - Sonderbeilage Sicherheitstechnik, S.B/1.

Schlothauer, Reinhold: Ermittlungsrichterliche Entscheidungen und ihre Revisibilität; StraFo 1998, S.402 ff.

Schlüchter, Ellen: Anmerkung zu BGH, Urt.v.16.6,1983 - 2 StR 837/82 (LG Trier) [abgedr. NStZ 1984, S.372 f.]; NStZ 1984, S.373 ff.

dies.: Anmerkung zu BGH, Urt.v.24.8.1983 - 3 StR 136/93 = BGH St 32,68; JR 1984, S:517 ff.

dies.: Kernwissen Strafprozeßrecht; (3.neub.Aufl.) Frankfurt/M. 1999.

Schmidt, Eberhard: Die Verletzung der Belehrungspflichten gemäß § 55 II StPO als Revisionsgrund; JZ 1958, S.596 ff.

Schmitz, Monika: Rechtliche Probleme des Einsatzes Verdeckter Ermittler; Diss. Bonn 1995.

Schnarr, Karl Heinz: Zur Frisberechnung bei der Anordnung der Fernmeldeüberwachung; NStZ 1988, S:481 ff.

ders.: Die Verwendung präventiv erhobener Daten zu repressiven Zwecken; StraFo 1998; S.217 ff.

Schneider, Hartmut: Zur Zulässigkeit strafprozessualer Begleitmaßnahmen im Zusammenhang mit dem Abhören des nicht öffentlich gesprochenen Wortes in Kraftfahrzeugen; NStZ 1999, S.388 ff.

Scholz, Rupert: Anmerkung zu BGH, Beschlv.15.1.1997 (OLG Stuttgart) = BGH St 42,372; NStZ 1997, S.197 ff.

Schoreit, Armin: Organisierte Kriminalität - Dogmatische und praktische Probleme; MDR 1992, 1013 ff.

Schröder, Svenja: Beweisverwertungsverbote und die Hypothese rechtmäßiger Beweiserlangung im Strafprozeß; Diss. Passau, Berlin 1992.

Schroth, Ulrich: Beweisverwertungsverbote im Strafverfahren - Überblick, Strukturen und Thesen zu einem umstrittenen Beweisthema; JuS 1998, S.969 ff.

Schünemann, Wolfgang: Die strafprozessuale Verwertbarkeit bei Zufallserkenntnissen aus der Telefonüberwachung; NJW 1978, S.407 ff.

Schumacher, Karlheinz: Die Überwachung des Fernmeldeverkehrs im Strafverfahren; Diss. Hamburg 1976.

Schwabe, Jürgen: Die polizeiliche Datenerhebung in oder aus Wohnungen mit Hilfe technischer Mittel; JZ 1993, S.867 ff.

Schwagerl, Hans J.: Verfassungsschutz in der Bundesrepublik Deutschland; Heidelberg 1985, S.161 ff.

Seifert, Jürgen: Vom Lauschangriff zum „Großen Lauschangriff" - Darf es eine totale Überwachung der Wohnung geben ? KJ 1992, S.355 ff.

Spendel, Günter: Beweisverbote im Strafprozeß; NJW 1966, S.1102 ff.

Staechelin, Gregor: § 100a StPO als Seismograph der jüngeren Strafrechts- und Strafverfahrensgeschichte; KJ 1995, S.466 ff.

ders.: Der „Große Lauschangriff" der dritten Gewalt (Zugleich eine Anmerkung zu BGH, NJW 1996, 405 = NStZ 1995, S.601 f.); ZRP 1996, S.430 ff.

Starkgraff, K.H.: Anmerkung zu BGH, Urteil v.11.11.1998 - 3 StR 181/99 (LG Krefeld), [abgedr. NStZ 1999, 203 f.)]; NStZ 1999, S.470 f.

Steinhögl, Ingrid: Anmerkung zu Ag Kaufbeuren, Beschl.v.27.10.1997 - Gs 255/97 [abgedr. StV 1998, S.534]; StV 1998, S.535 f.

Steinke, Wolfgang: Die Rechtmäßigkeit von polizeilichen Fahndungsmaßnahmen unter Berücksichtigung des Datenschutzes; DVBl 1980, S.483 ff.

Stern, Klaus: Das Staatsrecht der Bundesrepublik Deutschland - Allgemeine Lehre der Grundrechte; Band III/2; München 1994.

ders.: Die Bedeutung der Unantatsbarkeitsgarantie des Art.79 Abs.3 GG für die Grundrechte; JuS 1985, S.329 ff.

Sternberg-Lieben, Detlev: Anmerkung zu BGH, Urt.v.21.7.1994 - 1 StR 83/94 (LG München) [abgedr. JZ 1995, S.841 ff.]; JZ 1995, S.844 ff.

Stetten, Annette v.: Beweisverwertung beim Einsatz Verdeckter Ermittler; Diss. Passau, Frankfurt/M. 1999.

Störmer, Rainer: Dogmatische Grundlagen der Verwertungsverbote; Diss. Marburg 1992.

ders.: Verfassungsrechtliche Verwertungsverbote im Strafprozeß; Jura 1994, s.393 ff.

ders.: Der gerichtliche Prüfungsumfang bei Telefonüberwachungen - Beurteilungsspielraum bei Anordnungen nach § 100a StPO; StV 1995, S.653 ff.

ders.: Beurteilungsspielräume im Strafverfahren; ZStW 108 (1996), S.494 ff.

Stowasser, Josef M.: Der kleine Stowasser: Lateinisch - Deutsches Schulwörterbuch; (2.Aufl.) München 1987.

Strate, Gerhard: Stellungnahme des Strafrechtsausschusses des Deutschen Anwaltvereins zum Abhören und Aufzeichnen des nicht öffentlich gesprochenen Wirtes in und aus Wohnungen (sog. „Großer Lauschangriff"); 1994 (zitiert: Stallungnahme).

ders.: Präventivdaten und ihre Verwertung im Strafverfahren; StraFo 1999, S.73 f.

Stümper, Alfred: Rechtspolitische Nachlese zum „Großen Lauschangriff"; ZRP 1998, S.463 ff.

Suppert, Hartmut: Studien zur Notwehr und „notwehrähnliche Lage"; Diss. Bonn 1973.

Sydow, Fritz: Kritik an der Lehre von den „Beweisverboten"; Diss. Würzburg 1975.

Taschke, Jürgen: Anmerkung zu BayObLG, Beschl.v.29.6.1999 - 4 St RR 133/99 [abgedr. StV 1999, S.632 f.]; StV 1999, S.632 ff.

Tiedemann, Paul. Lauschangriff und Landesverfassung; KJ 1998, S.529 ff.

Tilch, Horst: Deutsches Rechts-Lexikon; hersg. von Horst Tilch (2.Aufl.) München 1992.

Torka, Ronald: Nachtatverhalten und Nemo tenetur - Eine Untersuchung über Grenzen zulässiger Verteidigung und die Relevanz des Nemo-tenetir-Prinzips bei der Strafzumessung selbstbegünstigenden Nachtatverhaltens gem. § 46 Abs.2 StGB; Diss. Passau, Berlin 2000.

Vahle, Jürgen: Ein Koloß auf tönernen Füßen - Anmerkungen zur (Neu-) Regelung des sogenannten Großen Lauschangriffs; Kriminalistik 1998, S.378 ff.

Volk, Klaus: Strafprozeßrecht; München 1999.

Weber, Klaus: Stellungnahme zur Anhörung des Rechtsausschusses des Deutschen Bundestages zu BT-Drs. 13/8650, 13/8651 am 21.11.1997 (zitiert: Anhörung zu BT-DS 13/8650, 13/8651).

Weichert, Thilo: Informationelle Selbstbestimmung und strafrechtliche Ermittlung - zum verfassungkonformen Technikeinsatz im Strafverfahren; Diss. Freiburg 1990.

Weil, Stephan: Verdeckte Ermittlungen und die Unverletzlichkeit der Wohnung; ZRP 1992, S.243 ff.

Welp, Jürgen: Die Geheimsphäre des Verteidigers und ihre strafprozessuale Funktion; in: Festschrift für Wilhelm Gallas; Berlin 1993.

ders.: Die strafprozessuale Überwachung des Post- und Fernmeldeverkehrs; Habil. Heidelberg 1974.

ders.: Die Überwachung des Strafverteidigers; GA 1977, S.129.

ders.: Zufallsfunde bei der Telefonüberwachung; Jura 1981, S.472 ff.

ders.: Abhörverbote zum Schutz der Strafverteidigung; NStZ 1986, S.294 ff.

ders.: Kriminalpolitik in der Krise - Der SPD - Entwurf eines Gesetzes zur Bekämpfung der organisierten Kriminalität; StV 1994, S.161 ff.

ders.: Anmerkung zu BGH , Beschl.v.7.6.1995 - 2 BJs 127/93 - 7 StR 16/95 [abgedr. StV 1996, S.185 f.]; NStZ 1995, S.602 ff.

Werle, Gerhard: Schutz von Vertrauensverhältnissen bei strafprozessualer Fernmeldeüberwachung; JZ 1991, S.482 ff.

Wölfl, Bernd: Die Verwertbarkeit heimlicher privater Ton- und Bildaufnahmen im Strafverfahren; Diss. Passau, 1997; Frankfurt/M. 1997.

Wollweber, Harald: Anmerkung zu BGH, Beschl.v.15.1.1997 - 1 StR 27/96 (OLG Stuttgart) = BGH St 42, 372; NStZ 1997, S.351.

Wolter, Jürgen: Heimliche und automatisierte Informationseingriffe wider Datengrundrechtsschutz - Gesamtanpassung vor Gesamtreform von Strafprozeß- und Polizeirecht; Teil 1; GA 1988, S.49 ff.

ders.: Heimliche und automatisierte Informationseingriffe wider Datengrundrechtsschutz - Gesamtanpassung vor Gesamtreform von Strafprozeß- und Polizeirecht; Teil 2; GA 1988, S.130 ff.

ders. Freiheitlicher Strafprozeß, vorbeugende Straftatenbekämpfung und Verfassungsschutz - zugleich Besprechung des Entwurfs eines StVÄG 1988; StV 1989, S.358 ff.

ders. Verwertungsverbote bei zulässiger Telefonüberwachung; in: Gedächtnisschrift für Armin Kaufmann; Köln 1989, S.762 ff.

ders. Beweisverbote und Informationsübermittlung der Polizei bei präventiver Videoüberwachung eines Tatverdächtigen (BGH NJW 1991, S.2651); Jura 1992, S.520 ff.

ders. Verfassungsrecht im Strafprozeß- und Strafrechtssystem - Zugleich ein Beitrag zur Verfassungsmäßigkeit der Norm und zum rechtsfreien Raum „vor dem Tatbestand“; NStZ 1993, S.1 ff.

Zachert, Hans - Ludwig: Brauchen wir den „Großen Lauschangriff"? - Elektronische Überwachung der Wohnung als Mittel zur Bekämpfung der Organisierten Kriminalität; DRiZ 1992, S.355 ff.

ders.: Stellungnahme zur öffentlichen Anhörung des Rechtsausschusses des Deutschen Bundestages zum OrgKG am 22.1.1992, Teil II Bl.287 ff. (zitiert: Stellungnahme OrgKG).

Zaczyk, Rainer: Prozeßsubjekte oder Störer ? Die Strafprozeßordnung nach dem OrgKG - dargestellt an der Regelung des Verdeckten Ermittlers; StV 1993, S.490 ff.

Kommentare

Alternativkommentar zur Strafprozeßordnung hersg. von Rudolf Wassermann, Band 2 Teilband 1, Neuwied 1992; zitiert nach Bearbeiter, AK StPO, Paragraph und Randnummer.

Alternativkommentar zum Grundgesetz für die Bundesrepublik Deutschland; hersg. von Rudolf Wassermann, Band 1, Darmstadt 1984; zitiert nach Bearbeiter, AK GG, Artikel und Randnummer.

Bonner Kommentar zum Grundgesetz hersg. von Rudolf Dolzer und Klaus Vogel, Loseblattkommentar, Heidelberg , Stand: Nov.2000; zitiert nach Bearbeiter, BK GG, Artikel und Randnummer.

Eisenberg Beweisrecht der StPO - Spezialkommentar; von Ulrich Eisenberg (3.neub.Aufl.) München 1999; zitiert nach Autor, StPO, Randnummer.

Frowein/ Peukert Europäische Menschenrechtskonvention - EMRK Kommentar von Jochen Frowein und Wolf Peukert, (2.neub.Aufl.) Kehl a.R., Straßburg, Arlington 1996; zitiert nach Autor, F/P EMRK, Artikel und Randnummer.

Heidelberger Kommentar zur Strafprozeßordnung hersg. von Lemke u.a. (2.neub.Aufl.) Heidelberg 1999; zitiert nach Bearbeiter, HK StPO, Paragraph und Randnummer.

Hömig Grundgesetz für die Bundesrepublik Deutschland: Taschenkommentar, begründet von Karl-Heinz Seifert; hersg. von Dieter Hömig (5.neub.Aufl.), Baden-Baden 1995; zitiert nach Autor, GG, Paragraph und Randnummer.

Jarass/Pieroth Grundgesetz für die Bundesrepublik Deutschland - Kommentar, hersg. von Hans Jarass und Bodo Pieroth; München 2000; zitiert. nach Autoren, GG, Paragraph und Randnummer.

Karlsruher Kommentar zur Strafprozeßordnung hers. von Pfeiffer, (4.neub.Aufl.) München 1999; zitiert nach Bearbeiter, KK StPO, Paragraph und Randnummer.

Kleinknecht/ Meyer-Goßner Strafprozeßordnung, (4.neub.Aufl.) München 1999 zitiert. nach Autor, K/M-G StPO, Paragraph und Randnummer.

Löwe/Rosenberg Die Strafprozeßordnung und das Gerichtsverfassungsgesetz mit Nebengesetzen, Großkommentar, herg. von Peter Rieß, (25. Aufl. 1997) zitiert nach Bearbeiter, L/R StPO, Paragraph und Randnummer.

Löwe/Rosenberg Die Strafprozeßordnung und das Gerichtsverfassungsgesetz mit Nebengesetzen, Großkommentar, hersg. von Peter Rieß, 6.Band, 2.Teilband (24.Aufl. 1996) zitiert nach Bearbeiter, L/R MRK, Artikel und Randnummer.

v.Mangold/Klein Das Bonner Grundgesetz - Kommentar; begründet von Hermann v.Mangold und Friedrich Klein; bearbeitet von Christian Starck (3.neub.Aufl.) München 1985; zitiert nach Autor, v.Mangold/Klein GG, Artikel und Randnummer.

Maunz/Dürig/Herzog Grundgesetzkommentar, begründet von Theodor Maunz, Günther Dürig; Roman Herzog ua., Loseblattsammlung, München, Stand: Nov.1999; zitiert nach Bearbeiter, M/D/H GG, Artikel und Randnummer.

Müller/Model Grundgesetz für die Bunderepublik Deutschland - Taschenkommentar; von Klaus Müller und Otto Model (11.neub.Aufl.) Köln 1996; zitiert nach Autoren, GG, Artikel und Randnummer.

v.Münch Grundgesetzkommentar; begründet von Ingo v.Münch, Band 1 (4.neub.Aufl.) München 1992; Band 3 (3.neub.Aufl.) München 1996 (zit. nach Bearbeiter, v.Münch GG, Artikel und Randnummer).

v.Münch Grundgesetzkommentar; begründet von Ingo v.Münch, Band 1 (2..Aufl.) München 1981; zitiert nach Bearbeiter, v.Münch GG (2.Aufl.), Artikel und Randnummer.

Sachs Grundgesetz Kommentar; hersg. von Michael Sachs (2.neub. Aufl.) München 1999, zitiert nach Bearbeiter, Sachs GG, Artikel und Randnummer.

Schmidt Lehrkommentar zur Strafprozeßordnung und zum Gerichtsverfassungsgesetz Teil II, Erläuterungen zur Strafprozeßordnung und zum Einführungsgesetz zur Strafprozeßordnung; von Eberhard Schmidt (2.Auf.) 1957; zitiert Autor, LK II Paragraph und Randnummer.

Schönke-Schröder Strafgesetzbuch; begründet von Adolf Schönke; fortgeführt erst von Horst Schröder, dann von Lenckner, Cramer, Eser und Stree (25.neub.Aufl.) München 1997; zitiert nach Bear-beiter, S/S, Paragraph und Randnummer.

Systematischer Kommentar zur Strafprozeßordnung und zum Gerichtsverfassungsgesetz; bearbeitet von Rudolphi, Frisch, Rogall, Schlüchter, Wolter; Loseblattkommentar Frankfurt/M., Stand: Okt.1999; zitiert nach Bearbeiter, SK StPO, Paragraph und Randnummer.

Tröndle/Fischer Strafgesetzbuch und Nebengesetze; von Herbert Tröndle und Thomas Fischer (49.neub. Aufl.) München 1999; zitiert nach Autor, T/F StGB, Paragraph und Randnummer.

Kolibri 360 GmbH
Ferdinand-Jühlke-Straße 7
99095 Erfurt, Deutschland
produktsicherheit@kolibri360.de

Druck:
CPI Druckdienstleistungen GmbH
im Auftrag der
Kolibri 360 GmbH
Ferdinand-Jühlke-Str. 7
99095 Erfurt